بسم الله الرحمن الرحيم

AF531993

RİYÂZÜ'S SÂLİHÎN TERCÜMESİ
Sâlihler Bahçesi
Cilt: 1-2-3

Ebu Zekeriyya Muhyiddin Yahya İbni Şeref
EN-NEVEVÎ

978-605-5094-42-3

Baskı Tarihi: İstanbul, 2026

Yayın Yönetmeni: Serdar Çelik
Tercüme: Salih Uçan
Tashih: İkram Arslan
Sayfa Düzeni: DBY Ajans
Kapak Tasarımı: Yunus Karaaslan

Baskı-Cilt
İmak Ofset
Sertifika No: 71320
Akçaburgaz Mah. 137. Sok. No: 12
Esenyurt/İstanbul
Tel: +90 212 800 13 13

ÇELİK YAYINEVİ
İkitelli O.S.B. Mah. Milas Cad. İş Batı İş Merkezi
No: 29/12-A Başakşehir / İSTANBUL
Tel: +90 212 511 28 11 (pbx)
www.celikyayinevi.com.tr • info@celikyayinevi.com

"Çelik Yayınevi, İlkharf Yayıncılık San. ve Tic. Ltd. Şti.'nin markasıdır."

Ebu Zekeriyya Muhyiddin Yahya İbni Şeref

EN-NEVEVÎ

Riyâzü's Sâlihîn Tercümesi

Sâlihler Bahçesi

Cilt: 1-2-3

Tercüme

SALİH UÇAN

İmam Nevevî Kimdir?

İmam Nevevî, hicrî 631 senesinin Muharrem ayında, Şam yakınlarındaki Neva'da doğdu. Şam'daki el-Ravâhiye medresesinde önce tıp tahsili gördü. Daha sonra kendisini tamamen İslamî ilimlere verdi. Henüz küçük yaşlardayken Kur'an-ı Kerim'i 4,5 ayda, *et-Tenbîh* adlı eseri 8,5 ayda ezberlemiş ve *Mühezzeb*'i de hıfzetmiştir.

Şafiî fıkhının gelişmesinde büyük rolü vardır. Zamanında Şafiî mezhebini temsil ediyordu. Usul ve fürûda imamdır. Sözü fukaha arasında senet kabul olunur. Fakihlerin tercih derecesine haizdir. Hadis ilmine ve hadis ricaline de tam vâkıftır. Halit b. Yusuf tarikiyle Enes b. Malik'ten, *"Bir kimse can ü gönülden şehadeti arzu ederse, fiilen şehit olmasa bile şehitlik sevabını kazanır."* mealindeki hadisi tahrîc ile teferrüt etmiş, öne çıkmıştır. Fıkıhta ve hadiste nasıl bir imam ise, zühd ve takvada da o derece ileri idi. Gecelerini ibadetle, Kur'an okumakla, eser yazmakla geçirirdi. Dinî konuşmalarında sükûnet ve vakarını muhafaza eder, daima iyi ve güzel olanı söyler, fenalıktan nehyederdi. Bu vazifesini hükümdarlara, valilere, zalimlere açıklamaktan çekinmez, onlara mektup yazar, hakikati bildirir, ilahî ceza ile korkuturdu. Çok geçmeden âlim olarak o derece şöhret kazandı ki, Sultan Baybars'ın huzuruna çıkıp, Şamlıların müsadere edilen bahçelerini geri vermesini, Suriyelilere yüklenen savaş vergisinin kaldırılması ve müderrislerin gelirlerinin azaltılmaması hususlarını ileri sürme cesareti gösterdi. Fakat bu vergilerin meşru olduğuna dair fetvayı imzalamadığı için Baybars tarafından Şam'dan çıkarıldı.

Zehebî, *Tezkiratü'l-Huffâz* adlı meşhur eserinde Nevevî'nin mârufu emir, münkerden nehiy hakkında idarecilere yazdığı mektuplardan ve risalelerden bahseder. Suyûtî de *Hasnü'l-Muhâdara fi Ahbâri'z-Zâhire* adlı eserinde bunlardan bahsederken bazılarını aynen nakletmiştir.

İnsanî ve ilmî kemalâtı nefsinde toplamış olan bu zat, 42'yi aşan kıymetli eser bırakarak hicri 676 senesinin Recep ayının 24. gecesi Allah'ın rahmetine kavuşmuştur.

İçindekiler

İKİNCİ KİTAP

ÜÇÜNCÜ KİTAP

Takdim

lemlerin Rabbi olan Allah'a (celle celâlüh) hamd, Yüce Resulü'ne salât ve selam olsun.

Kuruluşundan bu yana ilmî ve fikrî eserler yayımlayarak okuyucularının ilgi ve beğenisini kazanmış olan yayınevimiz, siz Müslüman okuyucularından aldığı güçle hizmet halkasına kıymetli bir eseri daha eklemekten kıvanç duymaktadır.

Bu vesile ile tüm okuyucularımıza teşekkürü bir borç biliriz.

Buhranlı bir çağda yaşıyoruz. Problemlerimizi çözebilmek için en doğru yolun İslam olduğunda hemfikiriz. İslam'ı en doğru şekliyle anlamanın yolu ise okumaktan geçer.

Okumak, Allah'ın (celle celâlüh) kitabını okumak, Resulü'nün hadislerini okumak, hidayete varmak ve cehaletten kurtulmak için okumak... İnsana en doğru yolu gösterecek birinci kaynağın Kur'an, ikinci kaynağın ise hadis olduğunun bilincine vararak okumak...

İnsanların en büyük felaketlere sürüklendiği asrımızda cehaletin her türlüsünden kurtulmak, İslam kültürünün bu ana kaynaklarına sarılmakla ancak mümkündür. Bu yüzden okumak ve öğrendiklerimizle amel etmek zorundayız.

Yayınevimiz, hadis mecmualarının en önemlilerinden, gerek tertibinin mükemmelliği gerek içinde bulunan hadislerin sahihliği ve gerekse hacminin uygunluğu itibariyle İslam âleminde yaygın bir şöhret kazanmış, ilim çevrelerini aşarak geniş halk kitlelerine mal olmuş RİYÂZÜ'S SÂLİHÎN isimli eseri siz muhterem okuyucularımıza sunmaktan dolayı gururludur.

Eserin yazarı İslam dünyasının seçkin şahsiyetlerinden İmam NEVEVÎ'dir. Kıymetli ilim adamlarından SALİH UÇAN Bey, eseri Türkçeye çevirmiş, özel çalışmalarıyla istifadelerimizi arttırmıştır. Mütercim Salih Uçan Bey'e teşekkür eder, diğer çalışmalarında da başarılar dileriz.

Çalışmak bizden, hidayet Allah'tandır.

Bütün doğrular İslam'a aittir. Hatalarımızdan ötürü, esirgemesi ve bağışlaması bol olan Allah'a sığınırız.

Çelik Yayınevi

Mütercimin Ön Sözü

Hamd, âlemlerin Rabbine, salât ü selam Peygamberimize, onun ehline ve sahabilerine mahsustur.

İslam'ın Kur'an-ı Kerim'den sonraki ikinci kaynağı Sünnet'tir. Kelime olarak "yol, yordam, gelenek" manalarına gelen Sünnet, ilmî terim olarak "Peygamberimizin (sallallâhu aleyhi ve sellem) yolu, uygulaması, geleneği" demektir ve Peygamberimizin sözleri (hadisleri), Peygamberimizin hareketleri ile sahabilerin bazı söz ve hareketleri karşısında susuşu (bu söz ve hareketleri sessizce onaylaması) gibi üç kısma ayrılır.

Hadis terimi çoğunlukla Peygamberimizin (sallallâhu aleyhi ve sellem) sözlerini ifade ederse de Peygamberimizin davranışları ile onun sahabilerin söz ve davranışları karşısında sessiz onayını nakleden hadislerin sayısı da az değildir.

Her tam hadis iki kısımdan meydana gelir: Birinci kısım hadisin metnini Peygamberimizden duyarak birbirine nakletmiş olan kimselerin (ravilerin) isimlerini ihtiva eder ki bu kısma *"senet"* adı verilir. Hadisin sağlamlık ve güvenirlik derecesini bu kısım tayin eder. İkinci kısım ise metin, yani hadisin asıl muhtevasıdır.

Hadisler; metinleri, muhtevaları bakımından **Kutsî Hadis** ve **Nebevî Hadis** olmak üzere iki kısma ayrılırlar. Kutsî Hadis, sözü Peygamberimize (sallallâhu aleyhi ve sellem) manası ise Yüce Allah'a (celle celâlüh) ait olan hadistir. "Allah buyurur ki" diye başlar. Nebevî Hadis, sözü ile manası Peygamberimize (sallallâhu aleyhi ve sellem) ait olan hadise denir ki, hadis denince ilk akla gelen ve hadislerin büyük birçoğunluğunu meydana getiren bu ikinci kısımdır.

Hadisler senet bölümlerinin niteliği bakımından birçok kısımlara ayrılırlar. Bu tasniflerde göz önünde tutulan ölçüler **Usul-ü Hadis** ilminin konusunu teşkil eder. Sözkonusu tasniflerin ölçüleri ile bu ölçülere göre meydana gelen hadis kısımlarını açıklamak hem bir ön sözün sınırlarını, hem de normal okuyucunun ilgi sahasını aşar. O bakımdan bu konuda teferruata girmeksizin iki önemli tasnif şekline kısaca temas etmek istiyoruz.

Hadisler senet zincirinin tamlığı ve senet zincirindeki ravilerin güvenilirliği bakımından başlıca üç kısma ayrılırlar:

1. **Sahih (sağlam):** Senet zinciri tam olan ve senet zincirini meydana getiren ravileri hadis âlimleri tarafından "sözüne güvenilir (sıkat)" kimseler olarak kabul edilenlerin hadisleridir.
2. **Hasen (güzel):** Senet zinciri eksik olan veya senet zincirini meydana getiren ravilerin "sözüne güvenilir (sıkat)" olduğu hakkında ittifak sağlanamayan hadislerdir.
3. **Zayıf:** Sened zincirinde yer alan ravilerden biri veya birkaçı şüpheli sayılan hadislerdir.

Ayrıca rivayet yollarının çeşitliliği bakımından da hadisler üçe ayrılırlar:

1. **Mutevâtir:** Pek çok ravi tarafından ayrı ayrı zincirler halinde nakledilen hadislere denir.
2. **Meşhur:** En az üç muhtelif ravi zinciri tarafından nakledilen hadislere denir.
3. **Ahad:** Yalnız tek ravi zinciri tarafından nakledilen hadislere denir.

Bu arada hadisle az-çok ilgilenen herkesin sık sık duyduğu başka bir terim de **"mevzû"** terimidir ki, hadis olduğu ileri sürülen bir sözün gerçekte hadis olmadığını, başka bir deyimle o sözün Peygamberimize (sallallâhu aleyhi ve sellem) ait olmadığını, "uydurma" olduğunu ifade eder.

Peygamberimizin (sallallâhu aleyhi ve sellem) zamanında ve vefatından sonraki ilk yıllarda Kur'an-ı Kerim'in metin parçaları ile karıştırılabilir endişesi yüzünden hadisleri yazıya geçirmekten umumiyetle kaçınıldığı görülür. Fakat Peygamberimiz tarafından bu konuda ifade edilmiş bir yasaklama sözkonusu değildir. Tersine, Amr İbni'l As'ın oğlu Abdullah'ın (radıyallâhu anhumâ) Peygamberimizin bazı hutbelerini kaleme aldığını, bu durumu ona bildirince hareketini tasvip ettiğini, hatta elli kadar sahabinin hadis yazmış olduğunu biliyoruz. Bununla birlikte Kur'an-ı Kerim âyetlerinde gösterilen yazıya geçirme titizliğinin hadislerde gösterilmemiş olduğu, bu alanda çoğunlukla hafızaya dayanıldığı kesindir. Uzun zaman büyük bir titizlikle hafızadan nakledilen hadisler hicri ikinci yüzyılın başlarında kitaplar halinde toplanmaya başlanmıştır. Bu mahiyetteki kitaplar arasında bilhassa altısı İslam âlimleri arasında yaygın bir şöhret kazanmıştır. Hadis denince hemen isimleri akla gelen ve **Kütüb-i Sitte** (altı kitap) diye anılan sözkonusu kitaplar şunlardır:

1. **Buhâri:** Muhammed b. İsmail Buhâri tarafından derlenmiştir. İçinde yedi bin iki yüz yetmiş beş hadis vardır.
2. **Müslim:** Ebu'l-Hüseyin Müslim Nişaburî tarafından derlenmiştir.
3. **Tirmizî:** Muhammed b. İsa tarafından derlenmiştir.
4. **Ebu Davud:** Ebu Davud, Süleyman b. Sicistanî tarafından derlenmiştir.
5. **Nesâî:** Ebu Abdurrahman Ahmed b. Şuayb Nesâî tarafından derlenmiştir.
6. **İbn Mâce:** Ebu Abdullah b. Mace tarafından derlenmiştir.

Bu altı kitabın ilk ikisi olan Buhâri ile Müslim bu alanda apayrı bir önem taşırlar ve kısaca **"Sahihayn"** (iki sağlam hadis kaynağı) diye anılırlar.

Saydığımız kitapların dışında yine kaynak niteliğinde daha birkaç önemli hadis kitabı var olduğu gibi, sonraları kaynak kitaplara dayanarak derlenen birçok hadis mecmuaları da görülmüştür.

Bu hadis mecmualarının en önemlilerinden birisi, gerek tertibinin mükemmelliği gerek içinde bulunan hadislerin sahihliği ve gerekse hacminin uygunluğu yüzünden İslam âleminde yaygın bir şöhret kazanmış, ilim muhitlerini aşarak geniş halk yığınlarına mal olmuştur. Bu kitap, elinizde bulunan **Riyâzü's-Sâlihîn** mecmuasıdır.

Riyâzü's-Salihîn mecmuasının derleyicisi hicri 631 yılında Şam'ın Neva kasabasında doğan ve yine hadis ile ilgili daha birçok eserin sahibi olan **Ebu Zekeriyya Muhyiddin Yahya İbni Şeref Nevevî**'dir.

Elinizdeki eser, Riyâzü's-Sâlihîn'in Rıdvan Muhammed Rıdvan tarafından gözden geçirilip baskıya hazırlanan ve 1973 yılında Beyrut'ta basılan nüshasından tercüme edilmiştir.

Not: Kudsî hadislerin numaraları siyah kutu içine alınmıştır.

Salih UÇAN
Eylül 1979, Fatih

Müellifin Ön Sözü[1]

Bütün eşyayı irâdesi altında tutan ve her şeye hükmünü yürüten, kudret ve azamet sahibi Allah'a (celle celâlüh) hamdeder; kerim, raûf ve rahim olan Allah'tan başka ilah olmadığına ve Peygamberimiz Hazret-i Muhammed aleyhissalâtü vesselamın da Allah'ın kulu ve insanları doğru yola, "hak dine" davet eden peygamberi olduğuna şehadet ederim.

Peygamberimize, enbiyaya, onların ehl-i beytine ve bütün salih kullarına salât ü selam olsun.

Allahü Teâlâ Hazretleri, *"İns ve cinni yalnız bana ibadet etsinler diye halk ettim. Onlardan ne azık ne de yiyip içirmelerini istiyorum."* buyurmuştur. Bu âyet-i kerîme, insanların ibadet ve kulluk için yaratıldıklarını açıkça göstermektedir. Binaenaleyh buna riayet etmek ve bütün azalarıyla kulluk hakkını ödemeye çalışmak, dünyası için olduğu kadar ahireti için de çalışmak ve dünyanın aldatıcı işlerine kapılmamak lazımdır. Çünkü dünya geçicidir, bununla beraber insanı ahirete ulaştıran yoldur. Ahiret ise ebedîdir. Bunun içindir ki dünyanın en faziletli kimseleri Allah'a karşı ibadet ve kulluğunu yapanlardır. Şu halde, gidilecek en doğru yolu bulmak için Allah'ın Kitabına ve peygamberler ulusu Hazret-i Muhammed aleyhisselamın hadisindeki âdaba sımsıkı sarılmak icap eder.

Cenâb-ı Hak, *"Birr ü takva üzerinde yardımlaşınız."* buyuruyor.

Resul-ü Ekrem Efendimiz de *"Bir kimse kardeşinin yardımında bulundukça Allah ona da yardım eder." "Bir hayra delâlet eden kimse, o hayrı işleyen gibi sevaba mazhar olur." "Bir kimse hidayete davet ederse,*

[1] Müellifin bu ön sözü kısaltılarak alınmıştır.

o davete icabet eden kimsenin sevabının bir misli de ona verilir." yine Hazret-i Ali'ye (radıyallâhu anh) hitaben, *"Allah Teâlâ'nın senin sayende bir kimseyi hidayete mazhar buyurması, senin için dünya malının en değerlisine mâlik olmaktan daha hayırlıdır."* buyurmuşlardır.

Binaenaleyh, ahlakı düzeltmeye, kalbi temizlemeye ve bütün vücudunun azasını korumaya dair olan, dünya ve ahiret saadetlerine yarayan hadislerden şu muhtasarı kaleme almayı düşündüm ve yalnız sahih hadisleri kaynaklarına isnat ederek zikretmeyi ve her bahsin başında, o bahislerle ilgili ayetleri yazmayı gerekli gördüm.

Eğer Hakk'ın lütf u inayetiyle bu kitap tamam olursa, hareketini buna uyduranları hayra sevkedip fenalıklardan menedeceğini umarım.

Bu kitaptan faydalanacak olan din kardeşlerimin bana, üstatlarıma ve bütün Müslümanlara hayır ile dua etmelerini dilerim. Allah'a güvenir ve O'nun lütf u keremine dayanırım. Hidayet ve muvaffakiyyet ancak Allah'tandır.

Riyâzü's Sâlihîn
Tercümesi

Birinci Kitap

1. Bölüm
İhlas ve Niyet

Gizli-açık her çeşit iş, söz ve davranışa niyet ederek başlamak...

Allah Teâlâ (celle celâlüh) buyuruyor ki:

– **"Oysa ki, onlara hiçbir sapık dine meyletmeksizin ve dinde sırf Allah'a yönelerek O'na kulluk etmeleri, namazı dosdoğru kılmaları ve zekatı vermeleri emredildi. Dosdoğru din budur."** (Beyyine suresi, 5. ayet.)

Allah Teâlâ (celle celâlüh) buyuruyor ki:

– **"Allah'a kurbanların etleri ve kanları değil, sizin takvanız ulaşır."** (Hac suresi, 37. ayet.)

Allah Teâlâ (celle celâlüh) buyuruyor ki:

– **"Göğüslerinizin içindekini (kalbinizdekileri) saklasanız da, açığa vursanız da Allah onu bilir."** (Âl-i İmrân suresi, 29. ayet.)

1- Halife Hz. Ömer b. el-Hattâb b. Nufeyl b. Abdül Uzza b. Riyah b. Abdullah b. Kard b. Rezzac b. Adiy b. Kâb b. Lüeyy b. Galib el-Kureşî, el-Adevî (radıyallâhu anh) rivayet ettiğine göre Peygamberimiz (sallallâhu aleyhi ve sellem) buyuruyor ki:

"Her iş niyete bağlıdır. Herkes neye niyet ederse onu elde eder. Allah ve O'nun Resulü'ne yönelmeyi niyet eden kimse, gerçekten. Allah'a ve O'nun Resulü'ne yönelmiş olur. Kim dünyaya yönelirse onu elde eder, kim bir kadına yönelirse onu nikâhlar, insan neye yönelirse onun peşinden koşar." (Buhâri, Müslim)

2- Mü'minlerin annesi Hz. Âişe (radıyallâhu anhâ) şöyle rivayet ediyor: "Peygamberimiz (sallallâhu aleyhi ve sellem) bir gün buyurdu ki: "Kabe'ye bir ordu akın ediyor. Bu ordu bir yere varınca baştan sona kadar tümü ile yerin dibine geçiriliyor." Ben ona, "Ya Resulallah! baştan sona kadar tümü nasıl yerin dibine geçirilir? Oysa ki aralarında hem komutanlar ve hem de onlardan olmayanlar vardır." dedim. O da bana şöyle cevap verdi: "Baştan sona kadar tümü yerin dibine geçirilir. Fakat sonra her biri niyetine göre ayrı ayrı mahşere götürülür." (Müslim)

3- Hz. Âişe'den (radıyallâhu anh) rivayet edildiğine göre Peygamberimiz (sallallâhu aleyhi ve sellem) buyuruyor ki:

– "Fetih'den sonra (Mekke'den) göç yok, fakat cihat ve niyet vardır. Cihada çağrıldığınız zaman hemen gidiniz" (Buhârî, Müslim)

4- Ebu Abdullah, Cabir b. Abdullah el-Ensari (radıyallâhu anh) rivayet ediyor: Birlikte katıldığımız bir savaşta bir gün Peygamberimiz (sallallâhu aleyhi ve sellem) şöyle buyurdu: "Medine'de öyle kimseler vardır ki, geçtiğiniz her yerde, aştığınız her vadide sizinle birliktedir, onları hastalık (savaşa katılmaktan) alıkoymuştur."

Başka bir rivayete göre hadisin son kısmı, "Kazanılan ecirde onlar da size ortaktırlar." şeklindedir.

Aynı hadisi Hz. Enes (radıyallâhu anh) şöyle rivayet ediyor:

– "Bizimle birlikte harbe katılmayıp Medine'de kalan öyle kimseler var ki, aştığımız her gedikte ve her vadide bizimle birliktedirler. Onlar mazeretleri yüzünden harbe katılamamışlardır."

5- Ebu Yezid, Ma'n b. Yezid b. el-Ahnes –ki bu zatın hem babası ve hem de dedesi sahabilerdendir– şöyle rivayet ediyor: "Babam birkaç dinar sadaka ayırarak Mescid'de (Mescid-i Nebî) bir adamın önüne koydu. Ben de varıp parayı alarak babamın yanına gittim. Babam bana, "Vallahi o parayı sana vermek istememiştim." dedi. Bunun üzerine konuyu Peygamberimize arzedince o, "Ey Yezid! Sen niyet ettiğini elde ettin. Ey Ma'n! Aldığın senindir." diye buyurdu. (Buhârî)

6- Cennetlik olduklarına şahadet edilen on kişiden biri olan Ebu İshak Sa'd b. Ebi Vakkas Malik b. Uheyb b. Abd-ı Menaf b. Zuhre b. Kilâb b. Murre b. Kâ'b b. Lüey-ul Kureşiyyi Zuhri (radıyallâhu anh) şöyle rivayet ediyor:

– "Allah'ın Resulü Veda Haccı yılında yakalandığım ağır bir hastalık dolayısı ile beni ziyaret etmeye gelmişti. Ben ona, "Ya Resulallah! Hastalığımın derecesini görüyorsun. Ben varlıklı bir adamım ve bir kızımdan başka hiçbir vârisim yok. Malımın üçte ikisini sadaka olarak verebilir miyim?" diye sordum. Bana "Hayır." diye cevap verdi. Bunun üzerine "Peki yarısını, ya Resulallah?" diye sordum, yine "Hayır." diye cevap verdi. Bunun üzerine "Peki üçte birini, ya Resulallah?" diye sordum, bu defa bana şöyle cevap verdi:

– "Üçte bir, üçte bir çoktur (veya büyüktür). Vârislerini başkalarına el açacak durumda fakir olarak bırakacağına zengin olarak bırakmak senin hakkında daha hayırlıdır. Ayrıca sen, eşinin ağzına koyduğun lokma da dâhil olmak üzere, Allah rızasını dileyerek verdiğin her şeyden dolayı muhakkak sevap kazanırsın.

Bu sefer ona, "Ben arkadaşlarımdan ayrılıp geride (Mekke'de) mi kalacağım?" diye sordum. Bana şöyle cevap verdi:

– "Geride kalarak Allah rızası uğruna işleyeceğin her amel karşılığında mutlaka derece ve rütben artacaktır. Umarım ki bazıları yararlansın ve diğer bazıları zarar görsün diye geride bırakılıyorsun. Allah'ım! Sahabilerimin hicretini hedefine vardır, onları geriye döndürme. Fakat Sa'd b. Havle'ye yazık oldu (Peygamberimiz bu sözü ile Mekke'de öldü diye bu zat hakkında duyduğu acıyı belirtiyor)." (Buhâri, Müslim)

7- Ebu Hureyre Abdurrahman b. Sahr (radıyallâhu anh) şöyle rivayet ediyor:

– Peygamberimiz (sallallâhu aleyhi ve sellem) şöyle buyurdu: "Allah sizin bedenlerinize ve dış görünüşlerinize değil, kalplerinize bakar." (Müslim)

8- Ebu Musa Abdullah b. Kays el-Eş'arî (radıyallâhu anh) şöyle rivayet ediyor:

– "Resulullah'a bir gün, "Kahramanlık uğruna, kavmiyet duygusu ile ve gösteriş olsun diye çarpışan kimselerden hangisi Allah yolundadır?" diye sordular. O da bu soruya "Sadece Allah'ın sözü yüce (egemen ve geçerli) olsun diye savaşanlar Allah yolundadır." diye cevap verdi." (Buhâri, Müslim)

9- Ebu Bekir Nefi' b. Haris es-Sakafî şöyle rivayet ediyor: Peygamberimiz bir gün "İki Müslüman kılıçları ile karşı karşıya gelirse, öldüren de ölen de cehennemliktir." diye buyurdu. Ben ona "Öldüren tamam, fakat niye öldürülen de?" diye sordum. Bana "Çünkü o da karşı taraftakini öldürmek hırsı içinde idi." diye cevap verdi. (Buhâri, Müslim)

10- Ebu Hureyre (radıyallâhu anh) şöyle rivayet ediyor:

– Allah Resulü bir gün şöyle dedi:

– "Bir adamın cemaatle kıldığı namaz, çarşıda (ticarethanede) veya evde kıldığı namazdan yirmi küsur derece daha üstündür. Bu da şöyle: Namaz kılan adam güzelce abdest aldıktan sonra namazdan başka hiçbir düşüncesi olmaksızın, sırf namaza gitmek gayesi ile yerinden kalkarak camiye varıncaya kadar attığı her adım başına bir derece kazanır ve günahlarından biri silinir. Camiye girdikten sonra da kendisini alıkoyan sebep, namaz oldukça namazdaymış gibidir. İçinizden biri namaz kıldığı yerde kaldığı sürece konuşmadıkça ve yanındakileri rahatsız etmedikçe kendisi için melekler 'Allah'ım, onu affeyle! Allah'ım, onun tevbesini kabul eyle!' diyerek istiğfar ederler." (Bu ifade Müslim'e aittir.) (Buhârî, Müslim)

11- Ebu Abbas Abdullah b. Abbas b. Abdülmuttalib'in (radıyallâhu anhumâ) rivayet ettiğine göre Peygamberimiz (sallallâhu aleyhi ve sellem) Allah'tan rivayet ederek şöyle buyuruyor:

– "Allah Teâlâ iyilikler ile kötülükleri yazdı, sonra her ikisini de açıkça belirtti. Kim bir iyiliğe niyet eder de onu işlemezse Allah Teâlâ o kimse hesabına bir iyilik yazar. Eğer adam niyet ettiği iyiliği işlerse Allah Teâlâ onun hesabına işlediği iyiliğin on katından yedi yüz katına kadar, hatta daha da yüksek katlara kadar iyilik yazar. Eğer adam bir kötülüğe niyet eder de onu işlemezse Allah Teâlâ onun hesabına bir iyilik yazar. Eğer adam niyet ettiği kötülüğü işlerse Allah Teâlâ onun hesabına bir tek kötülük yazar." (Buhârî, Müslim)

12- Ebu Abdurrahman Abdullah b. Ömer b. el-Hattab (radıyallâhu anhumâ) şöyle rivayet ediyor:

– Resulullah'ın şöyle buyurduğunu duydum: "Sizden öncekilerden üç kişi yola koyulur, gece olunca bir mağara ile karşılaşırlar ve içine sığınırlar. Adamlar içeri girdikten sonra dağdan yuvarlanıp inen bir kaya mağaranın ağzını tıkar. Adamlar birbirlerine 'İyi amelleriniz adına Allah'a dua etmekten başka bu kayadan kurtuluş yoktur.' derler. Bunun üzerine içlerinden biri dua ederek şöyle der:

'Allah'ım benim ileri derecede yaşlanmış ana babam vardı. Akşam olunca onların sütünü içirmeden önce ne ev halkıma ve ne de hayvanlara su verirdim. Bir gün oduna gitmiştim, zamanında dönemedim, eve gelince uyumuşlardı. Sütlerini sağıp yanlarına varınca onları uyur vaziyette buldum. Ne onları uyandırmayı doğru buldum ve ne de ev halkı ile hayvanları onlardan önce yedirmek istedim. Süt bardağı ellerimde ve çocuklar ayaklarımın dibinde açlıktan ağlaşır durumda tanyeri ağarıncaya kadar öylece bekledim, tanyeri ağarınca uyandılar ve sütlerini içtiler.

Allah'ım! Eğer bu hareketi senin rızanı kazanmak için yaptıysam, şu kaya yüzünden içine düştüğümüz sıkıntıyı üzerimizden kaldır.'

Bu dua üzerine kaya yerinden oynayarak kapıda bir aralık meydana geldi. Fakat beliren aralık dışarı çıkmalarına yetecek kadar değildi.

Adamlardan bir diğeri de şöyle dua etti:

'Allah'ım! Benim bir amcamın kızı vardı. En çok sevdiğim insan oydu. (Başka bir rivayete göre: 'Onu erkeklerin kadınları sevebilecekleri en şiddetli sevgi ile seviyordum.') Bir gün kendisini bana teslim etmesini istedim, teklifimi reddetti. Bir süre sonra üst üste birkaç kıtlık yılı yaşadı. Bana başvurdu, kendini bana teslim etmesi şartı ile ona yüz yirmi dinar vermeyi teklif ettim, o da istediğim gibi yaptı. Irzına geçebilecek duruma gelince (Başka bir rivayete göre: 'Apış arasına çöktüğüm anda.') bana, 'Allah'tan kork da gayrimeşru şekilde mührü sökme!' dedi. Bunun üzerine o en çok sevdiğim insan olduğu halde kucağından kalkıp yanından uzaklaştım, daha önce vermiş olduğum altınları da ona bıraktım. Allah'ım! Eğer o hareketi senin rızanı kazanmak için yaptıysam, bizi içinde bulunduğumuz sıkıntıdan kurtar.'

Bu dua üzerine kaya yine yerinden kımıldadı ve açılan gedik biraz daha genişledi. Fakat yine çıkmalarına imkân verecek kadar değildi.

Sıra üçüncü adama gelince o da şöyle dua etti:

'Allah'ım! Bir zaman ücretle işçiler çalıştırmıştım. Hepsinin ücretini verdim, yalnız içlerinden biri hakkını almadan yanımdan ayrıldı. Adamın ücretini ayırıp çalıştırdım ve ondan kalabalık bir mal sürüsü meydana geldi. Bir süre sonra adam bana gelerek 'Ey Allah'ın kulu! Ücretimi ver.' dedi. Ben de ona 'Bütün bu gördüğün deve, koyun ve inek sürüsü ile köleler senin ücretinin kârından meydana geldi.' diye cevap verdim. Adam, 'Ey Allah'ın kulu! Benimle alay etme.' dedi. Ben de ona 'Seninle alay etmiyorum.' dedim. Adam ücret kârından meydana gelen malın tümünü aldı. Ben de geride hiçbir şey kalmamasını sağlayarak onu yola koydum.

Allah'ım! Eğer o hareketi senin rızanı kazanmak için yaptıysam, bizi içine düştüğümüz sıkıntıdan kurtar.'

Bunun üzerine kaya epeyce yana çekildi de yürüyerek dışarı çıktılar. (Buhâri, Müslim)

2. Bölüm
Tevbe Etmek

İlim adamları şöyle diyor: Her çeşit günahtan tevbe etmek gerekir. Eğer işlenen günah, kul ile Allah Teâlâ arasında ise, kul hakkı ile ilgili değilse böyle bir günaha karşılık yapılan tevbenin kabul edilmesi için üç şart vardır:

1. Günahtan iyice sıyrılmak,

2. O günahı işlemekten pişman olmak,

3. O günahı bir daha işlememeye kesin karar vermek.

Bu şartlardan herhangi biri eksik olursa adamın tevbesi sahih olmaz.

Eğer işlenen günah kul hakkı ile ilgili ise, onun için yapılacak olan tevbenin şartları dörttür: Yukardaki üç şarta ilave olarak hak sahibi olan kulun hakkından arınmak gerekir. Eğer kul hakkı mal ve benzeri bir şey ise tevbe sahibi bunu sahibine geri verir. Eğer iftiradan ileri gelen bir hadd cezası ise ya hak sahibine bu haddi uygulama imkânı verir veya ondan af diler. Eğer söz konusu olan kul hakkı gıybet ise hak sahibinden hakkını helal etmesini ister.

Günahların tümünden tevbe etmek gerekir. Eğer adam bazı günahlarına karşı tevbe ederse, gerçek ehline göre o günahlarla ilgili olarak tevbesi sahih olur ve diğer günahlar üzerinde kalır. Tevbenin gerekliliğine dair deliller gerek Kur'an'da gerek Sünnet'te ve gerek icma-ı ümmette birbirini kovalamaktadır. Allah Teâlâ (celle celâlüh) buyuruyor ki:

- **"Ey mü'minler! Tüm olarak Allah'a tevbe ediniz ki kurtuluşa eresiniz. "** (Nûr suresi, 31. ayet.)

Allah Teâlâ (celle celâlüh) buyuruyor ki:

- **"Rabbinizden mağfiret dileyin ve sonra tevbe ederek O'na yönelin."** (Hûd suresi, 3. ayet.)

Allah Teâlâ (celle celâlüh) buyuruyor ki:

- **"Ey mü'minler! Kesin kararlı ve dönülmez bir tevbe ile Allah'a yönelin."** (Tahrîm suresi, 8. ayet.)

13- Ebu Hureyre (radıyallâhu anh) şöyle rivayet ediyor:

– Peygamberimizin (sallallâhu aleyhi ve sellem) şöyle dediğini duydum: "Vallahi ben günde yetmiş kereden çok Allah'a tevbe eder, O'ndan günahlarımın bağışlanmasını dilerim." (Buhâri)

14- Ağarr b. Yesar el-Muzinî'nin (radıyallâhu anh) rivayet ettiğine göre Peygamberimiz (sallallâhu aleyhi ve sellem) şöyle buyuruyor:

– "Ey insanlar! Allah'a tevbe edin ve O'ndan günahlarınızı bağışlamasını dileyin. Ben günde yüz kere tevbe ederim." (Müslim)

15- Peygamberimizin hadimi Ebu Hamza Enes b. Mâlik el-Ensari'nin (radıyallâhu anh) rivayet ettiğine göre Peygamberimiz (sallallâhu aleyhi ve sellem) şöyle buyuruyor:

– "Allah Teâlâ, kulunun tevbesi karşısında, ıssız bir çölde yitirdiği devesini yeniden bulmanızdan daha çok sevinir." (Buhâri, Müslim)

Aynı hadisi Müslim şöyle rivayet eder:

– "İçinizden bir adam düşünün, ıssız bir çölde binek hayvanının sırtında yolculuk ediyor. Bir ara hayvanını elinden kaçırır. Yiyecek ve içeceği de hayvanın sırtındadır. Derken onu bulmaktan umudunu keser. Bu umutsuzluk içinde bir ağacın yanına gelir ve gölgesinde yatar. Adam bu durumdayken bir de bakar ki binek hayvanı karşısına dikilivermiştir. Derhal yularından tutar ve aşırı bir sevinç içinde ne söyleyeceğini şaşırarak 'Allah'ım! Sen benim kulumsun, ben de senin Rabbinim!' deyiverir. İşte Allah Teâlâ, kulunun tevbesi karşısında bu adamınkinden daha büyük bir sevinç duyar."

16- Ebu Musa Abdullah b. Kays el-Eş'arî'nin (radıyallâhu anh) rivayet ettiğine göre Peygamberimiz (sallallâhu aleyhi ve sellem) şöyle buyuruyor:

– "Allah Teâlâ, güneş battığı yerden doğuncaya kadar gündüz günah işleyen tevbe etsin diye gece elini açar (kulunu bekler); gece günah işleyen tevbe etsin diye de gündüz elini açar (kulunu bekler)." (Müslim)

17- Ebu Hureyre'den (radıyallâhu anh) rivayet edildiğine göre Peygamberimiz (sallallâhu aleyhi ve sellem) şöyle buyuruyor:

– "Kim güneş battığı yerden doğmadan önce tevbe ederse Allah tevbesini kabul eder." (Müslim)

18- Ebu Abdurrahman Abdullah b. Ömer b. el-Hattab'ın (radıyallâhu anh) rivayet ettiğine göre Peygamberimiz (sallallâhu aleyhi ve sellem) buyuruyor ki:

– "Can boğaza dayanmadıkça Allah kulun tevbesini kabul eder." (Tirmizî)

19- Zirr b. Cubeyş (radıyallâhu anh) der ki: Bir gün mestler üzerini mesh etme meselesini sormak üzere Safvan b. Assal'in (radıyallâhu anh) yanına gittim. Bana "Gelişinin sebebi nedir?" diye sordu. "Bilgi almak için..." diye cevap verdim. Bunun üzerine bana "Melekler, peşinden koştuğu şeye karşı hoşnutluk duyduklarını belirtmek üzere ilim arayıcısının üzerine kanat gererler." dedi.

Ona dedim ki: "Büyük veya küçük abdest bozduktan sonra mestler üzerini mesh etme meselesi kafamı kurcalıyor. Sen Peygamberimizin (sallallâhu aleyhi ve sellem) sahabilerinden olduğun için bu konuda ondan bir şey duyup duymadığını sana sormaya geldim." Bana şöyle cevap verdi: "Evet, duydum. Yolda olduğumuz zaman –veya yolcu olduğumuz zaman– cünüplük hali müstesna, küçük veya büyük abdest bozma ile uyku yüzünden üç gün üç gece mestlerimizi çıkarmamamızı emrederdi."

Bu defa kendisine "Onun (Peygamberimizin) sevgi hakkında bir şey dediğini duydun mu?" diye sordum. Bana şu cevabı verdi: "Evet, duydum. Bir gün Peygamberimiz (sallallâhu aleyhi ve sellem) ile birlikte yolculuk ediyorduk. Biz yanındayken ansızın bir çöl bedevisi ona gayet yüksek bir sesle "Ya Muhammed!" diye seslendi. Peygamberimiz de onunkine yakın bir ses tonu ile bedeviye "Buyur!" diye cevap verdi. Ben adama "Yazık sana, ses tonunu biraz alçalt! Peygamberimizin huzurundasın, böyle davranman yasaktır." dedim. Bedevi bana "Vallahi ses tonumu alçaltmam!" diye cevap verdikten sonra "İnsanın aralarına katılma imkânı bulamadığı bir grubu sevmesi hakkında ne dersiniz.?" dedi. Bunun üzerine Peygamberimiz (sallallâhu aleyhi ve sellem), "İnsan kıyamet günü sevdiği ile beraber olacaktır." diye buyurdu. Sözlerine devam eden Peygamberimiz, batıda bulunan ve genişliği kırk –veya yetmiş– yıllık yol kadar olan bir kapıdan bahsetti.

Hadisi rivayet edenlerden biri olan Süfyan (radıyallâhu anh) der ki: "Bu kapı batı tarafındadır. Allah gökleri ve yeri yarattığı gün onu da tevbeye açık olarak yaratmıştır. Güneş oradan doğmadıkça Allah o kapıyı kapatmaz." (Tirmizî)

20- Ebu Said Sa'd b. Malik b. Sinan el-Hudri'nin (radıyallâhu anh) rivayet ettiğine göre Peygamberimiz (sallallâhu aleyhi ve sellem) buyuruyor ki:

– "Sizden öncekilerden biri vardı, doksan dokuz kişi öldürmüştü. Yeryüzünün en bilgili kimsesini sordu, ona bir rahibi gösterdiler. Adam rahibe vararak doksan dokuz kişi öldürdüğünü söyledi ve tevbesinin kabul edilip edilmeyeceğini sordu. Rahip, adama 'Hayır.' diye cevap verince adam onu da öldürüp yüzü tamamladı.

Bunun üzerine yeryüzünün en bilgilisini sordu, ona bir bilgini tavsiye ettiler. Bilgine vararak yüz kişi öldürdüğünü söyledi ve tevbesinin kabul edilip edilmeyeceğini sordu. Bilgin ona 'Evet, kabul olunur.' diyerek kendisi ile tevbe arasına hiç kimsenin giremeyeceğini belirttikten sonra sözlerine şöyle devam etti:

'Falan yere git. Orada Allah'a ibadet eden kullar var. Sen de onlarla birlikte Allah'a ibadet et. Sakın kendi beldene dönme. Çünkü orası kötülük diyarıdır.'

Adam da yola koyuldu. Yolun yarısına varınca ölüverdi. Rahmet melekleri ile azap melekleri adam hakkında anlaşmazlığa düştüler. Rahmet melekleri, 'Adam tevbe etmiş ve kalpten Allah'a yönelmiş olarak buraya geldi.' dediler. Azap melekleri ise 'O kesin olarak hiçbir iyilik işlememiştir.' dediler. Bu sırada yanlarına insan kılığına girmiş bir melek geldi ve kendisini aralarını bulmak üzere hakem seçtiler. O da onlara 'Her iki beldeye olan uzaklığı ölçüp karşılaştırınız, hangi belde daha yakınsa ölü oraya aittir.' diye cevap verdi. Her iki beldeye olan uzaklığı ölçüp karşılaştırınca adamın yarmak istediği beldeye daha yakın olduğunu tespit ettiler. Bunun üzerine ölüsünü rahmet melekleri aldı." (Buhâri, Müslim)

Müslim'in bir başka rivayetine göre hadisin son kısmı, "Adam iyiler beldesine bir karış daha yakındı. Bu yüzden onlardan sayıldı." şeklindedir. Yine Müslim'in bir başka rivayetine göre hadisin bu kısmı şöyledir: "Allah Teâlâ, 'Beriki beldeden uzaklaş ve öteki beldeye yaklaş.' diye buyurdu. Arkasından da 'Adamın her iki tarafa olan uzaklığını ölçüp karşılaştırın.' diye meleklere emretti. Öteki beldeye bir karış daha yakın olduğunu tespit ettiler. Böylece günahları bağışlandı." Diğer bir rivayete göre: "Göğsü öteki tarafa doğru itildi."

21- Abdullah b. Kâ'b b. Malik –ki babası Kâ'b'ın gözleri kör olduğu zaman ona yolda kılavuzluk eden oğluydu– der ki: "Babam Kâb'ın Tebük gazasında Allah Resulü ile birlikte savaşa katılmayıp geride kalışını anlatırken duydum. Şöyle dedi:

– "Tebük gazası hariç, Peygamberimizin (sallallâhu aleyhi ve sellem) giriştiği hiçbir savaşta ondan ayrılıp geride kalmadım. Gerçi Bedir savaşına katılmamıştım ama hiç kimse o savaşa katılmadı diye kınanmamıştır. Çünkü Peygamberimiz ve Müslümanlar bu sefere Kureyşlileri arkadan gözetlemek amacı ile çıkmışlardı. Fakat beklenmedik şekilde Allah onları düşmanları ile karşı karşıya getirdi.

İslam üzerine antlaştığımız Akabe gecesi ben de Peygamberimiz ile birlikte idim. Her ne kadar halk arasında Bedir gazası daha ünlü ise de Akabe gecesi yerine Bedir gazasına katılmış olmayı istemezdim. Tebük gazasında Peygamberimizden ayrılıp geri kaldığım zaman şöyle bir durumum vardı. Hiçbir zaman o savaştan geride kaldığım zamanki kadar güçlü ve varlıklı olmamıştım. Vallahi daha önce hiçbir zaman bir araya getirememiş olduğum iki binek hayvanını o gaza sırasında bir araya getirmiştim.

Bu savaşa kadar Peygamberimiz (sallallâhu aleyhi ve sellem) bir savaşı kararlaştırdığı zaman onu gizli tutup başka bir seferi öne sürerdi. Bu gazaya şiddetli bir sıcak altında girişileceği için ve karşılarına uzun bir çöl yolculuğu ile kalabalık sayıda bir düşman kuvveti çıkacağı için, savaş hazırlıklarını yapsınlar diye Müslümanlara durumu açık açık anlatarak hangi tarafa yönelmelerini istediğini kendilerine önceden bildirmişti. Peygamberimizin yanındaki Müslümanlar kalabalıktı, onların isimlerini bir araya getiren bir defter yoktu." Kâ'b sözlerine şöyle devam eder:

– "Firar etmek isteyenler çok azdı. Onlar da haklarında Allah'tan vahiy gelmedikçe yaptıklarının duyulmayacağını düşünerek buna kalkışanlardı. Resulullah bu gazaya meyvelerin olgunlaştığı ve gölgelerin arandığı bir mevsimde girişmişti. Ben de bunlara düşkündüm.

Resulullah Müslümanlarla birlikte savaş hazırlığına koyuldu. Ben de her sabah savaşa hazırlanmak için evden çıkar, fakat hiçbir şey yapmadan dönerdim. İçimden de 'İstediğim zaman hazırlanabilirim.' diyordum. Benden başkaları sürekli gayret sarfederken bende bu gevşeklik hali devam etti.

Resulullah Müslümanlarla birlikte sabahları erkenden hazırlıklara giriştiler, bense hiçbir hazırlık yapmamıştım. Sabah evden çıkıyor, fakat hiçbir şey yapmadan akşam eve dönüyordum. Bu halim böyle devam ederken onlar sefere çıktılar. Böylece gazaya çıkmayı kaçırmış oldum. Hemen yola çıkıp onlara yetişmek istedim. Keşke böyle yapabilseydim, fakat o bana nasip olmadı. Resulullah'ın sefere çıkışından sonra halk arasına çıkınca ortalıkta benim gibisini görememek ağırıma gitmişti. Gördüklerim ya münafık olarak itham edilmiş veya Allah'ın mazur ilân ettiği güçsüz kimselerdi.

Resulullah, Tebük'e varıncaya kadar benden hiç söz etmedi. Tebük'te Müslümanlar arasında oturuyorken 'Kâ'b b. Malik ne yaptı?' diye sordu. Benî Selime kabilesinden biri, 'Çifte cübbesi ile kibir içinde sağa sola bakmak, onu aramıza katılmaktan alıkoydu.' dedi. Bunun üzerine Muaz b. Cebel (radıyallâhu anh) adama, 'Ne kadar çirkin konuştun! Ya Resulallah onun hakkında iyilikten başka bir şey bilmiyoruz.' dedi. Bunun üzerine Peygamberimiz sustu. Bu durumdayken zaman zaman serapta belirip kaybolan beyazlara bürünmüş bir adam gördü. Peygamber, 'Ey gelen adam! Ebu Heyseme ol.' dedi. Adam gerçekten Ensar'dan Ebu Heyseme idi. Bu adam sadaka olarak bir ölçek hurma verince münafıklar tarafından alaya alınan kimse idi." Kâ'b sözlerine şöyle devam etti:

– "Peygamberimizin seferden dönmek üzere Tebük'ten yola çıktığını öğrenince beni bir üzüntüdür aldı. İleri süreceğim bir yalan aramaya ve 'Yarın onun öfkesinden nasıl sıyrılırım?' diye söylenmeye başladım. Bu hususta aklı eren bütün yakınlarımın yardımına başvuruyordum. Resulullah'ın gelmek üzere olduğu söylendiği zaman batıl düşünceler kafamdan uzaklaştı. Bu yoldan hiçbir şey kazanamayacağımı kesin olarak anlamıştım. Bu yüzden işin doğrusunu saklamamaya karar verdim.

Bu arada Peygamberimiz de geldi. Seferden dönünce önce mescide uğrar, iki rek'at namaz kıldıktan sonra oturup insanların işlerine bakardı. Peygamberimiz insanların meselelerine yönelince savaşa katılmayanlar huzuruna çıktılar. Ona karşı mazeret beyan ediyorlar, önünde yemin ediyorlardı. Seksen küsur kişi kadar vardı. Resulullah bu kimselerin ileri sürdükleri mazeretleri kabul ederek kendileri ile biat tazeledi, günahlarının bağışlanmasını dileyerek içyüzlerini Allah'a havale etti.

Bu sırada huzuruna ben gelmiştim. Selam verdiğim zaman öfkeli bir şekilde gülümseyerek 'Gel bakalım.' dedi. Bunun üzerine yürüdüm ve varıp karşısında oturdum. 'Niye aramıza katılmaktan geri kaldın? Kendine binek hayvanı satın almış değil miydin?' diye sordu. Ona şöyle cevap verdim:

– 'Ya Resulallah! Eğer senin değil de dünya halkından bir başkasının karşısına otursaydım bir mazeret uydurup onun öfkesinden sıyrılacağımdan eminim. Çünkü bana etkileyici ve inandırıcı şekilde konuşabilme kabiliyeti verilmiştir. Vallahi, kesinlikle biliyorum ki bu gün sana karşı, öfkeni üzerimden savacak yalan bir söz söyleyecek olsam, çok geçmeden Allah senin öfkeni üzerime çekecektir. Buna karşılık sana doğruyu söyler ve bu yüzden bana kızarsan böyle konuşmanın bana Allah katında iyi bir akıbet sağlayacağını umuyorum. Vallahi, hiçbir mazeretim yoktu. Vallahi, hiçbir zaman sana katılmayıp geride kaldığım zamanki kadar güçlü ve rahat olmamıştım.'" Kâ'b sözlerine şöyle devam ediyor:

Peygamberimiz bana şöyle karşılık verdi:

'Bu adam doğru söylüyor. Şimdi kalk, git. Allah tarafından hakkında hüküm verilinceye kadar bekleyeceksin.'

Benî Seleme kabilesinden bazı kimseler ayağa kalkıp peşimden yürüdüler ve bana, 'Vallahi bundan önce senin günah işlediğini bilmiyoruz. Peygamberimizin huzurunda savaştan geri kalan öbür kimselerin ileri sürdükleri gibi bir mazeret beyan edemedin. Senin günahına karşılık Peygamberimizin af dilemesi kâfi gelirdi.' dediler." Kâ'b sözlerine şöyle devam ediyor:

"Vallahi, beni o derece kınamaya devam ettiler ki, tekrar Peygamberimizin huzuruna dönüp kendi kendimi yalanlamak istedim. Onlara 'Şimdiye kadar aynı muameleye muhatap olan benden başka hiç kimse oldu mu?' diye sordum. 'Evet, senden başka iki kişi daha aynı muameleye muhatap oldu. Onlar da senin gibi konuştular ve sana verilen cevabın benzerini aldılar.' diye cevap verdiler." Kâ'b sözlerine devam ediyor:

"Bunun üzerine 'Kim o iki kişi?' diye sordum, 'Rabi' oğlu Meraretü'l-Amrî ile Umeyye oğlu Hilâlü'l-Vakfi.' diye cevap vererek durumları bana örnek teşkil eden Bedir harbine katılmış iki iyi adamın adını bildirdiler.

Bu iki adamın adını söylediklerinde yanlarına vardım. Peygamberimiz kendisi ile birlikte savaşa katılmayıp geride kalanlar arasından sadece üçümüzle konuşmayı yasakladı. Bunun üzerine herkes bizden uzak durmaya başladı –veya 'Bize karşı tavırları değişti.' dedi.– O kadar ki: Kendi beldem bana yabancı oldu, orası artık eski bildiğim belde değildi.

Bu minval üzere elli gece geçirdik. Diğer iki arkadaşım boynu bükük iki zavallı haline geldiler, evlerine kapanıp devamlı ağlıyorlardı. Bana gelince... Aralarında en genç ve güçlü olanı bendim. Bu yüzden evden çıkıp Müslümanlarla birlikte namazda bulunuyor ve sokaklarda geziniyordum fakat hiç kimse benimle konuşmuyordu.

Peygamberimizin yanına varır ve kendisi ile namaz sonrasına mahsus yerinde otururken ona selam verir ve kendi kendime 'Selamımı almak üzere dudaklarını kıpırdattı mı yoksa kıpırdatmadı mı?' diye sorardım. Sonra da yakınında namaza durarak kendisine kaçamak bakışlar atfederdim. Namaza durunca bana doğru bakıyor fakat kendisine doğru dönünce yüzünü başka tarafa çeviriyordu.

Müslümanların bana karşı bu onur kırıcı tutumu uzun zaman devam edince bir gün evinin bahçe duvarından tırmanarak Ebu Katade'nin evine girdim. Amcamın oğluydu, üstelik en sevdiğim insandı. İçeri girince kendisine selam verdim, vallahi selamımı almadı. Kendisine 'Ya Eba Katade, Allah için sana soruyorum, benim Allah'ı ve O'nun Resulü'nü sevdiğimi biliyor musun?' dedim, bana cevap vermedi. Bir daha kendisini cevap vermeye çağırdım, yine sustu. Bir kere daha cevap vermesini istedim, bu defa bana 'Allah ve O'nun Resulü bilir.' diye karşılık verdi. Bunun üzerine gözlerim yaşardı, geri dönüp bahçe duvarından atlayarak uzaklaştım.

Bu sırada Medine çarşısında gezinirken şehire gıda maddeleri getirip satan Şamlı bir çiftçi 'Kâ'b b. Malik'i bana kim gösterir?' diye sesleniyordu. Halk beni kendisine gösterdi, yanıma geldi. Bana Gassan meliki tarafından gönderilmiş bir mektup verdi. Okuma-yazma biliyordum. Mektubu okudum. Şunlar yazıyordu:

– 'Selamdan sonra, efendinin seni üzdüğünü duyduk, Allah seni zillet ve mahrumiyet yurduna mahkûm etmiş değildir. Aramıza katıl, seni bağrımıza basarız.'

Mektubu okuyunca 'Bu da imtihanın bir bölümü...' diyerek onu tandıra atıp yaktım. Elli günün kırk günü geçtiği halde vahiy gelmeyince Peygamberimizin elçisi bana gelerek, 'Resulullah, eşinden ayrılmanı emrediyor!' dedi. Ben de ona 'Eşimi boşayayım mı yoksa ne yapayım?' diye sordum. Gelen elçi bana 'Hayır, boşama. Yalnız ondan ayrıl, kendisine yanaşma.' diye cevap verdi. Peygamberimiz aynı emri öbür iki arkadaşıma da ulaştırmıştı. Bunun üzerine eşime 'Ailenin yanına git ve Allah bu konuda hüküm verinceye kadar onlarda kal.' dedim.

Umeyye oğlu Hilâl'in eşi Peygamberimize başvurarak ona 'Ya Resulallah! Umeyye oğlu Hilâl, bakacak kimsesi olmayan zavallı bir ihtiyardır, ona bakmamı kerih görür müsünüz?' diye sordu. Peygamberimiz ona 'Hayır, fakat sakın sana yanaşmasın.' diye cevap verdi. Kadın Peygamberimize şöyle cevap verdi: 'Vallahi, onda hiçbir şeye doğru kımıldayacak bir güç kalmadı. Bu iş başına geldiğinden beri şu ana kadar aralıksız olarak ağlıyor.'

Yakınlarımdan biri bana 'Eşin hakkında Peygamberimizden izin istesene! O, Umeyye oğlu Hilâl'in eşine, kocasına baksın diye izin verdi.' dedi. Ben ona şu cevabı verdim: 'Bu konuda Peygamberimizden izin istemem, bu konuda ondan izin istersem ne karşılık vereceğini bilmiyorum, çünkü ben genç bir adamım.'

Bu minval üzere on gün kaldım. Böylece bizimle konuşmanın yasaklandığı andan itibaren elli geceyi doldurmuş olduk. Ellinci gecenin sabahı, evlerimizden birinin damında sabah namazını kılmıştım. Allah Teâlâ'nın bizden bahsederken belirttiği gibi bir ruh halinde, can sıkıntısı içinde ve bütün genişliğine rağmen yeryüzü bana dar gelerek otururken Sel' Dağı'na çıkmış bir tellalın gür sesini duydum. 'Ya Kâ'b b. Malik, müjdeler olsun!' diye sesleniyordu.

Kurtuluş müjdesinin geldiğini anladım ve hemen secdeye kapandım. Peygamberimiz sabah namazını kılınca Allah Teâlâ'nın (celle celâlüh) tevbemizi kabul ettiğini açıkladı. Halk derhal bize müjdeyi vermek için yola koyuldu. Diğer iki arkadaşıma müjdeciler gittiler. Adamın biri bana doğru hızla at sürdü. Esleme kabilesinden biri de yine bana doğru koştu ve tepeye çıktı. Ses attan daha hızlı idi. Bana müjde veren sesini duymuş olduğum adam geldiği zaman vermiş olduğu müjdeye karşılık altı ve üstü ile üzerimdeki elbiseyi çıkarıp ona giydirdim.

Vallahi, o zaman başka bir elbisem yoktu. Bu yüzden ödünç bir takım elbise edinerek giydim ve Peygamberimizin huzuruna koştum. Halk gruplar halinde yanıma gelip 'Allah'ın tevbeni kabul buyurması sana mübarek olsun!' diyerek tevbemin kabul edilmiş olmasından dolayı beni tebrik ediyordu. Böylece Mescid'e girdim. Peygamberimiz (sallallâhu aleyhi ve sellem) halkın ortasında oturuyordu.

Bu sırada Ubeydullah oğlu Talha (radıyallâhu anh) yerinden kalktı, koşa koşa yanıma gelip elimi sıkarak beni tebrik etti. Vallahi, ondan başka Muhacirlerden hiç kimse ayağa kalkmadı. Kâ'b da Talha'nın bu hareketini hiçbir zaman unutmadı." Kâ'b sözlerine şöyle devam ediyor:

"Peygamberimize (sallallâhu aleyhi ve sellem) selam verince sevinçten yüzü parıldayarak 'Sana, annenden doğduğundan beri yaşadığın en hayırlı günü müjdelerim.' dedi. Ona 'Ya Resulallah! Bu müjde sizin tarafınızdan mı yoksa Allah katından mı?' diye sordum. 'Allah katından.' diye cevap verdi. Zaten Peygamberimiz (sallallâhu aleyhi ve sellem) sevindiği zaman yüzü ay parçası gibi parlardı, öteden beri bu durumu biz bilirdik.

Karşısına geçip oturunca 'Ya Resulallah! Malımın tümünden sıyrılıp onu sadaka olarak vermek de tevbeme dahildi.' dedim. Bana, 'Malının bir bölümünü yanında alıkoy: Böylesi, hakkında daha hayırlıdır.' diye cevap verdi. Ben de ona 'O halde Hayber'deki hissemi yanıma alıkoyuyorum.' dedim. Arkasından şunları söyledim:

'Ya Resulallah! Allah beni doğru sözlülüğüm sayesinde kurtardı. Buna göre hayatım boyunca doğru olmayan hiçbir söz söylememek, tevbemin ayrılmaz bir gereğidir.'

Vallahi, Peygamberimizin (sallallâhu aleyhi ve sellem) huzurunda o sözü verdiğimden beri doğru konuşmak hususunda Allah'ın bana bağışladığı nimetin benzerine muhatap olan başka hiçbir Müslüman bilmiyorum. Vallahi, Peygamberimize (sallallâhu aleyhi ve sellem) o sözü verdiğim andan bugüne kadar bilerek hiç yalan söylemiş değilim. Ayrıca ömrümün kalan kısmında da Allah'ın beni korumasını diliyorum."

Kâ'b sözlerine şöyle devam ediyor:

"Allah Teâlâ bu olay ile ilgili olarak şu ayetleri indirdi:

'Allah, Peygamberi ve aralarından bir grubun kalpleri kaymak üzere iken güç bir anda Peygamber'e uyan Ensar ile Muhacirleri tevbe etmeye muvaffak kılıp sonra da tevbelerini kabul etti. Hiç şüphesiz O, pek esirgeyici ve merhamet sahibidir.

Geri bırakılan o üç kişiyi de tevbe etmeye muvaffak kıldı. Bütün genişliğine rağmen yeryüzü onlara dar geldiği, canlarının iyice

sıkıldığı ve Allah'tan kaçmanın yine O'na sığınmaktan başka hiçbir kurtuluş çaresi olmadığını anladıkları bir sırada. Sonra da günahlarını bağışlamak üzere onları tevbe etmeye muvaffak kıldı. Hiç şüphesiz, Allah, tevbeleri kabul edici ve merhamet sahibidir.

Ey mü'minler, Allah'tan korkunuz ve doğrularla birlikte olunuz." (Tevbe suresi, 117-119. ayetler.)

Kâ'b sözlerine şöyle devam ediyor: Vallahi, bana göre, İslam'a hidayet etmesinden sonra Allah'ın bana bağışladığı en yüce nimet, Resulullah'a doğru söylememi nasib ederek yalan söyleyip de helak olanlar gibi beni de helak etmemiş olmasıdır. Çünkü Allah Teâlâ bu konuda vahiy indirince yalan söyleyenler hakkında hiç kimseye söylemediği ağır sözler söyleyerek şöyle buyurmuştur:

- Onların yanına döndüğünüzde kendilerine ilişmeyesiniz diye size yemin edeceklerdir. Onların yüzlerine bakmayınız, çünkü onlar pisliktirler ve işlediklerinin karşılığı olarak yerleri de cehennemdir.

Kendilerinden razı olasınız diye yemin ederler. Oysa ki siz onlardan razı olsanız bile Allah fasıklar güruhundan razı olmaz.'" (Tevbe suresi, 95-96. ayetler.)

Kâ'b sözlerine şöyle devam ediyor:

"Biz üçümüz, Resulullah'ın yemin edince mazeretlerini kabul edip biatlerini tazelediği ve affedilmeleri için dua ettiği kimselerden ayrı tutularak geri bırakıldık, Resulullah bizim ile ilgili işlemi, bu konuda Allah Teâlâ **'Geriye bırakılan o üç kişi...'** diye buyurarak hüküm verinceye kadar erteledi. Ayette açıklanan **'geri bırakılışı'**mızdan maksat, harbe katılmayışımız değil, Peygamberimizin huzurunda yemin ederek mazeret beyan ettikleri zaman mazeretleri kabul edilenlerden ayrı tutulup hakkımızdaki hükmün ertelenmesidir." (Buhâri, Müslim)

Diğer bir rivayete göre hadisin ilgili kısmı, "Peygamber, Tebük savaşına perşembe günü çıktı. Zaten o, perşembe günü sefere çıkmayı severdi." şeklindedir.

Başka bir rivayete göre de hadisin ilgili kısmı, "O, seferden yalnız gündüz ve kuşluk vakti dönerdi. Döner dönmez de önce Mescid'e girerek iki rek'at namaz kılar, sonra da orada otururdu." şeklindedir.

22- Ebu Nuceyd, İmran b. el-Husayn-ul Huzaği'nin bildirdiğine göre bir gün Cuheyne kabilesinden zinadan gebe kalmış bir kadın Peygamberimize gelerek (sallallâhu aleyhi ve sellem) "Ya Resulallah! Hadd cezası gerektiren bir suç işledim, bu cezayı bana uygula." dedi.

Bunun üzerine Peygamberimiz kadının velisini çağırarak ona "Bu kadına iyi bak, doğum yapınca da onu bana getir." buyurdu. Adam da kendisine söylenenleri yaptı. Bunun üzerine Peygamberimiz kadının üzerine elbiselerinin sıkıca sarılmasını, arkasından da gömülüp taşlanmasını emretti ve kadın gömülüp taşlandı. Sonra da cenaze namazını kıldı. Hz. Ömer (radıyallâhu anh) "Zina ettiği halde nasıl olur da onun cenaze namazını kılıyorsun?" diye sordu. Peygamber ona şöyle cevap verdi:

– "Öylesine bir tevbe etti ki eğer yetmiş Medineliye bölüştürülürse hepsine yeterdi. Onun canını, Allah'ın emri uğrunda feda etmesinden daha faziletli bir davranış bulabilir misin?" (Müslim)

23- İbni Abbas ve Enes b. Malik'ten (radıyallâhu anhuma) rivayet edilmiştir. Peygamberimiz buyuruyor ki:

– "Âdemoğlunun, içinden altın akan bir deresi olsa iki deresi olmasını ister. Onun ağzını sadece toprak doldurur. Allah tevbe edenlerin tevbesini kabul eder." (Buhâri, Müslim)

24- Ebu Hureyre'den (radıyallâhu anh) rivayet edildiğine göre Peygamberimiz (sallallâhu aleyhi ve sellem) buyuruyor ki:

– "Allah Teâlâ (celle celâlüh) biri diğerini öldürüp her ikisi de cennete giren şu iki kimseye hoşnutlukla güler. Biri Allah yolunda savaşırken öldürülür. Sonra da Allah onun katilinin tevbesini kabul eder de adam Müslüman olur ve bir savaşta şehit edilir." (Buhâri, Müslim)

3. Bölüm
Sabretmek

Allah Teâlâ (celle celâlüh) buyuruyor ki:

– "Ey mü'minler! Sabrediniz, sebatkâr olunuz, sınırlarda düşmanlarınıza karşı nöbet tutunuz ve Allah'tan korkunuz ki, kurtuluşa eresiniz." (Âl-i İmrân suresi, 200. ayet.)

Allah Teâlâ (celle celâlüh) buyuruyor ki:

– "Sizleri korku, açlık, mal, can ve ürün kaybı gibi afetlerle mutlaka deneriz. Sabredenleri müjdele." (Bakara suresi, 155. ayet.)

Allah Teâlâ (celle celâlüh) buyuruyor ki:

– "Sabredenlere, amellerinin karşılığı hesapsız olarak mutlaka verilecektir." (Zümer suresi, 10. ayet.)

Allah Teâlâ (celle celâlüh) buyuruyor ki:

- **"Sabredenlere ve başkalarının kusurlarını bağışlayanlara gelince böyle bir tutum, hiç şüphesiz soylu davranışlardandır."** (Şûrâ suresi, 43. ayet.)

Allah Teâlâ (celle celâlüh) buyuruyor ki:

- **"Sabrederek ve namaz kılarak Allah'tan yardım isteyiniz. Hiç şüphesiz, Allah sabredenlerle birliktedir."** (Bakara suresi, 153. ayet.)

Allah Teâlâ (celle celâlüh) buyuruyor ki:

- **"Aranızdaki mücahidleri ve sabırlıları ayırdetmek için sizi imtihan ederiz."** (Muhammed suresi, 31. ayet.)

Sabretmeyi emreden ve onun faziletini belirten ayetler hem çoktur hem de büyük bir çoğunluk tarafından bilinmektedir.

25- Ebu Malikü'l-Haris b. Asımu'l-Eş'arî'nin (radıyallâhu anh) rivayet ettiğine göre Peygamberimiz (sallallâhu aleyhi ve sellem) buyuruyor ki:

- "Temizlik imanın yarısıdır. 'Elhamdülillah' cümlesi mizanı doldurur. 'Subhanallahi velhamdülillâhi' cümleleri göklerle yeryüzünün arasını doldurur. Namaz nurdur, sadaka (verenin mü'min olduğunu belirten) açık bir delildir, sabır ışıktır. Kur'an lehinde veya aleyhinde kesin delildir. Herkes sabahleyin işine çıkarak kendini satışa arzeder. Arkasından kimisi kendini azat ettirirken kimisi de helake sürükler." (Buhâri, Müslim)

26- Ebu Said Sa'd b. Sinani'l-Hudrî'den (radıyallâhu anh) rivayet edilmiştir. Ensar'dan bir grup, Peygamberimizden bir şey istediler. Peygamber de istediklerini onlara verdi, yine istediler, Peygamber de yine istediklerini verdi, sonunda yanındaki tükendi. Elinde bulunan şeyin tümü tükenince onlara şöyle buyurdu:

- "Elimde hayra sarfedilecek bir şey artakalsaydı onu sizden esirgemezdim. El açmaktan kaçınan kimseleri Allah el açmak utancından korur. Başkalarına muhtaç olmamak isteyenleri Allah hiç kimseye muhtaç etmez. Sabretmek için çaba harcayanlara Allah sabır verir. Hiçbir kimseye sabır kadar yararlı ve geniş çaplı bir nimet bağışlanmış değildir." (Buhâri, Müslim)

27- Ebu Yahya Süheyl b. Sinan'ın (radıyallâhu anh) rivayet ettiğine göre Peygamberimiz (sallallâhu aleyhi ve sellem) buyuruyor ki:

- "Mü'minin durumuna hayret doğrusu! Çünkü onun her durumu kendisine yarar sağlar, bu hal yalnız mü'min için böyledir. Eğer sevindirici bir durumla karşılaşırsa şükreder, bu onun hesabına hayır olur.

Eğer üzücü bir durumla karşılaşırsa sabreder, bu da onun hesabına hayır olur." (Müslim)

28- Enes (radıyallâhu anh) der ki: "Peygamberimizin (sallallâhu aleyhi ve sellem) hastalığı ağırlaşınca çektiği ızdırap da koyulaşmaya yüz tutuyordu. Bu sırada (kızı) Fatıma (radıyallâhu anhâ) 'Vah babacığım, ne kadar ızdırap çekiyor!' dedi. Peygamber ona 'Bugünden sonra babana ızdırap yok.' diye karşılık verdi. Peygamberimiz vefat edince Fatıma 'Allah tarafından duası kabul edilen babacığım! Varacağı yer Firdevs cenneti olan babacığım! Ölüm haberini Cebrail'e bildirdiğimiz babacığım!' diye ağladı. Peygamberimiz toprağa verildikten sonra da Fatıma 'Resulullah'ın üzerine toprak serpmeye gönlünüz nasıl razı olabildi?' diye feryat etti." (Buhâri)

29- Peygamberimizin dostu ve dostunun oğlu Ebu Zeyd Usame b. Zeyd b. Harise (radıyallâhu anhumâ) der ki: "Bir gün Peygamber'in kızı 'Oğlum ölmek üzere, bize gel.' diye haber gönderdi. Peygamberimiz de kızına selamları ile birlikte şu cevabı gönderdi:

– 'Hiç şüphesiz alan da veren de Allah'tır. O'nun katında her şeyin belirli bir süresi vardır. Sabretsin ve karşılığını beklesin.'

Fakat kızı yeniden haber gönderip mutlaka gelmesi hususunda Peygamberimizi Allah'a saldı. Bunun üzere Sa'd b. Ubade, Muaz b. Cebel, Ubey b. Kâ'b, Zeyd b. Sabit ve daha birkaç sahabiyi yanına alarak kızının evine gitti. Bebeği Peygamberimize uzattılar. Onu kucağına oturttu. Titrek titrek soluyordu. Gözlerinden yaşlar aktı. Sa'd b. Ubade ona 'Ya Resulallah! Bu ne hal?' dedi. Peygamberimiz ona 'Bu hal Allah'ın kullarının kalbine koyduğu bir merhamettir.' diye cevap verdi." Başka bir rivayete göre hadisin son kısmı şöyledir: "Bu hal Allah'ın kulları arasında dilediği kimselerin kalbine koyduğu bir merhamettir. Allah ancak merhametli kullarına rahmet eder." (Buhâri, Müslim)

30- Suheyb'in (radıyallâhu anh) rivayet ettiğine göre Peygamberimiz (sallallâhu aleyhi ve sellem) buyuruyor ki:

– "Sizden önceki devirlerin birinde bir padişah vardı. Padişahın bir büyücüsü vardı. Adam yaşlanınca Padişaha 'Ben yaşlandım. Bana bir genç gönder de ona büyücülük öğreteyim.' dedi. Padişah da büyücülük öğrenmek üzere ona bir genç gönderdi.

Gencin yolu üzerinde bir Hıristiyan keşişi (rahip) vardı. Yanına varıp oturdu, sözlerini dinledi ve bu sözler hoşuna gitti. (O günden sonra) büyücüye giderken rahibe de uğrar, onunla bir süre otururdu. Sonra büyücüye varınca da adam delikanlıyı döverdi. Bu durumdan rahibe şikâyet edince adam delikanlıya 'Büyücüden korktuğun zaman, beni ailem alıkoydu de. Ailenden korktuğun zaman da beni büyücü bekletti, dersin.' diye akıl verdi.

Günler bu minval üzere geçip giderken bir gün gelip geçenlerin yolunu kesen iri bir vahşi hayvanla karşılaştı. Bunun üzerine kendi kendine 'Büyücünün mü yoksa rahibin mi daha üstün olduğunu bugün öğreneceğim?' dedi ve eline bir kaya parçası alarak 'Allah'ım! Senin katında keşişin tutumu eğer büyücünün tutumundan daha sevimli ise şu vahşi canavarı öldür de halk yoluna devam etsin.' diyerek elindeki kaya parçasını attı ve canavarı öldürdü. Halk da geçip yollarına devam etti.

Bunun üzerine delikanlı keşişe gelerek olup bitenleri anlattı. Keşiş ona dedi ki: 'Evladım, bugün sen benden daha üstünsün, derecen gördüğüm noktaya yükseldi. Fakat yakında imtihandan geçeceksin. Bir terslikle karşılaşırsan benim adımı verme.'

Delikanlı anadan doğma körleri, 'bars' adı verilen cilt hastalıklarını iyileştiriyor ve daha birçok hastalıklara yakalananları tedavi ediyordu. Bu durum Padişah'ın yakın dostlarından olan bir körün kulağına vardı. Çeşitli hediyelerle delikanlının yanına gelerek 'Eğer beni iyileştirirsen bunların tümü senin.' dedi. Delikanlı, adama 'Ben hiç kimseyi iyileştirmem. Şifayı yalnız Allah verir. Eğer sen Allah'a iman edersen O'na dua ederim, O da sana şifa verir.' dedi. Adam hemen Allah'a iman etti. Allah da ona şifa verdi.

Adam iyileşince Padişah'a vardı ve her zamanki gibi yanına oturdu. Padişah ona 'Sana gözlerini kim geri verdi?' diye sordu. Adam 'Rabbim.' diye cevap verdi. Padişah, adama 'Senin benden başka bir Rabbin mi var?' diye sordu. Adam 'Senin de benim de Rabbimiz Allah'tır.' diye cevap verdi. Bu cevap üzerine Padişah adamı tutuklattı. Adam gördüğü devamlı işkence sonunda delikanlının adını verdi. Bunun üzerine delikanlı Padişah'ın huzuruna getirildi. Padişah, delikanlıya 'Evladım, büyücülüğünle anadan doğma körleri, bars hastalığına tutulanları iyileştirdiğini ve şu şu marifetleri gösterdiğini duydum.' deyince delikanlı ona 'Ben hiç kimseye şifa veremem, şifayı veren yalnız Allah Teâlâ'dır.' diye cevap verdi.

Bunun üzerine Padişah onu da tutuklattı ve devamlı işkenceye tabi tuttu, sonunda Keşiş'in adını açıkladı. Keşiş, hemen Padişah'ın huzuruna getirildi ve ona 'Dininden dön!' denildi. Keşiş reddetti. Bunun üzerine Padişah, bir testere getirilmesini emretti. Testereyi başının ortasına gelecek şekilde keşişin tepesine koydular, testere kafasını biçip ikiye ayırdı.

Arkasından Padişah'ın yakın dostunu getirdiler, ona da 'Dininden dön.' dediler. Reddedince onun da tepesine testereyi yerleştirip başını ortasından ikiye biçtiler. Sonra da Delikanlı'yı getirdiler ve 'Dininden dön.' dediler. Reddedince, Padişah onu adamlarından bir gruba teslim ederek onlara 'Bunu filan dağa götürüp dağın tepesine çıkarın. Dağın tepesine varınca dininden dönmezse onu aşağıya atın.' diye emir verdi.

Padişah'ın adamları Delikanlı'yı götürüp dağın tepesine çıkardılar. Delikanlı 'Allah'ım, benim yerime onların hakkından dilediğin gibi gel!' diye dua edince dağ yerinden oynadı ve adamlar uçuruma yuvarlandılar. Delikanlı da yürüye yürüye Padişah'ın karşısına geldi. Padişah ona 'Yanındakilere ne oldu?' diye sordu. Delikanlı 'Allah benim namıma onların hakkından geldi.' diye cevap verdi.

Padişah, Delikanlı'yı yine adamlarından bir grubun yanına vererek bu defa onu bir gemiye bindirip açık denize çıkarmalarını ve dininden dönmediği takdirde onu suya atmalarını emretti. Padişah'ın adamları da onu alıp götürdüler. Delikanlı yine 'Allah'ım, benim yerime onların hakkından dilediğin şekilde gel!' diye dua edince gemi alabora oldu ve adamlar sulara gömüldüler. Delikanlı da yine yürüye yürüye Padişah'ın yanına geldi. Padişah 'Yanındakilere ne oldu?' diye sordu. Delikanlı 'Allah benim yerime onların hakkından geldi.' diye cevap verdi.

Delikanlı, Padişah'a dedi ki: 'Sana emredeceğimi yerine getirmedikçe beni öldüremeyeceksin.' Padişah, 'Nedir o?' diye sordu. Delikanlı şu cevabı verdi: 'Halkı bir alana toplar, beni de hurma ağacına asarsın. Sonra sadağımdan bir ok alarak yayın tam ortasına yerleştirir, arkasından, 'Delikanlı'nın rabbi olan Allah'ın adı ile!' diyerek oku üzerime atarsın. Böyle yaparsan beni öldürürsün.'

Bunun üzerine Padişah, halkı bir meydanda topladı. Delikanlıyı bir hurma ağacına astı. Sonra sadaktan bir ok alarak yayın tam ortasına yerleştirdi. Arkasından 'Delikanlının rabbi olan Allah'ın adı ile!' diyerek oku attı. Ok Delikanlı'nın şakağına varıp saplanınca avucunu şakağı üzerine kapayarak öldü. Bunun üzerine meydanı dolduran halk hep birlikte 'Delikanlı'nın rabbine iman ettik!' dedi.

Bu durum karşısında Padişah'ın adamları yanına vararak ona 'Gördün mü korktuğun şeyi? Vallahi korktuğun başına geldi! Halk iman etti.' dediler. Bunun üzerine Padişah sokak başlarında hendekler kazılmasını emretti. Adamları emrini yerine getirince hendeklerde ateşler yaktılar. Padişah 'Dininden dönmeyenleri hendeklerde yanan ateşe atın!' diye emir verdi, adamları da dediği gibi yaptılar. Bu sırada kucağında bebeği bulunan bir kadın ateşin önüne geldi. Kadın duraklayıp ateşe düşmekten çekinince kucağındaki bebek seslenerek 'Anne katlan! Çünkü doğru yoldasın:' dedi." (Müslim)

31- Enes'ten (radıyallâhu anh) rivayet edildiğine göre Peygamberimiz (sallallâhu aleyhi ve sellem) bir gün bir kabir başında ağlayan bir kadına rastladı. Ona "Allah'tan kork da sabırlı ol!" dedi. Kadın da ona "Çekil başımdan! Benim başıma gelen senin başına gelmedi, onu bilmezsin." diye cevap verdi. Peygamberimizi tanımıyordu. Kadına "O Peygamberimizdi." dediler. Bunun üzerine kadın Peygamberimizin kapısına vardı. Orada kapıcılar yoktu. Peygamberimize "Seni tanımıyordum." dedi. Peygamberimiz de ona "Sabır ilk sadme anında sözkonusudur." diye buyurdu. (Buhâri, Müslim)

Müslim'in rivayetine göre yukardaki hadisin ilgili kısmı, "Bebeğinin yanıbaşında ağlayan..." şeklindedir.

32- Ebu Hureyre'den (radıyallâhu anh) rivayet edildiğine göre Peygamberimiz (sallallâhu aleyhi ve sellem) buyuruyor ki:

– "Allah Teâlâ şöyle buyurur: 'Dünya halkı arasındaki sevgilisinin canını aldığım zaman, karşılığını benden bekleyerek sabreden mü'min kulun mükâfatı, benim katımda ancak cennettir.'" (Buhâri)

33- Hz. Âişe'den (radıyallâhu anhâ) rivayet edildiğine göre kendisi Peygamber'e (sallallâhu aleyhi ve sellem) taun hakkında soru sormuş, Peygamberimiz de ona bildirmiştir ki: "Taun, Allah'ın dilediği kullarına saldığı bir azap olduğu halde Allah Teâlâ onu mü'minler hakkında rahmet kılmıştır. Tauna yakalandığı halde ecrini Allah'tan bekleyerek ve Allah kendisine ne yazdı ise başına geleceğini bilerek sabırla oturduğu yerde kalanlar şehit gibi ecir kazanırlar." (Buhâri)

34- Hz. Enes (radıyallâhu anh) der ki: "Peygamberimizin (sallallâhu aleyhi ve sellem) şöyle buyurduğunu duydum:

– 'Allah Teâlâ (celle celâlüh) buyuruyor ki: 'Kulumu iki gözünden yoksun ederek imtihan ettiğim zaman sabrettiği takdirde gözlerinin karşılığında kendisine cennet veririm.'"

35- Ata b. Ebu Rıbah (radıyallâhu anh) der ki:

– "İbni Abbas (radıyallâhu anh) bana 'Sana cennetlik bir kadını göstermemi ister misin?' diye sordu. Ben de 'Tabii.' dedim. Bunun üzerine İbni Abbas sözlerine şöyle devam etti: 'Şu siyah derili kadın Peygamber'e geldi ve 'Yakalandığım bir hastalığın nöbetleri sırasında baygınlık geçiriyorum. Bu arada farkında olmaksızın vücudumun bazı yerleri açılıveriyor. Benim için Allah'a dua et.' dedi. Peygamberimiz ona 'İstersen sabredersin, o zaman sana cennet var. Dilersen iyileşmen için Allah'a dua ederim.' dedi. Kadın 'Sabrederim. Fakat o sırada vücudumun bazı yerleri açılıyor. Açılmaması için Allah'a dua et.' dedi. Peygamberimiz de kadının bu isteğinin kabul edilmesi için Allah'a dua etti." (Buhâri, Müslim)

36- Ebu Abdurrahman Abdullah b. Mes'ud (radıyallâhu anh) der ki:

– "Peygamberimizi (sallallâhu aleyhi ve sellem) peygamberlerden birinin (Allah'ın salât ve selamı tümünün üzerine olsun) durumunu anlatırken görür gibiyim. Kavmi kendisini dövüp kanatmış, buna rağmen o, yüzündeki kanı silerken 'Allah'ım, kavmimi bağışla! Çünkü onlar bilmiyorlar.' der." (Buhâri, Müslim)

37- Ebu Said ve Ebu Hureyre'den (radıyallâhu anhumâ) rivayet edildiğine göre Peygamberimiz (sallallâhu aleyhi ve sellem) buyuruyor ki:

– "Ayağına batan dikene varıncaya kadar Müslümanın başına gelen sıkıntı, hastalık, keder, üzüntü, elem ve acı karşılığında Allah onun günahlarının bir kısmını affeder." (Buhâri, Müslim)

38- İbni Mes'ud (radıyallâhu anh) der ki: "Bir gün Peygamberimizin yanına girdiğim zaman sıtma nöbeti geçiriyordu. Kendisine 'Ya Resulallah! ağır bir sıtma nöbeti geçiriyorsun.' dedim. Bana 'Evet, sizden iki kişinin çekebileceği kadar ağır bir sıtma nöbeti geçiriyorum.' diye cevap verdi. Ben ona 'Buna göre ecrin de iki kat mı olacak?' diye sordum. Bana şu cevabı verdi: 'Evet, o da öyle. Ayağına diken batmasından tut da daha ağırına kadar herhangi bir Müslümanın başına gelen sıkıntıyı Allah mutlaka kötülüklerine kefaret kılar ve ağacın yaprak dökmesi gibi o da günahlarından arınır.'" (Buhâri, Müslim)

39- Ebu Hureyre'den (radıyallâhu anh) rivayet edildiğine göre Peygamberimiz (sallallâhu aleyhi ve sellem) buyuruyor ki:

– "Allah kimin iyiliğini dilerse onu musibetle karşılaştırır." (Buhâri)

40- Hz. Enes'in (radıyallâhu anh) rivayet ettiğine göre Peygamberimiz (sallallâhu aleyhi ve sellem) buyuruyor ki:

– "Hiçbiriniz başına gelen bir keder yüzünden ölümü dilemesin. Eğer böyle bir istekte bulunması kaçınılmaz hale gelirse şöyle desin: Allah'ım, yaşamak hakkımda hayırlı olduğu sürece beni yaşat, ölmek hakkımda daha hayırlı olunca da canımı al!" (Buhâri, Müslim)

41- Ebu Abdullah Habbab b. Eret (radıyallâhu anh) der ki: "Peygamberimiz bir gün paltosunu yastık yapıp başının altına koymuş olarak Kâbe'nin gölgesine uzanmışken bizler durumumuzdan şikâyetle ona 'Bizim için zafer dilesene, bizim için dua etsene.' dedik, O da şöyle cevap verdi:

– 'Sizden önceki devirlerde adam yakalanır, yerde kazılan kuyuya konurdu, arkasından testere getirilerek başına yerleştirilir ve başı ikiye ayrılırdı. Etinin, kemiğinin içine işleyecek şekilde vücudu demir taraklarla taranırdı. Bütün bunlar adamı dininden vazgeçirmeye yetmezdi. Vallahi, Allah Teâlâ bu hareketi (İslam'ı), öylesine hedefine vardıracaktır ki, Sana'dan yola çıkan bir binekli, Allah'tan ve sürüsüne kurt düşmesinden başka hiçbir şeyden korkmaksızın Hadramevt'e kadar yol alacaktır. Fakat sizler acele ediyorsunuz.'" (Buhâri)

Başka bir rivayete göre hadisin ilgili kısmı şöyledir: "O paltosunu yastık yaparak uzanmıştı. Müşriklerden baskı görüyorduk."

42- İbni Mes'ud (radıyallâhu anh) der ki: "Huneyn savaşı günü Peygamberimiz (sallallâhu aleyhi ve sellem) bazı kimseleri ganimet taksiminde üstün tuttu, Habis oğlu Akra'ya yüz deve, Hısn oğlu Uyeyne'ye yüz deve verdi, Arapların ileri gelen bazı kimselerine de çeşitli şeyler vererek onları bölüşmede üstün tuttu. Bunun üzerine adamın biri 'Vallahi, bu bölüştürmede ne adalet ve ne de Allah rızası gözetilmiştir.' dedi. Adama 'Vallahi, bu sözlerini Resulullah'a haber vereceğim.' dedim, arkasından da Peygamberimize gelerek adamın söylediklerini ona anlattım. Yüzünün rengi birden değişerek pancar gibi kızardı. Sonra da şöyle buyurdu: 'Allah ve O'nun Resulü adaleti gözetmezse kim gözetir?' Arkasından sözlerine şöyle devam etti: 'Allah, Musa'ya rahmet etsin. Onu bundan daha çok üzdüler de yine sabretti.' Bunun üzerine kendi kendime 'Bundan böyle ona kesinlikle hiçbir söz nakletmem.' diye karar verdim." (Buhâri, Müslim)

43- Hz. Enes'ten (radıyallâhu anh) rivayet edildiğine göre Peygamberimiz buyuruyor ki:

– "Allah bir kula iyilik dilerse cezasını öne alarak dünyada çektirir. Buna karşılık Allah bir kula kötülük dilerse günahları yüzünden ona dünyada ilişmez de tüm cezasını kıyamet gününe bırakır. Mükâfatın büyüklüğü, belânın büyüklüğüne bağlıdır. Allah Teâlâ bir kavmi sevince onların başına belâ verir. Hoşnutlukla karşılayana Allah'ın hoşnutluğu, öfke ile karşılayana da Allah'ın gazabı vardır." (Tirmizî)

44- Hz. Enes (radıyallâhu anh) der ki: "Ebu Talha'nın hasta bir bebeği vardı. Bir gün Ebu Talha evden ayrıldıktan sonra öldü. Eve dönünce çocuğun annesi Ümmü Suleym'e 'Oğlum nasıl?' diye sordu. Kadın ona 'Eskisinden daha iyi.' diye cevap verdi. Bu arada kocasının önüne akşam yemeğini koydu, Ebu Talha da yedi. Gece olup yatınca karı-koca oldular, iş bitince kadın kocasına, 'Çocuğu toprağa verin.' dedi. Sabahleyin Ebu Talha, Peygamberimize gelerek olup bitenleri anlattı. Peygamberimiz ona 'Bu gece karı-koca oldunuz mu?' diye sordu. Ebu Talha 'Evet.' diye cevap verdi. Bunun üzerine Peygamberimiz 'Allah'ım, bu birleşmeyi onlar hakkında hayırlı eyle!' diye dua etti. (Günü gelince) kadın bir oğlan dünyaya getirdi. Ebu Talha bana 'Çocuğu kucağına al da Peygamberimize götür.' dedi. Ayrıca birkaç tane de hurma verdi.

(Yanına varınca) Peygamberimiz (sallallâhu aleyhi ve sellem) 'Yanında bir şey var mı?' diye sordu. Kadın 'Evet, birkaç tane hurma...' diye cevap verdi. Peygamberimiz hurmaları alıp ağzında çiğnedi, sonra da ağzından çıkarıp bebeğin ağzına koydu. Arkasından gırtlağını ovarak ona Abdullah adını koydu." (Buhâri, Müslim)

Buhâri'nin rivayetine göre İbni Uyeyne dedi ki: "Ensar'dan biri, Abdullah el-Mevlud'un çocuklarını kastederek, 'Dokuz çocuğunu gördüm, hepsi Kur'an okurdu.' dedi."

Müslim'in diğer bir rivayetine göre de "Ebu Talha'nın Ümmü Suleym'den doğma bir oğlu ölmüştü. Kadın, yakınlarına 'Ben kendisine söylemedikçe Ebu Talha'ya oğlunun ölümünden bahsetmeyin.' dedi. Ebu Talha eve geldi. Kadın önüne akşam yemeğini getirdi, adam yed. Sonra kadın eskisinden daha güzel giyinip süslenerek kocasına göründü. Ebu Talha da onunla karı-koca oldu. Kadın, kocasının hem karnını doyurduğunu ve hem de nefsini tatmin ettiğini görünce ona dedi ki: 'Ey Ebu Talha! Bir kavim bir ev halkına ödünç olarak bir şeyler verseler, sonra da ödünç verdikleri şeyleri geri isteseler, ev halkının onları reddetmeye hakları var mıdır?' Ebu Talha 'Hayır, yok.' dedi. Bunun üzerine kadın kocasına 'O halde oğlunun ecrini Allah'tan bekle.' dedi."

Ebu Hureyre'nin bildirdiğine göre: "Bunun üzerine Ebu Talha öfkelenerek karısına 'Kirlenmemi bekledin, arkasından bana oğlumun ölüm haberini verdin!' dedi ve hemen davranıp Peygamberimizin yanına vardı ve olup-biteni ona anlattı. Peygamberimiz ona 'Geceniz hakkınızda hayırlı olsun!' dedi. Kadın hamile kaldı.

Peygamberimiz bir seferde idi, kadın da onunla birlikteydi. Peygamberimiz seferden dönünce Medine'ye geceleyin girmezdi, bu yüzden ordu Medine'ye yaklaşıp konakladı. Bu sırada kadının doğum sancıları tuttu. Ebu Talha kervandan ayrılıp kadının başında kaldı. Resulullah yoluna devam etti.

Bunun üzerine Ebu Talha şöyle dedi: 'Ya Rabbi! Biliyorsun ki Peygamberimizle birlikte Medine'den çıkıp yine onunla birlikte girmek isterim, fakat gördüğün sebep yüzünden geri kaldım.' O sırada kadın kocasına 'Eskisi kadar sancı duymuyorum, davran, gidelim.' dedi." Enes der ki:

"Bunun üzerine yola koyulduk. Medine'ye girdiğimizde kadın yeniden sancılandı ve bir oğlan çocuğu dünyaya getirdi. Annem bana 'Ya Enes! Sabahleyin onu Peygamberimize götürmeden önce çocuğa hiç kimse meme vermesin.' Sabahleyin çocuğu kucağıma alıp Peygamberimize götürdüm." (Hz. Enes sözlerine devam ederek hadisin son kısmını yukardaki gibi tamamladı.)

45- Ebu Hureyre'den (radıyallâhu anh) rivayet edildiğine göre Peygamberimiz buyuruyor ki:

– "Kuvvetli kimse, karşısındakini yere seren kimse değildir. Asıl kuvvetli kimse öfkelenince kendini tutabilen kimsedir." (Buhâri, Müslim)

46- Süleyman b. Surad (radıyallâhu anh) der ki: "Bir gün Peygamberimiz ile birlikte oturuyorduk. O sırada iki kişi birbirine küfrediyorlardı. Adamlardan birinin çehresi kıpkırmızı oldu, boynunun damarları şişmişti. Onları görünce Peygamberimiz 'Ben bir cümle biliyorum ki şu adam onu söylese duyduğu öfke kaybolur. Eğer *Eûzü billâhi mîne'ş-şeytâni'r-racîm*[2] derse öfkesi geçer.' diye buyurdu. Bunun üzerine adama 'Peygamber, lanetlenmiş şeytandan Allah'a sığınmanı tavsiye ediyor.' diye seslendiler. (Buhâri, Müslim)

47- Muaz b. Enes'ten (radıyallâhu anh) rivayet edildiğine göre Peygamberimiz (sallallâhu aleyhi ve sellem) buyuruyor ki:

– "Kim gereğini yerine getirmeye gücü yetmesine rağmen öfkesini zapt ederse kıyamet günü Allah Teâlâ onu bütün insanlardan önce çağırır ve dilediği cennet hurisini seçmek üzere kendisini serbest bırakır." (Ebu Davud, Tirmizî)

48- Hz. Ebu Hureyre (radıyallâhu anh) der ki: "Adamın biri Peygamberimize (sallallâhu aleyhi ve sellem) 'Bana bir öğüt ver.' dedi, Peygamberimiz ona 'Kızma!' diye cevap verdi. Adam aynı isteği birkaç kere tekrar etti, Peygamberimiz yine 'Kızma!' diye cevap verdi." (Buhâri)

49- Ebu Hureyre'den (radıyallâhu anh) rivayet edildiğine göre Peygamberimiz (sallallâhu aleyhi ve sellem) buyuruyor ki:

– "Mü'min erkek ve kadının gerek kendisi, gerek çocukları ve gerekse malı ile ilgili belâlar birbirini kovalar ve sonunda zimmetinde hiçbir günah kalmayarak Allah'a kavuşur." (Tirmizî)

50- İbni Abbas (radıyallâhu anhumâ) der ki: "Uyeyne b. Hısn, Medine'ye geldi ve amcasının oğlu Hurr b. Kays'a misafir oldu. Hurr, Ömer'in yakınında

---

[2] "Lanetlenmiş şeytandan Allah'a sığınırım."

tuttuğu kimselerdendi. Zaten 'Kurra'ların (Kur'an okuyucuları) gerek yaşlıları gerekse gençleri Ömer'in sohbet ve müşavere arkadaşları idiler. Uyeyne amcasının oğluna 'Bu emirin katında senin yüzün (itibarın) var, katına varmam için bana izin al.' dedi. Hurr (amcasının oğlu için) izin istedi, Hz. Ömer de verdi.

Uyeyne, Ömer'in yanına girer girmez, 'Hey İbni Hattab, vallahi bize önemli bir şey verdiğin yok, aramızda adaletle hükmetmiyorsun.' dedi. Ömer bu sözlere o kadar kızdı ki, üzerine yürümeye kalkıştı. Fakat Hurr ona dedi ki: 'Ya emirelmü'minin! Allah Teâlâ Peygamberine, **'Bağışlamayı benimse, doğruyu emret ve cahillere aldırma.'** (A'raf suresi, 199. ayet.) diye buyurdu. Bu adam da cahillerdendir.' Vallahi, Ömer, ayeti okuyunca ona aykırı davranmaktan vazgeçti. Zaten o, her zaman Allah'ın kitabı karşısında kendini kesinlikle zapt ederdi." (Buhâri)

51- İbni Mes'ud'dan (radıyallâhu anh) rivayet edildiğine göre Peygamberimiz (sallallâhu aleyhi ve sellem) buyuruyor ki:

– "Hiç şüphesiz, benden sonra adam kayırmalar ve doğru görmeyeceğiniz işler olacaktır. Dinleyenler 'Ya Resulallah! O durumlarda ne yapmamızı emredersiniz?' diye sordular. Peygamberimiz de onlara 'Üzerinizdeki hakkı yerine getirir, kendi hakkınızın ecrini Allah'tan istersiniz.' diye cevap verdi." (Buhâri, Müslim)

52- Ebu Yahya Useyd b. Hudayr (radıyallâhu anh) der ki: "Ensar'dan biri Peygamberimize (sallallâhu aleyhi ve sellem) 'Ya Resulallah! Falan kimse gibi beni de memurluğa tayin et.' dedi. Peygamberimiz ona 'Hiç şüphesiz, benden sonra adam kayırmalarla karşılaşacaksınız. Fakat bunlara karşı sabredin ki Havz'ın başında benimle buluşasınız.'" (Buhâri, Müslim)

53- Ebu İbrahim Abdullah b. Ebu Evfa (radıyallâhu anhumâ) der ki: "Resulullah, düşmanla karşılaştığı günlerden birinde güneş zevale dönünceye kadar bekledi. Sonra sahabiler içinde ayağa kalkıp şöyle buyurdu:

– "Ey insanlar! Düşmanla karşılaşmayı temenni etmeyin. Allah'tan sağlık dileyin, fakat düşmanla karşılaşınca da dayanın, biliniz ki, cennet kılıçların gölgesi altındadır." Arkasından şöyle buyurdu: "Ey kitaplar indiren, bulutları yürüten ve orduları perişan eden Allah! Şu düşmanları perişan eyle ve onlara karşı bizi muzaffer kıl!" (Buhâri, Müslim)

4. Bölüm
Doğruluk

Allah Teâlâ (celle celâlüh) buyuruyor ki:

– "Ey mü'minler! Allah'tan korkunuz ve doğrularla birlikte olunuz." (Tevbe suresi, 119. ayet.)

Allah Teâlâ (celle celâlüh) buyuruyor ki:

– "...Doğru erkekler ile doğru kadınlar... Allah onlar için mağfiret ve yüce mükâfat hazırlamıştır." (Ahzâb suresi, 35. ayet.)

Allah Teâlâ (celle celâlüh) buyuruyor ki:

– "Eğer Allah'a verdikleri sözde dursalar, kendileri hesabına hayırlı olurdu." (Muhammed suresi, 21. ayet.)

54- Bu konudaki hadislere gelince ilki İbni Mes'ud'dan rivayet edilmiş olanıdır. Peygamberimiz (sallallâhu aleyhi ve sellem) buyuruyor ki:

– "Doğruluk iyiliğe iletir, iyilik de cennete götürür. İnsan doğru söyleye söyleye sonunda Allah katında doğru olarak yazılır. Yalan ise insanı günahkârlığa sürükler. Günahkârlık da cehenneme götürür. İnsan yalan söyleye söyleye sonunda Allah katında yalancı olarak yazılır." (Buhâri, Müslim)

55- İkincisine göre Ebu Muhammed Hasan b. Ali b. Ebu Talib (radıyallâhu anh) der ki: Peygamberimizin şu sözlerini ezberledim:

– "Şüpheli şeylerden uzaklaş ve seni şüpheye düşürmeyen kesin şeylere yönel. Hiç şüphesiz, doğru söz güven ve kesinlik; yalan ise şüphedir." (Tirmizî)

56- Üçüncüsü: Ebu Süfyan Sahr b. Harb'dan (radıyallâhu anh) Hirakl (Heraklius) konusunda rivayet edilen uzun hadisin bir bölümü şöyledir:

"Hirakl, Peygamber'i kastederek 'O size neler emrediyor?' diye sordu." Ebu Süfyan der ki: "Ona şöyle cevap verdim:

– 'O bize, sırf Allah'a kulluk arz edin, hiçbir şeyi O'na ortak koşmayın ve atalarınızın söylediklerinizi bırakın, diyor. Bize namaz kılmayı, doğruluğu, haramdan sakınmayı ve yakınları gözetmeyi emrediyor.'" (Buhâri, Müslim)

57- Dördüncüsü: Ebu Sabit (bir rivayete göre Ebu Said, diğer birine göre Ebu Velid) Sahl b. Huneyf'den -ki bu zat Bedir savaşına katılanlardandır- rivayet edildiğine göre Peygamberimiz buyuruyor ki:

– " Kim samimi olarak Allah'tan şehit olmayı dilerse, yatağında ölse bile, Allah onu şehitler derecesine yüceltir." (Müslim)

58- Beşincisi: Ebu Hureyre'den (radıyallâhu anh) rivayet edildiğine göre Peygamberimiz (sallallâhu aleyhi ve sellem) buyuruyor ki:

– "Allah'ın peygamberlerinden biri (salât ü selam üzerlerine olsun) sefere çıktı. Kavmine şöyle dedi: 'İçinizden yeni evli olup da henüz gerdeğe girmeyenler, ev yapıp da henüz çatısını çatmayanlar, yüklü koyun ve develer satın alıp da bu hayvanların yavrulamasını bekleyenler benim peşimden gelmesinler.'

Savaşa girişerek ikindi namazı vakti veya o sıralarda şehre yaklaştı. Bu sırada güneşe 'Sen de emre bağlısın, ben de. Allah'ım, güneşi batmaktan alıkoyarak üzerimizde tut!' dedi. Bunun üzerine Allah onlara zafer nasip edinceye kadar güneş batmaktan alıkonuldu. Arkasında ele geçen ganimeti bir yere topladı ve onları yakmak üzere ateş geldi. Fakat gelen ateş ganimeti yakmadı. Bunun üzerine Peygamber 'Aranızda ganimete karşı hıyanet edenler var. Her kabileden bir kişi bana biat etsin.' dedi.

Bu arada adamlardan birinin eli Peygamber'in eline yapıştı. Bu durum karşısında Peygamber 'Hıyanet sizin aranızdadır. Kabilenin tüm fertleri bana biat etsin.' dedi. Kabile mensuplarından iki veya üç kişinin elleri eline yapışınca Peygamber onlara 'Hıyanet sizdedir.' dedi. Bunun üzerine o iki-üç kişi sığır başı gibi bir altın baş getirdiler. Peygamber onu da ganimetlerin yanına koyunca yeniden gelen ateş tümünü yaktı. Bizden öncekilerin hiçbirine ganimetler helal kılınmamıştı. Sonradan Allah Teâlâ bizim zayıflık ve acizliğimizi görünce bize ganimetleri helal kıldı." (Buhâri, Müslim)

59- Altıncısına göre Ebu Halid Hatim b. Hazzam (radıyallâhu anh) der ki: "Peygamberimiz (sallallâhu aleyhi ve sellem) şöyle buyurdu:

– 'Alıcı ve satıcı birbirlerinin yanından ayrılıncaya kadar satış sözleşmesini bozabilirler. Eğer doğru konuşup (her şeyi) açıkça ortaya koyarlarsa alışverişlerinden bereket bulurlar. Buna karşılık eğer gerçekleri saklayıp yalan söylerlerse, alışverişlerinin bereketi giderilir.'" (Buhâri, Müslim)

5. Bölüm
Murâkabe[3]

Allah Teâlâ (celle celâlüh) buyuruyor ki:

– "Mutlak iradenin sahibi ve rahim olan Allah'a güven. O ki, namazda durduğun zaman seni ve secde edenler arasındaki hareketlerini görür." (Şuarâ suresi, 217-219. ayetler.)

[3] Murakabe: Kendi iç âlemine bakma, gözetme, denetleme.

Allah Teâlâ (c.c.) buyuruyor ki:

- **"Allah gerek yere batanı, gerek yerden çıkanı, gerek gökten ineni ve gerekse göğe çıkanı bilir. Nerede olursanız olunuz, O sizin ile birliktedir; O işlediklerinizi görür."** (Hadîd suresi, 4. ayet.)

Allah Teâlâ (celle celâlüh) buyuruyor ki:

- **"Hiç şüphesiz, yerde ve gökte hiçbir şey Allah'a gizli değildir. "** (Âl-i İmrân suresi, 5. ayet.)

Allah Teâlâ (celle celâlüh) buyuruyor ki:

- **"Hiç şüphesiz, Rabbin yoğun bir gözetleme durumundadır."** (Fecr suresi, 14. ayet.)

Allah Teâlâ (celle celâlüh) buyuruyor ki:

- **"Allah gözlerin hain bakışını ve kalplerin gizlediklerini bilir. "** (Mü'min suresi, 19. ayet.)

60- Bu konudaki hadislere gelince ilki şudur: Ömer b. Hattab (radıyallâhu anh) der ki: "Bizler bir gün Peygamber'in yanında oturuyorken ansızın karşımızda bembeyaz elbiseli, kapkara saçlı, yoldan gelmişe hiç benzemeyen ve hiç birimizin tanımadığı biri belirdi. Peygamberimizin önünde oturarak dizlerini onun dizlerine dayayıp avuçlarını onun dizlerine koydu ve 'Ya Muhammed! Bana İslam'ın ne olduğunu anlat.' dedi. Peygamber de ona şu cevabı verdi:

- 'İslam, Allah'tan başka ilah olmadığına ve Muhammed'in Allah'ın Resulü olduğuna şehadet etmen, namaz kılman, zekat vermen, ramazanda oruç tutman ve yoluna gücün yeterse Allah'ın evini ziyaret etmendir.' Bunun üzerine adam, Peygamberimize 'Doğru.' dedi. Peygamberimize önce soru sorup sonra da onu tasdik etmesi bizi şaşırtmıştı.

Arkasından 'Bana imanın ne olduğunu anlat.' dedi. Peygamberimiz ona şu cevabı verdi:

- 'İman; Allah'a, O'nun meleklerine, O'nun indirdiği kitaplara, peygamberlerine, ahiret gününe, hayır ve şerr yönleri ile kadere inanmandır.' Adam yine 'Doğru.' diye cevap verdi.

Sonra 'Bana ihsanın ne olduğunu söyle.' dedi. Peygamberimiz:

- 'Allah'a, O'nu görüyormuş gibi ibadet etmendir. Çünkü her ne kadar sen onu görmüyorsun da O seni görür.' diye cevap verdi.

Bu defa 'Bana kıyamet anı hakkında bilgi ver.' dedi. Peygamberimiz:

- 'Bu konuda soruya muhatap olan, soruyu sorandan daha bilgili değildir.' diye cevap verdi. Bunun üzerine adam 'O halde onun belirtileri hakkında bana bilgi ver.' dedi. Peygamberimiz bu soruyu şöyle cevaplandırdı:

- 'Cariyenin hanımefendisini doğurması; yalınayak, çırılçıplak, koyun güden yoksulların yan gelip uzandıklarını görmendir.'

Bu arada adam çekip gidiverdi. Epeyce bir süre bekledikten sonra Peygamberimiz 'Ya Ömer! Soruları soranın kim olduğunu biliyor musun?' diye sordu. Ömer, 'Allah ve O'nun Resulü bilir.' diye cevap verdi. Bunun üzerine Peygamberimiz 'O Cebrail'di. Size dininizi öğretmek için geldi.' dedi." (Müslim)

61- İkincisi Ebu Zer Cündeb b. Cenadet ve Ebu Abdurrahman Muaz b. Cebel'den (radıyallâhu anhumâ) rivayet edildiğine göre Peygamberimiz buyuruyor ki:

- "Nerede olursan ol Allah'tan kork! İşlediğin her kötülüğün arkasından bir iyilik yap ki o kötülüğü silsin ve insanlara karşı iyi huylu ol!" (Tirmizî)

62- Üçüncüsü: İbni Abbas (radıyallâhu anhumâ) der ki: "Bir gün Peygamberimizle aynı binek hayvanı üzerinde ve ben onun arkasındaydım, bana şöyle buyurdu:

- 'Delikanlı, sana birkaç cümle öğreteceğim. Allah'ı hatırından çıkarma ki O da seni korusun; Allah'ı hatırından çıkarma ki O'nu önünde bulasın. Bir şey isteyince Allah'tan iste, yardım dileyeceğin zaman Allah'tan yardım dile. Bilesin ki bütün insanlar herhangi bir konuda sana fayda sağlamak için bir araya gelseler, sana ancak Allah'ın yazdığı kadar faydalı olabilirler. Buna karşılık bütün insanlar sana herhangi bir konuda zarar vermek üzere biraraya gelseler, yine ancak Allah'ın üzerine yazdığı zararı sana dokundurabilirler. Kalemler kaldırılmış ve sayfaların mürekkebi kurumuştur.'" (Tirmizî)

Tirmizî dışında bir başka rivayete göre hadisin ilgili kısmı şöyledir: "Allah'ı hatırından çıkarma ki O'nu önünde bulasın. Geniş zamanlarında Allah'ı bil ki, O da sıkıntılı anlarında seni tanısın. Bilesin ki senden sapan, sana dokunmayan şeyin sana isabet etmesi mümkün değildi. Buna karşılık sana isabet eden şeyin senden sapması, sana dokunmaması sözkonusu değildir. Bilesin ki zafer sabır ile ve rahatlık da sıkıntı ile birliktedir."

63- Dördüncüsüne göre Ebu Hureyre (radıyallâhu anh) der ki: "Şimdi sizin gözünüzle kıldan daha ince görerek (önemsiz kabul ederek) işlediğiniz birtakımişleri bizler Peygamberimiz zamanında, helake yolaçan günahlardan sayardık." (Buhâri)

64- Beşincisinde Ebu Hureyre'ye (radıyallâhu anh) göre Peygamberimiz (sallallâhu aleyhi ve sellem) buyuruyor ki:

– "Hiç şüphesiz Allah Teâlâ sakınır. Allah'ın sakınması, kulun kendine haram kılınan şeyi işlemesi konusundadır." (Buhâri, Müslim)

65- Altıncısında Ebu Hureyre (radıyallâhu anh) Peygamberimizin şöyle buyurduğunu duydu: "Biri alaca derili, biri kel ve öbürü de kör olan üç İsrailliyi Allah denemek istedi, kendilerine bir melek gönderdi. Melek alaca renklisine gelerek 'En çok sevdiğin şey nedir?' diye sordu. Adam 'Güzel renk, güzel cilt ve insanların bende iğrenç bulduğu bu görüntünün üzerimden kaybolması.' diye cevap verdi. Melek elini adamın üzerinde gezdirdi. Üzerindeki iğrenç görüntü kaybolarak kendisine güzel bir renk verildi. Bu defa melek, adama 'En sevdiğin mal hangisidir?' diye sordu. Adam 'Deve.' diye cevap verdi.[4] Kendisine on aylık bir dişi deve verildi ve melek ona 'Allah bunu sana mübarek eylesin.' dedi.

Arkasından melek kel adama geldi ve ona 'En sevdiğin şey nedir?' diye sordu. Adam 'Halkın gözündeki bu iğrenç görünüşümün giderilmesi ve bana güzel saç verilmesi.' diye cevap verdi. Bunun üzerine melek, adamı sıvazladı. İğrenç görünüşü kaybolarak kendisine güzel saç verildi. Melek ona 'En sevdiğin mal nedir?' diye sordu. Adam, 'Sığır.' diye cevap verdi. Kendisine gebe bir inek verildi. Melek, 'Allah bu ineği sana mübarek eylesin.' dedi.

Daha sonra melek, kör adama gelip kendisine 'En sevdiğin şey nedir?' diye sordu. Adam 'Allah'ın bana gözlerimi geri vermesi ve insanları görebilmem.' diye cevap verdi. Bunun üzerine melek, adamı sıvazladı ve Allah ona gözlerini geri verdi. Arkasından melek, adama 'En sevdiğin mal nedir?' diye sordu. Adam 'Koyun.' diye cevap verdi. Kendisine gebe bir koyun verildi.

Ötekilerin deve ve sığırı gibi berikinin koyunu da doğurdu. Birinin bir vadi dolusu devesi, öbürünün bir vadi dolusu sığırı ve ötekinin de bir vadi dolusu koyunu oldu. Bir müddet sonra melek, adamın eski görüntü ve kılığına bürünerek alaca renkli deriliye geldi ve ona 'Ben yoksulun biriyim. Yolda kaldım. Şimdi ancak önce Allah'ın sonra, senin yardımınla gideceğim yere varabilirim. Sana güzel cilt, renk ve mal verenin hatırı için senden bana, beni varacağım yere ulaştıracak bir deve vermeni istiyorum.' dedi. Adam, 'Malımın hak sahipleri çok.' diyerek meleği reddetti. Bunun üzerine melek ona 'Seni tanıyor gibiyim. Sen halkın kendisinden iğrendiği yoksul bir alaca derili değil miydin?'

[4] Hadisin ravisi "Belki de sığır dedi." diyor.

diye sordu. Adam 'Hayır. Bana bu mal atalarımdan miras kaldı.' dedi. Bunun üzerine melek ona 'Eğer yalan söylüyorsan, Allah seni eskisi gibi yapsın!' diye cevap verdi.

Arkasından melek, kel adamın görüntü ve kılığına girerek onun yanına vardı. Ona da alaca renkli deriliye söylediklerini söyledi. Kel de kendisine alaca renkli gibi cevap verdi. Melek ona da 'Eğer yalan söylüyorsan, Allah seni eskisi gibi yapsın!' diye karşılık verdi.

Daha sonra eski görüntü ve kılığına girerek köre vardı. Ona 'Yoksul biriyim. Yolda kalmış bir yolcuyum. Bugün ancak önce Allah'ın, sonra da senin yardımınla gideceğim yere varabilirim. Gözlerini geri vermiş olanın hatırı için senden bana gideceğim yere varmamı sağlayacak bir koyun istiyorum.' dedi. Adam, meleğe 'Ben bir kördüm. Allah bana gözlerimi geri verdi. Şimdi bu koyunlardan dilediğin kadarını al, istediğin kadarını bırak. Vallahi, Allah Teâlâ için bugün ne almak istersen sana güçlük çıkarmam.' diye cevap verdi. Bunun üzerine melek, adama 'Malın sende kalsın. Sizler sadece bir denemeye tabi tutuldunuz. Allah senden razı oldu fakat arkadaşlarına öfkelendi.' diye karşılık verdi." (Buhâri, Müslim)

66- Yedincisinde Ebu Ya'la Şeddad b. Evs'den (radıyallâhu anh) rivayet edildiğine göre Peygamberimiz (sallallâhu aleyhi ve sellem) buyuruyor ki:

– "Aklı başında kimse nefsini hesaba çekip ölümden sonrası için amel işleyendir. Zavallı kimse de nefsinin arzusuna uyarak Allah'tan hayali şeyler isteyendir." (Tirmizî)

67- Sekizincisinde Ebu Hureyre'den (radıyallâhu anh) rivayet edildiğine göre Peygamberimiz (sallallâhu aleyhi ve sellem) buyuruyor ki:

– "Kişinin kendisini ilgilendirmeyen boş şeylerle ilgilenmemesi, iyi bir Müslüman olduğunun işaretidir." (Tirmizî)

68- Dokuzuncusunda Ömer'den (radıyallâhu anh) rivayet edildiğine göre Peygamberimiz (sallallâhu aleyhi ve sellem) buyuruyor ki:

– "Erkeğe, karısını ne yüzden dövdüğü sorulmaz."[5] (Ebu Davud)

---

[5] Bu hadis, özel bir sebebe, açıklanması yüz kızartıcı ya da ifşa edilmemesi gereken bir olaya veya yayıldığı takdirde vereceği zarar daha büyük olabilecek bir duruma binaen rivayet edilmiş olabilir. Bu gibi nedenlerden dolayı hadisin herkesi kapsamadığı, özel bir durum olduğu anlaşılabilmektedir.

Farklı hadis kaynaklarında yer alan rivayetler de bu düşünceyi kuvvetlendirmektedir. Nitekim aynı hadisin et-Taylasi, Ahmed bin Hanbel, el-Hakim, Beyhaki gibi muhaddisler tarafından "Erkeğe, karısını ne sebepten dövdüğünü sorma!" şeklinde geçmiş zaman formunda gelmesinden, hadisin, bir ailede olmuş birtakım kırgınlıkların sorgulanmamasına, aile içi ilişkilere dışarıdan müdahale edilmemesine işaret ettiği anlaşılabilmektedir. Aile mahrem bir alandır ve içinde yaşananlar aileye özeldir; onlardan biri istemediği sürece de eşler arasına girilmemelidir. Böylece bu rivayetin, aile sınırlarından taşan açık ve aleni olaylara işaret etmediği anlaşılmaktadır. Yoksa mesela yargıya taşınmış bir durumda hakim elbette sorgulayacak ve işin aslını ortaya çıkaracaktır.

6. Bölüm
Takva

Allah Teâlâ (celle celâlüh) buyuruyor ki:

- **"Ey mü'minler! Allah'tan nasıl korkmak gerekiyorsa öyle korkunuz ve mutlaka Müslüman olarak ölünüz."** (Âl-i İmrân suresi, 102. ayet.)

Allah Teâlâ (celle celâlüh) buyuruyor ki:

- **"Gücünüz yettiğince Allah'tan korkunuz."** (Teğabün suresi, 16. ayet.)

Allah Teâlâ (celle celâlüh) buyuruyor ki:

- **"Ey mü'minler! Allah'tan korkun ve doğru söz söyleyin."** (Ahzâb suresi, 70. ayet.)

Allah Teâlâ (celle celâlüh) buyuruyor ki:

- **"Kim Allah'tan korkarsa Allah ona çıkış kapısı bağışlar ve ummadığı yerden geçimini sağlar."** (Talâk suresi, 2, 3. ayetler.)

Allah Teâlâ (celle celâlüh) buyuruyor ki:

- **"Ey mü'minler! Eğer Allah'tan korkarsanız, size iyi ile kötüyü birbirinden ayırt edecek bir basiret verir, günahlarınızı silip sizi affeder. Allah yüce fazilet sahibidir."** (Enfâl suresi, 29. ayet.)

Takva konusundaki ayetler çok ve tanınmıştır.

69- Hadislere gelince birincisinde Ebu Hureyre (radıyallâhu anh) der ki: "Peygamber'e 'En değerli insan kimdir?' diye sordular, Peygamberimiz 'En çok Allah'tan korkan kimsedir.' diye cevap verdi. Sahabiler "Sana sorduğumuz o değil." dediler. Bunun üzerine Peygamberimiz onlara 'Allah'ın dostunun torununun oğlu, peygamberinin torunu ve yine başka bir peygamberinin oğlu olan Allah elçisi Yusuf'tur.' diye cevap verdi. Soruyu soranlar 'Sana sorduğumuz bu da değil.' dediler. Bunun üzerine Peygamber onlara şu karşılığı verdi: 'Herhalde bana tanınmış Araplar hakkında soruyorsunuz. Bu kimselerin cahiliye devrinde iyi olanları, şeriat hükümlerini öğrendikleri takdirde İslam döneminin de iyileridirler.'" (Buhâri, Müslim)

70- İkincisinde Ebu Said el-Hudrî'den (radıyallâhu anh) rivayet edildiğine göre Peygamberimiz (sallallâhu aleyhi ve sellem) buyuruyor ki:

- "Hiç şüphesiz dünya tatlı ve renklidir. Allah Teâlâ sizi yeryüzünde atalarınızın yerine geçirerek nasıl davranacağınızı gözlüyor. Dünyadan

---

Diğer taraftan, yine bu kitaptaki 273. hadiste de görüldüğü üzere, Peygamberimiz "İçinizden biri kalkıyor, köle döver gibi eşini dövüyor! Oysa belki de aynı günün sonunda onunla birlikte yatıyor!" diyerek olmuş "özel" bir olayı anlatarak herkesi uyarıyor. Başka bir hadiste de "Kadınlarını döven o kimseler, sizin hayırlınız değildir." buyuruluyor. Bu minvaldeki hadisler oldukça çoktur.

sakınınız, kadınlardan sakınınız... İsrailoğulları ilk önce kadınlar konusunda denenmiş ve sapıklığa yönelmişlerdir." (Müslim)

71- Üçüncüsünde İbni Mes'ud'dan (radıyallâhu anh) rivayet edildiğine göre Peygamberimiz (sallallâhu aleyhi ve sellem) şöyle dua ederdi:

- "Allah'ım! Senden hidayet, takva, haramdan kaçınma ve varlık isterim." (Müslim)

72- Dördüncüsünde Ebu Tarif Adî b. Hatem et-Taî (radıyallâhu anh) der ki: "Peygamberimizin (sallallâhu aleyhi ve sellem) şöyle buyurduğunu duydum:

- 'Kim bir konuda yemin ettikten sonra yeminde belirttiği istikametin dışında davranmanın takvaya daha uygun olduğunu görürse takvaya uysun.'" (Müslim)

73- Beşincisinde Ebu Umame Sudda b. Aclan el-Bahilî (radıyallâhu anh) der ki: "Peygamberimiz, Veda Haccı dolayısıyla verdiği hutbede şöyle buyuruyor:

- "Allah'tan korkunuz, beş vakit namazınızı kılınız, ramazan ayı orucunuzu tutunuz, mallarınızın zekatını veriniz ve başınızdaki yetkililere itaat ediniz ki Rabbinizin cennetine giresiniz." (Tirmizî)

7. Bölüm
Yakîn[6] ve Tevekkül

Allah Teâlâ (celle celâlüh) buyuruyor ki:

- "Mü'minler düşman birliklerini görünce, işte bu durum, Allah'ın ve O'nun Resulünün bize vaat ettiği durumdur. Allah ve O'nun Resulü doğru söylemiştir, dediler. Bu durum sadece onların iman ve bağlılıklarını pekiştirmiştir." (Ahzâb suresi, 22. ayet.)

Allah Teâlâ (celle celâlüh) buyuruyor ki:

- "Onlar öyle kimselerdir ki, halk onlara 'Düşman, size karşı ordu toplamıştır. Onlardan korkunuz.' dedi. Fakat bu söz onların imanını güçlendirerek 'Allah bize yeter. O ne güzel bir dayanaktır.' dediler. Bunun üzerine kendilerine hiçbir keder dokunmaksızın Allah'ın verdiği nimet ve faziletle geri döndüler, Allah'ın rızasına da kavuştular. Allah, yüce fazilet sahibidir." (Âl-i İmrân suresi, 173, 174. ayetler.)

Allah Teâlâ (celle celâlüh) buyuruyor ki:

6 Yakîn: Gerçekliğine hiç şüphe olmayan.

- "Ölmesi sözkonusu olmayan o diriye dayanıp güven."

(Furkân suresi, 58. ayet.)

Allah Teâlâ (celle celâlüh) buyuruyor ki:

- "Mü'minler, sırf Allah'a dayanıp güvensin."

(İbrahim suresi, 11. ayet.)

Allah Teâlâ (celle celâlüh) buyuruyor ki:

- "Kesin karar verince Allah'a dayanıp güven."

(Âl-i İmrân suresi, 159. ayet.)

Allah Teâlâ (celle celâlüh) buyuruyor ki:

- "Kim Allah'a dayanıp güvenirse O, kendisine yeter."

(Talâk suresi, 3. ayet.)

Allah Teâlâ (celle celâlüh) buyuruyor ki:

- "Mü'minler ancak o kimselerdir ki, Allah anıldığı zaman kalpleri ürperir, kendilerine O'nun ayetleri okunduğu zaman da bu ayetler, imanlarını pekiştirir ve onlar sadece Rabblerine dayanıp güvenirler." (Enfâl suresi, 2. ayet.)

Bu konudaki ayetler çok ve tanınmıştır.

74- Bu konudaki hadislere gelince, birincisinde İbni Abbas der ki: "Peygamberimiz (sallallâhu aleyhi ve sellem) buyuruyor ki:

- 'Geçmiş ümmetler bana gösterildi. Peygamberlerden birini gördüm. Yanında gayet küçük bir grup vardı. Bir başka peygamberi bir iki kişi ile birlikte, başka bir peygamberi de yapayalnız gördüm. Bu sırada gözümün önüne büyük bir kalabalık serildi. Kendi ümmetim olduğunu sandım. Bana şöyle seslenildi: 'Bu kalabalık, Musa ile onun kavmidir, fakat sen önündeki ufka bak.' Oraya bakınca korkunç bir kalabalık gördüm. Bu arada kulağıma 'Bir sonraki ufka bak.' diye bir ses geldi. Gördüğüm manzaradan sonra kulağıma 'İşte bu kalabalık senin ümmetindir. Bunların içinden yetmiş bin kişi sorgu ve azap görmeksizin cennete girecektir.'

Bu sözlerden sonra Peygamberimiz acele ile yerinden kalkarak evine gitti. Orada bulunanlar sorgusuz ve azapsız olarak cennete girecek olan o yetmiş bin kişi meselesinin tartışmasına daldılar. İçlerinden biri 'Bunlar Peygamberimizin sahabileri olmalıdırlar.' dedi. Bir başkası 'Bunlar İslam olarak doğup hiçbir şekilde Allah'a ortak koşmayanlar olmalıdır.' dedi. Bu şekilde çeşitli görüşler ileri sürdüler.

Onlar tartışırken Peygamber çıkageldi ve 'Neye daldınız?' diye sordu. Oradakiler durumu kendisine bildirince o, şöyle buyurdu. 'Bunlar büyü yapmayanlar, yaptırmayanlar, kuş falına bakmayanlar ve yalnız Rablerine dayanıp güvenenlerdir.'

Bunun üzerine Ukkaşe b. Muhsin ayağa kalkarak 'Allah'a dua et de beni de onlardan kılsın.' dedi. Peygamberimiz ona 'Sen onlardansın.' diye cevap verdi. Arkasından başka birisi daha ayağa kalkarak 'Allah'a dua et de beni onlardan kılsın.' dedi. Peygamber ona 'Bu konuda Ukkaşe seni geçti.' diye karşılık verdi." (Buhâri, Müslim)

75- İkincisinde de İbni Abbas'tan (radıyallâhu anh) riyavet edildiğine göre Peygamberimiz (sallallâhu aleyhi ve sellem) buyuruyor ki:

– "Allah'ım! Sırf Sana teslim oldum, Sana inandım, sadece Sana dayanıp güvendim, Sana yöneldim ve Senin adına mücadeleye giriştim. Allah'ım! Ululuğuna sığınarak Senden beni doğru yoldan ayırmamanı istiyorum. Senden başka ilah yoktur. Sen ölmesi söz konusu olmayan dirisin. Oysa insanlar ve cinler ölmeye mahkûmdurlar." (Buhâri, Müslim)

Bu ifade Müslim'de yer alıyor. Buhâri ise hadisi kısaltarak nakletmiştir.

76- Üçüncüsünde İbni Abbas (radıyallâhu anhumâ) der ki: "Hasbünallâhü ve ni'me'l-vekil. (Allah bize yeter. O ne güzel dayanaktır.) İbrahim (aleyhisselam) ateşe atıldığı zaman bu cümleyi söyledi. Aynı sözü Peygamberimiz Muhammed de söyledi. Şöyle ki: Halk, 'Düşmanlar size karşı birlik kurdu. Onlardan korkun.' dediği zaman, bu durum onların imanını pekiştirerek 'Allah bize yeter. O ne güzel dayanaktır.' dediler." (Buhâri)

Yine Buhâri'nin kaydettiği bir rivayete göre İbni Abbas'ın bu konudaki sözleri şöyledir: "Ateşe atıldığı zaman İbrahim'in (aleyhisselam) son sözü, 'Hasbiyellahu ve ni'mel vekil.' (Allah bana yeter. O ne iyi bir dayanaktır.) olmuştur."

77- Dördüncüsünde Ebu Hureyre'den (radıyallâhu anh) rivayet edildiğine göre Peygamberimiz (sallallâhu aleyhi ve sellem) buyuruyor ki:

– "Kalpleri kuş yüreği gibi (mütevekkil veya ince) olan kavimler cennete girer." (Müslim)

78- Beşincisinde Câbir'den (radıyallâhu anh) şöyle rivayet edilmiştir. Cabir, Peygamberimiz ile birlikte Necd tarafında savaşa katılmıştı. Peygamberimizle birlikte seferden döndü, kafile ağaçlı bir vadiye varınca öğle uykusu için mola verdi. Peygamberimiz bir konak yeri seçtikten sonra herkes bir ağaç gölgesi bulmak üzere öteye beriye dağıldı. Peygamberimiz bir samura ağacının altında konaklamıştı. Kılıcını ağaca astı ve uykuya daldık. Çek geçmeden Peygamberimizin bizleri çağırdığını duyduk, yanında bir bedevi duruyordu. Peygamber "Bu bedevi ben uyurken kılıcımı kapıp bana çekti. Uyandığımda yalın kılıç elinde olduğu halde bana 'Seni benim elimden kim kurtaracak?' dedi. Ben de ona –üç defa– 'Allah!' diye karşılık verdim." Peygamber, adama hiçbir ceza vermedi, yerine oturdu. (Buhâri, Müslim)

Diğer bir rivayete göre Cabir dedi ki: "Peygamberimizle birlikte Zatürrukâ'da bulunuyorduk. Gölgeli bir ağacın yanına varınca orayı Peygambere bıraktık. Bu sırada bir müşrik çıkageldi. Peygamber'in kılıcı ağaca asılı duruyordu. Onu kapıp Peygamberimize çekerek 'Benden korkuyor musun?' diye sordu. Peygamber 'Hayır.' diye karşılık verdi. Müşrik 'Seni benim elimden kim kurtaracak?' diye sordu. Peygamber ona 'Allah!' diye cevap verdi."

Ebu Bekri İsmaili'nin *Sahih* adlı kitabındaki rivayete göre adam Peygamberimize "Seni benden kim kurtarabilir?" diye sordu. Peygamberimiz "Allah." diye cevap verdi. O sırada kılıç adamın elinden düşüverdi. Peygamberimiz kılıcı eline alarak "Şimdi seni benim elimden kim kurtarabilir?" dedi. Adam Peygamberimize "Eline kılıç alanların en hayırlısı ol." dedi. Peygamberimiz "Allah'tan başka ilah olmadığına ve benim de O'nun resulü olduğuma şahadet ediyor musun?" diye sordu. Adam "Hayır. Fakat sana karşı savaşmayacağıma veya seninle savaşan hiçbir gruba katılmayacağıma söz veriyorum." dedi. Bunun üzerine Peygamberimiz adamı salıverdi. Adam arkadaşlarının yanına vardığı zaman "Size en hayırlı insanın yanından geliyorum." dedi.

79- Altıncısında Hz. Ömer (radıyallâhu anh) der ki: "Peygamberimizin şöyle buyurduğunu duydum:

– 'Gerçek anlamı ile Allah'a dayanıp güvenseniz O, sabahleyin açlıktan porsumuş kursakla yola çıkarak akşam doymuş bir karınla yuvasına dönen kuş gibi sizin de rızkınızı mutlaka verir.'" (Tirmizî)

80- Yedincisinde Ebu İmaretü'l-Berae b. Âzib'den (radıyallâhu anhumâ) rivayet edildiğine göre Peygamberimiz (sallallâhu aleyhi ve sellem) buyuruyor ki:

– "Ey falanca! Yatağına girdiğin zaman şöyle de: 'Allahümme eslemtü nefsi ileyke ve veccehtü vechi ileyke ve fevveztü emri ileyke lâ melcee velâ menca minke illâ ileyke amentü bi kitabikellezi enzelte ve bi nebiyyikellezi erselte.' (Allah'ım, nefsimi sana teslim ettim, yüzümü sana döndüm, korkum da, ümidim de senden olduğu için her işimi sana havale ettim, senden kaçıp sığınılacak, başvurulacak merci senden başkası değildir, indirdiğin kitaba ve gönderdiğin Peygambere iman ettim.) O gece ölürsen doğduğun zamanki gibi günahsız olarak ölürsün, eğer sabaha çıkarsan hayırlı bir sabaha erersin." (Buhâri, Müslim)

Buhâri ile Müslim'in Hz. Berae'ye dayanan başka bir rivayetine göre Peygamberimiz "Yatağına gireceğin zaman namaz için yaptığın gibi abdest al, sonra da sağ yanına yatarak de ki..." diyerek yukardaki cümleleri buyurdu ve sözlerini "Son sözlerin bunlar olsun." diye tamamladı.

81- Sekizincisinde Ebu Bekr-i Sıddık'tan (radıyallâhu anh), Abdullah b. Osman b. Amir b. Ömer b. Kâ'd b. Sa'd b. Teym b. Murre b. Ka'b b. Lueyy b. Galib el-Kureşi et-Temîmî (radıyallâhu anh) –ki anası da babası da sahabilerdendir– der ki: "Peygamberimiz ile birlikte mağaradayken ve müşrikler üstümüzde dolaşırken onların ayaklarına bakarak ona 'Ya Resulallah! içlerinden biri ayaklarının dibine baksa bizi görecek.' dedim. O bana şu cevabı verdi: 'Sen bu iki kişiyi ne sanıyorsun? Allah onların üçüncüsüdür.'" (Buhâri, Müslim)

82- Mü'minlerin annesi Ümmü Seleme Hind binti Ebu Umeyye Huzeyfetü'l-Mahzumiye (radıyallâhu anha) der ki: "Peygamber (sallallâhu aleyhi ve sellem) evden çıkarken şöyle derdi: 'Allah'ın adı ile... Allah'a dayanıp güveniyorum. Allah'ım! Sapmaktan veya saptırılmaktan, ayağımın kaymasından veya kaydırılmasından, zulmetmekten veya zulme uğramaktan, saygısızlık yapmaktan veya saygısızlığa uğramaktan sana sığınırım." (Ebu Davud, Tirmizî)

83- Enes (radıyallâhu anh) der ki: "Peygamberimiz (sallallâhu aleyhi ve sellem) buyuruyor ki:

– 'Kim evinden çıkarken 'Bismillahi tevekkeltü alellahi velâ havle velâ kuvvete illâ billah' (Allah'ın adı ile... Allah'a dayanıp güveniyorum. Allah'ın izni olmaksızın hiçbir kımıldama, hiçbir deprenme mümkün değildir.) derse kendisine 'Hidayete erdirildin, yeterli kılındın ve korundun.' diye cevap verilir ve şeytan ondan uzaklaşır.'" (Ebu Davud, Tirmizî, Neseî)

Ebu Davud hadise şunu da ilave eder: "Adamdan uzaklaştırılan şeytan başka bir şeytana 'Hidayete erdirilen, yeterli kılınan ve korunan bir adama nasıl sokulabilsin!' der."

84- Hz. Enes (radıyallâhu anh) der ki: "Peygamberimiz zamanında iki kardeş vardı. Biri Peygamberimizin yanına gelir, öbürü ise işe giderdi. İşe devam edeni, bir gün kardeşini Peygamber'e şikayet etti. Peygamberimiz de ona 'Belki de onun sayesinde rızkını elde ediyorsun.' diye cevap verdi.

8. Bölüm
İstikamet (Doğruluk)

Allah Teâlâ (celle celâlüh) buyuruyor ki:

- **"Emredildiğin gibi dosdoğru ol."** (Hûd suresi, 112. ayet.)

Allah Teâlâ (celle celâlüh) buyuruyor ki:

- **"Rabbimiz Allah'tır, deyip de sonra bu doğrultuyu kararlılıkla takip edenlere, melekler 'Korkmayın, kederlenmeyin, size vaat edilmiş olan cennetle sevinin. Biz sizin gerek dünya hayatında ve gerekse ahirette dostlarınızız. Bağışlayan ve merhametli Allah'tan inmiş olarak canınızın çektiği ve dilediğiniz her şey orada sizindir.' müjdesiyle inerler."** (Fussilet suresi, 30-32. ayetler.)

Allah Teâlâ (celle celâlüh) buyuruyor ki:

- **"Rabbimiz Allah'tır, deyip de bu doğrultuyu kararlılıkla takip edenler için korku yoktur. Onlar hiç üzülmeyeceklerdir de. Onlar işlediklerinin mükâfatı olarak, devamlı kalmak üzere cennetliktirler."** (Ahkâf suresi, 13, 14. ayetler.)

85- Ebu Amr –başka bir rivayete göre– Ebu Amret Süfyan b. Abdullah (radıyallâhu anh) der ki: "Peygamberimize 'Bana İslam hakkında öyle bir söz söyle ki, bu konuda senden başka hiç kimseden bir şey sorma ihtiyacı duymayayım.' dedim. Bana 'Allah'a iman ettim, de. Sonra da bu doğrultuyu kararlılıkla takip et.' diye cevap verdi." (Müslim)

86- Ebu Hureyre'den (radıyallâhu anh) rivayet edildiğine göre Peygamberimiz (sallallâhu aleyhi ve sellem) buyuruyor ki:

- "Haktan sapmayınız, dosdoğru yol üzerinde olunuz ve bilesiniz ki hiç kimse ameli sayesinde kurtuluşa erecek değildir." Dinleyenler "Sen de mi ya Resulallah?" diye sordular. Peygamber, "Allah beni rahmet ve fazileti altına almazsa ben de kurtuluşa eremem." diye cevap verdi. (Müslim)

9. Bölüm
Tefekkür

Varlıkların azametini, dünyanın faniliğini, kıyametin korkunç hallerini, dünya ve ahiretin bütün işlerini düşünerek nefsin arzularına engel olmak ve onu terbiye ederek doğru yola yöneltmek için tefekkür etmek...

Allah Teâlâ (celle celâlüh) buyuruyor ki:

- "De ki: 'Ben size bir şey tavsiye ediyorum: Allah için buradan ikişer ikişer veya teker teker kalkıp sonra da arkadaşınızın deli olmadığını, sadece sizleri şiddetli bir azabın eşiğinde ikaz eden biri olduğunu düşününüz.'" (Sebe suresi, 46. ayet.)

Allah Teâlâ (celle celâlüh) buyuruyor ki:

- "Hiç şüphesiz göklerin ve yerin yaratılışında, gece ile gündüzün birbirini kovalayışında aklı başında kimseler için büyük ibretler vardır. Bu kimseler gerek ayakta gerek oturarak ve gerekse yan üstü uzanmış haldeyken Allah'ı anarlar ve 'Ey Rabbimiz! Sen bunları boşu boşuna yaratmış değilsin. Seni böyle bir isnattan tenzih ederiz.' diyerek göklerin ve yerin yaratılışı hakkında düşünürler." (Âl-i İmrân suresi, 190-191. ayetler.)

Allah Teâlâ (celle celâlüh) buyuruyor ki:

- "Onlar nasıl yaratıldı diye deveye, nasıl yükseltildi diye göğe, nasıl dikildi diye dağlara ve nasıl düz hale getirilmiştir diye yeryüzüne hiç bakmazlar mı? Sen hatırlat. Hiç şüphesiz sen sadece bir hatırlatıcısın." (Gâşiye suresi, 17-21. ayetler.)

Allah Teâlâ (celle celâlüh) buyuruyor ki:

- "Onlar yeryüzünde dolaşıp kendilerinden öncekilerin akıbetlerini görmezler mi? Allah onları yerle bir etmiştir. Onların bu hali kâfirler için örnektir." (Muhammed suresi, 10. ayet.)

Bu konudaki hadislerden biri daha önce kaydettiğimiz şu hadistir;

- "Aklı başında kimse, nefsini kınayan, hor gören kimsedir."

10. Bölüm
Hayırlı İşlere Koşmak ve İyilik Yapmak İsteyenleri de Hayra Teşvik Etmek

Allah Teâlâ (celle celâlüh) buyuruyor ki:

- "Hayırlı işlerde yarışınız." (Bakara suresi, 148. ayet.)

Allah Teâlâ (celle celâlüh) buyuruyor ki:

- "Rabbinizin mağfireti ile genişliği yerle gökler arası kadar olan ve Allah'tan korkanlar için hazırlanmış olan cennete koşunuz." (Âl-i İmrân suresi, 133. ayet.)

87- Hadislere gelince... Birincisinde Ebu Hureyre'den (radıyallâhu anh) rivayet edildiğine göre Peygamberimiz (sallallâhu aleyhi ve sellem) buyuruyor ki:

– "İyi amel işlemeye koyulunuz. Yakında karanlık gece sahneleri gibi fitneler baş gösterecektir. O zaman sabahleyin mü'min olan adam, akşama kâfir girer; geceye mü'min olarak giren kimse de sabaha kâfir çıkar; adam dünya varlığı uğruna dinini satar." (Müslim)

88- İkincisinde Ebu Sirvaa Akabe b. Haris (radıyallâhu anh) der ki: "Medine'de Peygamberimizin (sallallâhu aleyhi ve sellem) arkasında ikindi namazını kılmıştım Selam verdikten sonra hızla kalkıp cemaatin omuzları üzerinden atlayarak eşlerinden birinin evine koştu. Cemaat onun hızlı hareketinden ürkmüştü. Bir müddet sonra çıkageldiği zaman cemaatin onun hızlı hareketi karşısında şaşırdığını görünce, 'Evimizde bir miktar altın veya gümüş olduğunu hatırladım. Bunun beni Allah'a yöneltmekten alıkoymasını istemediğim için dağıtılmasını emrettim.' diye buyurdu." (Buhâri)

Buhâri'nin bir başka rivayetine göre hadisin son kısmı şöyledir: "Evde zekat kalıntısı bir miktar altın veya gümüş bırakmıştım. Onun gece yanımda kalmasını istemedim."

89- Üçüncüsünde Cabir (radıyallâhu anh) der ki: "Uhud günü sahabilerden biri Peygamber'e 'Eğer ölürsem nerede olurum?' diye sordu. Peygamber ona 'Cennette.' diye cevap verdi. Bunun üzerine adam elindeki hurma tanelerini hemen yere attı. Savaşa girişti ve sonunda şehit oldu." (Buhâri)

90- Dördüncüsünde Ebu Hureyre (radıyallâhu anh) der ki: "Adamın biri Peygamber'e gelerek 'En yüksek mükâfatlı sadaka hangisidir?' diye sordu. Peygamberimiz adama şu cevabı verdi: 'Sağlığın yerinde, malına düşkün, fakirlik korkusu ve zengin olma özlemi içinde iken verip de can gırtlağa dayanıp da 'Şu falancanın, bu da filancanın.' diyeceğin ana bırakmadığın sadakadır. Çünkü o zaman zaten vermek istediklerin falancanın olmuştur.'" (Buhâri, Müslim)

91- Enes (radıyallâhu anh) der ki: "Peygamber (sallallâhu aleyhi ve sellem) Uhud günü eline bir kılıç alarak 'Bunu benim elimden kim alacak?' diye sordu. Herkes 'Ben, ben!' diyerek elini ona doğru uzatıyordu. Peygamberimiz 'Hakkını vermek şartı ile onu benden kim alacak?' diye buyurdu. Bunun üzerine herkes yerinde kalakaldı. Fakat Ebu Dücane (radıyallâhu anh) 'Hakkını vermek şartı ile ben alıyorum.' dedi ve kaptığı o kılıçla müşriklerin başlarını ikiye ayırdı." (Müslim)

92- Altıncısında Zübeyr b. Adî (radıyallâhu anh) der ki: "Enes b. Malik'e gelerek kendisine Haccac'ın tutumundan şikâyet ettik. Bize şu cevabı verdi: 'Sabredin. Çünkü Allah'a kavuşuncaya kadar her gelen yeni dönemin sonrası daha kötü olacaktır. Bunu Peygamberinizden (sallallâhu aleyhi ve sellem) duymuştum.'" (Buhâri)

93- Yedincisinde Ebu Hureyre'den (radıyallâhu anh) rivayet edildiğine göre Peygamberimiz (sallallâhu aleyhi ve sellem) buyuruyor ki:

- "Yedi şey gelmeden önce iyi amel işlemekte acele ediniz. Yoksa unutkanlığa yolaçan fakirliği, azdıran zenginliği, enerjiden yoksun bırakan hastalığı, bunaklaştıran yaşlılığı, ansızın geliveren ölümü, beklenen görünmezliklerin en kötüsü olan Deccal'i yoksa ondan daha dehşetli ve acı olan kıyamet anını mı bekliyorsunuz?" (Tirmizî)

94- Sekizincisinde yine Ebu Hureyre'den (radıyallâhu anh) rivayet edildiğine göre Peygamber (sallallâhu aleyhi ve sellem) Hayber savaşı günü "Allah bu sancağı kendisini ve Resulünü seven birinin eline verecek ve onun elinde zafer kazandıracak." diye buyurdu. Hz. Ömer "Sadece o gün emîr olmayı istedim ve sancağı tutmaya çağrılmayı bekleyerek gözlerimi o tarafa diktim." dedi. Fakat Peygamber Ali b. Ebu Talib'i çağırıp sancağı ona vererek "Yürü! Allah sana zafer bağışlayıncaya kadar hiç sağına, soluna bakma!" diye buyurdu. Ali bir süre yürüdükten sonra bakışlarını ileride tutarak durdu ve "Ya Resulallah! Hangi ölçüye bağlı kalarak karşımdakiler ile savaşayım?" diye sordu. Peygamberimiz ona şu cevabı verdi: "Allah'tan başka ilah olmadığına ve Muhammed'in Allah'ın Resulü olduğuna şahadet edinceye kadar onlarla savaş! Şahadet getirdikleri takdirde hukukun gerektirdiği durumlar dışında canlarını ve mallarını senden korumuş olurlar. Bunun dışındaki hesapları Allah'a aittir." (Müslim)

11. Bölüm
Cihat

Allah Teâlâ (celle celâlüh) buyuruyor ki:

- **"Bizim uğrumuzda cihat edenlere, hiç şüphesiz yollarımızı gösteririz. Hiç şüphesiz, Allah iyilerle birliktedir."** (Ankebût suresi, 69. ayet.)

Allah Teâlâ (celle celâlüh) buyuruyor ki:

- **"Ölünceye kadar Rabbine ibadet et."** (Hicr suresi, 99. ayet.)

Allah Teâlâ (celle celâlüh) buyuruyor ki:

- **"Rabbinin adını an ve sırf O'na yönel."**

(Müzzemmil suresi, 8. ayet.)

Allah Teâlâ (celle celâlüh) buyuruyor ki:

- **"Kim zerre ağırlığınca iyilik işlerse karşılığını görür."**

(Zilzâl suresi, 7. ayet.)

Allah Teâlâ (celle celâlüh) buyuruyor ki:

- "Kendi hesabınıza ilerisi için işlediğiniz iyiliği, daha hayırlı ve mükâfatça daha büyük olmak üzere, Allah katında bulursunuz." (Müzzemmil suresi, 20. ayet.)

Allah Teâlâ (celle celâlüh) buyuruyor ki:

- "Siz hayır yolunda ne harcarsanız, hiç şüphesiz, Allah onu bilir." (Bakara suresi, 273. ayet.)

Bu konuda ayetler hem çok hem tanınmıştır.

95- Hadislere gelince... Birincisinde Ebu Hureyre'den (radıyallâhu anh) rivayet edildiğine göre Peygamberimiz (sallallâhu aleyhi ve sellem) buyuruyor ki:

- "Allah Teâlâ (celle celâlüh) şöyle buyurur: 'Kim benim dostlarımdan birine düşmanlık ederse ona kesinlikle savaş açarım. Kulumu bana yaklaştıran sebeplerin benim katımda en sevimli olanı ona farz kıldığım ibadetlerdir. Kulum bana nafileler aracılığı ile yaklaşa yaklaşa sonunda onu severim. Ben onu sevince işiten kulağı, gören gözü, tutan eli ve yürüyen ayağı olurum. Benden bir şey isterse veririm. Eğer bana sığınırsa onu kesinlikle korurum.'" (Buhâri)

96- İkincisinde Enes'ten (radıyallâhu anh) rivayet edildiğine göre Peygamberimiz (sallallâhu aleyhi ve sellem) buyuruyor ki:

- "Allah Teâlâ (celle celâlüh) şöyle buyurur: 'Kul bana bir karış yaklaşınca ben ona bir dirsek boyu yaklaşırım. O bana bir dirsek boyu yaklaşınca ben ona bir kulaç yaklaşırım. O bana doğru yürüye yürüye gelirse ben ona koşa koşa giderim.'" (Buhâri)

97- İbni Abbas'tan (radıyallâhu anhumâ) rivayet edildiğine göre Peygamberimiz (sallallâhu aleyhi ve sellem) buyuruyor ki:

- "İki nimet var ki insanların çoğu onlar hakkında aldanmıştır (kıymetlerini bilmiyorlar): Sağlık ve boş vakit." (Buhâri)

98- Dördüncüsünde Hz. Âişe (radıyallâhu anhâ) der ki: "Peygamber (sallallâhu aleyhi ve sellem) geceleri nafile namazı kılarken o kadar uzun süre ayakta kalırdı ki ayakları şişerdi. Kendisine 'Ya Resulallah! Niye böyle yapıyorsun? Oysa ki senin geçmiş ve gelecek tüm günahlarını Allah affetmiştir.' dedim. Bana şöyle cevap verdi: 'Allah'a şükreden bir kul olmayı istemeyeyim mi?'" (Buhâri, Müslim)

99- Beşincisinde Hz. Âişe (radıyallâhu anhâ) der ki: "Ramazanın son on günü girince Peygamber (sallallâhu aleyhi ve sellem) ev halkını uyandırarak ve her zamankinden daha büyük bir titizlikle kendini ibadete vererek geceleri ihya ederdi." (Buhâri, Müslim)

100- Altıncısında Ebu Hureyre'den (radıyallâhu anh) rivayet edildiğine göre Peygamberimiz (sallallâhu aleyhi ve sellem) buyuruyor ki:

– "Güçlü mü'min, Allah katında zayıf mü'minden daha hayırlı ve sevimlidir. Fakat her ikisinde de (ayrı ayrı) hayır vardır. Sana yarar sağlayacak şeylere sarıl, Allah'tan yardım dile ve yılgınlık gösterme. Eğer başına bir şey gelirse 'Keşke şöyle şöyle yapsaydım.' deme. Fakat 'Allah'ın takdiri böyle. O, dilediği gibi yaptı.' de. Çünkü 'eğer, şayet, keşke' gibi ifadeler şeytanın işine kapı açar." (Müslim)

101- Yedincisinde Peygamberimiz (sallallâhu aleyhi ve sellem) buyuruyor ki: "İnsan ile cehennem arasında nefsin aşırı arzuları, yine insan ile cennet arasında engel olarak mekruhlar vardır." (Buhâri, Müslim)

102- Sekizincisinde Ebu Abdullah Huzeyfe b. Yemeni (radıyallâhu anh) der ki:

"Bir gece Peygamberimizin arkasında namaza durmuştum. Zamm-ı sure olarak Bakara suresine başladı. 'Yüzüncü ayette rükûa varır.' dedim. Fakat yüzüncü ayeti geçti. İçimden 'Her halde bu sureyi bir rek'atte tamamlayacak.' dedim, bunu da geçti. İçimden 'Rükua varır.' dedim, arkasından Nisâ suresine girerek onu da bitirdi. Sonra Âl-i İmran suresine başladı, onu da okudu. Ağır ağır, harflerin hakkını veren bir telâffuzla okuyordu. İçinde tesbih bulunan ayet geçince tesbih ediyor, dua ayeti geçince dua ediyor, Allah'a sığınmayı ifade eden ayet geçince de Allah'a sığınıyordu. Nihayet 'Subhane Rabbiye'l-azîm.' diyerek rükûa vardı. Rükûsu da kıyam hali gibi idi. Arkasından 'Semi Allahu limen hamideh. Rabbena leke'l-hamd.' diyerek doğruldu ve rükûda geçirdiği zamana yakın bir süre öylece durdu. Arkasından 'Subhane Rabbiye'l-a'lâ' diye secdeye vardı. Secdesi de ayakta dikilişine yakın bir süre tuttu." (Müslim)

103- Dokuzuncusunda İbni Mes'ud (radıyallâhu anh) der ki:

"Bir gece Peygamber'in arkasında namaza durmuştum. Kıyam halini o kadar uzattı ki bir ara çirkin bir hareket yapmayı düşündüm." İbni Mes'ud'a "Ne yapmayı düşündün?" diye sordular. "Oturup selam vererek onu bırakıp gitmeyi düşündüm." (Buhâri, Müslim)

104- Onuncusunda Enes'ten (radıyallâhu anh) rivayet edildiğine göre Peygamberimiz (sallallâhu aleyhi ve sellem) buyuruyor ki:

– "Ölüye mezara kadar üç şey eşlik eder. Yakınları, malı ve ameli. İkisi geri döner, biri yanında kalır. Yakınları ile malı geri döner, ameli yanında kalır." (Buhâri, Müslim)

105- On birincisinde İbni Mes'ud'dan (radıyallâhu anh) rivayet edildiğine göre Peygamberimiz (sallallâhu aleyhi ve sellem) buyuruyor ki:

- "Cennet, her birinize takunyanızın kayışından daha yakındır. Cehennem de öyle." (Buhâri)

106- On ikincisinde Peygamberimizin hizmetçisi ve Suffe ehlinden olan Ebu Fıras Rebia b. Kâ'b el-Eslemî (radıyallâhu anh) der ki:

- "Geceleri Peygamberimizin yanında kalır onun abdest suyunu verir ve diğer isteklerini karşılardım. Bir gün bana 'Benden bir şey dile.' diye buyurdu. Ben de ona 'Seninle birlikte cennette olmayı dilerim.' dedim. 'Başka bir dileğin yok mu?' diye sordu. 'İstediğim bu kadardır.' diye cevap verdim. O da bana 'O halde çok secde ederek nefsine karşı bana yardımcı ol.' diye karşılık verdi." (Müslim)

107- On üçüncüsünde Peygamberimizin kölesi Ebu Abdullah (veya Ebu Abdurrahman) Sevban der ki: "Peygamberimizin şöyle buyurduğunu duymuştum:

- 'Çok çok secde etmelisin çünkü yaptığın her secde sayesinde Allah, seni bir derece daha yüceltir ve bir günahını affeder.'" (Müslim)

108- On dördüncüsünde Ebu Safvan Abdullah b. Busr-ul Eslemi'den rivayet edildiğine göre Peygamberimiz (sallallâhu aleyhi ve sellem) buyuruyor ki:

- "İnsanların en hayırlısı uzun ömürlü olup da iyi amel işleyendir." (Tirmizî)

109- On beşincisinde Enes (radıyallâhu anh) der ki: "Amcam Enes b. Nadir Bedir savaşına katılmamıştı. Peygamberimize 'Müşriklere karşı verdiğin ilk savaşta bulunmadım. Eğer Allah müşriklerle savaşa katılmamı nasip edecek olursa neler yapacağımı herkese göstermiş olacağım.' dedi. Uhud günü gelince Müslümanlar dağılıvermişlerdı. Amcam (bu durum karşısında) arkadaşlarını kastederek 'Allah'ım! Bunların hareketleri yüzünden sana karşı af dilerim.' ve müşrikleri kastederek de 'Şunların tutumu yüzünden de sana sığınırım.' diye dua etti. Arkasından öne atıldı. Karşısına Sa'd b. Muaz çıktı. Ona 'Kâbe'nin Rabbi olan Allah hakkı için Uhud'un ötesinden cennet kokusunu alıyorum.' diye karşılık verdi. Sa'd 'Ya Resulallah! Onun yaptığını yapamadım.' dedi. Kendisini kimi kılıç yarası, kimi mızrak darbesi ve kimisi de ok yarası olmak üzere seksen küsur yerinden yaralanmış olarak bulduk. Onu şehit edilmiş olarak bulduk. Müşrikler ağır işkence yapmışlardı. Onu hiç kimse tanıyamamıştı. Yalnız kızkardeşi onu parmak uçlarından teşhis etmişti." Enes, sözlerine şöyle devam etti: "Şu ayetin onun ve onun gibiler hakkında indiği kanaatindeydik. Allah Teâlâ (celle celâlüh) buyuruyor ki:

- 'Mü'minlerden nice erler vardır ki Allah'a verdikleri söze sadık kaldılar. Kimi şehit oldu, kimi de şehit olmayı bekledi fakat hiçbiri verdiği sözü değiştirmedi.'" (Ahzâb suresi, 23. ayet.) (Buhâri, Müslim)

110- On altıncısında Ebu Mes'ud Akabe b. Amirü'l-Ensari (radıyallâhu anh) der ki: "Sadaka ayeti inince bizler sadaka vermek üzere ücretle sırtımızda yük taşımaya başladık. Adamın biri gelerek büyük bir sadaka verdi. Bazıları 'O gösterişçidir.' dedi. Biri de gelip bir ölçeklik bir sadaka verdi. Bazıları 'Allah şu adamın ölçeğinden zengindir.' dediler. Bunun üzerine şu ayet indi:

- 'Gönüllü olarak çok sadaka veren mü'minler ile emeklerinden başka verecek bir şey bulamayan mü'minleri kınayıp onlarla alay edenleri Allah alaya almıştır. Onları acıklı bir azap bekliyor.'" (Tevbe suresi, 79. ayet.) (Buhâri, Müslim)

111- On yedincisinde Said b. Abdulâziz'in Rabia b. Yezid'den, onun da Ebu Zer Cündüb b. Cunade'den (radıyallâhu anhum) rivayet ettiğine göre Peygamberimiz (sallallâhu aleyhi ve sellem) Allah Teâlâ'nın şöyle buyurduğunu bildiriyor.

- "Ey kullarım! Ben zulmü kendime haram kıldığım gibi onu aranızda da yasak kıldım. O halde sakın birbirinize zulmetmeyiniz. Ey kullarım! Hepiniz dalâlettesiniz; tek benim hidayet verdiklerim müstesna. O halde dileyin de size hidayet vereyim. Ey kullarım! Hepiniz açsınız; tek benim doyurduklarım müstesna. O halde dileyin de sizi doyurayım. Ey kullarım! Hepiniz çıplaksınız; tek benim giydirdiklerim müstesna. O halde isteyin de sizi giydireyim.

Ey kullarım! Sizler gece gündüz günah işlersiniz; ben de tüm günahları affederim. O halde dileyin de günahlarınızı bağışlayayım. Ey kullarım! Sizlerin bana zarar vermeye gücünüz yetmez ki veresiniz; bana fayda sağlamaya gücünüz yetmez ki fayda sağlayasınız.

Ey kullarım! Sizin ilkiniz ve sonuncunuz, insanınız ve cininiz aranızdaki en takva sahibi kimsenin kalbi gibi olsanız, bu durum benim mülküme hiçbir şey katmaz. Ey kullarım! Sizin ilkiniz ve sonuncunuz, insanınız ve cininiz aranızdaki en kötü kalpli kimse gibi olsa, bu durum benim mülkümden hiçbir şey eksiltmez. Ey kullarım! Sizin ilkiniz ve sonuncunuz, insanınız ve cininiz hep bir alanda toplanıp benden hacet dileseniz de herkesin isteğini yerine getirsem, bu durum, ancak denize daldırılan iğne burnu kadar benim katımdaki hazineyi eksiltebilir. Ey kullarım! Size verdiğim her şey sizin hesabınıza kaydedip sonra da eksiksiz karşılıklarını verdiğim kendi amellerinizdir.

Buna göre hayır bulan Allah'a hamdetsin ve hayrın dışında bir karşılık bulan da kusuru sadece kendi kendinde arasın." (Müslim)

Said der ki: "Ebu İdris bu hadisi rivayet ederken dizleri üzerine çökerdi, İmam Ahmed b. Hanbel'in 'Şamlıların rivayet ettiği en değerli hadis budur.' dediğini öğrendik."

12. Bölüm
Ömrün Sonuna Doğru Daha Çok Hayır İşlemeyi Teşvik Etmek

Allah Teâlâ (celle celâlüh) buyuruyor ki:

- "Size düşünecek olanın düşünebileceği kadar ömür vermedik mi? Üstelik sizi ikaz eden de gelmişti." (Fâtır suresi, 37. ayet.)

İbni Abbas ve diğer bazı araştırıcı âlimler ayetin manasının "Size altmış yıl ömür vermedik mi?" demek olduğunu söylüyorlar. İleride vereceğimiz bir hadis de bu manayı teyit eder. Başka bir görüşe göre ayetin manası on sekiz yıl; diğer bir görüşe göre ise elli yıldır.

Hasan-ı Basri, Kelbi ve Mesruk'un belirttiğine göre -ki bu görüş İbni Abbas'tan da nakledilmiştir- Medine halkı, kırk yaşlarına vardıkları zaman kendilerini tamamen ibadet etmeye verirlerdi. Bir başka görüşe göre ayet "erginlik çağını" kastetmektedir. İbni Abbas ile birlikte tefsir âlimlerinin çoğunluğuna göre "Size ikaz edici de geldi." ifadesinin manası Peygamberimizdir (sallallâhu aleyhi ve sellem). İkrime, İbni Uyeyne ve diğer bazı tefsir âlimlerine göre de bu ifadeden maksat, yaşlılıktır. Doğrusunu Allah (celle celâlüh) bilir.

112- Hadislere gelince birincisinde Ebu Hureyre'nin rivayet ettiğine göre Peygamberimiz (sallallâhu aleyhi ve sellem) buyuruyor ki:

- "Allah Teâlâ ölümünü erteleyip de altmış yaşına varan kimseye hiçbir mazeret bırakmamıştır." (Buhâri)

113- İkincisinde İbni Abbas (radıyallâhu anhumâ) der ki: "Hz. Ömer, Bedir savaşı yaşlıları ile düzenlediği toplantılara beni de alırdı. Onun bu davranışı, onlardan birine ters gelmiş olmalı ki Ömer'e 'Bu adam niye bizimle birlikte toplantıya giriyor? Bizim onun yaşında oğullarımız var.' dedi. Ömer ona 'Senin de bildiğin sebep yüzünden.' diye cevap verdi.

Bir gün yine beni çağırıp onlarla birlikte toplantıya almıştı. Bu seferki davetinin sırf beni onlara göstermek olduğunu anlamıştım. Hz. Ömer, onlara Allah Teâlâ'nın 'Allah'ın nusreti ile fetih gelince, şeklindeki ayeti hakkında ne dersiniz?' diye sordu. İçlerinden biri 'Allah bizi destekleyip zafere ulaştırdığı zaman O'na hamdetmemiz, O'ndan mağfiret dilememiz emrolundu.' diye cevap verdi. Bir kısmı da hiçbir cevap vermeyip sustu. Bunun üzerine Ömer bana 'a İbni Abbas sen de böyle mi diyorsun?' diye sordu. Ben 'Hayır.' dedim. Ömer 'Peki ne diyorsun?' dedi. Bunun üzerine dedim ki: 'Bu ayette Allah Teâlâ, Peygamberimize ölümünü bildirmektedir. Allah Teâlâ, Peygamber'e, **'Allah'ın desteği ve Fetih gelince,'** bu senin ölüm alametindir. Buna göre **'Rabbine hamdederek O'nu noksan sıfatlardan tenzih et ve O'ndan mağfiret dile. Hiç şüphesiz O, tevbeleri kabul eder.'** diye buyurmaktadır. Ömer de 'O ayetten ben de senin dediğini anlıyorum.' dedi." (Buhâri)

114- Üçüncüsünde Hz. Âişe (radıyallâhu anhâ) der ki: "**Allah'ın desteği ve fetih gelince**, ayeti indikten sonra Resulullah her kıldığı namazda 'Rabbimiz! Seni hamdederek noksan sıfatlardan tenzih ederim. Allah'ım! Beni affeyle.' derdi." (Buhâri, Müslim)

Buhâri ile Müslim'in diğer bir rivayetine göre Hz. Âişe (radıyallâhu anhâ) der ki: "Peygamberimiz **'Rabbine hamdederek O'nu noksanlıklardan tenzih et. O'ndan af dile.'** mealindeki ayetin fiili yorumunu ortaya koymak üzere rükû ve secdelerinde 'Allah'ım, Rabbimiz! Sana hamdederek seni noksan sıfatlarından tenzih ederim. Allah'ım! Beni affeyle.' cümlelerini çok söylerdi."

Müslim'in kaydettiği bir rivayete göre de Hz. Âişe (radıyallâhu anhâ) der ki: "Peygamberimiz (sallallâhu aleyhi ve sellem) ölümüne yakın 'Allah'ım! Sana hamdederek seni noksan sıfatlardan tenzih ederim. Senden af diler, Sana tevbe ederim.' cümlelerini sık sık söylerdi." (Âişe şöyle devam ediyor): "'Ya Resulallah! Yeni yeni söylediğini gördüğüm bu cümleler ne oluyor?' diye sordum. Bana şu cevabı verdi: 'İzacae nasrullahi vel fethu ve reeytennase yedhulüne fidinillahi efvacen. Fe sebbih bi hamdi rabbike vesteğfirhu innehu kâne tevvaba.' (Allah'ın desteği ve fetih gelince insanların Allah'ın dinine grup grup girdiğini görürsün. O halde Rabbine hamdederek O'nu noksan sıfatlardan tenzih et. Hiç şüphesiz O, tevbelerin kabul edicisidir.) ayetleri ümmetim arasında bana alâmet kılındı. Bu ayetleri görünce o cümleleri söylerim.'"

Yine Müslim'in bir başka rivayetine göre Hz. Âişe (radıyallâhu anhâ) der ki: "Resulullah sık sık 'Subhanallahi ve bilhamdihi esteğfirullahe ve etübu ileyhi.' (Allah'a hamdederek O'nu noksan sıfatlardan tenzih ederim. Allah'tan af diler, O'na tevbe ederim.) derdi." (Âişe şöyle devam ediyor): "'Ya Resulallah sık sık 'Subhanallahi ve bilhamdihi estağfirullahe ve etübu ileyhi.' dediğini duyuyorum. Sebebi nedir?' diye kendisine sordum. Bana şu cevabı verdi:

– 'Rabbim bana ümmetim arasındayken bir alâmet göreceğimi ve o alâmeti görünce sık sık 'Subhanallahi ve bilhamdihi estagfirullahe ve etübu ileyhi.' dememi bildirdi. Bu alâmeti şu ayetler inince gördüm: 'Allah'ın desteği ve fetih (Mekke Fethi) gelip de insanların grup grup Allah'ın dinine girdiğini görünce Rabbine hamdederek O'nu noksan sıfatlardan tenzih et, O'ndan af dile. Hiç şüphesiz O, tevbelerin kabul edicisidir.'"

115- Dördüncüsünde Enes (radıyallâhu anh) der ki: "Allah Teâlâ (celle celâlüh) Peygamber'in (sallallâhu aleyhi ve sellem) vefatından önce ona vahiy göndermeyi sıklaştırdı. Nitekim o, vahyin en sık geldiği bir sırada vefat etti." (Buhâri, Müslim)

116- Beşincisinde Cabir'den (radıyallâhu anh) rivayet edildiğine göre Peygamberimiz (sallallâhu aleyhi ve sellem) buyuruyor ki:

– "Herkes ölmeden önceki hal ve davranışı ile yeniden diriltilir." (Buhâri, Müslim)

13. Bölüm
Hayır Yollarının Çokluğu

Allah Teâlâ (celle celâlüh) buyuruyor ki:

– "Her ne hayır işlerseniz, hiç şüphesiz Allah onu bilir."

(Bakara suresi, 215. ayet.)

Allah Teâlâ (celle celâlüh) buyuruyor ki:

– "Her ne hayır işlerseniz, Allah onu bilir."

(Bakara suresi, 197. ayet.)

Allah Teâlâ (celle celâlüh) buyuruyor ki:

– "Kim zerre kadar hayır işlerse karşılığını görür."

(Zilzâl suresi, 7. ayet.)

Allah Teâlâ (celle celâlüh) buyuruyor ki:

– "Kim iyi amel işlerse, o kendisi içindir." (Câsiye suresi, 15. ayet.)

117- Bu konudaki hadisler gerçekten çoktur, hepsini değil de belli başlılarını zikredeceğiz. Birincisinde Ebu Zer Cündüb b. Cenade (radıyallâhu anh) der ki: "Peygamberimize 'En faziletli amel hangisidir?' diye sordum. Bana 'Allah'a iman etmek ve O'nun yolunda cihat etmektir.' diye cevap verdi. Ben 'Köle azat etmenin en faziletlisi hangisidir?' diye sordum. Bana 'Sahibi katında en değerli ve en pahalı olanı azat etmektir.' diye cevap verdi. Kendisine 'Bunları yapamazsam?..' diye sordum. Bana 'İş becerene yardımcı olur veya beceriksizin işini yaparsın.' diye cevap verdi. Kendisine 'Ya Resulallah! Bazı amelleri yapmaya gücüm yetmezse bana ne tavsiye edersin?' diye sordum. Bana şu cevabı verdi: 'Kendini halka zarar vermekten alıkorsun. Bu senin nefsine karşı verdiğin bir sadakadır.'" (Buhâri, Müslim)

118- İkincisinde yine Ebu Zer'den (radıyallâhu anh) rivayet edildiğine göre Peygamberimiz (sallallâhu aleyhi ve sellem) buyuruyor ki:

– "Vücudumuzun her oynak kemiğine ayrı ayrı birer sadaka düşer. Her tesbih cümlesi sadakadır. Her hamd cümlesi sadakadır. Her tevhid cümlesi sadakadır. Her tekbir cümlesi sadakadır. İyiliği emretmek sadakadır. Kötülükten sakındırmak sadakadır. Kulun her kuşluk vakti kılacağı iki rek'at namaz bunların yerini tutar." (Müslim)

119- Üçüncüsünde Ebu Zer'den rivayet edildiğine göre Peygamberimiz (sallallâhu aleyhi ve sellem) buyuruyor ki:

– "Ümmetimin iyi ve kötü amelleri bana arz edildi. Amellerin iyileri arasında yoldan kaldırılıp atılan engeli ve kötü ameller arasında da mescitte bulunup üstü örtülmeyen tükürüğü gördüm.." (Müslim)

120- Dördüncüsünde yine Ebu Zer'den (radıyallâhu anh) rivayet edildiğine göre sahabilerden bir grup Peygamberimize "Bütün mükâfatları varlıklılar alıp götürdü. Bizim gibi namaz kılıyorlar, bizim gibi oruç tutuyorlar, üstelik bol mallarından sadaka da veriyorlar." dediler. Peygamberimiz onlara şu cevabı verdi: "Allah Teâlâ size de sadaka verme imkânları bağışlamadı mı ki? Her tesbih cümlesi sadakadır. Her tekbir cümlesi sadakadır. Her hamd cümlesi sadakadır. Her tevhid cümlesi sadakadır. İyiliği emretmek sadakadır. Kötülükten sakındırmak sadakadır. Eşinizle birleşmenizde bile sadaka vardır."

Sahabiler "Ya Resulallah! Şehveti kabaranımıza, bu yüzden mükâfat mı gelir yani?" dediler. Peygamberimiz "Söyleyin bakayım, eğer adam şehvetini haram yoldan boşaltsa günah kazanacak mıydı? Bu böyle olduğu gibi şehvetini helal yoldan boşaltmasında da sevabı vardır." (Müslim)

121- Beşincisinde Ebu Zer'den rivayet edildiğine göre Peygamberimiz (sallallâhu aleyhi ve sellem) buyuruyor ki:

– "Mü'min kardeşini güler yüzle karşılamaktan ibaret olsa bile hiçbir iyiliği küçümseme." (Müslim)

122- Altıncısında Ebu Hureyre'den (radıyallâhu anh) rivayet edildiğine göre Peygamberimiz (sallallâhu aleyhi ve sellem) buyuruyor ki:

– "Üzerine güneş doğan her gün insanların her oynak kemiğine birer sadaka düşer. İki kişi arasında adalete uygun hüküm vermen sadakadır. Adamın birine yardım edip onu binek hayvanına bindirmen veya adam hayvanın sırtındayken ona yemeğini uzatman sadakadır.

Tatlı söz sadakadır. Namaz kılmak için attığın her adım sadakadır. Yola düşen bir engeli kaldırıp atman sadakadır." (Müslim)

Yine Müslim'in Hz. Âişe'den (radıyallâhu anhâ) gelen bir başka rivayetine göre Peygamberimiz (sallallâhu aleyhi ve sellem) buyuruyor ki:

- "Her insanın vücudunda üç yüz altmış eklem ve oynak kemik vardır. Kim tekbir getirirse, kim Allah'a hamdederse, kim bir tevhid cümlesi söylerse, kim Allah'ı tesbih ederse, kim Allah'tan af dileyen bir cümle söylerse, kim insanların gelip geçtiği yoldan bir taş veya bir diken yahut da bir kemik parçası kaldırıp atarsa veya iyiliği emrederse yahut kötülükten sakındırırsa –bu iyiliklerin sayısı üç yüz altmışa ulaştığı takdirde– o kimse o gün nefsini cehennemden azat etmiş olarak gezinmiş olur."

123- Yedincisinde Ebu Hureyre'den (radıyallâhu anh) rivayet edildiğine göre Peygamberimiz (sallallâhu aleyhi ve sellem) buyuruyor ki:

- "Kim sabah veya akşam mescide yürüyerek giderse her gidiş ve dönüşüne karşılık Allah ona bir cennet ziyafeti hazırlar." (Buhâri, Müslim)

124- Sekizincisinde Ebu Hureyre'den (radıyallâhu anh) rivayet edildiğine göre Peygamberimiz (sallallâhu aleyhi ve sellem) buyuruyor ki:

- "Ey Müslüman kadınlar! Verilen şey bir deve tırnağı bile olsa, hiç kimse komşusuna yapabildiği iyiliği küçümsemesin." (Buhâri, Müslim)

125- Dokuzuncusunda Ebu Hureyre'den (radıyallâhu anh) rivayet edildiğine göre Peygamberimiz (sallallâhu aleyhi ve sellem) buyuruyor ki:

- "İman yetmiş küsur –veya altmış küsur– kısımdır. Bu kısımların en faziletlisi Lâilâhe illallâh demek, en aşağı derecelisi de yoldaki engeli kaldırıp atmaktır. Hayâ imanın kısımlarından biridir." (Buhâri, Müslim)

126- Onuncusunda Ebu Hureyre'den (radıyallâhu anh) rivayet edildiğine göre Peygamberimiz (sallallâhu aleyhi ve sellem) buyuruyor ki:

- "Adamın biri yolda yürürken bir ara çok susadı. Bir kuyuya rastlayınca aşağıya indi ve içip yukarı çıktı. O sırada gözüne susuzluktan ağzından salyalar akan ve toprak yiyen bir köpek ilişti. Adam içinden 'Bu köpek de benim susadığım kadar şiddetli bir derecede susadı.' diyerek yeniden kuyuya indi. Mestlerinden birini suya daldırıp ağzına kadar doldurdu ve yukarıya çıkıp köpeğe su verdi. Allah da onun hareketinden memnun kalarak kendisini affetti." (Buhâri, Müslim)

Buhâri'nin rivayetine göre hadisin son kısmı "Allah ondan memnun kalarak kendisini affedip cennete koydu." şeklindedir.

Buhâri ile Müslim'in diğer bir rivayetine göre hadisin ilgili kısmı şöyledir: "Susuzluktan ölmek üzere olan köpeğin biri bir su kuyusunun etrafında dolaşıp dururken onu bir Yahudi eşkiyası gördü. Eşkiya, mestin birini ayağından çıkarıp köpeğe vermek üzere su ile doldurdu ve köpeğe verdi. Bu yüzden Allah kendisini affetti."

127- On birincisinde Ebu Hureyre'den (radıyallâhu anh) rivayet edildiğine göre Peygamberimiz (sallallâhu aleyhi ve sellem) buyuruyor ki:

– "Yolun üzerinde (gelip-geçen) Müslümanlara engel olan bir ağacı kesmiş olan bir adamı cennette dolaşırken gördüm. " (Müslim)

Diğer bir rivayete göre hadis şöyledir: "Adamın biri yolun üzerine sarkan bir ağaç dalı ile karşılaşır. İçinden 'Müslümanlara engel olmasın diye bu dalı onların yolu üzerinden kesip atacağım.' dedi ve cennete konuldu."

Buhâri ile Müslim'in kaydettiği diğer bir rivayete göre hadis şöyledir: "Adamın biri yürürken yolun üzerinde bir diken uzantısı buldu ve onu kaldırıp geriye attı. Bu yüzden Allah ondan memnun oldu ve kendisini affetti."

128- On ikincisinde Ebu Hureyre'den (radıyallâhu anh) rivayet edildiğine göre Peygamberimiz (sallallâhu aleyhi ve sellem) buyuruyor ki:

– "Kim güzel bir şekilde abdest alıp cuma namazına gelir ve sessiz bir şekilde hutbeyi dinlerse bir önceki cuma ile o gün arasında geçen günahları üç gün fazlası ile affedilir. Fakat kim de hutbe okunurken çakıl taşları ile oynarsa sevabını yok etmiş olur."

129- On üçüncüsünde yine Ebu Hureyre'den (radıyallâhu anh) rivayet edildiğine göre Peygamberimiz (sallallâhu aleyhi ve sellem) buyuruyor ki:

– "Müslüman –yahut mü'min– kul abdest alıp da yüzünü yıkayınca gözleri ile bakarak işlediği bütün günahları su ile birlikte veya suyun son damlası ile birlikte akıp gider. Ellerini yıkayınca dokunarak işlediği günahların tümü su ile birlikte veya suyun son damlası ile birlikte ellerinden akıp gider. Böylece tüm günahlarından arınmış olur. Ayaklarını yıkayınca ayaklarına bulaşan tüm günahlar su ile birlikte veya suyun son damlası ile birlikte akıp gider ve böylece tüm günahlardan arınmış olur." (Müslim)

130- On dördüncüsünde Ebu Hureyre'den (radıyallâhu anh) rivayet edildiğine göre Peygamberimiz (sallallâhu aleyhi ve sellem) buyuruyor ki:

- "Büyük günahlardan kaçınıldığı takdirde beş vakit namaz, bir sonraki cuma gününe kadar cuma namazı ve gelecek ramazan ayına kadar ramazan orucu günahlara kefaret olur." (Müslim)

131- On beşincisinde yine Ebu Hureyre'den (radıyallâhu anh) rivayet edildiğine göre Peygamberimiz (sallallâhu aleyhi ve sellem) buyuruyor ki:

- "Günahların affedilmesine ve derecelerin yükselmesine yolaçan davranışları size göstereyim mi?" Sahabiler "Tabii ya Resulallah!" diye cevap verdiler. Bunun üzerine Peygamberimiz şöyle buyurdu: "Güçlüklere rağmen eksiksiz abdest almak, camilere doğru atılan adımların sayısını çoğaltmak ve namazdan sonra gelecek namazı beklemek, bunlar cephede düşmana karşı nöbet tutmak gibidir." (Müslim)

132- On altıncısında Ebu Musa el-Eş'arî'den (radıyallâhu anh) rivayet edildiğine göre Peygamberimiz (sallallâhu aleyhi ve sellem) buyuruyor ki:

- "Kim iki soğuk vaktin (sabah ile ikindi) namazlarını kılarsa cennete girer." (Buhâri, Müslim)

133- On yedincisinde Ebu Musa el-Eş'arî'den (radıyallâhu anh) rivayet edildiğine göre Peygamberimiz (sallallâhu aleyhi ve sellem) buyuruyor ki:

- "Kul hastalandığında veya yolculuğa çıktığında evinde oturduğu ve sağlam zamanlarında işlediği amellerin tıpkısı defterine işlenir." (Buhâri)

134- On sekizincisinde Cabir'den (radıyallâhu anh) rivayet edildiğine göre Peygamberimiz (sallallâhu aleyhi ve sellem) buyuruyor ki:

- "Her iyilik ve doğru hareket sadakadır." (Buhâri)

Müslim, aynı hadisi Huzeyfe'den başlayan bir rivayet zincirine dayandırarak nakletmiştir.

135- On dokuzuncusunda yine Cabir'den (radıyallâhu anh) rivayet edildiğine göre Peygamberimiz (sallallâhu aleyhi ve sellem) buyuruyor ki:

- "Bir Müslüman bir ağaç dikerse, o ağaçtan yenilen onun için sadaka olur. O ağaçtan çalınan onun için sadaka olur. Herhangi bir kimse o ağaca zarar verirse, yine onun namına sadaka olur." (Müslim)

Müslim'in kaydettiği diğer bir rivayete göre hadis şöyledir: "Bir Müslüman bir ağaç diker de ondan insan veya hayvan yahut da kuş yerse kıyamet gününe kadar dikicisi namına sadaka olur."

Yine Müslim'in kaydettiği bir rivayete göre de hadis şöyledir: "Bir Müslüman bir ağaç diker veya bir bitki eker de ondan insan veya hayvan yahut da (başka bir canlı) şey yerse dikicisi namına sadaka olur."

136- Yirmincisinde yine Cabir (radıyallâhu anh) der ki: "Selimoğulları kabilesi, Mescid'in yakınına göçmek istediler. Peygamberimiz bu durumu haber alınca onlara 'Duydum ki Mescid'in yakınına göçmek istiyorsunuz, öyle mi?' diye sordu. Onlar da 'Evet ya Resulallah! Bunu arzu ettik.' diye cevap verince Peygamberimiz onlara şöyle buyurdu: 'Oturduğunuz evlerde kalın. Adımlarınızın sayısı yazılır.'"

Buhâri ile Müslim'in kaydettiği diğer bir rivayete göre "Hiç şüphesiz her adımın karşılığı bir derecedir." cümlesi de hadise dahildir

137- Ebu Munzir Ubeyy b. Kâ'b (radıyallâhu anh) der ki: "Tanıdıklarım arasında evi Mescid'e en uzak bir adam vardı. Hiç namazı kaçırmazdı. Kendisine 'Karanlıkta ve sıcak havalarda binmek üzere bir eşek alsaydın ya!' denildi (veya dedim). Adam şu karşılığı verdi: 'Evim Mescid'in yanında olsun istemem, Mescid'e gidişim ve çoluk çocuğumun yanına dönerken dönüşüm hesabıma yazılsın istiyorum.' Peygamberimiz (sallallâhu aleyhi ve sellem) ona 'Allah onların tümünü sende biraraya getirdi.' diye buyurdu. Diğer bir rivayete göre Peygamberimiz adama 'Umduğunu elde ettin.' diye buyurdu."

138- Yirmi ikincisinde Ebu Muhammed Abdullah b. Amr b. el-Âs'tan (radıyallâhu anhumâ) rivayet edildiğine göre Peygamberimiz (sallallâhu aleyhi ve sellem) buyuruyor ki:

– "En üstünü, sütünü sağıp kullanmak üzere başkasına emanet olarak keçi vermek olan kırk haslet vardır ki sevabını umarak ve karşılığında vaat edilen mükâfata inanarak bu hasletlerden birini işleyen kimseyi, Allah o sayede cennete koyar." (Buhâri)

139- Yirmi üçüncüsünde Adiy b. Hatim (radıyallâhu anh) der ki: "Peygamberimizin (sallallâhu aleyhi ve sellem) şöyle buyurduğunu duydum:

– 'Yarım hurma vasıtası ile bile olsa cehennemden sakınınız.'" (Buhâri, Müslim)

Yine Buhâri ile Müslim 'in kaydettikleri bir başka rivayete göre hadis şöyledir:

– "Arada tercüman olmaksızın Rabbiniz her birinizle ayrı ayrı konuşacaktır. O sırada herkes sağına bakıp yalnız işlemiş olduğu amelleri, önüne bakıp tam karşısında yalnız cehennemi görür. O halde yarım hurma vasıtasıyle de olsa cehennemden sakınınız. Yarım hurma bulamayan, güzel söz vasıtasıyle sakınsın."

140- Yirmi dördüncüsünde Enes'ten (radıyallâhu anh) rivayet edildiğine göre Peygamberimiz (sallallâhu aleyhi ve sellem) buyuruyor ki:

– "Hiç şüphesiz, Allah bir öğün yemek yiyip de Allah'a şükreden veya bir şey içip de Allah'a şükreden kuldan razı olur." (Müslim)

141- Yirmi beşincisinde Ebu Musa'dan (radıyallâhu anh) rivayet edildiğine göre Peygamberimiz (sallallâhu aleyhi ve sellem) "Her Müslümanın üzerine bir sadaka gereklidir." diye buyurdu. Sahabilerden biri "Eğer bulamazsa ne tavsiye edersiniz?" diye sordu. Peygamberimiz ona "Kendi elleri ile çalışır. Böylece hem kendisine yararlı olur hem de sadaka verir." diye buyurdu. Sahabi "Eğer elinden gelmezse ne tavsiye edersiniz?" diye sordu. Peygamberimiz ona "Sıkıntıya düşmüş bir zavallıya yardım eder." diye cevap verdi. Sahabi "Eğer elinden gelmezse ne tavsiye edersiniz?" diye sordu. Peygamberimiz ona "Doğruyu ve hayrı emreder." diye cevap verdi. Sahabi "Eğer bunu yapmazsa ne tavsiye edersiniz?" diye sordu. Peygamberimiz ona "Kötülükten alıkoyar. Bu bir sadakadır." diye cevap verdi. (Buhâri, Müslim)

14. Bölüm
İbadette Ölçülü Olmak

Allah Teâlâ (celle celâlüh) buyuruyor ki:

- "Tâ-Hâ Biz Kur'an'ı sana zahmet çekesin diye indirmedik."

(Tâ-Hâ suresi, 1. ayet.)

Allah Teâlâ (celle celâlüh) buyuruyor ki:

- "Allah size kolaylık diler, sizin sıkıntıya düşmenizi istemez."

(Bakara suresi, 185. ayet.)

142- Hz. Âişe'den (radıyallâhu anhâ) rivayet edildiğine göre Peygamberimiz (sallallâhu aleyhi ve sellem) bir gün onun odasına girdi. Yanında bir kadın vardı. Peygamberimiz eşine "Bu kadın kimdir?" diye sordu. Âişe "Falancadır. Kıldığı namazlardan bahsediyor." diye cevap verdi. Peygamberimiz ona şu cevabı verdi. "Yeter. Gücünüzün yettiği kadarına girişmelisiniz. Vallahi siz bıkmadıkça Allah (sevap vermekten) usanmaz." Peygamberimizin nazarında din konusunda en sevimli tutum, sahibi tarafından devamlı işlenen amel idi. (Buhâri, Müslim)

143- Hz. Enes (radıyallâhu anh) der ki: "Üç kişilik bir grup, Peygamberimizin ibadet tarzı hakkında bilgi almak için Resulullah'ın eşlerinin odalarına geldiler. Kendilerine gereken bilgi verilince Peygamberimizin işlediği ibadeti az gibi görerek 'Biz nerde, geçmiş gelecek tüm kusurları bağışlanmış olan Peygamberimiz nerede?' dediler. İçlerinden biri 'Bana gelince ömrüm boyunca geceleri namaz kılarak geçireceğim.' Bir diğeri 'Ben de yaşadıkça yıl boyu oruç tutacağım.' dedi. Öbürü de 'Ben de kadınlardan uzak duracak, ömrüm boyunca evlenmeyeceğim.' dedi. Bu sırada Peygamberimiz (sallallâhu aleyhi ve sellem) çıkagelerek şöyle buyurdu:

– 'Şöyle şöyle diyen siz misiniz? Oysa ki Allah'a yemin ederim ki, ben hepinizden daha çok korkar, O'ndan çekinirim. Bununla birlikte hem oruç tutarım hem de oruçsuz geçen günlerim olur, hem namaz kılarım hem uyurum hem de evlenirim. Kim benim sünnetimden yüz çevirirse benden değildir.'" (Buhâri)

144- İbni Mes'ud'dan (radıyallâhu anh) rivayet edildiğine göre Peygamberimiz (sallallâhu aleyhi ve sellem), üç kere tekrar ederek şöyle buyurmuştur:

– "Yanlış yere katı ve müsamahasız davrananlar mahvoldular." (Müslim)

145- Ebu Hureyre'den (radıyallâhu anh) rivayet edildiğinde Peygamberimiz (sallallâhu aleyhi ve sellem) buyuruyor ki:

– "İslam dini kolaydır. Bu din, kendisini zora koşan herkese galip gelir. Buna göre doğruluktan ayrılmayın, haktan ayrılmayın, verilen müjdeler ile sevinin. Sabah serinliği ile akşamdan ve gecenin ilk saatlerinden yararlanın (müsait zamanlarınızı ibadette kullanın)." (Buhâri)

Buhâri'nin kaydettiği bir rivayete göre hadisin son kısmı şöyledir: "Doğruluktan ayrılmayın, haktan ayrılmayın, sabah serinliği ile akşam ve gecenin ilk saatlerini değerlendirin (müsait zamanlardan ibadet için yararlanın). Böylece amaca varırsınız."

146- Enes (radıyallâhu anh) der ki: "Peygamberimiz (sallallâhu aleyhi ve sellem) bir gün Mescid'e girince iki direk arasında gerilmiş bir iple karşılaştı ve 'Bu ip nedir?' diye sordu. Kendisine 'Bu ip Zeynep'indir. Namazda yorulunca ona tutunur.' diye cevap verdiler. Bunun üzerine Peygamberimiz şöyle buyurdu. 'Onu çözün. Herkes istekli ve takatli olduğu sürece namaz kılsın, yorulunca da yatıp dinlensin.'" (Buhâri, Müslim)

147- Hz. Âişe'den (radıyallâhu anhâ) rivayet edildiğine göre Peygamberimiz (sallallâhu aleyhi ve sellem) buyuruyor ki:

– "İçinizden birinin namaz kılarken uykusu gelirse uykusu geçinceye kadar yatıp uyusun. Çünkü uykulu iken ne söylediğini bilmediği için istiğfar ettiğini sanırken kendine küfretmesi mümkündür." (Buhâri, Müslim)

148- Ebu Abdullah Cabir b. Semure (radıyallâhu anh) der ki:

"Peygamberimizin (sallallâhu aleyhi ve sellem) arkasında namaz kıldım. Onun namazları ve hutbeleri ne uzun ve ne de kısa idi." (Müslim)

149- Ebu Cuhayfe Vehb b. Abdullah (radıyallâhu anh) der ki: "Peygamberimiz (sallallâhu aleyhi ve sellem) Selman ile Ebu Derda'yı birbirlerine kardeş ilan etmişti. Bir gün Selman, Ebu Derda'yı ziyaret etmeye gitti. Ümmü Derda'yı (Ebu Derda'nın eşini) eski elbiseler içinde görünce 'Bu halin nedir?' diye sordu. Kadın, Selman'a 'Kardeşin Ebu Derda'nın dünya ile zoru yok.' diye cevap verdi. Bu arada Ebu Derda geldi. Selman için yemek hazırladı ve ona 'Sen ye. Ben oruçluyum.' dedi. Selman ona 'Sen yemedikçe ben de yemem.' dedi. Bunun üzerine Ebu Derda da yedi.

Gece olunca Ebu Derda nafile namaz kılmaya kalkıştı. Selman ona 'Uyu.' dedi. Bir müddet uyuduktan sonra yine namaz kılmaya kalkıştı. Selman ona yine 'Uyu.' dedi. Gecenin sonu gelince Selman bu sefer ona 'Şimdi kalk.' dedi ve birlikte namaz kıldılar. Selman, Ebu Derda'ya dedi ki: 'Rabbinin senin üzerinde hakkı vardır, nefsinin senin üzerinde hakkı vardır, ev halkının senin üzerinde hakkı vardır. Her hak sahibine hakkını ayrı ayrı ver.' Ebu Derda, Peygamberimize (sallallâhu aleyhi ve sellem) gelerek Selman'ın bu sözlerini ona nakletti. Peygamberimiz de 'Selman doğru söyledi.' diye buyurdu." (Buhâri)

150- Ebu Muhammed Abdullah b. Amr b. el-As (radıyallâhu anh) der ki: "'Vallahi, ömrüm boyunca gündüz oruç tutup gece namaz kılacağım.' dediğimi Peygamberimize (sallallâhu aleyhi ve sellem) bildirmişlerdi. Peygamberimiz bana 'Bu sözleri söyleyen sen misin' diye sordu. Ben de ona 'Evet, ben söyledim ya Resulallah. Anam babam yoluna feda olsun!' diye cevap verdim Bana şu cevabı verdi:

– 'Sen bu dediğini yapamazsın. Hem oruç tut hem boz, hem uyu hem kalkıp namaz kıl, her aydan da üç gün oruç tut. İyilikler on katı ile mükâfatlandırıldığı için bu, yıl boyunca oruç tutmak gibi olur'.

Ben ona 'Bundan daha fazlasını yapabilirim.' dedim. Bana 'O halde bir gün oruç tut, iki gün tutma.' diye cevap verdi. Ben ona yine 'Bundan daha fazlasını yapabilirim.' dedim. Bana 'O halde bir gün oruç tut, bir gün tutma. Bu, Davud'un oruç tutma tarzıdır ve en dengeli oruç tutma şeklidir.' (Başka bir rivayete göre de 'En faziletli oruç tutma şeklidir.') diye cevap verdi. Ben ona yine 'Bundan daha fazlasını yapabilirim.' dedim. Bana 'Bundan daha fazlası olmaz.' diye cevap verdi. Peygamberimizin (sallallâhu aleyhi ve sellem) söylediği ayda üç gün oruç tutmayı kabul etmiş olsaydım, bu benim için çoluk çocuğumdan ve malımdan daha değerli olurdu."

Başka bir rivayete göre hadis şöyledir: "Peygamberimiz bana 'Senin her gün oruç tuttuğun ve gecelerin tümünü ibadetle geçirdiğin şeklinde duyduğum haber doğru mu?' diye sordu. Ben de 'Evet ya Resulallah.' diye cevap verdim. Bunun üzerine bana şöyle buyurdu:

– 'Böyle yapma. Hem oruç tut hem boz, hem uyu hem de kalkıp ibadet yap. Çünkü vücudunun senin üzerinde hakkı var, gözlerinin senin üzerinde hakkı var, eşinin senin üzerinde hakkı var, misafirlerinin senin üzerinde hakları var. Her ay üç gün oruç tutman yeterlidir. Çünkü her iyiliğe karşılık on kat mükâfatın var. Buna göre böylesi yıl boyunca oruç tutmak gibi olur.'

Ben bu konuda ileri gittikçe üzerime bindirilen yük ağırlaştırıldı. Ben 'Ya Resulallah! kendimi güçlü hissediyorum.' dedim. Peygamberimiz 'O halde Davud gibi oruç tut. Buna daha fazlasını ekleme.' diye buyurdu. Kendisine 'Davud'un (aleyhisselam) orucu nasıldır?' diye sordum. Bana 'Senenin yarısında oruç tutmaktır.' diye cevap verdi."

Hadisin ravisi olan Abdullah, ileri yaşlarında "Keşke Peygamberimizin bana gösterdiği kolaylığı kabul etmiş olsaydım." diyordu.

Diğer bir rivayete göre ise hadis şöyledir: "'Peygamberimiz (sallallâhu aleyhi ve sellem) bana 'Bütün sene oruç tuttuğun ve her gece Kur'an'ı okuyup bitirdiğin şeklinde duyduğum haber doğru mu?' diye sordu. 'Evet ya Resulallah, böyle davranmaktan muradım sadece hayırdır.' diye cevap verdim. Bana şöyle buyurdu: 'O halde Davud gibi oruç tut. O, kulların en çok ibadet edeni idi. Ayda bir defa hatmedecek şekilde de Kur'an oku.' Ben kendisine 'Daha fazlasını yapabilirim.' diye cevap verdim. Bana 'O halde yirmi günde bir hatmedecek şekilde Kur'an oku.' diye buyurdu. Ben kendisine yine 'Daha fazlasını yapabilirim.' diye cevap verdim. O da bana 'O zaman Kur'an'ı on günde bitirecek şekilde oku.' diye buyurdu. Ben kendisine yine 'Ya Resulallah! bundan daha fazlasını yapabilirim.' deyince bana 'Kur'an'ı yedi günde bir hatmet. Bundan daha çoğuna kalkışma.' diye buyurdu. Bu konuda ısrar ettikçe üzerime binen yük ağırlaştırıldı. Peygamberimiz bana 'Bilmiyorsun, belki ömrün uzun olur.' diye buyurdu."

Hadisin ravisi sözlerine şöyle devam ediyor: "Nihayet Peygamberimizin bana söylediği günlere ulaştım. Yaşlanınca Peygamberimizin bana tavsiye ettiği kolaylığı benimsemiş olmayı arzu ettim."

Diğer bir rivayete göre "Çocuğunun da üzerinde hakkı vardır." cümlesi de hadistendir.

Başka bir rivayete göre Peygamberimiz üç kere üst üste "Yıl boyunca oruç tutan oruç tutmamış olur." buyuruyor.

Diğer bir rivayete göre Peygamberimiz (sallallâhu aleyhi ve sellem) şöyle buyuruyor:

- "Allah katında en sevimli oruç Davud'un (aleyhisselam) orucu, en sevimli namaz da Davud'un (aleyhisselam) namazıdır. Davud, gecenin ilk yarısında uyur, üçte birinde namaz kılar ve kalan altıda birinde yine uyurdu. O bir gün oruç tutar, bir gün tutmazdı. Düşmanla karşılaşınca da kaçmazdı."

Bir başka rivayete göre (hadisin ravisi olan) Abdullah der ki: "Babam beni soylu bir ailenin kızı ile evlendirmişti. Zaman zaman gelinini ziyaret ederek ona kocası hakkında sorular sorardı. Eşim de babama 'Ne iyi bir erkek! Ona vardığımdan beri ne yatağımıza ayak bastı ve ne de edep yerlerimizin açıldığı oldu.' diye cevap verdi. Bu durum uzun süre devam edince babam meseleyi Peygamberimize açtı. Peygamberimiz de babama 'Onu yanıma gönder.' diye buyurdu. Bir süre sonra Peygamberimizin yanına varınca bana 'Nasıl oruç tutuyorsun?' diye sordu. Ben de 'Her gün.' diye cevap verdim. Bana 'Kur'an'ı nasıl hatmediyorsun?' diye sordu. 'Her gece.' diye cevap verdim."

Abdullah sözlerine daha önceki rivayetlerde belirtildiği gibi devam etti. Her gün okuduğu Kur'an'ın yedide birlik bölümünü gündüz bir yakınına okurdu. Geceleyin işi hafif olsun diye Kur'an'ın belirtildiği kadarını gündüzden okurdu. Enerji kazanmak isteyince birkaç gün oruç tutmazdı. Fakat oruçsuz geçen günlerini sayar ve Peygamberimizle üzerinde mutabık kaldıkları sayıda bir eksiklik yapmamak için o günler yerine sonradan oruç tutardı.

Bu rivayetlerin tümü sahihtir ve çoğu Buhâri ile Müslim'de, bir kısmı da ikisinden birinde zikredilmiştir.

151- Peygamberimizin (sallallâhu aleyhi ve sellem) kâtiplerinden biri olan Ebu Rebii Hanzele b. el-Rebi' al-Useydî (radıyallâhu anh) der ki: "Ebu Bekir ile karşılaştım; bana 'Ya Hanzele! Nasılsın?' diye sordu. Ben de ona 'Hanzele münafık oldu.' diye cevap verdim. Ebu Bekir 'Subhanallah! Sen ne söylüyorsun?' dedi. Ona şu cevabı verdim: 'Peygamberimizin yanında bulunuyoruz, bize cennetten ve cehennemden bahsediyor, gözlerimizle görmüş gibi oluyoruz. Fakat Peygamberimizin yanından ayrılıp eşlere, çoluk çocuğa ve mala karışınca onun sözlerinin çoğunu unutuyoruz.' Ebu Bekir de bana 'Vallahi biz de aynı durumla karşılaşıyoruz.' diye cevap verdi.

Ben ve Ebu Bekir birlikte yürüyüp Peygamberimizin yanına vardık. Ben ona 'Ya Resulallah! Hanzele münafık oldu.' dedim. O da bana 'Ne oldu sana?' diye buyurdu. Ben de ona şu cevabı verdim: 'Ya Resulallah! Senin yanında bulunuyoruz, cennetten ve cehennemden bahsediyorsun, gözlerimizle görmüş gibi oluyoruz. Fakat senin yanından çıkınca eşlere, çoluk-çocuğa ve mala karışıp sözlerinin çoğunu unutuyoruz.' Peygamberimiz (sallallâhu aleyhi ve sellem) şöyle buyurdu:

– 'Nefsimi kudret elinde tutan Allah hakkı için huzurumdaki halinizi devam ettirip sürekli zikir halinde kalsanız, yataklarınızda ve yollarda melekler ellerinizi sıkardı. Fakat ey Hanzele! Bir saat ibadete, bir saat de dünya işlerine ayırınız.' Resulullah bu cümleyi üç defa tekrarladı." (Müslim)

152- İbni Abbas (radıyallâhu anh) der ki: "Peygamberimiz (sallallâhu aleyhi ve sellem) bir gün halka hitap ederken gözleri, ayakta dikilen bir adama ilişti. Kim olduğunu sordu. Sahabiler 'O, Ebu İsrail'dir. Güneşte oturmayıp ayakta dikileceğine, gölgeye sığınmayacağına, konuşmayacağına ve devamlı oruç tutacağına dair kendi kendine söz verdi.' diye cevap verdiler. Peygamberimiz 'Kendisine söyleyin de konuşsun, gölgeye sığınsın, bir yere otursun ve orucunu da sona erdirsin.' diye buyurdu." (Buhâri)

15. Bölüm
Amellere Devam Etmek

Allah Teâlâ (celle celâlüh) buyuruyor ki:

– **"İman edenlerin, Allah'ı ve Hakk'tan ineni hatırlayarak kalpleri ürperip yumuşamadı mı? Onlar, kendilerine daha önce kitap verilip de uzun bir müddet geçince kalpleri kararanlar gibi olmasınlar."** (Hadîd suresi, 16. ayet.)

Allah Teâlâ (celle celâlüh) buyuruyor ki:

– **"Arkalarından Meryem oğlu İsa'yı gönderdik. Ona İncil'i verdik. Kendisine uyanların kalplerine şefkat ve merhamet koyduk. Onlar, bizim kendilerine yüklemediğimiz korkuyu, sırf Allah rızasını dileyerek kendileri icat ettiler. Fakat buna hakkı ile uymamışlardır."** (Hadîd suresi, 27. ayet.)

Allah Teâlâ (celle celâlüh) buyuruyor ki:

– **"İpliğini sağlamca eğirdikten sonra bozup çözen bir kadın gibi olmayınız."** (Nahl suresi, 92. ayet.)

Allah Teâlâ (celle celâlüh) buyuruyor ki:

– **"Sana yakîn (ölüm) gelinceye dek Rabbine ibadet et."** (Hicr suresi, 99. ayet.)

Bu konudaki hadislere gelince bunlardan biri Hz. Âişe (radıyallâhu anhâ) tarafından rivayet edilen ve "Resulullah'ın katında en sevimli dinî tutum, sahibi tarafından sürekli olarak devam ettirilen amel düzenidir." şeklindeki daha önceki bölümlerden birinde zikredilen hadistir.

153- Ömer İbni Hattab'ın (radıyallâhu anh) rivayet ettiğine göre Peygamberimiz (sallallâhu aleyhi ve sellem) buyuruyor ki:

– "Kim her gece okuduğunu okumadan veya bir kısmını okumadan uyuya kalır da sonra onu sabah namazı ile öğle namazı arasında okursa, onu geceden okumuş gibi hesabına sevap yazılır." (Müslim)

154- Abdullah b. Amr b. el-Âs (radıyallâhu anhumâ) der ki: "Peygamberimiz şöyle buyuruyor:

– 'Ya Abdullah! Sen falan kişi gibi olma ki o, önceleri geceleyin ibadet ederken geceleyin kalkmayı terk etti.'" (Buhâri, Müslim)

155- Hz. Âişe (radıyallâhu anhâ) der ki: "Peygamberimiz (sallallâhu aleyhi ve sellem) ağrı veya başka bir sebepten dolayı geceleyin kılamadığı bir namazın yerine gündüz olunca on iki rek'at namaz kılardı." (Müslim)

16. Bölüm
Sünnete ve Sünnet Edebine Devam Etmek

Allah Teâlâ (celle celâlüh) buyuruyor ki:

– "Peygamber size ne verdiyse onu alın, size yasak kıldıklarını da işlemekten sakının." (Haşr suresi, 7. ayet.)

Allah Teâlâ (celle celâlüh) buyuruyor ki:

– "O kendi kafasından konuşmuyor. Onun sözleri kendisine iletilen bir vahiyden başka bir şey değildir." (Necm suresi, 3-4. ayetler.)

Allah Teâlâ (celle celâlüh) buyuruyor ki:

– "De ki: Eğer Allah'ı seviyorsanız bana uyunuz ki Allah da sizi sevsin ve günahlarınızı bağışlasın." (Âl-i İmrân suresi, 31. ayet.)

Allah Teâlâ (celle celâlüh) buyuruyor ki:

– "Hiç şüphesiz Allah'ı ve ahiret gününü umanlar için Resulullah'ın şahsında sizin hesabınıza güzel bir örnek vardır." (Ahzâb suresi, 21. ayet.)

Allah Teâlâ (celle celâlüh) buyuruyor ki:

– "Rabbin hakkı için, onlar aralarında doğan tartışmalarda seni hakem tutmadıkça sonra da verdiğin hüküm karşısında içlerinde hiçbir burukluk duymaksızın kayıtsız şartsız teslim olmadıkça mü'min olamazlar." (Nisâ suresi, 65. ayet.)

Allah Teâlâ (celle celâlüh) buyuruyor ki:

– "Eğer Allah'a ve ahiret gününe inanıyorsanız, herhangi bir konuda anlaşmazlığa düştüğünüzde o konuyu Allah'a ve Resulullah'a havale ediniz." (Nisâ suresi, 59. ayet.)

Allah Teâlâ (celle celâlüh) buyuruyor ki:

– "Peygambere itaat eden, Allah'a itaat etmiş olur." (Nisâ suresi, 80. ayet.)

Allah Teâlâ (celle celâlüh) buyuruyor ki:

– "Hiç şüphesiz sen, dosdoğru bir yolun, Allah yolunun kılavuzluğunu yapıyorsun." (Şûrâ suresi, 52, 53. ayetler.)

Allah Teâlâ (celle celâlüh) buyuruyor ki:

– "Peygamberin emrine karşı çıkanlar, bir fitne ile karşılaşmaktan veya acı bir azaba çarpılmaktan çekinsinler" (Nûr suresi, 63. ayet.)

Allah Teâlâ (celle celâlüh) buyuruyor ki:

– "Evlerinizde okunan Allah'ın ayetlerini ve hikmetini hatırlayınız." (Ahzâb suresi, 34. ayet.)

156- Bu konudaki hadislere gelince birincisinde Ebu Hureyre'den (radıyallâhu anh) rivayet edildiğine göre Peygamberimiz (sallallâhu aleyhi ve sellem) buyuruyor ki:

– "Sizi kendi halinize bıraktıkça üzerime varmayınız. Sizden öncekileri Peygamberlerine çok soru sormaları ve onlara karşı çıkmaları mahvetmiştir. Size bir şeyi yasakladığım zaman ondan sakınınız, size bir şey emrettiğim zaman da elinizden geldiği kadar onu yerine getiriniz." (Buhâri, Müslim)

157- İkincisinde Ebu Nuceyh el-Irbaz b. Sariye (radıyallâhu anh) der ki:

– "Resulullah bize kalpleri ürperten ve gözleri yaşartan etkileyici bir vaiz yapmıştı. Kendisine 'Ya Resulallah! Bu vaiz bir veda vaazına benziyor. Bize ne tavsiye edersin?' dedik. Bize şöyle buyurdu:

– 'Size Allah'tan korkmayı, başınıza siyahi bir köle bile getirilirse emrini dinleyip ona itaat etmenizi tavsiye ederim. İçinizden yaşayacak olanlar, hiç şüphesiz birçok anlaşmazlıklar göreceklerdir. Benim ve hidayete ermiş raşid halifelerimin yolundan ayrılmayınız. Bu yola azı dişlerinizle (sımsıkı) sarılınız. Sonradan ortaya çıkan şeylerden kaçınınız. Çünkü her bidat sapıklıktır.'" (Tirmizî)

158- Üçüncüsünde Ebu Hureyre'den (radıyallâhu anh) rivayet edildiğine göre Peygamberimiz (sallallâhu aleyhi ve sellem) buyuruyor ki:

– "Yüz çevirenler hariç, ümmetimin tümü cennete girer." Sahabiler "Kim yüz çevirir ya Resulallah?" diye sordular. Peygamberimiz "Bana uyan cennete girer, bana karşı çıkan yüz çevirmiş olur." (Buhâri)

159- Dördüncüsünde Ebu Müslim (bazılarına göre Ebu İyas) Seleme b. Amr b. Ekvai'nin bildirdiğine göre adamın biri Peygamberimizin huzurunda sol elle yemek yemeye başladı. Peygamberimiz ona "Sağ elinle..." diye buyurdu. Adam "Yapamam." diye cevap verdi. Peygamberimiz adama "Yapamayasın!" diye beddua etti. Adamı sağ eli ile yemekten alıkoyan sebep kibirden başka bir şey değildi. Nitekim elini ağzına kadar kaldıramadı. (Müslim)

160- Beşincisinde Ebu Abdullah Numan b. Beşir (radıyallâhu anh) der ki: "Peygamberimizin (sallallâhu aleyhi ve sellem) şöyle buyurduğunu duydum:

– 'Ya saflarınızı düzgün bağlarsınız veya Allah yüzlerinizi ayrı ayrı yönlere çevirir (aranıza kin ve düşmanlık girer).'" (Buhâri, Müslim)

Müslim'in rivayetine göre hadis şöyledir: "Resulullah, konuyu kavradığımızı görünceye kadar okun yayını düzeltir gibi saflarımızı düzeltirdi. Bir gün öne geçip ayağa dikildi. Tekbir almak üzereyken göğsü öne çıkmış bir adam görünce şöyle buyurdu:

– 'Allah'ın kulları! Ya saflarınızı düzgün bağlarsınız yahut Allah, yüzlerinizi ayrı ayrı yönlere çevirir (aranıza kin ve düşmanlık girer).'"

161- Altıncısında Ebu Musa (radıyallâhu anh) der ki: "Medine'de bir ev geceleyin halkı ile birlikte yanmıştı. Hane halkının akıbeti Peygamberimize duyurulunca şöyle buyurdu:

– 'Hiç şüphesiz şu ateş sizin düşmanınızdır, uyuyacağınız zaman onu söndürünüz.'" (Buhâri, Müslim)

162- Yedincisinde Ebu Musa'dan (radıyallâhu anh) rivayet edildiğine göre Peygamberimiz (sallallâhu aleyhi ve sellem) buyuruyor ki:

– "Allah'ın benim vasıtamla gönderdiği hidayet ve ilim yere yağan bereketli bir yağmura benzer. Yağmur alan zeminin bir bölümü verimlidir; suyu emer ve bol miktarda yeşillikle bitki üretir. Yağmurun düştüğü bir bölüm zemin de çoraktır; suyu tutar da Allah ondan insanları yararlandırır, ondan içerler, hayvanlarına su verirler ve tarla sularlar. Yağmurun düştüğü zeminin bir bölümü ise kel bir alandır; ne su tutar ve ne de yeşillik yetişir. İşte bu misal, Allah'ın dinini anlayıp da ondan yararlanarak hem öğrenen ve hem de öğreten kimse ile ona doğru başını bile çevirmeyip benim getirdiğim ilahî hidayeti kabul etmeyen kimseyi temsil eder." (Buhâri, Müslim)

163- Sekizincisinde Câbir'den (radıyallâhu anh) rivayet edildiğine göre Peygamberimiz (sallallâhu aleyhi ve sellem) buyuruyor ki:

– "Benimle sizin aranızdaki durum şuna benzer: Adamın biri ateş yakmıştır, çekirge ve pervaneler bu ateşe atılmaya koyulurlar. Adam da onları ateşten uzaklaştırmaya çalışır. Ben ateşe düşmeyesiniz diye eteklerinizden yakalamışım. Siz ise elimden kurtulmaya uğraşıyorsunuz." (Müslim)

164- Onuncusunda İbni Abbas (radıyallâhu anhumâ) der ki: "Peygamber bir gün aramızdayken vaaz vermek üzere ayağa kalkıp şöyle buyurdu: 'Ey insanlar! Hiç şüphesiz sizler (kıyamet günü) yalınayak, çırılçıplak ve sünnetsiz olarak biraraya getirileceksiniz. Nitekim Allah Teâlâ:

– 'Kesin bir vaat olarak tüm varlığı ilk defa nasıl yarattıksa yeniden var ederiz. Hiç şüphesiz biz dilediğimizi gerçekleştiririz.' buyuruyor. (Enbiyâ suresi, 104. ayet.)

Kıyamet günü varlıklar arasında ilk defa İbrahim giydirilir. O gün ümmetimden birtakımkimseler sol taraflarından tutulup getirilirler. Ben 'Ya Rabbi! Bunlar benim sahabilerimdir.' derim. Bana 'Onların senden sonra neler ortaya çıkardıklarını sen bilmiyorsun.' diye cevap gelir. O zaman ben salih kul İsa gibi şöyle derim: 'Onların arasında bulunduğum sürece onlar üzerinde gözcü idim. Canımı alınca gözcüleri Sen oldun. Zaten Sen her şeyin şahidisin. Eğer onlara azap verirsen onlar senin kullarındır. Eğer onların günahlarını bağışlarsan, hiç şüphesiz Sen mutlak irade ve hikmet sahibisin.' Bana şu cevap gelir: 'Onlar sen aralarından ayrıldığından itibaren gerisin geri dönmüş olarak kaldılar.'" (Buhâri, Müslim)

165- On birincisinde Ebu Said Abdullah b. Muğaffel (radıyallâhu anh) der ki: Resulullah canlı hedef gözeterek taş atmayı yasaklayıp şöyle buyurdu:

– "O ne avı ve ne de düşmanı öldürür. Sadece gözü oyar ve diş kırar." (Buhâri, Müslim)

Müslim'in kaydettiği başka bir rivayete göre İbni Muğaffel'in bir yakını eli ile taş attı. İbni Muğaffel, yakınına bunu yapmamasını söyleyerek "Resulullah canlı hedef gözeterek taş atmayı (bu hareket, av öldürmez, diye buyurarak) yasakladı." dedi. Fakat bir süre sonra adam yine eli ile taş atınca İbni Muğaffel yakınına şöyle dedi: "Resulullah'ın yasakladığını sana söylediğim halde yine taş attın. Artık seninle bir daha konuşmam."

166- Abbas b. Rebia (radıyallâhu anh) der ki: "Ömer bin el-Hattab'ı Hacerül-Esved'i öperken gördüm. Öperken şöyle diyordu: 'Senin hiçbir fayda veya zarar vermeyen bir taş olduğunu biliyorum. Resulullah'ın seni öptüğünü görmemiş olsaydım seni öpmezdim.'"

17. Bölüm
Allah'ın Hükmüne Boyun Eğmek

Allah'ın hükmüne boyun eğmenin gerekliliği ve bu yola davet edip iyiliği emrederek kötülükten sakındıran kimsenin söyleyeceği sözler hakkındadır.

Allah Teâlâ (celle celâlüh) buyuruyor ki:

- **"Rabbin hakkı için onlar aralarında doğan anlaşmazlıklarda seni hakem tutmadıkça, sonra da verdiğin hüküm karşısında içlerinde hiçbir burukluk duymaksızın kayıtsız şartsız teslim olmadıkça mü'min olamazlar."** (Nisâ suresi, 65. ayet.)

Allah Teâlâ (celle celâlüh) buyuruyor ki:

- **"Aralarında hüküm vermek üzere Allah'a ve Resulullah'a çağrılınca mü'minlerin sözü 'Duyduk ve uyduk'tan ibarettir. İşte kurtuluşa erenler bunlardır."** (Nûr suresi, 51. ayet.)

Bu konudaki hadisler arasında Ebu Hureyre tarafından rivayet edilen ve bir önceki bölümde zikredilen hadisle birlikte daha birçok hadis vardır.

167- Ebu Hureyre (radıyallâhu anh) der ki: "Resulullah'a **'Göklerde ve yerde bulunan her şey Allah'a aittir. İçinizdekileri açığa vursanız da gizli tutsanız da Allah sizleri bunlardan hesaba çeker. Sonra dilediğini affeder ve dilediğini azaba çarptırır. Allah, her şeye kadirdir.'** mealindeki ayet inince bu ayet Peygamberin sahabilerine ağır geldi. Peygamber'e gelerek dizüstü çöküp 'Ya Resulallah! Namaz, cihat, oruç ve sadaka gibi gücümüzün yettiği ibadetlerle yükümlü tutulmuştuk. Şimdi bu ayet sana indi ki onun getirdiği yükümlülüğe gücümüz yetmez.' dediler. Peygamberimiz onlara 'Sizden önceki iki kitap ehlinin (Yahudilerle Hıristiyanların) dediği gibi 'Duyduk ve karşı çıktık!' mı demek istiyorsunuz? Tersine 'Duyduk ve uyduk. Ey Rabbimiz! Mağfiretini isteriz, hiç şüphesiz sana döneceğiz.' deyiniz.' buyurdu."

Sahabiler de bu ayeti okuyup dillerini ona alıştırınca arkasından şu ayet indi: **"Peygamber, Allah tarafından kendisine indirilen ayetlere inandı, mü'minler de. Tümü de Allah'a, O'nun meleklerine, kitaplarına ve peygamberlerine inandı. Allah'ın peygamberlerinin**

hiçbirini diğerlerinden ayırmayız. 'Duyduk ve uyduk. Mağfiretini dileriz. Rabbimiz, hiç şüphesiz sana döneceğiz.' dediler."

Sahabiler böyle davranınca Allah Teâlâ (onlara ağır gelmiş olan) ayeti neshederek şu ayeti indirdi: "Allah herkese sadece gücünün yettiğini teklif eder. Herkesin kazandığı hayır kendi lehine ve yaptığı kötülük de kendi aleyhinedir. Ey Rabbimiz! Eğer unuttuysak veya yanıldıysak bizi hesaba çekme." Allah Teâlâ (bu duaya) "Evet." buyurdu. "Rabbimiz! Bizden öncekilere olduğu gibi bize de (taşıyamayacağımız derecede) ağır bir yük yükleme." Allah Teâlâ (bu duaya da) "Evet." buyurdu. "Rabbimiz, üzerimize gücümüzün yetmeyeceği bir yük yükleme." Allah Teâlâ (bu duaya da) "Evet." buyurdu. "Günahlarımızı zimmetimizden sil, bizleri bağışla, bizim mevlâmız Sensin. Kâfir kavimler karşısında bizi destekle." Allah Teâlâ (bu duaya da) "Evet." buyurdu." (Müslim)

18. Bölüm
Bid'at ve Sonradan Ortaya Çıkarılmış Şeyleri Yasaklamak

Allah Teâlâ (celle celâlüh) buyuruyor ki:

- **"Haktan öteye sapıklıktan başka ne var ki?"** (Yûnus suresi, 32. ayet.)

Allah Teâlâ (celle celâlüh) buyuruyor ki:

- **"Biz kitapta hiçbir şeyi ihmal etmedik."** (En'am suresi, 38. ayet.)

Allah Teâlâ (celle celâlüh) buyuruyor ki:

- **"Herhangi bir konuda anlaşmazlığa düşerseniz onu Allah'a ve Resulullah'a havale ediniz."** (Nisâ suresi, 59. ayet.)

Allah Teâlâ (celle celâlüh) buyuruyor ki:

- **"Bu yol, benim dosdoğru yolumdur. O halde ona uyun. Diğer çeşitli yollara koyulmayın ki böyle bir tutum sizleri Allah'ın yolundan uzaklaştırır."** (En'am suresi, 153. ayet.)

Allah Teâlâ (celle celâlüh) buyuruyor ki:

- **"De ki: Eğer Allah'ı seviyorsanız, bana uyunuz ki, o zaman Allah sizi sever ve günahlarınızı bağışlar."** (Âl-i İmrân suresi, 31. ayet.)

Bu konuda ayetler çok ve meşhurdur. Bu konudaki hadislere gelince, onlar da gerçekten hem çok hem de meşhurdurlar. Biz bunların sadece belli başlılarını zikretmekle yetineceğiz.

168- Hz. Âişe'den (radıyallâhu anh) rivayet edildiğine göre Peygamberimiz (sallallâhu aleyhi ve sellem) buyuruyor ki:

- "Kim bu alanımızda (din alanında) onun özüne uygun olmayan bir şey ortaya atarsa bu merduddur." (Buhâri, Müslim)

Müslim'in başka bir rivayetine göre hadis şöyledir: "Kim bizimle ilgisi olmayan bir amel işlerse bu merduddur."

169- Cabir (radıyallâhu anh) der ki: "Resulullah bize hitap ederken gözleri kızarır, sesi yükselir, öfkesi artar, öyle ki 'akşam sabah' deyip düşman ordusunun gelmekte olduğunu haber veriyormuş gibi olurdu ve şöyle buyururdu:

- '(Şahadet parmağı ile orta parmağını bitiştirerek) Ben peygamber olarak gönderildiğim zaman kıyamet ile aramızdaki mesafe şu ikisi arası kadardı.' Ve şöyle devam ederdi: 'İmdi en hayırlı söz Allah'ın kitabı, en yararlı kılavuzluk Muhammed'in kılavuzluğudur. En fena işler sonradan ortaya çıkarılanlardır. Her bid'at sapıklıktır.' Sonra da böyle buyururdu: 'Ben her mü'min için, kendi nefsinden daha önce gelirim. Kim mal bırakırsa bu çoluk çocuğunundur. Kim borç veya dul ve yetim bırakırsa, bana ve sorumluluğuma aittir.'" (Müslim)

Irbaz b. Sariye'den de "Sünnete Bağlı Kalma" bölümünde geçen hadis rivayet edilmiştir.

19. Bölüm
İyi veya Kötü Çığır Başlatanlar

Allah Teâlâ (celle celâlüh) buyuruyor ki:

- "Onlar ki 'Ey Rabbimiz! Eşlerimizden ve nesillerimizden bize göz bebekleri ihsan eyle ve bizi takva sahiplerine önder kıl.' derler." (Furkân suresi, 74. ayet.)

Allah Teâlâ (celle celâlüh) buyuruyor ki:

- "Onları emrimiz uyarınca kılavuzluk eden önderler kıldık." (Enbiyâ suresi, 73. ayet.)

170- Ebu Amr Cerir b. Abdullah (radıyallâhu anh) der ki: "Sabahın ilk saatlerinde Peygamberimizin (sallallâhu aleyhi ve sellem) huzurunda bulunuyorduk. O sırada yarı çıplak aba veya nemar denen kaba kumaş parçalarını delip başlarına geçirmiş, kılıç kuşanmış, çoğunluğu, hatta tümü Mudar kabilesine mensup bir grup çıkageldi. Onlarda gördüğü aşırı yoksulluktan dolayı Resulullah'ın yüzünün rengi değişti. Bu manzara karşısında Peygamber, evine gidip döndü. Bilal'e ezan okuyup kamet getirmesini emretti ve namaz kıldı. Arkasından cemaate seslendi:

– **'Ey insanlar! Sizleri bir tek kişiden yaratan, aynı kişiden dişisini de var eden ve ikisinden birçok erkek ve dişiler türetip yeryüzüne yayan Rabbinizden korkunuz. Adını ileri sürerek birbirinizden çeşitli taleplerde bulunduğunuz Allah'tan ve akrabalık bağlarını çiğnemekten çekininiz. Hiç şüphesiz Allah, üzerinizde gözeticidir.'** mealindeki ayetle Haşr suresinin sonlarında bulunan, **'Ey iman edenler! Allah'tan korkun da herkes yarın için (bu günden) ne ayırdığına baksın. Allah'tan korkun ki hiç şüphesiz Allah şirin işlediğiniz amellerden haberdardır.'** mealindeki ayeti okuduktan sonra sözlerine şöyle devam etti:

– 'Herkes sahibi bulunduğu altından, gümüşten, elbiseden bir ölçek buğdaydan, bir ölçek hurmadan –bir hurma parçası bile olsa– sadaka versin.'

Bunun üzerine Ensar'dan bir adam, avucunda taşımakta güçlük çektiği –hatta düpedüz taşıyamadığı– bir torba getirdi. Arkasından herkes birbirini kovaladı da iki yiyecek ve giyecek yığınının biriktiğini ve Peygamberimizin yüzünün altınla yaldızlanmış gibi parıldadığını gördüm. Peygamberimiz sözlerine devam ederek şöyle buyurdu:

– 'Kim İslam'la ilgili iyi bir çığır açarsa ona hem kendi ecri ve hem de kendisinden sonra o çığır uyarınca amel edenlerin ecri kadar mükâfat vardır. Üstelik arkadan gelen izleyicilerin sevaplarında hiçbir eksiklik meydana gelmez. Buna karşılık kim İslam'la ilgili olarak kötü bir çığır açarsa kendi günahı ile birlikte kendisinden sonra o çığır uyarınca kötülük işleyenlerin günahının tümü kadar günah kazanır. Üstelik sonradan kötülük işleyenlerin günahlarında hiçbir eksilme sözkonusu değildir.'" (Müslim)

171- İbni Mes'ud'dan (radıyallâhu anh) rivayet edildiğine göre Peygamberimiz (sallallâhu aleyhi ve sellem) buyuruyor ki:

– "Haksız yere öldürülen herkesin kanında Âdem'in ilk oğlunun günah payı vardır. Çünkü adam öldürmenin çığrını ilk açan odur." (Buhâri, Müslim)

20. Bölüm
Hayra Kılavuzluk Etmek, Hidayete veya Sapıklığa Çağırmak

Allah Teâlâ (celle celâlüh) buyuruyor ki:

– **"Rabbine çağır."** (Hac suresi, 67. ayet.)

Allah Teâlâ (celle celâlüh) buyuruyor ki:

- "Hikmetle ve güzel öğütle Rabbinin yoluna çağır." (Nahl suresi, 125. ayet.)

Allah Teâlâ (celle celâlüh) buyuruyor ki:

- "İyilik etmekte ve takvada birbirinize yardım ediniz, günah ve azgınlıkta yarışmayınız." (Mâide suresi, 2. ayet.)

Allah Teâlâ (celle celâlüh) buyuruyor ki:

- "Sizden hayra çağıran bir ümmet olsun." (Âl-i İmrân suresi, 104. ayet.)

172- Ebu Mes'ud, Akabe b. Amr el-Ensari, el-Bedri'den (radıyallâhu anh) rivayet edildiğine göre Peygamberimiz (sallallâhu aleyhi ve sellem) buyuruyor ki:

- "Kim bir hayra sebep olursa ona hayrı işleyeninki kadar sevap vardır." (Müslim)

173- Ebu Hureyre'den (radıyallâhu anh) rivayet edildiğine göre Peygamberimiz (sallallâhu aleyhi ve sellem) buyuruyor ki:

- "Kim bir hayra sebep olursa ona hayrı işleyeninki kadar sevap olur. Onun ecri uyanların ecirlerinde hiçbir eksilmeye yol açmaksızın. Buna karşılık kim sapıklığa kılavuzluk ederse ona uyanlarınki kadar günahı olur; onun günahı uyanların günahlarında hiçbir eksilmeye yol açmaksızın." (Müslim)

174- Ebu Abbas Sehl b. Sa'd es-Saidi (radıyallâhu anh) der ki: "Peygamberimiz Hayber günü 'Bu sancak yarın Allah'ı ve O'nun Resulünü seven, Allah'ın ve Resulullah'ın tarafından sevilen ve onun eli ile Allah'ın fetih bağışlayacağı birine verilecektir.' dedi. Bunun üzerine sahabiler sancağın kime verileceği hususunda konuşa konuşa geceyi geçirdiler. Sabahleyin herkes sancağın kendi eline verilmesi dileği ile Peygamberimizin yanına vardılar.

Peygamberimiz 'Ali b. Ebu Talib nerede?' diye sordu. Kendisine 'O, gözlerinden rahatsızdır.' diye cevap verildi. Peygamberimiz 'Ona birini gönderin.' diye buyurdu. Ali, ona getirilince gözlerini tükürüğü ile sıvazladı ve ona dua etti. Az sonra gözleri hiç ağrımamış gibi iyileşti. Sancağı ona verdi. Ali 'Onlar da bizim gibi (mü'min) oluncaya kadar kendileri ile savaşacak mıyım?' diye sordu. Peygamberimiz ona şöyle buyurdu:

- 'Yakınlarına sokuluncaya kadar yavaş yavaş onların üzerine sız. Sonra onları İslam'a çağır ve kendilerine düşen Allah haklarını onlara bildir. Vallahi senin vasıtanla Allah'ın bir tek kimseyi hidayete erdirmesi, senin hesabına kırmızı deve sürüsünden daha hayırlıdır.'" (Buhâri, Müslim)

175- Enes (radıyallâhu anh) der ki: "Eslem kabilesinden bir genç, Peygamberimize 'Ben harbe katılmak istiyorum fakat yanıma alacak teçhizatım yok.' dedi. Peygamberimiz delikanlıya 'Harbe çıkmak üzere teçhizatını hazırlayıp hastalanan falan kişiye var.' dedi. Delikanlı, adama varıp 'Peygamber sana selam söylüyor ve teçhizatını bana vermeni buyuruyor.' dedi. Adam da eşine dedi ki: 'Ey falan kadın! Harbe çıkmak üzere hazırladığım teçhizatın tümünü, hiçbir şey alıkoymaksızın bu gence ver. Vallahi o teçhizattan bırakabileceğin hiçbir şeyin bize hayrı dokunmaz.'" (Müslim)

21. Bölüm
İyilik ve Takvada Yardımlaşmak

Allah Teâlâ (celle celâlüh) buyuruyor ki:

- "**İyilik ve takva alanında birbirinize yardımcı olunuz.**" (Mâide suresi, 2. ayet.)

Allah Teâlâ (celle celâlüh) buyuruyor ki:

- "**Asr'a yemin olsun ki, iman edip iyi ameller işleyenler ile birbirlerine hakkı ve sabretmeyi tavsiye edenler müstesna, tüm insanlar zarardadır.**" (Asr suresi, 1-3. ayetler.)

İmam Şafii'nin "İnsanlar veya çoğu insanlar bu sure hakkında yeterince düşünmekten uzaktırlar." manasına gelen bir açıklaması vardır.

176- Ebu Abdurrahman Zeyd b. Halid el-Cuheni'den (radıyallâhu anh) rivayet edildiğine göre Peygamberimiz (sallallâhu aleyhi ve sellem) buyuruyor ki:

- "Kim Allah yolunda savaşan bir askere teçhizat sağlarsa o kimse harbe katılmış gibidir. Kim yararlı bir şekilde savaşa katılan askerin ev halkı içindeki yerini tutarsa harbe katılmış gibidir." (Buhâri, Müslim)

177- Ebu Said el-Hudrî (radıyallâhu anh) der ki: "Peygamberimiz Huzeyl kabilesinden Lihyan oğulları üzerine bir müfreze gönderirken 'Her iki erkekten biri sefere çıksın. Sevap aralarında ortaktır.' buyurdu." (Müslim)

178- İbni Abbas'tan (radıyallâhu anhumâ) rivayet edildiğine göre Peygamberimiz bir gün Revha'da bir kervan ile karşılaştı. "Bu kavim kimlerdir?" diye sordu. Kervan mensupları "Müslümanlardır." diye cevap verdikten sonra Peygamberimize "Sen kimsin?" diye sordular. Peygamberimiz onlara "Resulullah." diye karşılık verdi. Bunun üzerine kafileden bir kadın bir süt çocuğunu Peygamber'e doğru kaldırıp "Bunun hacca götürülmesi caiz midir?" diye sordu. Peygamberimiz "Tabii. Sevabı da senindir." diye buyurdu." (Müslim)

179- Ebu Musa el-Eş'arî'den (radıyallâhu anh) rivayet edildiğine göre Peygamberimiz (sallallâhu aleyhi ve sellem) buyuruyor ki:

- "Kendisine verilen emri yerine getirip sorumluluğuna teslim edilen parayı tamı tamamına, eksiksiz olarak ve tokgözlülük içinde muhatabına veren Müslüman ve güvenilir veznedar, sadaka veren biri gibidir." (Buhâri, Müslim)

22. Bölüm
Nasihat

Allah Teâlâ (celle celâlüh) buyuruyor ki:

- **"Mü'minler ancak kardeştirler."** (Hucurât suresi, 10. ayet.)

Allah Teâlâ (celle celâlüh), Nuh (aleyhisselam) adına bildirerek:

- **"Sizin iyiliğinizi istiyorum."** buyuruyor. (A'raf suresi, 62. ayet.)

Yine Allah Teâlâ (celle celâlüh), Hud (aleyhisselam) adına bildirerek:

- **"Ben sizin için güvenilir bir iyilik dileyicisiyim"** buyuruyor. (A'raf suresi, 68. ayet.)

180- Bu konudaki hadislere gelince... Birincisinde Ebu Rukıyye Temim b. Evs ed-Darî'den (radıyallâhu anh) rivayet edildiğine göre Peygamberimiz "Din; sevgi ve iyilik dilemektir." Sahabiler "Kime karşı?" diye sordular. Peygamberimiz "Allah'a, O'nun kitabına, O'nun Resulü'ne, Müslümanların önderlerine ve tüm Müslümanlara karşı." diye buyurmuştur. (Müslim)

181- Cerir b. Abdullah (radıyallâhu anh) der ki: "Namazı dosdoğru kılacağıma, zekat vereceğime ve her Müslümanı sevip onun hakkında iyilik dileyeceğime dair Peygamberimize biat ettim." (Buhâri, Müslim)

182- Üçüncüsünde Enes'ten (radıyallâhu anh) rivayet edildiğine göre Peygamberimiz (sallallâhu aleyhi ve sellem) buyuruyor ki:

- "Herhangi biriniz kendisi için ne dilerse (mü'min) kardeşi için de aynı şeyi dilemedikçe (gerçek) mü'min olamaz." (Buhâri, Müslim)

23. Bölüm
İyiliği Emretmek ve Kötülükten Sakındırmak

Allah Teâlâ (celle celâlüh) buyuruyor ki:

- **"Sizden hayra çağıran ve iyiliği emredip kötülükten sakındıran bir ümmet (bir grup) olsun. İşte kurtuluşa erenler o kimselerdir."** (Âl-i İmrân suresi, 104. ayet.)

Allah Teâlâ (celle celâlüh) buyuruyor ki:

- "Sizler iyiliği emredip kötülükten sakındırmak üzere ortaya çıkarılmış hayırlı bir ümmetsiniz." (Âl-i İmrân suresi, 110. ayet.)

Allah Teâlâ (celle celâlüh) buyuruyor ki:

- "(Onlara karşı) bağışlayıcılık yolunu tut, iyiliği emreyle ve cahillerden yüzçevir." (A'raf suresi, 199. ayet.)

Allah Teâlâ (celle celâlüh) buyuruyor ki:

- "Mü'min erkeklerle mü'min kadınlar birbirinin dostları ve destekçileridirler; iyiliği emredip kötülükten sakındırırlar." (Tevbe suresi, 71. ayet.)

Allah Teâlâ (celle celâlüh) buyuruyor ki:

- "İsrailoğullarının kâfir olanları Davud'un ve Meryem oğlu İsa'nın dili ile lanetlenmişlerdir. Bunun sebebi isyan edip azmış olmaları idi. Onlar işlemiş oldukları kötülükten birbirlerini alıkoymazlardı. Yapmış oldukları iş, ne fena bir şeydi!" (Mâide suresi, 78-79. ayetler.)

Allah Teâlâ (celle celâlüh) buyuruyor ki:

- "De ki o (Kur'an), Rabbinizden gelen bir haktır. Artık dileyen inanır, dileyen kâfir olur." (Kehf suresi, 29. ayet.)

Allah Teâlâ (celle celâlüh) buyuruyor ki:

- "Sana emredileni açıktan açığa söyle." (Hicr suresi, 94. ayet.)

Allah Teâlâ (celle celâlüh) buyuruyor ki:

- "Kötülükten sakındıranları selamete erdirip zulmedenleri giriştikleri fasıklıklardan dolayı ağır bir azaba çarptırdık." (A'raf suresi, 165. ayet.)

183- Bu konudaki hadislere gelince, birincisinde Ebu Said el-Hudrî (radıyallâhu anh) der ki: "Peygamberimizin (sallallâhu aleyhi ve sellem) şöyle buyurduğunu duydum:

- 'Herhangi biriniz kötülük görürse onu eli ile değiştirsin. Yapamazsa dili ile, bunu da yapamazsa kalbi ile onu değiştirsin. Sonuncu tavır, imanın en zayıf şeklidir.'" (Müslim)

184- İkincisinde İbni Mes'ud'dan (radıyallâhu anh) rivayet edildiğine göre Peygamberimiz (sallallâhu aleyhi ve sellem) buyuruyor ki:

- "Benden önce Allah'ın ümmetlere göndermiş olduğu her peygamberin yolunu tutan ve emrine uyan sahabileri ve havarileri olmuştur. Sonra onların yerine yapmadıklarını söyleyen ve emredildiklerinin tersine davranan birtakımkimseler geçer. Böylelerine eli ile karşı koyan mü'mindir; bunlara kalbi ile karşı koyan mü'mindir; bunlara dili ile karşı koyan mü'mindir; bunun ötesinde hardal tanesi kadar bile iman yoktur." (Müslim)

185- Üçüncüsünde Ebu Velid Ubade b. es-Samit (radıyallâhu anh) der ki: "Bizler güç ve kolay durumlarda, hoşa giden ve hoşa gitmeyen konularda sözünü dinleyip itaat edeceğimize ve zora koşmakta kendimize öncelik tanıyacağımıza, davranışlarında Allah Teâlâ'nın apaçık deliline dayanan bir küfür görmedikçe yetkililere karşı gelmeyeceğimize ve nerede olursa olsun hiç kimsenin kınamasından çekinmeksizin hakkı söyleyeceğimize dair Peygamberimize biat ettik." (Buhâri, Müslim)

186- Dördüncüsünde Numan b. Beşir'den (radıyallâhu anh) rivayet edildiğine göre Peygamberimiz (sallallâhu aleyhi ve sellem) buyuruyor ki:

- "Allah'ın koyduğu sınırları gözetenler ile bu sınırları aşanların durumu şuna benzer: Bir grup, kura çekerek bir gemiye binmiştir. Kura sonunda bir kısmı üst kata bir kısmı da alt kata düşmüştür. Alt kattakiler su almak istediklerinde üstlerindekilere varıp 'Üstümüzdekileri rahatsız etmeden şansımıza düşen yerden bir delik açsak.' dediler. Eğer üst kattakiler alt kattakileri istekleri ile başbaşa bıraksalar hep birlikte mahvolurlar. Eğer ellerinden tutup onlara engel olurlarsa hem kendileri ve hem de tümü kurtulmuş olur." (Buhâri)

187- Beşincisinde mü'minlerin annesi Ümmü Seleme'den (radıyallâhu anhâ) rivayet edildiğine göre Peygamberimiz (sallallâhu aleyhi ve sellem) buyuruyor ki:

- "Başınıza birtakımyetkililer geçirilir. Onların bazı davranışlarını onaylar, bir kısımlarını da beğenmezsiniz. Kim onların (İslam'a aykırı davranışlarını) hoşnutsuzlukla karşılarsa sorumluluktan kurtulur, kim hoşnutsuzluğunu açıklarsa selamete ermiş olur. Fakat yetkililerin eğri hareketlerinden razı olup onlara uyanlar başka... Sahabiler, Peygamberimize 'Öylelerine karşı savaşmayacak mıyız?' diye sordular. Peygamberimiz sahabilere 'Aranızda namaz kıldıkları sürece hayır.' diye cevap verdi." (Müslim)

Yani kim yetkililerin İslam'a aykırı davranışlarını yürekten onaylamaz, fakat bu davranışlara eli ile de dili ile de karşı çıkmazsa günahtan kurtulmuş, görevini yapmış olur. Bunun yanında bu çeşit davranışlara gücünün yettiği şekilde karşı çıkarsa işlenen günahtan sıyrılmış olur. Buna karşılık böylesine yetkililerin hareketlerini onaylayıp onlara uyanlar günahkâr olurlar.

188- Altıncısında mü'minlerin annesi, Ümmül Hakem Zeynep binti Cahş (radıyallâhu anhâ) der ki: "Peygamberimiz (sallallâhu aleyhi ve sellem) bir gün korku içinde içeri girdi, şöyle diyordu:

– 'Lâ ilâhe illallâh, yaklaşan bir kötülükten dolayı vay Arapların başlarına geleceklere! (Baş parmağı ile işaret parmağını halka yaparak.) Yecüc ve Mecüc seddinde şu kadarlık bir delik açılmıştır.' Ben kendisine 'Ya Resulallah! Aramızda iyi kimseler bulunduğu halde helak olur muyuz?' diye sordum. Bana 'Kötülükler çok olduğu takdirde evet.' diye cevap verdi." (Buhâri, Müslim)

189- Yedincisinde Ebu Said el-Hudri'den (radıyallâhu anh) rivayet edildiğine göre Peygamberimiz (sallallâhu aleyhi ve sellem) "Sakın yollar üzerinde oturmayınız." buyurdu. Sahabiler "Ya Resulallah! Yollar üzerinde oturmamamız mümkün değil. Çünkü buralarda konuşuyoruz." dediler. Bunun üzerine Peygamberimiz (sallallâhu aleyhi ve sellem) sahabilere "Madem ki yollarda oturmaktan vazgeçmiyorsunuz. O halde yolların hakkını veriniz." buyurdu. Sahabiler "Yolların hakkı nedir?" diye sordular. Peygamberimiz onlara "Gözleri (harama bakmaktan) sakındırmak, başkalarına zarar vermemek, selamlaşmak, iyiliği emredip kötülükten alıkoymak." diye karşılık verdi. (Buhâri, Müslim)

190- Sekizincisinde İbni Abbas'tan (radıyallâhu anh) rivayet edildiğine göre Peygamberimiz adamın birinin elinde altın bir yüzük görünce onu parmağından çıkarıp yere attı ve "İçinizden birisi, bile bile bir kor parçası alıp parmağına takmak istiyor!" buyurdu. Peygamberimiz oradan ayrıldıktan sonra adama "Yüzüğünü al ve ondan yararlan." dediler. Adam böyle diyenlere "Hayır. Peygamberimiz yere attıktan sonra onu artık asla elime almam." diye cevap verdi. (Müslim)

191- Dokuzuncusunda Ebu Said, Hasan-ı Basri'den (radıyallâhu anh) rivayet edildiğine göre Aiz b. Amr (radıyallâhu anh) Ubeydullah b. Ziyad'ın huzuruna girerek ona "Oğlum! Ben, Peygamberimizin 'İdarecilerin en kötüsü, yönetimi altındakilere karşı sert davrananıdır.' buyurduğunu duydum. Sakın böylelerinden olma." dedi. Ubeydullah da ona "Otur. Sen Peygamber'in sahabilerinin döküntülerindensin." dedi. Aiz de ona "Onların döküntüsü var mıydı ki? Döküntüler, onlardan sonra ve onların dışında meydana geldi." diye cevap verdi. (Müslim)

192- Onuncusunda Huzeyfe'den (radıyallâhu anh) rivayet edildiğine göre Peygamberimiz (sallallâhu aleyhi ve sellem) buyuruyor ki:

– "Vallahi ya iyiliği emredip kötülükten sakındırırsınız yahut da Allah yakında başınıza bir bela verir, sonra O'na dua edersiniz fakat duanız kabul olunmaz." (Tirmizî)

193- On birincisinde Ebu Said el-Hudri'den (radıyallâhu anh) rivayet edildiğine göre Peygamberimiz (sallallâhu aleyhi ve sellem) buyuruyor ki:

- "En faziletli cihat zalim bir hükümdarın huzurunda söylenen adalete uygun sözdür." (Tirmizî)

194- On ikincisinde Ebu Abdullah Tarık b. Sihab el-Buceli, el-Ahmesi'den (radıyallâhu anh) rivayet edildiğine göre adamın biri ayakları devenin özengisindeyken Peygamberimize (sallallâhu aleyhi ve sellem) "En faziletli cihat hangisidir?" diye sordu. Peygamberimiz ona "Zalim bir hükümdarın karşısında söylenen doğru sözdür." diye karşılık verdi. (Neseî)

195- On üçüncüsünde İbni Mes'ud'dan (radıyallâhu anh) rivayet edildiğine göre Peygamberimiz (sallallâhu aleyhi ve sellem) buyuruyor ki: "İsrailoğulları üzerinde beliren ilk eksiklik, ilk kusur şudur: Adamın biri başka biri ile karşılaşır ve ona 'Hey falan kişi! Allah'tan kork da şu yapmakta olduğun hareketten vazgeç. Çünkü o sana helal değildir.' der. Ertesi gün aynı adamla karşılaşır, adam eski tutumunu devam ettirmektedir. Fakat adamın bu tutumu berikini onunla birlikte yemekten, içmekten ve birlikte oturmaktan alıkoymaz. Onlar böyle davranınca Allah da kalplerini birbirine benzetti.' Peygamberimiz (sallallâhu aleyhi ve sellem) sözlerine şu ayeti okuyarak devam etti:

'İsrailoğullarının kâfir olanları, Davud'un ve Meryem oğlu İsa'nın dili ile lanetlenmişlerdir. Bunun sebebi isyan edip azmış olmaları idi. Onlar işlemiş oldukları kötülükten birbirlerini alıkoymazlardı. Yapmış oldukları iş ne fena bir şeydi! Onların çoğunun kâfirleri dost edindiklerini görürsün. Kendi kendileri için ne fena bir akibet hazırlıyorlar! Allah onlara öfkelenir ve bitmez bir azaba çarptırılırlar.' (Mâide suresi, 78-81. ayetler.)

Daha sonra Peygamberimiz şöyle buyurdu: 'Hayır hayır. Ya iyiliği emredip kötülükten alıkoyarsınız, zalimin elinden tutup onu hakka karşı kesinlikle boyun eğdirir, kendisini hakkın sınırları içinde tutarsınız veya Allah önce kalplerinizi birbirinizinkine benzetir ve arkasından da İsrailoğulları gibi size de lanet eder.'" (Ebu Davud, Tirmizî)

Yukarıdaki hadisin sözleri Ebu Davud'a aittir. Tirmizî'nin naklettiği sözlere göre Peygamberimiz (sallallâhu aleyhi ve sellem) şöyle buyuruyor:

"İsrailoğulları türlü türlü kötülüklere dalınca âlimleri onları vazgeçirmeye çalıştılar. Onlar kötülük işlemekten vazgeçmedikleri halde âlimler onlarla birlikte yiyip içmeye ve oturup konuşmaya devam edince Allah, kalplerini birbirine benzetip işledikleri isyandan ve azmış olmalarından dolayı kendilerini Davud'un ve Meryem oğlu İsa'nın dili ile lanetlemiştir."

196- On dördüncüsünde Ebu Bekir (radıyallâhu anh) der ki:

- "'**Ey iman edenler! Siz kendi kendinizi ıslah etmeye bakınız. Eğer siz hidayete ermişseniz sapıklar size zarar vermez.**" mealindeki ayeti okuyup duruyorsunuz. Oysa ki ben Peygamberimizin (sallallâhu aleyhi ve sellem) şöyle buyurduğunu duymuştum:

- 'İnsanlar zalimi görüp onun elini tutmadıkları (ona engel olmadıkları) takdirde çok geçmeden gelecek olan ilahî ceza tümünü etkisi altına alır.'" (Ebu Davud, Tirmizî, Neseî)

24. Bölüm

İyiliği Emredip Kötülükten Sakındırmasına Rağmen Sözü ile Davranışı Birbirini Tutmayanın Cezasının Şiddeti

Allah Teâlâ (celle celâlüh) buyuruyor ki:

- **"İnsanlara iyiliği emredip kendinizi unutuyor musunuz? Oysa ki, kitabı da okuyanlar sizlersiniz. Aklınızı başınıza toplamayacak mısınız?"** (Bakara suresi, 44. ayet.)

Allah Teâlâ (celle celâlüh) buyuruyor ki:

- **"Ey iman edenler! Yapmadığınız şeyleri niye söylüyorsunuz? Yapmadığınızı söylemeniz Allah katında büyük bir öfkeye gerekçe oldu."** (Saf suresi, 2, 3. ayetler.)

Allah Teâlâ (celle celâlüh) Şuayb'dan (aleyhisselam) haber vererek buyuruyor ki:

- **"Size yasakladığım konuda kendimi size ters düşürmek istemiyorum."** (Hûd suresi, 88. ayet.)

197- Ebu Zeyd Usame b. Zeyd b. Harise'den (radıyallâhu anh) rivayet edildiğine göre Peygamberimiz (sallallâhu aleyhi ve sellem) buyuruyor ki:

- "Kıyamet günü adamın biri getirilip cehenneme atılır. Bağırsakları dışarıya uğrar da o bu durumda değirmen taşına koşulmuş eşek gibi dönüp durur. Cehennem halkı çevresinde toplanıp ona 'Ey falan kişi, bu halin nedir? Yoksa sen iyiliği emredip kötülükten sakındırmaz mıydın?' derler. Adam da onlara 'Evet, iyiliği emreder fakat kendim yapmazdım. Kötülükten sakındırır fakat onu kendim işlerdim.' diye cevap verir." (Buhâri, Müslim)

25. Bölüm

Emaneti Ehline Vermek

Allah Teâlâ (celle celâlüh) buyuruyor ki:

- -Hiç şüphesiz, Allah size emanetleri ehline vermenizi emreder." (Nisâ suresi, 58. ayet.)

Allah Teâlâ (celle celâlüh) buyuruyor ki:

- "Biz emaneti göklere, yere ve dağlara sunduk da onlar bunu yüklenmekten kaçındılar, bundan ürktüler. Fakat insan bunu yüklendi. Şüphesiz ki insan, pek zalim ve çok cahildir." (Ahzâb suresi, 72. ayet.)

198- Ebu Hureyre'den (radıyallâhu anh) rivayet edildiğine göre Peygamberimiz (sallallâhu aleyhi ve sellem) buyuruyor ki:

- "Münafığın alameti üçtür: Konuştuğu zaman yalan söyler, söz verdiği zaman sözünü tutmaz ve kendisine emanet verildiği zaman ona hıyanet eder." (Buhâri, Müslim)

Başka bir rivayete göre şu sözler de hadistendir. "Her ne kadar oruç tutup namaz kılarak kendini Müslüman saysa da."

199- Huzeyfetü'l-Yemani (radıyallâhu anh) der ki: "Peygamberimiz bize iki olaydan bahsetmişti. Birini gördüm, şimdi öbürünü bekliyorum. Peygamberimiz bize emanetin insanların kalplerinde kökleşmesinden bahsetti. Arkasından Kur'an indi ve insanlar ondan bilgi edindiler. Sünnetten de bilgi edindiler. Daha sonra Peygamberimiz bize emanetin ortadan kalkışından bahsedip şöyle buyurdu:

- 'Adamın biri gece uykusu uyuyup kalkınca emanet kalbinden çıkarılır da izi silik bir karaltı gibi olur. Arkasından bir gece uykusu daha uyuyup gözlerini açınca emanet kalbinden biraz daha çıkarılarak izi kabarcık gibi olur. Hani ayağının üzerinde bir kor parçası yuvarlarsın da derin kabarır, onu kocaman görürsün ama içi boştur.'

Bunları söylerken eline bir çakıl tanesi alıp ayağı üzerinde yuvarladı ve sözlerine devam etti:

'O zaman insanlar öyle bir duruma gelirler ki alışveriş yaparlar fakat hiç kimse emaneti yerine getirmeye yanaşmaz. Bu yüzden 'Falan oğulları arasında güvenilir biri var.' diye konuşurlar. Öyle ki adamın biri hakkında 'Ne cesur adam, ne efendi adam, ne akıllı adam...' denir. Oysa ki adamın kalbinde hardal tanesi kadar iman yoktur.'

Öyle bir devir yaşadım ki hanginizle alışveriş ettiğime aldırış etmezdim. Çünkü alışveriş ettiğim kimse eğer Müslümansa dini terbiyesi bana haksızlık yapmasına engel olurdu. Eğer Hıristiyan veya Yahudi idiyse başındaki yetkili kimse bana haksızlık yapmasına engel olurdu. Şimdi ise ancak aranızdan falan ve filan gibi (sayılı) kişilerle alışveriş yapabiliyorum." (Buhâri, Müslim)

200- Huzeyfetü'l-Yemanî ve Ebu Hureyre'den (radıyallâhu anhumâ) rivayet edildiğine göre Peygamberimiz (sallallâhu aleyhi ve sellem) buyuruyor ki:

– "Allah Teâlâ tüm insanları bir araya toplar. Bu arada mü'minler de cennetin yakınına götürülünceye kadar ayakta dikilirler. Bu sırada Âdem'e (aleyhisselam) başvurup 'Ey babamız! Bizim için cennet kapısının açılmasını dile.' derler. Âdem onlara 'Sizi cennetten çıkaran sebep, sırf babanızın hatası değil mi? O yüzden ben kapıyı açtırmaya yetkili değilim. Siz Allah'ın dostu oğlum İbrahim'e başvurun.' der. Mü'minler, İbrahim'e başvururlar. O da onlara 'Ben buna yetkili değilim. Ben (O'nunla) uzaktan uzağa dosttum. Siz Allah'ın kendisi ile (doğrudan doğruya) konuşmuş olduğu Musa'ya başvurun.' der. Mü'minler, Musa'ya varır. O da onlara 'Ben buna yetkili değilim. Siz, Allah'ın ruhu ve kelimesi olan İsa'ya varın.' der. İsa da onlara 'Ben buna yetkili değilim.' diye cevap verince Muhammed'e başvururlar. Muhammed hemen teşebbüse geçer. Kendisine bu konuda izin verilerek ona rahmet ve emanet gönderilir. Bu ikisi sağdan ve soldan Sırat'ın iki yanına dikilir. En baştakiniz şimşek gibi geçer."

Ebu Hureyre diyor ki: "Ben 'Anam babam sana feda olsun! Şimşek hızı ile geçmek nasıl bir şeydir?' diye sordum. Bana 'Göz açıp kapayasıya... Şimşeğin nasıl gidip geldiğini görmüyor musunuz?' diye cevap verdi. Arkasından gelenler rüzgar hızı ile, sonrakiler kuş uçuşu hızı ile ve en ağır tempoda yürüyen kimseleri de amelleri yürütür. Bu sırada Peygamberimiz Sırat'ın üzerine durarak 'Ya Rabbi selamete ulaştır! Ya Rabbi selamete ulaştır!' diye dua eder. Sonunda kulların amelleri onları taşıyamaz olur. Öyle ki adamın biri ancak sürünerek ilerleyebilir. Sırat'ın iki yanında belirtilen kimselere takılmak üzere emir almış çengeller asılıdır. Bu çengellere takılıp bir tarafı sıyrılan kurtulur, iyice yakalanıp kalanlar ise cehennemdedir. Ebu Hureyre'nin nefsini kudret elinde tutan Allah'a yemin ederim ki, cehennemin derinliği yetmiş yıllık yol mesafesi kadardır!" (Müslim)

201- Ebu Hubeyb Abdullah b. Zübeyr (radıyallâhu anh) der ki: "Cemel Günü Zübeyr savaşa ara verdiği bir sırada beni yanına çağırdı. Ben de yanıbaşına vararak durdum. Bana şöyle dedi: 'Oğlum! Bugün ya zalim veya mazlum can verecek. Ben kendimin mazlum olarak öldürüleceği kanaatindeyim. En büyük derdim borcumdur. Borcumuz malımızdan geriye bir şey bırakacak mı, ne dersin?' Sözlerine devam ederek 'Oğlum! Malımızı sat ve borcumuzu öde.' dedikten sonra malının üçte biri hakkında vasiyet etti. Bu üçte biri oğlu Abdullah b. Zübeyr'in çocuklarına vasiyet edip 'Borcu ödedikten sonra malımızdan geriye bir şey kalırsa artanın üçte biri senin çocuklarınındır.' dedi.

Hişam der ki: "Abdullah'ın bazı çocukları, Hubeyb ve Abbad gibi Zübeyr'in bazı oğulları ile akrandı ve o sırada Zübeyr'in dokuz oğlu ve dokuz kızı vardı."

Abdullah sözlerine devam ederek şöyle der: "Bana borcunu vasiyet ederken "oğlum, eğer borcumdan dolayı bir güçlüğe uğrarsa o konuda Mevla'mdan yardım iste." Abdullah der ki: "Vallahi ne kastettiğini anlayamadığım için 'Babacığım! Mevla'n kim?' diye sordum. O bana 'Allah!' diye cevap verdi."

Abdullah sözlerine devam ederek şöyle der: "Babamın borcu ile ilgili sıkıntıya düşünce 'Ey Zübeyr'in Mevlâ'sı! Onun borcunu ödemede kolaylık ihsan eyle!' diye dua ederdim. O da ödemede kolaylık ihsan ederdi. Zübeyr öldürüldüğü zaman geriye altın ve gümüş para bırakmamıştı. Fakat arazi bırakmıştı. Bunların başlıcaları Gabe denilen yerdeki arazi, Medine'de on bir ev, Basra'da iki ev ve Kûfe ile Mısır'daki birer ev idi. Üzerindeki borçlar şu şekilde idi. Adamın biri gelir ve yanına bir miktar emanet bırakmak isterdi. Zübeyr, adama 'Hayır, emanet olarak değil, borç olarak bırak. Çünkü kaybolmasından korkarım.' derdi. O ne valilik ve ne de vergi tahsildarlığı üstlenmişti. Sadece ya Resulallah'ın yanında ya Ebu Bekir'in yanında veya Ömer'in ve Osman'ın yanında savaşlara katılmıştı.

Üzerindeki borcu hesapladım ve iki milyon iki yüz bin dinar olarak buldum. (Hekim b. Hizam, Abdullah b. Zübeyr'e rastlar ve ona sorar:) 'Ey kardeşimin oğlu! Kardeşimin ne kadar borcu var?' (Abdullah cevap verir:) Borcun gerçek miktarını saklayarak ona 'Yüz bin dinar.' dedim. Hekim bana 'Vallahi, malının bu borcu karşılayacağını sanmıyorum.' dedi. Ben kendisine 'Eğer iki milyon iki yüz bin dinar ise o zaman görüşün ne olur?' diye sordum. Bana 'Buna gücünüzün yeteceğini sanmıyorum. Eğer bu konuda sıkıntıya düşerseniz benden yardım isteyin.' diye karşılık verdi."

Zübeyr, Gabe'deki araziyi yüz bin yetmiş dinara satın almıştı. Abdullah onu bir milyon altı yüz bin dinara sattı. Sonra ortaya dikilip "Kimin babamdan alacağı varsa onu Gabe'deki araziden ödeyelim." dedi. Bunun üzerine Abdullah b. Cafer ona başvurdu. Zübeyr'den dört yüz bin dinar alacağı vardı. Abdullah'a "İsterseniz onu size bağışlayayım." dedi. Abdullah "Hayır." dedi. Abdullah b. Cafer "O zaman bana bir parça ayırın." dedi. Abdullah "Şuradan şuraya kadarı senindir." dedi. Abdullah bu arazinin bir kısmını sattı ve borçlarını fazlası ile ödedi ve dört buçuk hisse kadarı da arttı. Bunun üzerine Abdullah, Muaviye'nin huzuruna vardı. Yanında Amr b. Osman, Münzir b. Zübeyr ve İbni Zem'a vardı. Muaviye ona "Gabe'ye ne kadar değer biçildi?" diye sordu. Abdullah "Her hisse için yüz bin." diye cevap verdi. Muaviye "Ne kadar kaldı?" diye sordu. Abdullah "Dört buçuk hisse." dedi. Bunun üzerine Münzir b. Zübeyr "Ben yüz bin karşılığında bir hissesini alıyorum." dedi. Amr b. Osman da "Ben de yüz bin karşılığında bir hissesini alıyorum." dedi. İbni Zem'a da "Ben de yüz bin karşılığında bir hissesini alıyorum." dedi. Muaviye "Ne kadarı kaldı?" diye sordu. Abdullah "Bir buçuk hisse." diye cevap verdi. Muaviye de "Onu da ben yüz eli bin karşılığında alıyorum." dedi. Abdullah b. Cafer, Muaviye'den geçen hissesini altı yüz bine sattı.

İbni Zübeyr, babasının borcunu ödemeyi bitirince Zübeyr'in oğulları "Mirasımızı aramızda bölüştür." dediler. Abdullah "Vallahi dört yıl boyunca hac mevsimlerinde, her kimin Zübeyr'den alacağı varsa bize gelsin de ödeyelim." diye ilan etmedikçe mirası aranızda paylaştırmam." dedi ve dört sene hac mevsiminde belirtildiği gibi ilan ettiler. Dört sene geçince mirası Zübeyr'in vârisleri arasında bölüştürdü ve üçte biri vasiyete harcandı. Zübeyr'in dört tane eşi vardı. Her bir eşine bir milyon iki yüzbin dinar düştü. Bütün malı elli milyon iki yüz bin dinar değerinde idi." (Buhâri)

Bu konudaki hadislere gelince, onlardan biri Ebu Zer tarafından rivayet edilen ve cihat bölümünün sonunda zikredilen hadistir.

26. Bölüm
Haksızlığın Haram Oluşu, Zorla Alınanın İade Edilmesi

Allah Teâlâ (celle celâlüh) buyuruyor ki:

– **"Zalimlerin ne cana yakın bir dostu ve ne de sözü dinlenir bir aracısı vardır."** (Mü'min suresi, 18. ayet.)

Allah Teâlâ (celle celâlüh) buyuruyor ki:

– **"Zalimlerin hiçbir yardımcısı yoktur."** (Hac suresi, 71. ayet.)

202- Cabir'den (radıyallâhu anh) rivayet edildiğine göre Peygamberimiz (sallallâhu aleyhi ve sellem) buyuruyor ki:

– "Zulümden sakınınız. Çünkü o, kıyamet günü karanlıklar halinde karşınıza çıkar. Cimrilikten sakınınız. Çünkü o, sizden öncekileri, birbirilerinin kanını dökmeye sürükleyerek ve haramları helal saymalarına yol açarak mahvetmiştir." (Müslim)

203- Ebu Hureyre'den (radıyallâhu anh) rivayet edildiğine göre Peygamberimiz (sallallâhu aleyhi ve sellem) buyuruyor ki:

– "Kıyamet günü haklar mutlaka sahiplerine verilecektir. O kadar ki boynuzsuz koyun, boynuzlu koyunla karşı karşıya getirilerek hesaplaştırılır." (Müslim)

204- İbni Ömer (radıyallâhu anhumâ) der ki: "Peygamberimizin yanında Veda Haccı'ndan bahsediyorduk. Fakat Veda Haccı'nın mahiyetini bilmiyorduk. Bu sırada Peygamberimiz, Allah'a hamd ü sena ettikten sonra Deccal Mesih konusunu ele aldı ve bu konuda sözü uzatarak şöyle buyurdu:

– 'Allah'ın gönderdiği bir peygamber Deccal Mesih konusunda kavmini ikaz etti. Nuh ve ondan sonra gelen peygamberler onun hakkında ikazda bulunmuşlardır. Eğer o sizin aranızda ortaya çıkarsa durumu, özelliği sizce meçhul değildir. Çünkü Rabbinizin kör olmadığı gerçeği sizce meçhul değildir. Deccal Mesih'in sağ gözü kördür. Salkımdan dışarıya fırlamış yaş üzüm tanesi gibidir. Beni dinleyin! Allah, içinde bulunduğunuz şu ayın şu günü gibi kanlarınızı ve mallarınızı birbirinize haram kılmıştır. Tebliğ ettim mi?'

Dinleyenler 'Evet.' dediler. Peygamberimiz üç kere 'Allah'ım, şahit ol!' diye buyurduktan sonra sözlerine şunları ekledi: 'Yazık olur size! (Veya vay başınıza geleceklere!) Dikkat edin, benden sonra tekrar birbirinizin boynunu vuran kâfirler olmayınız!'" (Buhâri, Müslim)

205- Hz. Âişe'den (radıyallâhu anhâ) rivayet edildiğine göre Peygamberimiz (sallallâhu aleyhi ve sellem) buyuruyor ki:

– "Kim zulmederek bir karış toprağa el koyarsa o yedi kat yerin dibine kadar derinleştirilip boynuna halka olarak takılır." (Buhâri, Müslim)

206- Ebu Musa'dan (radıyallâhu anh) rivayet edildiğine göre Peygamberimiz (sallallâhu aleyhi ve sellem) buyuruyor ki:

– "Hiç şüphesiz, Allah Teâlâ zalimi bir süre serbest bırakır fakat onu yakalayınca elinden kaçırmaz." Arkasından Peygamberimiz şu ayeti okudu:

– "İşte Rabbin zulmeden kentleri yakaladığı zaman böyle yakalar. Doğrusu O'nun yakalaması, çok acı ve çok çetindir." (Hûd suresi, 102. ayet.) (Buhâri, Müslim)

207- Muaz b. Cebel (radıyallâhu anh) der ki: "Peygamberimiz beni (Yemen'e vali) gönderirken şöyle buyurdu:

– 'Ehl-i Kitap olan bir kavme gidiyorsun. Onları Allah'tan başka ilah olmadığına ve benim O'nun Resulü olduğuma şehadet etmeye davet et. Eğer bu teklifine uyarlarsa Allah'ın onlara her gün ve gece zarfında beş vakit namaz farz kıldığını bildir. Eğer bu davetine de uyarlarsa Allah'ın onlara, içlerindeki zenginlerden alınıp fakirlere verilen bir sadaka (zekât) farz ettiğini bildir. Eğer bu davetine de uyarlarsa sakın en değerli mallarını ellerinden alma. Mazlumun bedduasından sakın. Çünkü onunla Allah arasında hiçbir engel yoktur.'" (Buhâri, Müslim)

208- Ebu Humeyd Abdurrahman b. Sa'd el-Saidi (radıyallâhu anh) der ki: "Peygamberimiz, Ezd kabilesinden Lutbiyye diye çağrılan birini zekat toplamak üzere tahsildar tayin etmişti. Adam geri gelince 'Bu size bu da bana hediye edildi.' dedi. Bunun üzerine Peygamberimiz mimbere çıktı, Allah'a hamd ü sena ettikten sonra şöyle buyurdu:

– 'İmdi, Allah'ın beni görevli kıldığı bir konuda ben birini tahsildar tayin ediyorum. O geri gelince, 'Bu size, bu da bana verilmiş bir hediyedir.' diyor. Eğer doğru söylüyorsa niye babasının veya anasının evinde otururken kendisine hediye gelmedi? Vallahi içinizden biri hakkı olmaksızın bir şey alırsa onu sırtında taşıyarak Allah'ın karşısına çıkar. Buna göre aranızda sırtında uluyan deve, böğüren inek veya meleyen koyun taşıyarak Allah'ın karşısına çıkacak birini tanımıyorum.' Arkasından koltuk altının beyazlığı görülecek şekilde ellerini havaya kaldırarak 'Allah'ım! Tebliğ ettim mi?' diye buyurdu." (Buhâri, Müslim)

209- Ebu Hureyre'den (radıyallâhu anh) rivayet edildiğine göre Peygamberimiz (sallallâhu aleyhi ve sellem) buyuruyor ki:

– "Kimin üzerinde (Müslüman) kardeşinin şerefi veya başka bir değeri ile ilgili bir zulüm varsa altın ve gümüşün bulunmayacağı ve iyi ameli varsa zulmü kadar kendisinden alınıp karşı tarafa verilecek, eğer iyi ameli yoksa karşı tarafın kötü amelinden alınıp kendi hesabına geçirilecek gün gelmeden önce bugünden kardeşi ile helalleşsin." (Buhâri)

210- Abdullah b. Amr b. el-Âs'tan (radıyallâhu anh) rivayet edildiğine göre Peygamberimiz (sallallâhu aleyhi ve sellem) buyuruyor ki:

– "Müslüman, eli ile veya dili ile Müslümanlara zarar vermeyendir. Muhacir de Allah'ın yasakladığı şeylerden kaçınandır." (Buhâri, Müslim)

211- Yine Abdullah b. Amr'dan (radıyallâhu anh) rivayet edildiğine göre "Kirkire" adında Peygamberimizin yük taşıma işlerine bakan biri vardı. Adam ölünce Peygamberimiz "O, cehennemliktir." buyurdu. Sahabiler bunun sebebini öğrenmek üzere adamın evini araştırmaya gidince (eşyası arasında) ganimet malından haksız yere zimmetine geçirdiği bir aba buldular." (Buhâri)

212- Ebu Bekir Nefî' b. Haris'ten (radıyallâhu anh) rivayet edildiğine göre Peygamberimiz (sallallâhu aleyhi ve sellem) buyuruyor ki:

– "Zaman, Allah'ın gökleri ve yeri yarattığı gün gibi devrediyor. Bir yıl, 12 aydır. Bu ayların dördü haram aylarıdır. Üçü arka arkaya gelir: zilkade, zilhicce, muharrem, bir de cemaziyelaher ile şaban arasında bulunan Mudar kabilesinin recep ayı. Bu ay hangi aydır?" Bizler "Allah ve O'nun Resulü bilir." dedik. Bir süre sustu. Bizler ayın ismini yanlış söyleyecek sandık. Sonra "Zilhicce değil mi?" diye sordu, "Evet." dedik.

Sonra bize "Burası hangi şehirdir?" diye sordu. Bizler "Allah ve O'nun Resulü bilir." diye cevap verdik. Yine bir süre sustu. Bizler şehrin adını yanlış verecek sandık. Arkasından "Belde-i Haram değil mi?" diye buyurdu. "Evet." dedik. Sonra "Bugün hangi gündür?" diye sordu. Bizler "Allah ve Resulü bilir." dedik. Bir süre suskun kaldı. Günün ismini yanlış söyleyecek sandık. Sonra "Kurban Bayramı günü değil mi?" diye sordu, "Evet." dedik.

Sonra sözlerine şöyle devam etti: "Bu ay, bu gün ve bu belde gibi kanlarınız, mallarınız ve ırzlarınız birbirinize haramdır (dokunulmazdır). Rabbinizin karşısına çıkacaksınız ve o sizi amelleriniz hakkında sorguya çekecek. Benden sonra tekrar birbirinin boynunu vuran kâfirler olmayınız. Burada bulunanlar (söylediklerimi) burada bulunmayanlara tebliğ etsin. Çünkü sözlerimin tebliğ edildiği bazı kimseler onları dinleyenlerin bir kısmından daha şuurlu olabilir." Arkasından "Tebliğ ettim mi? Tebliğ ettim mi?" diye buyurdu. "Evet." dedik. Bunun üzerine "Allah'ım, şahit ol!" buyurdu. (Buhâri, Müslim)

213- Ebu Umame İyas b. Sa'lebetü'l-Harisi (radıyallâhu anh) der ki: "Peygamberimiz (sallallâhu aleyhi ve sellem) 'Kim yemin ederek birinin hakkını zimmetine geçirirse Allah ona cehennemi gerekli ve cenneti haram kılar.' buyurdu. İçimizden biri 'Ya Resulallah! Aldığı şey çok az olsa da mı?' diye sordu. Peygamberimiz 'Misvak ağacının bir dalı kadar bile olsa.' diye cevap verdi." (Müslim)

214- Adiy b. Amire (radıyallâhu anh) der ki: "Peygamberimizin (sallallâhu aleyhi ve sellem) şöyle buyurduğunu duydum:

– 'İçinizden herhangi birinizi herhangi bir alanda tahsildar tayin ederiz de bizden iğne ucu kadar veya daha fazla bir şey saklarsa sakladığı şeyi kıyamet günü boynunda tasma olarak taşıyarak gelir.' Bunun üzerine Ensar'dan siyahi bir adam (sanki şu anda gözümün önündedir) ayağa kalkarak 'Ya Resulallah! Bana vermiş olduğunuz görevi geri alın.' dedi. Peygamberimiz adama 'Ne oldu sana?' diye sordu. Adam 'Sizin şöyle şöyle dediğinizi duydum.' diye cevap verdi. Bunun üzerine Peygamberimiz (sallallâhu aleyhi ve sellem) şöyle buyurdu:

– 'Ben şimdi de diyorum ki: Kimi herhangi bir alanda tahsildar olarak görevlendirirsek tahsil ettiğinin azını ve çoğunu bize getirsin. Kendisine verilen kısmını alır ve almaması gereken kısmını zimmetine geçirmekten kaçınır.'" (Müslim)

215- Ömer b. Hattab (radıyallâhu anh) der ki: "Hayber savaşı günü Peygamberimizin (sallallâhu aleyhi ve sellem) sahabilerinden birkaç kişi onun huzuruna gelerek 'Falanca şehit oldu, filânca şehit oldu.' diye bilgi verdiler. Bu arada bir kişiyi sözkonusu ederek 'Falanca da şehit oldu.' dedikleri zaman Peygamberimiz 'Asla! Ben onu haksız yere zimmetine geçirdiği paltoya (veya abaya) bürünmüş olarak cehennemde gördüm.' buyurdu." (Müslim)

216- Ebu Katade Haris b. Rebiî'nin (radıyallâhu anh) belirttiğine göre Peygamberimiz aralarında bulunduğu bir sırada ayağa kalkarak Allah yolunda cihat etmekle imanın en faziletli ameller olduğunu anlattı. Adamın biri ayağa kalkarak "Ya Resulallah! Eğer ben Allah yolunda öldürülürsem günahlarım üzerimden silinir mi?" diye sordu. Peygamberimiz adama "Eğer sen savaşın güçlüklerine katlanarak, karşılığını sırf Allah'tan bekleyerek ve kaçarken değil de ileri yürürken öldürülürsen, evet." diye cevap verdi.

Fakat az sonra Peygamberimiz adama "Nasıl demiştin?" diye sordu. Adam "Eğer ben Allah yolunda öldürülürsem günahlarım üzerimden silinir mi?" diyerek sorusunu tekrar etti. Peygamberimiz de adama "Eğer savaşın güçlüklerine katlanarak, karşılığını sırf Allah'tan bekleyerek ve kaçarken değil de ileri yürürken öldürülürsen, evet. Yalnız kul borcu hariç... Bunu bana Cebrail söyledi." diye tekrar cevap verdi. (Müslim)

217- Ebu Hureyre (radıyallâhu anh) der ki: "Peygamberimiz 'Müflis kimdir, bilir misiniz?' diye sordu. Sahabiler 'Bize göre parası ve malı kalmayan kimsedir.' diye cevap verdiler. Peygamberimiz (sallallâhu aleyhi ve sellem) şöyle buyurdu:

– 'Ümmetimin müflisi, kıyamet günü namaz, oruç ve zekatla gelir. Fakat aynı zamanda falana hakaret etmiş, filana iftira etmiş, falancanın malını yemiş, filancanın kanını dökmüş ve filan kişiyi dövmüş olarak gelir. O zaman falana ve filana onun iyi amelinden alınıp verilir, üzerindeki borç bitmeden iyi ameli tükendiği takdirde de haksızlık ettiği kimselerin günahlarından alınarak ona yüklenir, sonra da cehenneme atılır.'" (Müslim)

218- Ümmü Seleme'den (radıyallâhu anhâ) rivayet edildiğine göre Peygamberimiz (sallallâhu aleyhi ve sellem) buyuruyor ki:

- "Ben de bir insanım. Sizler karşıma gelip birbiriniz hakkında dava açıyorsunuz. Aranızdan bazıları diğerlerine göre daha inandırıcı bir dille delil gösterebilir. Ben de dinlediğime göre onun lehine hüküm verebilirim.

(Beni yanılttığı için) Müslüman kardeşinin hakkını hesabına geçirerek lehine hüküm verdiğim kimseye kesin olarak cehennemden bir parça ayırmış olurum." (Buhâri, Müslim)

219- İbni Ömer'den (radıyallâhu anhumâ) rivayet edildiğine göre Peygamberimiz (sallallâhu aleyhi ve sellem) buyuruyor ki:

- "Mü'min haram kan dökmedikçe dini ile ilgili olarak geniş bir kolaylık alanı içinde olmaya devam eder." (Buhâri)

220- Hamza'nın eşi olan Havle binti Amirü'l-Ensariye'den (radıyallâhu anhâ) rivayet edildiğine göre Peygamberimiz (sallallâhu aleyhi ve sellem) buyuruyor ki:

- "Bazı kimseler hakları olmaksızın Allah'ın malını diledikleri gibi kullanırlar. Kıyamet günü onlar için cehennem vardır." (Buhâri)

27. Bölüm
Müslümanların Dokunulmaz Hakları

Müslümanların dokunulmaz haklarına saygı göstermek, onlara haklarını açıklamak, şefkatli ve merhametli olmak hakkındadır.

Allah Teâlâ (celle celâlüh) buyuruyor ki:

- "Kim Allah'ın dokunulmaz kıldığı değerlere saygı gösterirse bu, Rabbi katında kendisi için yararlıdır." (Hac suresi, 30. ayet.)

Allah Teâlâ (celle celâlüh) buyuruyor ki:

- "Kim Allah'ın koyduğu kurallara saygı gösterirse, hiç şüphesiz bu tutum, kalplerdeki takvadan ileri gelir." (Hac suresi, 32. ayet.)

Allah Teâlâ (celle celâlüh) buyuruyor ki:

- "Mü'minlere karşı (sevgi ve alçak gönüllülük belirtisi olarak) kanadını indir." (Hicr suresi, 88. ayet.)

Allah Teâlâ (celle celâlüh) buyuruyor ki:

– "Kim (öldürülmüş) bir kişiye karşılık veya kargaşalık karşılığı olmaksızın bir insan öldürürse tüm insanları öldürmüş gibidir. Buna karşılık kim bir insanın yaşamasına vesile olursa bütün insanlığın yaşamasına vesile olmuş gibidir." (Mâide suresi, 32. ayet.)

221- Ebu Musa al-Eş'arî'den (radıyallâhu anh) rivayet edildiğine göre Peygamberimiz (sallallâhu aleyhi ve sellem) buyuruyor ki:

"Mü'min, mü'mine karşı unsurları birbirini destekleyip ayakta tutan bir bina gibidir." (Bu sırada Peygamberimiz parmaklarını birbirine geçirmiştir.) (Buhâri, Müslim)

222- Yine Ebu Musa'dan (radıyallâhu anh) rivayet edildiğine göre Peygamberimiz (sallallâhu aleyhi ve sellem) buyuruyor ki:

"Kim üzerinde ok varken camilerimize veya pazar yerlerimize uğrarsa Müslümanlara herhangi bir şekilde dokunmaması için okunu ya yüksekte tutsun veya temrenlerini avucu içine alsın." (Buhâri, Müslim)

223- Numan b. Beşir'den (radıyallâhu anh) rivayet edildiğine göre Peygamberimiz (sallallâhu aleyhi ve sellem) buyuruyor ki:

– "Birbirlerini sevmek, karşılıklı merhamet göstermek ve birbirlerini gözetmek bakımından mü'minler, uzuvlarından biri rahatsız olunca geriye kalan kısmı uykusuz kalarak ve ateş içinde kalarak o uzvun derdine ortak olan bir vücut gibidir." (Buhâri, Müslim)

224- Ebu Hureyre'den (radıyallâhu anh) rivayet edildiğine göre Peygamberimiz Ekra' b. Habis'in yanında Ali'nin oğlu Hasan'ı (torununu) öptü. Bunu gören Ekra' "Benim on tane çocuğum var. Hiçbirini öpmüş değilim." dedi. Bunun üzerine Peygamberimiz "Kim merhamet göstermezse merhamete muhatap olamaz." buyurdu. (Buhâri, Müslim)

225- Hz. Âişe (radıyallâhu anhâ) der ki: "Çölde yaşayan bedevilerden bir grup, Peygamberimize gelerek 'Siz bebeklerinizi öper misiniz?' diye sordu. Peygamberimiz 'Tabii.' diye cevap verdi. Gelen grup 'Vallahi biz öpmeyiz.' dediler. Bunun üzerine Peygamberimiz onlara 'Allah, kalplerinizden merhameti çıkarmışsa benim elimden bir şey mi gelir ki?' buyurdu." (Buhâri, Müslim)

226- Cerir b. Abdullah'tan (radıyallâhu anh) rivayet edildiğine göre Peygamberimiz (sallallâhu aleyhi ve sellem) buyuruyor ki:

– "Kim insanlara merhamet etmezse, Allah da ona rahmet etmez." (Buhâri, Müslim)

227- Ebu Hureyre'den (radıyallâhu anh) rivayet edildiğine göre Peygamberimiz (sallallâhu aleyhi ve sellem) buyuruyor ki:

– "İçinizden biri cemaate namaz kıldırırken rükünleri kısa tutsun. Çünkü cemaat içinde zayıf, sakat ve yaşlılar bulunabilir. Fakat yalnız başına kılarken rükünleri dilediği kadar uzun tutsun." (Buhâri, Müslim)

Bir diğer rivayete göre hadiste "ve özür sahipleri" ifadesi de vardır.

228- Hz. Âişe (radıyallâhu anha) der ki: "Peygamberimiz (sallallâhu aleyhi ve sellem) bir ameli sevdiği halde onu işlemediyse bunun hikmeti, halkın o ameli işleyip sonra da onun kendilerine farz olmasından çekinmesidir." (Buhâri, Müslim)

229- Yine Hz. Âişe'den (radıyallâhu anha) rivayet edildiğine göre Peygamberimiz (sallallâhu aleyhi ve sellem) sahabilere acıdığı için onlara iftar etmeksizin oruç tutmayı yasakladı. Sahabiler ona "Ama sen hiç bozmadan kesintisiz oruç tutuyorsun." dediler. Peygamberimiz onlara "Benim durumum sizinki gibi değil. Geceleyin Rabbim beni yedirip içiriyor (yiyip içenin gücü gibi bana güç bağışlıyor)." buyurdu. (Buhâri, Müslim)

230- Ebu Katade Haris b. Rebiî'den (radıyallâhu anh) rivayet edildiğine göre Peygamberimiz (sallallâhu aleyhi ve sellem) buyuruyor ki:

– "Ben namaza durup da rükünlerini uzun tutmak istediğim zaman ağlayan çocuk sesi duyunca annesine zorluk çıkar endişesi ile namazı kısa tutarım." (Buhâri)

231- Cündüb b. Abdullah'tan (radıyallâhu anh) rivayet edildiğine göre Peygamberimiz (sallallâhu aleyhi ve sellem) buyuruyor ki:

– "Kim sabah namazını kılarsa Allah'a karşı (diğer dört vakti de kılmak için) yükümlülük altına girmiş demektir. Allah'ın sizden kendisine karşı taşıdığınız yükümlülükleri yerine getirmeyi istemesine sakın meydan vermeyiniz. Çünkü Allah'a karşı, üzerine aldığı yükümlülükleri yerine getirmeyip O'nun istemesine yol açan kimseyi Allah yakalayıp yüzüstü cehennem ateşine atar." (Müslim)

232- İbni Ömer'den (radıyallâhu anhumâ) rivayet edildiğine göre Peygamberimiz (sallallâhu aleyhi ve sellem) buyuruyor ki:

– "Müslüman, Müslümanın kardeşidir. Ona haksızlık etmez ve onu düşmanın ellerine teslim etmez. Kim bir Müslüman kardeşinin ihtiyacını karşılarsa Allah da onun ihtiyacını karşılar. Kim bir Müslüman kardeşinin herhangi bir sıkıntısını giderirse Allah da kıyamet günü onun sıkıntılarından birini giderir. Kim bir Müslümanın kusuruna göz yumarsa Allah da kıyamet günü onu affeder." (Buhâri, Müslim)

233- Ebu Hureyre'den (radıyallâhu anh) rivayet edildiğine göre Peygamberimiz (sallallâhu aleyhi ve sellem) buyuruyor ki:

– "Müslüman, Müslümanın kardeşidir. Ona hıyanet etmez, ona yalan söylemez, onu yüzüstü bırakmaz. Her Müslümanın ırzı, malı ve kanı diğer Müslümana haramdır. Takva, buradadır (Kalbine işaret etti). Kişinin Müslüman kardeşini küçümsemesi, küçük düşürmesi yeterince büyük bir kötülüktür." (Tirmizî)

234- Yine Ebu Hureyre'den (radıyallâhu anh) rivayet edildiğine göre Peygamberimiz (sallallâhu aleyhi ve sellem) buyuruyor ki:

– "Birbirinizi kıskanmayınız. Almaya niyetli olmadığınız bir malın sırf fiyatını yükseltmek için pazarlığına karışmayınız. Birbirinize kin beslemeyiniz. Birbirinize dargın kalmayınız. Başkasının satışını bozup kendi malınızı satmaya kalkışmayınız. Allah'ın kardeş kulları olunuz. Müslüman, Müslümanın kardeşidir. Ona haksızlık etmez, onu küçük düşürmez, onu yüzüstü bırakmaz. Takva, buradadır (Peygamberimiz sözlerinin burasında üç kere üst üste eli ile kalbini işaret etti). Birinin Müslüman kardeşini küçük düşürmesi, onu küçümsemesi yeterince büyük bir kötülüktür. Her Müslümanın kanı, malı ve ırzı diğer Müslümana haramdır." (Müslim)

235- Enes'ten (radıyallâhu anh) rivayet edildiğine göre Peygamberimiz (sallallâhu aleyhi ve sellem) buyuruyor ki:

– "İçinizden biri kendi hesabına sevdiği şeyi Müslüman kardeşi için de sevmedikçe mü'min olamaz." (Buhâri, Müslim)

236- Enes'ten (radıyallâhu anh) rivayet edildiğine göre Peygamberimiz "İster zalim olsun ister mazlum, Müslüman kardeşine iyilik et." buyurdu. Sahabilerden biri "Ya Resulallah! Müslüman kardeşime mazlum durumuna düşürüldüğü zaman yardım ederim. Fakat eğer zalim ise ona nasıl yardım ederim, bana söyler misin?" diye sordu. Peygamberimiz ona "Onu zulmetmekten alıkoyarsın. Bu da ona yardım etmektir." buyurdu. (Buhâri)

237- Ebu Hureyre'den (radıyallâhu anh) rivayet edildiğine göre Peygamberimiz (sallallâhu aleyhi ve sellem) buyuruyor ki:

– "Müslümanın Müslüman üzerinde beş hakkı vardır: Selam almak, hastayı ziyaret etmek, cenazeyi uğurlamak, davete icabet etmek ve aksırınca (elhamdülillah diyen kimseye) 'Yerhamukellah.' (Allah sana rahmet etsin.) demek." (Buhâri, Müslim)

Müslim'in başka bir rivayetine göre ise hadis şöyledir: "Karşılaşınca ona selam ver. Seni davet edince icabet et. Senden nasihat almak isteyince ona öğüt ver. Aksırıp da Allah'a hamdedince ona 'Yerhamukellah.' de. Hastalanınca onu ziyaret et. Ölünce cenaze törenine katıl."

238- Ebu Umare Berae b. Âzib (radıyallâhu anhumâ) der ki: "Peygamberimiz bize yedi şeyi emretti ve yedi şeyi yasakladı. Bize hastayı ziyaret etmeyi, cenaze törenine katılmayı, aksırınca 'Elhamdülillah.' diyen kimseye 'Yerhamukellah.' demeyi, yemin edeni haklı çıkarmayı, mazlumu desteklemeyi, davet edene icabet etmeyi ve selam alıp vermeyi yaygınlaştırmayı emretmiştir.

Buna karşılık bize altın yüzük kullanmayı (veya altın yüzük edinmeyi), gümüş kaplarla içecek maddesi içmeyi, içi pamukla doldurulmuş ipekli eyer minderleri kullanmayı, ipek ve keten işlemeli kumaş kullanmayı, ipek atlas veya dibadan dikilmiş elbiseler giymeyi yasaklamıştır." (Buhâri, Müslim)

Başka bir rivayete göre "Yolunu şaşırana yol göstermek." de ilk yedi şeyden biri olarak zikredilmiştir.

28. Bölüm
Müslümanların Ayıplarını Örtmek ve Zaruret Olmadıkça Yaymaktan Kaçınmak

Allah Teâlâ (celle celâlüh) buyuruyor ki:

- **"Mü'minler arasında kötülüklerin yayılmasını isteyenlere gerek dünyada gerekse ahirette acı bir azap vardır."** (Nûr suresi, 19. ayet.)

239- Ebu Hureyre'den (radıyallâhu anh) rivayet edildiğine göre Peygamberimiz (sallallâhu aleyhi ve sellem) buyuruyor ki:

- "Dünyada bir kul başka bir kulun ayıbını örterse Allah da ahirette onun günahlarını bağışlar." (Müslim)

240- Yine Ebu Hureyre'den (radıyallâhu anh) rivayet edildiğine göre Peygamberimiz (sallallâhu aleyhi ve sellem) buyuruyor ki:

- "Günahını açığa vuranlar hariç, ümmetimin tümü bağışlanır. Günahı açığa vurmak demek adamın geceleyin bir kusur işleyip -ki Allah onun üzerine örtü çekmiştir- sabahleyin 'Hey falanca! Ben bu gece şu şu işi yaptım.' demesidir. Geceleyin Allah üzerine örtü çektiği halde sabahleyin kendisi kötülüğü üzerine Allah'ın çektiği örtüyü kaldırıveriyor." (Buhâri, Müslim)

241- Yine Ebu Hureyre'den (radıyallâhu anh) rivayet edildiğine göre Peygamberimiz (sallallâhu aleyhi ve sellem) buyuruyor ki:

- "Cariye zina edip de zinası açığa çıkınca ona elli değnek vurulsun ve bu suçu artık başına kakılmasın. Eğer ikinci defa yine zina ederse yine kendisine elli değnek vurulsun ve bir daha ayıbı başına kakılmasın. Sonra üçüncü defa yine zina ederse kıldan bir ip karşılığında bile olsa sahibi onu satsın." (Buhâri, Müslim)

242- Yine Ebu Hureyre (radıyallâhu anh) der ki: "Peygamberimize içki içmiş bir adam getirdiler. Peygamberimiz 'Ona dayak atın.' diye buyurdu. Bunun üzerine kimimiz eli ile, kimimiz nalınları ile, kimimiz de elbisesi ile adamı dövdük. Adam çekip gidince içimizden biri onun hakkında 'Allah seni süründürsün!' dedi. Bunun üzerine Peygamberimiz 'Böyle demeyin! Adama karşı şeytana yardımcı olmayın.' buyurdu." (Buhâri)

29. Bölüm
Müslümanların İhtiyacını Karşılamak

Allah Teâlâ (celle celâlüh) buyuruyor ki:

– **"İyilik yapınız ki kurtuluşa erebilesiniz."** (Hac suresi, 77. ayet.)

243- İbni Ömer'den (radıyallâhu anhumâ) rivayet edildiğine göre Peygamberimiz (sallallâhu aleyhi ve sellem) buyuruyor ki:

– "Müslüman, Müslümanın kardeşidir. Ona haksızlık etmez, onu düşmanın ellerine teslim etmez. Kim Müslüman kardeşinin ihtiyacını karşılamaya koşarsa Allah da onun ihtiyacını karşılar. Kim bir Müslümanın herhangi bir sıkıntısını giderirse Allah da yaptığı iyiliğin karşılığı olarak kıyamet günü onun sıkıntılarından birini giderir. Kim Müslümanın ayıbını saklarsa Allah da kıyamet günü onun günahları üzerine örtü çeker." (Buhâri, Müslim)

244- Ebu Hureyre'den (radıyallâhu anh) rivayet edildiğine göre Peygamberimiz (sallallâhu aleyhi ve sellem) buyuruyor ki:

– "Kim herhangi bir mü'minin dünya sıkıntılarından birini giderirse Allah da kıyamet günü onun sıkıntılarından birini giderir. Kim sıkışık durumda olan birine kolaylık gösterirse Allah da ona gerek dünyada ve gerekse ahirette kolaylık gösterir. Kim bir Müslümanın ayıbını saklarsa Allah da hem dünyada ve hem de ahirette onun kusurları üzerine perde çeker. Kul, Müslüman kardeşine yardımcı oldukça Allah da onun yardımcısıdır. Kim ilim elde etmek amacı ile bir yolculuğa çıkarsa Allah da onun önüne cennete götüren bir yol açar. Eğer bir grup, Allah'ın kitabını okumak ve aralarında onu incelemek üzere Allah'ın evlerinden birinde bir araya gelirse Allah onların gönüllerine güven indirir, rahmet onların üzerini kaplar, melekler çevrelerini kuşatır ve Allah, katındakiler (melekler) arasında onları anar. Ameli sayesinde ileri gidemeyen kimseyi soyu sopu hızlandıramaz." (Müslim)

30. Bölüm
Şefaat

Allah Teâlâ (celle celâlüh) buyuruyor ki:

- **"Kim iyi yolda şefaat ederse ondan kendisinin de payı olur."** (Nisâ suresi, 85. ayet.)

245- Ebu Musa el-Eş'ar'î (radıyallâhu anh) der ki: "Peygamberimize bir ihtiyaç sahibi başvurunca yanında oturanlara dönerek 'Aracı olun, sevap kazanın. Allah, Peygamber'inin dili ile istediğini (başka bir rivayete göre 'dilediğini') yerine getirir.' buyurdu." (Buhârî, Müslim)

246- Berire ve kocası konusunda İbni Abbas der ki: "Peygamberimiz (sallallâhu aleyhi ve sellem) Berire'ye 'Kocana dönsen olmaz mı?' diye buyurdu. Kadın 'Ya Resulallah! Bunu bana emir mi ediyorsunuz?' diye sordu. Peygamberimiz 'Hayır. Sadece aracılık ediyorum.' buyurdu. Bunun üzerine kadın 'Benim ona bir ihtiyacım yok.' diye cevap verdi." (Buhârî)

31. Bölüm
Arabuluculuk

Allah Teâlâ (celle celâlüh) buyuruyor ki:

- **"Sadaka vermeyi, iyiliği ve insanların arasını bulmayı emredenler hariç, onların birçoğunun fısıltılarında hayır yoktur."** (Nisâ suresi, 114. ayet.)

Allah Teâlâ (celle celâlüh) buyuruyor ki:

- **"Barış hayırlıdır."** (Nisâ suresi, 128. ayet.)

Allah Teâlâ (celle celâlüh) buyuruyor ki:

- **"Allah'tan korkunuz da aranızda dirlik kurunuz."** (Enfâl suresi, 1. ayet.)

Allah Teâlâ (celle celâlüh) buyuruyor ki:

- **"Mü'minler kesinlikle kardeştirler. Buna göre iki kardeşinizin arasını bulup onları barıştırınız."** (Hucurât suresi, 10. ayet.)

247- Ebu Hureyre'den (radıyallâhu anh) rivayet edildiğine göre Peygamberimiz (sallallâhu aleyhi ve sellem) buyuruyor ki:

- "İnsanların her eklem ve kemiğine birer sadaka düşer. Üzerine güneş doğan her gün bir sadaka gerektirir. İki kişi arasında adalete göre hüküm vermen sadakadır. Adama yardım edip onu binek hayvanının sırtına çıkarman veya eşyasını hayvanının sırtına yüklemen sadakadır. Tatlı söz sadakadır. Namaz kılmak için attığın her adım bir sadakadır. Gelip geçenleri rahatsız eden engelleri yoldan kaldırıp atman sadakadır." (Buhâri, Müslim)

248- Ümmü Gülsüm binti Ukbe b. Ebu Muid (radıyallâhu anhâ) der ki: "Ben, Resulullah'ın şöyle söylediğini duydum:

– 'İnsanların arasını bulmak için yararlı bir haber götüren veya yararlı bir söz söyleyen kimse yalancı değildir.'" (Buhâri, Müslim)

Müslim'in başka bir rivayetine göre hadisin devamı şöyledir: "Üç yer dışında Peygamberimizin insanların asılsız söz söylemelerine müsaade ettiğim duymadım. Ümmü Gülsüm 'üç yer' derken savaşı, insanların arasını bulmayı ve erkeğin karısına veya kadının kocasına gönderdiği haberleri kastetmiştir."

249- Hz. Âişe (radıyallâhu anhâ) der ki: "Resulullah bir evin kapısından karşılıklı bir konuşma duymuştu. Konuşanlar hayli yüksek bir sesle tartışıyorlardı. Biri karşı taraftan borcunun bir kısmını bağışlayıp kendisine ödemede kolaylık göstermesini istiyordu. Karşı taraf da 'Vallahi yapmam!' diyordu. Peygamberimiz karşılarına çıkarak 'İyilik yapmamak üzere yemin eden nerede?' diye sordu. Adam 'Benim ya Resulallah! İsteklerinden hangisini tercih ediyorsa kabul ediyorum.' diye cevap verdi."

250- Ebu Abbas Sehl b. Sa'd el-Saidi'den (radıyallâhu anh) rivayet edildiğine göre, Ömer b. Avf'ın oğulları arasında bir anlaşmazlık olduğunu Peygamberimize bildirdiler. Peygamberimiz de yanına birkaç kişi alarak onların arasını bulmak üzere yola çıktı. Onu uzunca bir süre alıkoydular. Bu arada namaz vakti gelince Bilal, Ebu Bekir'e gelerek: 'Ya Eba Bekir! Peygamberimiz gecikti. Namaz vakti de geldi. Cemaate namaz kıldırır mısın?' diye sordu. Ebu Bekir de 'Eğer sen istersen olur.' diye cevap verdi. Bilal kamet getirdi. Ebu Bekir tekbir aldı, cemaat de tekbir aldı. Bu sırada peygamberimiz geldi ve safların boşluklarından ilerleyerek ön safa geçti. Cemaat el çırpmaya başladı. Ebu Bekir namazdayken sağa sola bakmazdı. Fakat cemaatin el çırpması daha da artınca arkasına doğru baktı ve peygamberimizin orada olduğunu gördü. Peygamberimiz kendisine namaza devam etsin diye işaret etti. Fakat ellerini kaldırıp Allah'a hamdettikten sonra geri geri yürüyerek ilk safa girdi. Peygamberimiz öne geçerek namazı kıldırdı. Namazı bitirdikten sonra yüzünü cemaate dönüp şöyle buyurdu:

– 'Ey insanlar! Namazdayken bir olayla karşılaşınca niye el çırpmaya başladınız? El çırpmak kadınlara mahsustur. Namazdayken bir olayla karşılaşan kimse 'subhanallah' desin. Çünkü onun subhanallah dediğini duyan herkes başını ona doğru çevirir. Ey Ebu Bekir! Ben sana namaza devam etmeni işaret ettiğim zaman niye namaz kıldırmaya devam etmedin?'

Ebu Bekir de Peygamberimize 'Resulullah'ın önünde Ebu Kuhafe'nin oğlunun (yani Ebu Bekir'in) namaz kıldırması yakışık almazdı.' diyerek cevap verdi." (Buhâri, Müslim)

32. Bölüm
Düşkün, Yoksul ve Kendi Halindeki Müslümanların Fazileti

Allah Teâlâ (celle celâlüh) buyuruyor ki:

- **"Sırf Rabblerinin rızasını dileyerek sabah akşam O'na dua edenlerle birlikte nefsini sabretmeye zorla ve onları gözden kaçırma."** (Kehf suresi, 28. ayet.)

251- Harise b. Vehb'den (radıyallâhu anh) rivayet edildiğine göre Peygamberimiz (sallallâhu aleyhi ve sellem) buyuruyor ki:

- "Size kimlerin cennetlik olduğunu bildireyim mi? Bütün düşkünler ve hor görülenler ki bu kimselerin her biri Allah adına yemin etse Allah onu haklı çıkarır. Size kimlerin cehennemlik olduğunu bildireyim mi? Bütün şişkin göbekliler, cimri zenginler ve büyüklük taslayanlar..." (Buhâri, Müslim)

252- Ebu Abbas Sehl b. Said el-Saidî'den (radıyallâhu anh) rivayet edildiğine göre Peygamberimiz yanındaki bir sahabi ile oturuyorken yanlarından biri geçti. Peygamberimiz, yanındaki sahabiye "Bu adam hakkındaki kanaatin nedir?" diye sordu. Sahabi "Bu adam soylu bir kimsedir. Vallahi eğer kız isterse kendisine kız verilmeye ve eğer bir konuda aracılık yapsa sözü dinlenmeye layıktır." diye cevap verdi. Bir süre sonra yanlarından biri daha geçti. Peygamberimiz, sahabiye "Peki, bu adam hakkındaki görüşün nedir?" diye sordu. Sahabi "Ya Resulallah! Bu adam fakir bir Müslümandır. Eğer kız isterse reddedilmeye, herhangi bir konuda aracılık etse hatırı sayılmamaya ve bir söz söylese sözü dinlenmemeye mahkûmdur." diye cevap verdi. Bunun üzerine Peygamberimiz "Bu adam, ötekinin bir yeryüzü dolusundan daha hayırlıdır." diye cevap verdi. (Buhâri, Müslim)

253- Ebu Saidü'l-Hudrî'den (radıyallâhu anh) rivayet edildiğine göre Peygamberimiz (sallallâhu aleyhi ve sellem) buyuruyor ki:

- "Cennetle cehennem birbirleri ile tartışmaya giriştiler. Cehennem 'Zorbalar ve kendini büyük görenler bendedir.' dedi. Cennet de

'Düşkün ve yoksul kimseler bendedir.' dedi. Allah Teâlâ da 'Ey cennet! Sen Benim rahmetimsin. Seninle dilediğimi rahmetime kavuştururum. Ey Cehennem! Sen de Benim azabımsın. Dilediğimi seninle azaba çarptırırım. Her ikinizi de dolduracağım.' buyurarak onların arasını buldu." (Müslim)

254- Ebu Hureyre'den (radıyallâhu anh) rivayet edildiğine göre Peygamberimiz (sallallâhu aleyhi ve sellem) buyuruyor ki:

– "Kıyamet günü öyle şişman ve iri bir adam gelecektir ki, Allah katında sinek kanadı kadar (bile) ağırlığı olmayacaktır." (Buhâri, Müslim)

255- Yine Ebu Hureyre'den (radıyallâhu anh) rivayet edildiğine göre Mescid'i süpüren zenci bir kadın (veya bir erkek) vardı. Bir gün Peygamberimiz onu görmedi. Sahabilere ne olduğunu sordu. "Öldü." diye cevap verdiler. Peygamberimiz "Bunu bana niçin bildirmediniz?" diye buyurdu. Sahabiler galiba kadını (veya erkeği) küçümsemişler, ona önem vermemişlerdi. Peygamberimiz "Bana onun kabrini gösterin." buyurdu. Bunun üzerine sahabiler, Resulullah'ı onun mezarına götürdüler. Peygamberimiz onun cenaze namazını kıldı ve arkasından şöyle buyurdu:

– "Bu kabirler, sahipleri hesabına kapkaranlıktır. Allah, benim üzerlerine kıldığım namaz sayesinde, kabirlerini onlar hesabına aydınlatır." (Buhâri, Müslim)

256- Yine Ebu Hureyre'den (radıyallâhu anh) rivayet edildiğine Peygamberimiz (sallallâhu aleyhi ve sellem) buyuruyor ki:

– "Nice saçı dağınık, üstü başı kirli ve birçok kapıdan kovulmuş kimse vardır ki Allah adına yemin edecek olsa Allah, onu haklı çıkarır." (Müslim)

257- Usame b. Zeyd'den (radıyallâhu anh) rivayet edildiğine göre Peygamberimiz (sallallâhu aleyhi ve sellem) buyuruyor ki:

– "Cennetin kapısı önünde durdum ve gördüm ki içeri girenlerin büyük çoğunluğu yoksullardı. Varlıklılar ise kapıda bekletiliyorlardı. Yalnız cehennemlik olanlarına cehenneme gitmeleri emredilmişti. Cehennemin kapısı önünde de durdum ve gördüm ki cehenneme girenlerin çoğunluğu kadınlardı." (Buhâri, Müslim)

258- Ebu Hureyre'den (radıyallâhu anh) rivayet edildiğine göre Peygamberimiz (sallallâhu aleyhi ve sellem) buyuruyor ki:

– "Beşikteyken konuşanlar sadece üç kişidir. Biri Meryem oğlu İsa'dır. (İkincisi) Cureyc'in adamıdır. Cureyc kendini ibadete adamış biri idi. Bir manastır edinmişti, hep orada kalırdı. Bir gün namazdayken annesi ona geldi ve 'Ya Cureyc!' diye seslendi. Cureyc (içinden) 'Ya Rabbi! Namazım mı, annem mi?' dedi ve namazına devam etti. Annesi de ayrılıp gitti. Ertesi günü annesi ona yine geldi. Yine namaz kılıyordu ve yine 'Ya Cureyc!' diye seslendi. Cureyc yine (içinden) 'Ya Rabbi! Namazım mı, annem mi?' dedi ve namazına devam etti. Ertesi günü yine namazdayken annesi ona bir daha gelip 'Ya Cureyc!' diye seslendi. Cureyc yine (içinden) 'Ya Rabbi! Anam mı, namazım mı?' dedi ve namazına devam etti.

Bunun üzerine annesi ona 'Allah'ım! Fahişelerin yüzüne bakmadan canını alma!' diye beddua etti. Gerek Cureyc ve gerekse onun ibadete düşkünlüğü İsrailoğullarının dillerine düşmüştü. Bu arada güzelliği dillere destan olan bir fahişe vardı. Fahişe (Cureyc için) 'Eğer isterseniz onu mutlaka yoldan çıkarırım.' dedi ve Cureyc'e sataştı. Fakat Cureyc onun tarafına bile dönüp bakmadı. Bunun üzerine fahişe Cureyc'in manastırında barınan bir çobana varıp onu ayarttı ve fahişe gebe kaldı. Doğurunca 'Bu çocuk Cureyc'dendir.' dedi.

Bunun üzerine halk Cureyc'e varıp manastırından çıkıp aşağıya inmesini istedi ve manastırını yıkıp kendisini dövmeye koyuldu. Cureyc onlara 'Size ne oluyor?' dedi. Halk 'Sen şu fahişe ile zina ettin ve senden çocuğu oldu?' dedi. Cureyc 'Bebek nerede?' diye sordu. Bebeği önüne getirdiler. 'Bana izin verin de namaz kılayım.' dedi. Namazı bitirince çocuğun yanına geldi ve karnını dürterek 'Ey çocuk! Baban kimdir?' diye sordu. Çocuk (dile gelerek) 'Falan çobandır.' dedi.

Bunun üzerine halk Cureyc'e yönelerek onu öpüp okşadıktan sonra 'Manastırını altından yapalım.' dedi. Cureyc 'Hayır. Onu eskisi gibi çamurdan yapın.' dedi. Halk da manastırı (onun dediği gibi) yaptı.

Üçüncüsü de bebeğin biri, annesini emerken yoldan bir atlı geçti. At, gösterişli ve binek takımı da göz kamaştıracak derecede güzeldi. Bebeğin annesi 'Allah'ım! Oğlumu bu adam gibi yap.' dedi. Çocuk annesinin memesini bırakıp atlıya doğru döndü, onu süzdükten sonra 'Allah'ım! Beni onun gibi yapma.' dedi ve yine emmeye devam etti."

Ebu Hureyre der ki: "Çocuğun meme emmesini anlatırken şahadet parmağını ağzına koyup emişini şimdi görür gibiyim. Sonra Peygamberimiz sözlerine şöyle devam etti:

'Bir süre sonra yoldan bir kalabalık geçti. Ellerinde bir cariye vardı ve götürürken 'Zina ettin! Çaldın!' diyerek onu dövüyorlardı. Cariye de 'Hasbunallahu ve ni'mel vekil!' (Allah bana yeter. O ne güzel bir vekildir!) diyordu. Bebeğin annesi 'Allah'ım! Oğlumu bu cariye gibi yapma.'

dedi. Bebek yine emmeyi bırakarak cariyeyi süzdü ve 'Allah'ım! Beni onun gibi yap.' diye konuştu. O sırada kadınla bebek karşılıklı konuşmaya başladılar. Kadın 'Güzel kılıklı bir adam geçti. 'Allah'ım! Oğlumu bunun gibi yap.' dedim, sen 'Allah'ım! Beni onun gibi yapma.' dedin. Şu cariyeyi 'Çaldın! Zina ettin!' diyerek döve döve önümüzden geçirdiler. Ben 'Allah'ım! Oğlumu onun gibi yapma.' dedim. Sen ise 'Allah'ım! Beni onun gibi yap.' dedin, bunun hikmeti nedir?' diye sordu. Bebek, annesine şöyle cevap verdi: 'O adam bir zorba idi. O yüzden 'Allah'ım! Beni onun gibi yapma.' dedim. Şu cariye ise ona 'Zina ettin!' diyorlar. Oysa zina etmedi. 'Hırsızlık yaptın!' diyorlar, hırsızlık da yapmadı. Bu yüzden 'Allah'ım! Beni onun gibi yap.' dedim.'" (Buhâri, Müslim)

33. Bölüm
Yetimlere, Kız Çocuklarına; Düşkün, Yoksul ve Umutsuzluğa Düşenlere İlgi Göstermek, Yardım Etmek ve Şefkatli Olmak

Allah Teâlâ (celle celâlüh) buyuruyor ki:

- **"Mü'minlere karşı kanatlarını indir (alçak gönüllü ol)."** (Hicr suresi, 88. ayet.)

Allah Teâlâ (celle celâlüh) buyuruyor ki:

- **"Sırf Rabblerinin rızasını dileyerek sabah akşam O'na dua edenlerle birlikte nefsini sabretmeye zorla. Dünya hayatının ziynetini dileyerek gözlerini onlardan uzaklaştırma."** (Kehf suresi, 28. ayet.)

Allah Teâlâ (celle celâlüh) buyuruyor ki:

- **"Buna göre yetime gelince ona kahretme, dilenciyi de azarlama."** (Duhâ suresi, 9, 10. ayetler.)

Allah Teâlâ (celle celâlüh) buyuruyor ki:

- **"Dini yalan sayanı gördün mü? İşte yetime karşı sert davranan ve yoksullara yemek vermeyi teşvik etmeyen odur."** (Mâûn suresi, 1-3. ayetler.)

259- Sa'd b. Ebi Vakkas (radıyallâhu anh) der ki: "Peygamberimizin yanına altı kişi vardık. Müşrikler 'Bunları kov. Bunlar bize karşı çıkacak adamlar değildir.' dediler. Bizler ben, İbni Mes'ud, Huzeyl kabilesinden biri ve isimlerini hatırlayamadığım iki kişiden müteşekkildik, Resulullah'ın gönlünde Allah'ın dilediği duygu meydana gelip kendi kendine bunu ifade edince Allah Teâlâ, ona **'Allah'ın rızasını dileyerek sabah akşam Rabblerine dua edenleri kovma.'** mealindeki ayeti indirdi." (Müslim)

260- Ebu Hubeyre Ard b. Amr el-Muzinî (radıyallâhu anh) –ki bu zat, Rıdvan biatına katılanlardan biridir– der ki: "Ebu Süfyan, yanında bulunan birkaç kişi ile birlikte Selman, Suheyb ve Bilal'in yanına geldi. Adı geçen sahabiler, Süfyan'a !Allah'ın kılıçları, Allah'ın düşmanlarına gereken dersi vermemiştir.' dediler. Bunun üzerine Ebu Bekir 'Siz bu sözü Kureyş'in büyüğüne ve efendisine karşı mı söylüyorsunuz?' dedi. Arkasından Peygamberimize vararak bu olayı anlattı. Peygamberimiz 'Ya Eba Bekir! Galiba onları kızdırdın. Eğer onları kızdırdınsa Rabbini kızdırmışsın.' buyurdu. Bunun üzerine Ebu Bekir onlara gelerek 'Sevgili kardeşlerim! Sizi kızdırdım mı?' diye sordu. Adı geçen sahabiler de ona 'Hayır. Allah seni affetsin ey kardeşimiz!' diye cevap verdiler. (Müslim)

261- Sehl b. Sa'd'dan (radıyallâhu anh) rivayet edildiğine göre Peygamberimiz şahadet parmağı ile orta parmağını aralıklı şekilde göstererek "Ben ve yetimin gözetimini üzerine alan kimse cennette şu şekildeyiz." buyurmuştur. (Buhâri)

262- Ebu Hureyre'den (radıyallâhu anh) rivayet edildiğine göre Peygamberimiz "Yakını olsun veya olmasın, yetimin gözetimini üzerine alanla ben, cennette şu ikisi gibiyiz." buyuruyor. Hadis'in ravisi olan Malik b. Enes bu sırada işaret parmağı ile orta parmağını işaret etti. (Müslim)

263- Yine Ebu Hureyre'den (radıyallâhu anh) rivayet edildiğine göre Peygamberimiz (sallallâhu aleyhi ve sellem) buyuruyor ki:

– "Miskin, bir veya iki hurma yahut da bir veya iki lokma verdiğin kimse değildir. Miskin, yoksulluğuna rağmen avuç açmaktan kaçınan kimsedir." (Buhâri, Müslim)

Buhâri ile Müslim'in başka bir rivayetinde ise hadis şöyledir:

– "Miskin, ondan ona koşarak avuç açıp da bir veya iki hurma yahut da bir veya iki lokma verdiğin kimse değildir. Miskin, ihtiyaçlarını karşılayacak hiçbir varlığı olmayan, buna rağmen fark edilip kendisine sadaka verilmeyen ve insanlardan bir şey istemeye kalkışmayan kimsedir."

264- Yine Ebu Hureyre'den (radıyallâhu anh) rivayet edildiğine göre Peygamberimiz (sallallâhu aleyhi ve sellem) buyuruyor ki:

– "Dulun ve yoksulun işini görmeye koşan kimse, Allah yolunda cihat eden gibidir." (Ebu Hureyre der ki:) "Peygamberimizin ayrıca '... aralıksız namaz kılan ile devamlı oruç tutan gibi.' buyurduğunu sanıyorum." (Buhâri, Müslim)

265- Yine Ebu Hureyre'den (radıyallâhu anh) rivayet edildiğine göre Peygamberimiz (sallallâhu aleyhi ve sellem) buyuruyor ki:

- "Yemeklerin en şerlisi, gelebilecek kimselerin mahrum tutulduğu ve gelmekten kaçınanların çağrıldığı düğün yemeğidir. Davete icabet etmeyen kimse Allah'a ve O'nun Resulü'ne karşı gelmiş olur." (Müslim)

Buhâri ile Müslim'in yine Ebu Hureyre'ye dayanan başka bir rivayetine göre ise hadis şöyledir: "Zenginlerin çağırıldığı ve fakirlerin ihmal edildiği düğün yemeği ne fena bir yemektir!"

266- Enes'ten (radıyallâhu anh) rivayet edildiğine göre Peygamberimiz (sallallâhu aleyhi ve sellem) buyuruyor ki:

- "İki kız çocuğu büyütüp yetişkin yaşa ulaştıran kimse, kıyamet günü benimle birlikte şu ikisi gibi gelir." (Peygamberimiz bu sırada iki parmağını bitiştirmiştir.) (Müslim)

267- Hz. Âişe (radıyallâhu anhâ) der ki: "Yanında iki kızı olan bir kadın dilenci eve gelmişti. Evde bir tek hurmadan başka bir şeyim yoktu. Onu ona verdim. Kadın hurmayı ikiye bölüp kızlarına verdi, kendisi ondan hiçbir şey yemedi. Sonra da kalkıp gitti. Arkasından Peygamberimiz (sallallâhu aleyhi ve sellem) eve geldi. Olup biteni ona anlattım. Şöyle buyurdu:

- 'Kim şu kız çocuklarına yardım etmek durumu ile karşılaşır da onlara iyilik ederse, onlar onun hesabına cehenneme perde olurlar.'" (Buhâri, Müslim)

268- Yine Hz. Âişe (radıyallâhu anhâ) der ki: "Evime yoksul bir kadın gelmişti. Yanında iki kız çocuğu vardı. Kendisine üç hurma ikram ettim. Birer tanesini kızlarına verdi, öteki hurmayı da yemek üzere ağzına götürünce kızları onu da istedi. Bunun üzerine kadın yemek istediği hurmayı bölüp kızlarına verdi. Bu hareketi hoşuma gitmişti. Peygamberimize anlattım. Şöyle buyurdu:

- 'Allah, bu davranışı sayesinde onu mutlaka cennetlik yapmış veya cehennemden azat etmiştir.'" (Müslim)

269- Ebu Şüreyh Huveylid b. Amr el-Huzâî'den (radıyallâhu anh) rivayet edildiğine göre Peygamberimiz (sallallâhu aleyhi ve sellem) buyuruyor ki:

- "Allah'ım! İki zavallının, yani yetim ile kadının hakkının ağırlığını önemle belirtiyor ve bu hakları gözetmeyenleri uyarıyorum." (Neseî)

270- Mus'ab b. Sa'd b. Ebi Vakkas (radıyallâhu anh) der ki: "Babam Sa'd daha aşağı durumda olanlara karşı kendisinin üstünlük taşıdığı kanaatindeydi. Peygamberimiz ona şöyle buyurdu:

- 'Düşkünleriniz olmasa size yardım edileceğini, size rızık verileceğini mi sanıyorsunuz?'" (Buhâri)

271- Ebu Derda Uveymir'den (radıyallâhu anh) rivayet edildiğine göre Peygamberimiz (sallallâhu aleyhi ve sellem) buyuruyor ki:

- "Beni düşkünler arasında arayınız. Sizlere ancak düşkünler sayesinde yardım ediliyor ve rızık bağışlanıyor." (Ebu Davud)

34. Bölüm
Kadınlara İyi Davranmayı Tavsiye Etmek

Allah Teâlâ (celle celâlüh) buyuruyor ki:

- **"Onlarla (kadınlarınızla) iyi geçininiz."** (Nisâ suresi, 19. ayet.)

Allah Teâlâ (celle celâlüh) buyuruyor ki:

- **"Ne kadar üzerine düşerseniz düşünüz, kadınlar arasında adalet sağlayamazsınız. Buna göre içlerinden birine tamamen meyledip diğerini (evlilik ve bekârlık arasında) askıdaymış gibi bırakmayınız. Eğer nefsinizi ıslah eder ve Allah'tan korkarsanız, hiç şüphesiz ki Allah, günahların affedicisi ve rahmet bağışlayıcıdır."** (Nisâ suresi, 29. ayet.)

272- Ebu Hureyre'den (radıyallâhu anh) rivayet edildiğine göre Peygamberimiz (sallallâhu aleyhi ve sellem) buyuruyor ki:

- "Kadınlara iyiliği tavsiye ediniz. Çünkü kadın kaburga kemiğinden yaratılmıştır. Kaburga kemiğinin en eğri noktası en yüksek yeridir. Eğer onu düzgün hale getirmeye kalkışırsan onu kırarsın, eğer onu kendi haline bırakırsan eğriliğini devam ettirir. Buna göre kadınlara iyiliği tavsiye ediniz." (Buhâri, Müslim)

Buhâri ile Müslim'in başka bir rivayetine göre de hadis şöyledir:

"Kadın, kaburga kemiği gibidir. Eğer onu doğrultursan kırarsın, eğer ondan yararlanmak istersen eğrilik hali devam ederken yararlanırsın."

Müslim'in başka bir rivayetine göre de hadis şöyledir:

"Kadın, kaburga kemiğinden yaratılmıştır. İstediğin hiçbir yola dosdoğru koyulmaz. Eğer ondan yararlanmak istersen eğrilik hali devam ederken yararlanırsın. Eğer onu doğrultmaya kalkışırsan kırarsın. Onun kırılması ise boşanması demektir."

273- Abdullah b. Zem'a (radıyallâhu anh), Peygamberimizden dinlediği bir hutbe hakkında der ki: "Resulullah, Salih'e (aleyhisselam) verilen dişi deve ile onu boğazlayanı anlatarak **'Deveyi boğazlamak için kavmin en gözü karası fırladı.'** mealindeki ayeti hatırlattıktan sonra 'Deveyi kesmek için kavmi içinde adı duyulmuş, bozguncu ve gözü kara bir adam yerinden fırladı.' buyurdu. Arkasından sözü kadınlara getirip o konuda öğütler verdi ve 'İçinizden biri kalkıyor, köle döver gibi eşini dövüyor! Oysa belki de aynı günün sonunda onunla birlikte yatıyor!' Daha sonra da cemaatte biri yellenince gülüşme konusunda öğüt vererek 'İçinizden biri kendisinin de yaptığı bir şeyden dolayı niye gülüyor?' buyurdu." (Buhâri, Müslim)

274- Ebu Hureyre'den (radıyallâhu anh) rivayet edildiğine göre Peygamberimiz (sallallâhu aleyhi ve sellem) buyuruyor ki:

– "Hiçbir mü'min erkek mü'min bir kadından nefret etmesin. Çünkü eğer onun bir huyundan hoşlanmazsa başka bir huyundan hoşlanır." (Müslim)

275- Amr b. el-Ahvas'tan (radıyallâhu anh) rivayet edildiğine göre Peygamberimiz (sallallâhu aleyhi ve sellem) Veda Haccı'nda Allah'a hamd ü senadan ve dinleyicilerin çeşitli konularda dikkatlerini çekip onlara gerekli öğütleri verdikten sonra şöyle buyurdu:

– "Kadınlara karşı iyi davranmayı birbirinize tavsiye ediniz. Çünkü onlar eliniz altında, onlardan eşlik görevinden başka bir şey istemeye hakkınız yoktur. Yalnız apaçık bir kötülük işlemeleri müstesna... Eğer böyle bir şey yaparlarsa yataklarında yalnız bırakın ve yara aldırmayacak şekilde dövün. Eğer size itaat ederlerse kendilerini yokuşa sürmeyiniz. Sizin kadınlarınız üzerinde haklarınız olduğu gibi kadınlarınızın da sizin üzerinizde hakları vardır. Sizin onlar üzerindeki haklarınız, yabancıları yatağınıza bastırmamaları ve hoşlanmadığınız kimselerin evinize girmelerine izin vermemeleridir. Onların sizin üzerinizdeki hakları onları güzel bir şekilde giydirip yedirmenizdir." (Tirmizî)

276- Muaviye b. Hayde (radıyallâhu anh) der ki: "Peygamberimize (sallallâhu aleyhi ve sellem) 'Ya Resulallah! İçimizden birinin eşinin üzerindeki hakları nelerdir?' diye sordum. Bana şöyle cevap yerdi:

– 'Kendin yediğin zaman ona da yedirmen, kendin elbise yaptığın zaman ona da elbise yapman, yüzüne tokat vurmaman, Allah'tan ona kötülük dilememen ve yatağını ayırmayı evin dışına taşırmamandır." (Ebu Davud)

277- Ebu Hureyre'den (radıyallâhu anh) rivayet edildiğine göre Peygamberimiz (sallallâhu aleyhi ve sellem) buyuruyor ki:

– "İman bakımından en kâmil mü'minler, en güzel ahlaklı olanlardır. İyileriniz, eşlerine karşı iyi davrananlarınızdır." (Tirmizî)

278- İyas b. Abdullah b. Ebu Zubab (radıyallâhu anh) der ki: "Peygamberimiz (sallallâhu aleyhi ve sellem) 'Kadınları dövmeyiniz.' diye buyurunca Ömer, Peygamberimize gelerek 'Kadınlar kocalarına karşı cür'et buldular.' dedi.

Bunun üzerine Peygamberimiz kadınları dövmeye müsaade verdi. Bu defa da birçok kadın Peygamberimizin eşlerinin çevresini kuşatarak kocalarından şikayetçi olmaya başladılar. Bunun üzerine Peygamberimiz 'Birçok kadın Muhammed'in eşlerinin çevresini kuşatarak kocalarını şikayet ettiler. Bunlar içinizdeki iyilerden değildirler.' buyurdu." (Ebu Davud)

279- Abdullah b. Amr b. el-Âs'tan (radıyallâhu anh) rivayet edildiğine göre Peygamberimiz (sallallâhu aleyhi ve sellem) buyuruyor ki:

- "Dünya bir metadır. Dünya metaının en hayırlısı, saliha kadındır." (Müslim)

35. Bölüm
Kocanın Karısı Üzerindeki Hakları

Allah Teâlâ (celle celâlüh) buyuruyor ki:

- **"Allah'ın insanlardan bir kısmını diğerlerine üstün kılması sebebiyle ve mallarından harcama yaptıkları için erkekler kadınlar üzerinde koruyucu ve gözeticidir. Saliha kadınlar itaatkar olanlar ve Allah'ın korunmasını emrettiği şeyleri kocalarının bulunmadığı zamanlarda da koruyanlardır."** (Nisâ suresi, 34. ayet.)

Bu konudaki hadislere gelince, bir önceki bölümde geçen Amr b. el-Ahvas tarafından rivayet edilmiş hadis bunlardan biridir.

280- Ebu Hureyre'den (radıyallâhu anh) rivayet edildiğine göre Peygamberimiz (sallallâhu aleyhi ve sellem) buyuruyor ki:

- "Erkek, karısını yatağa çağırınca kadın ona gelmezse ve kocası ona kızgın olarak uyursa sabaha kadar melekler o kadına lanet ederler." (Buhâri, Müslim)

Yine Buhâri ile Müslim'in kaydettiği başka bir rivayete göre ise hadis şöyledir:

- "Kadın, kocasının yatağını terk ederek uykuya dalarsa sabaha kadar melekler ona lanet ederler."

Başka bir rivayete göre de hadis şöyledir:

- "Nefsimi kudret elinde tutan Allah'a yemin ederim ki herhangi bir erkek karısını yatağa çağırır da kadın bu çağrıyı reddederse kocası o kadından razı oluncaya kadar gökte bulunan (Allah) ona kızgın kalır."

281- Yine Ebu Hureyre'den (radıyallâhu anh) rivayet edildiğine göre Peygamberimiz (sallallâhu aleyhi ve sellem) buyuruyor ki:

– "Kocası evdeyken kadının ondan izinsiz (nafile) oruç tutması ve yine kocasının izni olmaksızın birini eve alması helal değildir." (Buhâri, Müslim)

282- İbni Ömer'den (radıyallâhu anhumâ) rivayet edildiğine göre Peygamberimiz (sallallâhu aleyhi ve sellem) buyuruyor ki:

– "Hepiniz birer koruyucusunuz ve her biriniz koruduklarınızdan sorumlusunuz. Devlet başkanı bir koruyucudur. Koca, ev halkının koruyucusudur. Kadın; kocasının, evinin ve çocuklarının koruyucusudur. Buna göre hepiniz bir koruyucusunuz ve her biriniz koruduklarınızdan sorumlusunuz." (Buhâri, Müslim)

283- Ebu Ali Talk b. Ali'den (radıyallâhu anh) rivayet edildiğine göre Peygamberimiz (sallallâhu aleyhi ve sellem) buyuruyor ki:

– "Erkek, karısını bir isteği için yanına çağırınca kadın tandır başında (ekmek pişiriyor) olsa bile kocasına gelsin." (Tirmizî, Neseî)

284- Ebu Hureyre'den (radıyallâhu anh) rivayet edildiğine göre Peygamberimiz (sallallâhu aleyhi ve sellem) buyuruyor ki:

– "İnsanın insana secde etmesini emretmiş olsaydım, kadının kocasına secde etmesini emrederdim." (Tirmizî)

285- Ümmü Seleme'den (radıyallâhu anha) rivayet edildiğine göre Peygamberimiz (sallallâhu aleyhi ve sellem) buyuruyor ki:

– "Herhangi bir kadın kocası kendisinden razı olarak ölürse cennete girer." (Tirmizî)

286- Mu'az b. Cebel'den (radıyallâhu anh) rivayet edildiğine göre Peygamberimiz (sallallâhu aleyhi ve sellem) buyuruyor ki:

– "Dünyada herhangi bir kadın (mü'min) kocasına eziyet edince, adamın cennet hurilerinden olan eşi 'Canı çıkasıca! O senin yanında bir misafirdir. Senden ayrılıp bize yönelmesi yakındır.' der." (Tirmizî)

287- Usame b. Zeyd'den (radıyallâhu anhumâ) rivayet edildiğine göre Peygamberimiz (sallallâhu aleyhi ve sellem) buyuruyor ki:

– "Erkekler hesabına, arkamda bıraktığım en zararlı fitne, kadınlardır." (Buhâri, Müslim)

36. Bölüm
Aile Fertlerini Geçindirmek

Allah Teâlâ (celle celâlüh) buyuruyor ki:

"Emzikli annelerin gelenekler uyarınca yiyecek ve giyecekleri çocuğun babasına aittir." (Bakara suresi, 233. ayet.)

Allah Teâlâ (celle celâlüh) buyuruyor ki:

- "Eli geniş olan kimse varlığına göre harcasın. Dar kazançlı olan kimse de Allah'ın kendisine verdiğinden harcasın. Allah hiç kimseye kendi verdiğinden fazla bir şey teklif etmez." (Talâk suresi, 7. ayet.)

Allah Teâlâ (celle celâlüh) buyuruyor ki:

- "Hayırlı yolda ne harcarsanız Allah onun yerini doldurur." (Sebe suresi, 39. ayet.)

288- Ebu Hureyre'den (radıyallâhu anh) rivayet edildiğine göre Peygamberimiz (sallallâhu aleyhi ve sellem) buyuruyor ki:

- "Allah yolunda harcadığın bir dinar, bir köleyi azat etmek için harcadığın bir dinar, bir yoksula sadaka olarak verdiğin bir dinar ve ev halkının geçimi için harcadığın bir dinar... Bunlar içinde en sevaplısı, ev halkına harcadığındır." (Müslim)

289- Peygamberimizin azadlısı Ebu Abdullah (Kendisine Ebu Abdurrahman da denir.) Sevban b. Bucdüd'den (radıyallâhu anh) rivayet edildiğine göre Peygamberimiz (sallallâhu aleyhi ve sellem) buyuruyor ki:

- "Erkeğin harcayabileceği en faziletli dinar, çoluk çocuğunun geçimi için harcadığı dinar ile Allah yolunda yararlanacağı binek hayvanı için verdiği dinar ve Allah yolundaki arkadaşları için harcadığı dinardır." (Müslim)

290- Ümmü Seleme (radıyallâhu anha) der ki: "Peygamberimize 'Ya Resulallah! Ebu Seleme'nin çocuklarına bakmamdan dolayı benim sevabım var mı? Ben onları sağa sola muhtaç bırakmadım, onlar benim çocuklarımdır.' diye sordum. Bana şöyle cevap verdi: 'Evet, onlara yaptığın yardımdan dolayı sana sevap vardır.'" (Buhâri, Müslim)

291- Sa'd b. Ebi Vakkas'tan (radıyallâhu anh) rivayet edilen ve kitabın başlarındaki niyet bölümünde zikrettiğimiz uzun hadiste Peygamberimiz buyuruyor ki:

- "Eşin için yaptığın harcama da dahil olmak üzere, Allah rızasını umarak yaptığın her türlü harcamaya karşılık sevap kazanırsın." (Buhâri, Müslim)

292- Ebu Mes'ud el-Bedrî'den rivayet edildiğine göre Peygamberimiz (sallallâhu aleyhi ve sellem) buyuruyor ki:

– "Erkek sırf Allah rızasını kazanmak umudu ile ev halkı için bir şey harcayınca bu onun hesabına sadakadır." (Buhâri, Müslim)

293- Abdullah b. Amr b. el-Âs'tan (radıyallâhu anhumâ) rivayet edildiğine göre Peygamberimiz (sallallâhu aleyhi ve sellem) buyuruyor ki:

– "Kişinin nafakasını sağlamayı üstlendiği kimseleri perişan etmesi onun hesabına yeterince ağır bir günahtır." (Ebu Davud)

294- Müslim'in rivayet ettiği aynı mânadaki hadis de şöyledir:

– "Kişinin nafakasını üzerine aldıklarının geçimini sağlamaması onun hesabına yeterince ağır bir günahtır."

Ebu Hureyre'den (radıyallâhu anh) rivayet edildiğine göre Peygamberimiz (sallallâhu aleyhi ve sellem) buyuruyor ki:

– "Kulların sabaha erdiği her gün iki melek yeryüzüne iner ve biri 'Allah'ım! Harcayana harcadığının yerine yenisini ver.' ve öbürü de 'Allah'ım! Varlığını cimrilik edip elinde tutanın malını telef et.' der." (Buhâri, Müslim)

295- Yine Ebu Hureyre'den (radıyallâhu anh) rivayet edildiğine göre Peygamberimiz (sallallâhu aleyhi ve sellem) buyuruyor ki:

– "Üsteki el, alttaki elden daha hayırlıdır. Vermeye, bakmak zorunda olduklarınla başla. En hayırlı sadaka, geçim üstü varlıktan ayrılan sadakadır. El açmaktan sakınan kimseyi Allah dilenmekten korur. İçinde bulunduğu duruma kanaat edenleri Allah başkalarına muhtaç etmez." (Buhâri)

37. Bölüm
İyiden ve Sevilenden Harcamak

Allah Teâlâ (celle celâlüh) buyuruyor ki:

– "Sevdiğiniz şeylerden harcamadıkça iyilik mertebesine eremezsiniz." (Âl-i İmrân suresi, 92. ayet.)

Allah Teâlâ (celle celâlüh) buyuruyor ki:

– "Ey iman edenler! kazandıklarınızın tertemiz olanları ile sizin için yerden çıkardıklarımızdan sadaka veriniz. Değersiz şeyleri gözünüze kestirip sadaka olarak vermeyiniz." (Bakara suresi, 267. ayet.)

296- Enes b. Malik (radıyallâhu anh) der ki: "Ebu Talha, Ensar arasında Medine'de en çok hurma varlığına sahipti. Bu varlığı içinde en çok Beyreha adındaki hurma bahçesini severdi. Bu bahçe, Mescid'in karşısında idi. Resulullah o bahçeye girer ve içindeki tatlı sudan içerdi.'

Enes sözlerine şöyle devam ediyor:

"'**Sevdiğiniz şeylerden harcamadıkça iyilik mertebesine eremezsiniz.**' mealindeki ayet inince Ebu Talha, Peygamberimize (sallallâhu aleyhi ve sellem) gelerek 'Ya Resulallah! Allah sana '**Sevdiğin şeylerden harcamadıkça iyilik mertebesine eremezsiniz.**' mealindeki ayeti indirdi. En çok sevdiğim malım Beyreha hurmalığıdır. O, Allah için sadakadır. Allah katında onun hayrını ve sevabını umuyorum. Ya Resulallah! Orayı Allah'ın sana gösterdiği şekilde kullan.' dedi Peygamberimiz buna karşılık 'Orası kazançlı bir mal, kazançlı bir mal! Söylediğini duydum. Orayı yakınların arasında bölüştürmeni uygun görüyorum.' buyurdu. Talha da 'Öyle yaparım ya Resulallah!' diye cevap verdi. Bunun üzerine Ebu Talha, adı geçen hurmalığı yakınları ile amca oğulları arasında bölüştürdü." (Buhâri, Müslim)

38. Bölüm
Kişinin Ev Halkına ve Emri Altındaki Diğer Kimselere İyiliği Emredip Kötülüğü Yasaklaması

Allah Teâlâ (celle celâlüh) buyuruyor ki:

- **"Ev halkına namaz kılmayı emret ve kendin de ona devam et."** (Tâ-Hâ suresi, 132. ayet.)

Allah Teâlâ (celle celâlüh) buyuruyor ki:

- **"Ey iman edenler! Kendinizi ve ev halkınızı cehennemden sakındırınız."** (Tahrîm suresi, 6. ayet.)

297- Ebu Hureyre (radıyallâhu anh) der ki: "Ali'nin oğlu Hasan, zekat hurmalarından bir hurma alıp ağzına koydu. Bunun üzerine Peygamberimiz (sallallâhu aleyhi ve sellem) ona şöyle buyurdu:

– 'Tuh tuh, at onu ağzından! Bizim zekat yemediğimizi bilmiyor musun?' (Buhâri, Müslim)

Başka bir rivayete göre hadisin son kısmı 'zekâtın bize helal olmadığını' şeklindedir.

298- Ebu Hafs Ömer b. Ebu Seleme Abdullah b. Abdulesed Rebib (radıyallâhu anh) der ki: "Ben çocukken peygamberimizin himayelerindeydim. Yemek yerken elim çanağın her tarafına dolaşırdı. Peygamberimiz bana 'Ey çocuk! Yemek yerken besmele çek, sağ elinle ve önünden ye.' buyurdu. O günden beri bu şekilde yemek yiyorum." (Buhâri, Müslim)

299- İbni Ömer'den (radıyallâhu anhumâ) rivayet edildiğine göre Peygamberimiz (sallallâhu aleyhi ve sellem) buyuruyor ki:

– "Hepiniz birer korucusunuz ve herkes koruduklarından sorumludur. Devlet başkanı, halkının korucusudur ve yönetimi altındakilerden sorumludur. Erkek, ev halkının korucusudur ve korucusu olduğu kimselerin sorumlusudur. Kadın, kocasının evinde korucudur ve koruduğu şeylerden sorumludur. Hizmetçi, efendisinin malının korucusudur ve koruduğu şeylerden sorumludur. Buna göre hepiniz birer korucusunuz ve koruduklarınızdan sorumlusunuz." (Buhâri, Müslim)

300- Amr b. Şuayb'ın babasından, babasının da dedesinden rivayet ettiğine göre Peygamberimiz (sallallâhu aleyhi ve sellem) buyuruyor ki:

– "Çocuklarınıza yedi yaşında namaz kılmayı emrediniz. On yaşına girince de bu konu ile ilgili olarak onları dövünüz ve (ayrıca bu yaşta) yataklarını birbirinden ayırınız." (Ebu Davud)

301- Ebu Süreyya Sabrete b. Ma'bed el-Cuheni'den (radıyallâhu anh) rivayet edildiğine göre Peygamberimiz (sallallâhu aleyhi ve sellem) buyuruyor ki:

– "Yedi yaşındayken çocuğa namaz kılmayı öğretiniz. On iki yaşına girince de bu konu ile ilgili olarak onu dövünüz." (Ebu Davud, Tirmizî)

Tirmizî'nin kaydettiğine göre hadis şöyledir: "Yedi yaşına girince çocuğa namaz kılmayı emrediniz."

39. Bölüm
Komşu Hakkı ve Onunla İlgili Tavsiyeler

Allah Teâlâ (celle celâlüh) buyuruyor ki:

– "Allah'a kulluk ediniz ve O'na hiçbir şeyi ortak koşmayınız. Ana babaya, yakınlara, yetimlere, yoksullara, yakın ve uzak komşuya, yakın arkadaşa, yolda kalmışa ve sağ ellerinizin sahip olduklarına (çalışanlarınıza) iyilik ediniz." (Nisâ suresi, 36. ayet.)

302- İbni Ömer ile Hz. Âişe'den (radıyallâhu anhum) rivayet edildiğine göre Peygamberimiz (sallallâhu aleyhi ve sellem) buyuruyor ki:

– "Cebrail bana komşu hakkında o kadar ısrarlı tavsiyelerde bulundu ki, onu bana vâris ilan edeceğini sandım." (Buhâri, Müslim)

303- Ebu Zer'den (radıyallâhu anh) rivayet edildiğine göre Peygamberimiz (sallallâhu aleyhi ve sellem) buyuruyor ki:

– "Ya Eba Zer! Çorba pişirdiğin zaman suyunu bol koy ve komşularını da gözet." (Müslim)

Yine Müslim'in Ebu Zer'e dayandırarak kaydettiği başka bir rivayete göre ise Ebu Zer (radıyallâhu anh) der ki: "Dostum (Resulullah) bana şöyle tavsiye etti:

- 'Çorba pişirdiğin zaman suyunu bol koy. Sonra komşularından bir ev halkına bak da pişirdiğin çorbadan uygun miktarda bir bölümünü bir kaba koyarak onlara ver.'"

304- Ebu Hureyre'den (radıyallâhu anh) rivayet edildiğine göre Peygamberimiz (sallallâhu aleyhi ve sellem) buyuruyor ki:

- "'Vallahi mü'min değildir! Vallahi mü'min değildir! Vallahi mü'min değildir!' 'Kim ya Resulallah?' diye sordular. Peygamberimiz 'Komşusu zararından emin olmayan kimse.' diye cevap verdi." (Buhâri, Müslim)

Müslim'in diğer bir rivayetine göre ise hadis şöyledir: "Komşusu zararından emin olmayan kimse cennete giremez."

305- Yine Ebu Hureyre'den (radıyallâhu anh) rivayet edildiğine göre Peygamberimiz (sallallâhu aleyhi ve sellem) buyuruyor ki:

- "Ey Müslüman kadınlar! Koyun paçası bile olsa hiç kimse komşusuna yapacağı iyiliği küçük görmesin." (Buhâri, Müslim)

306- Yine Ebu Hureyre'den (radıyallâhu anh) rivayet edildiğine göre Peygamberimiz "Hiç kimse komşusunun, evinin duvarına ağaç dikmesine engel olmasın." buyurmuştur. Ebu Hureyre hadisi naklettikten sonra şöyle der: "Niye sizleri bu sünnete yüz çevirmiş görüyorum? Vallahi onu aranızda kökleştireceğim!" (Buhâri, Müslim)

307- Yine Ebu Hureyre'den (radıyallâhu anh) rivayet edildiğine göre Peygamberimiz (sallallâhu aleyhi ve sellem) buyuruyor ki:

- "Allah'a ve ahiret gününe inanan kimse komşusunu rahatsız etmesin. Allah'a ve ahiret gününe inanan kimse misafirini güzel ağırlasın. Allah'a ve ahiret gününe inanan kimse ya hayırlı söz söylesin veya sussun." (Buhâri, Müslim)

308- Ebu Şüreyh el-Hurraî'den (radıyallâhu anh) rivayet edildiğine göre Peygamberimiz (sallallâhu aleyhi ve sellem) buyuruyor ki:

- "Allah'a ve ahiret gününe inanan kimse komşusuna iyilik etsin. Allah'a ve ahiret gününe inanan kimse misafirini güzel ağırlasın. Allah'a ve ahiret gününe inanan kimse ya hayırlı söz söylesin veya sussun." (Müslim)

309- Hz. Âişe (radıyallâhu anhâ) der ki: "Peygamberimize 'Ya Resulallah! İki komşum var. Hangisine hediye vereyim?' diye sordum. Bana 'Hangisine kapıca daha yakınsan.' diye cevap verdi." (Buhâri)

310- Abdullah b. Ömer'den (radıyallâhu anh) rivayet edildiğine göre Peygamberimiz (sallallâhu aleyhi ve sellem) buyuruyor ki:

– "Allah katında arkadaşların hayırlısı, arkadaşına hayrı dokunandır. Allah katında komşuların hayırlısı, komşusuna hayrı dokunandır." (Tirmizî)

40. Bölüm
Ana Babaya İyilik ve Yakınları Gözetmek

Allah Teâlâ (celle celâlüh) buyuruyor ki:

– "Allah'a kulluk ediniz ve O'na hiçbir şeyi ortak koşmayınız. Ana babaya, yakınlara, yetimlere, yoksullara, yakın ve uzak komşuya, yakın arkadaşa, yolda kalmışa ve sağ ellerinizin sahip olduklarına (çalışanlarınıza) iyilik ediniz." (Nisâ suresi, 36. ayet.)

Allah Teâlâ (celle celâlüh) buyuruyor ki:

– "Allah adına birbirinize sorduğunuz şeylerle yakınlar konusunda Allah'tan sakınınız." (Nisâ suresi, 1. ayet.)

Allah Teâlâ (celle celâlüh) buyuruyor ki:

– "Onlar ki, Allah'ın devam ettirilmesini dilediği münasebetleri devam ettirirler." (Ra'd suresi, 21. ayet.)

Allah Teâlâ (celle celâlüh) buyuruyor ki:

– "İnsana ana babasına iyi davranmasını tavsiye ettik (emrettik)." (Ankebût suresi, 8. ayet.)

Allah Teâlâ (celle celâlüh) buyuruyor ki:

– "Allah, sırf kendisine kulluk etmenize ve ana babaya karşı iyi davranmanıza hükmetti. İster birisi isterse ikisi yanında yaşlılığa ersin, sakın onlara öf deme, onlara gücendirici söz söyleme. Kendilerine tatlı söz söyle. Onlara karşı merhamete dayanan bir tevazu ile kanatlarını indir ve onlara 'Ya Rabbi! Onlar beni küçükken nasıl büyüttülerse sen de onlara rahmet eyle.' diye dua et." (İsrâ suresi, 23-24. ayetler.)

Allah Teâlâ (celle celâlüh) buyuruyor ki:

– "Biz insana ana babasına iyi davranmayı tavsiye ettik ki annesi onu üst üste gelen sıkıntılarla karnında taşıdı ve memeden kesilmesi iki yıl sürdü. İnsana tavsiye ettik ki: Bana ve ana babana teşekkür et." (Lokmân suresi, 14. ayet.)

311- Ebu Abdurrahman Abdullah b. Mes'ud (radıyallâhu anh) der ki: "Peygamberimize 'Allah katında en sevimli ibadet hangisidir?' diye sordum. Bana 'Vaktinde kılınan namaz.' diye cevap verdi. 'Sonra?' diye sordum. 'Ana babaya iyilik etmek.' diye buyurdu. 'Sonra?' diye sordum. 'Allah yolunda cihat etmek. Diye buyurdu." (Buhâri, Müslim)

312- Ebu Hureyre'den (radıyallâhu anh) rivayet edildiğine göre Peygamberimiz (sallallâhu aleyhi ve sellem) buyuruyor ki:

- "Evlat, ana veya babasının hakkını, ancak onlardan birini köle olarak bulup da satın alarak azat etmekle ödeyebilir." (Müslim)

313- Yine Ebu Hureyre'den (radıyallâhu anh) rivayet edildiğine göre Peygamberimiz (sallallâhu aleyhi ve sellem) buyuruyor ki:

- "Allah'a ve ahiret gününe inanan kimse misafirini güzel ağırlasın. Allah'a ve ahiret gününe inanan kimse yakınları ile münasebetlerini devam ettirsin. Allah'a ve ahiret gününe inanan kimse ya hayırlı söz söylesin veya sussun." (Buhâri, Müslim)

314- Yine Ebu Hureyre'den rivayet edildiğine göre Peygamberimiz (sallallâhu aleyhi ve sellem) buyuruyor ki:

- "Allah Teâlâ varlıkları yaratıp bu işi sona erdirince sılayırahim ayağa kalkarak Allah'a 'Bu benim duruşum. Sılayırahmi gözetmeyenden Sana sığınma duruşudur.' dedi. Allah Teâlâ ona 'Peki, seni gözeteni gözetmemi ve seni gözetmeyeni rahmetimden uzak tutmamı ister misin?' diye buyurdu. Sılayırahim 'Evet.' dedi. Allah Teâlâ da 'O halde bu imtiyaz sana bağışlanmıştır.' buyurdu."

Peygamberimiz sözlerine devam etti:

"İsterseniz şu ayetleri okuyunuz: '**Eğer insanların yönetim yetkisini elinize geçirirseniz yeryüzünde kargaşa çıkarmaya ve yakınlarınızla olan akrabalık bağlarını savsaklamaya mı kalkışacaksınız? Böyle davranan kimselere Allah lanet etmiş, onların kulaklarını sağırlaştırmış ve gözlerini kör etmiştir.**'" (Muhammed suresi, 22, 23. ayetler.)

Buhâri'nin kaydettiği başka bir rivayete göre ise Allah Teâlâ sılayırahme "Kim seni gözetirse Ben de onu gözetir, kim seni savsaklarsa Ben de onu rahmetimden mahrum ederim." diye buyurmuştur.

315- Yine Ebu Hureyre'den (radıyallâhu anh) rivayet edildiğine göre adamın biri Peygamberimize gelerek "Ya Resulallah! İyi geçinmeme en layık insan kimdir?" diye sordu. Peygamberimiz "Annen." diye cevap verdi. Adam "Sonra kim?" diye sordu. Peygamberimiz yine "Annen." diye cevap verdi. Adam "Sonra kim?" diye sordu. Peygamberimiz yine

"Annen." diye cevap verdi. Adam "Sonra kim?" diye sordu. Peygamberimiz "Baban." diye cevap verdi. (Buhâri, Müslim)

Diğer bir rivayete göre gelen adam, Peygamberimize "Ya Resulallah! İyi geçinmeme en layık insan kimdir?" diye sordu. Peygamberimiz adama "Anan, sonra yine anan, sonra yine anan, sonra baban ve daha sonra da yakınlık sırasına göre diğer akrabalarındır." diye cevap verdi.

316- Yine Ebu Hureyre'den (radıyallâhu anh) rivayet edildiğine göre Peygamberimiz (sallallâhu aleyhi ve sellem) buyuruyor ki:

– "Ana babasının veya onlardan birinin yaşlılık günlerine erip de cennete girmeyi hak etmeyen kimse sürünsün, sürünsün, sürüm sürüm sürünsün!" (Müslim)

317- Yine Ebu Hureyre'den (radıyallâhu anh) rivayet edildiğine göre adamın biri Peygamberimize gelerek "Ya Resulallah! Benim bazı akrabalarım var. Ben onlarla olan yakınlık bağlarımı gözetiyorum, onlar bu bağları savsaklıyorlar. Ben onlara iyilik ediyorum, onlar bana kötülük ediyorlar. Ben onlara karşı nazik davranıyorum, onlar bana karşı kaba davranıyorlar." dedi. Peygamberimiz, adama şöyle buyurdu: "Eğer dediğin gibi isen, böyle davranmaya devam ettikçe onlara kızgın kül yedirmiş gibi oluyorsun ve onlara karşı Allah'ın desteği her zaman seninle birliktedir." (Müslim)

318- Enes'ten (radıyallâhu anh) rivayet edildiğine göre Peygamberimiz (sallallâhu aleyhi ve sellem) buyuruyor ki:

– "Geçim imkânlarının genişlemesini ve ömrünün uzun olmasını isteyen kimse akrabaları ile olan yakınlık bağlarını gözetsin." (Buhâri, Müslim)

319- Yine Enes b. Malik (radıyallâhu anh) der ki: "Ebu Talha, Ensar arasında Medine'de en çok hurma varlığına sahipti. Bu varlığı içinde en çok Beyreha adındaki hurma bahçesini severdi. Bu bahçe, Mescid'in karşısında idi. Resulullah o bahçeye girer ve içindeki tatlı sudan içerdi.'

Enes, sözlerine şöyle devam ediyor:

"**'Sevdiğiniz şeylerden harcamadıkça iyilik mertebesine eremezsiniz.'** (Âl-i İmrân suresi, 92. ayet) mealindeki ayet inince Ebu Talha, Peygamberimize (sallallâhu aleyhi ve sellem) gelerek 'Ya Resulallah! Allah sana **'Sevdiğin şeylerden harcamadıkça iyilik mertebesine eremezsiniz.'** mealindeki ayeti indirdi. En çok sevdiğim malım Beyreha hurmalığıdır. O, Allah için sadakadır. Allah katında onun hayrını ve sevabını umuyorum. Ya Resulallah! Orayı Allah'ın sana gösterdiği şekilde kullan.' dedi Peygamberimiz buna karşılık 'Orası kazançlı bir mal, kazançlı bir mal! Söylediğini duydum. Orayı yakınların arasında bölüştürmeni uygun görüyorum.' buyurdu. Talha da 'Öyle yaparım ya Resulallah!' diye cevap verdi. Bunun üzerine Ebu Talha, adı geçen hurmalığı yakınları ile amca oğulları arasında bölüştürdü." (Buhâri, Müslim)

320- Abdullah b. Amr ibni'l-Âs'tan (radıyallâhu anh) rivayet edildiğine göre adamın biri Peygamberimizin karşısına gelerek "Allah'tan sevabını bekleyerek hicret etmek ve cihada çıkmak üzere sana biat ediyorum." dedi. Peygamberimiz, adama "Anan veya baban sağ mı?" diye sordu. Adam "Her ikisi de sağ." diye cevap verdi. Peygamberimiz "Allah'tan sevap da istiyorsun, değil mi?" diye sordu. Adam "Evet." diye cevap verdi. Bunun üzerine Peygamberimiz, adama "O halde ana babanın yanına dön ve onlarla iyi geçin." diye buyurdu. (Müslim)

Buhâri ile Müslim'in kaydettiği başka bir rivayete göre, adamın biri Peygamberimize (sallallâhu aleyhi ve sellem) gelerek cihada çıkmasına izin vermesini istedi. Peygamberimiz "Ana baban sağ mı?" diye sordu. Adam "Evet." deyince Peygamberimiz "O halde onların yanında cihat et." buyurdu.

321- Yine Abdullah b. Amr ibni'l-Âs'tan (radıyallâhu anh) rivayet edildiğine göre Peygamberimiz (sallallâhu aleyhi ve sellem) buyuruyor ki:

– "Akrabalarının gösterdiği yakınlığa aynı şekilde karşılık veren kimse akrabalık haklarını gözetiyor sayılmaz. Akrabalık hakkını gözetiyor unvanına hak kazanan kimse, yakınları akrabalık bağlarını savsaklayınca bu bağları gözeten kimsedir." (Buhâri)

322- Hz. Âişe'den (radıyallâhu anhâ) rivayet edildiğine göre peygamberimiz (sallallâhu aleyhi ve sellem) buyuruyor ki:

– "Sılayırahim, Arş'a asılıdır ve şöyle der: 'Kim beni gözetirse Allah da onu gözetsin. Kim beni savsaklarsa Allah da onu rahmetinden uzak tutsun.'" (Buhâri, Müslim)

323- Mü'minlerin annesi Meymune binti Haris'ten (radıyallâhu anhâ) rivayet edildiğine göre kendisi Peygamberimizden (sallallâhu aleyhi ve sellem) izin almadan bir cariye azat etti. Peygamberimizi ağırlama sırası kendisine geldiği gün "Ya Resulallah! Benim cariyemi azat ettiğimin farkına vardın mı?" diye sordu. Peygamberimiz "Öyle mi yaptın?" diye sordu. Meymune "Evet." diye cevap verdi. Bunun üzerine Peygamberimiz ona "Onu kardeşlerinden birine verseydin daha büyük sevap kazanırdın." diye buyurdu. (Buhâri, Müslim)

324- Ebu Bekr'in kızı Esma (radıyallâhu anhumâ) der ki: "Peygamberimizin müşriklerle barış yaptığı sırada müşrik olan annem ziyaretime geldi. 'Annem ziyaretime geldi. Benden bir şeyler istemeye niyeti var. Anneme gereken yakınlığı göstereyim mi?' diyerek Peygamberimizden bu konuda fetva istedim. Peygamberimiz bana 'Tabii. Annene gereken ilgiyi göster.' diye buyurdu." (Buhârî, Müslim)

325- Abdullah b. Mes'ud'un eşi Zeynebu's-Sakafiyye (radıyallâhu anhâ) der ki: "Peygamberimiz (sallallâhu aleyhi ve sellem) 'Ey kadınlar! Süs eşyalarınızdan bile sadaka (zekât) veriniz.' buyurmuştu. Peygamberimizin bu emri üzerine Abdullah b. Mes'ud'a (kocama) vararak 'Sen yoksul bir kimsesin. Peygamberimiz de bize sadaka (zekât) vermeyi emretti. Kendisine sor, sorumluluğumu üzerimden düşürürse sadakamı (zekâtımı) sana veririm. Değilse onu başkalarına veririm.' dedim. Abdullah 'Peygamberimize kendin git.' dedi. Peygamberimize varınca kapıda Ensar'dan bir kadınla karşılaştım. Onun derdi de benimkinin aynı idi. O sırada Peygamberimiz kızgın bir vaziyetteydi. Karşımıza Bilal çıktı. Kendisine 'Peygamberimizin yanına gir ve kapıda bekleyen iki kadın kocalarına ve himayeleri altında bulunan yetimlere sadaka (zekât) vermelerinin yerine geçip geçmeyeceğini senden soruyorlar de. Kim olduğumuzu da kendisine söyleme.' dedik. Bilal Peygamberimizin yanına girdi ve meseleyi sordu. Peygamberimiz ona 'Bu iki kadın kimlerdir?' diye sordu. Bilal 'Ensar'dan bir kadın ile Zeynep.' diye cevap verdi. Peygamberimiz (sallallâhu aleyhi ve sellem) 'Zeyneplerin hangisi?' diye sordu. Bilal 'Abdullah b. Mes'ud'un eşi.' diye cevap verdi. Bunun üzerine Peygamberimiz 'Biri akrabalık ecri, öbürü de sadaka (zekât) ecri olmak üzere onların iki ecri vardır.' buyurdu." (Buhârî, Müslim)

326- Ebu Süfyan Sahr b. Harb'ın (radıyallâhu anh) Heraklius ile konuşmasını anlatan uzun hadisin bir yerinde Heraklius, Peygamberimizi (sallallâhu aleyhi ve sellem) kasdederek "O size ne gibi şeyler emrediyor?" diye sordu. Ebu Süfyan da ona şu cevabı verdi: "Bize Allah'a hiçbir şeyi ortak koşmaksızın sırf O'na kulluk ediniz ve atalarınızdan duyduklarınızı bırakınız, der. Bize namaz kılmayı, doğruluğu, namusluluğu ve akrabalık bağlarını gözetmeyi emreder." (Buhârî, Müslim)

327- Ebu Zer'den (radıyallâhu anh) rivayet edildiğine göre Peygamberimiz (sallallâhu aleyhi ve sellem) buyuruyor ki:

– "Sizler yakında Kırat'ın sık sık anıldığı bir ülke fethedeceksiniz. Diğer bir rivayete göre "Sizler yakında Mısır'ı fethedeceksiniz. Orası Kırat'ın sık sık anıldığı bir ülkedir. Oranın halkına iyi davranmayı birbirinize tavsiye ediniz. Çünkü oranın halkı ile aranızda hem zimmet hem de akrabalık bağı vardır."

Diğer bir rivayete göre de hadisin son kısmı şöyledir:

"Orayı fethettiğiniz zaman halkına karşı iyi davranın. Çünkü onlarla aranızda zimmet ve akrabalık (veya zimmet ve hısımlık) vardır." (Müslim)

328- Ebu Hureyre (radıyallâhu anh) der ki: "Peygamberimiz **'Sen önce en yakın kabileni ikaz et.'** (Şuarâ suresi, 214. ayet.) mealindeki ayet inince Kureyş kabilesini çağırdı. Hepsi bir araya gelince Peygamberimiz (sallallâhu aleyhi ve sellem) sözlerini hem tümüne ve bazan da belirli grup ve kişilere yönelterek şöyle buyurdu:

– 'Ey Abduşşems oğulları! Ey Kâ'b b. Lüeyyoğulları! Kendinizi Cehennemden sakınınız. Ey Murre b. Kâ'b oğulları! Kendinizi cehennemden sakınınız. Ey Abdimenaf oğulları! Kendinizi cehennemden sakınınız. Ey Haşim oğulları! Kendinizi cehennemden sakınınız. Ey Fatıma! Kendini cehennemden sakın. Çünkü Allah'ın vereceği hükümden ben sizi hiçbir şekilde kurtaramam. Fakat sizinle aramda akrabalık bağı vardır. Bu bağın dayandığı köke su vereceğim.'" (Müslim)

329- Ebu Abdullah Amr ibni'l-Âs (radıyallâhu anh) der ki: "Peygamberimizin gizli değil, açık açık şöyle buyurduğunu duydum:

– 'Falancagiller ailesi benim dostlarım değildir. Çünkü benim dostum sadece Allah ve iyi mü'minlerdir. Fakat onlarla aramda akrabalık bağı vardır. Ben bu bağa su veriyorum.'" (Buhâri, Müslim)

330- Ebu Eyyub Halid b. Zeyd el-Ensari'den (radıyallâhu anh) rivayet edildiğine göre adamın biri Peygamberimize (sallallâhu aleyhi ve sellem) "Ya Resulallah! Beni cennete götürecek ve cehennemden uzaklaştıracak amelleri bana bildir." dedi. Peygamberimiz, adama "Allah'a hiçbir şeyi ortak koşmaz, sırf O'na kulluk edersin, namaz kılarsın, oruç tutarsın ve akrabalık bağlarını gözetirsin." buyurdu. (Buhâri, Müslim)

331- Süleyman b. Amir'den (radıyallâhu anh) rivayet edildiğine göre Peygamberimiz (sallallâhu aleyhi ve sellem) buyuruyor ki:

– "İçinizden biri oruç bozarken hurma ile bozsun. Çünkü hurma berekettir. Eğer hurma bulamazsa su ile bozsun. Çünkü su tertemizdir." Peygamberimiz sözlerine devam ederek şöyle buyurdu: "Yoksula verilen sadaka bir sadakadır. Fakat akrabaya verilen sadaka hem sadaka ve hem de akrabayı gözetmek olmak üzere iki sadakadır." (Tirmizî)

332- İbni Ömer (radıyallâhu anhumâ) der ki: "Nikâhım altında sevdiğim bir kadın vardı. Fakat (babam) Ömer ondan hoşlanmıyordu. Bana 'Onu boşa.' dedi, reddettim. Bunun üzerine (babam) Ömer, Peygamberimize vararak durumu ona anlattı. Peygamberimiz de bana 'Onu boşa.' buyurdu. (Ebu Davud, Tirmizî)

333- Ebu Derdâ'dan (radıyallâhu anh) rivayet edildiğine göre adamın biri kendisine gelerek "Bir eşim var, annem bana onu boşamamı emrediyor." dedi. Bunun üzerine Ebu Derdâ şu cevabı verdi: "Peygamberimizin şöyle buyurduğunu duydum:

– 'Ana (ve baba) cennetin orta kapısıdır, dilersen o kapıyı yitir, istersen muhafaza et.'" (Tirmizî)

334- Berae b. Âzib'den (radıyallâhu anh) rivayet edildiğine göre Peygamberimiz (sallallâhu aleyhi ve sellem): "Teyze, anne gibidir." buyurmuştur. (Tirmizî)

335- Bu konuda Buhâri tarafından kaydedilen çok sayıda meşhur hadis vardır. Mağara Arkadaşları ile Cüreyc'in daha önce zikredilen hadisleri bunlardandır. Bunlardan başka Buhâri'nin kaydettiği ve sözü uzatmamak için ele almadığım bazı meşhur hadisler vardır. Bunların en önemlilerinden birisi Amr. b. Abese (radıyallâhu anh) tarafından rivayet edilen ve İslam'ın bir temel prensibi ile edep kurallarını belirten uzun hadisidir. İnşallah "Umut" bölümünde onun tamamını zikredeceğim.

Amr b. Abese (radıyallâhu anh) söz konusu hadisin bir yerinde der ki:

"Nübüvvetin ilk yıllarında, Mekke'de Peygamberimizin huzuruna girip ona 'Sen nesin?' diye sordum. Resulullah 'Ben peygamberim.' diye cevap verdi. 'Peygamber nedir?' diye sordum. Bana 'Beni Allah görevli olarak gönderdi.' diye cevap verdi. Ona 'Allah seni ne gibi bir görevle gönderdi?' diye sordum. Bana 'Beni akrabalık bağlarını gözetmeyi, putları kırmayı ve Allah'a hiçbir şeyi ortak koşmaksızın O'nu tek olarak kabul etmeyi tebliğ etmek üzere görevlendirip gönderdi.' buyurdu."

Hadisin ravisi sözlerine devam ederek hadisin tamamını zikretti. Doğrusunu Allah bilir.

41. Bölüm
Ana Babaya Karşı Gelmenin ve Akrabalık Bağlarını Kesmenin Haram Olması

Allah Teâlâ (celle celâlüh) buyuruyor ki:

– "Eğer insanların yönetim yetkisini elinize geçirirseniz, yeryüzünde fesat çıkarmaya ve akrabalarınızla aranızdaki bağları savsaklamaya mı kalkışacaksınız? Böyle davranan kimselere Allah lanet etmiş, onların kulaklarını sağırlaştırmış ve gözlerini kör etmiştir." (Muhammed suresi, 22, 23. ayetler.)

Allah Teâlâ (celle celâlüh) buyuruyor ki:

- "Allah'a verdikleri sözü kesin bir sözleşmeden sonra bozup Allah'ın gözetilmesini emrettiği bağları savsaklayan ve yeryüzünde kargaşa çıkaranlar yok mu? Onlara lanet ve kötü barınak (cehennem) vardır." (Ra'd suresi, 25. ayet.)

Allah Teâlâ (celle celâlüh) buyuruyor ki:

- "Allah, sırf kendisine kulluk etmenize ve ana babaya karşı iyi davranmanıza hükmetti. İster birisi, isterse her ikisi yanınızda yaşlılığa ersin, sakın onlara öf deme, onlara gücendirici söz söyleme. Kendilerine tatlı söz söyle. Onlara karşı merhametten ileri gelen bir tevazu ile kanatlarını yere indir ve onlara 'Ya Rabbi! Onlar beni küçükken nasıl büyüttülerse sen de onlara rahmet eyle.' diye dua et." (İsrâ suresi, 23, 24. ayetler.)

336- Ebu Bekr Nufey' b. Haris (radıyallâhu anh) der ki: "Peygamberimiz üç kere üst üste 'Size büyük günahların en büyüklerini bildireyim mi?' diye buyurdu. Bizler 'Tabii ya Resulallah!' dedik. Peygamberimiz 'Allah'a ortak koşmak, ana babaya karşı gelmek.' dedi. Bu sözleri söylerken bir yere dayanmıştı. Sonra oturup sözlerine 'Yalan söz söylemek ve yalan yere şahitlik etmek.' diye devam etti. Aynı sözleri o kadar üst üste tekrar etti ki, içimizden 'Keşke sussa!' dedik." (Buhâri, Müslim)

337- -Abdullah b. Amr ibni'l-Âs'tan (radıyallâhu anh) rivayet edildiğine göre Peygamberimiz (sallallâhu aleyhi ve sellem) buyuruyor ki:

- "Büyük günahlar Allah'a ortak koşmak, ana babaya karşı gelmek, insan öldürmek ve bile bile yalan yere yemin etmektir." (Buhâri)

338- Yine Abdullah b. Amr ibni'l-Âs'tan (radıyallâhu anhumâ) rivayet edildiğine göre Peygamberimiz (sallallâhu aleyhi ve sellem): "İnsanın ana babasına sövmesi büyük günahlardandır." buyurdu. Sahabiler "Ya Resulallah! İnsan ana babasına söver mi?" diye sordular. Peygamberimiz onlara şu cevabı verdi: "Evet. İnsan başkasının babasına söver, o da onun babasına söver veya başkasının anasına söver, o da döner onun anasına söver." (Buhâri, Müslim)

Başka bir rivayete göre de hadis şöyledir:

- "İnsanın ana babasına lanet etmesi, en büyük günahlardandır." Peygamberimize "Ya Resulallah! İnsan ana babasına nasıl lanet eder?" diye sordular. Peygamberimiz "İnsan başkasının babasına söver, o da onun babasına söver veya başkasının annesine söver, o da onun annesine söver." diye buyurdu.

339- Ebu Muhammed Cübeyr b. Mut'im'den (radıyallâhu anh) rivayet edildiğine göre Peygamberimiz (sallallâhu aleyhi ve sellem) buyuruyor ki:

– "İlişkileri (Süfyan'ın rivayetine göre 'akrabalık ilişkilerini') savsaklayan kimse cennete giremez." (Buhâri, Müslim)

340- Ebu İsa Muğîre b. Şu'be'den (radıyallâhu anh) rivayet edildiğine göre Peygamberimiz (sallallâhu aleyhi ve sellem) buyuruyor ki:

– "Allah Teâlâ ana babaya karşı gelmeyi, görevi yerine getirmeyip hak edilmeyen şeyi istemeyi ve kız çocuklarını diri diri gömmeyi size yasak kıldı. Dedikodu yapmanızı, çok soru sormanızı ve mallarınızı yanlış şekilde kullanmanızı da hoş görmedi." (Buhâri, Müslim)

42. Bölüm
Anne ve Babanın Dost ve Akrabalarına, Zevceye ve Diğer İkrama Layık Kimselere İyilik Etmenin Fazileti

341- İbni Ömer'den (radıyallâhu anhumâ) rivayet edildiğine göre Peygamberimiz (sallallâhu aleyhi ve sellem) buyuruyor ki:

– "İyilik etmenin en üstün derecelisi, insanın baba dostluğunu devam ettirmesidir."

342- Abdullah ibni Dinar (radıyallâhu anh) der ki: "İbni Ömer, Mekke yolunda bir bedevi ile karşılaştı, ona selam verdi, onu kendi binek hayvanına (merkebine) bindirip başındaki sarığı çıkararak ona verdi." İbni Dinar der ki: "İbni Ömer'e 'Allah iyiliğini versin, bunlar bedevidir, az şey ile memnun olurlar.' dedik. Abdullah ibni Ömer dedi ki: 'Bu adamın babası (babam) Ömer ibni Hattab'ın yakın dostu idi. Ben Peygamberimizin 'İyilik etmenin en üstün derecelisi insanın baba dostluğunu devam ettirmesidir.' buyurduğunu duymuştum."

Yine İbni Dinar'ın rivayet ettiğine göre İbni Ömer, Mekke'ye doğru yolculuğa çıktığı zaman deve üzerinde yol almaktan yorulunca dinlenmek üzere bindiği bir merkebi ve başına sardığı bir sarığı bulunurdu. Bir gün yine bu şekilde o merkebin sırtındayken bir bedevi ile karşılaştı. Ona 'Sen falan oğlu filan değil misin?' diye sordu. Bedevi 'Evet.' deyince merkebi bedeviye vererek 'Al, buna bin.' ve sarığını da vererek 'Al bunu başına sar.' dedi. Arkadaşlarından biri 'Allah seni affetsin! Kendin dinlenmek için bindiğin merkebini ve kendi başına sardığın sarığı niye bu bedeviye verdin?' diye sordu. İbni Ömer arkadaşına 'Ben Peygamberimizin 'İyilik etmenin en üstün derecelisi insanın babasının ölümünden sonra onun dostluğunu devam ettirmesidir.' buyurduğunu duymuştum. Bu bedevinin babası, (babam) Ömer'in dostu idi.' diye cevap verdi." (Müslim)

343- Ebu Useyd Malik b. Rabia es-Saidî (radıyallâhu anh) der ki: "Bizler Peygamberimizin (sallallâhu aleyhi ve sellem) huzurunda oturuyorken Benî Seleme kabilesinden bir adam onun huzuruna gelerek 'Ya Resulallah! Ana babamın ölümünden sonra onlara yapabileceğim bir iyilik kaldı mı?' diye sordu. Peygamberimiz adama şu cevabı verdi: 'Evet. Onlar için dua etmek, onların affedilmesini Allah'tan dilemek, vermiş oldukları sözleri onların arkasından yerine getirmek ve onların tarafından olan akrabalık bağlarını gözetmek ve dostlarına iyilik etmek.'" (Ebu Davud)

344- Hz. Âişe (radıyallâhu anha) der ki: "Hatice'yi kıskandığım kadar Peygamberimizin (sallallâhu aleyhi ve sellem) hiçbir eşini kıskanmış değilim. Onu hiç görmedim. Fakat Peygamberimiz onu sık sık anardı. Sık sık koyun keser ve azalarını parçalara ayırır ve sonra da Hatice'nin dostlarına gönderirdi. Bu yüzden çoğu kere Peygamberimize 'Sanki dünyada Hatice'den başka kadın yok!' demişimdir. Peygamberimiz de bana 'O şöyle şöyle idi, üstelik ondan çocuğum olmuştu.' diye cevap verirdi." (Buhâri, Müslim)

Diğer bir rivayete göre Hz. Âişe'nin (radıyallâhu anhâ) sözleri "Eğer koyun kesecek olursa mutlaka yetiştirebildiği kadar Hatice'nin dostlarına dağıtırdı." şeklindedir.

Diğer bir rivayete göre de hadisin söz konusu kısmı "Koyun kestiği zaman 'Bunu Hatice'nin dostlarına gönderin.' derdi." şeklindedir.

Bir başka rivayete göre ise "Hatice'nin kız kardeşi Huveylid kızı Hale, Peygamberimizin yanına girmek üzere izin istemişti. Peygamber onun izin istediğini öğrenince sevinerek 'Aman Allah'ım! Huveylid kızı Hale geldi!' diye buyurdu."

345- Enes b. Malik (radıyallâhu anh) der ki: "Cerir b. Abdullah ile birlikte yolculuğa çıkmıştım. (Benden daha yaşlı olduğu halde) bana hizmet ediyordu. Kendisine 'Böyle yapma.' demem üzerine bana şu cevabı verdi: 'Ben Ensar'ın Peygamberimize (sallallâhu aleyhi ve sellem) ellerinden gelen her şeyi yaptıklarını gözlerimle gördüm ve onlardan herhangi biri ile arkadaş olunca kendisine hizmet edeceğime dair kendi kendime söz verdim.'"

43. Bölüm
Peygamberimizin Ehl-i Beyti'nin Fazileti

Allah Teâlâ (celle celâlüh) buyuruyor ki:

– "Ey Ehl-i Beyt! Allah sadece üzerinizden günahları gidermeyi ve sizleri tertemiz hale getirmeyi ister." (Ahzâb suresi, 33. ayet.)

Allah Teâlâ (celle celâlüh) buyuruyor ki:

– "Kim Allah'ın koymuş olduğu ölçülere saygı gösterirse, hiç şüphesiz bu (tutum) kalplerdeki takvadan ileri gelir." (Hac suresi, 32. ayet.)

346- Yezid b. Hayyan (radıyallâhu anh) der ki: "Bir gün ben, Husayn b. Sebre ve Amr b. Müslim ile birlikte Zeyd b. Erkam'e (radıyallâhu anh) gittik. Yanına varıp oturunca Husayn ona dedi ki: 'Ya Zeyd! Çok hayırlı olaylarla karşılaştın, Peygamberimizi (sallallâhu aleyhi ve sellem) gördün, onun konuşmalarını duydun, onunla birlikte savaştın ve onun arkasında namaz kıldın. Ya Zeyd! Gerçekten çok hayırlı olaylarla karşılaştın. Ya Zeyd! Peygamberimizden duyduklarını bize söyle.' Zeyd de Husayn'e şu şekilde karşılık verdi: 'Ey kardeşimin oğlu! Vallahi yaşım ilerledi, çağım geçti, bu yüzden Peygamberimizden duyup ezberlediğim sözlerin birçoğunu unuttum. Size söylediğimi alın ve söylemediğim için beni zorlamayın.' Arkasından sözlerine şöyle devam etti:

'Resulullah bir gün Mekke ile Medine arasında bulunan ve Huma diye anılan bir yerde ayağa kalkıp bize hitap etti. Allah'a hamd ü sena ettikten sonra bize öğüt vererek şöyle buyurdu:

– 'Ey insanlar! Ben de bir insanım. Rabbimin elçisinin geleceği ve benim de onun davetine icabet edip gideceğim gün yakındır. Size iki önemli şey bırakıyorum. Birincisi Allah'ın kitabıdır. Hidayet ve aydınlık oradadır. Allah'ın kitabını tutup ona sımsıkı sarılınız.' diye buyurarak bizleri Allah'ın kitabı hakkında teşvik etti, ona önem vermemizi vurguladı. Arkasından da sözlerine şöyle devam etti:

'Bir de Ehl-i Beyt'im. Ehl-i Beyt'im hakkında sizlere Allah'ı hatırlatırım. Ehl-i Beyt'im hakkında sizlere Allah'ı hatırlatırım.'

Husayn, 'Ya Zeyd! Peygamberimizin Ehl-i Beyt'i kimdir? Eşleri Ehl-i Beyt'inden değil midir?' diye sordu. Zeyd de Husayn'a 'Peygamberimizin eşleri onun Ehl-i Beyt'indendir ama onun Ehl-i Beyt'i, kendisinden sonra zekat verilmesi haram kılınan kimselerdir.' diye cevap verdi. Husayn 'Onlar kimlerdir?' diye sordu. Zeyd de 'Onlar Ali'nin, Akil'in, Cafer'in ve Abbas'ın soyundan gelenlerdir.' diye cevap verdi. Husayn 'Bunların tümü zekat almaktan men edildi mi?' diye sordu. Zeyd de 'Evet.' dedi." (Müslim)

Başka bir rivayete göre Peygamberimizin bir kısım sözleri şöyledir:

"Ben size iki önemli şey bırakıyorum. Birincisi Allah'ın kitabıdır. O Allah'ın ipidir. Ona uyanlar hidayet üzere bulunurlar, ondan ayrılanlar sapıklığa düşerler."

347- İbni Ömer'e göre Ebu Bekir (radıyallâhu anhumâ) der ki: "Ehl-i Beyt'i vasıtası ile Muhammed'i (sallallâhu aleyhi ve sellem) gözetiniz." (Buhârî)

44. Bölüm
Âlimleri, Büyükleri, Fazilet Sahiplerini Saymak ve Onları Başkalarından Önde Görmek

Allah Teâlâ (celle celâlüh) buyuruyor ki:

- **"Hiç bilenle bilmeyen bir olur mu? Bunu ancak aklı başında olanlar düşünür."** (Zümer suresi, 9. ayet.)

348- Ensar'dan Ebu Akabe b. Amr el-Bedri'den (radıyallâhu anh) rivayet edildiğine göre Peygamberimiz (sallallâhu aleyhi ve sellem) buyuruyor ki:

- "Herhangi bir topluluğa Allah'ın kitabını en güzel okuyan kimse imam olur. Eğer hepsi (Kur'an) okumakta aynı seviyedeyseler sünneti en iyi bilenleri imam olur. Sünnet bilgisinde de eşitseler daha önce hicret edenleri imam olur. Eğer hepsi hicret yönünden aynı durumdaysalar en yaşlıları imam olur. Hiçbir misafir ev sahibinin izni olmadan ona imam olmasın ve evinde onun yerine oturmasın." (Müslim)

Başka bir rivayete göre "en yaşlıları" yerine "daha önce İslam'ı kabul eden" tabiri görülmektedir.

Diğer bir rivayete göre de hadis şöyledir:

"Herhangi bir topluluğa Allah'ın kitabını en güzel okuyan, okuma yönünden en önde gelen kimse imam olur. Eğer tümü Kur'an okuma açısından eşit seviyedeyseler onlara en önce hicret edenleri imam olur. Eğer hepsi hicret yönünden de aynı durumdaysa en yaşlıları onlara imam olsun."

349- Yine Ensar'dan Ebu Mes'ud b. Amr el-Bedri (radıyallâhu anh) der ki: "Peygamberimiz (sallallâhu aleyhi ve sellem) namaza dururken omuzlarımızı okşayarak şöyle buyurdu:

- 'Saflarınızı düz tutunuz. Eğri büğrü saflarda dizilmeyiniz. O zaman kalplerinize de ayrılık düşer. Benim arkamda akıl ve olgunlukça en ileri gelenleriniz dursun. Sonra onların ardından gelenler ve daha sonra da bu alanlarda sırası gelenler yer alsın." (Müslim)

350- Abdullah b. Mes'ud'dan (radıyallâhu anh) rivayet edildiğine göre Peygamberimiz (sallallâhu aleyhi ve sellem) buyuruyor ki:

- "Namazda akıl ve olgunlukça en ileri gelenleriniz arkamda dursun. Sonra da bu alanlarda onların ardından gelenler yer tutsun." Peygamberimiz bu cümleyi üç kere üst üste tekrarladıktan sonra "Pazar kargaşası gibi karmaşık saflardan kaçınınız." buyurmuştur. (Müslim)

351- Ebu Yahya (veya Ebu Muhammed) b. Ebu Hasmetü'l-Ensari (radıyallâhu anh) der ki:

"Abdullah b. Sehl ve Muhayyes b. Mes'ud Hayber'e vardılar. Orada o günlerde barış şartları yürürlükteydi. Abdullah ile Muhayyes şehirde birbirilerinden ayrıldılar. Bir süre sonra Muhayyes, Abdullah b. Sehl'in yanına varınca arkadaşını ölmek üzere kanlar içinde çırpınır durumda buldu. Onu toprağa verdi ve Medine'ye dönünce Abdurrahman b. Sehl ile Mes'ud'un oğulları Muhayyes ve Huveyyes, Peygamberimize vardılar. Abdurrahman konuşmaya girişmek isteyince, Peygamberimiz kendisine 'En büyüğünüz konuşsun. En büyüğünüz konuşsun.' dedi. Abdurrahman grubun en küçüğü olduğu için sustu ve öldürülen sahabinin iki oğlu konuştu. Peygamberimiz onlara 'Yemin edip babanızın katili üzerinde hak sahibi olmak ister misiniz?' diye sordu." (Ebu Yahya sözlerine devam ederek hadisi sonuna kadar anlattı.) (Buhâri, Müslim)

352- Câbir'den (radıyallâhu anh) rivayet edildiğine göre Peygamberimiz (sallallâhu aleyhi ve sellem) Uhud şehidlerini ikişer ikişer aynı kabre koyarken "Kur'an'ı öğrenme bakımından hangisi daha önce gelir?" diye soruyor ve kendisine iki şehitten biri gösterilince lahit içinde onu ön tarafa koyuyordu. (Buhâri)

353- İbni Ömer'den (radıyallâhu anhumâ) rivayet edildiğine göre Peygamberimiz (sallallâhu aleyhi ve sellem) buyuruyor ki:

– "Rüyamda misvakla dişlerimi ovuyordum. O sırada biri diğerinden büyük iki kişi yanıma geldi. Ben misvakı küçüğüne uzattım. Bana 'Yaş sırasını gözet.' denilince misvakı büyük olana verdim." (Buhâri, Müslim)

354- Ebu Musa el-Eş'arî'den (radıyallâhu anhumâ) rivayet edildiğine göre Peygamberimiz (sallallâhu aleyhi ve sellem) buyuruyor ki:

– "Yaşlı Müslümana ve içindeki hükümleri çiğnemeyen ve onlardan uzaklaşmayan Kur'an hafızına ve adil hükümdara saygı göstermek Allah'ı saymaktan ileri gelir." (Ebu Davud)

355- Amr b. Şuayb'ın babasından, babasının da dedesinden (radıyallâhu anhum) rivayet ettiğine göre Peygamberimiz (sallallâhu aleyhi ve sellem) buyuruyor ki:

– "Küçüğümüze merhamet etmeyen ve büyüğümüzün şerefini tanımayan kimse bizden değildir." (Ebu Davud, Tirmizî)

356- Meymun b. Ebu Şebib'den (radıyallâhu anh) rivayet edildiğine göre Hz. Âişe'ye (radıyallâhu anhâ) bir dilenci geldi. Ona bir parça ekmek verdi. Buna karşılık yine Hz. Âişe'ye iyi kıyafetli, düzgün kılıklı biri geldi. Ona yer gösterdi ve adam (öylece) yemek yedi. Bu davranışının sebebi kendisine sorulunca Âişe "Peygamberimiz 'Herkese seviyesine göre muamele ediniz.' buyurmuştur." diye cevap verdi. (Ebu Davud)

Ebu Davud, "Meymun, Hz. Âişe ile çağdaş değildir." diyor. Müslim de bu hadisi *Sahih*'inin başlarında "ta'likan" zikrederek der ki: "Hz. Âişe'nin şöyle dediği belirtildi: Peygamberimiz bize insanlara seviyelerine göre muamele etmemizi emretti. Hakim Ebu Abdullah da bu hadisi *Marifetü Ulûmu'l-Hadis* adlı eserinde zikretmiştir."

357- İbni Abbas (radıyallâhu anh) der ki: "Uyeyne b. Hısn, Medine'ye gelmiş ve kardeşinin oğlu Hurr b. Kays'e misafir olmuştu. Hurr b. Kays, Ömer'in yakınında tuttuğu kimselerdendi. Kurra (Kur'an okuyucuları) yaşlı olsun genç olsun Ömer'in sohbet ve müşavere arkadaşları idi. Bu yüzden Uyeyne, kardeşinin oğluna 'Ey kardeşimin oğlu! Bu emirin katında senin hatırın sayılır. Bana izin al da yanına gireyim.' dedi. Hurr da izin isteyince Ömer izin verdi. Uyeyne, Ömer'in huzuruna girince "Ey Hattaboğlu! Vallahi sen bize ne bolca bir şey veriyorsun ve ne de bizi adalete uygun olarak yönetiyorsun!" dedi. Ömer o kadar öfkelendi ki, onu tartaklamaya kalkıştı. Bu sırada Hurr şöyle dedi: 'Ya Emirelmü'minin! Allah Teâlâ, Peygamberine 'Sen affı benimse, doğruyu emret ve cahillerle ilgilenme.' buyurmuştur. Bu adam cahillerdendir.' Vallahi, Hurr kendisine bu ayeti okuyunca Ömer ileriye bir adım atmadı. O, Allah'ın kitabı karşısında gayet titiz davranırdı." (Buhâri)

358- Ebu Said Semure b. Cündüb (radıyallâhu anh) der ki: "Peygamberimizin günlerinde genç bir delikanlı idim ve onun söylediklerini ezberlerdim. Onun huzurunda yaşlıların bulunduğu durumlar hariç, konuşmama hiçbir şey engel olmazdı." (Buhâri, Müslim)

359- Enes'ten (radıyallâhu anh) rivayet edildiğine göre Peygamberimiz (sallallâhu aleyhi ve sellem) buyuruyor ki:

– "Bir genç, yaşlı bir kimseye yaşından dolayı saygı gösterirse, Allah da onun yaşına varınca kendisine saygı gösterecek birini ona takdir eder." (Tirmizî)

45. Bölüm
Hayır Sahiplerini Ziyaret Etmek, Onlar ile Oturup Sohbet Etmek, Onları Sevmek, Ziyaretlerine Koşmak, Dualarını İstemek ve Mübarek Yerleri Ziyaret Etmek

Allah Teâlâ (celle celâlüh) buyuruyor ki:

– "Hani Musa yanındaki delikanlıya 'İki denizin birleştiği yere kadar, asırlar geçirsem bile, durmadan gideceğim.' İki denizi birleştiren yere varınca balıklarını unuttular. O da denizin bir deliği

içinde yolunu tuttu. Orayı geçince Musa, yanındaki delikanlıya 'Yemeğimizi getir, şu yolculuğumuzda yorgunluğa düştük.' dedi.

Delikanlı 'Gördün mü? Kayaya sığındığımız sırada ben balığı unuttum. Onu bana unutturan şeytandan başkası değildir. O da şaşırtıcı şekilde denizde yolunu tuttu.' dedi. Musa 'Aramamız gereken oydu.' dedi ve izlerinin üzerinden yürüyerek geri döndüler. Bu sırada kendi katımızdan rahmet bağışlamış olduğumuz ve kendi katımızdan bilgi öğrettiğimiz bir kulumuzu buldular." (Kehf suresi, 60-66. ayetler.)

Allah Teâlâ (celle celâlüh) buyuruyor ki:

– **"Sırf Allah rızasını dileyerek sabah akşam Rabblerine dua edenlerle birlikte nefsini sabretmeye zorla."** (Kehf suresi, 28. ayet.)

360- Enes (radıyallâhu anh) der ki: "Peygamberimizin vefatından sonra Ebu Bekir, Ömer'e (radıyallâhu anhumâ) 'Hadi, Ümmü Eymen'e varıp Resulullah'ın (sallallâhu aleyhi ve sellem) yaptığı gibi onu ziyaret edelim.' dedi. İkisi onun yanına varınca kadın ağladı. Kendisine 'Niye ağlıyorsun? Allah'ın takdirinin Peygamberimiz hakkında hayırlı olduğunu bilmiyor musun?' dediler. Kadın onlara 'Ben onun için ağlamıyorum. Allah'ın katında hazırlanan mertebenin Peygamberimiz hakkında hayırlı olduğunu biliyorum. Fakat gökten vahyin inişi kesildi diye ağlıyorum.' karşılığını verdi. Kadının bu sözleri onları da ağlattı ve her ikisi birlikte ağlaşmaya başladılar."

361- Ebu Hureyre'den (radıyallâhu anh) rivayet edildiğine göre Peygamberimiz (sallallâhu aleyhi ve sellem) buyuruyor ki:

– "Adamın biri başka bir köydeki bir Müslüman kardeşini ziyarete gitti. Allah Teâlâ o köyün giriş yerine gözcü olarak bir melek koydu. Adam o noktaya varınca melek ona 'Nereye gitmek istiyorsun?' diye sordu. Adam 'Bu köyde oturan bir Müslüman kardeşimi ziyaret etmek istiyorum.' dedi. Melek adama 'Onun yanında sağlama bağlamaya çalıştığın bir menfaatin var mı?' diye sordu. Adam meleğe 'Hayır. Ben onu sırf Allah rızası için seviyorum.' diye cevap verdi. Bunun üzerine melek adama 'Ben de sen o kimseyi nasıl Allah rızası için sevdinse Allah'ın da seni aynı şekilde sevmiş olduğunu sana bildirmek için görevlendirilmiş bir elçiyim.' diye karşılık verdi." (Müslim)

362- Yine Ebu Hureyre'den (radıyallâhu anh) rivayet edildiğine göre Peygamberimiz (sallallâhu aleyhi ve sellem) buyuruyor ki

– "Her kim bir hastayı veya Allah için sevdiği bir kardeşini ziyaret ederse kendisine 'Ne mutlu sana! Ne mutlu yolculuğuna! Kendine cennette bir barınak sağladın.' diye seslenilir." (Tirmizî)

363- Ebu Musa el-Eş'arî'den (radıyallâhu anh) rivayet edildiğine göre Peygamberimiz (sallallâhu aleyhi ve sellem) buyuruyor ki:

- "Kişi sevdiği ile beraberdir." (Buhâri, Müslim)

Bir rivayet de şöyledir: "Resul-i Ekrem'e (sallallâhu aleyhi ve sellem) "Ya Resulallah! Bir adam bir kavmi sever, fakat onların yaptıklarını yapmazsa ne buyurursunuz?" diye sorulduğunda;

- "Kişi sevdiği ile beraberdir." buyurmuşlardır.

364- Ebu Hureyre'den (radıyallâhu anh) rivayet edildiğine göre Peygamberimiz (sallallâhu aleyhi ve sellem) buyuruyor ki:

"Kadınla dört şeyi için evlenilir: Malı için, soyluluğu için, güzelliği için ve dini için. Sen, dindarı ele geçir de ellerin yeşersin (dert görmeyesin)." (Buhâri, Müslim)

365- İbni Abbas'tan (radıyallâhu anhumâ) rivayet edildiğine göre Peygamberimiz (sallallâhu aleyhi ve sellem) Cebrail'e "Bizleri şimdikinden daha sık ziyaret etmene engel olan nedir?" diye sordu. Bunun üzerine **"Bizler ancak Rabbinin emri ile ineriz. Önümüzdeki, ardımızdaki ve onların arasındaki her şey O'nundur."** mealindeki ayet (Meryem suresi, 64. ayet.) indi. (Buhâri)

366- Ebu Saidü'l-Hudrî'den (radıyallâhu anh) rivayet edildiğine göre Peygamberimiz (sallallâhu aleyhi ve sellem) buyuruyor ki:

- "Mü'minden başkası ile arkadaş olma; yemeğini de yalnız Allah korkusu taşıyan kimse yesin." (Ebu Davud, Tirmizî)

367- Ebu Hureyre'den (radıyallâhu anh) rivayet edildiğine göre Peygamberimiz (sallallâhu aleyhi ve sellem) buyuruyor ki:

- "Herkes dostunun dinindendir, her biriniz kiminle arkadaşlık ettiğine dikkat etsin." (Ebu Davud, Tirmizî)

368- Enes'ten (radıyallâhu anh) rivayet edildiğine göre taşralı bir Arap, Peygamberimize "Kıyamet ne zaman kopacak?" diye sordu. Peygamberimiz adama "O gün için ne hazırladın?" dedi. Adam "Allah'ın ve Resulullah'ın sevgisini." diye karşılık verdi. Bunun üzerine Peygamberimiz adama "Sen sevdiğin ile birliktesin." buyurdu. (Müslim)

Buhâri ile Müslim'in rivayetine göre adam, Peygamberimize "Ben kıyamet günü için çok oruç, çok namaz ve çok sadaka ile hazırlık yapmış değilim. Fakat ben, Allah'ı ve Resulullah'ı seviyorum." diye cevap verdi.

369- İbni Mes'ud (radıyallâhu anh) der ki: "Adamın biri Peygamberimize (sallallâhu aleyhi ve sellem) gelerek "Bir kavmi sevip de onlara katılmayan kimse hakkında nasıl bir hüküm veriyorsunuz?" dedi. Peygamberimiz de adama "Kişi sevdiği ile birliktedir." diye cevap verdi. (Buhâri, Müslim)

370- Ebu Hureyre'den (radıyallâhu anh) rivayet edildiğine göre Peygamberimiz (sallallâhu aleyhi ve sellem) buyuruyor ki:

– "İnsanlar altın, gümüş gibi birer madendirler. Cahiliye döneminde iyi olanlar, İslam'ın şuuruna varmak şartı ile İslam döneminin de iyileridirler. Ruhlar da çeşitli askerî birlikler gibidirler. Bunların içinde tanışanlar uyuşurlar, birbirine yabancı olanlar da ayrı düşerler." (Müslim)

Buhâri, hadisin "Ruhlar" diye başlayan kısımdan sonrasını Hz. Âişe'den rivayet ederek kaydetmiştir.

371- Useyr b. Amr (veya b. Cabir) (radıyallâhu anhuma) der ki: "Yemenli imdat birliği huzuruna gelince Hz. Ömer onlara 'Aranızda Uveys b. Amir var mı?' diye sordu. Uveys huzuruna getirilince ona 'Sen Uveys b. Amir misin?' diye sordu. Adam 'Evet.' dedi. Hz. Ömer 'Murad kabilesinin Karen kolundan mısın?' diye sordu. Uveys 'Evet.' dedi. Hz. Ömer ona 'Sende alaca hastalığı vardı. İyileştin fakat üzerinde bir dirhem kadar bir iz kaldı, öyle mi?' diye sordu. Uveys 'Evet.' dedi. Hz. Ömer 'Annen var, değil mi?' diye sordu. Uveys 'Evet.' dedi. Bunun üzerine Ömer dedi ki: 'Peygamberimizin (sallallâhu aleyhi ve sellem) şöyle buyurduğunu duydum:

– 'Yemenli imdat birliği içinde size Uveys b. Amir adlı biri gelecek. Murad kabilesinin Karen kulundandır. Kendisi alaca hastalığına tutulup sonradan iyileşmiş, fakat üzerinde bir dirhem kadar bir iz kalmıştır. Çok iyi baktığı bir annesi vardır. Eğer Allah adına yemin etse Allah kendisini haklı çıkarır. Eğer senin için Allah'tan af dilemesini sağlayabilirsen ona af dilet.' Hz. Ömer, Uveys'e 'Benim için Allah'tan af dile.' dedi. Uveys de Ömer için istiğfar etti. Daha sonra Ömer, Uveys'e 'Nerede oturmak istersin?' diye sordu. Uveys 'Kûfe'de.' diye karşılık verdi. Ömer 'Senin için oranın valisine mektup yazayım mı?' diye sordu. Uveys 'Sade halktan olmayı tercih ederim.' diye cevap verdi.

Ertesi yıl Kûfe'nin ileri gelenlerinden birisi hacca gitti. Dönüşte Ömer ile buluştu. Ömer ona Uveys'i sordu. 'Ben oradan ayrılırken o kıt bir yiyecekle yoksul bir evde barınıyordu.' dedi. Ömer dedi ki: 'Peygamberimizin (sallallâhu aleyhi ve sellem) şöyle buyurduğunu duydum:

– 'Yemenli imdat birliği içinde size Uveys b. Amir adlı biri gelecek. Murad kabilesinin Karen kulundandır. Kendisi alaca hastalığına tutulup sonradan iyileşmiş, fakat üzerinde bir dirhem kadar bir iz kalmıştır. Çok iyi baktığı bir annesi vardır. Eğer Allah adına yemin etse Allah kendisini haklı çıkarır. Eğer senin için Allah'tan af dilemesini sağlayabilirsen ona af dilet.'

Bunun üzerine söz konusu ileri gelen Kûfeli, Uveys'e varıp ona 'Benim için Allah'tan af dile.' dedi. Uveys ona 'Sen hayırlı bir yolculuktan bana göre daha yakın bir zamanda döndün. Asıl sen benim için Allah'tan af dile. Yoksa sen Ömer'le mi karşılaştın?' dedi. Adam 'Evet.' deyince Uveys onun için Allah'tan af diledi. Bunun üzerine halk onun farkına varınca o da oradan ayrıldı." (Müslim)

372- Müslim'in, Useyr b. Câbir'den rivayet ederek kaydettiğine göre Kufelilerden bir heyet Hz. Ömer'in ziyaretine gitti. Heyette Uveys'i küçük gören, onu alaya alan biri vardı. Ömer "Aranızda Karenoğullarından biri var mı?" diye sordu. O adam Ömer'in huzuruna geldi. Ömer ona dedi ki: "Ben Peygamberimizin şöyle buyurduğunu duydum:

- 'Yemen halkından size Uveys b. Amir adlı biri gelecek. Yemen'de annesinden başka hiçbir kimsesi olmayacak. Bir zamanlar alaca hastalığına tutulmuş ve Allah'a dua edince bu hastalıktan kurtulmuştur. Fakat üzerinde bir dirhem veya bir dinar kadar hastalık izi kalmıştır. İçinizden onunla kim karşılaşırsa sizin için Allah'tan af dilemesini sağlasın.'"

373- Müslim'in kaydettiğine göre Hz. Ömer der ki: "Peygamberimizin (sallallâhu aleyhi ve sellem) şöyle buyurduğunu duymuştum:

- 'Tabiînin en hayırlısı, Uveys adında biridir. Onun bir annesi vardır. Bir zamanlar alaca hastalığına tutulmuştur. Ondan sizin için Allah'tan af dilemesini isteyin.'"

374- Hz. Ömer (radıyallâhu anh) der ki: "Peygamberimizden (sallallâhu aleyhi ve sellem) umre yapmak için izin istemiştim. Bana izin vererek 'Ey kardeşciğim! Bizi duanda unutma.' buyurdu. Peygamberimiz bana öyle sevindirici bir söz söylemişti ki, dünya benim olsa beni bu kadar sevindirmezdi."

Diğer bir rivayete göre Peygamberimiz Ömer'e "Ey kardeşciğim! Duana bizi de ortak et." buyurmuştur. (Ebu Davud, Tirmizî)

375- İbni Ömer (radıyallâhu anhumâ) der ki: "Resulullah bazan hayvan sırtında, bazan da yürüyerek Kuba'yı ziyaret ederek orada iki rek'at namaz kılardı." (Buhâri, Müslim)

Diğer bir rivayete göre Peygamberimiz (sallallâhu aleyhi ve sellem) her cumartesi günü ya hayvan sırtında veya yürüyerek Kuba mescidine giderdi. İbni Ömer de böyle yapardı.

376- Ebu Musa el-Eş'arî'den (radıyallâhu anh) rivayet edildiğine göre Peygamberimiz (sallallâhu aleyhi ve sellem) buyuruyor ki:

- "İyi bir sohbet arkadaşı ile kötü bir sohbet arkadaşı misk taşıyıcısı ile körük çekicisine benzer. Misk taşıyan kimse ya sana misk ikram eder yahut sen kendisinden misk satın alırsın veya ondan sana doğru güzel koku gelir. Körük çekicisine gelince ya elbiseni yakar veya ondan sana doğru pis bir koku gelir." (Buhâri, Müslim)

46. Bölüm
Allah İçin Sevmek ve Bunu Teşvik Etmek

Allah Teâlâ (celle celâlüh) buyuruyor ki:

– **"Muhammed, Allah'ın resulüdür. Onunla birlikte olanlar kâfirlere karşı sert ve birbirlerine karşı merhametlidirler. Onları rükû ve secde halinde Allah'tan fazilet ve rıza dilerken görürsün. Yüzlerinde secde izini belirten nişanları vardır. Onların Tevrat'taki örnekleri budur. İncil'deki örnekleri de şöyledir: Onlar başlangıçta ince bir filiz çıkaran, sonra kuvvetlenen ve daha sonra da kalınlaşıp sapı üzerinde dimdik durarak çiftçileri memnun eden bir ekin gibidirler. Bu örnek, kâfirleri kıskandırmak içindir. Onların içinden iman edip iyi ameller işleyenlere Allah bağış ve büyük mağfiret vaat etmiştir."** (Fetih suresi, 29. ayet.)

Allah Teâlâ (celle celâlüh) buyuruyor ki:

– **"Onlardan daha önce (Medine'yi) yurt ve iman evi edinenler, kendi yanlarına göçenleri severler."** (Haşr suresi, 9. ayet.)

377- Enes'ten (radıyallâhu anh) rivayet edildiğine göre Peygamberimiz (sallallâhu aleyhi ve sellem) buyuruyor ki.

– "Şu üç şey kimde bulunursa, onlar sayesinde imanın tadına erer. Allah ve Resulullah'ın sevgisinin, bu ikisi dışındaki her şeyden daha sevimli olması. Kişinin, bir başkasını sırf Allah için sevmesi. Kişinin, Allah kendisini küfürden kurtardıktan sonra oraya tekrar dönmekten, ateşe atılmaktan korktuğu gibi, hoşlanmaması." (Buhâri, Müslim)

378- Ebu Hureyre'den (radıyallâhu anh) rivayet edildiğine göre Peygamberimiz buyuruyor ki:

– "Yedi kimse var ki başkaca hiçbir gölgenin bulunmayacağı günde (kıyamet günü) Allah, onları Arş'ının gölgesi altına alır: Adaletli devlet başkanı, Allah Teâlâ'ya ibadet ederek büyüyen genç. Gönlü camilere tutkun kimse. Allah için birbirini seven, bu sevgi ile biraraya gelip bu sevgi ile ayrılan iki kişi. Güzel ve alımlı bir kadın tarafından (zina etmeye) çağırıldığı halde 'Ben Allah'tan korkarım.' diyen kimse. Herhangi bir sadaka verip de sağ elinin verdiğini sol eli bilmeyecek derecede verdiğini gizli tutan kimse. Yalnız başına Allah'ın adını anıp da gözleri yaşaran kimse." (Buhâri, Müslim)

379- Yine Ebu Hureyre'den (radıyallâhu anh) rivayet edildiğine göre Peygamberimiz (sallallâhu aleyhi ve sellem) buyuruyor ki:

– "Allah Teâlâ (celle celâlüh) kıyamet günü şöyle buyurur: 'Benim uluğum uğruna birbirini sevmiş olanlar nerededirler? Benim gölgemin dışında hiçbir gölgenin bulunmadığı bugün onları gölgem altına alırım.'" (Müslim)

380- Yine Ebu Hureyre'den (radıyallâhu anh) rivayet edildiğine göre Peygamberimiz (sallallâhu aleyhi ve sellem) buyuruyor ki:

– "İman etmedikçe cennete giremezsiniz. Birbirinizi sevmedikçe de iman etmiş olmazsınız. Sizlere, onu işleyince birbirinizi seveceğiniz bir şey göstereyim mi? Aranızda selamlaşmayı yaygınlaştırınız." (Müslim)

381- Yine Ebu Hureyre'den (radıyallâhu anh) rivayet edildiğine göre Peygamberimiz buyuruyor ki:

– "Adamın biri başka bir köydeki bir Müslüman kardeşini ziyaret etmeye gitti. Allah Teâlâ o köyün giriş yerine gözcü olarak bir melek koydu. Adam o noktaya varınca melek ona 'Nereye gitmek istiyorsun?' diye sordu. Adam 'Bu köyde oturan bir Müslüman kardeşimi ziyaret etmek istiyorum.' dedi. Melek adama 'Onun yanında sağlama bağlamaya çalıştığın bir menfaatin var mı?' diye sordu. Adam 'Hayır. Ben onu sırf Allah rızası için seviyorum.' diye cevap verdi. Bunun üzerine melek adama 'Ben de sen o kimseyi nasıl sırf Allah rızası için sevdiysen Allah'ın da seni aynı şekilde sevmiş olduğunu sana bildirmek için görevlendirilmiş bir elçiyim.' diye karşılık verdi. (Müslim)

382- Berae b. Âzib'den (radıyallâhu anh) rivayet edildiğine göre Peygamberimiz (sallallâhu aleyhi ve sellem) Ensar ile ilgili olarak şöyle buyurmuştur:

– "Onları yalnız mü'minler sever ve onlardan sadece münafıklar nefret eder. Kim onları severse Allah da onu sever. Kim onlardan nefret ederse Allah da ondan nefret eder." (Buhâri, Müslim)

383- Muaz b. Cebel'den (radıyallâhu anh) rivayet edildiğine göre Peygamberimiz (sallallâhu aleyhi ve sellem) buyuruyor ki:

– "Allah Teâlâ (celle celâlüh) buyuruyor ki: 'Benim ululuğum uğruna birbirini sevenler için ışıktan mimberler vardır. Peygamberler ve şehitler onlara imrenirler.'" (Tirmizî)

384- Ebu İdris el-Havlanî (rh) der ki: Dimeşk mescidine girmiştim. Orada güleryüzlü bir gençle karşılaştım. Halk onun çevresinde toplanmıştı. Herhangi bir konuda anlaşmazlığa düştükleri zaman ona danışıyorlar ve onun belirttiği görüş kendilerini tatmin ediyordu. Kim olduğunu sordum. Bana "Muaz b. Cebel' (radıyallâhu anh) diye cevap verdiler.

Ertesi günü sabahleyin erkenden mescide gittim. Onun benden daha erken geldiğini gördüm. Onu namaz kılarken buldum. Namazını bitirinceye kadar kendisini bekledim, sonra ön tarafından yanına yaklaşarak ona selam verdim ve 'Vallahi seni seviyorum.' dedim. Bana 'Allah için mi?' diye sordu. 'Allah için.' diye cevap verdim. Bunun üzerine paltomun eteğinden tutup beni kendine doğru çekerek şöyle dedi: 'Sana müjde! Çünkü ben Peygamberimizin (sallallâhu aleyhi ve sellem) şöyle buyurduğunu duydum: Allah Teâlâ (celle celâlüh) buyuruyor ki: 'Benim için birbirlerini sevenlere, benim için birlikte oturup sohbet edenlere, benim için birbirlerini ziyaret edenlere ve benim rızam uğruna birbirleri için harcayanlara muhabbetim vacip olmuştur.'" (İmam Malik'in *Muvatta* adlı hadis kitabından alınmıştır.)

385- Ebu Kureyme Miktad b. Ma'dikerib'den (radıyallâhu anh) rivayet edildiğine göre Peygamberimiz (sallallâhu aleyhi ve sellem) buyuruyor ki:

- "Kişi mü'min kardeşini sevince ona kendisini sevdiğini bildirsin." (Ebu Davud, Tirmizî)

386- Muaz b. Cebel'den (radıyallâhu anh) rivayet edildiğine göre Peygamberimiz kendisinin elinden tutarak böyle buyurdu:

- "Ya Muaz! Vallahi ben seni seviyorum. Ya Muaz! Her namazın arkasından 'Allah'ım! Seni anmama, sana şükretmeye ve sana güzelce ibadet etmeme bana yardım et.' demeyi sakın terk etme." (Ebu Davud, Neseî)

387- Enes'ten (radıyallâhu anh) rivayet edildiğine göre adamın biri Peygamberimizle birlikte idi. O sırada yanlarından başka birisi geçti. Peygamberimizin yanında bulunan sahabi "Ya Resulallah! Ben şu adamı seviyorum." dedi. Peygamberimiz, sahabiye "Kendisine bunu açıkladın mı?" diye sordu. Sahabi "Hayır." dedi. Peygamberimiz "Kendisine bunu açıkla." diye buyurunca sahabi, adama yetişerek "Seni Allah için seviyorum." dedi. Adam da kendisine "Beni uğruna sevdiğin Allah da seni sevsin." diye cevap verdi. (Ebu Davud)

47. Bölüm

Allah Teâlâ'nın Kulunu Sevmesinin Alametleri, Bu Alametleri Ahlak Edinmek ve Onları Kazanmaya Çalışmak

Allah Teâlâ (celle celâlüh) buyuruyor ki:

- "De ki: Eğer Allah'ı seviyorsanız, bana uyunuz ki Allah da sizi sevsin ve günahlarınızı size bağışlasın. Allah, bağışlayıcı ve merhamet edicidir." (Âl-i İmrân suresi, 31. ayet.)

Allah Teâlâ (celle celâlüh) buyuruyor ki:

- "Ey iman edenler! İçinizden kim dininden dönerse (bilsin ki) Allah, kendisini seven ve O'nun da sevdiği, mü'minlere karşı yumuşak başlı, kâfirlere karşı sert bir kavim gönderecektir. Bu kimseler Allah yolunda cihat ederler ve hiç kimsenin kınamasından çekinmezler. Bu, Allah'ın bir faziletidir ki onu dilediğine verir. Allah'ın bağışı geniştir ve O her şeyi bilir." (Mâide suresi, 54. ayet.)

388- Yine Ebu Hureyre'den (radıyallâhu anh) rivayet edildiğine göre Peygamberimiz (sallallâhu aleyhi ve sellem) buyuruyor ki:

- "Allah bir kulu sevince Cebrail'e 'Allah Teâlâ filan kulu seviyor, onu sen de sev.' diye buyurur ve Cebrail de o kulu sever. Sonra Cebrail gök halkı (melekler) arasında 'Allah filan kulu seviyor, siz de onu sevin.' diye seslenir ve gök halkı da onu sever. Arkasından da o kulun sevgisi yeryüzündekilere benimsetilir." (Buhâri, Müslim)

Müslim'in kaydettiği başka bir rivayete göre de hadis şöyledir: "Allah Teâlâ (celle celâlüh) bir kulu sevince Cebrail'i çağırıp ona 'Ben filan kulu seviyorum, onu sen de sev.' buyurur ve Cebrail de onu sever. Sonra Cebrail gök halkı (melekler) arasında seslenerek 'Allah filan kulu seviyor, onu siz de sevin.' der ve gök halkı (melekler) da onu severler. Arkasından o kulun sevgisi yeryüzündekilere benimsetilir. Buna karşılık Allah Teâlâ (celle celâlüh) bir kuldan hoşlanmadığı zaman Cebrail'i çağırarak 'Ben filan kuldan hoşlanmıyorum, sen de ondan nefret et.' buyurur ve Cebrail de o kuldan nefret eder. Sonra Cebrail gök halkı (melekler) arasında seslenerek 'Allah falan kuldan hoşlanmıyor, ondan siz de nefret edin.' der. Arkasından yeryüzündekilere o kulun nefreti benimsetilir."

389- Hz. Âişe'den (radıyallâhu anhâ) rivayet edildiğine göre Peygamberimiz sahabilerden birini bir akıncı birliğin başına vererek sefere göndermişti. Sahabi, arkadaşlarına namaz kıldırırken okuduğu Kur'an bölümünü Kulhuvallahu suresi ile bitirirdi. Akıncı birliğin mensupları seferden geri dönünce bu durumu Peygamberimize (sallallâhu aleyhi ve sellem) anlattılar. Peygamberimiz (sallallâhu aleyhi ve sellem) de kendilerine "Ne için böyle yaptığını ona sorun?" diye buyurdu. Arkadaştan bu davranışının sebebini sorunca sahabi onlara "Çünkü o sure Allah'ın sıfatlarını belirtiyor, bu yüzden onu okumayı seviyorum." diye cevap verdi. Bunun üzerine Peygamberimiz (sallallâhu aleyhi ve sellem) "Allah'ın kendisini sevdiğini ona bildirin." diye buyurdu. (Buhâri, Müslim)

390- Ebu Hureyre'den (radıyallâhu anh) rivayet edildiğine göre Peygamberimiz (sallallâhu aleyhi ve sellem) buyuruyor ki:

– "Allah Teâlâ (celle celâlüh) şöyle buyurur: 'Kim benim dostlarımdan birine düşmanlık ederse ben ona savaş açarım. Benim katımda kulumu bana yaklaştıran en sevimli şey, üzerine farz kıldığım ibadetlerdir. Kulum bana nafile ibadetler ile yaklaşa yaklaşa sonunda onu severim. Ben kendisini sevince işiten kulağı, gören gözü, tutan eli ve yürüyen ayağı olurum. Eğer benden bir şey isterse veririm ve eğer bana sığınırsa kendisini kesinlikle korurum.'" (Buhâri)

48. Bölüm
İyileri, Düşkünleri ve Yoksulları Üzmekten Sakınmak

Allah Teâlâ (celle celâlüh) buyuruyor ki:

– **"Erkek ve kadın mü'minleri, yanlış davranışlarının karşılığı olmaksızın üzenler, hiç şüphesiz, çirkin bir iftira ve apaçık bir günah yüklenmiş olurlar."** (Ahzâb suresi, 58. ayet.)

Allah Teâlâ (celle celâlüh) buyuruyor ki:

– **"Yetime gelince onu sakın azarlama ve dilenciyi de kovma."** (Duhâ suresi, 9, 10. ayetler.)

391- Bu konudaki hadisler çoktur. Bunlardan biri Ebu Hureyre tarafından rivayet edilen ve bundan önceki bölümde zikredilen "Kim benim bir dostuma düşmanlık ederse ben ona savaş açarım." diye başlayan kudsî hadistir. Bir diğeri, Sa'd b. Ebi Vakkas tarafından rivayet edilen ve yetimi gözetme bölümünde kaydedilen hadistir. Ayrıca Peygamberimiz (sallallâhu aleyhi ve sellem) buyuruyor ki:

– "Ya Eba Bekir! Eğer yetimleri gücendirdiysen Allah'ı öfkelendirmişsin demektir."

392- Cündüb b. Abdullah'tan (radıyallâhu anh) rivayet edildiğine göre Peygamberimiz (sallallâhu aleyhi ve sellem) buyuruyor ki:

– "Kim sabah namazını kılarsa Allah'ın himayesi altındadır. Sakın Allah himayesi altında bulunanlarla ilgili sizden bir şey istemesin. Çünkü himayesi ile ilgili olarak kimden bir şey isterse (ve istediği karşılanmazsa) onu yüzüstü cehennem ateşine atar."

49. Bölüm
İnsanlar Hakkında Zahire Göre Hüküm Vermek, İç Hallerini Allah'a Havale Etmek

Allah Teâlâ (celle celâlüh) buyuruyor ki:

- "Eğer tevbe edip namaz kılar ve oruç tutarlarsa onları serbest bırakınız." (Tevbe suresi, 11. ayet.)

393- İbni Ömer'den (radıyallâhu anhumâ) rivayet edildiğine göre Peygamberimiz (sallallâhu aleyhi ve sellem) buyuruyor ki:

- "Allah'tan başka ilah olmadığına ve Muhammed'in O'nun resulü olduğuna şahadet edinceye, namaz kılıncaya ve zekat verinceye kadar insanlarla savaşmakla emredildim. Bunları işledikleri zaman insanlar, İslam'ın hakkı hariç, benden canlarını ve mallarını korumuş olurlar. Onlarla hesaplaşmak Allah'a aittir." (Buhâri, Müslim)

394- Ebu Abdullah Tarık b. Eşyem'den (radıyallâhu anh) rivayet edildiğine göre Peygamberimiz (sallallâhu aleyhi ve sellem) buyuruyor ki:

- "Kim 'Lâ ilâhe illallâh' der ve Allah'tan başka tapılan her şeyi reddederse malı ve canı dokunulmazlık kazanır. Onunla hesaplaşmak Allah'a aittir." (Müslim)

395- Ebu Ma'bed Miktad b. Esved (radıyallâhu anh) der ki: "Peygamberimize (sallallâhu aleyhi ve sellem) 'Eğer kâfirlerden biri ile karşılaşsam da vuruşsak ve adam kılıcı ile vurup bir elimi kesse, sonra benden kaçıp bir ağaca çıksa ve 'Allah için Müslüman oldum.' dese, bu sözü söyledikten sonra onu öldüreyim mi, ne dersiniz?' diye sordum. Bana 'Onu öldürme.' buyurdu. Ben ona 'Adam ellerimden birini kesti ve o sözü de elimi kestikten sonra söyledi.' dedim. Bana şöyle buyurdu: 'Onu öldürme. Eğer onu öldürecek olursan o senin onu öldürmeden önceki durumuna yükselirken sen de onun söylemiş olduğu sözü söylemeden önceki durumuna düşersin.'" (Buhâri, Müslim)

396- Usame b. Zeyd (radıyallâhu anhumâ) der ki: "Peygamberimiz (sallallâhu aleyhi ve sellem) bizi Cuheyne kabilesinin Huraka kolu üzerine göndermişti. Kabile halkını sabahleyin erken suları başında bastırdık. Ensar'dan bir arkadaşımla ben onlardan birini kovalayıp yakaladık. Biz adamı kıskıvrak tutunca 'Lâ ilâhe illallâh.' dedi. Bunun üzerine Ensar'dan olan arkadaşım ondan elini çekti. Ben ise mızrağı dürterek onu öldürdüm. Bizler Medine'ye dönüp bu haber Peygamberimize ulaşınca o bana 'Ya Usame! Adamı 'Lâ ilâhe illallâh' dedikten sonra mı öldürdün?' diye sordu. Ben kendisine 'Ya Resulallah! O, canını kurtarmak amacını taşıyordu.' dedim. O bana yine 'Ya Usame! adamı 'Lâ ilâhe illallâh' dedikten sonra mı öldürdün?' diye sordu. Bu soruyu o kadar üst üste tekrar etti ki o günden önce Müslüman olmamış olmayı temenni ettim." (Buhâri, Müslim)

Başka bir rivayete göre de Peygamberimiz (sallallâhu aleyhi ve sellem) "'Adam 'Lâ ilâhe illallâh' dediği halde mi öldürdün?' diye sordu. Ben ona 'O bu sözü silah korkusundan söyledi.' dedim. Peygamberimiz bana 'İçten söyleyip söylemediğini öğrenmek üzere adamın kalbini mi yardın?' diye cevap verdi. Bu sözü o kadar üst üste tekrarladı ki o gün Müslüman olmayı temenni ettim."

397- Cündüb b. Abdullah'tan (radıyallâhu anh) şöyle rivayet edilir: "Peygamberimiz (sallallâhu aleyhi ve sellem) Müslümanlardan bir birliği müşriklerden bir kavmin üzerine sefere çıkarmıştı. İki taraf karşılaştılar. Müşriklerden biri Müslümanlardan biri üzerine yürüyünce onu öldürmek amacı ile saldırdı. Müslümanlardan biri de söz konusu müşrikin gaflete düşmesini kollardı. Biz bu Müslümanın Usame b. Zeyd olduğunu söylüyorduk. Usame, söz konusu müşrike karşı kılıcını kaldırınca adam 'Lâ ilâhe illallâh' dedi. Bir süre sonra müjdeci, Peygamberimize vardı. Peygamberimiz sordu, müjdeci de olup bitenler hakkında bilgi verdi. Bu arada söz konusu müşrikin durumunu ve ne yaptığını da anlatınca Peygamberimiz Usame'yi çağırdı ve 'Adamı niye öldürdün?' diye sordu. Usame 'O adam Müslümanların gönlünde yara açtı. Falan ve filan kimseleri öldürdü.' diyerek birkaç kişinin adını verdi ve 'Ben ona saldırdım. Kılıcı görünce 'Lâ ilâhe illallâh' dedi.' diyerek sözlerini bitirdi. Peygamberimiz ona 'Onu öldürdün mü?' diye sordu. Usame 'Evet.' diye cevap verdi. Peygamberimiz ona 'Kıyamet günü 'Lâ ilâhe illallâh' karşına çıkınca onun karşısında ne yapacaksın?' diye buyurdu. Usame 'Ya Resulallah! Benim için Allah'tan af dile.' dedi. Peygamberimiz ona yine 'Kıyamet günü 'Lâ ilâhe illallâh' karşına çıkınca onun karşısında ne yapacaksın?' buyurdu. Peygamberimiz artık 'Kıyamet günü 'Lâ ilâhe illallâh' karşına çıkınca onun karşısında ne yapacaksın?' sözünden başka bir şey söylemiyordu." (Müslim)

398- Abdullah b. Utbe b. Mes'ud (radıyallâhu anh) der ki: "Ömer b. Hattab'ın şöyle dediğini duydum: 'Peygamberimiz (sallallâhu aleyhi ve sellem) zamanında bazı kimselere vahye göre muamele edilirdi. Şimdi vahiy kesildi. Artık biz size ancak amellerinize göre muamele ederiz. Buna göre kim bize iyi görünürse ona güvenir, kendisini yakınımıza alırız. Bizi onun içyüzü ilgilendirmez. İçyüzü hakkında onu Allah hesaba çeker. Buna karşılık kim bize kötü görünürse her ne kadar içinin iyi olduğunu söylese de ona güvenmeyiz ve sözüne inanmayız.'" (Buhâri)

50. Bölüm
Allah'tan Kormak

Allah Teâlâ (celle celâlüh) buyuruyor ki:

- **"Sırf benden korkunuz."** (Bakara suresi, 40. ayet.)

Allah Teâlâ (celle celâlüh) buyuruyor ki:

- **"Rabbinin yakaya yapışması, gerçekten çetindir."** (Burûc suresi, 12. ayet.)

Allah Teâlâ (celle celâlüh) buyuruyor ki:

- **"Rabbin, halkı zalim olan beldeleri yakalarken O'nun yakalayışı işte böyledir. O'nun yakalayışı acı ve serttir. Hiç şüphesiz bunda ahiret azabından korkanlar için ibret vardır. O gün, bütün insanların bir araya gelecekleri ve herkesin hazır bulunacağı bir gündür. Biz o günü ancak sayısı belirli bir süre sonrasına erteleriz. O gün gelince O'ndan izinsiz hiç kimse konuşamaz. Onların kimi iyi (mesut) ve kimisi de kötüdür (bedbahttır). Kötü olanlara gelince, onlar cehennemdedirler; orada onlar için pek acılı nefes alıp vermeler vardır."** (Hûd suresi, 102-106. ayetler.)

Allah Teâlâ (celle celâlüh) buyuruyor ki:

- **"Allah size kendinden korkmayı telkin ediyor."** (Âl-i İmrân suresi, 28. ayet.)

Allah Teâlâ (celle celâlüh) buyuruyor ki:

- **"O gün kişi kardeşinden, anasından, babasından, eşinden ve çocuklarından kaçar. O gün herkesin başkası ile ilgilenmekten kendisini alıkoyacak kadar önemli meselesi vardır."** (Abese suresi, 34-37. ayetler.)

Allah Teâlâ (celle celâlüh) buyuruyor ki:

- **"Ey insanlar! Rabbinizden korkunuz. Şüphesiz ki kıyamet gününün sarsıntısı çok büyük bir olaydır. O sarsıntıyı göreceğiniz gün her emzikli kadın emzirdiği çocuğu yüzüstü bırakır ve her hamile canlı, karnında taşıdığını doğuruverir; insanları sarhoş görürsün. Oysa ki onlar sarhoş değildirler ama Allah'ın azabı çetindir."** (Hac suresi, 1, 2. ayetler.)

Allah Teâlâ (celle celâlüh) buyuruyor ki:

- **"Rabbinin huzurunda duracağı andan korkanlara iki cennet vardır."** (Rahmân suresi, 46. ayet.)

Allah Teâlâ (celle celâlüh) buyuruyor ki:

- **"(Cennetlikler) birbirine dönerek karşılıklı soru sorarlar ve derler ki: 'Biz bundan önce (dünyadayken) ev halkımız içinde Allah'tan korkan kimselerdik. Allah da lütfedip bizleri samyeli azabından korudu. Bizler bundan önce (dünyadayken) O'na dua**

ederdik. Şüphesiz ki O, iyilik edici ve mermamet sahibidir." (Tûr suresi, 25-28. ayetler.)

Bu konudaki hadisler çoktur. Biz başlıcalarını zikredeceğiz. Başarı Allah'tandır.

399- İbni Mes'ud (radıyallâhu anh) der ki: "Hem doğru hem de doğruluğu benimsenmiş olan Peygamberimiz (sallallâhu aleyhi ve sellem) bize şöyle buyurmuştur:

- 'Herhangi birinizin hayat unsurları anasının karnında kırk gün meni olarak toplanır. Sonra yine o kadarlık bir süre içinde kan pıhtısı haline gelir. Daha sonra yine o kadarlık bir süre içinde et parçası olur. Arkasından bir melek gönderilerek o et parçasına ruh üflenir ve bu meleğe dört emir verilir. Gelen melek; çocuğun rızkını, hayat süresini, amelini ve kötü mü yoksa iyi mi olacağını yazmakla görevlendirilir. Kendisinden başka ilah olmayan Allah adına yemin ederim ki, içinizden biri cennetle kendisi arasında bir dirsek boyundan daha az bir mesafe kalıncaya kadar cennetliklerin amellerini işler fakat daha sonra hakkında yazılan yazı hükmünü üzerinde yürütür de cehennemliklerin amelini işleyip cehenneme girer. Buna karşılık içinizden biri cehennemle kendisi arasında bir dirsek boyundan daha az bir mesafe kalıncaya kadar cehennemliklerin amellerini işler fakat daha sonra hakkında yazılan yazı yürürlüğe girer de cennetliklerin amelini işleyip cennete girer." (Buhâri, Müslim)

400- Yine İbni Mes'ud'dan (radıyallâhu anh) rivayet edildiğine göre Peygamberimiz (sallallâhu aleyhi ve sellem) buyuruyor ki:

- "O gün (kıyamet günü) cehennem, her biri yetmiş bin melek tarafından çekilen yetmiş bin yularla çekilerek getirilir." (Müslim)

401- Numan b. Beşir'den (radıyallâhu anh) rivayet edildiğine göre Peygamberimiz (sallallâhu aleyhi ve sellem) buyuruyor ki:

- "Kıyamet günü en hafif azap görecek olan cehennemliklerin ayak tabanlarının oyuk yerine iki parça kor konulur. Bu iki korun ısısı ile adamın beyni kaynar ve kendisininkinden daha ağır bir azap çeken kimsenin olabileceğini düşünmez. Bununla birlikte kendisi, cehennemliklerin en hafif azap çekenidir." (Buhâri, Müslim)

402- Semure b. Cündüb'den (radıyallâhu anh) rivayet edildiğine göre Peygamberimiz (sallallâhu aleyhi ve sellem) buyuruyor ki:

- "Ateş, onların (cehennemliklerin) bir kısmını topuğuna kadar yakalar. Bir kısmını diz kapaklarına, bir kısmını beline ve bir kısmını da boynuna kadar yakalar." (Müslim)

403- İbni Ömer'den (radıyallâhu anh) rivayet edildiğine göre Peygamber'imiz (sallallâhu aleyhi ve sellem) buyuruyor ki:

– "İnsanlar kabirlerinden kalkınca her biri kulaklarının yarısına kadar, kendi vücudunun terine gömülünceye kadar Allah'ın huzurunda dikilirler." (Buhâri, Müslim)

404- Enes b. Malik (radıyallâhu anh) der ki: "Bir gün Peygamberimiz bize benzerini daha önce hiç duymamış olduğum bir hutbe okudu ve şöyle buyurdu:

– 'Benim bildiğimi bilseniz az güler, çok ağlardınız.' Bu sırada sahabiler yüzlerini örtmüş ağlıyorlardı." (Buhâri, Müslim)

Diğer bir rivayete göre Peygamberimiz sahabilerin bir davranışını öğrenince hutbe okuyup şöyle buyurdu:

– "Bana cennet ve cehennem sunuldu. Hayır ve şerri bugünkü gibi görmüş değilim. Benim bildiğimi bilseniz az güler, çok ağlardınız." Hiçbir gün Peygamberimizin sahabilerine o gün kadar ağır gelmemişti. Hepsi başlarını örtmüş ağlıyorlardı.

405- Miktad'dan (radıyallâhu anh) rivayet edildiğine göre Peygamberimiz (sallallâhu aleyhi ve sellem) buyuruyor ki:

– "Kıyamet günü aradaki mesafe bir mil kadar oluncaya dek güneş insanlara yaklaşır."

Hadisi Miktad'dan rivayet eden Suleym b. Amir "Peygamberimizin milden ne kastettiğini bilmiyorum. Acaba onunla belirli yeryüzü ölçüsünü mü yoksa gözleri boyamak için kullanılan mili mi kastetmiştir?" diyor. Hadis şöyle devam ediyor.

"İnsanlar amellerinin ölçüsüne göre tere gömülürler. Kiminin teri topuklarına, kiminin diz kapaklarına, kimininki de beline kadar çıkar. Kimisini ise teri iyice gemler." (Peygamberimiz böyle buyururken eli ile ağzını işaret etmiştir.) (Müslim)

406- Ebu Hureyre'den (radıyallâhu anh) rivayet edildiğine göre Peygamberimiz buyuruyor ki:

– "Kıyamet günü insanlar o kadar çok terler ki (bir taraftan) terleri yetmiş dirsek boyu kadar yerin dibine sızarken (öbür taraftan da) kulak hizasına kadar yükselerek kendilerini gemler." (Buhâri, Müslim)

407- Ebu Hureyre (radıyallâhu anh) der ki: "Bir gün Peygamberimiz (sallallâhu aleyhi ve sellem) ile birlikte oturuyorken düşen bir taşın derinden gelen sesini duyduk. Peygamberimiz bize 'Bu sesin ne olduğunu biliyor musunuz?'

diye sordu. Bizler 'Allah ve O'nun Resulü bilir.' diye cevap verince o şöyle buyurdu:

– 'Bu ses, yetmiş yıldır cehenneme yuvarlanan bir taşın sesidir. O taş şu ana kadar dibine ulaşıncaya dek cehennem boyunca düşmeye devam etmişti. Sizler işte o taşın yere düşerken çıkardığı sesi duydunuz.'" (Müslim)

408- Adiy b. Hatim'den (radıyallâhu anh) rivayet edildiğine göre Peygamberimiz (sallallâhu aleyhi ve sellem) buyuruyor ki:

– "Allah her birinizle arada tercüman olmaksızın konuşacaktır. O sırada herkes sağına bakacak ve amellerinden başka hiçbir şey görmeyecek. Soluna bakacak, yine amellerinden başka bir şey görmeyecek. Önüne bakınca da tam karşısında cehennemi görecek. Buna göre bir hurma kırıntısı vererek bile olsa cehennemden sakınınız." (Buhâri, Müslim)

409- Ebu Zer'den (radıyallâhu anh) rivayet edildiğine göre Peygamberimiz (sallallâhu aleyhi ve sellem) buyuruyor ki:

– "Ben, sizin görmediklerinizi görürüm. Gökyüzü gıcırdadı. Gıcırdaması da normaldir. Oranın her dört parmaklık yerine bir melek alnını koymuş secde ediyor. Vallahi benim bildiğimi bilseniz az güler, çok ağlardınız. Yataklarda kadınlarla yatmaktan zevk almazdınız. Sokaklara çıkar, Allah'tan yüksek sesle imdat isterdiniz." (Tirmizî)

410- Ebu Berze Nezle b. Ubeydü'l-Eslemî'den (radıyallâhu anh) rivayet edildiğine göre Peygamberimiz (sallallâhu aleyhi ve sellem) buyuruyor ki:

– "Kıyamet günü ömrünü nasıl harcadığından, ilmi ile ne amel işlediğinden, malını nereden kazanıp nerede harcadığından ve vücudunu nerede yıprattığından sorguya çekilmedikçe hiçbir kulun ayakları bastıkları yerden ayrılmaz." (Tirmizî)

411- Ebu Hureyre (radıyallâhu anh) der ki: "Peygamberimiz **'O gün yeryüzü bütün haberlerini anlatır.'** mealindeki ayeti (Zilzâl suresi, 4. ayet.) okuduktan sonra sahabilere 'Yeryüzünün haberleri nedir, biliyor musunuz?' diye sordu. Sahabiler 'Allah ve O'nun Resulü bilir.' diye cevap verince Peygamberimiz (sallallâhu aleyhi ve sellem) şöyle buyurdu:

– 'Yeryüzünün haberleri, sen falan gün şunu şunu işledin, diyerek her kulun ve her cariyenin üzerinde işlemiş olduğu amellere şahitlik etmesidir. İşte yeryüzünün haberleri, bu demektir.'" (Tirmizî)

412- Ebu Saidü'l-Hudrî'den (radıyallâhu anh) rivayet edildiğine göre Peygamberimiz (sallallâhu aleyhi ve sellem) buyuruyor ki: "Sur sahibi suru ağzına almış ve ne zaman üfleme emri alacak da üfleyecek diye kulak kabartmış durumda beklerken ben yaşamaktan nasıl zevk alayım?" Peygamberimizin bu sözleri sahabilere ağır gelmiş olmalı ki, Peygamberimiz onlara "Hasbunallâhu ve ni'mel vekîl (Allah bize yeter. O ne güzel bir vekildir!) deyiniz." diye buyurdu. (Tirmizî)

413- Ebu Hureyre'den (radıyallâhu anh) rivayet edildiğine göre Peygamberimiz (sallallâhu aleyhi ve sellem) buyuruyor ki:

– "Kim korkarsa gecenin başlangıcında yola çıkar. Gecenin başlangıcında yola çıkan menzile ulaşır. Haberiniz olsun, Allah'ın metaı pahalıdır! Haberiniz olsun, Allah'ın metaı cennettir!" (Tirmizî)

414- Hz. Âişe (radıyallâhu anhâ) der ki: "Peygamberimizin (sallallâhu aleyhi ve sellem) 'Kıyamet günü insanlar yalınayak, çıplak ve sünnetsiz olarak biraraya toplanır.' diye buyurduğunu duyunca kendisine 'Ya Resulallah! Kadınlar ve erkekler hep birarada olunca birbirlerine bakmazlar mı?' diye sordum. Peygamberimiz bana 'Ya Âişe! Durum bu konu ile ilgilenemeyecekleri kadar önemlidir.' diye cevap verdi."

Diğer bir rivayete göre hadisin son kısmı "Durum, insanları birbirlerine bakmaktan alıkoyacak kadar önemlidir." şeklindedir. (Buhârî, Müslim)

51. Bölüm
Allah'ın Rahmetinden Ümit Etmek

Allah Teâlâ (celle celâlüh) buyuruyor ki:

– **"De ki: Ey kendi nefsine karşı ölçüsüz kötülükler yapmış olan kullarım, sakın Allah'ın rahmetinden ümit kesmeyiniz. Şüphesiz ki Allah tüm günahları affeder. Çünkü günahların bağışlayıcısı ve merhamet edicidir."** (Zümer suresi, 53. ayet.)

Allah Teâlâ (celle celâlüh) buyuruyor ki:

– **"Biz nankörden başkasını cezalandırır mıyız hiç?"** (Sebe suresi, 17. ayet.)

Allah Teâlâ (celle celâlüh) buyuruyor ki:

– **"Bize şu gerçek kesin olarak bildirildi ki, azap (peygamberleri) yalanlayıp (haktan) yüz çevirenlerin üzerinedir."** (Tâ-Hâ suresi, 48. ayet.)

Allah Teâlâ (celle celâlüh) buyuruyor ki:

– **"Benim rahmetim her şeyi kaplamıştır."** (A'raf suresi, 156. ayet.)

415- Ebu Musa el-Eş'arî'den (radıyallâhu anh) rivayet edildiğine göre Peygamberimiz (sallallâhu aleyhi ve sellem) buyuruyor ki:

– "Allah Teâlâ (celle celâlüh) bir ümmet hakkında rahmet dileyince o ümmet hayattayken peygamberinin canını alır da peygamberini o ümmetin kılavuzu ve önlerinden giden atası haline getirir. Buna karşılık Allah Teâlâ bir ümmetin felaketini dilerse peygamberi sağken onu azaba çarptırıp onu yok eder ki söz konusu ümmet peygamberini yalanlayıp emirlerine karşı gelmiş olduğu takdirde yaşarken o ümmetin helak olmasını sevinçli bakışlarla seyreder." (Müslim)

416- Ubade b. Samit'ten (radıyallâhu anh) rivayet edildiğine göre Peygamberimiz (sallallâhu aleyhi ve sellem) buyuruyor ki:

– "Allah'tan başka ilah olmadığına, O'nun tek ve ortaksız olduğuna, Muhammed'in O'nun kulu ve resulü olduğuna, İsa'nın da O'nun resulü, kulu ve Meryem'e sunulmuş kelimesi ve O'ndan gelen bir ruh olduğuna, cennetin hak olduğuna, cehennemin hak olduğuna şahadet eden kimseyi Allah, işlediği amelin derecesine göre cennete koyar." (Buhâri, Müslim)

Müslim'in kaydettiği başka bir rivayete göre hadis şöyledir: "Allah'tan başka ilah olmadığına ve Muhammed'in O'nun resulü olduğuna şahadet eden kimseye Allah cehennemi haram kılar."

417- Ebu Zer'den (radıyallâhu anh) rivayet edildiğine göre Peygamberimiz (sallallâhu aleyhi ve sellem) buyuruyor ki:

– "Allah Teâlâ şöyle buyurur: 'Kim bir iyi amel ile birlikte gelirse ona o amelin on kat sevabı verilir veya sevabı daha da çok veririm. Buna karşılık kim bir kötülükle birlikte gelirse kötülüğünün cezası kendisi kadar bir kötülük olur veya onu bağışlarım. Kim bana bir karış yaklaşırsa ben ona bir dirsek boyu yaklaşırım. Kim bana bir dirsek boyu yaklaşırsa ben ona bir arşın yaklaşırım. Kim bana yürüyerek gelirse ben ona koşarak gelirim. Kim bana ortak koşmaksızın yeryüzü dolusuna yakın günahla karşıma gelirse ben de günahı kadar bağışla onun karşısına gelirim." (Müslim)

418- Cabir'den (radıyallâhu anh) rivayet edildiğine göre taşralı bir Arap, Peygamberimize (sallallâhu aleyhi ve sellem) gelerek "İki gerektirici sebep nelerdir?" diye sordu. Peygamberimiz de ona "Hiçbir şeyi Allah'a ortak koşmaksızın ölen kimse cennete girer. Buna karşılık herhangi bir şeyi Allah'a ortak koşmuş olarak ölen kimse de cehenneme girer." buyurmuştur. (Müslim)

419- Enes'ten (radıyallâhu anh) rivayet edildiğine göre bir yolculuk sırasında Peygamberimiz önde hayvan sırtında ve Muaz da onun ardında yol alıyorlarken Peygamberimiz "Ya Muaz!" diye seslendi. Muaz "Lebbeyk ya Resulallah ve saadeyk!" diye cevap verdi. Peygamberimiz yine "Ya

Muaz!" diye seslendi. Muaz da yine "Lebbeyk ya Resulallah ve saadeyk!" diye cevap verdi. Peygamberimiz bir daha "Ya Muaz!" diye seslendi. Muaz da yine "Lebbeyk ya Resulallah ve saadeyk!" diye cevap verdi. Bu seslenme ve cevaplandırma böylece üç kere arka arkaya tekrarlanmış oldu. Arkasından Peygamberimiz (sallallâhu aleyhi ve sellem) şöyle buyurdu:

– "Allah'tan başka ilah olmadığına ve Muhammed'in de O'nun kulu ve resulü olduğuna yüreğinin samimiyeti ile şahadet eden kula Allah Teâlâ kesinlikle cehennemi haram kılar."

Muaz "Ya Resulallah! Bunu halka bildireyim de sevinsinler mi?" diye sordu. Peygamberimiz, Muaz'a "O zaman uyuşukluğa kapılırlar." diye buyurdu. Bu yüzden Muaz, bu hadisi (bildiğini saklamanın) günahından çekinerek ölmek üzereyken açıkladı. (Buhâri, Müslim)

420- Ebu Hureyre (veya Ebu Saidü'l-Hudrî (radıyallâhu anhumâ). Hadisi rivayet eden bu iki isim arasında tereddüde düşmüştür. Fakat sahabinin kimliğinin belirlenmesi konusunda düşülen tereddüt önemli değildir. Çünkü bütün sahabiler doğru sözlü kimselerdir.) der ki:

"Tebük savaşı sırasında sahabiler aç kalınca Peygamberimize (sallallâhu aleyhi ve sellem) 'Ya Resulallah! Bize izin versen de develerimizi kesip yesek ve aynı zamanda yağ ihtiyacımızı karşılasak?' dediler. Peygamberimiz onlara 'Olur, öyle yapın.' diye cevap verdi. Fakat Ömer, Peygamberimize gelerek 'Ya Resulallah! Eğer onlara bu izni verirsen binek hayvanları kıtlaşır. Bunun yerine yanlarında kalan azıkları getirmelerini emredin. Sonra da onlara Allah'ın bereket vermesi için dua edin. Umulur ki Allah o azık kalıntılarına bereket verir.' dedi. Peygamberimiz Ömer'in bu teklifine 'Evet' deyip deri bir yaygı getirmelerini istedi. Yaygıyı yere sererek sahabilerden azık artıklarını getirip üzerine koymalarını istedi. Bunun üzerine kimi bir avuç darı, kimi bir avuç hurma ve kimisi bir parça ekmek getirdi. Sonunda deri yaygı üzerinde az miktarda bir yiyecek toplanabildi. Peygamberimiz, toplanan yiyeceklerin bereketli olması için Allah'a dua etti.

Arkasından 'Şimdi kaplarınıza yiyecek alın.' diye buyurdu. Herkes kabına yiyecek aldı. Öyle ki, karargâhda bulunan bütün yemek kaplarını doldurdular ve doyasıya yediler. Sonunda bir miktar yiyecek de arttı. Yemekten sonra Peygamberimiz (sallallâhu aleyhi ve sellem) şöyle buyurdu:

– 'Allah'tan başka ilah olmadığına ve benim Allah'ın resulü olduğuma şahadet ediniz. Bu iki cümleye şüphesiz inanarak Allah'a kavuşan bir kulun cennetten mahrum kalması düşünülemez.'" (Müslim)

421- Bedir gazilerinden İtban b. Malik (radıyallâhu anh) der ki: "Ben kavmim Salimoğullarına namaz kıldırırdım. Onlar ile benim aramda bir dere vardı. Yağmur yağıp seller gelince kavmimin mescidine doğru dereyi aşmak benim için zor oluyordu. Peygamberimize (sallallâhu aleyhi ve sellem) başvurarak 'Gözlerim pek görmüyor. Yağmur yağınca benim ile kavmim arasındaki dere kabarıyor ve onu geçmem zor oluyor. Sana gelip evimin bundan sonra namazgah edineceğim bir yerinde namaz kılmanı istedim.' dedim. Peygamberimiz bana 'İstediğini yapacağım.' diye cevap verdi. Ertesi günü Resulullah, Ebu Bekir ile birlikte güneş bastırdıktan sonra geldiler. Peygamberimiz kapıda izin istedi, kendisine izin verdim. Daha oturmadan bana 'Evinin neresinde namaz kılmamı istersin?' diye sordu. Namaz kılınmasını istediğim yeri kendisine gösterdim. Hemen kıbleye dönüp tekbir aldı. Biz de arkasında saf bağladık. Iki rek'at namaz kılıp selam verdi. O selam verince biz de selam verdik. Peygamberimizi kendisi için hazırlanan un çorbası yemeğe alıkoydum.

Mahalle halkı Peygamberimizin (sallallâhu aleyhi ve sellem) evimde olduğunu duyunca erkekleri eve üşüştü ve evdeki erkeklerin sayısı kalabalıklaştı. Bu sırada içlerinden biri 'Malik ne oldu, onu göremiyorum?' dedi. Başka birisi de 'O bir münafıktır. Allah ve O'nun Resulü'nü sevmez.' dedi. Peygamberimiz ona 'O sözü söyleme. Görmüyor musun, Allah rızasını dileyerek Lâ ilâhe illallâh, dedi.' diye cevap verdi. Adam 'Allah ve O'nun Resulü bilir. Bize gelince, vallahi, biz onun sadece münafıkları sevip onlarla konuştuğunu görüyoruz.' dedi. Peygamberimiz adama 'Allah rızasını kazanmak için Lâ ilâhe illallâh, diyen kimsenin vücudunu Allah cehenneme haram kılar.' buyurdu." (Buhâri, Müslim)

422- Ömer b. Hattab (radıyallâhu anh) der ki: "Peygamberimizin (sallallâhu aleyhi ve sellem) huzuruna bir esir kafilesi getirilmişti. O sırada esirlerin içinden bir kadın sağa sola koşuyor, esir kafilesi arasında bir bebeği bulunca onu kucağına alıp emziriyordu. Bunu gören Peygamberimiz bize 'Şu kadının çocuğunu ateşe atacağını düşünebilir misiniz?' diye sordu. Bizler 'Vallahi hayır.' diye cevap verdik. Bunun üzerine Peygamberimiz 'Allah kullarına karşı şu kadının çocuğuna karşı olduğundan daha merhametlidir.' buyurdu." (Buhâri, Müslim)

423- Ebu Hureyre'den (radıyallâhu anh) rivayet edildiğine göre Peygamberimiz (sallallâhu aleyhi ve sellem) buyuruyor ki:

– "Allah varlığı yaratınca, Arş'ın üstünde kendi katında bulunan bir yazıda şöyle yazmıştır. 'Benim rahmetim gazabımı yener.' Başka bir rivayete göre cümlenin ikinci kısmı 'gazabımı yenmiştir', bir başkasına göre de 'gazabımı geçmiştir' şeklindedir. (Buhâri, Müslim)

424- Yine Ebu Hureyre'den (radıyallâhu anh) rivayet edildiğine göre Peygamberimiz buyuruyor ki:

– "Allah rahmeti yüz dilime ayırdı ve doksan dokuzunu yanında alıkoyup yalnız bir dilimini yeryüzüne indirdi. İşte binek hayvanının yavrusunu ezmemek için ayağını kaldırmasına varıncaya kadar bütün canlılar bu tek dilimle birbirlerine karşı merhamet göstermektedirler."

Başka bir rivayete göre hadis şöyledir: "Allah Teâlâ'nın yüz rahmeti vardır. Bunun bir dilimini cinlerin, insanların, hayvanların ve böceklerin arasına indirmiştir. Sözkonusu canlılar, işte bu rahmet dilimi ile birbirlerini esirgemekte, birbirlerine merhamet göstermektedirler. Bu rahmet dilimi ile yırtıcı hayvan yavrusuna şefkat göstermektedir. Allah Teâlâ rahmetinin doksan dokuz dilimini, kıyamet günü kullarına rahmet etmek üzere geriye bırakmıştır." (Buhâri, Müslim)

Müslim'in, Selman-ı Farisî'den (radıyallâhu anh) rivayet ederek kaydettiğine göre de hadis şöyledir: "Allah Teâlâ'nın yüz rahmeti vardır. Onun bir dilimi ile canlılar aralarında birbirlerine merhamet göstermektedirler. (Geriye kalan) doksan dokuz dilimi kıyamet günü içindir."

Başka bir rivayete göre ise hadis şöyledir: "Allah Teâlâ (celle celâlüh) gökleri ve yeryüzünü yarattığı gün, her dilimi göklerle yer arasını doldurabilen yüz dilim rahmet yaratmıştır. Bu rahmetin bir dilimini yeryüzüne ayırmıştır. İşte ananın çocuğunu, vahşi hayvanın yavrusunu ve kuşların birbirlerini kayırmasını bu merhamet sağlamaktadır. Kıyamet günü gelince söz konusu bir dilimlik rahmeti (geriye kalan doksan dokuz dilimi ile) kemale erdirir."

425- Yine Ebu Hureyre'den (radıyallâhu anh) rivayet edildiğine göre Peygamberimiz (sallallâhu aleyhi ve sellem) bir kutsi hadiste buyuruyor ki:

– "Kulun biri bir günah işler ve 'Allah'ım! Günahımı affet.' der. Allah Teâlâ da buyurur ki: 'Kulum bir günah işledi fakat günahı affedecek veya cezalandıracak bir Rabbinin olduğunu bildi.' Aynı kul bir daha günah işler ve yine 'Ey Rabbim! Günahımı bağışla.' der. Allah Teâlâ yine buyurur ki: 'Kulum bir günah işledi fakat günahı affedecek veya cezalandıracak bir Rabbinin olduğunu bildi.' Aynı kul bir kere daha günah işler ve yine 'Ey Rabbim! Günahımı affet.' der. Allah Teâlâ yine buyurur ki: 'Kulum bir günah işledi fakat günahı affedecek veya cezalandıracak bir Rabbi olduğunu bildi. Kulumun günahını affettim. Dilediğini yapsın.'" (Buhâri, Müslim)

426- Yine Ebu Hureyre'den (radıyallâhu anh) rivayet edildiğine göre Peygamberimiz (sallallâhu aleyhi ve sellem) buyuruyor ki:

– "Nefsimi kudret elinde tutan Allah'a yemin ederim ki eğer sizler hiç günah işlemeyecek olsanız, Allah sizi ortadan kaldırıp yerinize günah işleyen ve günahlarından dolayı Allah'tan af dileyen ve Allah'ın günahlarını affedeceği kimseler getirir." (Müslim)

427- Ebu Eyyüb Halid b. Zeyd'den (radıyallâhu anh) rivayet edildiğine göre Peygamberimiz (sallallâhu aleyhi ve sellem) buyuruyor ki:

– "Eğer sizler günah işlemeyecek olsanız, Allah Teâlâ günah işleyip tevbe eden ve günahlarını affedeceği insanlar yaratırdı." (Müslim)

428- Ebu Hureyre'den (radıyallâhu anh) rivayet edildiğine göre Peygamberimiz (sallallâhu aleyhi ve sellem) buyuruyor ki:

"Aramızda Ebu Bekir ile Ömer (radıyallâhu anhumâ) ve birkaç kişi daha olduğu halde Peygamberimiz (sallallâhu aleyhi ve sellem) ile birlikte oturuyorduk. Resulullah ayağa kalkıp yanımızdan çıktı. Geri dönmesi gecikince kaçırılmasından korktuk ve bu korku içinde yerimizden kalktık. Korkanların başında ben geliyordum. Hemen Peygamberimizi aramaya çıktım. Nihayet Ensar'a ait bir duvarın yanına vardım."

Ebu Hureyre, hadisi detaylı bir şekilde anlatarak sözü Peygamberimizin şu buyruğuna kadar getirdi:

– "Git, şu duvarın ardında, samimi bir yürekle Allah'tan başka ilah olmadığına şahadet eder durumda karşılaştığın herkesi cennet ile müjdele." (Müslim)

429- Abdullah b. Amr b. el-Âs (radıyallâhu anh) der ki: "Peygamberimiz (sallallâhu aleyhi ve sellem) İbrahim (aleyhisselam) hakkındaki 'Ya Rabbi! Hiç şüphesiz onlar birçok kimseyi yoldan çıkardılar. Kim bana uyarsa, o bendendir. Kim bana karşı gelirse, hiç şüphesiz, sen bağışlayıcı ve merhamet edicisin.' mealindeki ayet (İbrahim suresi, 36. ayet.) ile İsa'nın (aleyhisselam) sözü olarak Allah tarafından hikaye edilen 'Eğer onları azaba çarptırırsan onlar senin kullarındır. Yok, eğer onları affedersen, hiç şüphesiz, sen mutlak irade ve hikmet sahibisin.' mealindeki ayeti (Mâide suresi, 118. ayet.) okudu ve ellerini havaya kaldırarak 'Allah'ım! Ümmetim ümmetim!' dedi ve ağlamaya başladı. Allah Teâlâ (celle celâlüh) Cebrail'e 'Ya Cebrail! Gerçi Rabbin biliyor ama git Muhammed'e niçin ağladığını sor?' buyurdu. Cebrail hemen Peygamberimize (sallallâhu aleyhi ve sellem) geldi. Resulullah da ona (ümmeti hakkında) söylediklerini bildirdi. Zaten Allah her şeyi biliyordu. Bunun üzerine Allah Teâlâ şöyle buyurdu: 'Ya Cebrail! Muhammed'e de ki: 'Biz seni ümmetin konusunda sevindirecek ve üzmeyeceğiz.'" (Müslim)

430- Muaz b. Cebel (radıyallâhu anh) der ki: "Hayvan sırtında Peygamberimizin (sallallâhu aleyhi ve sellem) arkasına binmiş olarak yolculuk ediyorduk. Bana 'Ya Muaz! Allah'ın kulları üzerindeki hakkının ne olduğunu ve buna karşılık kulların Allah üzerindeki hakkının ne olduğunu biliyor musun?' diye sordu. Ben kendisine 'Allah ve O'nun Resulü bilir.' diye cevap verince şöyle buyurdu:

– 'Allah'ın kulları üzerindeki hakkı O'na kulluk etmek, hiçbir şeyi O'na ortak koşmamalarıdır. Buna karşılık kulların Allah (celle celâlüh) üzerindeki hakkı da O'na hiçbir şeyi ortak koşmamış olanları azaba çarptırmamasıdır.'

Peygamberimize "Bu sözlerinizi halka müjdeleyeyim mi?' diye sordum. Bana "Sonra uyuşukluğa kapılırlar.' diye buyurdu." (Buhâri, Müslim)

431- Berae b. Âzib'den (radıyallâhu anh) rivayet edildiğine göre Peygamberimiz (sallallâhu aleyhi ve sellem) buyuruyor ki:

– "Müslüman kabirde sorguya çekildiği zaman Allah'tan başka ilah olmadığına ve Muhammed'in Allah'ın resulü olduğuna şehadet eder. İşte Allah Teâlâ'nın **"Allah, iman edenleri, gerek dünya hayatında ve gerekse ahirette değişmez bir sözde sebat ettirir."** (İbrahim suresi, 27. ayet.) mealindeki ayet de bu gerçeğe işaret etmektedir." (Buhâri, Müslim)

432- Enes b. Malik'ten (radıyallâhu anh) rivayet edildiğine göre Peygamberimiz (sallallâhu aleyhi ve sellem) buyuruyor ki:

– "Kâfir bir iyilik işleyince yapmış olduğu iyiliğe karşılık kendisine bir dünya nimeti verilir. Müslümana gelince yaptığı ibadete göre kendisine dünyada rızık verilmekle birlikte Allah Teâlâ onun iyi amellerini ahiret için biriktirir."

Diğer bir rivayete göre de hadis şöyledir: "Allah Teâlâ hiçbir mü'mine yapmış olduğu iyilikle ilgili olarak zulmetmez. Ona iyiliğinin karşılığını hem dünyada ve hem de ahirette verir. Kâfire gelince, Allah için işlemiş olduğu iyiliğe karşılık kendisine dünyada nimet verilir ki ahirete varınca mükâfatlandırılacak hiçbir iyiliği kalmamış olsun." (Müslim)

433- Cabir'den (radıyallâhu anh) rivayet edildiğine göre Peygamberimiz (sallallâhu aleyhi ve sellem) buyuruyor ki:

– "Beş vakit namaz, herhangi birinizin kapısı önünde gürül gürül akan ve günde beş kere içine girip yıkanabileceği bir nehir gibidir." (Müslim)

434- İbni Abbas'dan (radıyallâhu anh) rivayet edildiğine göre Peygamberimiz (sallallâhu aleyhi ve sellem) buyuruyor ki:

– "Herhangi biriniz ölür de cenaze namazına Allah'a hiçbir şeyi ortak koşmamış olan kırk kişi katılırsa Allah Teâlâ o kimseleri ölü hakkında şefaatçi kabul eder." (Müslim)

435- İbni Mes'ud (radıyallâhu anh) der ki: "Bizler kırk kişi Peygamberimiz ile birlikte bir çadırda idik; bize 'Cennetliklerin dörtte biri olmak ister misiniz?' diye sordu. Kendisine 'Evet.' diye cevap verdik. Bize 'Cennetliklerin üçte biri olmak ister misiniz?' diye sordu. Kendisine yine 'Evet.' dedik. Bunun üzerine şöyle buyurdu:

– 'Muhammed'in nefsini kudret elinde tutan Allah'a yemin ederim ki ben sizin cennetliklerin yarısı olmanızı dilerim. Çünkü cennete ancak Müslüman olan kimse girebilir. Sizler de müşrikler arasında kara öküzün derisindeki beyaz tüy gibi veya kırmızı öküzün derisindeki siyah tüy gibisiniz.'" (Buhâri, Müslim)

436- Ebu Musa el-Eş'arî'den (radıyallâhu anh) rivayet edildiğine göre Peygamberimiz (sallallâhu aleyhi ve sellem) buyuruyor ki:

– "Kıyamet günü, Allah her Müslümana bir Yahudi veya Hıristiyan vererek 'İşte bu senin cehennem fidyendir.' buyurur."

Yine Ebu Musa'ya dayanan başka bir rivayete göre Peygamberimiz (sallallâhu aleyhi ve sellem) buyuruyor ki:

– "Kıyamet günü bazı Müslümanlar dağlar gibi günahlar ile gelirler. Fakat Allah onların günahlarını bağışlar." (Müslim)

İlk hadisin manasını Ebu Hureyre'den (radıyallâhu anh) rivayet edilen şu hadis açıklamaktadır. Peygamberimiz (sallallâhu aleyhi ve sellem) buyuruyor ki:

– "Herkesin hem cennette ve hem de cehennemde birer yeri vardır. Buna göre mü'min cennete girince kâfir onun cehennemdeki yerine girer. Çünkü o, kâfir oluşu yüzünden buna layık olmuştur."

437- İbni Ömer'den (radıyallâhu anhumâ) rivayet edildiğine göre peygamberimiz (sallallâhu aleyhi ve sellem) buyuruyor ki:

– "Kıyamet günü mü'min, Rabbine öyle yaklaştırılır ki, Allah onu rahmetinin himayesi altına alır da 'Şu günahı biliyor musun?' diye buyurarak kendisine günahlarını itiraf ettirdikten ve kul 'Biliyorum ya Rabbi.' dedikten sonra Allah ona 'Ben bu günahlarını dünyada iken başkalarının gözünden sakladığım gibi bu gün de affediyorum.' diye buyurur ve kula iyiliklerinin yazılı olduğu sayfa verilir." (Buhâri, Müslim)

438- İbni Mes'ud (radıyallâhu anh) der ki: "Adamın biri bir kadını öptü. Hemen arkasından Peygamberimize (sallallâhu aleyhi ve sellem) baş vurarak olayı anlattı. Bu sırada Allah Teâlâ 'Gündüzün iki ucu ile gecenin ilk saatlerinde namaz kıl. Çünkü iyilikler kötülükleri ortadan siler.' mealindeki ayeti (Hûd suresi, 114. ayet.) indirdi. Adam 'Bu ayet benim hakkımda mıdır ya Resulallah?' diye sordu. Peygamberimiz ona 'O istisnasız tüm ümmetim hakkındadır.' diye karşılık verdi."

439- Enes ibni Malik (radıyallâhu anh) der ki: "Adamın biri Peygamberimize (sallallâhu aleyhi ve sellem) gelerek 'Ya Resulallah! Ben cezalandırılması gereken bir kusur işledim. Hakettiğimiz cezayı ver.' dedi. O sırada namaz vakti girdi. Adam da Peygamberimiz ile birlikte namaz kıldı. Namaz kılındıktan sonra adam yine 'Ya Resulallah! Ben cezalandırılması gereken bir kusur işledim. Allah'ın hakkımdaki emrini bana uygula.' dedi. Peygamberimiz adama 'Bizim ile birlikte namaz kıldın mı?' diye sordu. Adam 'Evet.' dedi. Peygamberimiz 'O halde günahın affedilmiştir.' buyurdu." (Buhâri, Müslim)

440- Yine Enes'ten (radıyallâhu anh) rivayet edildiğine göre Peygamberimiz (sallallâhu aleyhi ve sellem) buyuruyor ki:

- "Allah Teâlâ kulunun bir öğün yemek yiyip O'na şükretmesinden veya bir şey içip O'na hamdetmesinden dolayı kesin olarak razı olur." (Müslim)

441- Ebu Musa'dan (radıyallâhu anh) rivayet edildiğine göre Peygamberimiz (sallallâhu aleyhi ve sellem) buyuruyor ki:

- "Allah Teâlâ, güneş battığı taraftan doğuncaya kadar gündüz günah işleyenler tevbe etsin diye geceleyin ve gece günah işleyenler tevbe etsinler diye de gündüz elini uzatır." (Müslim)

442- Ebu Necih Amr Abese (radıyallâhu anh) der ki: "Ben cahiliye dönemindeyken insanların sapıklık içinde olduğu ve hiçbir ciddi gerekçeye dayanmaksızın putlara taptıkları görüşündeydim. Bu sırada Mekke'de bir adamın bazı bilgiler verdiğini duyunca binek hayvanıma binerek yanına geldim. Mekke'ye gelince Peygamberimizi halktan gizli yaşar durumda ve kavminin ağır baskıları altında buldum. Yumuşak bir dil kullanarak Mekke'de yanına girebildim. Ona 'Sen nesin?' diye sordum. 'Ben Peygamberim.' diye buyurdu. 'Peygamber nedir?' diye sordum. 'Beni Allah görevlendirip gönderdi.' buyurdu. 'Seni ne ile görevlendirerek gönderdi?' diye sordum. 'Allah beni akrabalık bağlarını gözetmeyi, putları parçalamayı ve Allah'a hiçbir şeyi ortak koşmaksızın O'nu tek bilmeyi telkin etmek üzere gönderdi.' buyurdu. 'Bu davada yanında kimler var?' diye sordum. 'Köle olan-olmayan...' (yani herkes) diye buyurdu. O gün yanında Ebu Bekir ile Bilal (radıyallâhu anhumâ) vardı.

Kendisine 'Ben sana uyacağım.' dedim. Bana 'Sen bugün bunu yapamazsın. Benim ile halkın arasındaki (gergin) durumu görmüyor musun? Sen şimdi çoluk çocuğunun yanına dön ve benim başarı kazandığımı duyunca yanıma gel.' diye karşılık verdi.

Bunun üzerine çoluk çocuğumun yanına gittim. Ben çoluk çocuğumun yanındayken Peygamberimiz (sallallâhu aleyhi ve sellem) Medine'ye geldi. Medine'ye geldiğinde durumu hakkında halktan sorup haber almaya çalışıyordum. Bu sırada Medineli birkaç kişi geldi. Kendilerine 'Medine'ye gelen şu adam ne yaptı?' diye sordum. Bana 'Halk peşinden koşuyor. Kabilesinin mensupları kendisini öldürmek istediler fakat bunu gerçekleştiremediler.' diye cevap verdiler.

Bu haber üzerine Medine'ye geldim. Yanına girip 'Ya Resulallah! Beni tanıdın mı?' diye sordum. Bana 'Evet, sen Mekke'de benimle buluşan kimsesin.' diye karşılık verdi. Kendisine 'Ya Resulallah! Allah'ın sana bildirmiş olduğu ve benim bilmediğim konular hakkında, namaz hakkında bilgi ver.' dedim. Şöyle buyurdu:

– 'Sabah namazını kıl, sonra güneş bir mızrak boyu yükselinceye kadar namaz kılma. Çünkü güneş doğduğu zaman şeytanın iki boynuzu arasından çıkar ve o süre içinde kâfirler güneşe secde ederler. Sonra mızrağın gölgesi en kısa seviyeye ininceye kadar namaz kıl. Çünkü o zaman kılınacak namaza melekler şahit olarak hazır bulunurlar. Sonra yine namaz kılma. Çünkü o sırada cehennem tutuşturulur. Gölge yön değiştirmeye yönelince yine ikindi namazını kılıncaya kadar istediğin namazı kıl. Çünkü o zaman kılınacak namaza melekler şahit olarak hazır bulunurlar. Sonra güneş batıncaya kadar yine namaz kılmaktan kaçın. Çünkü güneş şeytanın iki boynuzu arasında batar ve o süre içinde kâfirler güneşe secde ederler.'

Bu sırada kendisine 'Ya Resulallah! Ya abdest? Bana ondan bahset.' dedim. Şöyle buyurdu:

– 'İçinizden biri abdest suyunun yanına yaklaşır ve ağzına, burnuna su verip geri çıkarırsa yüzünün, ağzının ve genizlerinin günahları akar gider. Sonra Allah'ın emrettiği gibi yüzünü yıkarsa yüzünün günahları sakalının uçlarından su ile birlikte akar gider. Sonra kollarını dirseklerine kadar yıkayınca ellerinin günahları su ile birlikte parmak uçlarından akıp gider. Sonra başını meshedince başının günahları saçlarının uçlarından su ile birlikte akar gider. Sonra ayaklarını topuklarına kadar yıkayınca ayaklarının günahları su ile birlikte parmaklarının uçlarından akar gider. Eğer bu kimse ayağa kalkıp namaz kılar ve Allah'a hamd ü sena eder, O'nu layık olduğu sıfatlarla anar, kalbi ile sırf Allah'a yönelirse annesinin kendisini doğurduğu gün gibi kesin olarak günahlarından sıyrılır.'"

Amr b. Abese bu hadisi Peygamberimizin sahabilerinden Ebu Umame'nin yanında nakledince Ebu Umame kendisine 'Ya Amr b. Abese!

Söz konusu adama aynı yerde (abdest yerinde) verildiğini söylediğin mükâfata dikkat et.' dedi. Ebu Usame de ona şu cevabı verdi. 'Ya Eba Umame! Yaşım ilerledi, kemiklerim zayıfladı ve ölümüm yaklaştı. Üstelik ne Allah Teâlâ'ya ve ne de Allah'ın Resulü'ne yalan yakıştırmaya mecbur da değilim. Eğer bu hadisi Peygamberimizden (sallallâhu aleyhi ve sellem) bir kere, hatta iki kere, hatta üç kere (Amr b. Abese yedi kereye kadar saydı) işitmiş olmasaydım onu hiç nakletmezdim. Fakat ben onu belirttiğimden de daha çok kere duydum." (Müslim)

52. Bölüm
Allah'tan Ümit Etmenin Fazileti

Allah Teâlâ (celle celâlüh) buyuruyor ki:

- **"Ben her işimi Allah'a havale ediyorum. Çünkü Allah, kullarını görür. Allah da bu kulu onun için kurdukları tuzakların zararlarından korudu."** (Mü'min suresi, 44, 45. ayetler.)

443- Ebu Hureyre'den (radıyallâhu anh) rivayet edildiğine göre Peygamberimiz (sallallâhu aleyhi ve sellem) buyuruyor ki:

- "Allah Teâlâ (celle celâlüh) şöyle buyurur: 'Ben kulumun hakkımda düşündüğü gibiyim. Kulum beni andığı yerde ben onun yanındayım. Allah, kulunun tevbe etmesi karşısında çölde yitirdiği devesini bulanınızdan daha çok sevinir. Kim bana bir karış yaklaşırsa ben ona bir dirsek boyu yaklaşırım. Kim bana bir dirsek boyu yaklaşırsa ben ona bir kulaç yaklaşırım. Kulum bana yürüyerek yönelirse ben ona koşarak yönelirim.'" (Buhâri, Müslim)

444- Cabir b. Abdullah'tan (radıyallâhu anh) rivayet edildiğine göre Peygamberimiz (sallallâhu aleyhi ve sellem) vefatından üç gün önce "Herhangi biriniz, sakın Allah Teâlâ'ya karşı hüsnüzan içinde olmaksızın ölmesin." buyurmuştur.

445- Enes b. Malik'ten (radıyallâhu anh) rivayet edildiğine göre Peygamberimiz (sallallâhu aleyhi ve sellem) buyuruyor ki:

- "Allah Teâlâ (celle celâlüh) şöyle buyuruyor: 'Ey âdemoğlu! Sen bana dua edip bana umut bağladıkça, işlemiş olduğun günahları, üzerlerinde durmaksızın bağışlarım. Ey âdemoğlu! Günahların gökyüzünün yüceliklerine kadar ulaşmış olsa da benden affedilmeni dilesen, seni affederim. Ey âdemoğlu! Bana yeryüzü dolusuna yakın bir günah ile gelsen, fakat hiçbir şeyi bana ortak koşmaksızın karşıma çıksan, sana yeryüzü dolusuna yakın mağfiretle gelirim." (Tirmizî)

53. Bölüm
Korku ve Ümidi Birleştirmek

Bilesin ki! Kul için sağlığı yerindeyken tercih edilecek tutum, korku ve ümit içinde olması, korkusu ile ümidinin birbirine denk durumda bulunmasıdır. Fakat hastalık durumunda umut baskın hale gelir. Kitap ve sünnet kaynaklarına dayanan şeriat prensipleri de bu gerçeği açıklamaktadır.

Allah Teâlâ (celle celâlüh) buyuruyor ki:

- **"Hüsrana uğramış kimseler dışında hiç kimse Allah'ın tuzağından emin olamaz."** (A'raf suresi, 99. ayet.)

Allah Teâlâ (celle celâlüh) buyuruyor ki:

- **"Hiç şüphesiz, kâfirlerden başka hiç kimse Allah'ın rahmetinden ümit kesmez."** (Yusuf suresi, 87. ayet.)

Allah Teâlâ (celle celâlüh) buyuruyor ki:

- **"O gün kimi yüzler ağarır, kimisi de kararır."** (Âl-i İmrân suresi, 106. ayet.)

Allah Teâlâ (celle celâlüh) buyuruyor ki:

- **"Hiç şüphesiz, Rabbin hızlı ceza verendir ve hiç şüphesiz, yine O bağışlayıcı ve merhamet edicidir."** (A'raf suresi, 167. ayet.)

Allah Teâlâ (celle celâlüh) buyuruyor ki:

- **"Hiç şüphesiz, iyiler cennette ve kötüler cehennemdedirler."** (İnfitar suresi, 13, 14. ayetler.)

Allah Teâlâ (celle celâlüh) buyuruyor ki:

- **"Kimin tartıları ağır gelirse o imrenilir bir hayat içindedir. Buna karşılık kimin tartılan hafif gelirse onun yeri cehennemin dibidir."** (Kâria suresi, 6-9. ayetler.)

446- Ebu Hureyre'den (radıyallâhu anh) rivayet edildiğine göre Peygamberimiz (sallallâhu aleyhi ve sellem) buyuruyor ki:

- "Mü'min, Allah katındaki azabı bilse, hiç kimse O'nun cennetine girmeyi ummazdı. Buna karşılık kâfir de Allah katındaki rahmeti bilse O'nun cennetinden ümit kesmezdi." (Müslim)

447- Ebu Saidü'l-Hudrî'den (radıyallâhu anh) rivayet edildiğine göre Peygamberimiz (sallallâhu aleyhi ve sellem) buyuruyor ki:

- "Cenaze kefene konup adamlar onu omuzlarına alınca eğer iyi bir kimse ise 'Götürün beni! Götürün beni!' der. Eğer iyi bir kimse değilse 'Eyvah! O tabutu nereye götürüyorsunuz?' der. Ölünün (bu sözleri söylerkenki) sesini, insandan başka her canlı duyar. Eğer insan bu sesi duysa yere baygın düşerek ölüverir." (Buhâri)

448- İbni Mes'ud'dan rivayet edildiğine göre Peygamberimiz (sallallâhu aleyhi ve sellem) buyuruyor ki:

- "Cennet, herhangi birinize takunyasının tasmasından daha yakındır. Cehennem de öyle." (Buhâri)

54. Bölüm
Allah Korkusu ve Allah Özlemi ile Ağlamanın Fazileti

Allah Teâlâ (celle celâlüh) buyuruyor ki:

- **"Ağlayarak çeneleri üstüne (yüzükoyun) kapanıyorlar ve bu onların derin saygısını arttırıyor."** (İsrâ suresi, 109. ayet.)

Allah Teâlâ (celle celâlüh) buyuruyor ki:

- **"Acaba siz bu söze mi şaşıyor ve ağlayacağınız yerde gülüyorsunuz?"** (Necm suresi, 59, 60. ayetler.)

449- İbni Mes'ud (radıyallâhu anh) der ki: "Peygamberimiz (sallallâhu aleyhi ve sellem) bana 'Bana Kur'an oku.' buyurdu. Ben de kendisine 'Ya Resulallah! Kur'an sana indiği halde ben mi onu sana okuyacağım.' dedim. O da bana 'Onu başkasından duymak istiyorum.' diye buyurunca kendisine Nisâ suresini okudum. **'Her ümmetten bir şahit getirip de seni de onlara karşı şahit getirdiğimiz zaman onların halleri ne olacak?'** mealindeki ayete (Nisâ suresi, 41. ayet.) gelince bana 'Şimdilik bu kadarı yeter.' buyurdu. Kendisine dönüp bakınca gözlerinden yaşlar akıyordu." (Buhâri, Müslim)

450- Enes b. Malik (radıyallâhu anh) der ki:

- "Peygamberimiz (sallallâhu aleyhi ve sellem) bize benzerini hiç duymamış olduğum bir hutbe okudu ve 'Benim bildiğimi bilseniz az güler, çok ağlardınız.' buyurdu. Bu sırada sahabiler yüzlerini örtmüş ağlıyorlardı." (Buhâri, Müslim)

451- Ebu Hureyre'den (radıyallâhu anh) rivayet edildiğine göre Peygamberimiz (sallallâhu aleyhi ve sellem) buyuruyor ki:

- "Sağılan süt tekrar memeye dönmedikçe Allah korkusundan ağlayan kimse cehenneme girmez. Allah yolunun tozu ile cehennem ateşinin dumanı da asla bir araya gelmez." (Tirmizî)

452- Yine Ebu Hureyre'den (radıyallâhu anh) rivayet edildiğine göre Peygamberimiz (sallallâhu aleyhi ve sellem) buyuruyor ki:

– "Yedi kimse var ki başka hiçbir gölgenin bulunmayacağı bir günde (kıyamet günü) Allah (celle celâlüh) onları Arş'ının gölgesi altına alır. Adaletli devlet başkanı, Allah Teâlâ'ya ibadet ede ede büyüyen genç, camilere tutkun kimse, Allah için birbirlerini seven, bu sevgi ile bir araya gelip bu sevgi ile ayrılan iki kişi, güzel ve alımlı bir kadın tarafından (zina etmeye) çağrıldığı halde 'Ben Allah'tan korkarım.' diyen kimse, herhangi bir sadaka verip de sağ elinin verdiğini sol eli bilmeyecek derecede verdiğini gizli tutan kimse, yalnız başına iken Allah'ın adını anıp da gözleri yaşaran kimse." (Buhâri, Müslim)

453- Abdullah b. Şıhhir (radıyallâhu anh) der ki:

– "Bir gün Peygamberimize (sallallâhu aleyhi ve sellem) gelmiştim. Namaz kılıyordu. İçinden ağlamanın etkisi ile kaynayan tencere sesi gibi bir inilti geliyordu." (Ebu Dâvud, Tirmizî)

454- Enes b. Malik (radıyallâhu anh) der ki: "Peygamberimiz (sallallâhu aleyhi ve sellem) Ubeyy b. Kâ'b'a 'Allah Teâlâ (celle celâlüh) sana Lem yekünillezîne keferu suresini okumamı emretti.' buyurdu. Ubeyy b. Kâ'b 'Benim adımı belirtti mi?' diye sordu. Peygamberimiz (sallallâhu aleyhi ve sellem) ona 'Evet.' diye cevap verince Ubeyy ağladı." (Buhâri, Müslim)

Başka bir rivayete göre hadis "Ubeyy ağlamaya başladı." şeklinde sona ermektedir.

455- Enes b. Malik (radıyallâhu anh) der ki: "Peygamberimizin (sallallâhu aleyhi ve sellem) vefatından sonra Ebu Bekir, Ömer'e (radıyallâhu anhumâ) 'Hadi, Ümmü Eymen'e varıp Peygamberimizin yapmış olduğu gibi onu ziyaret edelim.' dedi. İkisi onun yanına varınca ağlar bir kadın gördüler. Kendisine 'Niye ağlıyorsun? Allah'ın takdirinin Peygamberimiz hakkında daha hayırlı olduğunu bilmiyor musun?' dediler. Kadın onlara 'Ben onun için ağlamıyorum. Allah'ın katında hazırlanan mertebenin Peygamberimizin hakkında daha hayırlı olduğunu biliyorum. Fakat gökten vahyin inişi kesildi diye ağlıyorum.' karşılığını verdi. Kadının bu sözleri onları da ağlattı ve her ikisi birlikte ağlaşmaya başladılar." (Müslim)

456- İbni Ömer (radıyallâhu anhumâ) der ki: 'Peygamberimizin (sallallâhu aleyhi ve sellem) hastalığı ağırlaşınca kendisine namazı kimin kıldıracağı soruldu. Peygamberimiz 'Ebu Bekir'e bildirin, halka namaz kıldırsın.' buyurdu. Hz. Âişe de (radıyallâhu anhâ) dedi ki: 'Babam yufka yürekli bir insandır. Kur'an okuyunca ağlamasını tutamaz.' Peygamberimiz yine de 'Ona bildirin de namaz kıldırsın.' buyurdu.

Bizzat Hz. Âişe'den (radıyallâhu anhâ) rivayet edildiğine göre kendisi Peygamberimize "Ebu Bekir senin yerine geçince ağlamaktan cemaate sesini duyuramaz." demiştir. (Buhâri, Müslim)

457- İbrahim b. Abdurrahman b. Avf'tan (radıyallâhu anh) rivayet edildiğine göre, Abdurrahman b. Avf'ın (radıyallâhu anh) oruçlu olduğu bir gün önüne iftar yemeği getirilmişti. Bunun üzerine şöyle dedi: "Benden daha değerli bir Müslüman olan Mus'ab b. Umeyr (radıyallâhu anh) şehit edilmişti. Üzerine kefen olarak hırkasından başka sarılacak bir şey bulunamadı. Onunla da başı örtülse ayakları, ayakları örtülse başı açık kalıyordu. Sonra bizim önümüze dünya nimeti o kadar çok yayıldı ki (veya bize o kadar çok dünyalık verildi ki) iyiliklerimizin sevabının öne alınarak bize dünyada verildiğinden endişeye kapıldık." Abdurrahman b. Avf, bu sözlerden sonra ağlamaya başladı ve yemek yemekten vazgeçti. (Buhâri)

458- Ebu Umame Sudeyy b. Aclan'dan (radıyallâhu anh) rivayet edildiğine göre Peygamberimiz (sallallâhu aleyhi ve sellem) buyuruyor ki:

– "Allah katında iki damla ile iki ayak izinden daha sevimli bir şey yoktur: Allah korkusundan akan yaş damlaları ile Allah yolunda akıtılan kan damlası. Ayak izlerine gelince... Allah yolunda atılan adımların ayak izleri ile Allah'ın farz kıldığı ibadetlerden birini yerine getirmek için atılan adımların ayak izleri." (Tirmizî)

Bu konuda birçok hadis vardır. Bunlardan biri de Irbaz b. Saliye (radıyallâhu anh) tarafından rivayet edilen ve şu şekilde başlayan hadistir. Irbaz (radıyallâhu anh) der ki: "Bir gün Peygamberimiz (sallallâhu aleyhi ve sellem) bize öyle bir vaaz verdi ki ondan kalpler ürperdi ve gözler yaş ile doldu." Bu hadisin tamamı "Sünnete Uyma" bölümünde geçmiştir. (Ebu Dâvud, Tirmizî)

55. Bölüm
Dünyaya Kapılmamanın, Kanaatkârlığın ve Yoksulluğun Fazileti

Allah Teâlâ c.c.) buyuruyor ki:

– "Dünya hayatı şuna benzer: Gökyüzünden indirdiğimiz su sayesinde insanların ve hayvanların yiyebileceği çeşitli bitkiler güverip birbirine girmiştir. Yeryüzü süslerini takıp ziynetlenince ve sahipleri bu bitkilere istedikleri gibi tasarruf edeceklerini sanınca bir gece veya bir gündüz o bitki örtüsüne emrimiz tecelli etmiştir de sanki dün yokmuş gibi onu biçilmiş tarlaya çevirdik. İşte biz, düşünen kimseler için, ayetleri böylesine inceden inceye açıklarız." (Yûnus suresi, 24. ayet.)

Allah Teâlâ c.c.) buyuruyor ki:

– "Onlara dünya hayatı hakkında şu örneği ver: Gökyüzünden indirdiğimiz su sayesinde çeşitli yeryüzü bitkileri güverip

birbirine girmiştir. Bir süre sonra da bu bitki örtüsü rüzgarın uçurduğu ot kırıntıları haline girmiştir. Hiç şüphesiz Allah'ın gücü her şeye yeter. Mal ve çoluk çocuk, dünya hayatının ziynetidir. Fakat geçici olmayan iyi ameller, Rabbin katında hem sevap ve hem de ümit kaynağı olabilme bakımından daha hayırlıdır." (Kehf suresi, 45, 46. ayetler.)

Allah Teâlâ c.c.) buyuruyor ki:

- "Bilesiniz ki, dünya hayatı oyundan, oyalanmadan, gösterişten, birbirinize karşı övünmekten, mal ve evlat çokluğu ile böbürlenmekten ibarettir. Tıpkı yetiştirdiği bitki örtüsü çiftçilerin hoşuna giden bir yağmur gibi, arkasından bu bitki örtüsü kuruyuverir de onu sararmış görürsün; sonra da ot kırıntısı haline gelir. Ahirette şiddetli azap ile Allah'ın bağışlayıcılığı ve rızası vardır. Dünya hayatı, aldatıcı bir metadan başka bir şey değildir." (Hadîd suresi, 20. ayet.)

Allah Teâlâ (celle celâlüh) buyuruyor ki:

- "Kadınlara, çocuklara, yığın yığın biriktirilmiş altın ve gümüş paralara, alımlı atlara, büyük ve küçük baş hayvanlar ile ekinlere karşı aşırı tutkunluk insanlara güzel gelir. Oysa ki, bunlar dünya metaıdırlar, sonunda varılacak asıl yurdun güzelliği ise Allah katındadır." (Âl-i İmrân suresi, 14. ayet.)

Allah Teâlâ (celle celâlüh) buyuruyor ki:

- "Ey insanlar, Allah'ın vaat ettiği akıbet gerçektir. Buna göre dünya hayatı sakın sizi aldatmasın ve o ayartıcı (şeytan) da sakın sizi aldatmasın." (Fâtır suresi, 5. ayet.)

Allah Teâlâ (celle celâlüh) buyuruyor ki:

- "Sayı çokluğu ile böbürlenmek sizi o kadar şaşırttı ki, işi mezarları ziyaret etmeye kadar vardırdınız. Bu tutum doğru değildir. İleride öğreneceksiniz! Bu tutum yine doğru değildir. İlerde öğreneceksiniz! Kesin bilgi ile bilseniz ki bu tutum doğru değildir!" (Tekâsür suresi, 1-5. ayetler.)

Allah Teâlâ (celle celâlüh) buyuruyor ki:

- "Şu dünya hayatı oyalanma ve oyundan başka bir şey değildir. Gerçek hayat ise, eğer bilmiş olsanız, ahiret yurdudur." (Ankebût suresi, 64. ayet.)

Bu konudaki ayetler çok ve meşhurdur. Bu konudaki hadisler de yine sayılamayacak kadar çoktur. Biz geride kalanlarına da örnek olabilecek olan başlıcalarını zikrediyoruz.

459- Ensar'dan Amr b. Avf'ın (radıyallâhu anh) rivayet ettiğine göre Peygamberimiz (sallallâhu aleyhi ve sellem) Ebu Ubeyde b. Cerrah'ı (radıyallâhu anh) oranın cizyesini alıp gelsin diye Bahreyn'e gönderdi. Ubeyde, Bahreyn'den gelirken yanında mal getirdi. Ubeyde'nin döndüğünü duyunca Ensar'ın tümü sabah namazını Peygamberimiz (sallallâhu aleyhi ve sellem) ile birlikte kılmaya geldiler. Peygamberimiz namazdan çıkıp giderken önüne çıktılar. Peygamberimiz onları görünce gülümseyerek "Öyle sanıyorum ki Ebu Ubeyde'nin Bahreyn'den bir şeyler getirdiğini duydunuz." buyurdu. Ensar da "Evet ya Resulallah!" diye karşılık verdiler. Bunun üzerine Peygamberimiz (sallallâhu aleyhi ve sellem) şöyle buyurdu:

– "Müjdeler size! Sevineceğiniz neticeyi ümit edin. Allah'a yemin ederim ki sizin hesabınıza korktuğum şey, fakirlik değildir. Tersine sizden öncekilere olduğu gibi size geniş dünya imkânlarının verilmesinden ve onlar nasıl dünya uğruna birbirleri ile didişip mahvoldularsa sizin de dünya uğruna birbirinizle didişip mahvolmanızdan korkuyorum." (Buhâri, Müslim)

460- Ebu Saidü'l-Hudrî (radıyallâhu anh) der ki: "Peygamberimiz mimbere çıkıp oturdu. Biz de onun çevresinde oturduk. O şöyle buyurdu:

– 'Benden sonra sizin hesabınıza korktuğum şeylerden biri, önünüze açılacak olan dünya ziynet ve alımlılığıdır.'" (Buhâri, Müslim)

461- Yine Ebu Saidü'l-Hudrî'den (radıyallâhu anh) rivayet edildiğine göre Peygamberimiz (sallallâhu aleyhi ve sellem) buyuruyor ki:

– "Dünya tatlı ve parlak görünüşlüdür. Allah Teâlâ (celle celâlüh) nasıl davranacağınızı görmek üzere sizi orada bir önceki neslin yerine geçirdi. Dünyadan sakının. Kadınlardan sakının." (Müslim)

462- Enes b. Malik'ten (radıyallâhu anh) rivayet edildiğine göre Peygamberimiz (sallallâhu aleyhi ve sellem) buyuruyor ki:

– "Allah'ım! Ahiret hayatından başka hayat yoktur." (Buhâri, Müslim)

463- Yine Enes'ten (radıyallâhu anh) rivayet edildiğine göre Peygamberimiz (sallallâhu aleyhi ve sellem) buyuruyor ki:

– "Ölüyü mezara kadar üç şey uğurlar: Yakınları, malı ve ameli. Bunların ikisi geri döner, biri yanında kalır: Yakınları ile malı geri döner, ameli ise yanında kalır." (Buhâri, Müslim)

464- Yine Enes'ten (radıyallâhu anh) rivayet edildiğine göre Peygamberimiz (sallallâhu aleyhi ve sellem) buyuruyor ki:

– "Kıyamet günü dünyada en yüksek refah içinde yaşayan bir cehennemlik getirilir ve cehenneme bir kere sokulup çıkarılarak kendisine

'Ey âdemoğlu! Daha önce hiç hayır gördün mü? Saadetle hiç karşılaştın mı?' diye sorulur. Adam 'Vallahi hayır ya Rabbi!' diye cevap verir. Buna karşılık dünyada en ağır geçim sıkıntısını geçirmiş olan cennetlik getirilir ve bir kere cennete konup çıkarılarak kendisine 'Ey âdemoğlu! Daha önce hiç sıkıntı çektin mi? Geçim darlığı ile hiç karşılaştın mı?' diye sorulur. Adam 'Hayır, vallahi daha önce ne geçim darlığı ile karşılaştım ve ne de sıkıntı çektim.' diye cevap verir." (Müslim)

465- Mustevrid b. Şeddad'dan (radıyallâhu anh) rivayet edildiğine göre Peygamberimiz (sallallâhu aleyhi ve sellem) buyuruyor ki:

– "Dünya, ahiret karşısında içinizden birinin parmağını denize daldırması gibidir. O kimse, parmağında ne kadar su ile döneceğine baksın." (Müslim)

466- Cabir'den (radıyallâhu anh) rivayet edildiğine göre Peygamberimiz (sallallâhu aleyhi ve sellem) iki yanında sahabileri ile birlikte bir çarşıdan geçiyordu. Yolun kenarında kısa kulaklı bir oğlak ölüsü ile karşılaştı. Onu kulağından tutup kaldırarak "Hanginiz bir dirhem karşılığında bunu almak ister?" diye sordu. Sahabiler "Hiçbir şey karşılığında onu almak istemeyiz. Onu ne yapacağız?" diye cevap verdiler. Peygamberimiz daha sonra "Onun sizin olmasını ister misiniz?" diye sordu. Sahabiler "Vallahi diri bile olsa kulağının kısalığı onun için bir kusur olurdu. Ölü olduktan sonra nesini isteyelim?" diye cevap verdiler. Bunun üzerine Peygamberimiz "Vallahi, Allah katında dünya, sizin gözünüzde şu oğlak ölüsünden daha değersizdir." diye buyurdu. (Müslim)

467- Ebu Zer (radıyallâhu anh) der ki: "Peygamberimizle birlikte kara taşlı bir arazide yürüyorduk. Karşımıza Uhud Dağı geldi. Peygamberimiz 'Ya Eba Zer!' deyince ona 'Lebbeyk ya Resulallah!' diye cevap verdim. O da şöyle buyurdu:

– 'Yanımda şu Uhud Dağı kadar altın olsa borcum kadarını alıkoyduktan sonra geriye kalanını yanımda üç gün bile tutmaksızın Allah'ın kulları içinde (sağa, sola ve arkasına dönerek) şu sana, şu sana ve şu da sana demekten başkasını istemezdim.' dedi ve bir süre yürüdükten sonra şöyle buyurdu:

– 'Malı hakkında (sağına, soluna ve arkasına dönerek) şu sana, şu sana ve şu da sana diyenler hariç, çok malı olanlar, kıyamet günü sevabı az olanlardır. Öyle diyenler de o kadar az ki!'

Sonra bana 'Olduğun yerde dur. Ben gelinceye kadar hiçbir yere kımıldama.' diyerek gecenin karanlığına dalıp kayboldu. Az sonra yükselen bir ses duyunca birinin Peygamberimize saldırmış olmasından korktum, yanına gitmek istedim. Fakat 'Olduğun yerde dur. Ben gelinceye kadar hiçbir yere kımıldama.' dediğini hatırlayarak kendisi yanıma gelinceye kadar hiçbir yere kımıldamadım. Yanıma gelince 'Bir ses duydum ve korktum.' deyip duyduklarımı ona tekrarladım. Bana 'Sen onu duydun mu?' diye sordu. Kendisine 'Evet.' diye karşılık verdim. Bana şöyle buyurdu 'O Cebrail'di. Bana gelerek 'Ümmetinden Allah'a hiçbir şeyi ortak koşmaksızın ölenler cennete girer.' dedi. Kendisine 'Zina ve hırsızlık etmiş olsa da mı?' diye sordum. Bana 'Evet, zina ve hırsızlık etmiş olsa bile.' diye cevap verdi.'" (Buhâri, Müslim)

468- Ebu Hureyre'den (radıyallâhu anh) rivayet edildiğine göre Peygamberimiz (sallallâhu aleyhi ve sellem) buyuruyor ki:

– "Uhud Dağı kadar altınım olsa, borcum kadarı hariç, diğerini yanımda üç gece bile tutmamak isterdim." (Buhâri, Müslim)

469- Yine Ebu Hureyre'den (radıyallâhu anh) rivayet edildiğine göre Peygamberimiz (sallallâhu aleyhi ve sellem) buyuruyor ki:

– "Varlık yönünden sizin üstünüzde bulunanlara değil, sizin altınızda bulunanlara bakınız. Bu tutum, Allah'ın size verdiği nimeti küçümsememenizin en uygun yoludur." (Buhâri, Müslim)

Buhâri'nin kaydettiği diğer bir rivayete göre hadis şöyledir:

– "İçinizden biri malca ve vücut güzelliği bakımından kendi üzerinde tutulan birini görünce hemen kendinden aşağı olana baksın."

470- Yine Ebu Hureyre'den (radıyallâhu anh) rivayet edildiğine göre Peygamberimiz (sallallâhu aleyhi ve sellem) buyuruyor ki:

– "Altın ve gümüş paranın, kadifenin ve yünlü kumaşın kölesi mahvoldu. Çünkü kendisine verilirse sevinir, verilmezse üzülür." (Buhâri)

471- Ebu Hureyre (radıyallâhu anh) der ki: "Ben Sufa Ehli'nden yetmiş kişiyi gördüm. Aralarında üzerinde hırkası olan yoktu. Üzerlerinde ya sade gömlek veya sade iç elbisesi vardı. Bunları boyunlarına bağlıyorlardı. Bu elbiselerin bir kısmı diz kapaklarının ortalarına kadar ve kimisi de topuklarına kadar iniyordu. Avret yerleri görünür diye çekinerek adam bu elbisenin uçlarını avucunda tutuyordu." (Buhâri)

472- Yine Ebu Hureyre'den (radıyallâhu anh) rivayet edildiğine göre Peygamberimiz (sallallâhu aleyhi ve sellem) buyuruyor ki:

– "Dünya mü'minin zindanı, kâfirin cennetidir." (Müslim)

473- İbni Ömer (radıyallâhu anhumâ) der ki: "Resulullah (sallallâhu aleyhi ve sellem) elini omuzlarıma koyarak bana "Dünyada yabancı veya yolcuymuşsun gibi ol." buyurdu. İbni Ömer de "Akşama ulaştığında sabahı, sabaha çıktığında da akşamı düşünme. Sağlığın yerindeyken hastalığın için ve hayattayken ölümün için hazırlık yap." derdi. (Buhâri)

Hadis âlimleri bu hadisi şöyle açıkladılar:

Dünyaya gönül verip onu yurt edinme. Kendi kendine dünyada uzun zaman kalma arzusunu ve dünya tutkunluğunu telkin etme. Dünya ile yabancının yurdu olmayan bir yerle ilgilendiğinden daha fazla ilgilenme. Kendi ailesine katılmayı isteyen bir yabancının meşgul olmayacağı konularla meşgul olma. Başarı Allah'tandır.

474- Ebu Abbas Sehl b. Sa'd el-Saidi (radıyallâhu anh) der ki: "Adamın biri Peygamberimize (sallallâhu aleyhi ve sellem) gelerek 'Ya Resulallah! Bana öyle bir amel göster ki onu işleyince hem Allah hem de insanlar beni sevsinler.' dedi. Peygamberimiz de ona şu cevabı verdi:

– 'Dünyadan yüz çevir ki Allah seni sevsin. İnsanların elindekine gönül verme ki insanlar seni sevsin.'" (İbni Mace)

475- Numan b. Beşir (radıyallâhu anhumâ) der ki: "Ömer b. Hattab (radıyallâhu anh) dünya yüzünden insanların başlarına gelenleri anlatarak şöyle dedi: 'Ben, Resulullah'ın karnını doyuracak hurma döküntüsü bulamayarak bütün gün açlıktan iki büklüm kıvrandığını görmüşümdür.'" (Müslim)

476- Hz. Âişe (radıyallâhu anhâ) der ki: "Resulullah (sallallâhu aleyhi ve sellem) vefat ettiği zaman rafımda bulunan birazcık arpadan başka evimde canlının yiyebileceği hiçbir şey yoktu. Uzun zaman ondan yedim, nihayet tükeniverdi." (Buhâri, Müslim)

477- Peygamberimiz (sallallâhu aleyhi ve sellem) eşi Cuveyriye'nin kardeşi Amr b. Haris (R. Anhuma) der ki: "Peygamberimiz (sallallâhu aleyhi ve sellem) vefat edince geriye ne altın ve gümüş para, ne erkek ve kadın köle ne de başka bir şey bıraktı. Sadece binek hayvanı olarak kullandığı beyaz bir katır, silahı ve yolcular yararına vakfettiği bir parça arazisi arkada kalmıştı." (Buhâri)

478- Habbab b. Eret (radıyallâhu anh) der ki: "Bizler Allah'ın rızasını kazanmak için Peygamberimiz (sallallâhu aleyhi ve sellem) ile birlikte hicret ettik. Allah katında mükâfatımız gerçekleşti. Kimimiz ecrinden hiç yemeden vefat etti. Bunlardan biri Musab b. Umeyr'dir (radıyallâhu anh), Uhud savaşında şehit edildiği zaman kaba işlemeli bir gömlekten başka bir şeyi yoktu. Bununla başını örtünce ayakları ve ayaklarını örtünce başı açıkta kalıyordu. Peygamberimiz o gömlekle başını örtmemizi ve ayaklarını da Izhır adlı otlarla kapatmamızı emretti. Kimimizin de meyvesi olgunlaşmış ve o da o meyvayı devşirmiştir." (Buhâri, Müslim)

479- Sehl b. Sa'd el-Saidî'den (radıyallâhu anh) rivayet edildiğine göre Peygamberimiz (sallallâhu aleyhi ve sellem) buyuruyor ki:

– "Eğer dünya Allah katında sivrisinek kanadına denk olsaydı, Allah hiçbir kâfire ondan bir içim su dahi vermezdi." (Tirmizî)

480- -Ebu Hureyre'den (radıyallâhu anh) rivayet edildiğine göre Peygamberimiz (sallallâhu aleyhi ve sellem) buyuruyor ki:

– "Haberiniz olsun, hiç şüphesiz dünya mel'undur. Ondaki her şey de mel'undur. Yalnız Allah'ı zikretmek, Allah'ı zikretmeye vesile olan şeyler ile âlim ve öğrenci müstesna." (Tirmizî)

481- Abdullah b. Mes'ud'dan (radıyallâhu anh) rivayet edildiğine göre Peygamberimiz (sallallâhu aleyhi ve sellem) buyuruyor ki:

– "Akar edinip dünyaya tutulmayınız." (Tirmizî)

482- Abdullah b. Amr b. el-Âs (radıyallâhu anh) der ki: "Barakamızı tamir ederken Resulullah (sallallâhu aleyhi ve sellem) yanımıza uğradı ve 'Ne yapıyorsunuz?' diye sordu. Kendisine 'Bu baraka yıkılmaya yüz tuttu da onu onarıyoruz.' diye cevap verdik. O bize şöyle buyurdu:

– 'Ölüm konusunu bundan daha acil görüyorum.'" (Ebu Dâvud, Tirmizî, Buhâri, Müslim)

483- Kâ'b b. Iyaz'dan (radıyallâhu anh) rivayet edildiğine göre Peygamberimiz (sallallâhu aleyhi ve sellem) buyuruyor ki:

– "Her ümmet için bir imtihan konusu vardı. Benim ümmetimin imtihan konusu da maldır." (Tirmizî)

484- Ebu Amr (bazılarına göre de Ebu Abdullah veya Ebu Ya'lâ) Osman b. Affan'dan (radıyallâhu anh) rivayet edildiğine göre Peygamberimiz (sallallâhu aleyhi ve sellem) buyuruyor ki:

– "İnsanoğlunun şu maddeler dışında hiçbir hakkı yoktur: Barınacağı bir ev, edeb yerlerini örten bir elbise ve ekmek koyacak kabkaçak." (Tirmizî)

485- Abdullah b. Şıhhir (radıyallâhu anh) der ki: "Peygamberimizin (sallallâhu aleyhi ve sellem) yanına girmiştim. Elhakümü't-tekâsürü suresini okuyordu. Şöyle buyurdu:

– "Âdemoğlu 'Malım! Malım!' der. Ey âdemoğlu! Yiyip tükettiğinden, giyip eskittiğinden ve sadaka olarak verip de sevabını kayda geçirdiğinden başka ne malın var ki?" (Müslim)

486- Abdullah b. Muğaffel (radıyallâhu anh) der ki: "Adamın biri Peygamberimize 'Ya Resulallah! Vallahi seni seviyorum.' dedi. Peygamberimiz ona 'Ne söylediğine iyi dikkat et.' buyurdu. Adam bu sefer üç kere üst üste 'Ya Resulallah! Vallahi seni seviyorum.' dedi. Bunun üzerine Peygamberimiz ona şu cevabı verdi.

– 'Eğer beni seviyorsan fakirliğe karşı zırh hazırla. Çünkü fakirlik beni sevene ulaşmada, selin hedefine doğru akmasından daha hızlıdır.'" (Tirmizî)

487- Kâ'b b. Malik'ten (radıyallâhu anh) rivayet edildiğine göre Peygamberimiz (sallallâhu aleyhi ve sellem) buyuruyor ki:

– "Kişinin mal ve şöhret hırsının dinine verdiği zararı, sürüye salınan iki aç kurt koyunlara veremez." (Tirmizî)

488- Abdullah b. Mes'ud (radıyallâhu anh) der ki: "Peygamberimiz (sallallâhu aleyhi ve sellem) bir gün hasır üzerinde uyudu ve vücudunun yan tarafında izi çıktı. Kendisine 'Ya Resulallah! Sana bir yatak sağlasak.' dedik. O da bize şu cevabı verdi:

– 'Dünya ile benim işim ne? Ben dünyada bir ağaç altında bir süre gölgelendikten sonra oradan kalkıp ayrılan bir atlı gibiyim.'" (Tirmizî)

489- Ebu Hureyre'den (radıyallâhu anh) rivayet edildiğine göre Peygamberimiz (sallallâhu aleyhi ve sellem) buyuruyor ki:

– "Fakirler, zenginlerden beş yüz yıl önce cennete girerler." (Tirmizî)

490- İbni Abbas ve İmran b. el-Husayn'dan (radıyallâhu anhuma) rivayet edildiğine göre Peygamberimiz (sallallâhu aleyhi ve sellem) buyuruyor ki:

– "Bana cennet gösterildi. Cennetliklerin çoğunluğunun fakirler olduğunu gördüm. Bana cehennem gösterildi. Cehennemliklerin çoğunluğunun kadınlar olduğunu gördüm." (Buhâri, Müslim)

491- Usame b. Zeyd'den (radıyallâhu anh) rivayet edildiğine göre Peygamberimiz (sallallâhu aleyhi ve sellem) buyuruyor ki:

– "Cennetin kapısında durdum, içeri girenlerin büyük bir çoğunluğu yoksullardı. Varlıklılar kapıda bekletiliyorlardı. Ne var ki onların cehennemliklerinin cehenneme götürülmeleri emrolunmuştu." (Buhâri, Müslim)

492- Ebu Hureyre'den (radıyallâhu anh) rivayet edildiğine göre Peygamberimiz (sallallâhu aleyhi ve sellem) buyuruyor ki:

– "Herhangi bir şairin söylediği en doğru söz Lebid'in 'Haberiniz olsun ki Allah'tan başka her şey batıldır.' sözüdür." (Buhâri, Müslim)

56. Bölüm
Açlığın, Hayat Sıkıntısının Fazileti. Az Yiyecek, İçecek ve Giyecekle Yetinmek ve İhtiraslardan Uzak Durmak

Allah Teâlâ (celle celâlüh) buyuruyor ki:

- "Onların arkasından öyle bir nesil geldi ki, namazı bırakıp aşırı arzularının peşine düştüler. Onlar cezaya çarpılacaklardır. Yalnız tevbe ederek iman edip iyi ameller işleyenler müstesna. Böyleleri en ufak bir haksızlığa uğratılmaksızın cennete girerler." (Meryem suresi, 59, 60. ayetler.)

Allah Teâlâ (celle celâlüh) buyuruyor ki:

- "Derken (Karun) süsleri içinde kavminin karşısına çıktı. Dünya hayatını isteyenler 'Keşke Karun'a verilen mal gibi bize de mal verilseydi. Hiç şüphesiz o, büyük bir bahtiyardır.' dediler. Öte yandan kendilerine ilim verilenler 'Yazık size! İman edip iyi amel işleyenlere göre Allah'ın vereceği sevap daha hayırlıdır.' dediler." (Kasas suresi, 79, 80. ayetler.)

Allah Teâlâ (celle celâlüh) buyuruyor ki:

- "Sonra hiç şüphesiz, o gün verilen nimetler hakkında sorguya çekileceksiniz." (Tekâsür suresi, 8. ayet.)

Allah Teâlâ (celle celâlüh) buyuruyor ki:

- "Kim dünyayı isterse, orada dilediğimiz kimseye, dilediğimiz kadar dünyalık veririz. Sonra kınanmış ve kovulmuş olarak onu cehenneme koyarız." (İsrâ suresi, 18. ayet.)

Bu konudaki ayetler çok ve malumdur.

493- Hz. Âişe (radıyallâhu anhâ) der ki: "Peygamberimizin vefatına kadar, onun çoluk çocuğu iki gün arka arkaya arpa ekmeği yiyip doymuş değildir." (Buhâri, Müslim)

Başka bir rivayete göre hadis şöyledir: "Peygamberimizin Medine'ye gelişinden vefatına kadar onun çoluk çocuğu üç gece arka arkaya doyasıya buğday ekmeği yememiştir."

494- Urve'den (radıyallâhu anh) rivayet edildiğine göre Hz. Âişe (radıyallâhu anha) der ki: "Ey kız kardeşimizin oğlu! Vallahi biz (Peygamber'in eşleri) bir ay kesiminden, diğer ay kesimine iki ay içinde üç kesim gördük de Resulullah'ın (sallallâhu aleyhi ve sellem) evlerinde ocak yanmadı." Urve der ki: "Teyzeciğim, ne ile geçiniyordunuz?" diye sordum. Âişe bana şu karşılığı verdi. "İki kara şeyle (hurma ve su). Yalnız Resulullah'ın Ensar'dan olan ve sağılır hayvanlara sahip olan bazı komşuları vardı.

Bu komşular hayvanların sütlerinden Peygamber'e gönderirlerdi de o da bize içirirdi." (Buhâri, Müslim)

495- Ebu Saidü'l-Mukbiri'den (radıyallâhu anh) rivayet edildiğine göre Ebu Hureyre (radıyallâhu anh) önlerinde etleri kızartılmış bir koyun bulunan bir gruba rastladı. Gruptakiler kendisini yemeğe çağırdılar. Ebu Hureyre "Peygamberimiz, doyasıya arpa ekmeği bile yiyemeden dünyadan ayrıldı." diyerek onların teklifini reddetti. (Buhâri)

496- Enes b. Malik (radıyallâhu anh) der ki: "Peygamberimiz (sallallâhu aleyhi ve sellem) vefat edinceye kadar sofraya oturup yemek yememiştir. Ayrıca has undan yapılmış ekmek yememiştir." (Buhâri)

Buhâri'nin kaydettiği diğer bir rivayete göre "Gözleri kızartılmış koyun görmüş değildir." cümlesi de hadise dahildir.

497- Numan b. Beşir (radıyallâhu anhumâ) der ki: "Peygamberimizin (sallallâhu aleyhi ve sellem) karnını doyuracak kadar adî hurma bulamadığını gözlerimle gördüm." (Müslim)

498- Sehl b. Sa'd (radıyallâhu anh) der ki: "Resulullah (sallallâhu aleyhi ve sellem) Allah Teâlâ'nın kendisini Peygamber olarak gönderdiği andan ruhunu alıncaya kadar elenmiş arpa unu görmüş değildir." Kendisine "Peygamberimizin zamanında sizlerde elek var mıydı?" diye sordular. Sehl "Resulullah (sallallâhu aleyhi ve sellem) Allah Teâlâ'nın kendisini Peygamber olarak gönderdiği andan ruhunu alıncaya kadar elek görmemiştir." diye cevap verdi. Kendisine "Elenmemiş arpa ununu nasıl yiyordunuz?" diye sordular. Sehl de "Arpayı öğütüp havaya savururduk. Uçan kısımlar uçardı. Kalanları yoğurup hamur yapardık." diye cevap verdi. (Buhâri)

499- Ebu Hureyre (radıyallâhu anh) der ki: "Resulullah bir gün (veya bir gece) evinden çıktı. Yolda Ebu Bekir ve Ömer'le karşılaştı. Onlara 'Bu saatte evinizden çıkmanıza yol açan sebep nedir?' diye sordu. Onlar da 'Ya Resulallah! Açlık.' diye cevap verdiler. Peygamberimiz de onlara 'Nefsimi kudret elinde tutan Allah'a yemin ederim ki, beni de aynı sebep evden çıkmaya zorladı. Kalkın.' buyurdu.

Bunun üzerine onlar da kalkıp Peygamberimizle birlikte yola koyuldular. Peygamberimiz, Ensar'dan birinin evine vardı. Adam evinde yoktu. Adamın eşi Peygamberimizi görünce 'Hoş geldiniz! Buyurun!' dedi. Peygamberimiz 'Falanca nerede?' diye sordu. Kadın 'Bize tatlı su bulmaya gitti.' diye cevap verdi.

Bu sırada adam çıkageldi. Peygamberimiz ile arkadaşlarını görünce 'Elhamdülillah! Bugün hiç kimse benim kadar şerefli misafirlere kavuşmamıştır.' dedi. Hemen koşarak onlara üzerinde koruğu, kurusu ve yaşı bulunan bir hurma dalı getirip 'Buyrun.' dedi. Bir yandan da bıçağı eline alınca Peygamberimiz kendisine 'Sakın sağmal koyun kesme.' dedi. Adam onlara bir koyun kesti. Onlar da koyun eti ile hurmanın bir kısmını yediler ve su içtiler. Karınları doyduktan ve suya kandıktan sonra Peygamberimiz, Ebu Bekir ve Ömer'e şöyle buyurdu:

- 'Nefsimi kudret elinde tutan Allah'a yemin ederim ki kıyamet günü, bu nimet hakkında sorguya çekileceksiniz. Açlık sizi evlerinizden çıkmaya zorlayınca bu nimete kavuşuncaya kadar geri dönmediniz.'" (Müslim)

500- Halid b. Ömer el-Adevî (radıyallâhu anh) der ki: "Utbe bin Gazavan (radıyallâhu anh) Basra valisi iken bir gün bize bir hutbe okudu. Allah'a hamd ü sena ettikten sonra şöyle dedi: 'İmdi, dünya, faniliğini ilan etti. Yüzünü dönmüş hızla gidiyor. Su kabının dibinde sahibi tarafından biriktirilen su kalıntısı gibi (az bir süresi) kalmıştır. Sizler buradan sonu olmayan bir yurda göçeceksiniz. Oraya yanınızda iyi ameller bulunarak göçünüz. Çünkü bize anlatıldığına göre cehennemin ağzından atılan bir taş yetmiş sene boyunca düşmeye devam ettiği halde cehennemin dibine ulaşamaz. Vallahi orası doldurulacaktır. Ne o, şaşırdınız mı? Yine bize anlatıldığına göre cennet kapılarının her biri kırk yıllık mesafe genişliğindedir. Buna rağmen o gün (kıyamet) gelince aşırı kalabalık yüzünden çok sıkışacaktır.

Ben kendimi Peygamberimizin (sallallâhu aleyhi ve sellem) yanında bulunan yedi kişinin yedincisi olarak görüyorum. Ağaç yapraklarından başka yiyecek bir şeyimiz yoktu. Yaprak yemekten ağızlarımızın kenarları kanıyordu. Ben bir hırka almış ve onu Sa'd b. Malik ile bölüşmüştüm de ben de o da yarımşar hırka ile vücudumuzu örtmüştük. Şimdi her birimiz birer şehrin valisi olduk. Bu yüzden ben kendi gözümde önemli bir adam haline gelip Allah katında küçük olmaktan O'na sığınırım.'" (Müslim)

501- Ebu Musa el-Eş'arî (radıyallâhu anh) der ki: "Hz. Âişe (radıyallâhu anhâ) kaba kumaştan yapılmış bir gömlek ile bir peştemal çıkarıp göstererek 'Resulullah, bunların içinde can verdi.' dedi." (Buhâri, Müslim)

502- Sa'd b. Ebi Vakkas (radıyallâhu anh) der ki: "Ben Allah yolunda ilk ok atan arabım. Vallahi, bizler Peygamberimizle (sallallâhu aleyhi ve sellem) birlikte savaşırken asma yaprağı ile şu sakız ağacından başka hiçbir yiyeceğimiz yoktu. O yüzden içimizden büyük abdest bozanlar, koyun dışkısı gibi kaskatı şeyler çıkarırlardı." (Buhâri, Müslim)

503- Ebu Hureyre'den (radıyallâhu anh) rivayet edildiğine göre Peygamberimiz (sallallâhu aleyhi ve sellem) buyuruyor ki:

– "Allah'ım! Muhammed ailesinden gelenlerin rızkının yaşamalarını sağlayacak kadar olmasını nasib eyle." (Buhâri, Müslim)

504- Ebu Hureyre (radıyallâhu anh) der ki: "Kendisinden başka ilah olmayan Allah'a yemin ederim ki, açlıktan midemi yere dayadığım zamanlar olmuştur. Karnıma taş bağladığım zamanlar olmuştur. Bir gün sahabilerin geçtiği yolun üzerinde oturmuştum. Peygamberimiz (sallallâhu aleyhi ve sellem) ile karşılaştım. Beni görünce yüzümdeki ve içimdeki derdi anlayarak bana gülümsedi ve 'Ya Eba Hureyre!' dedi. Kendisine 'Buyur ya Resulallah!' diye karşılık verdim. Bana 'Arkamdan gel.' buyurarak yürüdü. Ben de arkasından yürüdüm. İzin isteyip eve girdi. Bana da izin verdi de ben de içeri girdim. Bir çanakta süt buldu. Bu süt nereden geldi diye sordu. Kendisine 'Onu falanca erkek (veya kadın) hediye etti.' diye cevap verdiler.

Bana 'Ya Eba Hureyre!' diye buyurdu. 'Buyur ya Resulallah!' dedim. 'Sufa halkına git, onları bana çağır.' buyurdu. Sufa ehli, İslam'ın misafirleri idiler. Ne aileye ne mala ne de bir kimseye sığınırlardı. Peygamberimize (sallallâhu aleyhi ve sellem) bir sadaka gelince hiç dokunmadan onu onlara gönderirdi. Kendisine bir hediye gelince de onları çağırır ve içinden bir pay alarak onları da ona ortak ederdi.

Peygamberimizin onları çağırması o anda hoşuma gitmemişti. Kendi kendime 'Bu süt Sufa ehlinin nesine yetecek! Oysa ki onun bir kısmını benim içmem ve karnımı doyurmam daha yerinde olurdu. Onlar gelip Peygamberimizin emri uyarınca ben sütü onlara dağıtınca bana bir pay düşmesi beklenemez.' dedim. Fakat Allah'a ve O'nun Resulü'ne itaat etmekten başka çare yoktu. Sufa ehline varıp kendilerini çağırdım. Peygamberimizin kapısına gelip izin istediler. O da onlara izin verdi, içeri girerek yer bulup oturdular. Peygamberimiz 'Ya Eba Hureyre!' buyurdu. 'Buyur ya Resulallah!' dedim. Bana 'Sütü al ve onlara ikram et!' buyurdu. Çanağı alıp birine veriyordum. Doyasıya içince onu bana geri veriyor, ben de bir başkasına veriyordum. O da içip doyunca çanağı bana geri veriyordu. Böylece sıra Peygamberimize geldi. Sufa ehlinin tümü doymuştu.

Peygamberimiz çanağı alıp elinin üzerine koydu. Bana baktı ve gülümseyerek 'Ya Eba Hureyre!' buyurdu. 'Buyur ya Resulallah!' dedim. 'Benle sen kaldık.' buyurdu. 'Evet, doğru söylüyorsun ya Resulallah.' dedim. Bana 'Otur da iç.' buyurdu. Ben de oturup içtim. Yine 'İç.'

buyurdu, içmeye devam ettim. Yine 'İç.' buyurmaya devam edince kendisine 'Hayır. Seni hak üzere gönderen Allah'a yemin ederim ki yuttuğumu gönderecek boş bir yerim kalmadı.' diye cevap verdim. Bunun üzerine 'Çanağı ver de göreyim.' diye buyurdu. Çanağı kendisine uzattım. Besmele çekip Allah'a hamdettikten sonra geriye kalan sütü içti." (Buhâri)

505- Muhammed b. Sirin'den rivayet edildiğine göre Ebu Hureyre (radıyallâhu anh) der ki: "Bir gün kendimi, Resulullah'ın (sallallâhu aleyhi ve sellem) mimberi ile Hz. Âişe'nin (radıyallâhu anhâ) hücresi arasında baygın olarak yere yığılmış gördüm. Gelip geçen ayağı ile boynuma basıyor ve beni delirmiş görüyordu. Oysa delirmiş değildim. Açlıktan başka bir şeyim yoktu." (Buhâri)

506- Hz. Âişe (radıyallâhu anhâ) der ki: "Resulullah (sallallâhu aleyhi ve sellem) vefat edince zırhı otuz sa' arpa karşılığında bir Yahudinin yanında rehin olarak duruyordu." (Buhâri, Müslim)

507- Enes b. Malik (radıyallâhu anh) der ki: "Peygamberimiz (sallallâhu aleyhi ve sellem) bir miktar arpa karşılığında zırhını rehine vermişti de ben ona arpa ekmeği ve erimiş bayat içyağı götürmüştüm. Muhammed'in aileleri yanında bir sa' yiyecek ne sabaha kadar ve ne de akşama kadar kalabildi. Onun aile fertleri dokuz evdi." (Buhâri)

508- Ebu Hureyre (radıyallâhu anh) der ki: "Ben Sufa ehlinden yetmiş kişi gördüm. Hiç birinin üzerinde hırka yoktu. Kimi uzun gömlek giyiyor kimi de vücuduna peştemal sarıp uçlarını boynuna bağlıyordu. Bu peştemalların kimisi diz kapaklarının ortasına kadar, kimisi de topuklara kadar iniyordu. Edep yerleri görünmesin diye çekinerek, sahibi peştemalın ucunu avucunda tutuyordu." (Buhâri)

509- Hz. Âişe (radıyallâhu anhâ) der ki: "Peygamberimizin yatağı içi hurma lifleri ile doldurulmuş hayvan postu idi." (Buhâri)

510- İbni Ömer (radıyallâhu anhumâ) der ki: "Bizler, Peygamberimiz (sallallâhu aleyhi ve sellem) ile birlikte oturuyorken Ensar'dan biri gelip Peygamberimize selam verdi ve sonra geriye döndü. Peygamberimiz adama 'Ya Ensarî kardeş! Kardeşim Sa'd b. Ubade nasıl?' diye sordu. Adam 'İyileşme yolundadır.' dedi. Peygamberimiz bize 'Hanginiz onu ziyaret etmek istiyor?' diye sorarak ayağa kalktı, biz de onunla birlikte kalktık. Bizler on kişiden fazlaydık. Ayağımızda ne pabuç ne de mest, üstümüzde de ne fes ve ne de gömlek vardı. Bu durumda o çorak arazide yürüye yürüye onun yanına vardık. Biz yanına varınca Peygamberimiz ile sahabileri hastaya yaklaşabilsinler diye yakınları etrafından çekildiler." (Müslim)

511- İmran b. el-Husayn'dan (radıyallâhu anhumâ) rivayet edildiğine göre Peygamberimiz (sallallâhu aleyhi ve sellem) buyuruyor ki:

- "En hayırlılarınız benim çağdaşlarımdır. Sonra onlardan sonra gelenler, daha sonra da onların ardından gelenler gelir."

Hadisi rivayet eden İmran "Peygamberimizin 'Sonra da onların arkasından gelenler.' ifadesini iki kere mi yoksa üç kere mi kullandığını hatırlamıyorum." diyor. Peygamberimiz sözlerine şöyle devam ediyor:

- "Sonra şahit olmaya çağrılmamalarına rağmen şahitlik yapan, hıyanet edip güvenilmeyen, adak adayıp adadıklarını gerçekleştirmeyen bir kavim ortaya çıkar. Bu kavmin arasında şişmanlık alır yürür." (Buhâri, Müslim)

512- Ebu Umame'den (radıyallâhu anh) rivayet edildiğine göre Peygamberimiz (sallallâhu aleyhi ve sellem) buyuruyor ki:

- "Ey âdemoğlu! Geçiminden fazlasını vermen senin hesabına hayırlı, onu yanında alıkoyman senin hesabına şerdir. Geçimine yetecek kadar olan dünyalıktan dolayı kınanmazsın. Yardım etmeye, geçindirmek zorunda olduğun kimselerden başla." (Tirmizî)

513- Ubeyd b. Muhsin el-Ensari, el-Hatamî'den (radıyallâhu anhâ) rivayet edildiğine göre Peygamberimiz (sallallâhu aleyhi ve sellem) buyuruyor ki:

- "İçinizden biri can ve mal güvenliği içinde, vücut sağlığına ve gündelik geçimine sahip olarak sabaha kavuşursa, dünyanın tümü kendisine bağışlanmış gibidir." (Tirmizî)

514- Abdullah b. Amr b. el-Âs'tan (radıyallâhu anhumâ) rivayet edildiğine göre Peygamberimiz (sallallâhu aleyhi ve sellem) buyuruyor ki:

- "Müslüman olup da rızkı geçimine kılı kılına yetecek kadar olan ve Allah'ın verdiğine karşı kanaatkâr kıldığı kimse felaha ermiştir." (Müslim)

515- Ebu Muhammed Fedale b. Ubeydü'l-Ensari'den (radıyallâhu anh) rivayet edildiğine göre Peygamberimiz (sallallâhu aleyhi ve sellem) buyuruyor ki:

- "İslam'a hidayet olunup da geçimi, gündelik ihtiyaçlarını kılı kılına karşılayacak kadar olan ve buna kanaat eden kimseye ne mutlu!" (Tirmizî)

516- İbni Abbas (radıyallâhu anhumâ) der ki: "Peygamberimiz (sallallâhu aleyhi ve sellem) arka arkaya birkaç gece aç yatar, ev halkı da akşamleyin yiyecek bir şey bulamazdı. Çoğunlukla ekmekleri arpa ekmeği idi." (Tirmizî)

517- Fudale b. Ubeyd (radıyallâhu anh) der ki: "Peygamberimiz (sallallâhu aleyhi ve sellem) halka namaz kıldırırken bazıları halsizlikten dolayı ayakta duramayıp yere yıkılırlardı (bunlar Suffa ehli idi) öyle ki, taşralı Araplar

'Bunlar delirdi.' derlerdi. Peygamberimiz namazdan sonra onların yanına gider ve şöyle buyururdu:

- 'Allah Teâlâ katındaki derecenizi bilseniz, daha çok açlık ve yoklukla karşılaşmak isterdiniz.'" (Tirmizî)

518- Ebu Kerime Mıktad b. Me'dikerib'den (radıyallâhu anh) rivayet edildiğine göre Peygamberimiz (sallallâhu aleyhi ve sellem) buyuruyor ki:

- "Âdemoğlu, kendi hesabına midesinden daha kötü bir kap doldurmamıştır. Birkaç lokma belini dik tutmaya yeter. Eğer daha çok yemeden edemiyorsa midesinin üçte birini yemeğe, üçte birini içeceğe ve kalan üçte birini de nefes alıp verme payı olarak ayırmalıdır." (Tirmizî)

519- Ebu Umame İyas b. Sa'lebetü'l-Ensari el-Harisî (radıyallâhu anh) der ki: "Bir gün sahabiler, peygamberimizin (sallallâhu aleyhi ve sellem) yanında dünyadan bahsettiler. Bunun üzerine o da şöyle buyurdu:

- "Duymuyor musunuz, duymuyor musunuz? Sadelik imandandır, sadelik imandır." (Peygamberimiz sadelik ile az yemekten ileri gelen vücut süzgünlüğünü kastetmiştir.) (Ebu Davud)

520- Ebu Abdullah Cabir b. Abdullah (radıyallâhu anh) der ki: "Peygamberimiz, başımıza Ebu Ubeyde'yi komutan tayin ederek bizi Kureyş'in reislerinden biri ile buluşmaya gönderdi. Yanımıza azık olarak bir tulum hurma verdi, başka verecek bir şey bulamamıştı. Ebu Ubeyde bize birer birer hurma dağıtırdı. Cabir'e 'Onları ne yapıyordunuz?' diye sordular. Cabir sözlerine şöyle devam etti: 'Hurmaları çocuk gibi emiyor, üzerine de biraz su içiyorduk. Bu bize geceye kadar yetiyordu. Değneklerimizle ağaç dallarına vurup yapraklarını yoluyor, sonra da bu yaprakları su ile ıslatıp yiyorduk.

Deniz kıyısına varmıştık. Sahilde yüksek bir kum yığınına benzer bir şey gördük. Yanına varınca 'anber' adlı bir balık olduğunu gördük. Ebu Ubeyde önce 'O ölüdür.' dedi. Fakat sonra 'Hayır. Bizler Peygamberimizin elçileri ve Allah yolundayız. Sıkıntıya düştük, onu yiyiniz.' dedi. Balığın yanında bir ay kaldık. Üç yüz kişi idik. Hepimiz kilo aldık. Ölü balığın göz çukurundan çanakla yağ alışımızı, hayvanın vücudundan öküz büyüklüğünde iri parçalar kesişimizi gözlerimle görmüştüm. Ebu Ubeyde aramızdan on üç kişi alıp balığın göz çukuruna oturttu ve kaburga kemiklerinden birini çıkararak yere dikti. Arkasından yanımızda bulunan develerin en irisini bu kemiğin altından yürüttü. Deve, kemiğin altından (takılmadan) geçti. Balığın etinden bir kısmını kurutup yanımıza azık olarak aldık. Medine'ye dönünce Peygamberimize (sallallâhu aleyhi ve sellem) vararak bu durumu anlattık. Bize 'O,

Allah'ın karşınıza çıkardığı bir rızıkdır. Yanınızda onun etinden getirdiyseniz bize verin de yiyelim.' buyurdu. Biz de onun etinden Peygamberimize gönderdik, o da onu yedi." (Müslim)

521- Esma binti Yezid (radıyallâhu anhâ) der ki: "Peygamberimizin (sallallâhu aleyhi ve sellem) gömleğinin yenleri ancak bileklerine kadar inerdi." (Ebu Davud, Tirmizî)

522- Cabir (radıyallâhu anh) der ki: "Bizler, Hendek günü, hendek kazarken karşımıza sert bir zemin çıktı. Sahabiler Peygamberimize gelerek 'Karşımıza sert bir zemin çıktı.' dediler. Peygamberimiz 'Hendeğe ben, kendim ineceğim.' buyurdu. Arkasından hemen ayağa kalktı. Karnına taş bağlanmıştı. Çünkü üç gündür hiçbir şey yememiştik. Peygamberimiz eline kazmayı alıp bir darbe vurunca o sert zemin kum yığını gibi dağılıverdi. Kendisine 'Ya Resulallah! Eve kadar gitmeme izin ver.' dedim. Eve varıp karıma 'Peygamberimizi dayanılmaz bir açlık halinde gördüm. Yanında yiyecek bir şey var mı?' diye sordum. Eşim 'Biraz arpa ile bir dişi oğlağım var.' diye cevap verdi. Oğlağı kestim. Arpayı öğüttüm ve eti de çömlekte pişmeye koyduk. Hamur ekşimeye başlayıp taşlar üzerindeki çömlekte kaynayan et de pişmeye yüz tutunca Peygamberimize vararak 'Biraz yemeğim var. Yanında bir iki kişi ile birlikte kalk eve gidelim.' dedim.

Peygamberimiz bana 'Yemek ne kadar?' diye sordu. Durumu kendisine anlatınca 'Çokmuş, iyi imiş. Eşine söyle de ben gelinceye kadar çömleği ateşten indirmesin. Ekmeği de tandırdan çıkarmasın.' buyurdu. Bu arada sahabilere dönerek 'Kalkın.' buyurdu. Muhacirler ile Ensar'ın tümü ayağa kalktılar. Ben bu arada hemen eşimin yanına vararak 'Vay gele başına. Peygamberimiz Muhacirler, Ensar ve onlarla birlikte olanlar geliyorlar.' dedim. Eşim 'Ne yemeğimiz olduğunu Resulullah sana sordu mu?' diye sordu, 'Evet.' dedim.

Peygamberimiz yanında gelenlere 'Birbirinizi sıkıştırmadan içeri giriniz.' buyurdu. Bir parça ekmeğe bir parça et koyup çömleği ve fırın kapattıktan sonra arkadaşlarının yanına varıyor, sonra geri dönüp yine çömleğin ve fırının kapağını açıyordu. Sahabiler doyuncaya kadar ekmeği kesip avucu ile üzerine et koymaya devam etti. Sonunda biraz daha yemek kalmıştı. Eşime dönerek 'Geriye kalanın bir kısmını ye, diğerini de komşulara ver. Çünkü halk açlığa yakalanmış durumda.' buyurdu." (Buhâri, Müslim)

Diğer bir rivayete göre Cabir (radıyallâhu anh) der ki:

"Hendek kazılınca Peygamberimizin (sallallâhu aleyhi ve sellem) acıktığını gördüm. Eşime vararak 'Yiyecek bir şeyin var mı? Peygamberimizin şiddetli bir şekilde acıktığını gördüm.' dedim. Bana içinde bir sa' arpa bulunan bir torba çıkardı. Ayrıca evcil bir kuzumuz da vardı. Kuzuyu kestim. Eşim de arpayı öğüttü. Benim işim bitince o da işini bitirdi. Kuzuyu parçalayarak çömleğe koydum ve Peygamberimize gitmeye yöneldim. Eşim 'Beni Resulullah ile yanındakilere karşı utandırma.' dedi.

Peygamber'e varıp kendisini bir kenara çekerek 'Ya Resulallah! Bir kuzu kestik, biraz da arpa öğüttüm. Birkaç kişi ile birlikte eve buyur.' dedim. Peygamberimiz yüksek sesle 'Ey hendek ehli! Cabir bize ziyafet hazırladı. Haydi ona gidelim.' diye buyurdu bana da 'Ben gelinceye kadar çömleğinizi ocaktan indirmeyin ve hamurunuzu da ekmek yapmayınız.' dedi.

Ben hemen eve döndüm. Karıma varınca 'Seni gidi seni!' diye beni azarladı. Kendisine 'Senin dediğini yaptım.' dedim. Peygamberimiz halktan önce geldi. Eşim hamuru Peygamberimizin önüne çıkardı. Peygamber, bereketli olması için dua ederek içine tükürdü. Arkasından çömleğin yanına varıp onun bereketli olması için dua ederek içine tükürdü. Sonra da eşime bir ekmekçi kadın çağır da seninle birlikte ekmek pişirsin. Çömleği ocaktan indirmeden yemeği içinden kepçe ile al.' buyurdu.

Gelenler yüz kişi idiler. Allah'a yemin ederim ki hepsi yemek yiyerek Peygamberimizden önce ayrılıp gittiler. Onlar giderken çömleğimiz başlangıçta olduğu gibi kaynıyor ve hamurumuz da yine olduğu gibi pişiyordu."

523- Enes (radıyallâhu anh) der ki: "Ebu Talha, eşi Ümmü Seleme'ye 'Resulullah'ın sesinin kısıldığını duydum. Bu kısık sesin açlıktan olduğunu anladım. Yiyecek bir şeyin var mı?' diye sordu. Ümmü Seleme 'Evet.' dedi ve birkaç somun arpa ekmeği çıkardı. Sonra başörtülerinden birini alıp ekmekleri bir ucuna sararak elbisemin altına sakladı ve bir ucunu elime verdi. Sonra da beni Peygamberimize gönderdi.

Ekmeklerle gittim. Peygamberimizi otururken buldum. Yanında halk vardı. Karşılarına dikildim. Peygamberimiz bana 'Seni Ebu Talha mı gönderdi?' diye sordu. 'Evet.' dedim. 'Yemek için mi?' diye sordu. 'Evet.' dedim. Bunun üzerine yanındakilere 'Kalkın ve yola koyulun.' buyurdu. Ben önlerinden koşup Ebu Talha'ya vararak haber verdim. Ebu Talha eşine 'Ya Ümmü Seleme! Resulullah, cemaati ile birlikte geliyor. Onları doyuracak bir şeyimiz de yok.' dedi. Ümmü Seleme 'Allah ve Resulü daha iyi bilir.' diye cevap verdi.

Ebu Talha koşup Peygamberimizi karşıladı. Peygamberimiz Ebu Talha ile birlikte gelip içeri girdiler. Peygamberimiz 'Ya Ümmü Seleme! Yanında ne varsa getir.' buyurdu. Ümmü Seleme de o ekmekleri getirdi. Peygamberimiz ekmeklerin parça parça doğranmasını emretti. Ümmü Seleme de ekmek parçaları üzerine yağ tulumundan yağ sıktı. Sıkarken tulumun içini dışına çevirdi. Sonra Peygamberimiz bu yağlı ekmek parçalarına Allah'ın kalbine doğurduğu duaları okudu ve arkasından Ebu Talha'ya 'İzin ver de 10 kişi içeri gelsin.' buyurdu.

Ebu Talha da 10 kişiyi içeri aldı. Gelenler doyasıya yiyip çıktılar. Arkasından Peygamberimiz Talha'ya 'Bir başka 10 kişiye izin ver, gelsinler.' buyurdu, Talha da 10 kişiyi daha içeri aldı, onlar da yiyip gittiler. Peygamberimiz yine 'On kişi daha içeri al.' buyurdu. Böylece cemaatin tümü doyasıya yedi. Bunlar 70 veya 80 kişi idiler." (Buhâri, Müslim)

Diğer bir rivayete göre hadisin son kısmı şöyledir:

"On kişi girip, on kişi çıkarak sonunda bir tek kişi bile kalmamak üzere hepsi içeri girip doyasıya yediler. Sonra sofrayı toplayınca yemeğin başlangıçta olduğu gibi durduğu görüldü."

Diğer bir rivayete göre de hadisin aynı kısmı şöyledir:

"Onar kişi onar kişi yediler. Peygamberimiz böylece 80 kişiyi yedirdi. Sonra Peygamberimiz ile ev halkı yediler ve sonunda bir miktar yemek kaldı."

Diğer bir rivayete göre de hadisin son kısmı 'Sonra da komşularına verecek kadar yemek arttırdılar.' şeklindedir,

Başka bir rivayete göre de Enes (radıyallâhu anh) der ki:

"Bir gün Peygamberimize vardım. Kendisini sahabileri ile birlikte otururken buldum. Karnına bir sargı bağlamıştı. Sahabelerinden birine Peygamberimizin niye karnını bağladığını sordum. 'Açlıktan.' dediler. Bunun üzerine Milhan kızı Ümmü Süleym'in kocası olan Ebu Talha'ya giderek 'Babacığım! Peygamberimizin karnına sargı bağladığını gördüm. Sahabelerinden birine sordum, açlıktan olduğunu söylediler.' dedim. Bunun üzerine Ebu Talha, annemin yanına girip ona 'Bir şey var mı?' diye sordu. Annem de ona şu cevabı verdi: 'Evet, bir parça ekmek ile birkaç hurmam var. Eğer Peygamberimiz yalnız başına gelirse kendisini doyururuz. Fakat yanında başkası gelirse o zaman yemeğim onlara yetmez.'" (Enes sözlerine devam ederek hadisin tümünü nakletti.)

57. Bölüm
Kanaat, Tokgözlülük, İsraftan Kaçınmak, Sadaka Vermek ve Zaruret Olmaksızın Dilenmeyi Kınamak

Allah Teâlâ (celle celâlüh) buyuruyor ki:

- **"Yeryüzündeki canlıların tümünün rızkı Allah'ın üzerindedir."** (Hûd suresi, 6. ayet.)

Allah Teâlâ (celle celâlüh) buyuruyor ki:

- **"Sadakalar, kendilerini Allah yoluna adamış yoksullar içindir? Onlar yeryüzünde dolaşamazlar. Tokgözlülükten dolayı, bilmeyenler onları zengin sanırlar. Sen onları simalarından tanırsın. Yüzsüzlük edip hiç kimseden bir şey istemezler."** (Bakara suresi, 273. ayet.)

Allah Teâlâ (celle celâlüh) buyuruyor ki:

- **"Ve o kimseler ki, harcadıkları zaman ne israf ederler ve ne de cimrice davranırlar! Bu ikisi arasında orta yolu tutarlar."** (Furkân suresi, 67. ayet.)

Allah Teâlâ (celle celâlüh) buyuruyor ki:

- **"Ben insanları ve cinleri sırf Bana kulluk etsinler diye yarattım. Ben onlardan ne rızık ne de Bana yemek vermelerini beklіyorum."** (Zâriyât suresi, 56, 57. ayetler.)

Bu konudaki hadislerin çoğu daha önceki iki bölümde ele alındı. Bu bölümlerde zikredilmeyenlerin bazıları şunlardır:

524- Ebu Hureyre'den (radıyallâhu anh) rivayet edildiğine göre Peygamberimiz (sallallâhu aleyhi ve sellem) buyuruyor ki:

- "Zenginlik, mal çokluğuna dayanmaz. Gerçek zenginlik, gönül zenginliğidir." (Buhâri, Müslim)

525- Abdullah b. Ömer'den (radıyallâhu anh) rivayet edildiğine göre Peygamberimiz (sallallâhu aleyhı ve sellem) buyuruyor ki:

- "Kendisine geçimine zor yetecek kadar rızık verildiği halde Allah'ın verdiğine karşı kanaatkar kıldığı Müslüman felaha ermiştir." (Müslim)

526- Hakim b. Hizam (radıyallâhu anh) der ki: "Peygamberimizden (sallallâhu aleyhi ve sellem) bir kere bir şey istemiştim, istediğimi verdi. Yine istedim, yine verdi. Bir kere daha istedim, yine verdi ve arkasından şöyle buyurdu:

- 'Ya Hakim! Şu dünyanın malı tatlı ve alımlıdır. Kim onu tokgözlülükle alırsa o mal onun hesabına bereketli olur. Buna karşılık kim onu açgözlü bir şekilde alırsa o mal onun hesabına bereketli olmaz. O kimse yediği halde doymayan biri gibi olur. Üstteki el, alttaki elden hayırlıdır.'

Hakim, sözlerine şöyle devam eder:

"Bunun üzerine Peygamberimize 'Ya Resulallah! Seni hak üzere gönderen Allah'a yemin ederim ki, senden sonra hiç kimseden bir şey almayacağım.' dedim."

Ebu Bekir kendisine bir miktar yardım etmek üzere Hakim'i çağırmış, fakat Hakim bu yardımı kabul etmemiştir. Sonra Ömer kendisine yardımda bulunmak için çağırmış, onun da teklifini kabul etmemiştir. Bunun üzerine Hz. Ömer onunla ilgili olarak 'Ey Müslümanlar! Sizi şahit tutarım ki, Hakim şimdiki ganimetten Allah'ın kendisine ayırdığı hakkını ona takdim etmeme rağmen bunu almak istemiyor.' dedi. Hakim, Peygamberimizden sonra ölünceye kadar hiç kimseden yardım kabul etmedi." (Buhâri, Müslim)

527- Ebu Burde'den rivayet edildiğine göre Ebu Musa el-Eş'arî (radıyallâhu anhumâ) der ki: "Peygamberimiz (sallallâhu aleyhi ve sellem) ile birlikte bir savaşa çıkmıştık. Altı kişi idik. Yanımızda nöbetleşerek bindiğimiz bir tek devemiz vardı. Bu yüzden ayaklarımız aşınmıştı. Benim hem ayaklarımız aşınmış hem de tırnaklarım düşmüştü. Ayaklarımıza bez parçaları sarıyorduk. O yüzden bu savaşa Yamalı Savaş adı verilmiştir."

Ebu Burde der ki: "Ebu Musa, bu hadisi naklettikten sonra yaptığından hoşlanmamış ve 'O olayı anlatmakla elime ne geçti sanki!' demiştir. Galiba işlediği bir ameli açıklamış olmak hoşuna gitmemişti." (Buhâri, Müslim)

528- Amr b. Tağlib (radıyallâhu anh) der ki: "Peygamberimize (savaş ganimeti olarak) bir miktar mal veya esir getirmişlerdi. O da onları bölüştürmüş, bazı kimselere pay verirken bazılarına vermemişti. Kendilerine pay vermediği kimselerin kınayıcı sözler söylediğini haber alınca Allah'a hamd ü sena ettikten sonra söyle buyurdu:

– 'İmdi, vallahi ben bir adama verir, bir başkasına vermem. Vermediğim kimse, benim katımda verdiğim kimseden daha sevgilidir. Fakat ben bazı kimselere, kalplerinde üzüntü ve sıkıntı gördüğüm için veriyor, diğer bazı kimseleri de Allah'ın kalplerine koyduğu zenginlik ve hayır ile başbaşa bırakıyorum. Amr b.Tağlib de böyle kimselerdendir.'"

Amr b. Tağlib der ki: "Vallahi Peygamberimizin (sallallâhu aleyhi ve sellem) bu sözlerine karşılık, kırmızı deve sürülerimin olmasını tercih etmezdim." (Buhâri)

529- Hakim b. Hızam'dan (radıyallâhu anh) rivayet edildiğine göre Peygamberimiz (sallallâhu aleyhi ve sellem) buyuruyor ki:

– "Üstteki el, alttaki elden hayırlıdır. Öncelikle bakmakla yükümlü olduğun kimselere yardım et. Sadakanın hayırlısı, zenginlikten dolayı verilenidir. Kim tokgözlü davranırsa Allah ona onurunu muhafaza etmek imkânı verir. Kim kendisini başkasına muhtaç görmezse Allah onu muhtaç olmaktan korur." (Buhâri, Müslim)

530- Süfyan Sahr b. Harb'den (radıyallâhu anh) rivayet edildiğine göre Peygamberimiz (sallallâhu aleyhi ve sellem) buyuruyor ki:

– "Benden bir şey isterken ısrarlı davranmayınız. Vallahi içinizden biri benden bir şey ister de benim gönülsüzlüğüme rağmen istediğini ele geçirirse verdiğim şey onun hesabına bereketli olmaz." (Müslim)

531- Ebu Abdurrahman Avf b. Malik el-Eşcaî (radıyallâhu anh) der ki: "Peygamberimizin (sallallâhu aleyhi ve sellem) yanında dokuz veya sekiz yahut yedi kişi vardık. Bize 'Allah'ın Resulü'ne biat etmez misiniz?' buyurdu. Kısa bir süre önce biat ettiğimiz için kendisine 'Ya Resulallah! Sana biat etmiştik. Şimdi ne için biat edelim?' dedik. Peygamberimiz yine 'Allah'ın Resulü'ne biat etmez misiniz?' buyurunca ellerimizi kendisine uzatarak 'Ya Resulallah! Sana biat etmiştik. Şimdi yine ne için biat edelim?' dedik. Peygamberimiz (sallallâhu aleyhi ve sellem) şöyle buyurdu:

– 'Allah'a ibadet edip O'na hiçbir şeyi ortak koşmayacağınıza, beş vakit namaza, Allah'a itaat edeceğinize ve (ses tonunu alçaltarak) insanlardan hiçbir şey istemeyeceğinize dair...'

Peygamberimizin bu sözlerini dinleyenler arasında öylelerini gördüm ki, binek hayvanı üzerinde bulunurlarken kamçıları ellerinden düşmüştür de onun kendilerine geri verilmesini hiç kimseden istememişlerdir." (Müslim)

532- İbni Ömer'den (radıyallâhu anhumâ) rivayet edildiğine göre Peygamberimiz (sallallâhu aleyhi ve sellem) buyuruyor ki:

– "İçinizden biri dilene dilene, sonunda yüzünde hiçbir et parçası kalmamış olarak Allah'ın karşısına varır." (Buhâri, Müslim)

533- Yine İbni Ömer (radıyallâhu anhumâ) der ki: "Bir gün Peygamberimiz (sallallâhu aleyhi ve sellem) mimberdeyken sadakadan ve dilencilikten sakınmaktan bahsederken şöyle buyurdu:

– "Üstteki el, alttaki elden hayırlıdır. Üstteki el, veren el; alttaki el de isteyen eldir." (Buhâri, Müslim)

534- Ebu Hureyre'den (radıyallâhu anh) rivayet edildiğine göre Peygamberimiz (sallallâhu aleyhi ve sellem) buyuruyor ki:

– "Kim malını çoğaltmak için insanlardan bir şey isterse o ancak ateş istemiş olur. İster az şey istemiş olsun ister çok şey istemiş olsun (fark etmez)." (Müslim)

535- Semure b. Cündüb'den (radıyallâhu anh) rivayet edildiğine göre Peygamberimiz (sallallâhu aleyhi ve sellem) buyuruyor ki:

– "Dilencilik, kişinin kendi yüzünde açtığı bir beredir. Yalnız devlet reisinden bir şey isteyen ile vazgeçilmez bir konuda başkalarından bir şey isteyen kimse müstesna." (Tirmizî)

536- İbni Mes'ud'dan (radıyallâhu anh) rivayet edildiğine göre Peygamberimiz (sallallâhu aleyhi ve sellem) buyuruyor ki:

– "Kim bir sıkıntıya düşer de halini insanlara açarsa sıkıntıdan kurtulamaz. Buna karşılık düştüğü sıkıntıyı Allah'a havale eden kimseye Allah Teâlâ er veya geç bir rızık bağışlar." (Ebu Davud, Tirmizî)

537- Sevban'dan (radıyallâhu anh) rivayet edildiğine göre Peygamberimiz (sallallâhu aleyhi ve sellem) buyuruyor ki:

– "Kim bana, hiç kimseden bir şey istemeyeceğine dair söz verirse cennete gireceğine dair ona kefil olurum."

Sevban der ki: "Bunun üzerine ben hiçbir zaman, hiç kimseden bir şey istemedim." (Ebu Davud)

538- Ebu Bişr Kabise b. el-Meharık (radıyallâhu anh) der ki: "Bir zamanlar ağır bir borç yükü altına girmiş ve Peygamberimize (sallallâhu aleyhi ve sellem) gelerek bu konuda bana yardım etmesini istemiştim. Bana 'Bekle de zekat geliri gelsin, ondan sana vermelerini emredelim.' diye cevap verdikten sonra şöyle buyurdu:

– 'Ya Kabise! İstemek yalnız şu üç kimseden birine helal olur: Adam ağır bir borç yükü altına girmiştir, borcunu karşılayıncaya kadar el açmamak üzere istemek ona helal olur. Adam malını mahveden bir afete uğramıştır, geçimini yoluna koyuncaya (veya durumunu düzeltinceye) kadar istemek ona helal olur. Adam, kendisini tanıyan üç aklı başında kimsenin 'Bu adam yoksul düştü.' demesine yol açacak derecede yoksul düşmüştür. Geçimini yoluna koyuncaya (veya durumunu düzeltinceye) kadar istemesi helaldir. Ya Kabise! Bunların dışında kalan dilenmeler haramdır; sahibi, onları haram olarak yemiş olur.'" (Müslim)

539- Ebu Hureyre'den (radıyallâhu anh) rivayet edildiğine göre Peygamberimiz (sallallâhu aleyhi ve sellem) buyuruyor ki:

– "Yoksul, insanlar arasında dolaşıp da bir iki lokma veya bir iki hurma verdiğin kimse değildir. Yoksul, ihtiyacını karşılayamadığı halde tanınıp kendisine sadaka verilmeyen ve insanlardan bir şey istemeye kalkışmayan kimsedir." (Buhâri, Müslim)

58. Bölüm
İstemeden ve Göz Dikmeden Yardım Kabul Etmek

540- Salim b. Abdullah b. Ömer'in babası Abdullah b. Ömer'den rivayet ettiğine göre Ömer (radıyallâhu anhumâ) der ki: "Peygamberimiz (sallallâhu aleyhi ve sellem) bana (ganimet gelirinden) bir miktar verirdi. Ben kendisine 'Onu benden daha muhtaç olana ver.' derdim. Bir keresinde bana şöyle buyurdu:

– 'Al bunu. Sen beklemeden ve istemeden böyle bir maldan sana bir pay gelirse onu al ve kendine mal et. İstersen onu ye, istersen başkalarına sadaka olarak ver. Böyle olmayınca herhangi bir şeye göz dikme.'"

Hadisi rivayet eden Salim, babası Abdullah hakkında "Hiç kimseden bir şey istemez ve kendisine verilen şeyi de geri çevirmezdi." der. (Buhâri, Müslim)

59. Bölüm
Allah'a Güvenerek
İyilik, Cömertlik ve Hayır Yollarında Harcamak

Allah Teâlâ (celle celâlüh) buyuruyor ki:

– **"(Hayır yolunda) ne harcarsanız, Allah onun yerine başkasını verir."** (Sebe suresi, 39. ayet.)

Allah Teâlâ (celle celâlüh) buyuruyor ki:

– **"Hayır olarak verdiğiniz mal kendiniz içindir. Sizler zaten sırf Allah rızasını kazanmak için verirsiniz. Hayır olarak verdiğiniz malın sevabı size fazlası ile verilir. Asla haksızlığa uğramazsınız."** (Bakara suresi, 272. ayet.)

Allah Teâlâ (celle celâlüh) buyuruyor ki:

– **"Hayır olarak verdiğiniz malı, hiç şüphesiz, Allah bilir."** (Bakara suresi, 273. ayet.)

541- İbni Mes'ud'dan (radıyallâhu anh) rivayet edildiğine göre Peygamberimiz (sallallâhu aleyhi ve sellem) buyuruyor ki:

– "Yalnız şu iki konuda imrenme söz konusudur: Allah adamın birine mal vermiş ve kendisini onu hakka uygun olarak harcamaya muvaffak buyurmuştur. Allah adamın birine hikmet (ilim) vermiş, adam da ona uygun hareket ediyor ve onu başkalarına öğretiyor." (Buhâri, Müslim)

542- İbni Mes'ud (radıyallâhu anh) der ki: "Peygamberimiz (sallallâhu aleyhi ve sellem) bir gün bize 'Hanginiz vârisinin malını kendi malından daha çok sever?' diye sordu. Kendisine 'Hepimiz kendi malımızı daha çok severiz ya Resulallah!' diye cevap verdik. Bunun üzerine Peygamberimiz 'İçinizden birinin kendi malı, yarını için harcadığı, vârisinin malı da geride bıraktığıdır.' buyurdu." (Buhâri)

543- Adiyy b. Hatim'den (radıyallâhu anh) rivayet edildiğine göre Peygamberimiz (sallallâhu aleyhi ve sellem) buyuruyor ki:

"Bir parça hurma vasıtasıyla bile olsa, cehennemden sakınınız." (Buhâri, Müslim)

544- Cabir (radıyallâhu anh) der ki: "Peygamberimizden (sallallâhu aleyhi ve sellem) bir şey istenip de 'Hayır.' dediği olmamıştır." (Buhâri, Müslim)

545- Ebu Hureyre'den (radıyallâhu anh) rivayet edildiğine göre Peygamberimiz (sallallâhu aleyhi ve sellem) buyuruyor ki:

– "Kulların sabaha kavuştuğu her gün iki melek yeryüzüne iner ve biri 'Allah'ım! Yardım edene, verdiğinin yerine başka mal ver.' diye dua ederken öbürü de 'Allah'ım! Malını kıskançlıkla elinde tutana zarar ver.' diye beddua eder." (Buhâri, Müslim)

546- Yine Ebu Hureyre'den (radıyallâhu anh) rivayet edildiğine göre Peygamberimiz (sallallâhu aleyhi ve sellem) buyuruyor ki:

– "Ey âdemoğlu! Yardım et ki sana da yardım edilsin." (Buhâri, Müslim)

547- Abdullah b. Amr b. el-Âs'tan (radıyallâhu anh) rivayet edildiğine göre adamın biri Peygamberimize "İslam'da en hayırlı ameller nelerdir?" diye sordu. Peygamberimiz (sallallâhu aleyhi ve sellem) de adama şöyle buyurdu:

– "Yemek yedirir ve tanıdığın tanımadığın herkese selam verirsin." (Buhâri, Müslim)

548- Yine Ebu Hureyre'den (radıyallâhu anh) rivayet edildiğine göre Peygamberimiz (sallallâhu aleyhi ve sellem) buyuruyor ki:

– "Kırk tane güzel huy vardır ki bunların en üstünü sütünü sağıp kullansın diye başkasına ödünç olarak keçi vermektir. Sevabını umarak ve hakkında vaat edilen sevaba inanarak bu güzel huylardan herhangi birini işleyen kimseyi, Allah Teâlâ, o huy sayesinde cennete koyar." (Buhâri)

549- Ebu Umame Sudeyy b. Aclan'dan (radıyallâhu anh) rivayet edildiğine göre Peygamberimiz (sallallâhu aleyhi ve sellem) buyuruyor ki:

– "Ey âdemoğlu! Zaruri geçim ihtiyacının üzerinde olan malını harcamak senin hakkında hayırlı, onu yanında tutmak senin hesabına zararlıdır. Zaruri geçim ihtiyacın ile ilgili olarak hiçbir şekilde kınanmazsın. Önce geçindirmekle yükümlü olduğun kimselere yardım et. Üstteki el, alttaki elden hayırlıdır." (Müslim)

550- Enes b. Malik (radıyallâhu anh) der ki: "İslam uğruna Peygamberimizden (sallallâhu aleyhi ve sellem) bir şey istenip de onun vermediği görülmemiştir. Adamın biri ona gelmiş, o da kendisine iki dağ arasına yayılacak büyüklükte bir koyun sürüsü vermişti. Adam kavminin yanına dönerek onlara 'Ey kavmim! Müslüman olunuz. Çünkü Muhammed, fakir düşmekten korkmayan kimse gibi bağışta bulunuyor.' dedi. Herhangi bir kimse sırf dünya umudu ile Müslüman oldu ise de çok geçmeden İslamiyet onun nazarında dünyadan ve dünyada bulunan her şeyden daha değerli hale gelmiştir." (Müslim)

551- Hz. Ömer (radıyallâhu anh) der ki: "Resulullah (sallallâhu aleyhi ve sellem) bir gün bir malı bölüştürmüştü. Kendisine 'Ya Resulallah! Kendilerine verdiklerinin dışındaki bazı kimseler o malı almaya daha layıktırlar.' dedim. Bana şöyle buyurdu:

– 'Verdiğim kimseler, çirkin bir şekilde benden isteyip de kendilerine vermek veya cimri olmadığım halde beni kendilerine karşı cimri davranmak arasında tercih yapmak zorunda bıraktılar.'" (Müslim)

552- Cübeyr b. Mutim'den (radıyallâhu anh) rivayet edildiğine göre kendisi Huneyn savaşı dönüşü Peygamberimiz (sallallâhu aleyhi ve sellem) ile birlikte yürürken bedeviler onun yanına sokularak ganimet istediler. Kendisini o kadar sıkıştırdılar ki, bir Samure ağacına sığınmak zorunda kaldı. Bu arada hırkası ağaca takılınca durup şöyle buyurdu:

– "Hırkamı verin. Eğer şu dikenli ağaçlar kadar eşyam olsa aranızda bölüştürürdüm de sonra beni ne cimri ne yalancı ne de korkak olarak bulurdunuz." (Buhâri)

553- Ebu Hureyre'den (radıyallâhu anh) rivayet edildiğine göre Peygamberimiz (sallallâhu aleyhi ve sellem) buyuruyor ki:

– "Sadaka, maldan hiçbir şey eksiltmez. Allah, affeden kulun sadece şerefini yükseltir. Herhangi bir kimse Allah için tevazu gösterirse, Allah Teâlâ mutlaka onun derecesini artırır." (Müslim)

554- Ebu Kebeşe Amr b. Sa'd el-Enmari'den (radıyallâhu anh) rivayet edildiğine göre Peygamberimiz (sallallâhu aleyhi ve sellem) buyuruyor ki:

– "Üç nokta var ki yemin ederek onlar hakkında size söz söylüyorum, bu sözlerimi iyi belleyiniz: Kulun malı sadaka vermekle azalmaz. Herhangi bir kul haksızlığa uğrar da sabrederse Allah Teâlâ mutlaka onun şerefini artırır. Herhangi bir kul dilenme kapısını açarsa Allah da ona mutlaka fakirlik kapısı (veya bu manada bir kelime) açar.

Yine size iyi bellemeniz gereken başka bir şey anlatacağım: Dünyada dört türlü insan bulunur: Bir kul var ki Allah kendisine hem mal hem de bilgi vermiştir. Adam, malı konusunda Allah'tan korkuyor, yakınlarını gözetiyor ve Allah'ın hakkını tanıyor. Bu tutum, derecelerin en yükseğidir. Yine bir kul var ki Allah kendisine bilgi vermiş fakat mal vermemiştir. Ama adam samimi olarak 'Eğer malım olsa falan kimse (hem malı hem bilgisi olan bir adam) gibi davranırdım.' diyor, niyeti budur. Bu iki kimsenin mükâfatı aynıdır.

Yine bir adam var ki Allah kendisine mal vermiş fakat bilgi vermemiştir. Adam malını bilgisizce ve yanlış biçimde kullanıyor. Bu konuda Allah'tan korkmuyor, ne yakınlarını gözetiyor ne de malı üzerindeki Allah'ın hakkını tanıyor. Bu tutum, en düşük alçaklıktır.

Yine bir kul var ki Allah kendisine ne bilgi ne de mal verdiği halde kendi kendine 'Eğer malım olsa falanca gibi (malı olup bilgisi olmayan kimse gibi) hareket ederdim.' diyor, niyeti budur. Bu yüzden bu iki kimsenin günahları aynıdır." (Tirmizî)

555- Hz. Âişe'den (radıyallâhu anhâ) rivayet edildiğine göre bir gün bir koyun kestiler. Peygamberimiz (sallallâhu aleyhi ve sellem) "Koyunun geriye nesi kaldı?" diye sordu. Hz. Âişe "Sadece kürek kemiği kaldı." diye cevap verdi. Bunun üzerine Peygamberimiz "Demek ki kürek kemiği hariç, tümü kaldı." diye buyurmuştur. (Tirmizî)

556- Ebu Bekir'in kızı Esma'dan (radıyallâhu anhâ) rivayet edildiğine göre Peygamberimiz (sallallâhu aleyhi ve sellem) kendisine "Cimrice davranıp mal biriktirme, sonra Allah da sana karşı cimrice davranır." buyurmuştur.

Başka bir rivayete göre hadis şöyledir: "Malını ver, biriktirip sayma, sonra Allah da sana verirken sayar. Malını kaba koyup saklama. Sonra Allah da senden saklar." (Buhâri, Müslim)

557- Ebu Hureyre'den (radıyallâhu anh) rivayet edildiğine göre Peygamberimiz (sallallâhu aleyhi ve sellem) buyuruyor ki:

– "Cimri ile cömertin durumu, meme hizasından omuz başı kemikleri hizasına kadar zırh giyinmiş iki kişinin durumuna benzer. Cömert, sadaka verdikçe üzerindeki zırh genişleyerek ayak parmaklarını örter ve ayak izlerini belirsiz hale getirir. Cimri de sadaka vermekten kaçındıkça üzerindeki zırhın her halkası vücuduna yapışır, adam zırhı genişletmek isterse zırh genişlemez." (Buhâri, Müslim)

558- Yine Ebu Hureyre'den (radıyallâhu anh) rivayet edildiğine göre Peygamberimiz (sallallâhu aleyhi ve sellem) buyuruyor ki:

– "Kim helal kazancından bir hurma kadar sadaka verirse (zaten Allah ancak helal kazancı kabul eder) Allah Teâlâ o sadakayı bereketi ile kabul eder de sonra onu içinizden birinin kendi tayını büyüttüğü gibi büyütür ve sonunda o sadaka dağ gibi olur." (Buhâri, Müslim)

559- Yine Ebu Hureyre'den (radıyallâhu anh) rivayet edildiğine göre Peygamberimiz (sallallâhu aleyhi ve sellem) buyuruyor ki:

– "Çölde yolculuk eden bir adam, bulutlardan 'Falancanın bahçesini sula.' diye bir ses duydu. Bulut hemen hareket ederek suyunu kayalık bir yere boşalttı. Dere yataklarından biri de akan suyun tamamını aldı. Yolcu, suyun peşinden gitti. Sonunda suyu elindeki kürekle bahçesine çevirip akıtan bir adamla karşılaştı. Adama 'Ey Allah'ın kulu! Adın nedir?' diye sordu. Adam 'Falanca.' diyerek yolcunun bulutlar arasından duyduğu ismi söyledi. Bu defa adam, yolcuya 'Ey Allah'ın kulu! Neden adımı soruyorsunuz?' dedi. Yolcu 'Ben bu suları akıtan bulutların arasından 'Falancanın bahçesini sula.' diyerek senin adını söyleyen bir ses duydum. Bu konuda ne dersin?' dedi. Adam bunun üzerine şöyle dedi: 'Madem ki bu sözleri söyledin, açıklayayım. Ben bu bahçeden elde edilen ürüne bakarım ve onun üçte birini sadaka olarak dağıtır, üçte birini çoluk çocuğumun yiyeceğine ayırır, diğer üçte birini de tohum olarak yeniden toprağa atarım.'" (Müslim)

Riyâzü's Sâlihîn
Tercümesi

İkinci Kitap

60. Bölüm
Elinin Emeğinden Yemek, Başkalarından Bir Şey İstememeyi Teşvik Etmek

Allah Teâlâ (celle celâlüh) buyuruyor ki:

– **"Namaz (cuma namazı) kılınınca yeryüzüne dağılıp Allah'ın bağışından pay isteyiniz."** (Cum'a suresi, 10. ayet.)

560- Ebu Abdullah Zübeyr b. el-Avvam'dan (radıyallâhu anh) rivayet edildiğine göre Peygamberimiz (sallallâhu aleyhi ve sellem) buyuruyor ki:

– "İçinizden birinin eline ip alıp dağa varması, sırtında bir kucak odun getirip satması ve böylece Allah'ın yüzünü dilenmenin utancından koruması –versinler veya vermesinler– başkalarından bir şey istemesinden daha hayırlıdır." (Buhâri, Müslim)

561- Ebu Hureyre'den (radıyallâhu anh) rivayet edildiğine göre Peygamberimiz (sallallâhu aleyhi ve sellem) buyuruyor ki:

– "İçinizden birinin sırtında bir kucak odun taşıması –versin veya vermesin– başkasından bir şey istemesinden daha hayırlıdır." (Buhâri, Müslim)

562- Yine Ebu Hureyre'den (radıyallâhu anh) rivayet edildiğine göre Peygamberimiz (sallallâhu aleyhi ve sellem) buyuruyor ki:

– "Davud (aleyhisselam) sadece el emeği ile kazandığını yerdi." (Buhâri)

563- Yine Ebu Hureyre'den (radıyallâhu anh) rivayet edildiğine göre Peygamberimiz (sallallâhu aleyhi ve sellem) buyuruyor ki:

– "Zekeriya (aleyhisselam) marangozdu." (Müslim)

564- Mikdâm b. Ma'dikerib'den (radıyallâhu anh) rivayet edildiğine göre Peygamberimiz (sallallâhu aleyhi ve sellem) buyuruyor ki:

– "Hiçbiriniz, asla kendi ellerinin emeğinden daha hayırlı bir yemek yememiştir. Allah'ın nebisi Davud (aleyhisselam) el emeği ile kazandığını yerdi." (Buhâri)

61. Bölüm
Cimrilik ve El Sıkılığından Kaçınmak

Allah Teâlâ (celle celâlüh) buyuruyor ki:

– "Cimrilik edip zenginlik taslayana ve en güzeli (Kelime-i Şahadeti) yalan sayana gelince, güçlüğe giden yolları önüne açarız, helak olduğu zaman malı ona hiçbir fayda vermez." (Leyl suresi, 8-11. ayetler.)

Allah Teâlâ (celle celâlüh) buyuruyor ki:

– "Kendisini cimrilikten koruyan kimse felaha ermiştir." (Teğabün suresi, 16. ayet.)

565- Cabir'den (radıyallâhu anh) rivayet edildiğine göre Peygamberimiz (sallallâhu aleyhi ve sellem) buyuruyor ki:

– "Zulümden sakınınız; çünkü zulüm, kıyamet günü karanlıklar haline gelir. Cimrilikten sakınınız; çünkü cimrilik, sizden öncekileri birbirlerinin kanlarını dökmeye ve kendilerine haram kılınan şeyleri helal saymaya sürükleyerek mahvetmiştir." (Müslim)

62. Bölüm
Başkalarını Kendinden Üstün Tutmak ve Yardım Etmek

Allah Teâlâ (celle celâlüh) buyuruyor ki:

– "Muhtaç olsalar bile başkalarını kendilerine tercih ederler." (Haşr suresi, 9. ayet.)

Allah Teâlâ (celle celâlüh) buyuruyor ki:

– "Kendileri istekli oldukları halde yoksula, öksüze ve esire yemek yedirirler ve 'Size sırf Allah rızası için yemek veriyoruz. Sizden ne karşılık ne de teşekkür bekliyoruz. Rabbimizin asık ve çatık çehreli gününden korkuyoruz.' derler. Allah da onları o günün şerrinden koruyup parlaklığa ve sevince kavuşturur." (İnsan suresi, 8. ayet.)

566- Ebu Hureyre (radıyallâhu anh) der ki: "Adamın biri, bir gün Peygamberimize gelerek 'Ben aç ve açıkta kaldım.' dedi. Peygamberimiz (sallallâhu aleyhi ve sellem) eşlerinden birine haber gönderdi. Hanımı 'Seni hak üzere Peygamber gönderen Allah'a yemin ederim ki sudan başka hiçbir şeyim yok.' diye cevap verdi. Başka bir eşine haber saldı, o da aynı cevabı verdi. Sonunda Peygamberimizin bütün eşleri aynı cevabı verdiler: 'Seni hak üzere Peygamber gönderen Allah hakkı için evde sudan başka bir şey yok.'

Bunun üzerine Peygamberimiz (sallallâhu aleyhi ve sellem) 'Bu gece bu adamı kim misafir edecek?' diye sordu. Ensar'dan biri 'Ben ya Rasulallah.' diyerek adamı alıp evine götürdü ve eşine 'Peygamberimizin misafirini iyi ağırla.' dedi." Diğer bir rivayete göre karısına 'Evde bir şey var mı?' diye sordu. Kadın 'Hayır. Sadece çocukların yiyeceği var.' dedi. Bunun üzerine adam eşine 'Çocukları bir şeyle oyala, akşam yemeği istedikleri zaman da onları uyut. Misafirimiz eve girince lambayı söndür ve biz de kendisi ile birlikte yiyormuşuz gibi yaparız.' dedi. Böylece sofraya oturdular. Misafir yedi, onlarsa geceyi aç olarak geçirdiler. Sabah olunca adam erkenden Peygamberimize vardı. Peygamberimiz ona 'Bu gece misafirinize karşı olan davranışınız Allah'ın hoşuna gitti.' buyurdu." (Buhâri, Müslim).

567- Yine Ebu Hureyre'den (radıyallâhu anh) rivayet edildiğine göre Peygamberimiz (sallallâhu aleyhi ve sellem) buyuruyor ki:

– "İki kişinin yemeği üç kişiye yeter. Üç kişinin yemeği de dört kişiye yeter." (Buhâri, Müslim)

Müslim'in Cabir'e (radıyallâhu anh) dayanan başka bir rivayetine göre hadis şöyledir: "Bir kişinin yemeği iki kişiye yeter. İki kişinin yemeği dört kişiye yeter. Dört kişinin yemeği de sekiz kişiye yeter."

568- Ebu Saidü'l-Hudrî (radıyallâhu anh) der ki: "Peygamberimiz (sallallâhu aleyhi ve sellem) ile birlikte bir yolculuk sırasında adamın biri devesinin sırtında çıkageldi. Bakışlarını sağa sola döndürüyordu. Bunun üzerine Peygamberimiz (sallallâhu aleyhi ve sellem) 'Yanında fazla binek hayvanı olan onu bineği olmayana versin. Yanında fazla azığı olan onu azığı olmayana versin.' buyurarak daha birçok çeşit mal ve eşyayı söz konusu etti. Sonunda hiçbirimizin yanında ihtiyacından fazla bir şey alıkoymaya hakkımız olmadığını gördük." (Müslim)

569- Sehl b. Sa'd'dan (radıyallâhu anh) rivayet edildiğine göre kadının biri Peygamberimize örme bir hırka getirdi ve "Bunu, sen giyesin diye ellerimle ördüm." dedi. Peygamberimiz hırkayı aldı, zaten ona ihtiyacı vardı, onu vücudunun belden aşağı olan kısmı üzerine örterek aramıza çıktı. İçimizden falanca Peygamberimize "O ne güzel şey! Ver de ben giyeyim." dedi. Peygamberimiz adama "Evet." diye cevap verdi. Bir müddet mecliste oturduktan sonra kalkıp eve döndü ve hırkayı durup o adama gönderdi. Cemaat adama "İyi bir şey yapmadın! Peygamberimiz o hırkayı ihtiyacı olduğu için giymişti. Sen de hiçbir isteyeni geri çevirmediğini bildiğin için onu ondan istedin." dedi. Adam "Ben onu giymek için değil, kefenim olsun diye istedim." dedi. Gerçekten de o hırka adamın kefeni oldu. (Buhâri)

570- Ebu Musa el-Eş'arî'den (radıyallâhu anh) rivayet edildiğine göre Peygamberimiz (sallallâhu aleyhi ve sellem) buyuruyor ki:

– "Savaşta Eş'arîlerin erzağı tükenmeye yüz tutunca yahut Medine'de çoluk çocuklarının yiyeceği kıtlaşınca yanlarında bulunan yiyeceği bir bez içinde toplayıp sonra aralarında aynı kapla eşit şekilde bölüştürürler. Onlar bendendir, ben de onlardanım." (Buhâri, Müslim)

63. Bölüm
Ahiretle İlgili Konularda Yarışmak ve İyi Amelleri Çoğaltmak

Allah Teâlâ (celle celâlüh) buyuruyor ki:

– **"Bu alanda yarışçılar, birbirleri ile yarışsınlar."** (Mutaffifîn suresi, 26. ayet.)

571- Sehl b. Sa'd'dan (radıyallâhu anh) rivayet edildiğine göre Peygamberimize içecek bir şey ikram edildi. Birazını içti. Sağında bir genç, solunda da yaşlılar vardı. Peygamberimiz delikanlıya dönüp 'İçeceği yaşlıya vermeme izin verir misin?' buyurdu. Delikanlı da 'Hayır vallahi ya Resulallah! Senden gelen nasibimi hiç kimseye bağışlamam!' dedi. Bunun üzerine Peygamberimiz, içeceği delikanlıya uzattı." (Buhâri, Müslim)

572- Ebu Hureyre'den (radıyallâhu anh) rivayet edildiğine göre Peygamberimiz (sallallâhu aleyhi ve sellem) buyuruyor ki:

– "Eyyüb (aleyhisselam) soyunmuş yıkanırken üzerine altın bir çekirge sürüsü üşüştü. Eyyüb o çekirgeleri elbisesine doldurmaya koyuldu. Ulu Rabbi kendisine 'Ya Eyyüb! Ben seni gördüğün her şeye muhtaç olmaktan uzak tutmadım mı?' diye seslendi. Eyyüb de 'İzzetinin hakkı için evet! Fakat senin bereketine ihtiyaç duymaktan kendimi alıkoyamam.' diye cevap verdi." (Buhâri)

64. Bölüm
Helal Yollardan Kazanıp Hayırlı İşlerde Harcamak ve Şükretmek

Allah Teâlâ (celle celâlüh) buyuruyor ki:

- "Allah rızası için veren, Allah'tan korkan ve en güzeli (Kelime-i Şahadet) tasdik eden kimseye gelince, önüne kolaylık yollarını açarız." (Leyl suresi, 5-7. ayetler.)

Allah Teâlâ (celle celâlüh) buyuruyor ki:

- "Özü Allah katında pak olur diye malını vererek kötülüklerden sakınan kimse cehennemden uzak tutulacaktır. Hiç kimsenin onun üzerinde mükafatlandırılacak bir nimeti (bir minnet borcu) yoktur. Sırf Allah rızasını kazanmak için vermiştir. Kesin olarak hoşnut olacaktır." (Leyl suresi, 17-21. ayetler.)

Allah Teâlâ (celle celâlüh) buyuruyor ki:

- "Eğer sadakaları açıktan verirseniz, ne güzel. Fakat eğer onları gizlice fakirlere verirseniz, bu sizin hesabınıza daha hayırlıdır ve bu sayede Allah bir kısım günahlarınızı siler. Allah yaptıklarınızdan haberdardır." (Bakara suresi, 271. ayet.)

Allah Teâlâ (celle celâlüh) buyuruyor ki:

- "Sevdiğiniz şeylerden vermedikçe iyilik mertebesini kazanamazsınız. Verdiğiniz her şeyi Allah bilir." (Âl-i İmrân suresi, 92. ayet.)

573- Abdullah b. Mes'ud'dan (radıyallâhu anh) rivayet edildiğine göre Peygamberimiz (sallallâhu aleyhi ve sellem) buyuruyor ki:

- "Yalnız şu iki konuda imrenme söz konusudur. Allah, adamın birine mal vermiş ve kendisini o malı hakka uygun şekilde harcamaya muvaffak buyurmuştur. Allah, adamın birine hikmet (ilim) vermiş, adam da ona uygun olarak hareket ediyor ve onu başkalarına öğretiyor." (Buhâri, Müslim).

574- İbni Ömer'den (radıyallâhu anhumâ) rivayet edildiğine göre Peygamberimiz (sallallâhu aleyhi ve sellem) buyuruyor ki:

- "Yalnız şu iki konuda imrenme söz konusudur: Adamın birine Allah Kur'an bilgisi bağışlamıştır, adam da gece gündüz Kur'an okur. Bir de adamın birine Allah mal vermiştir, o da gece gündüz sadaka vermektedir." (Buhâri, Müslim).

575- Ebu Hureyre'den (radıyallâhu anh) rivayet edildiğine göre Muhacirlerin fakirleri Peygamberimize (sallallâhu aleyhi ve sellem) başvurarak "Zenginler yüksek dereceleri ve sonsuz nimetleri alıp götürdüler. Bizim gibi onlar da namaz kılıyorlar. Bizim gibi onlar da oruç tutuyorlar. Fakat onların zenginlikten ileri gelen üstünlükleri var: Hacca, umreye gidiyorlar; cihat ediyor, sadaka veriyorlar." dediler. Peygamberimiz onlara "Size sizleri geride bırakanlara yetiştirecek ve geride bıraktıklarınızın önünde tutacak, sizin yaptığınız gibi yapanlardan başka hiç kimsenin fazilet yönünden sizin önünüze geçmemesini sağlayacak bir şey öğreteyim mi?" buyurdu. Muhacirler "Tabii ya Resulallah!" dediler. Peygamberimiz (sallallâhu aleyhi ve sellem) onlara "Her namazdan sonra 33 kere tesbih, tekbir ve hamdedersiniz." buyurdu. Bir süre sonra Muhacirler yine Peygamberimize başvurarak "Varlıklı kardeşlerimiz yaptığımızı duydular ve aynı şeyi kendileri de yaptılar." dediler. Peygamberimiz de onlara **"Bu, Allah'ın faziletidir. Onu dilediğine verir."** mealindeki ayeti okuyarak cevap vermiştir." (Buhâri, Müslim)

65. Bölüm
Ölümü Hatırdan Çıkarmamak ve Nefsine Hakim Olmak

Allah Teâlâ (celle celâlüh) buyuruyor ki:

- "Herkes ölümü tadacak ve kıyamet günü yapmış olduklarınızın karşılığı size, tastamam verilecektir. O zaman, kim cehennemden uzak tutulup cennete konursa muradına ermiştir. Dünya hayatı aldanma metaından başka bir şey değildir." (Âl-i İmrân suresi, 185. ayet.)

Allah Teâlâ (celle celâlüh) buyuruyor ki:

- "Hiç kimse, ertesi gün ne kazanacağını bilmez, hiç kimse nerede öleceğini bilmez." (Lokmân suresi, 34. ayet.)

Allah Teâlâ (celle celâlüh) buyuruyor ki:

- "Ecelleri geldiği zaman ne bir an geri kalırlar ne de bir an öne geçerler." (Nahl suresi, 61. ayet.)

Allah Teâlâ (celle celâlüh) buyuruyor ki:

- "Ey iman edenler! Mallarınız ve çoluk çocuğunuz sizi Allah'ı anmaktan alıkoymasın. Kim böyle yapsa, işte o kimseler hüsrana uğramışlardır. İçinizden birine ölüm gelip de 'Ya Rabbi! Beni yakın bir zamana kadar geri bıraksaydın da sadaka verip iyi amel işleyenlerden olsaydım.' demeden önce size verdiğimiz maldan sadaka veriniz. Çünkü Allah hiçbir kulu eceli gelince geri bırakmaz. Allah, işlediklerinizden haberdardır." (Münâfikûn suresi, 9-11. ayetler.)

Allah Teâlâ (celle celâlüh) buyuruyor ki:

- "Onlardan birine ölüm gelince 'Ya Rabbi! Beni dünyaya geri gönder de ihmal ettiğim konularda iyi ameller işleyeyim.' der. Hayır hayır! Bu sırf onun ağzından çıkan bir sözdür. Zaten

yeniden dirilecekleri güne kadar arkalarında (geri dönmelerini imkânsız kılan) bir engel vardır. Sura üflenince o gün, (birbirlerine karşı böbürlenmelerine yol açan) soy sopları kalmayacağı gibi birbirlerinin halini soramaz olurlar. Kimin tartısı ağır gelirse, işte felaha erenler onlardır. Buna karşılık kimin tartısı hafif gelirse, işte kendilerini hüsrana uğratanlar onlardır. Hiç çıkmamak üzere cehennemdedirler, yüzlerini ateş yalar da sırıtıp dururlar. Onlara 'Ayetlerim size okununca onları yalanlayıp duranlar sizler değil miydiniz?' denir. Onlar da 'Ey Rabbimiz! Kötülüğümüz üzerimizde baskın çıktı da sapık kimseler olduk. Ey Rabbimiz! Bizi buradan çıkar. Eğer tekrar küfre dönersek gerçekten zalimlerden oluruz.' derler.

Buna karşılık Allah kendilerine buyurur ki: 'Orada perişan durumda kalınız ve konuşmayınız! Çünkü birtakımkullarım 'Rabbimiz! Sana inandık, günahlarımızı bağışla ve bize merhamet eyle. Hiç şüphesiz Sen merhametlilerin hayırlısısın.' derlerken onları o kadar alaya aldınız ki, bu haliniz beni anmayı size unutturdu da onlara gülmeye koyuldunuz. Bugün, onlara sabretmiş olmalarının mükafatını verdim, kazananlar onlardır.

Allah Teâlâ onlara 'Yeryüzünde ne kadar kaldınız?' diye sorar. Onlar da 'Bir gün veya bir günden de az, sayanlara sor.' diye cevap verirler. Allah Teâlâ onlara 'Hiç şüphesiz, çok az bir süre kaldınız. Bunu bilseydiniz ya! Sizi boşu boşuna yarattığımızı, tekrar bize dönmeyeceğinizi mi sanmıştınız?' buyurur." (Mü'minûn suresi, 99-115. ayetler.)

Allah Teâlâ (celle celâlüh) buyuruyor ki:

– "Allah'ı anmaktan ve kendilerine inen haktan (Kur'an'dan) dolayı mü'minlerin kalplerinin saygı ile ürpereceği zaman gelmedi mi? Onlar daha önce kendilerine kitap verilip de uzun bir süre geçince kalpleri kararanlar gibi olmasınlar, onlar çoğu fasık kimselerdi." (Hadîd suresi, 16. ayet.)

576- İbni Ömer (radıyallâhu anhumâ) der ki: "Peygamberimiz (sallallâhu aleyhi ve sellem) bir gün elini omzuma koyarak 'Dünyada yabancı veya yolcuymuşsun gibi ol.' buyurdu."

İbni Ömer de "Akşama kavuştuğun zaman sabahı ve sabaha erdiğin zaman da akşamı düşünme. Sağlıklı zamanında hastalığın için ve hayattayken ölümün için hazırlık yap." derdi. (Buhârî)

577- Yine İbni Ömer'den (radıyallâhu anhumâ) rivayet edildiğine göre Peygamberimiz (sallallâhu aleyhi ve sellem) "Vasiyet edilecek şeyi olan bir Müslümanın vasiyeti yanında yazılı bulunmayarak iki gece geçirmesi uygun değildir." buyurmuştur. (Buhâri, Müslim)

Bu ifade Buhâri'nindir. Müslim'in kaydettiği rivayete göre "üç gece geçirmesi" buyurulmuştur.

İbni Ömer der ki: "Peygamberimizin bu sözlerini duyduktan sonra yanımda vasiyetim olmaksızın hiçbir gece geçirmiş değilim."

578- Enes (radıyallâhu anh) der ki: "Peygamberimiz (yerde) birtakımçizgiler çizerek buyurdu ki: 'İnsan böyle giderken bir de bakar ki en yakın çizgi ile (ölüm ile) karşılaşıvermiştir.'" (Buhâri)

579- İbni Mes'ud (radıyallâhu anh) der ki: "Peygamberimiz (sallallâhu aleyhi ve sellem) bir gün yere bir dörtgen çizdi. Arkasından dörtgenin karşılıklı iki kenarını ortadan kesip dörtgenin dışına uzanan bir çizgi çizdi. Daha sonra da dörtgeni ikiye bölen çizgi ile kesişip dörtgen içinde kalan birkaç küçük çizgi daha çizerek şöyle buyurdu:

"Dörtgeni ikiye bölen bu çizgi insandır. Dörtgen de onu kuşatmış olan ecelidir. Çizginin dörtgenin dışına taşan kısmı da onun uzun vadeli arzularıdır. Çizgi ile kesişen bu küçük çizgiler de insanın karşısına dikilen engellerdir. İnsan bu engelden kurtulursa buna yakalanır, bundan da kurtulursa şuna yakalanır." (Buhâri)

580- Ebu Hureyre'den (radıyallâhu anh) rivayet edildiğine göre Peygamberimiz (sallallâhu aleyhi ve sellem) buyuruyor ki:

– "Yedi şey gelmeden önce iyi ameller işleyiniz. Yoksa unutkanlığa yol açan fakirliği, azdıran zenginliği, düzeninizi bozan hastalığı, bunaklığa yol açan yaşlılığı, ansızın geliveren ölümü, yoksa beklenen namevcutların en kötüsü olan Deccalı, yoksa ondan da belalı ve acı olan kıyamet gününü mü bekliyorsunuz?" (Tirmizî)

581- Yine Ebu Hureyre'den (radıyallâhu anh) rivayet edildiğine göre Peygamberimiz (sallallâhu aleyhi ve sellem) buyuruyor ki:

– "Hazların kökünü kurutan şeyi, yani ölümü sık sık anınız." (Tirmizî)

582- Ubeyy b. Kâ'b (radıyallâhu anh) der ki: "Gecenin üçte biri geçince Peygamberimiz (sallallâhu aleyhi ve sellem) uyanıp 'Ey insanlar! Allah'ın adını anın. Sur'un ilk üflenişi geldi çattı. Arkasından ikinci üfleniş gelip çatacak. Bütün dehşeti ile ölüm geldi. Bütün dehşeti ile ölüm geldi.' diye buyururdu. Ben kendisine 'Ya Rasulallah! Sana sık sık salat ü selam getiririm. Diğer dualarımın kaçta kaçı kadar sana salat ü selam getireyim?' diye sordum. 'İstediğin kadar.' buyurdu. Kendisine 'Dualarımın dörtte biri kadar mı?' diye sordum. 'İstediğin kadar. Daha fazla yaparsan senin için daha iyi olur.' buyurdu. Kendisine 'Dualarımın yarısı kadar mı?' diye sordum. 'İstediğin kadar. Daha fazla yaparsan senin için daha iyi olur.' buyurdu. Kendisine 'Dualarımın üçte ikisi kadar mı?' diye sordum. 'İstediğin kadar. Daha fazla yaparsan, senin için daha iyi olur.' buyurdu. Kendisine 'Dualarımın tümünü sana salat ü selam haline getireyim.' dedim. 'O zaman muradına erer ve günahların sana bağışlanır.' buyurdu." (Tirmizî)

66. Bölüm
Kabir Ziyareti ve Ziyaretçinin Sözleri

583- Büreyde'den (radıyallâhu anh) rivayet edildiğine göre Peygamberimiz (sallallâhu aleyhi ve sellem) buyuruyor ki:

- "Size kabir ziyaretini daha önce yasaklamıştım. Fakat onları ziyaret ediniz." (Müslim)

Diğer bir rivayete göre hadis şöyledir: "Kabirleri ziyaret etmek isteyen etsin. Çünkü kabirler bize ahireti hatırlatır."

584- Hz. Âişe'nin (radıyallâhu anh) rivayet ettiğine göre Peygamberimiz (sallallâhu aleyhi ve sellem) kendisinin yanında yattığı her gece, sabaha karşı Baki adlı mezarlığa çıkarak şöyle buyururdu:

- "Selamün aleyküm, ey mü'min topluluğunun yurdu! Vaat olunduğunuz durum başınıza geldi. Yarına kadar bekletiliyorsunuz. Allah ne zaman dilerse biz de size katılacağız. Allah'ım! Baki-i Garkad halkının günahlarını bağışla." (Müslim)

585- Büreyde'den (radıyallâhu anh) rivayet edildiğine göre Peygamberimiz (sallallâhu aleyhi ve sellem) kendilerine mezarlıkla karşılaştıkları zaman şöyle demelerini söylemiştir:

- "Selamün aleyküm, ey mü'min Müslüman yurdunun halkı! Allah ne zaman dilerse biz de size katılacağız. Allah'tan bize ve size afiyet dilerim." (Müslim)

586- İbni Abbas'tan (radıyallâhu anh) rivayet edildiğine göre Peygamberimiz (sallallâhu aleyhi ve sellem) Medine mezarlığına uğrayıp yüzünü kabristana doğru dönerek şöyle buyurmuştur:

- "Esselamü aleyküm, ey kabir sakinleri! Allah bizi de sizi de affetsin. Siz bizden önce gittiniz, biz de arkanızdan geliyoruz." (Tirmizî)

67. Bölüm
Ölmeyi İstemenin Hükmü

Sıkıntılar nedeniyle ölmek istemenin mekruh, dinî bir mevzuda karşılaşılmasından korkulan bir fitneden dolayı caiz olması hakkındadır.

587- Ebu Hureyre'den (radıyallâhu anh) rivayet edildiğine göre Peygamberimiz (sallallâhu aleyhi ve sellem) buyuruyor ki:

- "Hiçbiriniz ölmeyi istemesin. Çünkü ya iyi bir kimsedir, o zaman daha çok iyilik yapabilir. Yahut da kötülük işleyen bir kimsedir, o zaman da tevbe edip kötülüklerin yerine iyilik işleyebilir." (Buhâri, Müslim)

Müslim'in Ebu Hureyre'ye dayanarak kaydettiği bir başka rivayete göre de hadis şöyledir:

- "Hiçbiriniz ölmeyi istemesin, eceli gelmeden önce gelsin diye dua etmesin. Çünkü kişi ölünce ameli kesilir. Oysa ki yaşamak, mü'minin sadece hayrını arttırır."

588- Enes'ten (radıyallâhu anh) rivayet edildiğine göre Peygamberimiz (sallallâhu aleyhi ve sellem) buyuruyor ki:

- "Hiçbiriniz, sakın karşılaştığı bir sıkıntı yüzünden ölmeyi temenni etmesin. Mutlaka böyle bir temennide bulunacaksa şöyle desin: Allah'ım! Yaşamak hakkımda hayırlı olduğu sürece beni yaşat ve ölmek hakkımda daha hayırlı olunca da canımı al." (Buhâri, Müslim)

589- Kays b. Ebî Hâzim (radıyallâhu anh) der ki: "Bir gün ziyaret etmek üzere Habbab b. Eret'in (radıyallâhu anh) yanına gittim. Vücudu yedi yerden dağlanmıştı. Bize dedi ki: 'Ölen arkadaşlarımız bizden önce göçüp gittiler. Dünya onların hiçbir şeyini eksiltmedi. Biz ise topraktan başka koyacak her yere bulamayacağımız şeyler (dünya malları) elde ettik. Eğer Peygamberimiz ölmek için dua etmeyi bize yasaklamış olmasaydı, öleyim diye dua ederdim." (Buhâri, Müslim).

68. Bölüm
Şüpheli Şeylerden Uzak Durmak, Günah İşlemekten Korunmak

Allah Teâlâ (celle celâlüh) buyuruyor ki:

- "Siz bunu önemsiz sanıyorsunuz. Oysa ki Allah katında önemlidir." (Nûr suresi, 15. ayet.)

Allah Teâlâ (celle celâlüh) buyuruyor ki:

- "Hiç şüphesiz ki Rabbin gözetlemektedir." (Fecr suresi, 14. ayet.)

590- Numan b. Beşir'den (radıyallâhu anhumâ) rivayet edildiğine göre Peygamberimiz (sallallâhu aleyhi ve sellem) buyuruyor ki:

– "Helal bellidir, haram da bellidir. Bu ikisi arasında halk çoğunluğunun ayırt edemediği şüpheli konular vardır. Şüpheli konulardan uzak duran kimse dinini ve ırzını tehlikeden korumuş olur. Şüpheli konulara giren kimse harama düşer. Tıpkı bir koruluğun (yasak bölgenin) etrafında sürüsünü otlatan bir çobanın her an koruluğa (yasak bölgeye) girmek üzere olması gibi. Haberiniz olsun, her padişahın bir koruluğu (yasak bölgesi) vardır. Haberiniz olsun, Allah'ın koruluğu (yasak bölgesi) de O'nun haram kıldığı şeylerdir. Haberiniz olsun, vücutta öyle bir et parçası vardır ki, o sağlıklı olunca bütün vücut sağlıklı olur. O et parçası bozulunca bütün vücut bozulur. Haberiniz olsun ki o et parçası, kalptir." (Buhâri, Müslim)

591- Enes'ten (radıyallâhu anh) rivayet edildiğine göre Peygamberimiz (sallallâhu aleyhi ve sellem) bir gün yolda bir hurma buldu ve "Bu hurmanın sadaka (zekât) olduğundan çekinmesem, onu yerdim." buyurmuştur. (Buhâri, Müslim)

592- Nevvas b. Sem'an'dan (radıyallâhu anh) rivayet edildiğine göre Peygamberimiz (sallallâhu aleyhi ve sellem) buyuruyor ki:

– "İyilik, güzel huydur. Günah da kalbinde tereddüt uyandıran ve başkalarının farkına varmasını istemediğin davranıştır." (Müslim)

593- Vâbisa b. Ma'bed (radıyallâhu anh) der ki: "Bir gün Peygamberimize (sallallâhu aleyhi ve sellem) gelmiştim. Daha ben hiçbir şey söylemeden kendisi bana 'İyiliğin ne olduğunu sormaya geldin, değil mi?' diye sordu. 'Evet.' diye cevap verince şöyle buyurdu:

– 'Kalbine danış. İyilik nefsi, kalbi tatmin eden, huzura kavuşturan şeydir. Günah da nefiste, kalpte kuşku uyandıran davranıştır; istediği kadar başkaları sana fetva vermiş olsun." (Ahmed, Dârimi)

594- Ebu Sirvea Ukbe b. Haris'ten (radıyallâhu anh) rivayet edildiğine göre kendisi Ebu İhab b. Aziz'in kızı ile evlenmişti. Bir süre sonra kendisine bir kadın gelerek "Ben Ukbe'yi de onun kendisi ile evlendiği kadını da emzirmiştim." dedi. Bunun üzerine Ukbe kadına "Senin beni emzirdiğini bilmiyorum. Daha önce bana böyle şey söylemiş de değilsin." dedi ve Resulullah'a (sallallâhu aleyhi ve sellem) danışmak üzere bir deveye binip Medine'ye vardı. Durumu Peygamberimize sorunca Peygamberimiz "Kardeşin olduğu ileri sürülen bir kadınla nasıl evli kalırsın?" buyurdu. Bunun üzerine Ukbe kadını boşadı. Kadın da bir başkası ile evlendi. (Buhâri)

595- Hasan b. Ali (radıyallâhu anhumâ) der ki: "Peygamberimizin şu sözünü ezberledim: 'Seni kuşkulandıran şeyi bırak ve sana kuşku vermeyene geç.'" (Tirmizî)

596- Hz. Âişe (radıyallâhu anhâ) der ki: "Ebu Bekr'in (sözleşmeli) bir kölesi vardı. Köle, kazancının bir kısmını Ebu Bekr'e veriyordu. Ebu Bekir'in, kölenin bu ödediği kazançtan yediği oluyordu. Bir gün köle bir şey getirdi. Ebu Bekir de ondan yedi. Bu sırada köle 'Bu yediğin ne idi, biliyor musun?' dedi. Ebu Bekir 'Ne idi?' dedi. Köle dedi ki: 'Müslüman olmadan önce birine fal bakmıştım. İyi fal bakmasını bilmezdim fakat adamı aldatmıştım. İşte o adamla karşılaştım ve bana bu içinden yediğin şeyi verdi.' Bunun üzerine Ebu Bekir parmaklarını gırtlağına sokup karnındakini kusuverdi." (Buhâri)

597- Nafi'den (radıyallâhu anh) rivayet edildiğine göre Ömer b. Hattab ilk Muhacirlere dört bin dirhem maaş bağladığı halde oğluna üç bin beşyüz dirhem maaş bağladı. Kendisine "Oğlun da ilk Muhacirlerdendir. Niye ona daha az verdin?" diye sordular. Ömer de onlara şu cevabı verdi: "O, babası ile birlikte göç etti. Kendi kendine göç edenler gibi değildir." dedi. (Buhâri)

598- Atiyye b. Urve es-Sa'di es-Sahabi'den (radıyallâhu anh) rivayet edildiğine göre Peygamberimiz (sallallâhu aleyhi ve sellem) buyuruyor ki:

– "Herhangi bir kimse mahzurlu olan şeyden çekinerek mahzurlu olmayan şeyi terk etmedikçe takva sahiplerinden olma mertebesine ulaşamaz." (Tirmizî)

69. Bölüm
Fesad Zamanlarında veya Dinde Bir Fitneye Kapılmaktan Korkulduğunda Bir Kenara Çekilmenin Müstehap Olması

Allah Teâlâ (celle celâlüh) buyuruyor ki:

– "O halde Allah'a sığının. Ben size O'nun tarafından gönderilmiş bir ikaz ediciyim." (Zâriyât suresi, 50. ayet.)

599- Sa'd b. Ebi Vakkas'tan (radıyallâhu anh) rivayet edildiğine göre Peygamberimiz (sallallâhu aleyhi ve sellem) buyuruyor ki:

– "Hiç şüphesiz Allah, haramdan kaçınan, gönlü zengin ve gizli ibadet eden kulu sever." (Müslim)

600- Saidü'l-Hudrî (radıyallâhu anh) der ki: "Adamın biri Peygamberimize (sallallâhu aleyhi ve sellem) 'En faziletli insan kimdir?' diye sordu. Peygamberimiz 'Allah yolunda canı ve malı ile cihat eden mü'mindir.' buyurdu. Adam

'Ondan sonra kim gelir?' diye sordu. Peygamberimiz 'Kuytu bir yere çekilip Rabbine ibadet eden kimsedir.' buyurdu."

Başka bir rivayete göre adamın ikinci sorusunu Peygamberimiz "Allah'tan korkan ve başkasına zarar vermekten uzak duran kimsedir." şeklinde cevaplandırmıştır. (Buhâri, Müslim)

601- Yine Saidü'l-Hudrî'den (radıyallâhu anh) rivayet edildiğine göre Peygamberimiz (sallallâhu aleyhi ve sellem) buyuruyor ki:

– "Müslüman için, dağ tepelerinde ve su birikintileri civarında otlatılan bir koyunun en hayırlı mal haline geleceği ve böylece dini ile ilgili fitneden kaçacağı günler yakındır." (Buhâri)

602- Ebu Hureyre'den (radıyallâhu anh) rivayet edildiğine göre Peygamberimiz (sallallâhu aleyhi ve sellem) "Allah'ın gönderdiği her peygamberin koyun güttüğü olmuştur." buyurdu. Sahabiler "Sende mi?" diye sordular. Peygamberimiz onlara "Evet, ben de Mekkelilerin koyunlarını Kararit dolaylarında güderdim." buyurdu. (Buhâri)

603- Yine Ebu Hureyre'den (radıyallâhu anh) rivayet edildiğine göre Peygamberimiz (sallallâhu aleyhi ve sellem) buyuruyor ki:

– "İnsanlar hesabına en hayırlı hayat şekli, Allah yolunda atının dizginini elinden düşürmeyen, ne zaman savaş narası ve gümbürtüsü duysa ya öldürmeyi veya şehit olmayı isteyerek savaş yeri olduğunu tahmin ettiği alanlara at sırtında uçarcasına koşan kimsenin hayatı veya küçük bir koyun sürüsü ile birlikte şu tepelerden birinde veya şu dere yataklarından birinde namaz kılarak, zekat vererek, ölünceye kadar Allah'a ibadet ederek ve insanlar için iyilikten başka bir şey düşünmeyerek yaşayan kimsenin hayatıdır." (Müslim)

70. Bölüm
İnsanlarla Bir Arada Yaşamanın Fazileti

İyiliği emredip kötülükten sakındırmanın, başkalarına zarar vermekten kaçınmanın, sıkıntılara sabretmenin, insanlarla toplanmanın; cuma, toplantı ve hayır cemiyetlerine katılmanın, hasta olanları ziyaret etmenin, muhtaç olanları gözetmenin, cahillere doğru yolu göstermenin fazileti hakkındadır.

Bilesin ki! Anlattığım şekilde insanlarla düşüp kalkmak Peygamberimiz (sallallâhu aleyhi ve sellem), diğer peygamberler (aleyhimüsselam), raşid halifeler, sahabiler ve tabiîn, daha sonra gelen Müslüman bilginler ile ileri gelen Müslümanlar tarafından benimsenmiş, tercih edilmiş bir tutumdur. Çoğu tabiîn ile tebe-i tabiînin görüşü de böyledir. Bunun yanında İmam Şafii, Ahmed b. Hanbel ve çoğu fıkıh âlimi de bu görüşü desteklemişlerdir.

Allah Teâlâ (celle celâlüh) buyuruyor ki:

- **"İyilik ve takva konusunda birbirinize yardım ediniz."** (Mâide suresi, 2. ayet.)

Bu konudaki ayetler çok ve malumdur.

71. Bölüm
Mü'minlere Karşı Alçak Gönüllü ve Yumuşak Huylu Olmak

Allah Teâlâ (celle celâlüh) buyuruyor ki:

- **"Sana uyan mü'minlere merhamet kanadını indir (yumuşak huylu ol)."** (Şuarâ suresi, 215. ayet.)

Allah Teâlâ (celle celâlüh) buyuruyor ki:

- **"Ey iman edenler! İçinizden kim dininden dönerse (bilsin ki) Allah sizleri seven, sizler tarafından sevilen, mü'minler karşısında yumuşak başlı ve kafirlere karşı sert olan bir cemaat gönderecektir."** (Mâide suresi, 54. ayet.)

Allah Teâlâ (celle celâlüh) buyuruyor ki:

- **"Ey insanlar! Hiç şüphesiz sizleri aynı erkek ve dişiden yarattık. Sırf birbirlerinizi tanıyasınız diye sizleri halklara ve kabilelere ayırdık. Hiç şüphesiz, Allah katında en üstün olanınız, en çok takva sahibi olanınızdır."** (Hucurât suresi, 13. ayet.)

Allah Teâlâ (celle celâlüh) buyuruyor ki:

- **"Siz kendi kendinizi temize çıkarmayınız, O (Allah), takva sahiplerini en iyi şekilde bilir."** (Necm suresi, 32. ayet.)

Allah Teâlâ (celle celâlüh) buyuruyor ki:

- **"Araftakiler, simaları ile tanıdıkları birtakımkimselere 'Meydana getirdiğiniz kalabalıktan ve böbürlenip durmaktan ne kazandınız? Allah'ın rahmetine nail olamayacaklar diye yemin ettikleriniz bunlar mı? Oysa ki onlara şimdi 'Cennete girin! Sizin için ne korku ve ne de üzüntü vardır!' denilecek.' diye seslenecéklerdir."** (A'raf suresi, 48-49. ayetler.)

604- Iyâz b. Hımâr'dan (radıyallâhu anh) rivayet edildiğine göre Peygamberimiz (sallallâhu aleyhi ve sellem) buyuruyor ki:

– "Allah bana 'O şekilde alçak gönüllü olunuz ki hiç kimse başkasına karşı övünmesin ve hiç kimse başkasına saldırmasın.' diye vahyetti." (Müslim)

605- Ebu Hureyre'den (radıyallâhu anh) rivayet edildiğine göre Peygamberimiz (sallallâhu aleyhi ve sellem) buyuruyor ki:

– "Sadaka malda hiçbir eksilme meydana getirmez. Başkasını bağışlayan kulun Allah mutlaka şerefini yükseltir. Allah rızası için alçak gönüllü davranan kimsenin Allah mutlaka derecesini yüceltir." (Müslim)

606- Bildirildiğine göre Enes (radıyallâhu anh) bir gün bir grup çocukla karşılaştı ve onlara selam verdi. Arkasından da "Peygamberimiz (sallallâhu aleyhi ve sellem) böyle yapardı." dedi. (Buhâri, Müslim)

607- Yine Enes (radıyallâhu anh) der ki: "Medine cariyelerinden (hizmetçi kız çocuklarından) biri Peygamberimizin (sallallâhu aleyhi ve sellem) elinden tutup kendisini istediği yere götürürdü." (Buhâri)

608- Esved b. Yezid (radıyallâhu anh) der ki: "Hz. Âişe'ye (radıyallâhu anha) 'Peygamberimiz (sallallâhu aleyhi ve sellem) evde ne yapardı?' diye sordular. Hz. Âişe de onlara 'Ev halkına hizmet ederdi. Namaz vakti gelince de namaza çıkardı.' diye cevap verdi." (Buhâri)

609- Ebu Rıfâa Temim b. Üseyd (radıyallâhu anh) der ki: "Hutbe okurken Resulullah'a (sallallâhu aleyhi ve sellem) vardım ve 'Ya Resulallah! Yabancı bir adam gelmiş, dinini öğrenmek istiyor. Dinini bilmiyor.' diye seslendim. Peygamberimiz (sallallâhu aleyhi ve sellem) bana doğru döndü. Hutbeyi yarıda keserek yanıma geldi. Kendisine bir iskemle getirdiler, iskemleye oturarak Allah'ın kendisine öğrettiklerini bana öğretmeye koyuldu. Sonra yeniden hutbesine dönüp son kısmını tamamladı." (Müslim)

610- Enes (radıyallâhu anh) der ki: "Peygamberimiz (sallallâhu aleyhi ve sellem) yemek yiyince üç parmağını yalardı ve şöyle buyururdu:

– 'İçinizden birinin lokması yere düşünce onu temizleyip yesin, sakın onu şeytana bırakmasın.'"

Peygamberimiz (sallallâhu aleyhi ve sellem) tabağın yalanmasını da emrederek "Çünkü siz bereketin yemeğinizin hangi kısmında olduğunu bilemezsiniz." buyurmuştur. (Müslim)

611- Ebu Hureyre'den (radıyallâhu anh) rivayet edildiğine göre Peygamberimiz (sallallâhu aleyhi ve sellem) "Allah'ın gönderdiği her peygamberin koyun güttüğü olmuştur." buyurdu. Sahabiler "Sende mi?" diye sordular. Peygamberimiz onlara "Evet, ben de Mekkelilerin koyunlarını Kararit dolaylarında güderdim." buyurdu. (Buhâri)

612- Yine Ebu Hureyre'den (radıyallâhu anh) rivayet edildiğine göre Peygamberimiz (sallallâhu aleyhi ve sellem) buyuruyor ki:

- "Eğer paça veya ayaklardan yapılmış yemeği yemeğe davet edilsem, kabul ederim. Eğer bana hayvanın paçası veya ayakları hediye edilse kabul ederim." (Buhâri)

613- Enes b. Malik (radıyallâhu anh) der ki: "Peygamberimizin (sallallâhu aleyhi ve sellem) Adba adlı dişi devesini hiçbir deve geçemiyordu, daha doğrusu hiçbir deve onunla yarışamıyordu. Bir gün genç bir devenin sırtında bir taşralı Arap geldi ve Peygamberimizin devesini geçiverdi. Bu durum Müslümanların ağırına gitti. Peygamberimiz onların bu duygularını öğrenince şöyle buyurdu:

- 'Dünyaya ait yükselen her şeyi alçaltmak, Allah'ın üzerine haktır.'" (Buhâri)

72. Bölüm
Kibirlenme ve Kendini Beğenmenin Haram Olması

Allah Teâlâ (celle celâlüh) buyuruyor ki:

- **"İşte o ahiret yurdu yok mu? Biz onu yeryüzünde ne ululuk ve ne de kargaşa peşine düşmeyenlere veririz. Akıbet (haramlardan) sakınanlarındır."** (Kasas suresi, 83. ayet.)

Allah Teâlâ (celle celâlüh) buyuruyor ki:

- **"Yeryüzünde şımarıkça yürüme."** (İsrâ suresi, 37. ayet.)

Allah Teâlâ (celle celâlüh) buyuruyor ki:

- **"Kendini beğenmiş bir eda ile insanlardan yüz çevirme. Yeryüzünde şımarıkça yürüme. Çünkü Allah hiçbir büyüklük taslayan kendini beğenmişi sevmez."** (Lokmân suresi, 18. ayet.)

Allah Teâlâ (celle celâlüh) buyuruyor ki:

- **"Aslında Karun, Musa'nın kavmindendi. Fakat onlara zulmetti. Kendisine o kadar hazineler verdik ki, sırf anahtarları güçlü kuvvetli bir grup tarafından zor taşınabilirdi. Hani kavmi kendisine dedi ki 'Sakın şımarma. Çünkü Allah şımarıkları sevmez. Allah'ın sana verdiği servet aracılığı ile ahiret yurdunu ara, fakat dünyadaki payını da unutma. Allah sana karşı nasıl iyi davrandıysa sen de insanlara iyilik et. Yeryüzünde bozgunculuk peşinde koşma. Çünkü Allah, bozguncuları sevmez.**

Firavun 'Bu servet bana sırf bendeki ilim sayesinde verilmiştir.' dedi. Oysa ki o kendisinden önceki çağlarda yaşayan, daha

güçlü ve daha geniş çevreli kimseleri Allah'ın helak ettiğini bilmiyor mu? Mücrimlere (kıyamet günü günahları) sorulmaz.

Firavun alımlı ziynetine bürünerek kavmi arasına çıkmıştı. Dünya hayatı peşinde koşanlar 'Keşke Karun'a verilen servetin benzeri bizim olsaydı. O, hiç şüphesiz, çok kısmetli bir insandır.' dediler. Fakat kendilerine ilim verilenler 'Yazıklar olsun size! İman edip iyi amel işleyenlere Allah'ın vereceği sevap daha hayırlıdır. Ona da ancak sabırlı kimseler kavuşabilirler.' dediler.

Bir süre sonra onu evi ile birlikte yere geçirdik de ne kendisine yardım edebilecek bir grup bulabildi ve ne de kendi kendine yardım edebildi." (Kasas suresi, 76-81. ayetler.)

614- Abdullah b. Mes'ud (radıyallâhu anh) der ki: "Peygamberimiz (sallallâhu aleyhi ve sellem) bir gün 'Kalbinde zerre kadar kendini beğenmişlik bulunan kimse cennete giremez.' buyurdu. Adamın biri Peygamberimize 'İnsan elbisesinin ve pabuçlarının güzel olmasını ister (bu kendini beğenmişlik midir)?' diye sordu. Peygamberimiz (sallallâhu aleyhi ve sellem) şöyle buyurdu:

– 'Allah güzeldir, güzelliği sever. Kibirlilik ise hakkı kabul etmemek ve başkalarını küçük görmektir.'" (Müslim)

615- Seleme b. Ekva'nın (radıyallâhu anh) rivayet ettiğine göre adamın biri, bir gün Peygamberimizin (sallallâhu aleyhi ve sellem) yanında sol eli ile yemek yedi. Peygamberimiz ona "Sağ elinle ye." diye buyurdu. Adam "Yiyemem!" diye cevap verdi. Peygamberimiz de ona "Yiyemez olasın!" diye karşılık verdi. Adamın sağ elle yemesine sırf kibirliliği engel oluyordu. Nitekim bir daha elini ağzına götüremedi. (Müslim)

616- Harise b. Vehb'den (radıyallâhu anh) rivayet edildiğine göre Peygamberimiz (sallallâhu aleyhi ve sellem) buyuruyor ki:

– "Size cehennemliklerin kim olduklarını bildireyim mi? Bütün katı yürekliler, varlıklı cimriler ve büyüklük taslayanlar..." (Buhâri, Müslim)

617- Ebu Saidü'l-Hudrî'den (radıyallâhu anh) rivayet edildiğine göre Peygamberimiz (sallallâhu aleyhi ve sellem) buyuruyor ki:

– "Cennet ile cehennem karşılıklı sözlü tartışmaya girişti. Cehennem 'Zorbalar ve kendini beğenmişler bendedir.' dedi. Cennet de 'Zavallı ve yoksul kimseler bendedir.' dedi. Allah Teâlâ cennete 'Sen benim rahmetimsin, senin aracılığın ile dilediğime merhamet ederim.' ve cehenneme de 'Sen de benim azabımsın, senin aracılığın ile dilediğime azap çektiririm. Her ikinizi de doldurmak bana düşer.' buyurarak ikisinin arasını buldu." (Müslim)

618- Ebu Hureyre'den (radıyallâhu anh) rivayet edildiğine göre Peygamberimiz (sallallâhu aleyhi ve sellem) buyuruyor ki:

- "Allah, kıyamet günü, kibirlilik belirtisi olarak elbisesinin eteklerini yerlerde sürükleyen kimsenin yüzüne bakmaz." (Buhârî, Müslim)

619- Yine Ebu Hureyre'den (radıyallâhu anh) rivayet edildiğine göre Peygamberimiz (sallallâhu aleyhi ve sellem) buyuruyor ki:

- "Üç kimse var ki kıyamet günü Allah onlar ile ne konuşur ne kendilerini günahtan arındırır ne de yüzlerine bakar. Onlara acı bir azap vardır: Yaşlı zinakâr, yalancı devlet reisi ve kibirli fakir." (Müslim)

620- Yine Ebu Hureyre'den (radıyallâhu anh) rivayet edildiğine göre Peygamberimiz buyuruyor ki:

Allah Teâlâ (celle celâlüh) şöyle buyurur:

"Ululuk benim gömleğim ve büyüklük de hırkamdır. Bunların herhangi birinde benimle boy ölçüşmeye kalkışan kimseyi azaba çarptırırım." (Müslim)

621- Yine Ebu Hureyre'den (radıyallâhu anh) rivayet edildiğine göre Peygamberimiz (sallallâhu aleyhi ve sellem) buyuruyor ki:

- "Adamın biri alımlı bir elbise içinde, kendini beğenmiş bir eda takınarak, saçları taranmış bir şekilde şımarık şımarık yürürken ansızın Allah kendisini yerin dibine geçiriverdi. Kendisi kıyamet gününe kadar debelene debelene yerin dibine batmaya devam eder." (Buhârî, Müslim)

622- Seleme b. Ekva'dan (radıyallâhu anh) rivayet edildiğine göre Peygamberimiz (sallallâhu aleyhi ve sellem) buyuruyor ki:

- "İnsan nefsinin arzusuna uyup böbürlene böbürlene günün birinde zorbalardan biri olarak yazılır ve zorbaların başına gelenler onun da başına gelir." (Tirmizî)

73. Bölüm
Güzel Ahlak

Allah Teâlâ (celle celâlüh) buyuruyor ki:

- **"Hiç şüphesiz, sen yüce bir ahlak üzeresin."** (Kalem suresi, 4. ayet.)

Allah Teâlâ (celle celâlüh) buyuruyor ki:

- **"Onlar (takva sahipleri) öfkelerini zapt edenler ve başkalarının kusurlarını bağışlayanlardır."** (Âl-i İmrân suresi, 134. ayet.)

623- Enes b. Malik (radıyallâhu anh) der ki: "Peygamberimiz (sallallâhu aleyhi ve sellem) insanların en güzel huylusu idi." (Buhârî, Müslim)

624- Yine Enes b. Malik (radıyallâhu anh) der ki: "Peygamberimizin avucundan daha yumuşak ne bir atlasa ne de bir ipeğe elim dokunmuştur. Peygamberimizin kokusundan daha güzel bir koku almış değilim. Peygamberimize (sallallâhu aleyhi ve sellem) 10 yıl hizmet ettim. Bu süre boyunca hiçbir zaman bana ne 'Öf!' demiştir ne yaptığım bir harekete karşılık 'Bunu niye yaptın?' veya yapmadığım bir iş için 'Şunu yapsaydın...' buyurmuştur." (Buhâri, Müslim)

625- Sa'b b. Cessâme (radıyallâhu anh) der ki: "Bir gün Peygamberimize (sallallâhu aleyhi ve sellem) bir yaban eşeği hediye ettim, onu geri çevirdi. Fakat yüzümde beliren üzüntüyü görünce bana 'Onu sadece ihramlı olduğum için kabul etmedim.' buyurdu." (Buhâri, Müslim)

626- Nevvâs b. Sem'ân (radıyallâhu anh) der ki: "Peygamberimize (sallallâhu aleyhi ve sellem) iyiliğin ve günahın ne olduğunu sordum. Bana şöyle buyurdu:

– 'İyilik, huy güzelliğidir. Günah da içinde kuşku uyandıran ve halkın bilmesini istemediğin davranıştır.'" (Müslim)

627- Abdullah b. Amr ibni'l-Âs (radıyallâhu anh) der ki: "Peygamberimiz (sallallâhu aleyhi ve sellem) hiç çirkin söz söylememiştir. Hatta böyle bir söz ağzından kaçırmış değildir. Her zaman 'İyi huylularınız, aranızdaki en iyi kimselerdendir.' buyururdu." (Buhâri, Müslim)

628- Ebu Derda'dan (radıyallâhu anh) rivayet edildiğine göre Peygamberimiz (sallallâhu aleyhi ve sellem) buyuruyor ki:

– "Kıyamet günü, mü'min kulun terazisinde en büyük ağırlığı huy güzelliği meydana getirir. Allah, edep dışı ve çirkin sözlülere buğzeder." (Tirmizî)

629- Ebu Hureyre (radıyallâhu anh) der ki: "Peygamberimize 'Cennete girmeye en çok yol açan şey nedir?' diye sordular. Peygamberimiz (sallallâhu aleyhi ve sellem) 'Allah korkusu ile huy güzelliğidir.' diye cevap verdi. Peygamberimize (sallallâhu aleyhi ve sellem) 'Cehenneme girmeye en çok yol açan şey nedir?' diye sordular. Peygamberimiz 'Edeb yeri ile ağızdır.' buyurdular." (Tirmizî)

630- Yine Ebu Hureyre'den (radıyallâhu anh) rivayet edildiğine göre Peygamberimiz (sallallâhu aleyhi ve sellem) buyuruyor ki:

– "En kâmil imanlı mü'minler, en güzel huylu olanlardır. En iyileriniz, kadınlarına karşı en iyi davrananlarınızdır." (Tirmizî)

631- Hz. Âişe'den (radıyallâhu anh) rivayet edildiğine göre Peygamberimiz (sallallâhu aleyhi ve sellem) buyuruyor ki:

– "Hiç şüphesiz mü'min, iyi huyu sayesinde gündüz oruç tutan ve geceleri ibadetle geçiren kimselerin derecesine ulaşır." (Ebu Davud)

632- Ebu Umametü'l-Bâhili'den (radıyallâhu anh) rivayet edildiğine göre Peygamberimiz (sallallâhu aleyhi ve sellem) buyuruyor ki:

– "Ben, haklı bile olsa karşısındaki ile tartışmaktan kaçınanın cennet yakınlarında bir eve yerleşmesine. Şakadan bile olsa yalan söylemekten kaçınanın cennet ortasında bir eve yerleşmesine ve huyu güzel olanın cennetin en yüksek yerinde bir eve yerleşmesine kefilim." (Ebu Davud)

633- Cabir'den (radıyallâhu anh) rivayet edildiğine göre Peygamberimiz (sallallâhu aleyhi ve sellem) şöyle buyurdu:

– "Benim katımda en sevimlileriniz ve kıyamet günü bana en yakın oturacak olanlarınız, güzel huylularınızdır. Buna karşılık benim katımda en sevimsizleriniz ve kıyamet günü benden en uzak kalacak olanlarınız gevezeler, lafazanlar ve laf ebeleridir."

Sahabiler "Gevezeler ile lafazanları biliyoruz ama laf ebeleri ne demektir?" diye sordular. Peygamberimiz onlara:

– "Kendilerini beğenmiş kibirli kimselerdir." diye cevap verdi. (Tirmizî)

74. Bölüm
Hilm, Soğukkanlılık ve Merhamet

Allah Teâlâ (celle celâlüh) buyuruyor ki:

– **"Onlar (takva sahipleri) öfkelerini zapt edenler ve başkalarının kusurlarını bağışlayanlardır."** (Âl-i İmrân suresi, 134. ayet.)

Allah Teâlâ (celle celâlüh) buyuruyor ki:

– **"Kolaylığı (ve müsamahayı) benimse, doğruyu emret ve cahillerden yüz çevir."** (A'raf suresi, 199. ayet.)

Allah Teâlâ (celle celâlüh) buyuruyor ki:

– **"İyilikle kötülük bir olmaz. (Kötülüğü) en güzel davranışla karşıla. O zaman kendisi ile aranda düşmanlık bulunan kimsenin sana cana yakın bir dost gibi olduğunu görürsün. Bu mertebeye ancak sabırlı kimseler erebilir. Bu mertebeye ancak büyük nasip sahipleri erebilir."** (Fussilet suresi, 34, 35. ayetler.)

Allah Teâlâ (celle celâlüh) buyuruyor ki:

– **"Bununla birlikte sabredip affedene gelince, böyle bir tutum, büyük işlerdendir."** (Şûrâ suresi, 43. ayet.)

634- Hz. Âişe'den (radıyallâhu anhâ) rivayet edildiğine göre Peygamberimiz (sallallâhu aleyhi ve sellem) buyuruyor ki:

– "Hiç şüphesiz, Allah refiktir ve rıfk sahibini (yumuşak huylu olanı) sever. Rıfka verdiği başarıyı, ne şiddete ne de başka bir şeye verir." (Müslim)

635- Yine Hz Âişe'den (radıyallâhu anhâ) rivayet edildiğine göre Peygamberimiz (sallallâhu aleyhi ve sellem) buyuruyor ki:

– "Rıfkın (yumuşak huyluluğun) eşleştiği her davranış güzelleşir. Buna karşılık ayrı kaldığı her davranış da çirkin kalır." (Müslim)

636- Ebu Hureyre'den (radıyallâhu anh) rivayet edildiğine göre bir gün taşralı bir Arap, Mescid'in bir yerinde küçük abdest bozdu. Sahabiler hırpalamak üzere adamın üzerine yürümeye kalkıştılar. Peygamberimiz (sallallâhu aleyhi ve sellem) onlara şöyle buyurdu:

– "Adamı bırakın da sidiği üzerine bir kova dolusu su dökün. Çünkü sizler, zorluk çıkarıcılar olarak değil, kolaylık göstericiler olarak gönderildiniz." (Buhâri)

637- Enes'ten (radıyallâhu anh) rivayet edildiğine göre Peygamberimiz (sallallâhu aleyhi ve sellem) buyuruyor ki:

– "Kolaylaştırınız, zorlaştırmayınız. Müjdeleyiniz, ürkütmeyiniz." (Buhâri, Müslim)

638- Cerir b. Abdullah'tan (radıyallâhu anh) rivayet edildiğine göre Peygamberimiz (sallallâhu aleyhi ve sellem) buyuruyor ki:

– "Rıfktan (yumuşak huyluluktan) mahrum tutulan kimse, iyiliğin her türlüsünden mahrum tutulmuştur." (Müslim)

639- Ebu Hureyre'den (radıyallâhu anh) rivayet edildiğine göre adamın biri Peygamberimize (sallallâhu aleyhi ve sellem) gelerek "Bana bir şey tavsiye et." dedi. Peygamberimiz adama "Öfkelenme." buyurdu. Adam aynı isteği birkaç kere tekrarladı. Peygamberimiz ona yine "Öfkelenme." diye cevap verdi. (Buhâri)

640- Ebu Ya'lâ Şeddad b. Evs'den (radıyallâhu anh) rivayet edildiğine göre Peygamberimiz (sallallâhu aleyhi ve sellem) buyuruyor ki:

– "Allah, güzelliği her şeye yazmıştır. Buna göre öldürürken güzel öldürünüz. Hayvan keserken güzel kesiniz. Herhangi biriniz bıçağını bilesin ve boğazladığı hayvana eziyet çektirmesin." (Müslim)

641- Hz. Âişe (radıyallâhu anhâ) der ki: "Resulullah iki şey arasında tercih yapmak üzere her serbest bırakıldığında günah olmadıkça kolay olan tarafı tercih ederdi. Söz konusu şıklardan biri günah olunca ona en uzak olan insan o olurdu. Resulullah hiçbir konuda kendisi hesabına intikam almamıştır. Yalnız Allah'ın haram kıldığı şeyler çiğnenmişse o zaman Allah için intikam alırdı." (Buhâri, Müslim)

642- İbni Mes'ud'dan (radıyallâhu anh) rivayet edildiğine göre Peygamberimiz (sallallâhu aleyhi ve sellem) buyuruyor ki:

– "Ateşin kimin vücuduna dokunamadığını size bildireyim mi? Bütün cana yakın, sevimli, yumuşak huylu ve kolaylık gösteren kimselere." (Tirmizî)

643- İbni Abbas'tan (radıyallâhu anh) rivayet edildiğine göre, Resulullah (sallallâhu aleyhi ve sellem) Abdu'l-Kays kabilesinden Eşecc'e:

– "Sende iki güzel huy var ki Allah onları sever: Onlar hilm ve teennidir." buyurmuştur. (Müslim)

644- Hz. Âişe'den (radıyallâhu anh) rivayet edildiğine göre Resul-i Ekrem (sallallâhu aleyhi ve sellem) şöyle buyurmuştur:

– "Allah, kullarına rıfk ile muamele eder. Her işte rıfk ve yumuşaklıkla muamele edilmesini sever." (Buhâri, Müslim)

75. Bölüm
Kusurları Bağışlamak ve Cahillerden Yüz Çevirmek

Allah Teâlâ (celle celâlüh) buyuruyor ki:

– "Kolaylığı (ve müsamahayı) benimse, iyiliği emret ve cahillerden yüz çevir." (A'raf suresi, 199. ayet.)

Allah Teâlâ (celle celâlüh) buyuruyor ki:

– "Onlara karşı güzel bir müsamaha ile davran." (Hicr suresi, 85. ayet.)

Allah Teâlâ (celle celâlüh) buyuruyor ki:

– "Affediniz, göz yumunuz. Allah'ın günahlarınızı bağışlamasını istemez misiniz?" (Nûr suresi, 22. ayet.)

Allah Teâlâ (celle celâlüh) buyuruyor ki:

– "Onlar insanların kusurlarına göz yumanlardır. Allah, iyilik edenleri sever." (Âl-i İmrân suresi, 134. ayet.)

Allah Teâlâ (celle celâlüh) buyuruyor ki:

– "Bununla birlikte sabredip affedene gelince, böyle bir tutum büyük işlerdendir." (Şûrâ suresi, 43. ayet.)

Bu konudaki ayetler çoktur.

645- Hz. Âişe'den (radıyallâhu anhâ) rivayet edildiğine göre kendisi Peygamberimize (sallallâhu aleyhi ve sellem) "Uhud gününden daha sıkıntılı bir gün geçirdin mi?" diye sordu. Peygamberimiz de ona şu cevabı verdi:

– "Evet, senin kavmin (Kureyş) yüzünden. Onlar yüzünden yaşadığım en sıkıntılı gün de Akabe günü oldu. Hani İbni Abd-i Yaleyl b. Abdü'l-Kulâl'e başvurup beni korumasını istemiştim de isteğime cevap vermemişti. Oradan kederli bir çehre ile ayrıldım ve Kasn-ı Saalib denen yere varıncaya kadar kendime gelememiştim.

(Oraya varınca) bir de baktım ki benimle birlikte yürüyen bir bulut beni gölgesi altına almıştı. Buluta bakınca Cebrail'in (aleyhisselam) orada olduğunu gördüm. Bana 'Allah, kavminin sana söylediklerini, sana vermiş oldukları cevabı duydu. Onlarla ilgili olarak kendisine dilediğin emri veresin diye sana dağlar meleğini gönderdi.' diye seslendi. Bu sırada dağlar meleği de selam verdikten sonra bana 'Ya Muhammed! Allah kavminin sana söylediklerini duydu. Ben dağlar meleğiyim. Emrinin ne olduğunu bana bildiresin diye Rabbim beni sana gönderdi. Ne istiyorsun? Eğer istersen şu iki yalçın dağı birleştirip üzerlerine çökerteyim.' diye seslendi.

Peygamberimiz (sallallâhu aleyhi ve sellem) dağlar meleğine şu cevabı verdi: 'Ben Allah'ın, onların soyundan sırf Allah'a kulluk eden ve O'na hiçbir şekilde ortak koşmayan bir nesil çıkarmasını dilerim.'" (Buhâri, Müslim)

646- Yine Hz. Âişe (radıyallâhu anhâ) der ki: "Peygamberimiz (sallallâhu aleyhi ve sellem) Allah yolunda cihat hali müstesna, hiçbir şeye, hiçbir kadına ve hiçbir hizmetçiye bir fiske vurmamıştır. Kendisine verilen bir zarardan dolayı hiçbir zaman zarar verenden intikam almış değildir. Yalnız Allah'ın haramları çiğnendiği zaman müstesna. O zaman Allah için intikam alırdı." (Müslim)

647- Enes b. Malik (radıyallâhu anh) der ki: "Bir gün Peygamberimiz (sallallâhu aleyhi ve sellem) ile birlikte yolda yürüyordum. Üzerinde kalın astarlı Necran malı bir hırka vardı. O sırada taşralı bir Arap, arkadan kendisine yetişti ve hırkasının ucundan tutup onu şiddetli bir şekilde çekti. Peygamberimizin omuz başına baktım. Bedevinin kuvvetli çekişinden dolayı hırkanın astarı omuzuna gömülüp iz yapmıştı. Arkasından bedevi, Peygamberimize 'Ya Muhammed! Emir ver de yanında bulunan Allah malından bana versinler.' dedi. Peygamberimiz adama dönüp gülümsedi ve kendisine bir şeyler verilmesini emretti." (Buhâri, Müslim)

648- İbni Mes'ud (radıyallâhu anh) der ki: "Şu anda Peygamberimizi (sallallâhu aleyhi ve sellem), peygamberlerden birinin, kavminin kendisini dövüp yüzünü kanattığı ve yüzünden akan kanları silerken 'Allah'ım, kavmimi affet! Çünkü onlar bilmiyorlar.' deyişini anlatırken görür gibiyim." (Buhâri, Müslim)

649- Ebu Hureyre'den (radıyallâhu anh) rivayet edildiğine göre Peygamberimiz (sallallâhu aleyhi ve sellem) buyuruyor ki:

– "Güçlü olmak, başkalarını kaldırıp yere sermekle olmaz. Gerçek anlamda güçlü kimse, kızdığı anda kendini zapteden kimsedir." (Buhâri, Müslim)

76. Bölüm
Eziyetlere Katlanmak

Allah Teâlâ (celle celâlüh) buyuruyor ki:

– "Onlar (takva sahipleri) öfkelerini zapt edenler ve başkalarının kusurlarını bağışlayanlardır. Allah iyilik edenleri sever." (Âl-i İmrân suresi, 134. ayet.)

Allah Teâlâ (celle celâlüh) buyuruyor ki:

– "Bununla birlikte sabredip başkalarının kusurlarını bağışlayanlara gelince, bu tutum, büyük işlerdendir." (Şûrâ suresi, 43. ayet.)

650- Ebu Hureyre'den (radıyallâhu anh) rivayet edildiğine göre adamın biri Peygamberimize (sallallâhu aleyhi ve sellem) gelerek "Ya Resulallah! Benim bazı akrabalarım var. Ben onlarla aramdaki yakınlık bağlarını gözetiyorum, onlar bu bağları savsaklıyorlar. Ben onlara iyilik ediyorum, onlar bana kötülük ediyorlar. Ben onlara karşı nazik davranıyorum, onlar bana karşı kaba davranıyorlar." dedi. Peygamberimiz adama şöyle buyurdu:

–"Eğer dediğin gibi isen, böyle davranmaya devam ettikçe onlara kızgın kül yedirmiş gibi oluyorsun ve onlara karşı Allah'ın desteği her zaman seninle beraberdir." (Müslim)

77. Bölüm
Allah'ın Emirleri Çiğnenince Öfkelenmek, Allah'ın Dinini Desteklemek

Allah Teâlâ (celle celâlüh) buyuruyor ki:

– "Kim Allah'ın yasaklarına saygı gösterirse Allah katında bu tutum kendisi hesabına hayırlıdır." (Hac suresi, 30. ayet.)

Allah Teâlâ (celle celâlüh) buyuruyor ki:

– "Siz Allah'ı desteklerseniz, O da sizi destekleyip adımlarınızı sabit kılar." (Muhammed suresi, 7. ayet.)

651- Ebu Mes'ud Ukbe b. Amr el-Bedrî (radıyallâhu anh) der ki: "Bir gün adamın biri Peygamberimize (sallallâhu aleyhi ve sellem) gelerek 'Ben falan kimsenin namaz kılarken uzatması yüzünden sabah namazından geri kalıyorum.' dedi. Bunun üzerine ben Peygamberimizin öğüt verirken o günkünden daha çok kızdığını hiç görmemiştim. Bize şöyle buyurdu:

– 'Ey insanlar! Aranızda halkı ibadetten kaçıranlar var. Hanginiz halka imam olursa kısa kessin. Çünkü arkasında yaşlılar, küçükler ve bir derdi olanlar vardır.'" (Buhâri, Müslim)

652- Hz. Âişe (radıyallâhu anhâ) der ki: "Resulullah (sallallâhu aleyhi ve sellem) bir seferden dönmüştü. Ben kapının yanındaki sedire, üzerinde resim işlemeleri bulunan bir örtü sermiştim. Peygamberimiz örtüyü görür görmez onu yırttı ve yüzünün rengi değişerek 'Ya Âişe! Kıyamet günü, Allah katında en ağır azaba çarptırılacak olanlar, yaratma konusunda Allah'a özenmeye kalkışanlardır.' buyurdu." (Buhâri, Müslim)

653- Yine Hz. Âişe'den (radıyallâhu anh) rivayet edildiğine göre Mahzum kabilesinden hırsızlık yapan bir kadının durumu Kureyşlilere ağır gelmişti. Aralarında "Bu kadın hakkında Peygamberimizle kim konuşabilir?" dediler. Sonunda "Buna Peygamberimizin çok sevdiği Üsame b. Zeyd'den (radıyallâhu anh) başka kim cesaret edebilir?" diye karar verdiler. Üsame, kadın konusunu Peygamberimize arz etti. Peygamberimiz ona "Allah'ın koyduğu bir cezayı uygulamayayım diye aracılık mı ediyorsun?" buyurduktan sonra ayağa kalktı ve çevresindekilere şöyle seslendi:

– "Sizden öncekiler şu yüzden mahvolmuşlardı. Aralarında soylu bir kimse hırsızlık yapınca ona ilişmezler, fakat zavallı biri hırsızlık edince onu cezalandırırlardı. Vallahi, eğer Muhammed'in kızı Fatıma hırsızlık yapmış olsa onun da elini keserdim." (Buhâri, Müslim)

654- Enes'ten (radıyallâhu anh) rivayet edildiğine göre Peygamberimiz (sallallâhu aleyhi ve sellem) bir gün Mescid'in kıble tarafında yerde tükürük gördü. Bu duruma canı sıkıldı. Can sıkıntısı yüz ifadesinden belli oldu. Hemen ayağa kalktı ve o tükürüğü eli ile kazıdıktan sonra şöyle buyurdu:

– "İçinizden biri namaza durduğu zaman Rabbine yakarmaktadır. Onun Rabbi, o anda kendisi ile kıblesi arasındadır. Hiçbiriniz, sakın kıble tarafına tükürmesin. Soluna veya ayağının dibine tükürsün." (Buhâri, Müslim)

78. Bölüm
Yöneticilerin Sorumlulukları

Yetkililerin yönetimleri altında bulunanlara karşı yumuşak davranmalarını, onlara sevgi ve şefkat göstermelerini emretmek ve onları aldatmaktan, sert davranmaktan, dertlerini görmezlikten gelmekten kaçınmak hakkındadır.

Allah Teâlâ (celle celâlüh) buyuruyor ki:

- **"Sana uyan mü'minlere karşı kanatlarını indir (yumuşak davran)."** (Şuarâ suresi, 215. ayet.)

Allah Teâlâ (celle celâlüh) buyuruyor ki:

- **"Allah adaleti, ihsanı ve yakınlara yardım etmeyi emreder. Buna karşılık taşkınlıkları, çirkin davranışları ve zulmü yasaklar. O, anlayasınız diye size öğüt vermektedir."** (Nahl suresi, 90. ayet.)

655- İbni Ömer'den (radıyallâhu anhumâ) rivayet edildiğine göre Peygamberimiz (sallallâhu aleyhi ve sellem) buyuruyor ki:

- "Hepiniz birer çobansınız ve her biriniz eli altındakilerden sorumludur. Devlet başkanı bir çobandır ve yönetimi altındakilerden sorumludur. Erkek, evinin çobanıdır ve eli altındakilerden sorumludur. Kadın kocasının, evinin çobanıdır ve eli altında bulunan her şeyden sorumludur. Hizmetçi, efendisinin malının çobanıdır ve eli altında bulunan şeylerden sorumludur. Kısacası hepiniz birer çobansınız ve her biriniz eli altındakilerden sorumlusunuz." (Buhâri, Müslim)

656- Ebu Ya'lâ Ma'kıl b. Yesar'dan (radıyallâhu anh) rivayet edildiğine göre Peygamberimiz (sallallâhu aleyhi ve sellem) buyuruyor ki:

- "Allah'ın herhangi bir halk topluluğunun başına geçirip yetkili kıldığı kimse öldüğü gün yönetimi altında bulunanlara ihanet etmiş olarak ölürse Allah ona cenneti kesinlikle haram kılar." (Buhâri, Müslim)

Diğer bir rivayete göre hadisin son kısmı şöyledir: "Sevgi dolu öğütleri ile onları korumazsa cennetin kokusunu (bile) duyamaz."

Diğer bir rivayete göre de hadis şöyledir: "Herhangi devlet yetkilisi Müslümanların başına geçer de onlar için çalışmaz ve onlara sevgi dolu öğütler vermezse, onlarla birlikte cennete giremez."

657- Ebu Hureyre'den (radıyallâhu anh) rivayet edildiğine göre Peygamberimiz (sallallâhu aleyhi ve sellem) buyuruyor ki:

- "İsrailoğullarını peygamberler yönetirdi. Bir peygamber ölünce yerine başka bir peygamber geçerdi. Oysa ki benden sonra peygamber yoktur. Benden sonra halifeler gelecektir, bunlar birden fazla da olabilirler."

Sahabiler "Öyle olunca ne yapmamızı emredersin?" diye sordular. Peygamberimiz şöyle buyurdu:

– "Sıra ile onlara eksiksiz bir şekilde biat ediniz. Sonra onlara karşı olan görevlerinizi yerine getiriniz ve onların size karşı olan görevleri hakkında Allah'a başvurunuz. Çünkü Allah, yönetimleri altına verdikleri hakkında onlardan hesap soracaktır." (Buhâri, Müslim)

658- Âiz b. Amr (radıyallâhu anh) Ubeydullah b. Ziyad'ın huzuruna girerek kendisine şöyle dedi: "Evladım! Ben Peygamberimizin (sallallâhu aleyhi ve sellem) 'Yöneticilerin en kötüsü katı kalpli ve sert olanıdır.' buyurduğunu duymuştum. Sakın öylelerinden olma." (Buhâri, Müslim)

659- Ebu Meryemü'l-Ezdi, Muaviye'ye (radıyallâhu anhumâ) dedi ki: "Ben Peygamberimizin (sallallâhu aleyhi ve sellem) şöyle buyurduğunu duymuştum:

– 'Allah bir kimseyi Müslümanların sorumluluk alanlarından birinde görevlendirir de o kimse onların dertlerine, sıkıntılarına ve yoksulluklarına karşı ilgisiz kalırsa Allah da kıyamet günü onun dertlerine, sıkıntılarına ve yoksulluklarına karşı ilgisiz kalır.'"

Bunun üzerine Muaviye halkın ihtiyaçlarını tespit etmek üzere bir görevli tayin etti. (Ebu Davud, Tirmizî)

660- Hz. Âişe (radıyallâhu anhâ) der ki: "Peygamberimizin (sallallâhu aleyhi ve sellem) işte şu odamda şöyle buyurduğunu duymuştum:

– 'Allah'ım! Ümmetimin herhangi bir görev alanında sorumluluk yüklenip de ümmetime zorluk çıkaranlara sen de zorluk göster. Buna karşılık ümmetimin herhangi bir görev alanında sorumluluk yüklenip de ümmetime karşı yumuşak davranırsa sen de ona karşı yumuşak davran.'" (Müslim)

79. Bölüm
Adaletli Olmak

Allah Teâlâ (celle celâlüh) buyuruyor ki:

– "Allah adaleti, ihsanı ve yakınlara yardım etmeyi emreder. Buna karşılık taşkınlıkları, çirkin davranışları ve zulmü yasaklar. O, anlayasınız diye size öğüt vermektedir." (Nahl suresi, 90. ayet.)

Allah Teâlâ (celle celâlüh) buyuruyor ki:

– "Adalete bağlı kalınız. Hiç şüphesiz Allah adalete bağlı kalanları sever." (Hucurât suresi, 9. ayet.)

661- Ebu Hureyre'den (radıyallâhu anh) rivayet edildiğine göre Peygamberimiz (sallallâhu aleyhi ve sellem) buyuruyor ki:

– "Yedi kimse var ki, başka hiçbir gölgenin bulunmayacağı günde (kıyamet günü) Allah onları Arş'ın gölgesi altına alır: Adaletli devlet başkanı, Allah Teâlâ'ya ibadet ederek büyüyen genç, gönlü camilere tutkun kimse, Allah için birbirini seven, bu sevgi ile bir araya gelip bu sevgi ile ayrılan iki kişi, güzel ve alımlı bir kadın tarafından (zina etmeye) çağrıldığı halde 'Ben Allah'tan korkarım.' diyen kimse, herhangi bir sadaka verip de sağ elinin verdiğini sol eli bilmeyecek derecede verdiğini gizli tutan kimse ve yalnız başına iken Allah'ın adını anıp da gözleri yaşaran kimse." (Buhâri, Müslim)

662- Abdullah b. Amr b. el-Âs'tan (radıyallâhu anh) rivayet edildiğine göre Peygamberimiz (sallallâhu aleyhi ve sellem) buyuruyor ki:

– "Adalete bağlı kalanlar Allah katında nurdan mimberler üzerinde olacaklardır. O kimseler ki gerek hüküm verirken, gerek ev halklarına karşı ve gerekse omuzlarına yüklenen sorumluluk mevkilerinde adalete bağlı kalırlar." (Müslim)

663- Avf b. Malik'ten (radıyallâhu anh) rivayet edildiğine göre bir gün Peygamberimiz (sallallâhu aleyhi ve sellem) "İyi yöneticileriniz, sizlerin sevdiği ve sizi seven, sizin kendileri için dua ettiği ve sizler için dua eden kimselerdir. Kötü yöneticileriniz, sizlerin nefret ettiği ve size lanet eden kimselerdir." buyurdu. Peygamberimize "Onları başımızdan atmayalım mı?" diye sorduk. Peygamberimiz bize şöyle buyurdu. "Size namaz kıldırdıkları sürece hayır. Size namaz kıldırdıkları sürece hayır." (Müslim)

664- Iyâz b. Hımâr'dan (radıyallâhu anh) rivayet edildiğine göre Peygamberimiz (sallallâhu aleyhi ve sellem) buyuruyor ki:

– "Cennetlikler üç kısımdır: Adaletli ve başarılı yönetici, akrabalarına ve her Müslümana karşı yufka yürekli ve merhametli kimse ve çoluk çocuğu kalabalık olduğu halde hiç kimseye el açmayan tokgözlü kimse." (Müslim)

80. Bölüm
Yöneticilere Uymak

Yöneticilerin günah olmayan emirlerine uymanın gerekli, günah olanı emrettikleri zaman itaat etmenin haram olması hakkındadır.

Allah Teâlâ (celle celâlüh) buyuruyor ki:

- **"Ey iman edenler! Allah'a, Allah'ın Resulü'ne ve sizden olan yetkililere itaat ediniz."** (Nisâ suresi, 59. ayet.)

665- İbni Ömer'den (radıyallâhu anhumâ) rivayet edildiğine göre Peygamberimiz (sallallâhu aleyhi ve sellem) buyuruyor ki:

- "Müslüman kimsenin, hoşuna giden ve gitmeyen konularda başındakilerin sözlerini dinleyip onlara itaat etmesi gerekir. Yalnız kendisine günah işlemesinin emredilmesi durumu hariç. Günah işlemesi emredilince başındakilerin sözünü dinlemesi ve onlara itaat etmesi söz konusu olmaz." (Buhâri, Müslim)

666- Yine İbni Ömer (radıyallâhu anhumâ) der ki: "Peygamberimize (sallallâhu aleyhi ve sellem) biat ettiğimiz zaman bize 'Gücünüzün yettiği konularda...' diye buyururdu." (Buhâri, Müslim)

667- Yine İbni Ömer'den (radıyallâhu anhumâ) rivayet edildiğine göre Peygamberimiz (sallallâhu aleyhi ve sellem) buyuruyor ki:

- "Kim (başındaki yetkililere) itaat etmekten vazgeçerse hiçbir gerekçeye ve mazerete sahip olmaksızın Allah'ın huzuruna varır. Kim kendini bir biata bağlamaksızın ölürse cahiliye ölümü ile ölmüş olur." (Müslim)

Müslim'in kaydettiği başka bir rivayete göre hadisin sonu şöyledir: "Kim cemaatten ayrı düşerek ölürse o kimse, hiç şüphesiz cahiliye ölümü ile ölmüş olur."

668- Enes'ten (radıyallâhu anh) rivayet edildiğine göre Peygamberimiz (sallallâhu aleyhi ve sellem) buyuruyor ki:

- "Üzüm gibi kafalı bir siyahi köle üzerinize amir olarak görevlendirilmiş bile olsa sözünü dinleyip ona itaat ediniz." (Buhâri)

669- Ebu Hureyre'den (radıyallâhu anh) rivayet edildiğine göre Peygamberimiz (sallallâhu aleyhi ve sellem) buyuruyor ki:

- "Zengin de olsan yoksul da olsan, hoşuna gitse de gitmese de ve başkasının sana tercih edildiği durumlarda (başındaki yetkililerin) sözünü dinleyip onlara itaat etmelisin." (Müslim)

670- Abdullah b. Ömer (radıyallâhu anhumâ) der ki: "Peygamberimiz ile birlikte bir seferdeyken bir yerde konakladık. Kimimiz çadırını düzeltiyor, kimimiz atış tâlimleri yapıyor ve kimimiz de sürüsünün başında bekliyordu. Bu sırada Peygamberimizin (sallallâhu aleyhi ve sellem) münadisi 'Namaz bir araya getiricidir' diye seslendi, hepimiz Peygamberimizin yanında bir araya geldik. Peygamberimiz şöyle buyurdu:

– 'Benden önceki her peygamber ümmeti hesabına yararlı bildiği şeylere ümmetini teşvik etmeyi ve haklarında şer olduğunu bildiği şeylerden de onları alıkoymayı kendisine görev bilmiştir. Şu ümmetin akıbeti (iyi dönemi) ilk günlerine alınmıştır. Daha sonraki günlerde birtakımbelalar ve şaşırtıcı olaylar ile karşılaşacaklardır. Bu ümmetin başına birbirinden beter fitneler gelir. Fitnenin biri gelince mü'min 'Beni bu mahveder.' der. Sonra o fitne ortadan kalkar, bir başkası gelince bu sefer mü'min 'Asıl beni mahvedecek olan fitne budur.' der. Kim cehennemden uzak kalıp cennete girmek isterse ölüm kendisine gelince Allah'a ve ahiret gününe inanır halde bulunsun. Kendisine nasıl davranılmasını istiyorsa başkalarına da öyle davransın. Kim bir imama biat eder, ona elini verir ve kalbini bağlarsa elinden geldiği kadar ona itaat etsin. Başka birisi ortaya çıkıp biat edilen imamın yerine geçmeye kalkışırsa sonrakinin boynunu vurun." (Müslim)

671- Ebu Hüneyde Vâil b. Hucr (radıyallâhu anh) der ki: "Seleme b. Yezidü'l-Cu'fi Peygamberimize (sallallâhu aleyhi ve sellem) 'Ya Resulallah! Başımıza birtakımyetkililer geçer, kendi haklarını bizden isteyip bizim haklarımızı vermezlerse, ne yapmamızı emredersiniz?' diye sordu. Peygamberimiz önce soruyu duymazlıktan geldi. Fakat Seleme sorusunu yeniden sorunca Peygamberimiz (sallallâhu aleyhi ve sellem) ona şöyle cevap verdi:

– 'Siz söz dinleyip itaat edin. Yöneticilerinizin sorumlulukları onlara, sizin sorumluluklarınız da size aittir.'" (Müslim)

672- Abdullah b. Mes'ud'dan (radıyallâhu anh) rivayet edildiğine göre Peygamberimiz (sallallâhu aleyhi ve sellem) "Benden sonra adam kayırmalar ve kınayacağınız olaylar olacaktır." buyurdu. Sahabiler, Peygamberimize "İçimizden o günleri görecek olanlara ne yapmayı emredersiniz?" diye sordu. Peygamberimiz sahabilere şöyle cevap verdi. "Siz sorumluluklarınızı yerine getirirsiniz ve haklarınızın yerine getirilmesini Allah'tan istersiniz." (Buhâri, Müslim)

673- Ebu Hureyre'den rivayet edildiğine göre Peygamberimiz (sallallâhu aleyhi ve sellem) buyuruyor ki:

– "Bana itaat eden, Allah'a itaat etmiş olur. Benim emrime karşı gelen, Allah'ın emrine karşı gelmiş olur. Devlet başkanına itaat eden, bana itaat etmiş olur. Devlet başkanına karşı gelen, bana karşı gelmiş olur." (Buhâri, Müslim)

674- İbni Abbas'tan (radıyallâhu anh) rivayet edildiğine göre Peygamberimiz (sallallâhu aleyhi ve sellem) buyuruyor ki:

– "Devlet başkanının herhangi bir tutumundan hoşlanmayan kimse sabretsin. Çünkü kim sultanın emrinden bir karış kadar dışarı çıkarsa cahiliye ölümü ile ölür." (Buhâri, Müslim)

675- Ebu Bekre'den (radıyallâhu anh) rivayet edildiğine göre Peygamberimiz (sallallâhu aleyhi ve sellem) buyuruyor ki:

– "Kim devlet başkanına ihanet ederse Allah da kendini yüzüstü bırakır." (Tirmizî)

81. Bölüm
Yöneticiliği İstememek

Mecbur kalmadıkça veya ihtiyaç duymadıkça devlet adamı olmayı istememek, amirliğe talip olmamak hakkındadır.

Allah Teâlâ (celle celâlüh) buyuruyor ki:

– "İşte ahiret yurdu! Onu Biz, yeryüzünde büyüklük taslamayan ve kargaşa peşinde koşmayanlara nasip ederiz. Akıbet, takva sahiplerinindir." (Kasas suresi, 83. ayet.)

676- Ebu Said Abdurrahman b. Semure'den (radıyallâhu anh) rivayet edildiğine göre Peygamberimiz (sallallâhu aleyhi ve sellem) buyuruyor ki:

– "Ya Abdurrahman b. Semure! Devlet adamı olmayı isteme. Çünkü böyle bir görev sana istemeden verilirse (Allah sana başarı için) yardım eder. Fakat isteyerek görev alırsan sorumluluğun ile başbaşa kalırsın. Eğer bir konuda yemin eder de önce düşünmüş olduğundan başka türlüsünü yararlı görürsen yararlı olanı yap ve yemininin de kefaretini yerine getir." (Buhâri Müslim)

677- Ebu Zer'den (radıyallâhu anh) rivayet edildiğine göre Peygamberimiz (sallallâhu aleyhi ve sellem) buyuruyor ki:

– "Ya Eba Zer! Ben seni zavallı görüyorum ve kendim için ne istersem senin namına da onu isterim. Sakın iki kişinin başına bile amir olma ve yetim malının sorumluluğunu da yüklenme." (Müslim)

678- Yine Ebu Zer (radıyallâhu anh) der ki: "Bir gün Peygamberimize (sallallâhu aleyhi ve sellem) 'Beni bir devlet memurluğuna tayin etmez misin?' dedim. Bana şöyle cevap verdi:

– 'Ya Eba Zer! Sen zavallısın. Devlet memurluğu ise bir emanettir. Onu hakkı ile üzerine alıp gereğini yerine getirenler hariç, devlet memurluğu kıyamet günü perişanlık ve pişmanlıktır.'" (Müslim)

679- Ebu Hureyre'den (radıyallâhu anh) rivayet edildiğine göre Peygamberimiz (sallallâhu aleyhi ve sellem) buyuruyor ki:

- "İlerde devlet adamlığına karşı hırs besleyeceksiniz. Fakat bu hırs, kıyamet günü, pişmanlığa dönüşecektir." (Buhâri)

82. Bölüm
Yöneticileri Hayırlı Yarcımcılar Edinmeye Teşvik Etmek

Devlet başkanını, kadıyı ve diğer devlet sorumlularını salih yardımcılar edinmeye teşvik etmenin, onları kötü yakınlar edinmekten ve böylelerin sözünü dinlemekten sakındırmanın gerekliliği hakkındadır.

Allah Teâlâ (celle celâlüh) buyuruyor ki:

- "Takva sahipleri müstesna, o gün dostlar birbirine düşman olur." (Zuhruf suresi, 67. ayet.)

680- Ebu Saidü'l-Hudrî ve Ebu Hureyre'den (radıyallâhu anhumâ) rivayet edildiğine göre Peygamberimiz (sallallâhu aleyhi ve sellem) buyuruyor ki:

- "Allah'ın gönderdiği her peygamberin ve görevlendirdiği her halifenin her zaman iki çeşit yakın çevresi olmuştur. Bu çevrelerden biri peygambere veya halifeye iyiliği emreder ve kendisini buna teşvik eder. Diğer yakın çevresi de ona kötülüğü emreder ve kendisini buna teşvik eder. Günaha düşmekten korunan görevli, Allah'ın koruduğu görevlidir." (Buhâri)

681- Hz. Âişe'den (radıyallâhu anhâ) rivayet edildiğine göre Peygamberimiz (sallallâhu aleyhi ve sellem) buyuruyor ki:

- "Allah, bir devlet adamının iyiliğini dilerse kendisine doğru bir yardımcı nasip eder. Devlet adamı bir şeyi unutursa yardımcısı ona hatırlatır, eğer bir şeyi hatırlarsa o konuda kendisine yardımcı olur. Buna karşılık Allah bir devlet adamı hakkında iyilikten başkasını dilerse kendisine kötü bir yardımcı nasip eder. O zaman devlet adamı eğer bir şeyi unutursa yardımcısı onu kendisine hatırlatmaz, eğer bir şey hatırlarsa ona o konuda yardımcı olmaz." (Ebu Davud)

83. Bölüm
Devlet Adamlığı, Kadılık ve Buna Benzer Görevlere Bu Mevkileri İsteyen, Bunlara Karşı Hırs Besleyen Kimseleri Getirmemek

682- Ebu Masa el-Eş'arî (radıyallâhu anh) der ki: "Bir gün amcamın oğullarından ikisi ile birlikte Peygamberimizin (sallallâhu aleyhi ve sellem) yanına girdik. Amcamın oğullarından biri Peygamberimize 'Ya Resulallah! Aziz ve celil olan Allah'ın uhdenize verdiği devlet memurluklarından birkaçına bizi tayin edin.' dedi. Öbür amcamın oğlu da aynı şeyi söyledi. Bunun üzerine Peygamberimiz (sallallâhu aleyhi ve sellem) şöyle buyurdu:

– 'Vallahi biz bu göreve onu isteyen veya ona karşı hırs besleyen hiç kimseyi getirmeyiz.'" (Buhâri, Müslim)

84. Bölüm
Hayâ ve Faziletle Ahlaklanmak

683- İbni Ömer'den (radıyallâhu anhumâ) rivayet edildiğine göre bir gün Peygamberimiz kardeşine hayâ hakkında öğüt veren Ensar'dan bir sahabi ile karşılaştı ve "Onu kendi haline bırak. Çünkü hayâ imandandır." diye buyurmuştur. (Buhâri, Müslim)

684- İmrân b. Husayn'dan (radıyallâhu anhumâ) rivayet edildiğine göre Peygamberimiz (sallallâhu aleyhi ve sellem) "Hayâ, sadece hayır getirir." buyurmuştur. (Buhâri, Müslim)

Müslim'in kaydettiği başka bir rivayete göre hadis "Hayânın tümü hayırdır." şeklindedir.

685- Ebu Hureyre'den (radıyallâhu anh) rivayet edildiğine göre Peygamberimiz (sallallâhu aleyhi ve sellem) buyuruyor ki:

– "İman yetmiş (veya altmış) küsur bölümdür. En üstün derecelisi 'Lâ ilâhe illallâh' demek, en küçük derecelisi de gelip geçenleri rahatsız eden şeyleri yoldan kaldırmaktır. Hayâ da imanın bölümlerinden biridir." (Buhâri, Müslim)

686- Ebu Saidü'l-Hudrî (radıyallâhu anh) der ki: "Peygamberimiz (sallallâhu aleyhi ve sellem) gerdeğe girmiş bir genç kızdan daha utangaçtı. Hoşlanmadığı bir şey gördüğü zaman, bu durumu biz yüzündeki ifadeden anlardık."

Alimler derler ki: "Hayânın özü, insanı çirkin davranışlardan ve hak sahiplerinin hakkını zedelemekten alıkoyan bir huydur."

Ebu'l-Kasım Cüneyd der ki: "Hayâ, bir yandan Allah'ın nimetleri ile ilgili, öbür yandan da kulun kusurları ile ilgili bir bakış açısıdır. Bu iki bakış açısı arasında bir duygu doğar ki buna hayâ denir." (Buhâri, Müslim)

85. Bölüm
Sır Saklamak

Allah Teâlâ (celle celâlüh) buyuruyor ki:

- **"Verdiğiniz sözü yerine getiriniz. Çünkü söz vermek sorumluluk yükler."** (İsrâ suresi, 34. ayet.)

687- Ebu Saidü'l-Hudrî'den (radıyallâhu anh) rivayet edildiğine göre Peygamberimiz (sallallâhu aleyhi ve sellem) buyuruyor ki:

–"Kıyamet günü, Allah katında insanların en kötü derecelilerinden birisi eşi ile cinsi münasebette bulunup da sonra kadının sırrını başkalarına yayan kimsedir."

688- Abdullah b. Ömer'den (radıyallâhu anh) rivayet edildiğine göre Ömer (radıyallâhu anh) der ki: "Kızım Hafsa dul kaldığı sıralarda bir gün Osman b. Affan (radıyallâhu anh) ile karşılaştım. Kendisine 'Eğer istersen kızım Hafsa ile seni evlendiririm.' dedim. Osman bana 'Durumum hakkında düşüneceğim.' diye cevap verdi. Birkaç gece bekledim. Sonra Osman bana gelerek 'Şu sıralarda evlenmemeye karar verdim.' dedi.

Bunun üzerine Ebu Bekir es-Sıddık (radıyallâhu anh) ile görüşerek kendisine 'Eğer istersen kızım Hafsa ile seni evlendiririm.' dedim sustu, bana hiçbir cevap vermedi. Ebu Bekir'e Osman'dan daha çok kızmıştım. Birkaç gece bekledim. Sonra kızıma Peygamberimiz (sallallâhu aleyhi ve sellem) talip oldu. Ben de kızımı onunla evlendirdim. Bu arada Ebu Bekir ile karşılaştım. 'Hafsa ile evlenmemi teklif ettiğin zaman sana hiçbir karşılık vermedim diye herhalde bana kızdın.' dedi. 'Evet.' diye cevap verdim. Bana şunları söyledi. 'Hafsa ile evlenmeyi bana teklif ettiğin zaman beni sana cevap vermekten alıkoyan tek sebep, Peygamberimizin bana Hafsa'dan bahsetmiş olmasıydı. Peygamberimizin sırrını açamazdım. Eğer Peygamberimiz onunla evlenmekten vazgeçseydi, o zaman onunla ben evlenirdim.'" (Buhâri)

689- Hz. Âişe (radıyallâhu anhâ) der ki: "Bir gün Peygamberimizin (sallallâhu aleyhi ve sellem) eşleri, hep birlikte, onun yanındaydık. O sırada Fatıma yürüyerek çıkageldi. Fatıma'nın yürüyüşü tıpkı Peygamberimizin yürüyüşü gibi idi. Peygamberimiz, Fatıma'yı görünce 'Merhaba kızım!' diyerek onu karşıladı ve sağ (veya sol) yanına oturttu. Sonra kulağına eğilip bir şeyler söyledi. Fatıma hüngür hüngür ağlamaya başladı. Peygamberimiz onun aşırı üzüntüsünü görünce ikinci sefer kulağına eğilip bir şeyler söyledi. Bu defa Fatıma'nın yüzü güldü.

Ben Fatıma'ya, 'Peygamberimiz gizli konuşmak için seni eşlerine tercih etti, arkasından niye ağlıyorsun?' dedim. Peygamberimiz kalktıktan sonra kendisine 'Resulullah sana ne dedi?' diye sordum. Bana 'Peygamberimizin sırrını asla açığa vurmam.' diye cevap verdi. Peygamberimiz vefat edince Fatıma'ya 'Üzerindeki hakkıma dayanarak yemin ediyorum ki Peygamberimizin sana neler söylemiş olduğunu açıklayacaksın.' dedim. Fatıma 'Şimdi artık, evet, olur.' dedi ve şunları söyledi:

'Birinci defa kulağıma eğildiği zaman bana Cebrail'in her yıl bir veya iki kere kendisine Kur'an'ı tekrar ettirdiğini, bu defa kendisine Kur'an'ı iki sefer tekrar ettirdiğini bildirerek 'Ben kesin olarak ölümü yaklaşmış görüyorum. Allah'tan kork ve sabreyle! Ben senin için ne iyi bir öncüyüm.' buyurdu. Bu sözleri duyunca gördüğün gibi ağlamıştım. Aşırı derecede üzüldüğümü görünce ikinci defa kulağıma eğilerek bana 'Ya Fatıma! Mü'min kadınların veya bu ümmetin kadınlarının hanımefendisi olmaktan memnun olmaz mısın?' buyurdu. O zaman da görmüş olduğun gibi yüzüm gülmüştü.'" (Buhâri, Müslim)

690- Sabit'ten rivayet edildiğine göre Enes (radıyallâhu anhumâ) der ki: "Bir gün ben çocuklar ile oynarken Resulullah (sallallâhu aleyhi ve sellem) yanıma geldi. Bize selam verdi ve beni bir işine gönderdi. Bu yüzden annemin yanına geç döndüm. Gelince annem bana 'Niye geç kaldın?' diye sordu. Kendisine 'Peygamberimiz (sallallâhu aleyhi ve sellem) beni bir işine gönderdi.' diye cevap verdim. Annem 'Peygamberimizin işi ne idi?' diye sordu. 'O sırdır.' diye cevap verdim. Bunun üzerine annem bana. 'Peygamberimizin (sallallâhu aleyhi ve sellem) sırrını sakın kimseye söyleme.' dedi."

Enes, hadisi rivayet eden Sabit'e der ki: "Ya Sabit! Eğer o sırrı herhangi bir kimseye açmış olsaydım, onu şimdi sana da söylerdim." (Buhâri, Müslim)

86. Bölüm
Verilen Sözü Yerine Getirmek, Taahhütlere Uymak

Allah Teâlâ (celle celâlüh) buyuruyor ki:

– **"Verdiğiniz sözü yerine getiriniz. Çünkü söz vermek sorumluluk getirir."** (İsrâ suresi, 34. ayet.)

Allah Teâlâ (celle celâlüh) buyuruyor ki:

- "Allah'a karşı bir ahit altına girince taahhüdünüzü yerine getiriniz." (Nahl suresi, 91. ayet.)

Allah Teâlâ (celle celâlüh) buyuruyor ki:

- "Ey iman edenler! Yaptığınız sözleşmeleri yerine getiriniz." (Mâide suresi, 1. ayet.)

Allah Teâlâ (celle celâlüh) buyuruyor ki:

- "Ey iman edenler! Yapmayacağınız şeyleri niye söylersiniz? Yapmayacağınız şeyleri söylemek, Allah katında büyük günahtır." (Saf suresi, 2-3. ayetler.)

691- Ebu Hureyre'den (radıyallâhu anh) rivayet edildiğine göre Peygamberimiz (sallallâhu aleyhi ve sellem) buyuruyor ki:

- "Münafığın alameti üçtür: Konuşunca yalan söyler, söz verince sözünü tutmaz ve kendisine bir emanet verilince emanete hıyanet eder." (Buhâri, Müslim)

Müslim'in kaydettiği rivayete göre, hadise "her ne kadar oruç tutup namaz kılarak kendisini Müslüman sansa bile" ifadesi de dahildir.

692- Abdullah b. Amr ibnil Âs'tan (radıyallâhu anhumâ) rivayet edildiğine göre Peygamberimiz (sallallâhu aleyhi ve sellem) buyuruyor ki:

- "Dört sıfat var ki bunların tümü kimde bulunursa katıksız münafıktır. Kendisinde bu sıfatlardan bir tanesi bulunan kimse de o sıfatı terk edinceye kadar münafıklığın bir sıfatını üzerinde bulundurmuş olur: Kendisine bir emanet verilince emanete hıyanet eder, konuşunca yalan söyler, söz verince sözünde durmaz, kavga edince de şirretleşir." (Buhâri, Müslim)

693- Cabir (radıyallâhu anh) der ki: "Peygamberimiz (sallallâhu aleyhi ve sellem) bana 'Eğer Bahreyn'den mal gelirse sana şu kadar, şu kadar, şu kadar veririm.' dedi. Fakat Peygamberimiz vefat edinceye kadar Bahreyn'den mal gelmedi. Bahreyn'den mal gelince Ebu Bekir (radıyallâhu anh) 'Peygamberimizin (sallallâhu aleyhi ve sellem) kime verilmiş sözü veya borcu varsa bize gelsin.' diye nida ettirdi. Ben de Ebu Bekir'e gelerek 'Peygamberimiz bana şöyle şöyle söylemişti.' dedim. Bunun üzerine Ebu Bekir iki avucunu doldurup bana verdi. Saydım, beş yüzdü. Ebu Bekir bana 'Bunun iki katını al.' dedi." (Buhâri, Müslim)

87. Bölüm
Âdet Haline Getirilen İyiliği Devam Ettirmek

Allah Teâlâ (celle celâlüh) buyuruyor ki:

- **"Herhangi bir kavim kendi tutumunu değiştirmedikçe Allah onların durumunu değiştirmez."** (Ra'd suresi, 11. ayet.)

Allah Teâlâ (celle celâlüh) buyuruyor ki:

- **"Sağlamca eğirdiği ipliği sonra yeniden bozan bir kadın gibi olmayınız."** (Nahl suresi, 92. ayet.)

Allah Teâlâ (celle celâlüh) buyuruyor ki:

- **"Onlar, sizden önce kendilerine kitap verilip de uzun bir süre sonra kalpleri kararan kimseler gibi olmasınlar."** (Hadîd suresi, 16. ayet.)

Allah Teâlâ (celle celâlüh) buyuruyor ki:

- **"Fakat taahhütlerine gerektiği gibi uymadılar."** (Hadîd suresi, 27. ayet.)

694- Abdullah b. Amr İbnil As (radıyallâhu anh) der ki: Peygamberimiz (sallallâhu aleyhi ve sellem) bana şöyle buyurdu:

- "Ya Abdullah! Bir zamanlar geceleri ibadetle geçirdiği halde sonradan geceleri ibadetle geçirmeyi terk eden filan kimse gibi olma." (Buhâri, Müslim)

88. Bölüm
Din Kardeşi ile Karşılaşınca Tatlı Sözlü ve Güler Yüzlü Olmak

Allah Teâlâ (celle celâlüh) buyuruyor ki:

- **"Mü'minlere karşı kanatlarını indir (yumuşak davran)."** (Hicr suresi, 88. ayet.)

Allah Teâlâ (celle celâlüh) buyuruyor ki:

- **"Eğer kırıcı ve katı yürekli olsaydın, onlar çevrenden dağılırlardı."** (Âl-i İmrân suresi, 159. ayet.)

695- Adiy b. Hatim'den (radıyallâhu anh) rivayet edildiğine göre Peygamberimiz (sallallâhu aleyhi ve sellem) buyuruyor ki:

- "Bir parça hurma aracılığı ile bile olsa cehennemden sakınınız. Onu da bulamayan kimse tatlı söz aracılığı ile cehennemden sakınsın." (Buhâri, Müslim)

696- Ebu Hureyre'den (radıyallâhu anh) rivayet edildiğine göre Peygamberimiz (sallallâhu aleyhi ve sellem) buyuruyor ki:

- "Tatlı söz sadakadır." (Buhâri, Müslim)

697- Ebu Zer'den (radıyallâhu anh) rivayet edildiğine göre Peygamberimiz (sallallâhu aleyhi ve sellem) buyuruyor ki:

– "Müslüman kardeşini güler yüzle karşılamak bile olsa iyiliğin hiçbir çeşidini küçümsemeyiniz." (Müslim)

89. Bölüm
Açık Konuşmak, Karşıdakinin Anlamadığı Hallerde Sözü Açıklamak ve Tekrarlamak

698- Enes b. Malik (radıyallâhu anh) der ki: "Peygamberimiz (sallallâhu aleyhi ve sellem) bir söz söyleyince ne söylemek istediği anlaşılsın diye sözünü üç kere tekrarladı. Bir grubun yanına varıp kendilerine selam verince selamını üç kere tekrarlardı."

699- Hz. Âişe (radıyallâhu anhâ) der ki: "Peygamberimizin konuşması, her dinleyenin anlayabileceği şekilde açık ve sade idi." (Ebu Davud)

90. Bölüm
Haram Olmayanı Dinlemeye Teşvik Etmek

Bir arada oturan iki kişiden birinin arkadaşının haram olmayan sözünü dinlemesi, âlimin ve vaizin mecliste bulunanları dinlemeye davet etmesi hakkındadır.

700- Cerir b. Abdullah (radıyallâhu anh) der ki: "Peygamberimiz (sallallâhu aleyhi ve sellem) Veda Haccı sırasında bana 'Halka susup dinlemelerini söyle.' dedikten sonra şöyle buyurdu:

– 'Benden sonra birbirlerinin boynunu vuran kafirlere dönmeyiniz.'" (Buhâri, Müslim).

91. Bölüm
Öğüt Verirken İfrat ve Tefritten Sakınmak

Allah Teâlâ (celle celâlüh) buyuruyor ki:

– **"Rabbinin yoluna hikmetle ve güzel öğütlerle çağır."** (Nahl suresi, 125. ayet.)

701- Ebu Vail Şakık b. Seleme (radıyallâhu anh) der ki: "İbni Mes'ud (radıyallâhu anh) bize her cuma günü vaaz ederdi. Adamın biri kendisine 'Ya Eba Abdurrahman! Bize her gün vaaz etmeni isterim.' dedi. İbni Mes'ud adama şu cevabı verdi: 'Öyle yapmaktan beni alıkoyan sebep, sizleri bıktırmaktan çekinmemdir. Peygamberimiz (sallallâhu aleyhi ve sellem) bizleri usandırmak endişesi ile hangi aralık düzeni ile bize vaaz ediyor idiyse ben de size aynı aralarla vaaz ediyorum.'" (Buhâri, Müslim)

702- Ebu Yekzan Ammar b. Yasir'den (radıyallâhu anh) rivayet edildiğine göre Peygamberimiz (sallallâhu aleyhi ve sellem) buyuruyor ki:

– "Adamın namazı uzun tutup hutbeyi kısa kesmesi İslam'ın özüne vakıf olduğuna delalet eder. Buna göre namazı uzun tutun ve hutbeyi kısa kesin." (Müslim)

703- Muaviye b. Hakem es-Sülemî (radıyallâhu anh) der ki: "Bir gün Peygamberimiz (sallallâhu aleyhi ve sellem) ile birlikte namaz kılarken cemaatten biri aksırdı. Ben ona 'Yerhamukellah.' (Allah sana rahmet etsin.) dedim. Cemaat gözlerini üzerime dikiverdi. Bunun üzerine ben 'Size ne oluyor da bana öyle bakıyorsunuz?' dedim. Bu defa ellerini dizlerine vurdular. Beni susturmak istediklerini görünce ben de sustum.

Peygamberimiz (sallallâhu aleyhi ve sellem) namazı kılınca, anam babam onun yoluna feda olsun, ben ne daha önce ve ne de daha sonra onun kadar güzel öğreten birini görmüş değilim. Vallahi beni ne azarladı ne dövdü ne de bana ağır bir söz söyledi. Sadece şöyle buyurdu:

– 'Şu kılmış olduğumuz namaz içinde herhangi bir kul kelamı konuşmak uygun değildir. Namaza yaraşan söz sadece tesbih, tekbir ve Kur'an okumaktır.'

Peygamberimiz bunlara benzer birkaç söz söylemişti. Kendisine 'Ya Resulallah! Ben cahiliyet döneminden yakınlarda ayrıldım. Allah İslam'ı gönderdi. Oysa ki aramızda kâhinlere başvuranlar var.' dedim. Peygamberimiz bana 'Aen onlara başvurma.' buyurdu. Ben yine kendisine 'İçimizde kuş falı alışkanlığını devam ettirenler var.' dedim. Peygamberimiz bana 'Bu arzu içlerinden geliyor ama onları yapacakları işlerden alıkoymasın.' buyurdu." (Muslim)

704- İrbad b. Sariye (radıyallâhu anh) der ki: "Bir gün Peygamberimiz bize kalpleri ürperten ve gözleri yaşartan bir vaaz yaptı."

İrbad bu sözlerden sonra hadisi nakletti. Naklettiği hadis "Sünneti Koruma" bölümünde tümü ile zikredilmiştir. (Tirmizî)

92. Bölüm
Vakar ve Ağırbaşlılık

Allah Teâlâ (celle celâlüh) buyuruyor ki:

– "Allah'ın kulları, yeryüzünde alçak gönüllü bir eda ile

yürürler. Cahiller kendilerine kaba bir söz söyleyince onlar 'Selam.' derler." (Furkân suresi, 63. ayet.)

705- Hz. Âişe (radıyallâhu anhâ) der ki: "Ben hiçbir zaman Peygamberimizin (sallallâhu aleyhi ve sellem) küçük dili görünecek şekilde ağzını tamamen açarak güldüğünü görmüş değilim. O sadece gülümserdi." (Buhâri, Müslim)

93. Bölüm
Namaz Gibi İbadetlere Vakar ve Ağırbaşlılıkla Gitmek

Allah Teâlâ (celle celâlüh) buyuruyor ki:

– **"Kim Allah'ın koyduğu ölçülere saygı gösterirse, hiç şüphesiz bu tutum, kalplerdeki takvadan ileri gelir."** (Hac suresi, 32. ayet.)

706- Ebu Hureyre'den (radıyallâhu anh) rivayet edildiğine göre Peygamberimiz (sallallâhu aleyhi ve sellem) buyuruyor ki:

– "Namaz vakti gelince namaza koşarak değil, ağırbaşlılık içinde ve yürüyerek geliniz. Yetiştiğiniz kadarını kılınız ve yetişemediğiniz kısmı da tamamlayınız." (Buhâri, Müslim)

Müslim'in kaydettiği rivayete göre şu cümle de hadise dahildir: "Herhangi biriniz namaz kılmaya niyetlendiği andan itibaren namazdadır."

707- İbni Abbas (radıyallâhu anh) bir Arefe günü Peygamberimiz (sallallâhu aleyhi ve sellem) ile birlikte idi. Resulullah arkadan gelenler arasında büyük bir gürültü ve deve dövülmesi sesi duyunca kamçısını arkadan gelenlere çevirerek şöyle buyurdu:

– "Ey insanlar! Ağırbaşlı olunuz. Çünkü ibadet acelecilikle olmaz." (Buhâri)

94. Bölüm
Misafir Ağırlamak

Allah Teâlâ (celle celâlüh) buyuruyor ki:

– **"İbrahim'in** (aleyhisselam) **ağırlanmış misafirleri ile ilgili haber sana gelmedi mi? Hani onlar İbrahim'in yanına girince selam verdiler. İbrahim de selamlarını aldı ve 'Bunlar tanımadığım kimseler.' dedi. Arkasından gizlice ailesine varıp kızartılmış semiz bir dana getirdi. Onların önüne koyup 'Yemez misiniz?' dedi."** (Zâriyât suresi, 24-27. ayetler.)

Allah Teâlâ (celle celâlüh) buyuruyor ki:

- "Kavmi, Lut'a koşarak geldi. Onlar daha önce de çirkin işler yaparlardı. Lut 'Ey kavmim! Beldemizin kızlarıyla evlenin. Onlar sizin hesabınıza daha temizdir. Allah'tan korkun da beni misafirlerim konusunda rezil etmeyin. Aranızda aklı başında biri yok mu?' dedi." (Hûd suresi, 78. ayet.)

708- Ebu Hureyre'den (radıyallâhu anh) rivayet edildiğine göre Peygamberimiz (sallallâhu aleyhi ve sellem) buyuruyor ki:

- "Allah'a ve ahiret gününe inanmış olan kimse misafir ağırlasın. Allah'a ve ahiret gününe inanmış olan kimse yakınları ile olan bağlarını gözetsin. Allah'a ve ahiret gününe inanmış olan kimse ya yararlı bir söz söylesin veya sussun." (Buhâri, Müslim)

709- Ebu Şureyh Huveylid b. Amrü'l-Huzâi'den (radıyallâhu anh) rivayet edildiğine göre Peygamberimiz (sallallâhu aleyhi ve sellem) buyuruyor ki:

- "Allah'a ve ahiret gününe iman etmiş olan kimse misafirine caizesini versin." buyurdu. Sahabiler "Misafirin caizesi nedir?" diye sordular. Peygamberimiz (sallallâhu aleyhi ve sellem) şöyle buyurdu:

- "Onu bir gün bir gece ağırlamaktır. Misafirlik ise üç gündür. Bundan sonrası sadakadır." (Buhâri, Müslim)

Müslim'in bir rivayetinde ise hadis şöyle sona ermektedir:

Peygamberimiz "Müslümanın, Müslüman kardeşi yanında kendisini günaha sokacak kadar uzun kalması helal değildir." Sahabiler "Misafir, adamı nasıl günaha sokar?" diye sordular. Peygamberimiz de onlara "Misafir ağırlayacak bir şeyi kalmamasına rağmen adamın yanında kalarak..." cevabını vermiştir.

95. Bölüm
Hayırlı Gelişmeleri Müjdelemek ve Tebrik Etmek

Allah Teâlâ (celle celâlüh) buyuruyor ki:

- "Sözü dinleyip de en güzeline uyan kullarımı müjdele." (Zümer suresi, 17, 18. ayetler.)

Allah Teâlâ (celle celâlüh) buyuruyor ki:

- "Rableri; rahmeti, rızası ve içinde kendileri için sonsuz nimetlerin bulunduğu cenneti ile onları müjdeliyor." (Tevbe suresi, 21. ayet.)

Allah Teâlâ (celle celâlüh) buyuruyor ki:

- "Size vaat edilen cennetle müjdelenin." (Fussilet suresi, 30. ayet.)

Allah Teâlâ (celle celâlüh) buyuruyor ki:

- **"Biz onu uysal bir erkek çocuğu ile müjdeledik."** (Saffat suresi, 101. ayet.)

Allah Teâlâ (celle celâlüh) buyuruyor ki:

- **"Hiç şüphesiz, elçilerimiz, İbrahim'e müjde getirdiler"** (Hûd suresi, 69. ayet.)

Allah Teâlâ (celle celâlüh) buyuruyor ki:

- **"Eşi onun arkasında dikiliyordu. Güldü. Biz kendisini İshak ve İshak'ın ardından Yakup ile müjdeledik."** (Hûd suresi, 71. ayet.)

Allah Teâlâ (celle celâlüh) buyuruyor ki:

- **"O, mihrapta ayakta dikilmiş namaz kılarken melekler kendisine 'Allah sana Yahya'yı müjdeliyor!' diye seslendiler."** (Âl-i İmrân suresi, 39. ayet.)

Allah Teâlâ (celle celâlüh) buyuruyor ki:

- **"Hani melekler 'Ya Meryem! Allah seni adı Mesih olan kendi kelimesi ile müjdeliyor.' dediler."** (Âl-i İmrân suresi, 45. ayet.)

Bu konudaki hadiselere gelince, onlar da gerçekten çoktur ve sahih hadis kitaplarında zikredilmiş meşhur hadislerdir.

710- Ebu İbrahim (bazılarına göre Ebu Muhammed, bazılarına göre de Ebu Muaviye) Abdullah b. Ebu Evfa'dan (radıyallâhu anh) rivayet edildiğine göre Peygamberimiz (sallallâhu aleyhi ve sellem) eşi Hatice'yi (radıyallâhu anhâ) içinde gürültü ve yorgunluğun söz konusu olmayacağı inciden bir cennet köşkü ile müjdelemiştir. (Buhâri, Müslim)

711- Ebu Musa el-Eş'arî'nin (radıyallâhu anh) bildirdiğine göre kendisi bir gün evinde abdest alıp çıktı ve (kendi kendine) "Bugün hep Peygamberimizin (sallallâhu aleyhi ve sellem) yanında olacağım. Ondan hiç ayrılmayacağım." dedi. Mescid'e vardı. Peygamberimizi (sallallâhu aleyhi ve sellem) sordu. Kendisine "Şu tarafa gitti." dediler. Ebu Musa sözlerine şöyle devam etti:

"Onun peşinden yola çıktım. Nereye doğru gittiğini sora sora sonunda Eris kuyusunun bulunduğu bahçeye girdiğini öğrendim. Peygamberimiz abdest bozup abdest alıncaya kadar kapıda oturdum.

Bir süre sonra kalkıp yanına vardım. Kendisi kuyunun başındaki taşın ortasına oturmuş paçalarını sıvayıp ayaklarını kuyuya sarkıtmıştı. Kendisine selam verip yanından ayrıldım ve kapıya varıp oturdum. Kendi kendime 'Bugün Peygamberimizin kapıcısı olacağım.' dedim. O sırada Ebu Bekir (radıyallâhu anh) gelip kapıyı itti. 'Kim o?' dedim. 'Ebu Bekir!' dedi. Kendisine 'Biraz bekle!' dedim ve Peygamberimize varıp 'Ya Resulallah! Gelen Ebu Bekir'dir. İçeri girmek istiyor.' dedim.

Bana 'Onu içeri al ve kendisini cennetle müjdele.' buyurdu. Dönüp kapıya vararak Ebu Bekir'e 'Peygamberimizin yanına gir. O seni cennetle müjdeliyor!' dedim. Ebu Bekir içeri girip Peygamberimizin sağ tarafına ve yine kuyu ağzındaki taşın üzerine oturdu. O da Peygamberimizin yaptığı gibi paçalarını yukarı çekerek ayaklarını kuyuya sarkıttı.

Ben yine dönüp kapının yanına oturdum. Kardeşimi evde bırakmıştım. Abdest alıp bana katılacaktı. Kendi kendime 'Eğer Allah falan kimsenin (kardeşimi kastediyorum) iyiliğini dilerse onun buraya gelmesini sağlar.' dedim. O sırada biri kapıyı itiyordu. 'Kim o?' dedim. 'Ömer b. Hattab!' dedi. Kendisine 'Biraz bekle!' dedim. Peygamberimize vardım. Selam verip 'Gelen Ömer'dir. İçeri girmek istiyor. Onu içeri alayım mı?' diye sordum. Peygamberimiz bana 'Onu içeri al ve kendisini cennetle müjdele!' diye cevap verdi. Dönüp Ömer'e vardım. Kendisine 'Peygamber içeri girmene izin verdi. O seni cennetle müjdeliyor!' dedim.

Ömer içeri girdi ve yine kuyu başı taşı üzerine ve Peygamberimizin soluna oturup ayaklarını kuyuya sarkıttı. Ben yine geri dönüp oturdum. Yine kendi kendime (kardeşimi kastederek) 'Allah falancanın iyiliğini dilerse onun buraya gelmesini sağlar.' dedim. O sırada yine biri gelip kapıyı itti. 'Kim o?' dedim. 'Osman b. Affan!' dedi. Kendisine 'Biraz bekle!' diyerek Peygamberimize varıp gelişini haber verdim. Peygamberimiz bana 'Onu içeri al ve kendisini karşılaşacağı belalarla birlikte cennetle müjdele!' buyurdu. Geri dönüp Osman'a 'İçeri gir. Peygamberimiz seni karşılaşacağın belalarla birlikte cennetle müjdeliyor!' dedim. Osman içeri girdi. Kuyu başı taşını dolu bulduğu için karşılarına geçip taşın diğer yarısı üzerine oturdu."

Said b. Museyyeb "Onların bu oturuş düzenlerini mezarlarının konumuna yordum." dedi. (Buhâri, Müslim)

Diğer bir rivayete göre Ebu Musa'nın yukarıdaki sözlerinden fazla olarak "Peygamberimiz beni kapıyı gözetlemekle görevlendirdi." dediği ileri sürülüyor. Yine bu rivayete göre Ebu Musa, Osman'ı cennet ile müjdeleyince Osman, Allah'a hamdetti ve "Yalnız Allah'tan yardım istenir!" dedi.

712- Ebu Hureyre (radıyallâhu anh) der ki: "Bir gün Peygamberimizin çevresinde oturuyorduk. Ebu Bekir ve Ömer'in de içinde bulunduğu bir grupla beraberdik. Peygamberimiz (sallallâhu aleyhi ve sellem) ansızın kalkıp yanımızdan çıktı. Geriye dönmesi gecikmişti. Başına bir işin gelmesinden endişelenerek korktuğumuz için hep birlikte kalktık.

Korkanların başında ben geliyordum. Resulullah'ı aramaya çıktım. Nihayet Ensar'dan Neccaroğullarına ait bir bahçe duvarına vardım. İçeri girecek bir kapı bulabilir miyim diye bahçenin etrafını dolaştım. Girecek bir kapı bulamadım. Bu arada gözüme dışarıdaki kuyudan başlayıp duvardan bahçeye giren bir su kanalı ilişti. Hemen büzülüp kanal deliğinden geçtim ve Peygamberimizin yanına girdim.

Peygamberimiz (sallallâhu aleyhi ve sellem) 'Ya Eba Hureyre!' dedi. 'Evet ya Resulallah!' dedim. 'Ne işin var?' diye sordu. Kendisine 'Aramızdayken kalkıp çıktın. Dönmen gecikti. Başına bir hal gelmesinden endişelenip korktuk. Korkanların başında da ben vardım. Koşup bu duvarın yanına geldim ve tilki gibi büzülerek içeri girdim. Arkadaşlar da arkamdan geliyorlar.' diye cevap verdim. Bana 'Ya Eba Hureyre!' diye seslenip pabuçlarını çıkarıp verdi ve arkasından 'Şu pabuçlarımı götür, duvarın arkasında kalbinden gelen kesin bir inançla 'Lâ ilâhe illallâh' diyerek şahadet getiren kimseyi cennet ile müjdele!' buyurdu." (Ebu Hureyre sözlerine devam ederek oldukça uzun olan hadisi sonuna kadar nakletti.) (Müslim)

713- Ebu Şemmase (radıyallâhu anh) der ki: "Ölüm döşeğindeyken Amr ibnü'l-Âs'ın yanında idik. O kadar uzun uzun ağladı ki yüzünü duvara çevirdi. Oğlu kendisine 'Babacığım! Resulullah sana şu müjdeyi vermedi mi? Resulullah sana şu müjdeyi vermedi mi?" deyip duruyordu. Bir ara yüzünü bize dönüp şunları söyledi:

– 'Ahiret için en faziletli hazırlığımız 'Lâ ilâhe illallâh, Muhammedü'r-rasulullah' şehadetidir. Benim hayatım üç döneme ayrılır. Öyle günlerimi biliyorum ki Resulullah'tan benden daha çok nefret eden hiç kimse yoktu. En çok istediğim şey, bir fırsatını bulup kendisini öldürmekti. Eğer bu tutumda iken ölseydim, hiç şüphesiz, cehennemliklerden olurdum.

Allah, İslam'ı kalbime koyunca Peygamberimizin huzuruna çıkarak 'Sağ elini uzat da sana biat edeyim.' dedim. Peygamberimiz elini uzatınca ben elimi geri çektim. Bana 'Ya Amr! Sana ne oluyor?' diye sordu. Kendisine 'Bazı şartlar ileri sürmek istiyorum.' dedim. Peygamberimiz bana 'Ne şart koşuyorsun?' diye sordu. Kendisine 'günahlarımın affedilmesini.' diye cevap verdim. Bana şöyle cevap verdi: 'İslamiyet'in kendinden önceki dönemi ortadan kaldırdığını, Hicret'in kendinden önceki dönemi yıktığını ve haccın da kendinden önceki geçmişi sildiğini bilmiyor musun?'

Bu dönemde Peygamberimiz (sallallâhu aleyhi ve sellem) kadar sevdiğim, gözümde onun kadar saygıdeğer hiçbir insan yoktu. Kendisine karşı beslediğim saygıdan dolayı gözlerimi ondan ayıramıyordum. Benden onu tanıtmamı isteseler tanıtamazdım. Çünkü gözlerimi ondan hiç ayırmamıştım. Eğer bu durumdayken ölseydim, cennetliklerden olmayı umardım.

Daha sonra birtakımsorumluluklar yüklendim ki o konuda durumumun nasıl olduğunu bilmiyorum. Ölünce cenazeme sakın ağlayıcı ve ağıtçılar katılmasın. Beni gömdüğünüzde toprağı üzerime yavaş yavaş atınız. Sonra sizinle oyalanıp Rabbimin elçilerine ne cevap vereceğimi düşüneyim diye deve kesilip etinin dağıtılmasına yetecek kadar bir süre mezarımın başında bekleyiniz." (Müslim)

96. Bölüm
Vedalaşma Adabı

Yolculuğa çıkarken vedalaşmak, arkadaşlarına tavsiyelerde bulunmak, onlara dua etmek ve onlardan dua etmelerini istemek hakkındadır.

Allah Teâlâ (celle celâlüh) buyuruyor ki:

– "İbrahim ve Yakup oğullarına İslam dinini tavsiye ederek: 'Ey oğullarım! Allah sizin için bu dini seçti. Mutlaka Müslüman olarak ölünüz.' dediler. Yoksa sizler, Yakup ölmek üzereyken oğullarına 'Benden sonra kime kulluk edeceksiniz?' diye sorunca oğulları 'Senin ve ataların olan İbrahim'in, İsmail'in, İshak'ın da rabbi olan tek Allah'a ibadet edeceğiz. Biz O'na teslim olmuşuz.' dediği zaman orada mıydınız?" (Bakara suresi, 132-133. ayetler.)

714- (Bu konudaki hadislere gelince bunlardan biri Zeyd b. Erkam (radıyallâhu anh) tarafından rivayet edilen ve Ehl-i Beyt'e Saygı bölümünde geçen şu hadistir:) Zeyd b. Erkam (radıyallâhu anh) der ki: "Bir gün Peygamberimiz (sallallâhu aleyhi ve sellem) bize hitap etmek üzere aramızdayken ayağa kalktı. Allah'a hamd ü sena ettikten sonra bazı noktalarda bize öğütler vererek ve hatırlatmalarda bulunarak şöyle buyurdu:

– 'İmdi, ey insanlar! Ben sadece bir insanım. Rabbimin elçisinin gelmesi ve benim O'nun davetine icabet etmem yakındır. Size iki önemli şey bırakıyorum: Birincisi Allah'ın kitabıdır; hidayet ve aydınlık ondadır. Allah'ın kitabını tutunuz, ona sımsıkı sarılınız.' Peygamberimiz sözlerine devam edip bizi Allah'ın kitabına saygı göstermeye teşvik ettikten ve bunun yararlarını belirttikten sonra şöyle buyurdu: 'Bir de Ehl-i Beyt'im. Ehl-i Beyt'im konusunda size Allah'ı hatırlatırım.'" (Müslim)

715- Ebu Süleyman Malik b. Huveyris (radıyallâhu anh) der ki: "Bizler, birbirine yakın yaşlarda bir grup genç, Peygamberimize (sallallâhu aleyhi ve sellem) gelip onun yanında 20 gece kaldık. Peygamberimiz bize karşı merhametli ve cana yakın davrandı. Ailelerimizi özlediğimizi tahmin ederek bize yurdumuzda ailemizden kimleri bıraktığımızı sordu. Durumumuzu kendisine bildirince bize şöyle buyurdu:

– 'Ailelerinizin yanına dönüp onlarla birlikte oturunuz. Onlara bildiklerinizi öğretiniz. Görevlerini yerine getirmelerini söyleyiniz. Falan namazı şu vakitte ve filan namazı da şu vakitte kılınız. Namaz vakti girince aranızdan biri size ezan okusun ve en büyüğünüz de imam olsun.'" (Buhâri, Müslim)

Buhâri'ye göre şu cümle de hadise dahildir: "Beni namaz kılarken gördüğünüz gibi namaz kılınız."

716- Ömer b. el-Hattab (radıyallâhu anh) der ki: "Bir gün umreye gitmek üzere Peygamberimizden izin istedim. İzin verdikten sonra bana 'Sevgili kardeşçiğim! Beni duanda unutma!' buyurdu. Böylece bana öyle bir cümle söylemiş oldu ki onun yerine bana tüm dünya verilmiş olsa o kadar sevinmezdim." (Tirmizî)

Başka bir rivayete göre Peygamberimizin söylediği cümle "Sevgili kardeşçiğim! Bizi duana ortak eyle!" şeklindedir.

717- Salim b. Abdullah b. Ömer (radıyallâhu anhumâ) der ki: "Babam Abdullah b. Ömer, yolculuğa çıkmak isteyen kimseye 'Yakınıma gel de Peygamberimizin (sallallâhu aleyhi ve sellem) bizimle vedalaştığı gibi seninle vedalaşalım.' der ve onun için şöyle dua ederdi: 'Dinini, güvenini ve işlerimizin sonucunu Allah'a emanet ederim.'" (Tirmizî)

718- Abdullah b. Yezidü'l-Hatmi el-Sahabi (radıyallâhu anh) der ki: "Peygamberimiz (sallallâhu aleyhi ve sellem) orduyu uğurlamak isterken şöyle buyururdu: 'Dininizi, güveninizi ve işlerinizin sonucunu Allah'a emanet ederim.'" (Ebu Davud)

719- Enes b. Malik (radıyallâhu anh) der ki: "Adamın biri Peygamberimize gelerek 'Ya Resulallah! Yolculuğa çıkmak istiyorum, bana azık ver.' dedi. Peygamberimiz ona 'Allah senin azığını takva eylesin!' buyurdu. Adam 'Daha da ver!' dedi. Peygamberimiz 'Allah günahlarını affetsin!' buyurdu. Adam yine 'Daha da isterim!' dedi. Peygamberimiz 'Nerede olursan ol, Allah sana hayır nasip eylesin!' buyurdu." (Tirmizî)

97. Bölüm
İstihare ve Müşavere

Allah Teâlâ (celle celâlüh) buyuruyor ki:

- **"Karşına çıkan işler hakkında onlarla müşavere et."** (Âl-i İmrân suresi, 159. ayet.)

Allah Teâlâ (celle celâlüh) buyuruyor ki:

- **"Onların tutumu, aralarında müşavere etmektir."** (Şûrâ suresi, 30. ayet.)

720- Cabir (radıyallâhu anh) der ki: "Peygamberimiz (sallallâhu aleyhi ve sellem) Kur'an'ın bir suresi gibi, her konuda bize istihareyi öğreterek şöyle buyururdu:

- 'Herhangi biriniz bir iş yapmak isteyince -farzlar dışında- iki rek'at namaz kıldıktan sonra şöyle dua etsin:

'Allâhümme innî estehîruke biilmike ve estakdiruke bikudratike ve es'elüke min fadlikel azîm. Feinneke takdiru velâ akdiru ve ta'lemu velâ a'lemu ve ente allâmü'l-ğuyûb. Allâhümme in künte ta'lemü enne hâze'l-emra hayrun lî fi dîni ve maâşî ve âkıbeti emrî. Ev kâle âcili emrî ve âcilihi fakdürhü lî ve yessirhü lî sümme bârik lî fîhi ve in künte ta'lemü enne hâze'l-emra şerrun lî fi dînî ve maâşi ve âkıbeti emrî. Ev kâle âcili emrî ve âcilihi fasrifhü vasrifnî anhü vakdür lilhayra haysü kâne sümme raddinî bih!' (Allah'ım! Senden, ilminle bana hayır takdir etmeni, kudretinle bana güç bağışlamanı diler, yüce faziletinden bana pay vermeni isterim. Çünkü sen muktedirsin, benim gücüm yetersizdir. Sen her şeyi bilirsin, ben bilmem. Sen görünmezleri bilensin. Allah'ım! Şu işin; dinim, geçimim ve akıbetim (veya yakın ve uzun vadeli durumum) açısından hayırlı olduğunu biliyorsan onu bana nasip eyle, onu benim için kolay kıl, sonra da onu hakkımda bereketli kıl! Fakat eğer şu işin; dinim, geçimim ve akıbetim (veya yakın ve uzun vadeli durumum) açısından şer olduğunu biliyorsun onu benden beni de ondan uzak tut! Hayır nerede ise onu bana nasip eyle, sonra da beni hayırla hoşnut kıl!)"

Cabir der ki: "Arkasından o kimse söz konusu derdini belirtir." (Buhârî)

98. Bölüm
İbadet İçin Gidip Gelirken Farklı Yolları Kullanmak

Hasta ziyareti, hac, cihat, cenaze ve bayram namazı gibi ibadetlere gidip gelirken, fazla sevap kazanmak için, farklı yollardan gidip dönmek...

721- Cabir (radıyallâhu anh) der ki: "Peygamberimiz (sallallâhu aleyhi ve sellem) bayram günü, evine değişik yollardan gidip gelirdi." (Buhâri)

722- İbni Ömer (radıyallâhu anhumâ) der ki: "Peygamberimiz (sallallâhu aleyhi ve sellem) Medine'den ayrılırken Şecere yolundan çıkar ve Muares yolundan girerdi. Mekke'ye girerken Seniyyetü'l-Ulya yolundan girer ve Seniyyetü'l-Sufla yolundan girerdi." (Buhâri, Müslim)

99. Bölüm
Abdest, Gusül, Yemek, İçmek, Elbise Giymek, Tıraş Olmak Gibi Durumlarda Sağdan Başlamak

Allah Teâlâ (celle celâlüh) buyuruyor ki:

– "Kitabı sağ taraftan verilene gelince 'İşte alın, okuyun kitabımı.' der." (Hâkka suresi, 19. ayet.)

Allah Teâlâ (celle celâlüh) buyuruyor ki:

– "Kitabını sağ taraflarından alanlara gelince, onlara ne mutlu! Kitabını sol taraflarından alanlara gelince, onların vay haline!" (Vâkıa suresi, 8, 9. ayetler.)

723- Hz. Âişe (radıyallâhu anhâ) der ki: "Temizlenmede, taranmada ve ayakkabı giymede sağdan başlamak Peygamberimizin (sallallâhu aleyhi ve sellem) hoşuna giderdi." (Buhâri, Müslim)

724- Yine Hz. Âişe (radıyallâhu anhâ) der ki: "Peygamberimizin (sallallâhu aleyhi ve sellem) sağ eli temizlik ve yemek için, sol eli de hela ve diğer tiksindirici işler içindi." (Ebu Davud)

725- Ümmü Atiyye'den (radıyallâhu anhâ) Peygamberimizin (sallallâhu aleyhi ve sellem) kızı Zeynep'in (cenazesinin) yıkanması sırasında kendilerine "Sağından ve abdest azalarından başlayınız." buyurmuştur. (Buhâri, Müslim)

726- Ebu Hureyre'den (radıyallâhu anh) rivayet edildiğine göre Peygamberimiz (sallallâhu aleyhi ve sellem) buyuruyor ki:

– "İçinizden biri pabuçlarını giyerken sağ taraftan başlasın. Çıkarken de soldan başlasın. Böylece sağ ayağı önce giyilen ve sonra çıkarılan ayak olsun." (Buhâri, Müslim)

727- Hafsa (radıyallâhu anhâ) der ki: "Peygamberimiz (sallallâhu aleyhi ve sellem) sağ elini yemekte, içmekte ve giyinmekte kullanırdı. Sol elini de bunlar dışında kalan işlerde kullanırdı." (Ebu Davud)

728- Ebu Hureyre'den (radıyallâhu anh) rivayet edildiğine göre Peygamberimiz (sallallâhu aleyhi ve sellem) buyuruyor ki:

– "Giyinirken ve abdest alırken sağ taraftan başlayınız." (Ebu Davud, Tirmizî)

729- Enes (radıyallâhu anh) der ki: "Peygamberimiz (sallallâhu aleyhi ve sellem) Mina'ya geldi. Sonra Cemre'ye varıp taşları attı. Arkasından Mina'daki konağına varıp deve kesti, sonra berbere başının sağ yanını işaret ederek 'Bu taraftaki saçları kes.' dedi. Sonra da sol tarafı gösterdi, arkasından da saçları sahabilere dağıtmaya koyuldu." (Buhâri, Müslim)

Diğer bir rivayete göre de hadis şöyledir: "Peygamberimiz cemreyi atıp kurbanını kesince sıra tıraş olmaya geldi. Berbere başının sağ yanını uzattı ve berber o tarafı tıraş etti. Sonra Ebu Talhatü'l-Ensari'yi (radıyallâhu anh) çağırıp saçlarını ona verdi. Arkasından başının sol yanını uzattı ve 'Tıraş et.' dedi, berber de tıraş etti. Daha sonra (bu yanından dökülen saçlarını da) Ebu Talha'ya vererek 'Bunları halka dağıt.' dedi."

100. Bölüm
Yemeğe Besmele ile Başlayıp Sonunda Hamdetmek

730- Ömer b. Ebu Seleme (radıyallâhu anh) der ki: "Peygamberimiz (sallallâhu aleyhi ve sellem) bana 'Besmele çek, sağ elinle ve önünden ye.' buyurmuştur. (Buhâri, Müslim)

731- Hz. Âişe'den (radıyallâhu anhâ) rivayet edildiğine göre Peygamberimiz (sallallâhu aleyhi ve sellem) buyuruyor ki:

– "Herhangi biriniz yemek yerken Allah'ın adını ansın. Yemeğe başlarken Allah'ın adını anmayı unutmuşsa o zaman 'Bismillahi evvelehu ve âhirehu.' (Başında da sonunda da Allah'ın adı ile.) desin." (Ebu Davud, Tirmizî)

732- Cabir'den (radıyallâhu anh) rivayet edildiğine göre Peygamberimiz (sallallâhu aleyhi ve sellem) buyuruyor ki:

– "Herhangi biriniz evine girerken ve yemeğe başlarken Allah'ı anarsa şeytan, arkadaşlarına 'Bu evde ne kalabilir ve ne de yemek yiyebilirsiniz.' der. Fakat herhangi biriniz eve girerken Allah'ı anmazsa şeytan, arkadaşlarına 'Barınağınıza kavuştunuz.' der. Eğer adam yemek yerken de Allah'ı anmazsa o zaman şeytan 'Hem barınağa hem de yemeğe kavuştunuz.' der." (Müslim)

733- Huzeyfe (radıyallâhu anh) der ki: "Peygamberimiz (sallallâhu aleyhi ve sellem) ile birlikte yemek yerken kendisi yemeğe başlamadıkça bizler elimizi yemeğe sürmezdik. Bir gün Peygamberimizle (sallallâhu aleyhi ve sellem) yemeğe oturmuştuk. O sırada bir cariye, sanki arkasından kovalanır gibi bir hızla çıkageldi ve yemek yemeğe başlamak istedi. Peygamberimiz hemen onun elini tutuverdi. Arkasından yine kovalanıyormuşçasına bir hızla bir bedevi çıkageldi. Peygamberimiz onun da elini tutuverdi ve şöyle buyurdu:

- 'Şeytan, Allah'ın adının anılmamasını sağlayarak yemeği kendisine helal kılmak ister. Şeytan, yemeği kendisine helal kılmak için şu cariyeyi getirdi. Ben de hemen elini tuttum. Bu defa şeytan, yemeği kendisine helal hale getirmek için şu bedeviyi getirdi. Ben de yine elini tutuverdim. Nefsimi kudret elinde tutan Allah adına yemin ederim ki! Şimdi şeytanın eli, bunların elleri ile birlikte elimdedir.' Arkasından Allah'ın adını anarak yemeğe başladı." (Müslim)

734- Umeyye b. Mahşi es-Sahabi (radıyallâhu anh) der ki: "Bir gün Peygamberimiz (sallallâhu aleyhi ve sellem) bir yerde oturuyorken adamın biri yemek yiyordu. Adam bir tek lokma yemek kalıncaya kadar Allah'ın adını anmamıştı. Son lokmayı ağzına götürürken 'Başında da sonunda da Allah'ın adı ile.' deyince Peygamberimiz (sallallâhu aleyhi ve sellem) gülümseyerek şöyle buyurdu:

- 'Şeytan onunla birlikte yemek yemeğe devam ediyordu. Fakat kendisi Allah'ın adını anınca şeytan yediğini kusuverdi.'" (Ebu Davud, Tirmizî)

735- Hz. Âişe (radıyallâhu anhâ) der ki: "Peygamberimiz (sallallâhu aleyhi ve sellem) bir gün altı sahabi ile birlikte yemek yiyordu. O sırada bir bedevi geldi ve iki lokma yer yemez yemek tükeniverdi. Bunun üzerine Peygamberimiz (sallallâhu aleyhi ve sellem) şöyle buyurdu:

- 'Eğer o bedevi besmele çekseydi, yemek hepinize yetecekti.'" (Tirmizî)

736- Ebu Umame (radıyallâhu anh) der ki: "Peygamberimiz (sallallâhu aleyhi ve sellem) sofrası kaldırılacağı sırada şöyle buyururdu:

- 'Elhamdülillah! Hamden, kesiren, tayyiben, mubareken fîhi, ğayre mekfî velâ muveddein, velâ mustağnen anhu rabbena.' (Ey Rabbimiz! Tertemiz, bereketli, kesintisiz ve vazgeçilmez bir şekilde sana hamdederiz.)" (Buhâri)

737- Muaz b. Enes'ten (radıyallâhu anh) rivayet edildiğine göre Peygamberimiz (sallallâhu aleyhi ve sellem) buyuruyor ki:

- "Kim yemek yer de arkasından 'Elhamdülillâhillezî et'ameni hazâ ve razekanîhi min gayri havlin minnî velâ kuvvetin.' (Benim hiçbir etkim ve girişimim olmaksızın bu yemeği bana rızık olarak nasip edip bana yediren Allah'a hamdolsun.) derse geçmiş tüm günahları affedilir." (Ebu Davud, Tirmizî)

101. Bölüm
Yemeğe Kusur Bulmayıp Beğenmek

738- Ebu Hureyre (radıyallâhu anh) der ki: "Peygamberimiz (sallallâhu aleyhi ve sellem) hiçbir zaman hiçbir yemeği kötülememiştir. Eğer hoşuna giderse yemiş eğer hoşuna gitmemişse yememiştir." (Buhâri, Müslim)

739- Cabir'den (radıyallâhu anh) rivayet edildiğine göre Peygamberimiz (sallallâhu aleyhi ve sellem) bir gün ev halkından katık istemiş, eşleri de "Sirkeden başka hiçbir katığımız yok." demişlerdir. Bunun üzerine Peygamberimiz kendisine sirke getirmelerini istemiş ve bir yandan sirkeyi yerken bir yandan da "Sirke ne iyi bir katık! Sirke ne iyi bir katık!" buyurmuştur. (Müslim)

102. Bölüm
Oruçlu İken Kendisine Yemek İkram Edilen Kimsenin Takınacağı Tavır

740- Ebu Hureyre'den (radıyallâhu anh) rivayet edildiğine göre Peygamberimiz (sallallâhu aleyhi ve sellem) buyuruyor ki:

– "Herhangi biriniz yemeğe çağırılınca davete icabet etsin. Oruçlu ise çağırana dua etsin. Oruçlu değilse yesin." (Müslim)

103. Bölüm
Yemeğe Çağrılan Kimsenin Beraberinde Başkalarını da Getirmesi Durumunda Ev Sahibine Haber Vermesi

741- Ebu Mes'udü'l-Bedri'den (radıyallâhu anh) rivayet edildiğine göre adamın biri hazırlamış olduğu bir yemeğe Peygamberimizi (sallallâhu aleyhi ve sellem) beş kişinin beşincisi olarak davet etti. Bu beş kişiye biri daha eklendi. Peygamberimiz kapıya gelince ev sahibine "Bu adam bize katıldı. Eğer istersen ona izin verirsin. İstersen döner." buyurdu. Ev sahibi "Ya Resulallah! Ona izin veriyorum." dedi. (Buhâri, Müslim)

104. Bölüm
Sofrada Kendi Önünden Yemek, Yemek Âdâbına Uymayanları İkaz Etmek

742- Ömer b. Ebu Seleme (radıyallâhu anh) der ki: "Peygamberimizin gözetimi altında bulunan bir delikanlı idim. Yemek yerken elim çanağın ötesinde berisinde dolaşırdı. Peygamberimiz (sallallâhu aleyhi ve sellem) bana 'Evladım! Yemek yerken besmele çek, sağ elinle ve önünden ye.' buyurdu." (Buhâri, Müslim)

743- Seleme b. Ekvâ'dan (radıyallâhu anh) rivayet edildiğine göre adamın biri Peygamberimizin (sallallâhu aleyhi ve sellem) yanında sol elle yiyordu. Peygamberimiz (sallallâhu aleyhi ve sellem) kendisine "Sağ elinle ye!" buyurdu. Adam "Yiyemem!" dedi. Peygamberimizin de ona "Yiyemeyesin!" diye karşılık verdi. Adamın kibirden başka hiçbir engeli yoktu. Bunun üzerine elini ağzına kaldıramaz oldu. (Müslim)

105. Bölüm
Grup Halinde Yemek Yemenin Adabı

744- Cebele b. Suhaym (radıyallâhu anh) der ki: "Bir kıtlık yılında İbni Zübeyr ile birlikte idik. Bize biraz hurma vermişlerdi. Biz hurma yerken Abdullah b. Ömer yanımıza gelir ve bize 'İkişer ikişer yemeyin. Çünkü Peygamberimiz ikişer ikişer yemeyi yasaklamıştır. Yalnız içinizden biri din kardeşinden izin alırsa o başka.' derdi." (Buhâri, Müslim)

106. Bölüm
Yemek Yediği Halde Doymayanın Ne Yapacağına Dair

745- Vahşi b. Harb'den (radıyallâhu anh) rivayet edildiğine göre sahabiler, Peygamberimize (sallallâhu aleyhi ve sellem) "Ya Resulallah! Yemek yiyoruz fakat doymuyoruz." dediler. Peygamberimiz de onlara "Herhalde ayrı ayrı yiyorsunuz." diye buyurdu. Sahabiler "Evet." dediler. Bunun üzerine Peygamberimiz (sallallâhu aleyhi ve sellem) kendilerine "Yemeğinizin başında bir araya geliniz ve Allah'ın adını anınız. O zaman yemeğiniz bereketli olur." buyurmuştur. (Ebu Davud)

107. Bölüm
Yemek Kabının Ortasından Değil de Kenarından Yemek

746- İbni Abbas'tan (radıyallâhu anh) rivayet edildiğine göre Peygamberimiz (sallallâhu aleyhi ve sellem) buyuruyor ki:

– "Bereket, yemeğin ortasına iner. Buna göre çanağın ortasından değil, kenarlarından yiyin." (Ebu Davud, Tirmizî)

747- Abdullah b. Büsr (radıyallâhu anh) der ki: "Peygamberimizin (sallallâhu aleyhi ve sellem) Gara adı verilen bir yemek kazanı vardı. Onu dört kişi taşırdı.

Kuşluk vakti gelip sahabiler kuşluk namazını kılınca içi tirit ile dolu olan bu kazan önlerine getirilir, sahabiler de etrafında dizilirlerdi. Yemeğe oturanlar çok olunca Peygamberimiz (sallallâhu aleyhi ve sellem) diz çökerek otururdu. Taşralı bir Arap kendisine 'Bu ne biçim oturuş?' diye sordu. Peygamberimiz ona 'Allah beni dik kafalı bir zorba olarak değil, kerim bir kul olarak yaratmıştır.' diye cevap verdi ve şöyle buyurdu:

- 'Kenarlardan yiyin ve ortasını bırakın ki sizin için bereketli olsun.'" (Ebu Davud)

108. Bölüm
Yana Yaslanarak Yemek Yemenin Mekruh Oluşu

748- Ebu Cuhayfe Vehb b. Abdullah'tan (radıyallâhu anh) rivayet edildiğine göre Peygamberimiz (sallallâhu aleyhi ve sellem) buyuruyor ki:

- "Ben yana yaslanarak yemek yemem." (Buhâri)

749- Enes (radıyallâhu anh) der ki: "Ben, Peygamberimizi (sallallâhu aleyhi ve sellem) bağdaş kurmuş oturur vaziyette hurma yerken gördüm." (Müslim)

109. Bölüm
Elle Yemek Yemenin Adabı

Üç parmakla yemek, parmaklarını silmeden önce yalamak, yemek kabını iyice sıyırmak, düşen lokmayı temizleyip yemek hakkındadır.

750- İbni Abbas'tan (radıyallâhu anhumâ) rivayet edildiğine göre Peygamberimiz (sallallâhu aleyhi ve sellem) buyuruyor ki:

- "İçinizden biri yemek yiyince parmaklarını yalamadıkça veya yalatmadıkça silmesin." (Buhâri, Müslim)

751- Ka'b b. Malik (radıyallâhu anh) der ki: "Peygamberimizin (sallallâhu aleyhi ve sellem) üç parmağı ile yemek yediğini ve yemekten sonra parmaklarını yaladığını gördüm." (Müslim)

752- Cabir'den (radıyallâhu anh) rivayet edildiğine göre Peygamberimiz (sallallâhu aleyhi ve sellem) yemekten sonra parmakları ve çanağı yalamayı emrederek "Çünkü siz bereketin yemeğinizin neresinde olduğunu bilemezsiniz." buyurmuştur. (Müslim)

753- Yine Cabir'den (radıyallâhu anh) rivayet edildiğine göre Peygamberimiz (sallallâhu aleyhi ve sellem) buyuruyor ki:

- "İçinizden birinizin lokması yere düşünce onu sonradan bulaşan yabancı maddelerden arındırıp yesin. Onu şeytana bırakmasın.

Parmaklarını yalamadıkça mendille silmesin. Çünkü bereketin yemeğin neresinde olduğu bilinmez." (Müslim)

754- Yine Cabir'den (radıyallâhu anh) rivayet edildiğine göre Peygamberimiz (sallallâhu aleyhi ve sellem) buyuruyor ki:

- "Şeytan, kendisini ilgilendiren her olayda bu arada yemek yerken yanınızda bulunur. Buna göre içinizden birinizin lokması düşünce onu yerden alarak bulaşan yabancı maddelerden arındırıp yesin, onu şeytana bırakmasın. Yemekten sonra da ellerini yalasın. Çünkü bereketin yemeğin neresinde olduğunu bilemez." (Müslim)

755- Enes (radıyallâhu anh) der ki: "Peygamberimiz (sallallâhu aleyhi ve sellem) yemek yiyince üç parmağını yalar ve şöyle buyururdu:

- 'İçinizden birinizin lokması düşünce onu alarak yabancı maddelerden arındırıp yesin, onu şeytana bırakmasın.' Ayrıca bize çanağı sıyırmayı emrederek 'Çünkü siz bereketin yemeğinizin neresinde olduğunu bilemezsiniz.' buyururdu. (Müslim)

756- Said b. Haris, Cabir'e ızgarada pişmiş yemek yedikten sonra abdest tazelemenin gerekip gerekmediğini sordu. Cabir de ona şöyle cevap verdi: "Hayır, gerekmez. Peygamberimizin (sallallâhu aleyhi ve sellem) zamanında biz, ender hallerde böyle yemek bulurduk. Bulunca da sadece ellerimiz, kollarımız ve ayaklarımız üzerinde mendil (peçete) bulunurdu. Yedikten sonra da abdest tazelemeksizin namaz kılardık." (Buhâri)

110. Bölüm
Kalabalıkla Yemek Yemenin Fazileti

757- Ebu Hureyre'den (radıyallâhu anh) rivayet edildiğine göre Peygamberimiz (sallallâhu aleyhi ve sellem) buyuruyor ki:

- "İki kişinin yemeği üç kişiye yeter. Üç kişinin yemeği de dört kişiye yeter." (Buhâri, Müslim)

758- Cabir'den (radıyallâhu anh) rivayet edildiğine göre Peygamberimiz (sallallâhu aleyhi ve sellem) buyuruyor ki:

- "Bir kişinin yemeği iki kişiye yeter. İki kişinin yemeği dört kişiye yeter. Dört kişinin yemeği de sekiz kişiye yeter." (Müslim)

111. Bölüm
Bir Şey İçerken ve Toplulukta İçecek Şey Dağıtılırken Dikkat Edilecek Hususlar

759- Enes (radıyallâhu anh) der ki: "Peygamberimiz (sallallâhu aleyhi ve sellem) içecek içerken üç kere ara vererek nefes alıp verirdi." (Buhârî, Müslim)

760- İbni Abbas'tan (radıyallâhu anh) rivayet edildiğine göre Peygamberimiz (sallallâhu aleyhi ve sellem) buyuruyor ki:

– "Develer gibi içeceği bir kerede değil, iki veya üç kere ara vererek için. İçerken besmele çekin ve içeceği ağzınızdan uzaklaştırırken de Allah'a hamdedin." (Tirmizî)

761- Ebu Katade'den (radıyallâhu anh) rivayet edildiğine göre Peygamberimiz su kabı içine nefes alıp vermeyi yasaklamıştır. (Buhârî, Müslim)

762- Enes'ten (radıyallâhu anh) rivayet edildiğine göre Peygamberimize (sallallâhu aleyhi ve sellem) bir gün sulandırılmış süt ikram edildi. Sağında bir bedevi, solunda da Ebu Bekir vardı. Peygamberimiz içtikten sonra kabı bedeviye uzatarak "Sağdan itibaren sıra ile..." buyurmuştur. (Buhârî, Müslim)

763- Sehl b. Sa'd'e (radıyallâhu anh) göre Peygamberimize (sallallâhu aleyhi ve sellem) bir içecek verdiler. Peygamberimiz bu içecekten bir miktar içti. Sağında bir genç, solunda da yaşlı birkaç adam vardı. Peygamberimiz gence "İçeceği şu yaşlılara vermeme izin verir misin?" diye sordu. Delikanlı "Hayır, vallahi senden gelen nasibimi hiç kimseye bağışlamam!" dedi. Peygamberimiz de içeceği gencin eline verdi. (Buhârî, Müslim)

112. Bölüm
Su Testisi Gibi İçecek Kaplarının Ağzından İçmenin Tenzihen Mekruh Oluşu

764- Ebu Saidü'l-Hudrî (radıyallâhu anh) der ki: "Peygamberimiz (sallallâhu aleyhi ve sellem) ağzı kırık su kaplarından su içmeyi yasaklamıştır." (Buhârî, Müslim)

765- Ebu Hureyre (radıyallâhu anh) der ki: "Peygamberimiz (sallallâhu aleyhi ve sellem) su kabının veya su tulumunun ağzından su içmeyi yasaklamıştır." (Buhârî, Müslim)

766- Hassan b. Sabit'in kız kardeşi Ümmü Sabit Kebşe binti Sabit (radıyallâhu anhâ) der ki: "Peygamberimiz (sallallâhu aleyhi ve sellem) evime geldi ve ayakta durarak su testisinin ağzından su içti. Ben de hemen kalktım ve kırbanın ağzını (hatıra olarak saklamak üzere) kestim." (Tirmizî)

113. Bölüm
Su Kabının İçine Nefes Vermenin Mekruh Oluşu

767- Ebu Saidü'l-Hudrî'ye (radıyallâhu anh) göre Peygamberimiz (sallallâhu aleyhi ve sellem) içeceğin içine nefes vermeyi yasakladı. Adamın biri "Su kabının içinde çöp görürsem ne yapayım?" diye sordu. Peygamberimiz adama "Çöpü akıtarak dök." buyurdu. Adam "Ben bir nefeste suya kanamıyorum." dedi. Peygamberimiz adama "O zaman nefes alıp verirken su kabını ağzından uzaklaştır." buyurdu. (Tirmizî)

768- İbni Abbas'a (radıyallâhu anhumâ) göre Peygamberimiz (sallallâhu aleyhi ve sellem) su kabının içine nefes alıp vermeyi ve ona üflemeyi yasaklamıştır. (Tirmizî)

114. Bölüm
İçeceği Ayakta İçmenin Caiz Oluşu, Oturarak İçmenin Fazileti

769- İbni Abbas (radıyallâhu anhumâ) der ki: "Peygamberimize (sallallâhu aleyhi ve sellem) ayakta iken zemzemden içirdim." (Buhâri, Müslim)

770- Nezzal b. Sebre (radıyallâhu anh) der ki: "Ali (radıyallâhu anh) Rahabe kapısına geldi ve ayakta su içti. Bu konuda 'Peygamberimiz de yaptığımı gördüğünüz gibi yapmıştır.' dedi." (Buhâri)

771- İbni Ömer (radıyallâhu anhumâ) der ki: "Peygamberimiz (sallallâhu aleyhi ve sellem) zamanında yürürken yer ve ayakta içerdik." (Tirmizî)

772- Amr b. Şuayb'ın babasından rivayet ettiğine göre dedesi der ki: "Ben, Peygamberimizin (sallallâhu aleyhi ve sellem) hem ayakta hem de oturarak içtiğini gördüm." (Tirmizî)

773- Enes'ten (radıyallâhu anh) rivayet edildiğine göre Peygamberimiz (sallallâhu aleyhi ve sellem) adamın birini ayakta su içmekten alıkoymuştur. Katade (radıyallâhu anh) der ki: "Bunun üzerine Enes'e 'Ya ayakta bir şey yemek nasıl olur?' diye sorduk. Bize 'O daha kötü (veya daha çirkin) bir harekettir.' diye cevap verdi." (Tirmizî)

Yine Müslim'in kaydettiği başka bir rivayete göre de Peygamberimiz (sallallâhu aleyhi ve sellem) ayakta su içmeyi yasaklamıştır.

774- Ebu Hureyre'den (radıyallâhu anh) rivayet edildiğine göre Peygamberimiz (sallallâhu aleyhi ve sellem) buyuruyor ki:

– "Hiçbiriniz sakın ayakta su içmesin. Unutarak içen ise içtiğini kusmaya çalışsın." (Müslim)

115. Bölüm
Su İkram Etmenin Adabı

775- Ebu Katade'den (radıyallâhu anh) rivayet edildiğine göre Peygamberimiz (sallallâhu aleyhi ve sellem) "Bir gruba su ikram eden kimse (su içmede) onların sonuncusudur." buyurmuştur. (Tirmizî)

116. Bölüm
Altın ve Gümüş Haricindeki Kaplardan Su İçmek

776- Enes (radıyallâhu anh) der ki: "Namaz vakti girmişti. Evi yakın olanlar evlerine gittiler. Bir grup kimse de orada kaldı. Peygamberimize (sallallâhu aleyhi ve sellem) taştan yapılmış bir testi getirdiler. Testi, avucunun içine sığacak kadar küçüktü. Buna rağmen bütün cemaat ondan abdest aldılar."

Sahabiler, Enes'e "Kaç kişi idiniz?" diye sordular. Enes "Seksen kişiden fazla." diye cevap verdi. (Buhâri, Müslim)

Buhâri ile Müslim'in kaydettiği diğer bir rivayete göre Peygamberimiz (sallallâhu aleyhi ve sellem) içinde su olan bir kap istemişti. Kendisine genişçe fakat derin olmayan ve içinde az su bulunan bir kap getirdiler. Peygamberimiz (sallallâhu aleyhi ve sellem) parmaklarını kabın içine daldırdı. Enes der ki: "O sırada gözlerim Peygamberimizin (sallallâhu aleyhi ve sellem) parmakları arasından fışkıran suya dalmıştı. Tahmin ettiğime göre abdest alanlar yetmiş ile seksen arası kadardı."

777- Abdullah b. Zeyd (radıyallâhu anh) der ki: "Peygamberimiz (sallallâhu aleyhi ve sellem) bize gelmişti. Kendisine bakır bir su tası ile su çıkardık. O da onunla abdest aldı." (Buhâri)

778- Cabir (radıyallâhu anh) der ki: "Peygamberimiz (sallallâhu aleyhi ve sellem), yanında bulunan bir arkadaşı ile birlikte Ensar'dan birinin evine gitti ve ev sahibine şöyle buyurdu:

– "Eğer yanında, su tulumunda gece duran ve bize yetecek kadar su varsa mesele yok. Yoksa akar sudan eğilerek ağzımızla içeriz." (Buhâri)

779- Huzayfe (radıyallâhu anh) der ki: "Peygamberimiz (sallallâhu aleyhi ve sellem) bize ipek ve atlas kumaş giymeyi, altın ve gümüş kaplardan içecek içmeyi yasak kıldı ve 'Bunlar dünyada onların, ahirette de sizindir.' buyurdu." (Buhâri, Müslim)

780- Ümmü Seleme'den (radıyallâhu anhâ) rivayet edildiğine göre Peygamberimiz (sallallâhu aleyhi ve sellem) şöyle buyurmuştur:

– "Gümüş kapla su içen kimse midesine ateş akıtmaktadır." (Buhâri, Müslim)

Müslim'in kaydettiği rivayete göre hadisin baş tarafı "Altın ve gümüş kaplardan yemek yiyen veya içecek içen..." şeklindedir.

Yine Müslim'in kaydettiği bir diğer rivayete göre de hadis şöyledir: "Gümüş veya altın kaptan içen kimse midesine cehennem ateşi indirmektedir."

117. Bölüm
Beyaz Elbise Giymek

Allah Teâlâ (celle celâlüh) buyuruyor ki:

- **"Ey âdemoğulları! Size ayıp yerlerinizi örtecek ve sizi süsleyecek elbiseler indirdik. Takva örtüsüne gelince, o daha hayırlıdır."** (A'raf suresi, 26. ayet.)

Allah Teâlâ (celle celâlüh) buyuruyor ki:

- **"O size, vücudunuzu sıcaktan koruyacak ve sizi savaşta koruyacak gömlekler verdi."** (Nahl suresi, 81. ayet.)

781- İbni Abbas'tan (radıyallâhu anh) rivayet edildiğine göre Peygamberimiz (sallallâhu aleyhi ve sellem) buyuruyor ki:

- "Elbiseleriniz içinde beyaz olanları giyiniz. Çünkü o. elbiselerinizin en hayırlısıdır. Ölülerinizi de beyaz kefenlere sarınız." (Ebu Davud, Tirmizî)

782- Semure'den (radıyallâhu anh) rivayet edildiğine göre Peygamberimiz (sallallâhu aleyhi ve sellem) buyuruyor ki:

- "Beyaz renkli elbise giyiniz. Çünkü o daha temiz ve daha paktır. Ölülerinizi de beyaz kefenlere sarınız." (Neseî)

783- Berae (radıyallâhu anh) der ki: "Peygamberimiz (sallallâhu aleyhi ve sellem), orta boylu idi. Ben onu öyle bir kırmızı elbise içinde gördüm ki onun kadar güzelini hiç görmemiştim." (Buhâri, Müslim)

784- Ebu Cühayfe Vehb b. Abdullah (radıyallâhu anh) der ki: "Peygamberimizi Mekke'de Ebtah denilen yerde, kırmızı bir deri çadırda gördüm. Bilal çadırdan çıktı. Elinde abdest suyu vardı. Kimisi bu sudan üzerine su serpiyor ve kimisi avuçluyordu. Bir süre sonra Peygamberimiz (sallallâhu aleyhi ve sellem) çadırdan çıktı. Üzerinde kırmızı bir elbise vardı –Şu anda bacaklarının beyaz kısımlarını görür gibiyim– o da abdest aldı. Arkasından Bilal ezan okudu. Ben o sırada Bilal'in o tarafa ve bu tarafa dönüp Hayye ale's-salâh ve Hayye ale'l-felâh deyişini takip etmek üzere ağzına bakıyordum. Sonra Peygamberimizin önüne sütre olarak sivri demirli bir değnek diktiler. Peygamberimiz öne geçti ve namaza durdu. Sütrenin önünden eşekler ve köpekler gelip geçiyor, fakat hiç kimse onlara engel olmuyordu." (Buhâri, Müslim)

785- Ebu Rimse Rifaatü't-Temimi (radıyallâhu anh) der ki: "Peygamberimizi (sallallâhu aleyhi ve sellem) gördüğümde üzerinde iki yeşil giysi vardı." (Ebu Davud, Tirmizî)

786- Cabir (radıyallâhu anh) der ki: "Peygamberimiz (sallallâhu aleyhi ve sellem) Fetih günü, başında siyah sarık olduğu halde Mekke'ye girdi." (Müslim)

787- Ebu Said Amr b. Hüreys (radıyallâhu anh) der ki: "Ben Peygamberimizi (sallallâhu aleyhi ve sellem) başında siyah sarık ve sarığın iki ucu omuz başlarına doğru sarkmış olarak görür gibi oluyorum." (Müslim)

Yine Müslim'in kaydettiği bir başka rivayete göre Peygamberimiz (sallallâhu aleyhi ve sellem) başında siyah sarık olduğu halde cemaate hitap etmiştir.

788- Hz. Âişe (radıyallâhu anhâ) der ki: "Peygamberimiz, Sehuliye malı, üç parça halinde ve pamuktan yapılmış beyaz bir kefene sarıldı. Bunların arasında gömlek ve sarık yoktu." (Buhâri, Müslim)

789- Yine Hz. Âişe (radıyallâhu anhâ) der ki: "Peygamberimiz (sallallâhu aleyhi ve sellem) bir sabah, üzerinde siyah kıldan yapılmış, deve eğeri desenli bir elbise giyerek evden çıktı. (Müslim)

790- Muğire b. Şu'be (radıyallâhu anh) der ki: "Bir gece yürüyüşü sırasında Peygamberimiz (sallallâhu aleyhi ve sellem) ile birlikte idim. Bana 'Yanında su var mı?' diye sordu. 'Evet, var.' diye cevap verdim. Bunun üzerine devesinden inip yürüdü ve karanlıkta kayboldu. Sonra geri döndü. Eline tulumdan su döktüm. Yüzünü yıkadı. Üzerinde yün bir cübbe vardı. (Yenleri dar olduğu için) kollarını çıkaramadı da kollarını cübbenin altından çıkarıp yıkadı. Başına mesh verdi. Sonra ben mestlerini çıkarmak üzere ellerimi uzattım. Bana 'Bırak onları. Çünkü ben onları temiz (abdestli) olarak giydim.' buyurdu ve üzerlerine mesh verdi." (Buhâri, Müslim)

Başka bir rivayette "Üzerlerinde yenleri dar, sam yapısı bir cübbe vardı." ifadesi vardır.

Diğer bir rivayette de "Bu olay, Tebük savaşı sırasında olmuştur." denilmektedir.

118. Bölüm
Gömlek Giymek

791- Ümmü Seleme (radıyallâhu anhâ) der ki: "Resulullah'ın en sevdiği elbise, gömlek idi." (Ebu Davud, Tirmizî)

119. Bölüm
Çalım Satmak Amacıyla Giyinmemek

792- Yezidü'l-Ensari'nin kızı Esma (radıyallâhu anhâ) der ki: "Peygamberimizin (sallallâhu aleyhi ve sellem) gömleğinin kolları bileklerine kadar inerdi." (Ebu Davud, Tirmizî)

793- İbni Ömer'den (radıyallâhu anhumâ) rivayet edildiğine göre Peygamberimiz (sallallâhu aleyhi ve sellem) "Kim çalım satmak amacı ile elbisesinin uçlarını yerlerde süründürürse Allah, kıyamet günü onun yüzüne bakmaz." buyurdu. Bunun üzerine Ebu Bekir (radıyallâhu anh) "Ya Resulallah! Dikkat etmezsem izarımın uçları yere kadar sarkar." dedi. Peygamberimiz ona "Sen bunu çalım satmak amacı ile yapanlardan değilsin." diye cevap verdi. (Buhâri, Müslim)

794- Ebu Hureyre'den (radıyallâhu anh) rivayet edildiğine göre Peygamberimiz (sallallâhu aleyhi ve sellem) "Allah, kıyamet günü, çalım satmak amacı ile izarının eteklerini yerlerde süründüren kimsenin yüzüne bakmaz." buyurmuştur. (Buhâri, Müslim)

795- Yine Ebu Hureyre'den (radıyallâhu anh) rivayet edildiğine göre Peygamberimiz (sallallâhu aleyhi ve sellem) "İzar eteklerinin topuklardan aşağı inen kısmı cehennemdedir." buyurmuştur. (Buhâri, Müslim)

796- Ebu Zer'den (radıyallâhu anh) rivayet edildiğine göre Peygamberimiz (sallallâhu aleyhi ve sellem) "Üç kimse var ki kıyamet günü Allah onlarla ne konuşur ne yüzlerine bakar ne de kendilerini günahlardan arındırır. Onlar için acı bir azap var." buyurdu. Peygamberimiz bu sözleri üç kere tekrarladı. Bunun üzerine (hadisi rivayet eden Ebu Zer kendisine) "Ya Resulallah! Bu aldanmış ve hüsrana uğramış kimseler kimlerdir?" diye sordu. Peygamberimiz de "Çalım satmak amacı ile elbisesini yerlerde süründüren, yaptığı iyiliği başa kakan ve yalan yere yemin ederek malını satan kimsedir." buyurmuştur. (Müslim)

797- İbni Ömer'den (radıyallâhu anhumâ) rivayet edildiğine göre Resul-i Ekrem (sallallâhu aleyhi ve sellem) şöyle buyurmuştur:

– "Giyilen şeylerde uzatılanlar gömlek, izar ve sarık gibi şeylerdir. Kim bunlardan birini çalım satmak amacı ile uzatırsa, Allah Teâlâ, kıyamet günü onun yüzüne bakmaz." (Ebu Davud, Neseî)

798- Ebu Cüreyy Câbir b. Süleym (radıyallâhu anh) der ki: "Herkesin sözünü dinlediği bir adam görmüştüm. Ağzından çıkan her sözü tutuyorlardı. 'Kim bu?' diye sordum. 'Resulullah.' diye cevap verdiler. Bunun üzerine ona iki kere 'Selam sana ya Resulallah!' dedim. Bana 'Selam sana.' deme. 'Selam sana.' ölülere verilen selamdır. 'Selam üzerine olsun.' de.'

buyurdu. Kendisine 'Sen, Allah'ın resulü müsün?' diye sordum. Bana şu cevabı verdi:

– 'Evet, ben öyle bir Allah'ın resulüyüm ki bir sıkıntı ile karşılaşıp da ona dua edersen o sıkıntıyı üzerinden giderir. Kıtlık yılı ile karşılaşıp da ona dua edince sana ürün yetiştirir. Issız bir arazide veya çölde olup da binek hayvanını yitirince ve arkasından ona dua edince binek hayvanını sana geri gönderir."

Kendisine 'Bana öğüt ver.' dedim. 'Hiç kimseye sövme.' buyurdu. İbni Cüreyy 'Ben o andan itibaren ne bir insana ne bir deveye ne de bir koyuna sövdüm.' diyor. Peygamberimiz (sallallâhu aleyhi ve sellem) sözlerine şöyle devam etti:

– 'Sakın hiçbir iyiliği küçümseme. İsterse mü'min kardeşinle konuşurken güleryüzlü olman olsun. Bu davranış bir iyiliktir. Elbisenin eteklerini diz kapaklarının ortasına kadar yukarı çıkar. Eğer bu kadarını yapmazsan, topuklarına kadar çıkar. Sakın eteklerini yerlerde süründürme. Çünkü bu davranış kibir alametidir. Allah da kibri sevmez. Eğer adamın biri sana söver, sende bulunduğunu bildiği bir kusuru ileri sürerek seni kınarsa sen onu kendisinde bulunduğunu bildiğin bir kusurla kınama. Çünkü yaptığının vebali kendisine aittir." (Ebu Davud, Tirmizî)

799- Ebu Hureyre (radıyallâhu anh) der ki: "Adamın biri eteği yerlerde sürünür durumda namaz kılarken Peygamberimiz (sallallâhu aleyhi ve sellem) ona 'Git, abdest al!' buyurdu. Adam da namaz yerinden ayrılıp giderek yeniden abdest aldı ve geri döndü. Peygamberimiz adama yine 'Git, abdest al!' buyurdu. Bu sırada adamın biri Peygamberimize (sallallâhu aleyhi ve sellem) 'Ya Resulallah! Niye o adama 'Abdest al!' diye emrettikten sonra sebebini açıklamadın?' diye sordu. Peygamberimiz (sallallâhu aleyhi ve sellem) adama şu cevabı verdi:

– 'O adam eteklerini yerlerde süründürerek namaz kıldı. Allah, eteklerini yerlerde süründüren kimsenin namazını kabul etmez.'" (Ebu Davud)

800- Kays b. Bişr at-Tağlibi (radıyallâhu anh) der ki: "Ebu Derda'nın (radıyallâhu anh) yakın dostu olan babam bana şu olayı anlattı: 'Şam'da Peygamberimizin (sallallâhu aleyhi ve sellem) sahabilerinden olan İbni Hanzele adında biri vardı. Münzevi bir hayat yaşar, başkaları ile çok az oturup kalkardı. İşi gücü namaz kılmaktı. Namazı bitirince evine gidinceye kadar tesbih ve tekbir ile meşgul olurdu.

Bir gün Ebu Derda'ya uğradı. Biz de yanındaydık. Ebu Derda ona 'Bize faydalı, sana zararsız bir söz söyle.' dedi. Bunun üzerine adam şöyle dedi: 'Peygamberimiz (sallallâhu aleyhi ve sellem) savaşa bir akıncı grup göndermişti. Bir süre sonra bu grup savaştan döndü. Bu gruptan biri Peygamberimizin de bulunduğu bir toplulukla birlikte oturmaya gelmişti. Bu adam yanındakine dedi ki: 'Düşmanla karşılaştığımız zaman keşke bizi görseydin! Falanca düşmana saldırıp 'Al sana! Ben Gifari kabilesinin delikanlısıyım!' diyerek mızrağını sapladı. Onun bu sözü hakkındaki görüşün nedir?' Yanındaki adam ona 'Bana göre o kimse sevabını yok etti.' diye cevap verdi. Bu sözü orada bulunan bir başkası da duydu ve 'Ben bu sözün mahzurlu olduğu kanaatinde değilim.' dedi. Bunun üzerine bu iki zıt görüşlü kimse tartışmaya koyuldu. Bu sırada Peygamberimiz onların karşılıklı konuşmalarını duyarak 'Subhanallah! Adamın sözü sevap kazanması ve övülmesi konusunda mahzur değildir.' buyurdu. Ebu Derda'nın bu sözlere sevindiğini ve başını kaldırarak Hanzele'ye 'Bu sözü Peygamberimizden kendin mi duydun?' diye sorduğunu gördüm. Hanzele de ona 'Evet.' diye cevap verdi. Ebu Derda tekrar tekrar aynı soruyu Hanzele'ye sordu. O kadar ki 'İçimden adam diz üstü çökerek yerinde yığılıp kalacak.' dedim.

İbni Hanzele bir başka gün yine yanımıza geldi. Ebu Derda ona 'Sana zararı dokunmayan ve bize yararlı bir söz söyle.' dedi. Bunun üzerine İbni Hanzele şunları söyledi: 'Peygamberimiz (sallallâhu aleyhi ve sellem) bir gün bize şöyle buyurmuştu. 'Cihat amacı ile at besleyen kimse hiç yummamak üzere elini açıp sadaka veren kimse gibidir.'

İbni Hanzele başka bir gün yine yanımıza geldi. Ebu Derda ona yine 'Sana zararı olmayan ve bize yarayan bir söz söyle.' dedi. Bunun üzerine İbni Hanzele dedi ki: 'Bir gün bize Peygamberimiz (sallallâhu aleyhi ve sellem) şöyle buyurdu: 'Hureymü'l-Useydî ne iyi bir adamdır; eğer favorileri ile eteklerini uzatmış olmasa!' Hureym bu sözleri duyunca hemen bir makas alarak favorilerini kulak hizasına kadar ve elbisesinin eteklerini de diz kapaklarının ortalarına kadar kesiverdi.

İbni Hanzele başka bir gün yine yanımıza geldi. Ebu Derda ona yine 'Sana zararı olmayan ve bize yarayan bir söz söyle.' dedi. Bunun üzerine İbni Hanzele dedi ki: 'Bir gün Peygamberimiz (sallallâhu aleyhi ve sellem) bize şöyle buyurdu:

– 'Ey sahabilerim! Sizler kardeşlerinizin yanına gidiyorsunuz. Buna göre binek hayvanlarınızı ve kıyafetlerinizi düzeltiniz ki insanlar arasında yüzlerdeki benler gibi parmakla gösterilesiniz. Çünkü Allah, ne çirkinliği ne de çirkin sözlülüğü sever.'" (Ebu Davud)

801- Ebu Saidü'l-Hudrî'den (radıyallâhu anh) rivayet edildiğine göre Peygamberimiz (sallallâhu aleyhi ve sellem) buyuruyor ki:

– "Müslümanın izar kuşanmadaki ölçüsü, diz kapaklarının ortalarıdır.

Diz kapakları ile topuklar arasındaki mesafe içinde kalması da günah (veya mahzurlu) değildir. Topuklardan daha aşağıya uzayan etekler cehennemliktir. Çalım satmak amacı ile eteklerini yerlerde sürünecek kadar uzatan kimsenin yüzüne Allah bakmaz." (Ebu Davud)

802- İbni Ömer (radıyallâhu anhumâ) der ki: "Bir gün eteklerim aşağıya sarkmış durumda Peygamberimizin (sallallâhu aleyhi ve sellem) yanına vardım. Bana 'Ya Abdullah! Eteğini yukarı çek.' buyurdu. Ben de eteğimi yukarı çektim. Peygamberimiz bana 'Daha da yukarı çek.' buyurdu. Ben de daha yukarı çektim. O günden sonra devamlı olarak eteklerimin uzunluğuna dikkat ettim."

Cemaatten biri İbni Ömer'e "Eteğini nereye kadar çekmiştin." diye sordu. İbni Ömer adama "Diz kapaklarımın ortalarına kadar." diye cevap verdi. (Müslim)

803- Yine İbni Ömer (radıyallâhu anhumâ) der ki: "Peygamberimiz (sallallâhu aleyhi ve sellem) 'Kim çalım satmak amacı ile elbisesinin uçlarını yerlerde süründürürse kıyamet günü Allah, onun yüzüne bakmaz.' buyurdu. Bunun üzerine Ümmü Seleme 'Kadınların etekleri nasıl olacak?' diye sordu. Peygamberimiz ona 'Onlar eteklerini bir karış daha uzatırlar.' diye cevap verdi. Ümmü Seleme 'O zaman ayakları açık kalır.' dedi Peygamberimiz de ona 'O halde bir karış daha uzatırlar, daha fazla uzatmazlar.' buyurdu." (Ebu Davud, Tirmizî)

120. Bölüm
Tevâzu Amacıyla Pahalı Elbise Giyinmemek

804- Muaz b. Enes'ten (radıyallâhu anh) rivayet edildiğine göre Peygamberimiz (sallallâhu aleyhi ve sellem) buyuruyor ki:

– "Kim mali gücü yettiği halde tevazu amacı ile elbise edinmekten vazgeçerse kıyamet günü Allah kendisini bütün insanların başları üzerinden huzuruna çağırır ve dilediği iman kıyafetini giyinmek üzere serbest bırakır." (Tirmizî)

121. Bölüm
Giyiminde Orta Yolu Tutmak

805- Amr b. Şuâyb'ın babasından, babasının da dedesinden rivayet ettiğine göre Peygamberimiz (sallallâhu aleyhi ve sellem) buyuruyor ki:

– "Allah, nimetinin eserini kulu üzerinde görmek ister." (Tirmizî)

122. Bölüm
İpek Elbise Giymek Hakkında

806- Ömer b. Hattab'dan (radıyallâhu anh) rivayet edildiğine göre Peygamberimiz (sallallâhu aleyhi ve sellem) buyuruyor ki:

– "İpek elbise giymeyiniz. Çünkü dünyada ipek elbise giyen kimse onu ahirette giyemez." (Buhâri, Müslim)

807- Yine Ömer b. Hattab'dan (radıyallâhu anh) rivayet edildiğine göre Peygamberimiz (sallallâhu aleyhi ve sellem) buyuruyor ki:

– "İpek elbiseyi, ancak ahirette nasibi olmayan giyer." (Buhâri, Müslim).

808- Enes'ten (radıyallâhu anh) rivayet edildiğine göre Peygamberimiz (sallallâhu aleyhi ve sellem) buyuruyor ki:

– "Dünyada ipekli giyen kimse onu ahirette giyemez." (Buhâri, Müslim)

809- Hz. Ali (radıyallâhu anh) der ki: "Peygamberimizin, bir gün, sağ eline ipekli bir kumaş, sol eline de altın aldığını gördüm. Arkasından şöyle buyurdu:

– 'Şu ikisi, ümmetimin erkeklerine haramdır.'" (Ebu Davud)

810- Ebu Masa el-Eş'arî'den (radıyallâhu anh) rivayet edildiğine göre Peygamberimiz (sallallâhu aleyhi ve sellem) buyuruyor ki:

– "İpek elbise giyinmek ve altın ümmetimin erkeklerine haram, kadınlarına helal kılındı." (Tirmizî)

811- Huzayfe (radıyallâhu anh) der ki: "Peygamberimiz (sallallâhu aleyhi ve sellem) bize altın ve gümüş kaplardan içecek içmeyi, yemek yemeyi, ipek ve atlas kumaştan yapılmış elbiseler giymemizi ve bunlar üzerinde oturmamızı yasaklamıştır." (Buhâri)

123. Bölüm
Vücudu Kaşınan Kimsenin İpekli Giymesi

812- Enes (radıyallâhu anh) der ki: "Peygamberimiz (sallallâhu aleyhi ve sellem) uyuza yakalandıkları için Zübeyr'in ve Abdurrahman b. Avf'ın ipekli giymelerine izin vermiştir." (Buhâri, Müslim)

124. Bölüm
Kaplan Derisinden Yatak ve Eyer Kullanmanın Yasak Olması

813- Muaviye'den (radıyallâhu anh) rivayet edildiğine göre Peygamberimiz (sallallâhu aleyhi ve sellem) buyuruyor ki:

– "İpek veya kaplan derisi ile kaplanmış eyerlere binmeyiniz." (Ebu Davud)

814- Ebu Melih'in babasından rivayet ettiğine göre Peygamberimiz (sallallâhu aleyhi ve sellem) "Yırtıcı hayvanların derilerini kullanmayı yasaklamıştır." (Ebu Davud, Tirmizî, Neseî)

Tirmizi'nin rivayetine göre Peygamberimiz yırtıcı hayvan derileri üzerinde yatmayı yasaklamıştır.

125. Bölüm
Yeni Elbise ve Ayakkabı Giyinince Söylenecek Dua

815- Ebu Saidü'l-Hudrî (radıyallâhu anh) der ki: "Peygamberimiz (sallallâhu aleyhi ve sellem) yeni bir şey giydiği zaman (sarık, gömlek ve rida vs.) ismini belirterek şöyle buyururdu:

– 'Allahumme leke'l-hamdü ente kesevtenîhi es'elüke hayrahu ve hayra mâ sunia lehû ve eûzü bike min şerrihi ve şerri mâ sunia leh.' (Allah'ım, bunu bana giydiren Sensin. Senden onun hayrını ve uğruna yapıldığı amacın hayrını dilerim. Onun şerrinden ve uğruna yapıldığı amacın şerrinden de sana sığınırım.)" (Ebu Davud, Tirmizî)

126. Bölüm
Bir Şey Giymeye Sağdan Başlamak

Bu konudaki hadisler 99. bölümde zikredilmişti.

127. Bölüm
Uykunun, Yaslanıp Yatmanın, Oturmanın, Sohbetin Âdâbı

816- Berae b. Âzib (radıyallâhu anhumâ) der ki: "Peygamberimiz (sallallâhu aleyhi ve sellem) yatağına girince sağ omuzu üzerine yatarak şöyle derdi:

– 'Allâhümme eslemtü nefsi ileyke ve veccehtü vechi ileyke ve fevvedtü emri ileyke ve elce'tü zahri ileyke rağbeten ve rahbeten ileyke la melcee vela menca minke illâ ileyke âmentü bikitabikellezi enzelte ve nebiyyikellezi erselte. (Allah'ım! Kendimi Sana teslim ettim. Yüzümü Sana döndüm. İşlerimi Sana havale ettim. Kalbimi Sana yönelttim; Senden çekinerek ve Senden umarak. Senden başka sığınağım ve koruyucum yoktur. İndirmiş olduğun kitaplara ve göndermiş olduğun peygamberlere inandım)." (Buhâri)

817- Yine Berâe b. Âzib'den (radıyallâhu anhumâ) rivayet edildiğine göre Peygamberimiz (sallallâhu aleyhi ve sellem) şöyle buyurmuştur:

– "Yatağının yanına gelince namazdan önceki gibi abdest al ve sonra sağ yanın üzerine yatarak şu duayı oku (bir önceki hadisteki dua). Bu dua, uykudan önceki son sözün olsun." (Buhâri, Müslim)

818- Hz. Âişe (radıyallâhu anhâ) der ki: "Peygamberimiz (sallallâhu aleyhi ve sellem) geceleyin on bir rek'at namaz kılardı. Tanyeri ağarınca da iki kısa rek'atlı namaz kıldıktan sonra müezzin gelip ezan okuyuncaya kadar sağ yanı üzerine yatardı." (Buhâri, Müslim)

819- Huzayfe (radıyallâhu anh) der ki: "Peygamberimiz (sallallâhu aleyhi ve sellem) geceleyin yatarken elini çenesine dayar ve 'Allahümme bi ismike emûtü ve ehyâ!' (Allah'ım! Senin adınla ölür ve dirilirim.) derdi. Uyanınca da 'Elhamdü lillâhillezi ehyânâ ba'de mâ emâtenâ ve ileyhi'n-nüşûr.' (Hamd, bizleri öldürdükten sonra dirilten Allah'a mahsustur. Yeniden dirildikten sonra da O'nun huzuruna varılacaktır.)" (Buhâri)

820- Yâiş b. Tıhfetü'l-Ğıfârî (radıyallâhu anhumâ) babasının şöyle dediğini bildiriyor: "Bir gün Mescid'de yüzüstü yatarken biri beni ayağı ile dürterek 'Bu yatış, Allah'ı kızdıran bir yatıştır.' dedi. Baktım ki başucumdaki adam, Resulullah'tı." (Ebu Davud)

821- Ebu Hureyre'den (radıyallâhu anh) rivayet edildiğine göre Peygamberimiz (sallallâhu aleyhi ve sellem) şöyle buyurmaktadır:

– "Kim bir yerde oturur da orada Allah'ın adını anmazsa Allah'ın bağışından bir kayba uğramıştır. Kim bir yerde yatar da orada Allah'ın adını anmazsa Allah'ın bağışından bir kayba uğramıştır." (Ebu Davud)

128. Bölüm

Ayak Ayak Üstüne Atmak, Sırtüstü Yatmak Hakkında

822- Abdullah b. Yezid'den (radıyallâhu anh) rivayet edildiğine göre kendisi Peygamberimizi (sallallâhu aleyhi ve sellem) Mescid'de ayak ayak üzerine atmış ve bir yere yaslanmış durumda görmüştür. (Buhâri, Müslim)

823- Cabir b. Semure (radıyallâhu anh) der ki: "Peygamberimiz (sallallâhu aleyhi ve sellem) sabah namazını kılınca, güneş iyice doğuncaya kadar oturduğu yerde bağdaş kurup otururdu." (Ebu Davud)

824- İbni Ömer (radıyallâhu anhumâ) der ki: "Peygamberimizi (sallallâhu aleyhi ve sellem) Kâbe'nin avlusunda şu şekilde ellerine dayanarak çömelmiş durumda gördüm. (Bu sırada İbni Ömer, elleri ile çömelmenin şeklini tarif etti.)" (Ebu Davud, Tirmizî)

825- Kayle binti Mahreme (radıyallâhu anhâ) der ki: "Peygamberimizi yere çömelmiş bir şekilde otururken gördüm. Onu böyle ürkek bir şekilde otururken görünce korkudan irkildim." (Buhâri)

826- Şerid b. Suveyd (radıyallâhu anh) der ki: "Bir gün sol elimle arkamdan tutmuş ve avucuma dayanmış otururken Peygamberimiz (sallallâhu aleyhi ve sellem) bana uğradı ve 'Allah'ın gazabına uğramışlar (Yahudiler) gibi mi oturuyorsun?' buyurdu." (Ebu Davud)

129. Bölüm
Mecliste Oturma ve Meclis Âdabı

827- İbni Ömer'den (radıyallâhu anhumâ) rivayet edildiğine göre Peygamberimiz (sallallâhu aleyhi ve sellem) "Hiçbiriniz, toplantıya geldiğinde başkasını kaldırıp onun yerine oturmasın. Yeni gelenin oturması için açılarak halkayı genişletin." buyurmuştur. Bu yüzden İbni Ömer yerinden kalkıp kendisine yer verenin yerine oturmazdı. (Buhâri, Müslim)

828- Ebu Hureyre'den (radıyallâhu anh) rivayet edildiğine göre Peygamberimiz (sallallâhu aleyhi ve sellem) buyuruyor ki:

– "İçinizden birisi bir yerden kalkarsa tekrar geri döndüğü takdirde eski yerinde oturmaya herkesten çok hak sahibidir." (Müslim)

829- Cabir b. Semure (radıyallâhu anh) der ki: "Peygamberimizin (sallallâhu aleyhi ve sellem) yanına gelince herkes bulduğu yere otururdu." (Ebu Davud, Tirmizî)

830- Ebu Abdullah Selmânü'l-Fârisî'den (radıyallâhu anh) rivayet edildiğine göre Peygamberimiz (sallallâhu aleyhi ve sellem) buyuruyor ki:

– "Herhangi bir kimse cuma günü yıkanıp elinden geldiği kadar temizlenir, koku sürunerek evden çıkıp camiye gider ve iki kişinin arasına girip oturmaya kalkışmaksızın üzerine farz kılınan namazı kıldıktan sonra hatip hutbe okurken susup dinlerse iki cuma arasındaki günahları affedilir." (Buhâri)

831- Amr b. Şuayb'ın babasından, babasının da dedesinden rivayet ettiğine göre Peygamberimiz (sallallâhu aleyhi ve sellem) buyuruyor ki:

– "Herhangi bir kimsenin, izinlerini almaksızın iki kişinin arasına oturması helal değildir." (Ebu Davud, Tirmizî)

Ebu Davud'un kaydettiği bir başka rivayete göre hadis "İzinleri olmadıkça iki kişinin arasına oturulmaz." şeklindedir.

832- Huzeyfe b. Yemanî'ye (radıyallâhu anh) göre Peygamberimiz (sallallâhu aleyhi ve sellem) halka meydana getiren bir grubun ortasına oturan kimseyi kınamıştır. (Ebu Davud)

Tirmizi'nin Ebu Miclez'den rivayet ettiğine göre adamın biri halka meydana getiren bir grubun arasına oturunca Huzeyfe "Halka meydana getiren bir grubun arasına oturan kimse Peygamberimizin (sallallâhu aleyhi ve sellem) dili ile (veya Allah tarafından, Peygamberimizin dili ile) kınanmıştır." demiştir.

833- Ebu Saidü'l-Hudrî'den rivayet edildiğine göre Peygamberimiz (sallallâhu aleyhi ve sellem) "Meclislerin en hayırlısı, en geniş olanıdır." buyurmuştur. (Ebu Davud, Buhâri)

834- Ebu Hureyre'den (radıyallâhu anh) rivayet edildiğine göre Peygamberimiz (sallallâhu aleyhi ve sellem) buyuruyor ki:

– "Kim bir toplantıya katılır da orada boşu boşuna çok konuşursa bu toplantıdan ayrılmadan önce 'Sübhânekellâhümme ve bihamdike eşhedü en lâilâhe illâ ente esteğfiruke ve etûbü ileyke.' (Allah'ım! Seni noksan sıfatlardan uzak tutar, Sana hamdederim. Senden başka ilah olmadığına şahadet ederim. Senden af diler ve Sana tevbe ederim.) derse o toplantıdaki günahları affedilir." (Tirmizî)

835- Yine Ebu Hureyre'den (radıyallâhu anh) rivayet edildiğine göre Peygamberimiz (sallallâhu aleyhi ve sellem) buyuruyor ki:

– "Kim bir yerde oturur da orada Allah'ın adını anmazsa, bu davranış yüzünden Allah'ın bağışında kendisine karşı bir eksilme olur." (Ebu Davud)

836- Ebu Berze (radıyallâhu anh) der ki: "Peygamberimiz (sallallâhu aleyhi ve sellem) ömrünün sonlarına doğru herhangi bir toplantıdan kalkmak isteyince 'Sübhanekellahümme ve bihamdike eşhedü en lâ ilâhe illâ ente esteğfiruke ve etûbu ileyke.' (Allah'ım! Sana hamdederek Seni noksan sıfatlardan tenzih ederim. Senden başka ilah olmadığına şahadet ederim. Senden af diler, Sana tevbe ederim.) derdi. Adamın biri 'Ya Resulallah! Sen geçmiş günlerde söylemediğin sözleri söylüyorsun.' deyince Peygamberimiz kendisine 'Bu sözler, mecliste meydana gelen kusurlara karşı kefarettir.' diye karşılık verdi." (Ebu Davud, Hâkim)

837- İbni Ömer (radıyallâhu anhumâ) der ki: "Peygamberimizin (sallallâhu aleyhi ve sellem) şu duaları okumadan herhangi bir toplantıdan ayrıldığı az görülmüştür: 'Allahümme eksım lena min haşyetike mâ tehûlu bihî beynenâ ve beyne meâsîke ve min tâatike mâ tubelliğuna bihî cenneteke ve minel yekîni mâ tuhevvinü bihî aleyhâ mesâibe'd-dünya. Allahümme metti'nâ biesmâinâ ve ebsârinâ ve kuvvetinâ mâ ahyeytenâ vec'alhul vârise minnâ ve'cal se'rena âlâ men zalemenâ vensurnâ alâ men âdânâ velâ tec'al musibetenâ fî dîninâ velâ tec'ali'd-dünya ekbera hemminâ ve mebleğa ilminâ velâ tusellit aleynâ men lâ yerhamunâ.' (Allah'ım! Sana karşı günah işlememize engel olacak kadar korkunu, cennetine vardıracak kadar Sana ibadet etmeyi, dünyanın sıkıntılarına göğüs germemizi sağlayacak kadar iman gücünü bize nasip eyle. Allah'ım! Bizleri yaşattığın sürece kulaklarımızdan, gözlerimizden ve gücümüzden yararlandır. Bunlardan bizi mahrum etme. Bize zulmedenlerden öcümüzü al. Üzerimize saldırana karşı bizi muzaffer kıl. Gelebilecek olan musibetleri dinimizle ilgili kılma. Dünyayı ana amacımız ve bilgimizin hedefi yapma ve bizlere acımayan kimseyi üzerimize musallat kılma.)" (Tirmizî)

838- Ebu Hureyre'den (radıyallâhu anh) rivayet edildiğine göre Peygamberimiz (sallallâhu aleyhi ve sellem) buyuruyor ki:

– "Herhangi bir grup, bir toplantıdan Allah'ın adını anmaksızın ayrılırsa o toplantıdan eşek leşi gibi ayrılmış olurlar ve söz konusu toplantı kendileri hesabına pişmanlık konusu olur." (Ebu Davud)

839- Yine Ebu Hureyre'den (radıyallâhu anh) rivayet edildiğine göre Peygamberimiz (sallallâhu aleyhi ve sellem) buyuruyor ki:

– "Herhangi bir grup, bir toplantı düzenler de Allah'ın adını anmazlar, Peygamberlerine salat ü selam getirmezlerse bu davranış onlar hesabına bir eksiklik olur. Allah dilerse onları azaba çarptırır, isterse kendilerini affeder." (Tirmizî)

130. Bölüm
Rüya ve Rüya ile İlgili Meseleler

Allah Teâlâ (celle celâlüh) buyuruyor ki:

– "Geceleyin ve gündüzün uyumanız, O'nun ayetlerindendir."

(Rûm suresi, 23. ayet.)

840- Ebu Hureyre'den (radıyallâhu anh) rivayet edildiğine göre Peygamberimiz (sallallâhu aleyhi ve sellem):

– "Peygamberlikten geriye yalnız mübeşşirat kalmıştır." buyurdular. Sahabiler "Mübeşşirattan kastınız nedir?" diye sorunca, Peygamberimiz şöyle cevap verdi:

– "Salih rüyadır." (Buhâri)

841- Yine Ebu Hureyre'den (radıyallâhu anh) rivayet edildiğine göre Peygamberimiz (sallallâhu aleyhi ve sellem) buyuruyor ki:

– "Dünyanın sonu yaklaşınca mü'minin rüyasının doğru çıkma ihtimali artar. Mü'minin rüyası nübüvvetin kırk altıda biridir." (Buhâri, Müslim)

Başka bir rivayete göre şu cümle de hadisin devamıdır: "En doğru konuşanlarınız rüyaları da en doğru çıkanlardır."

842- Yine Ebu Hureyre'den (radıyallâhu anh) rivayet edildiğine göre Peygamberimiz (sallallâhu aleyhi ve sellem) buyuruyor ki:

– "Kim beni rüyasında görürse uyanık halde de beni görecektir (veya beni uyanık halde de görmüş gibidir). Şeytan benim kılığıma giremez." (Buhâri, Müslim)

843- Ebu Saidü'l-Hudrî'den (radıyallâhu anh) rivayet edildiğine göre Peygamberimiz (sallallâhu aleyhi ve sellem) buyuruyor ki:

– "Herhangi biriniz hoşuna giden bir rüya görünce bu Allah Teâlâ'dandır. Buna göre o rüya için Allah'a hamdetsin ve onu başkalarına anlatsın. (Başka bir rivayete göre de 'Onu ancak sevdiği kimselere anlatsın.') Buna karşılık herhangi biriniz, hoşuna gitmeyen bir rüya görürse o, şeytandandır. Buna göre onun şerrinden Allah'a sığınsın ve onu hiç kimseye anlatmasın. Çünkü o zaman o rüyanın kendisine hiçbir zararı dokunmaz." (Buhâri, Müslim)

844- Ebu Katade'den (radıyallâhu anh) rivayet edildiğine göre Peygamberimiz buyuruyor ki:

– "Salih rüya (başka bir rivayete göre 'iyi rüya') Allah'tandır. Fena rüya ise şeytandandır. Buna göre hoşuna gitmeyen bir rüya gören kimse sol yanına üç kere üfleyip şeytandan Allah'a sığınsın. O zaman o rüya kendisine zarar vermez." (Buhâri, Müslim)

845- Cabir'den (radıyallâhu anh) rivayet edildiğine göre Peygamberimiz buyuruyor ki:

– "İçinizden biri hoşuna gitmeyen bir rüya gördüğü zaman sol yanına üç kere tükürüp yine üç kere şeytandan Allah'a sığınsın ve üzerinde yattığı yanından öbür yanına dönsün." (Müslim)

846- Ebul Aska Vasile b. Aska'dan (radıyallâhu anh) rivayet edildiğine göre Peygamberimiz (sallallâhu aleyhi ve sellem) buyuruyor ki:

– "Herhangi bir kimsenin babasından başkasının evladı olduğunu ileri sürmesi, görmediği bir şeyi gördüğünü iddia etmesi ve Peygamber'in (sallallâhu aleyhi ve sellem) söylemediği bir sözü ona mal etmeye kalkışması en büyük iftiralardandır." (Buhâri)

131. Bölüm
Selamın Fazileti ve Selamlaşmayı Emretmek

Allah Teâlâ (celle celâlüh) buyuruyor ki:

- **"Ey iman edenler! Sahipleri ile tanışmadıkça ve kendilerine selam vermeksizin kendi evinizden başka evlere girmeyiniz."** (Nûr suresi, 27. ayet.)

Allah Teâlâ (celle celâlüh) buyuruyor ki:

- **"Evlere girerken Allah katından bereketli bir karşılama olmak üzere kendi kendinize selam veriniz."** (Nûr suresi, 61. ayet.)

Allah Teâlâ (celle celâlüh) buyuruyor ki:

- **"Herhangi bir selamlaşma sözü ile karşılaştığınız zaman, o söze ya daha güzel bir ifadeyle veya o söze aynı sözle cevap veriniz."** (Nisâ suresi, 86. ayet.)

Allah Teâlâ (celle celâlüh) buyuruyor ki:

- **"İbrahim'in iyiliksever misafirlerinin haberini duymadın mı? Hani onlar İbrahim'in yanına girince 'Sana de selam olsun.'dediler. İbrahim de onlara 'Size de selam olsun.' diye karşılık verdi."** (Zâriyât suresi, 24, 25. ayetler.)

847- Abdullah b. Amr el-Âs'tan (radıyallâhu anhumâ) rivayet edildiğine göre adamın biri Peygamberimize (sallallâhu aleyhi ve sellem) "İslam'da en hayırlı davranışlar nelerdir?" diye sordu. Peygamberimiz de kendisine "Yemek yedirirsin ve tanıdığın tanımadığın herkese selam verirsin." diye cevap verdi. (Buhâri, Müslim)

848- Ebu Hureyre'den (radıyallâhu anh) rivayet edildiğine göre Peygamberimiz (sallallâhu aleyhi ve sellem) buyuruyor ki:

- "Allah Teâlâ, Âdem'i (aleyhisselam) yaratınca kendisine oturmakta olan bir grup meleği kastederek 'Git şunlara selam ver ve sana nasıl bir saygı ifadesi ile cevap vereceklerini işit. Çünkü o ifade senin soyundan gelenlere sunulmuş bir saygı ifadesidir.' buyurdu. Bunun üzerine Âdem o meleklere 'Esselamü aleyküm.' dedi. Melekler de kendisine 'Esselamü aleyke ve rahmetullahi' diye karşılık verdiler. Melekler Âdem'in selam sözlerine 've rahmetullahi' sözünü eklemişlerdi." (Buhâri, Müslim)

849- Ebu Umâre Berâe b. Âzib (radıyallâhu anh) der ki: "Peygamberimiz (sallallâhu aleyhi ve sellem) size şu yedi şeyi emretti: Hastayı ziyaret etmek, cenaze törenine katılmak, aksırınca 'Elhamdülillah' diyen kimseye 'Yerhamukellah' diye karşılık vermek, zayıfı desteklemek, mazluma yardım etmek, selamlaşmak ve yemin eden kimsenin haklı çıkmasına yardımcı olmak." (Buhâri, Müslim)

850- Ebu Hureyre'den (radıyallâhu anh) rivayet edildiğine göre Peygamberimiz (sallallâhu aleyhi ve sellem) buyuruyor ki:

- "Mü'min olmadıkça cennete giremezsiniz. Birbirinizi sevmedikçe de mü'min olamazsınız. Size işlediğiniz takdirde birbirinizi seveceğiniz bir davranış tavsiye edeyim mi? Birbirinize selam veriniz." (Müslim)

851- Ebu Yusuf Abdullah b. Selam'dan (radıyallâhu anh) rivayet edildiğine göre Peygamberimiz (sallallâhu aleyhi ve sellem) buyuruyor ki:

- "Ey insanlar! Selamlaşınız, yemek yediriniz, insanlar uyurken namaz kılınız ki selametle cennete giresiniz." (Tirmizî)

852- Tufeyl b. Ubeyy b. Ka'b, Abdullah b. Ömer'e (radıyallâhu anhumâ) gelip birlikte çarşıya çıktıklarını anlatarak der ki: "Çarşıya çıktığımız zaman Abdullah, eskici olsun esnaf olsun, yoksul olsun herhangi biri olsun, karşılaştığı herkese selam verirdi. Bir gün Abdullah b. Ömer'i ziyaret etmeye geldiğim zaman bana kendisi ile birlikte çarşıya çıkmamı teklif edince kendisine 'Çarşıda ne işin var? Sen ne alışveriş yapmak üzere bir yerde duruyor ne malların fiyatlarını soruyor ne herhangi bir mal için pazarlığa girişiyor ne de çarşının herhangi bir sohbet yerinde toplantıya katılıyorsun. Şurada otur da birlikte konuşalım.' dedim. Bana şu cevabı verdi: 'Ya Eba Batn (Tufeyl, şişman biri olduğu için kendisine böyle hitap ediliyordu)! Biz sadece selamlaşmak amacı ile çarşıya çıkıyoruz. Karşılaştığımız herkese selam veririz." (İmam Malik)

132. Bölüm
Selamlaşma Şekli

Selam verenin, kendisine selam verdiği kimse tek kişi olsa da çoğul zamiri kullanarak "Esselâmü aleyküm ve rahmetullahi ve berek'atühü" demesi ve selam alan kimsenin de "ve" edatı ile başlayarak "Ve aleykümüs-selâm ve rahmetullahi ve berek'atühü" demesi müstehaptır.

853- İmran b. Husayn (radıyallâhu anhumâ) der ki: "Bir gün, adamın biri Peygamberimize (sallallâhu aleyhi ve sellem) gelerek 'Esselamü aleyküm!' diye selam verdi. Peygamberimiz de adamın selamını aynı şekilde aldı ve adam bir yere oturdu. Bu sırada Peygamberimiz 'On sevap!' buyurdu. Arkasından başka biri gelerek 'Esselamü aleyküm ve rahmetullah!' diye selam verdi. Peygamberimiz onun selamını da aynı sözlerle aldıktan sonra adam bir yere oturdu. Bu sırada Peygamberimiz 'Yirmi sevap!'

buyurdu. Arkasından başka biri gelerek 'Esselamü aleyküm ve rahmetullahi ve berek'atühü!' diye selam verdi. Peygamberimiz onun selamını da aynı sözlerle aldıktan sonra adam bir yere geçip oturdu. Bu sırada da Peygamberimiz 'Otuz sevap!' buyurdu." (Ebu Davud, Tirmizî)

854- Hz. Âişe (radıyallâhu anhâ) der ki: "Peygamberimiz (sallallâhu aleyhi ve sellem) bana 'Bu Cebrail'dir. Sana selam veriyor.' buyurdu. Ben de kendisine 'Ve aleyhisselâmu ve rahmetullahi ve berek'atüh.' diye cevap verdim." (Buhâri, Müslim)

855- Enes b. Malik'ten (radıyallâhu anh) rivayet edildiğine göre Peygamberimiz (sallallâhu aleyhi ve sellem) bir söz söyleyince iyice anlaşılsın diye o sözü üç kere üst üste tekrar ederdi. Bir grubun yanına gelip kendilerine selam verince de selamını üç kere üst üste tekrar ederdi. (Buhâri)

856- Miktad'dan (radıyallâhu anh) rivayet edilen uzun bir hadisin bir yerinde kendisi der ki: "Peygamberimizin (sallallâhu aleyhi ve sellem) hissesine düşen sütü ayırıp kendisi için saklardık. Kendisi geceleyin gelir, uyuyanı uyandırmayan ve uyanık olanın duyabileceği bir sesle selam verirdi. (O gece de) gelip her zamanki gibi selam verdi." (Müslim)

857- Esma binti Yezid'den (radıyallâhu anhâ) rivayet edildiğine göre Peygamberimiz (sallallâhu aleyhi ve sellem) bir gün Mescid'e vardı. İçeride bir kadın grubu oturuyordu. Peygamberimiz (sallallâhu aleyhi ve sellem) onlara eliyle de işaret ederek selam verdi. (Tirmizî)

858- Ebu Ümâme'den (radıyallâhu anh) rivayet edildiğine göre Peygamberimiz (sallallâhu aleyhi ve sellem) buyuruyor ki:

– "Allah katında insanların en değerlisi, önce selam verendir." (Ebu Davud, Tirmizî)

859- Ebu Cüreyy Hüceymi (radıyallâhu anh) der ki: "Bir gün Peygamberimize (sallallâhu aleyhi ve sellem) gelerek 'Aleykesselam ya Resulallah!' diye selam verdim. 'Aleykesselam' deme. Çünkü 'aleykesselam' ölülere verilen selamdır.' buyurdu." (Ebu Davud, Tirmizî)

133. Bölüm
Selam Adabı

860- Ebu Hureyre'den (radıyallâhu anh) rivayet edildiğine göre Peygamberimiz (sallallâhu aleyhi ve sellem) buyuruyor ki:

– "Binekli olan yürüyene, yürüyen oturana ve azınlık çoğunluğa selam verir." (Buhâri, Müslim)

Buhâri'nin rivayetine göre "küçük büyüğe" ifadesi de hadise dahildir.

861- Ebu Ümâme Sudeyy b. Aclanü'l-Bâhili'den (radıyallâhu anh) rivayet edildiğine göre, Peygamberimiz (sallallâhu aleyhi ve sellem) "İnsanların Allah katında en değerlisi, önce selam verenidir." buyurmuştur. (Ebu Davud)

Aynı manada olan ve Tirmizi'nin, Ebu Ümâme'den rivayet ettiği bir hadise göre Peygamberimize (sallallâhu aleyhi ve sellem) "Ya Resulallah! İki kişi karşılaştı... Hangisi önce selam verir?" diye sorunca, Peygamberimiz bu soruya "Allah katında hangisi daha üstünse." diye cevap vermiştir.

134. Bölüm
Her Karşılaşmada Selamın Tekrar Edilmesi

İçeri girip çıkarak veya bir ağacın ve benzeri bir şeyin arkasında kaybolup meydana çıkarak kısa bir süre içinde tekrar karşılaşılan kimseye tekrar selam vermek müstehaptır.

862- Ebu Hureyre'den (radıyallâhu anh) rivayet edilen ve yanlış namaz kılan biri ile ilgili bir hadise göre, adamın biri gelip namaz kıldı. Arkasından Peygamberimizin (sallallâhu aleyhi ve sellem) yanına varıp selam verdi. Peygamberimiz, adamın selamını aldıktan sonra kendisine 'Git, yeniden kıl! Çünkü sen namaz kılmış değilsin.' buyurdu. Adam da gidip yeniden namaz kıldı. Arkasından gelip Peygamberimize selam verdi ve aynı hareketleri üç kere tekrarladı. (Buhâri, Müslim)

863- Yine Ebu Hureyre'den (radıyallâhu anh) rivayet edildiğine göre Peygamberimiz (sallallâhu aleyhi ve sellem) buyuruyor ki:

– "İçinizden biri Müslüman kardeşi ile karşılaşınca ona selam versin. Eğer aralarına ağaç, duvar ve kaya gibi bir engel girdikten sonra bir daha karşılaşırlarsa ona yine selam versin." (Ebu Davud)

135. Bölüm
Kendi Evine Girip Çıkarken Selam Vermek

Allah Teâlâ (celle celâlüh) buyuruyor ki:

– "Evlere girerken Allah tarafından temiz ve mübarek bir saygı ifadesi olarak kendi kendinize selam veriniz." (Nûr suresi, 61. ayet.)

864- Enes b. Malik (radıyallâhu anh) der ki: "Peygamberimiz (sallallâhu aleyhi ve sellem) bana 'Yavrum, evine girerken ev halkına selam ver. Bu davranış hem senin hem de ev halkın için bereket olur.' buyurdu." (Tirmizî)

136. Bölüm
Çocuklara Selam Vermek

865- Enes b. Malik'in bir grup çocukla karşılaşarak onlara selam verdiği ve "Peygamberimiz (sallallâhu aleyhi ve sellem) böyle yapardı." dediği rivayet edilmiştir (Buhâri, Müslim)

137. Bölüm
Kadın ve Erkeğin Selamlaşması

866- Sehl b. Sa'd (radıyallâhu anh) der ki: "Aramızda bir kadın (başka bir rivayete göre bir koca karı) vardı. Pazı köklerini toplayıp tencereye koyar ve biraz arpa öğütürdü. Bizler cuma namazını kılıp dönerken kendisine selam verirdir. O da pişirdiği yemeği önümüze getirirdi." (Buhâri)

867- Ümmü Hâni Fahite binti Ebu Talib (radıyallâhu anhâ) der ki: "Fetih günü Peygamberimize (sallallâhu aleyhi ve sellem) geldim. Kendisi yıkanıyor, Fatıma da üzerini bir elbise ile örtüyordu. Kendisine selam verdim." (Müslim)

868- Esma binti Yezid (radıyallâhu anhâ) der ki: "Peygamberimiz (sallallâhu aleyhi ve sellem) bir gün, bir kadın grubu arasında bulunurken yanımızdan geçti ve bize selam verdi." (Ebu Davud, Tirmizî)

Tirmizi'nin ifadesine göre "Peygamberimiz (sallallâhu aleyhi ve sellem) Mescid'e vardı. İçerde bir grup kadın oturuyordu. Eliyle de işaret ederek onlara selam verdi."

138. Bölüm
Müslüman Olmayanlarla Selamlaşma Hakkında

Kafire önce bizim selam vermemizin haram olduğu, kafirlerin selamının nasıl alınacağı, içinde hem mü'minlerin hem de kafirlerin bulunduğu bir gruba selam vermenin müstahab olduğu hakkındadır.

869- Ebu Hureyre'den (radıyallâhu anh) rivayet edildiğine göre Peygamberimiz (sallallâhu aleyhi ve sellem) buyuruyor ki:

– "Yahudilere ve Hıristiyanlara selam vermeyiniz. Onlardan biri ile yolda karşılaşınca kendisini yolun kenarından geçmek zorunda bırakınız." (Müslim)

870- Üsâme'den (radıyallâhu anh) rivayet edildiğine göre "Peygamberimiz (sallallâhu aleyhi ve sellem) Müslümanların, putperestlerin ve Yahudilerin karışık olarak bulunduğu bir grubun yanından geçerken onlara selam verdi." (Buhâri, Müslim)

871- Enes'ten (radıyallâhu anh) rivayet edildiğine göre Peygamberimiz (sallallâhu aleyhi ve sellem) buyuruyor ki:

- "Kitap ehli (Yahudiler ve Hıristiyanlar) size selam verince onlara 'Ve aleyküm!' diye karşılık veriniz." (Buhâri, Müslim)

139. Bölüm
Toplantıdan Kalkarken, Arkadaşından Ayrılırken Selam Vermek

872- Ebu Hureyre'den (radıyallâhu anh) rivayet edildiğine göre Peygamberimiz (sallallâhu aleyhi ve sellem) buyuruyor ki:

- "İçinizden biri bir meclise varınca selam versin. Kalkmak isteyince de selam versin. Birinci selam ikincisinden daha yerinde değildir." (Ebu Davud, Tirmizî)

140. Bölüm
Bir Yere Girerken Sahibinden İzin İstemek

Allah Teâlâ (celle celâlüh) buyuruyor ki:

- "Ey iman edenler! Kendi evlerinizden başka evlere sahiplerinden izin almaksızın ve o evin halkına selam vermeksizin girmeyiniz." (Nûr suresi, 27. ayet.)

Allah Teâlâ (celle celâlüh) buyuruyor ki:

- "Sizden olan çocuklar ergenlik çağına varınca kendilerinden öncekilerin yaptığı gibi kendilerinin olmayan evlere girerken izin istesinler." (Nûr suresi, 59. ayet.)

873- Ebu Musa el-Eş'arî'den (radıyallâhu anh) rivayet edildiğine göre Peygamberimiz (sallallâhu aleyhi ve sellem) buyuruyor ki:

- "İzin istemek üç keredir. Eğer sana izin verilirse mesele yok, değilse geri dön." (Buhâri, Müslim)

874- Sehl b. Sa'd'dan (radıyallâhu anh) rivayet edildiğine göre Peygamberimiz (sallallâhu aleyhi ve sellem) buyuruyor ki:

- "İzin istemek göz için (harama bakmaktan korumak için) emredilmiştir." (Buhâri, Müslim)

875- Rıb'ıy b. Hıraş (radıyallâhu anh) der ki: "Âmiroğullarından birinin bize bildirdiğine göre kendisi bir gün Peygamberimiz (sallallâhu aleyhi ve sellem) evindeyken 'Gireyim mi?' diyerek izin istedi. Bunun üzerine Peygamberimiz hizmetçisine 'Kapıya çık da şu adama izin istemeyi öğret. Kendisine

'Esselamü aleyküm! Gireyim mi?' demesini söyle.' buyurdu. Kapıdaki adam Peygamberimizin (sallallâhu aleyhi ve sellem) sözlerini duyarak 'Esselamü aleyküm! Gireyim mi?' dedi. Peygamberimiz de kendisine izin verdi ve içeri girdi." (Ebu Davud)

876- Kilde b. Hanbel (radıyallâhu anh) der ki: "Bir gün Peygamberimize geldim ve selam vermeden yanına girdim. Bana şöyle buyurdu: 'Geri dön ve 'Esselamü aleyküm! Gireyim mi?' de.'" (Ebu Davud, Tirmizî)

141. Bölüm
Başkasının Evine Girme Adabı

Bir eve girmek için izin isteyen kimseye "Kim o?" diye sorulunca "Benim!" gibi cevaplarla karşılık vermesi mekruhtur. Kişinin, bilinen ismini söyleyip kendini tanıtması ise sünnettir.

877- Enes'ten (radıyallâhu anh) rivayet edilen meşhur Miraç hadisinde Peygamberimiz (sallallâhu aleyhi ve sellem) buyuruyor ki:

– "Sonra Cebrail beni yeryüzü semasına çıkardı ve kapının açılmasını istedi. Kendisine 'Kim o?' diye sordular. O da 'Cebrail.' diye cevap verdi. 'Yanında kim var?' diye sordular. 'Muhammed.' diye cevap verdi. Arkasından ikinci kat göğe çıktı ve kapının açılmasını istedi. Kendisine 'Kim o?' diye sordular. O da 'Cebrail.' diye cevap verdi. 'Yanında kim var?' diye sordular. 'Muhammed.' diye karşılık verdi.'

Üçüncü, dördüncü ve daha sonraki gök katının kapısında Cebrail'e 'Kim o?' diye soruyorlar, kendisi de 'Cebrail' diye cevap veriyordu." (Buhâri, Müslim)

878- Ebu Zer (radıyallâhu anh) der ki: "Bir gece gezmeye çıktım ve Peygamberimizi (sallallâhu aleyhi ve sellem) tek başına yürürken gördüm. Ben de Ay ışığında yürümeye koyuldum. O sırada geriye dönüp de beni görünce 'Kim o?' diye sordu. Ben de 'Ebu Zer.' diye cevap verdim." (Buhâri, Müslim)

879- Ümmü Hâni (radıyallâhu anhâ) der ki: "Bir gün Peygamberimize (sallallâhu aleyhi ve sellem) geldim. Kendisi yıkanıyor, Fatıma da üzerini örtüyordu. 'Kim o?' diye sordu. Ben de 'Ben Ümmü Hâni'yim.' diye cevap verdim." (Buhâri, Müslim)

880- Cabir (radıyallâhu anh) der ki: "Bir gün Peygamberimize (sallallâhu aleyhi ve sellem) gelerek kapıyı vurdum. 'Kim o?' dedi. Ben de 'Ben.' diye cevap verince verdiğim cevaptan hoşlanmadığını belirten bir ifade tarzı ile 'Ben, ben? Ne demek yani?' diye buyurdu." (Buhâri, Müslim)

142. Bölüm
Aksırma ve Esneme Adabı

Aksırırken Allah'a hamdeden kimseye "Yerhamükellah" diye karşılık vermek müstahap, hamdetmeyene demekse mekruhtur.

881- Ebu Hureyre'den (radıyallâhu anh) rivayet edildiğine göre Peygamberimiz (sallallâhu aleyhi ve sellem) buyuruyor ki:

- "Allah, aksırmayı sever, esnemekten hoşlanmaz. İçinizden biri aksırır da 'Elhamdülillah.' derse onun hamdettiğini duyan her Müslümanın kendisine 'Yerhamukellah.' demesi görevi olur. Esnemeye gelince o, şeytandandır. Buna göre içinizden birinin esnemesi gelince gücü yettiği kadar onu zapt edip geri çevirsin. Çünkü içinizden biri esneyince şeytan kendisine güler." (Buhârî)

882- Yine Ebu Hureyre'den (radıyallâhu anh) rivayet edildiğine göre Peygamberimiz (sallallâhu aleyhi ve sellem) buyuruyor ki:

- "İçinizden biri aksırınca 'Elhamdülillah.' desin. Arkadaşı veya Müslüman kardeşi de kendisine 'Yerhamükellah.' diye karşılık versin. Arkadaşı veya Müslüman kardeşi kendisine 'Yerhamükellah.' deyince kendisi de 'Yehdikümullahü ve yüslihu bâleküm.' diye cevap versin." (Buhârî)

883- Enes (radıyallâhu anh) der ki: "Peygamberimizin (sallallâhu aleyhi ve sellem) yanında iki kişi aksırmıştı. Peygamberimiz (sallallâhu aleyhi ve sellem) birine 'Yerhamükellah.' diye cevap verdi. Öbürüne vermedi. 'Yerhamükellah.' karşılığını almayan kimse, Peygamberimize 'Falanca aksırdı, kendisine 'Yerhamükellah.' diye cevap verdiğin halde ben aksırınca bana da neden aynı cevabı vermedin?' diye sordu. Peygamberimiz ona 'O, Allah'a hamdetti. Oysa sen etmedin.' diye karşılık verdi." (Buhârî, Müslim)

884- Ebu Hureyre (radıyallâhu anh) der ki: "Peygamberimiz aksıracağı zaman eli ile veya elbisesinin bir ucu ile ağzını kapatarak sesini alçaltırdı (veya bastırırdı)." (Ebu Davud, Tirmizî)

885- Ebu Musa (radıyallâhu anh) der ki: "Yahudiler Peygamberimizin kendilerine 'Yerhamükümullah.' demesini umarak yapmacıktan aksırırlardı. Peygamberimiz (sallallâhu aleyhi ve sellem) de kendilerine 'Yehdikümüllahü ve yüsliu bâleküm.' (Allah size hidayet versin ve kalbinizi ıslah etsin.) diye karşılık verirdi." (Ebu Davud, Tirmizî)

886- Ebu Saidü'l-Hudrî'den (radıyallâhu anh) rivayet edildiğine göre Peygamberimiz (sallallâhu aleyhi ve sellem) buyuruyor ki:

– "İçinizden biri esneyince eli ile ağzını kapatsın. Çünkü şeytan içine girer." (Müslim)

887- Ebu Musa'dan (radıyallâhu anhumâ) rivayet edildiğine göre: "Yahudiler kendilerine 'Yerhamükümullah.' demesini ümit ederek Peygamberimizin huzurunda yalandan aksırırlardı. Resulullah da onlara 'Yehdikümüllahü ve yüslih bâleküm.' (Allah size hidayet versin ve kalbinizi ıslah etsin.) derdi." (Ebu Davud, Tirmizî)

143. Bölüm
Karşılaşma ve Musafaha Adabı

Karşılaşma anında el sıkışmak, güler yüzlü olmak, salih kimsenin elini öpmek, çocuğunu şefkatle öpmek ve yoldan gelenle kucaklaşmak müstehap, karşıdakinin önünde eğilmekse mekruhtur.

888- Ebu Hattab Katâde (radıyallâhu anh) der ki: "Enes'e (radıyallâhu anh) 'Peygamberimizin sahabileri arasında el sıkışma var mıydı?' diye sordum. 'Evet, vardı.' diye cevap verdi." (Buhârî)

889- Enes (radıyallâhu anh) der ki: "Yemenliler gelince Peygamberimiz (sallallâhu aleyhi ve sellem) 'Size Yemenliler geldi. Size el sıkışmayı ilk getirenler onlardır.' buyurdu." (Ebu Davud)

890- Berâe'den (radıyallâhu anh) rivayet edildiğine göre Peygamberimiz (sallallâhu aleyhi ve sellem) buyuruyor ki:

– "Karşılaştıkları zaman el sıkışan iki Müslümanın ayrılmadan önce günahları affedilir." (Ebu Davud)

891- Enes (radıyallâhu anh) der ki: "Adamın biri Peygamberimize (sallallâhu aleyhi ve sellem) 'Bizden biri Müslüman kardeşi veya arkadaşı ile karşılaşınca onun karşısında eğilebilir mi?' diye sordu. Peygamberimiz 'Hayır.' buyurdu. Adam 'Karşısındakini kucaklayıp onu öpebilir mi?' diye sordu. Peygamberimiz 'Hayır.' diye cevap verdi. Adam 'Elinden tutup el sıkışabilir mi?' diye sordu. Peygamberimiz 'Evet.' buyurdu." (Tirmizî)

892- Safvan b. Assal (radıyallâhu anh) der ki: "Bir Yahudi, arkadaşına 'Şu Peygamber'e gidelim.' dedi. Adamlar Peygamberimize geldiler ve ona 9 ayet hakkında sorular sordular. Safvan, sözlerine şöyle son verdi: 'İki Yahudi, Peygamberimizin (sallallâhu aleyhi ve sellem) elini ve ayağını öpüp 'Senin peygamber olduğuna şahadet ederiz.' dediler." (Tirmizî)

893- İbni Ömer'den rivayet edilen bir hikayenin bir yerinde "Peygamberimizin (sallallâhu aleyhi ve sellem) yanına varıp elini öptük." denilmektedir. (Ebu Davud)

894- Hz. Âişe (radıyallâhu anhâ) der ki: "Peygamberimiz (sallallâhu aleyhi ve sellem) benim evimdeyken Zeyd b. Harise, Medine'ye geldi. Peygamberimize varıp kapıyı çaldı. Peygamberimiz elbisesini sürükleyerek onu karşılamak üzere kapıya vardı ve boynuna sarılıp yanağından öptü." (Tirmizî)

895- Ebu Zer'den (radıyallâhu anh) rivayet edildiğine göre Peygamberimiz (sallallâhu aleyhi ve sellem) buyuruyor ki:

– "Müslüman kardeşini güler yüzle karşılamak bile olsa, hiçbir iyiliği küçük görme." (Müslim)

896- Ebu Hureyre (radıyallâhu anh) der ki: "Peygamberimiz (sallallâhu aleyhi ve sellem) Ali'nin oğlu Hasan'ı öptü. Bunun üzerine Akra b. Hâbis 'Benim on çocuğum var. Hiç birini öpmüş değilim.' dedi. Peygamberimiz (sallallâhu aleyhi ve sellem) de 'Merhamet göstermeyen kimse merhamet görmez.' buyurdu. (Buhâri, Müslim)

144. Bölüm
Hasta Ziyareti

897- Berâe b. Âzib (radıyallâhu anh) der ki: "Peygamberimiz (sallallâhu aleyhi ve sellem) bize hastayı ziyaret etmeyi, cenazenin peşinden gitmeyi, aksırınca 'Elhamdülillah.' diyene 'Yerhamükellah.' diye cevap vermeyi, yemin edeni haklı çıkarmayı, mazlumu desteklemeyi, davet edenin davetine icabet etmeyi ve selamlaşmayı emretmiştir." (Buhâri, Müslim)

898- Ebu Hureyre'den (radıyallâhu anh) rivayet edildiğine göre Peygamberimiz (sallallâhu aleyhi ve sellem) buyuruyor ki:

– "Müslümanın Müslüman üzerinde beş hakkı vardır: Selam almak, hastayı ziyaret etmek, cenazenin peşinden gitmek, davete icabet etmek ve aksırınca 'Elhamdülillah.' diyene 'Yerhamükellah.' diye cevap vermek." (Buhâri, Müslim)

899- Yine Ebu Hureyre'den (radıyallâhu anh) rivayet edildiğine göre Peygamberimiz (sallallâhu aleyhi ve sellem) buyuruyor ki:

– "Allah Teâlâ (celle celâlüh) kıyamet günü şöyle buyurur:

'Ey âdemoğlu! Ben hasta oldum da sen beni ziyaret etmedin.' Kul der ki:

'Ya Rabbi! Sen Âlemlerin Rabbisin. Ben Seni nasıl ziyaret edecektim?' diye sorar. Allah Teâlâ şöyle buyurur:

'Bilmiyor muydun ki falanca kulum hasta olmuştu da onu ziyaret etmemiştin. Bilmiyor muydun ki eğer onu ziyaret etseydin Beni yanında bulacaktın! Ey âdemoğlu! Senden yemek istemiştim de bana yemek vermedin.' Kul der ki:

'Ya Rabbi! Sen Âlemlerin Rabbisin. Ben Sana nasıl yemek verirdim?' Allah Teâlâ şöyle buyurur:

'Bilmiyor muydun ki senden falanca kulum yemek istemişti de sen ona yemek vermedin. Bilmiyor muydun ki eğer ona yemek verseydin ona verdiğini katımda bulacaktın. Ey âdemoğlu! Senden su istemiştim de bana su vermemiştin.' Kul der ki:

'Ya Rabbi! Sen Âlemlerin Rabbisin. Ben Sana nasıl su veririm?' Allah Teâlâ buyurur ki:

'Senden falanca kulum su istemişti de ona su vermemiştin. Bilmiyor muydun ki eğer ona su verseydin, verdiğini Benim katımda bulacaktın.'" (Müslim)

900- Ebu Musel-Eş'arî'den (radıyallâhu anh) rivayet edildiğine göre Peygamberimiz (sallallâhu aleyhi ve sellem) buyuruyor ki:

– "Hastayı ziyaret ediniz, karnı aç olanı doyurunuz ve esiri serbest bırakınız." (Buhâri)

901- Sevban'dan (radıyallâhu anh) rivayet edildiğine göre Peygamberimiz (sallallâhu aleyhi ve sellem) buyuruyor ki:

– "Müslüman, hastalanan Müslüman kardeşini ziyaret etmeye giderse dönünceye kadar cennet hurfesi içinde olur." Peygamberimize "Cennet hurfesi nedir?" diye sordular. Peygamberimiz "Cennetin olgun hurmalarıdır." buyurmuştur. (Müslim)

902- Ali'den (radıyallâhu anh) rivayet edildiğine göre Peygamberimiz (sallallâhu aleyhi ve sellem) buyuruyor ki:

– "Hasta olan Müslüman kardeşini sabahleyin ziyaret eden Müslüman için akşama kadar yetmiş bin melek istiğfar eder. Eğer onu akşamleyin ziyaret ederse sabaha kadar kendisi için yetmiş bin melek istiğfar eder. Onun için cennette devşirilmiş meyveler hazırlanır." (Tirmizî)

903- Enes (radıyallâhu anh) der ki: "Peygamberimize (sallallâhu aleyhi ve sellem) hizmet eden bir Yahudi genç vardı. Hastalandı. Peygamberimiz onu ziyaret etmeye vardı. Başucunda oturarak delikanlıya 'Müslüman ol.' buyurdu. Delikanlı yanında bulunan babasına baktı. Babası ona 'Ebu'l-Kasım'ın dediğini yap.' dedi. Delikanlı da Müslüman oldu. Peygamberimiz (sallallâhu aleyhi ve sellem) 'Onu cehennemden kurtaran Allah'a hamdolsun.' diyerek delikanlının yanından ayrıldı." (Buhâri)

145. Bölüm
Hastanın Kendisine, Başkalarının Hastaya Dua Etmesi

904- Hz. Âişe (radıyallâhu anhâ) der ki: "Biri bir yerinden şikayet edince yahut üzerinde bir bere, bir yara olunca Peygamberimiz (sallallâhu aleyhi ve sellem) parmağını şu şekilde yaparak (hadisin ravisi olan Süfyan b. Uyeyne şahadet parmağını yere koyup kaldırdı) 'Bismillâhi türbetü erdınâ birîkati badınâ yüşfâ bihî sekîmünâ biizni Rabbinâ.' (Allah'ın adı ile! Bu, bazılarımızın tükürüğü ile karışmış yurdumuzun toprağıdır. Allah'ın izni ile hastamıza iyi gelir.) diye dua ederdi." (Buhâri, Müslim)

905- Yine Hz. Âişe (radıyallâhu anhâ) der ki: "Peygamberimiz (sallallâhu aleyhi ve sellem) hastalanmış bazı yakınlarını ziyaret edince sağ elini üzerine sürerek 'Allâhümme rabbe'n-nâsi ezhibi'l-be'se eşfi ente'ş-şâfi lâ şifâe illâ şifauke şifâen lâ yuğadiru sekamen.' (Ey tüm insanların Rabbi olan Allah'ım! Bu hastanın sıkıntısını gider. Ona şifa ver. Şifa veren Sensin. Senin şifandan başka şifa yoktur. Hiçbir hastalık bırakmayan bir şifa ver.' diye dua ederdi." (Buhâri, Müslim)

906- Enes, Sabit'e (radıyallâhu anhumâ) "Peygamberimizin (sallallâhu aleyhi ve sellem) hastaya okuduğu duayı sana okuyayım mı?" dedi. Sabit "Tabii!" dedi. Bunun üzerine Enes şu duayı okudu: "Allâhümme rabbe'n-nâsi müzhibe'l-be'si eşfi ente'ş-şâfi lâ şâfiye illâ ente şifâen lâ yuğadiru sekamen." (Buhâri)

907- Sa'd b. Ebi Vakkas (radıyallâhu anh) der ki: "Bir gün hastayken Peygamberimiz (sallallâhu aleyhi ve sellem) beni ziyaret etti ve 'Allah'ım, Sa'd'a şifa ver! Allah'ım, Sa'd'a şifa ver! Allah'ım, Sa'd'a şifa ver!' buyurdu." (Müslim)

908- Ebu Abdullah Osman b. Ebu'l-Âs (radıyallâhu anh), bir gün Peygamberimize (sallallâhu aleyhi ve sellem) başvurarak vücudunda bir sancısı olduğundan şikayet etti. Peygamberimiz de kendisine şöyle buyurdu:

–"Elini vücudunun sancılı yerine koy ve üç kere 'Bismillah!' ve yedi kere de 'Euzü biizzetillâhi ve kudretihi min şerri mâ ecidü ve ühâziru.' (Gerek duyduğum ve gerekse endişe ettiğim sancının şerrinden Allah'ın izzet ve kudretine sığınırım.) de." (Müslim)

909- İbni Abbas'tan (radıyallâhu anhumâ) rivayet edildiğine göre Peygamberimiz (sallallâhu aleyhi ve sellem) buyuruyor ki:

– "Kim henüz eceli gelmemiş bir hastayı ziyaret eder ve yanında yedi kere 'Es elullahe'l-azîm Rabbe'l-Arşi'l-azîm en yeşfîk.' (Yüce Arş'ın sahibi olan Allah Teâlâ'dan sana şifa vermesini dilerim.) diye dua ederse Allah, hastayı o hastalıktan kurtarır." (Ebu Davud, Tirmizî)

910- Yine İbni Abbas (radıyallâhu anhumâ) der ki: "Peygamberimiz (sallallâhu aleyhi ve sellem) bir gün taşralı bir hasta Arap'ın ziyaretine gitmişti. Peygamberimiz (sallallâhu aleyhi ve sellem) bir hastayı ziyaret ettiği zaman 'Önemli değil. İnşallah günahlarına kefaret olur.' derdi." (Buhâri)

911- Ebu Saidü'l-Hudrî (radıyallâhu anh) der ki: "Cebrail (aleyhisselam) Peygamberimize (sallallâhu aleyhi ve sellem) gelerek 'Hasta mısın?' diye sordu. Peygamberimiz (sallallâhu aleyhi ve sellem) 'Evet.' diye cevap verdi. Bunun üzerine Cebrail, şöyle dua etti: 'Bismillâhi erkîke min külli şey'in yü'zike ve min şerri külli nefsin ev ayni hâsidin Allâhu yeşfîke bismillâhi erkîk.' (Allah'ın adı ile... Seni üzen her şey için, herkesin ve her kıskanç gözün şerri için sana dua ediyorum. Allah sana şifa versin. Allah'ın adı ile sana dua ediyorum)." (Müslim)

912- Ebu Saidü'l-Hudrî ve Ebu Hureyre'den (radıyallâhu anhumâ) rivayet edildiğine göre Peygamberimiz buyuruyor ki:

– "Kim 'Allah'tan başka ilah yoktur. Allah en büyüktür.' derse, Allah Teâlâ onu tasdik ederek 'Benden başka ilah yoktur. Ben en büyüğüm.' buyurur. Kul 'Allah'tan başka ilah yoktur. O, tektir ve ortağı yoktur.' derse, Allah Teâlâ ona cevap vererek 'Benden başka ilah yoktur. Ben tekim, ortağım yoktur.' buyurur.

Kul 'Allah'tan başka ilah yoktur. Mülk ve hamd O'na mahsustur.' derse, Allah Teâlâ ona karşılık 'Benden başka ilah yoktur. Hamd ve mülk Bana mahsustur.' buyurur. Kul 'Allah'tan başka ilah yoktur. Her kımıldanma ve kuvvet belirtisi ancak Allah sayesindedir.' derse, Allah Teâlâ ona karşılık 'Benden başka ilah yoktur. Her kımıldanma ve kuvvet belirtisi ancak Benim sayemdedir.' buyurur. Kim hastalığında bu sözleri söyler de sonra ölürse cehennem onu yakmaz." (Tirmizî)

146. Bölüm
Hastanın Halini Ailesinden Sormak

913- İbni Abbas (radıyallâhu anhumâ) der ki: "Peygamberimizin (sallallâhu aleyhi ve sellem) vefatına yol açan hastalığı sırasında Ali, onun yanından çıkmıştı. Halk 'Ya Eba'l-Hasan! Resulullah nasıl sabahladı?' diye sorunca Ali onlara 'Allah'a hamdolsun, ağrılarından kurtulmuş olarak sabahladı.' diye cevap verdi." (Buhâri)

147. Bölüm
Hayatından Son Demlerinde Yapılacak Dualar

914- Hz. Âişe (radıyallâhu anhâ) der ki: "Peygamberimizin (sallallâhu aleyhi ve sellem) son nefesine yakın bana yaslanmış olarak şöyle buyurduğunu duydum:

– 'Allah'ım! Beni affeyle, bana merhamet eyle ve beni yüce dosta kavuştur!" (Buhâri, Müslim)

915- Yine Hz. Âişe (radıyallâhu anhâ) der ki: "Peygamberimizi (sallallâhu aleyhi ve sellem), son nefesine yakın, yanında bulunan içi su dolu bardağa elini daldırıp yüzüne sürerken gördüm. Böyle yapıyor ve 'Allah'ım! Ölümün sıkıntılarına ve ölüm öncesi krize karşı bana yardım eyle!' diye dua ediyordu." (Tirmizî)

148. Bölüm
Hasta Yakınlarına Tavsiyede Bulunmak

Hastanın ailesine ve ona hizmet edenlere hastaya iyi bakmalarını, sabretmelerini, aldığı cezalar yüzünden ölümü yakın olanlara iyi muamele edilmesini tavsiye etmek gerekmektedir.

916- İmran b. Husayn'dan (radıyallâhu anhumâ) rivayet edildiğine göre Cüheyne kabilesinden bir kadın, Peygamberimize (sallallâhu aleyhi ve sellem) geldi. Kadın zinadan gebe kalmıştı. Peygamberimize "Ya Resulallah! Ben had cezasına çarpılmayı hakettim. Bu cezayı bana uygula." dedi. Peygamberimiz (sallallâhu aleyhi ve sellem) kadının sorumlu yakınını çağırdı. Ona "Bu kadına iyi bak. Çocuğunu doğurunca onu bana getir." buyurdu. Adam, Peygamberimizin dediğini yaptı. Bunun üzerine Peygamberimizin emri ile kadının elbiseleri üzerine sıkıca bağlandı, sonra da Peygamberimizin verdiği emir gereğince kadın recmedildi. Arkasından Peygamberimiz onun cenaze namazını kıldı." (Müslim)

149. Bölüm
İsyan Kastı Olmaksızın Hastanın Söylediği "Hastayım!" ya da "Vay Başım!" Gibi Sözlerin Caiz Olması

917- İbni Mes'ud (radıyallâhu anh) der ki: "Peygamberimizin (sallallâhu aleyhi ve sellem) yanına girmiştim. Sıtmadan titriyordu. Vücudunu elleyerek 'Sen ağır bir sıtma nöbeti geçiriyorsun.' dedim. Bana şöyle buyurdu: 'Evet, içinizden iki kişininki kadar ağır bir sıtma nöbeti geçiriyorum.'" (Buhâri, Müslim)

918- Sa'd b. Ebi Vakkas (radıyallâhu anh) der ki: "Peygamberimiz (sallallâhu aleyhi ve sellem) yakalanmış olduğum ağır bir hastalık sırasında beni ziyaret etmeye gelmişti. Kendisine 'Gördüğün gibi durumum ağırlaştı. Ben varlıklı bir kimseyim ve kızımdan başka vârisim yoktur.' dedim." (Hadisin devamı vardır.) (Buhâri, Müslim)

919- Kasım b. Muhammed (radıyallâhu anh) der ki: "Bir gün Hz. Âişe 'Vay başım!' dedi. Bunun üzerine Peygamberimiz (sallallâhu aleyhi ve sellem) ona karşılık 'Asıl vay benim başıma!' buyurdu." (Hadisin devamı vardır.) (Buhâri)

150. Bölüm
Ölmek Üzere Olan Kimseye Kelime-i Tevhid Telkin Etmek

920- Muaz'dan (radıyallâhu anh) rivayet edildiğine göre Peygamberimiz (sallallâhu aleyhi ve sellem) buyuruyor ki:

– "Son sözü 'Lâ ilâhe illallâh.' olan kimse cennete girer." (Ebu Davud)

921- Ebu Saidü'l-Hudrî'den (radıyallâhu anh) rivayet edildiğine göre Peygamberimiz (sallallâhu aleyhi ve sellem) buyuruyor ki:

– "Ölmek üzere olan hastalarınıza 'Lâ ilâhe illallâh.' demelerini telkin ediniz." (Müslim)

151. Bölüm
Ölünün Gözlerini Kapattıktan Sonra Söylenecek Söz

922- Ümmü Seleme (radıyallâhu anhâ) der ki: "Peygamberimiz (sallallâhu aleyhi ve sellem), Ebu Seleme'nin (ölümü üzerine) yanına girdi. Ebu Seleme gözlerini sabit bir noktaya dikmişti. Peygamberimiz onun gözlerini kapatarak 'Ruh bedenden çıkınca gözler ardından bakakalır.' buyurdu.

Bu arada Ebu Seleme'nin bazı yakınları feryat etmeye başladılar. Peygamberimiz şöyle buyurdu:

– 'Kendi hakkınızda mutlaka hayır dua ediniz. Çünkü melekler dilediklerinize 'Âmin.' diyorlar. Allah'ım, Ebu Seleme'yi affeyle! Onu hidayete erenlerin derecesine yükselt! Geride kalanları arasından onun yerini tutacak bir vârisinin çıkmasını nasip eyle! Ya Rabbe'l-Âlemin, onu ve bizi affeyle! Mezarını geniş ve aydınlık kıl!'" (Müslim)

152. Bölüm
Ölünün Yanında Söylenecek Sözler, Yakınlarının Söyleyeceği Sözler

923- Ümmü Seleme (radıyallâhu anhâ) der ki: "Peygamberimiz (sallallâhu aleyhi ve sellem) 'Hastanın veya ölünün yanında hayırlı sözler söyleyiniz. Çünkü siz ne söylerseniz, melekler 'Âmin.' derler.' buyurmuştur. Ebu Seleme ölünce Peygamberimize (sallallâhu aleyhi ve sellem) vararak 'Ya Resulallah! Ebu

Seleme öldü.' dedim. Peygamberimiz bana 'Allah'ım, onu ve beni affeyle! Onun yerine bana güzel bir bedel bağışla!' diye dua et.' buyurdu. Ben de öyle dua ettim. Allah da bana onun yerine daha hayırlı bir bedel olan Resulullah'ı nasip etti." (Müslim, Ebu Davud)

924- Yine Ümmü Seleme (radıyallâhu anh) der ki: "Ben Peygamberimizin (sallallâhu aleyhi ve sellem) şöyle dediğini duydum:

– 'Başına herhangi bir musibet gelip de 'İnnâ lillâhi ve innâ ileyhi râciûn.' (Biz, Allah için varız ve O'na döneceğiz.) Allah'ım! Bu musibete karşılık bana ecir ver, onun karşılığında bana hayırlı bir bedel bağışla-derse Allah Teâlâ o kula başına gelen musibete karşılık ecir verir ve karşılığında kendisine hayırlı bir bedel bağışlar.'

Nitekim Ebu Seleme ölünce ben Peygamberimizin bana emrettiği şekilde dua ettim de Allah bana Ebu Seleme'ye bedel olarak ondan daha hayırlı olan Resulullah'ı bağışladı." (Müslim)

925- Ebu Musa'dan (radıyallâhu anh) rivayet edildiğine göre Peygamberimiz (sallallâhu aleyhi ve sellem) buyuruyor ki:

– "Bir kulun çocuğu ölünce Allah Teâlâ (celle celâlüh) meleklerine 'Kulumun çocuğunun canını aldınız mı?' diye buyurur. Melekler 'Evet.' derler. Allah Teâlâ (celle celâlüh) meleklere 'Kulumun yürek meyvesinin canını aldınız mı?' diye buyurur. Melekler 'Evet.' derler. Allah Teâlâ (celle celâlüh) 'O sırada kulum ne dedi?' diye buyurur. Melekler 'Sana hamdetti ve 'İnnâ lillâhi ve innâ ileyhi râciûn.' (Biz, Allah için varız ve O'na döneceğiz.) dedi.' derler. Bunun üzerine Allah Teâlâ (celle celâlüh) 'Kulum için cennette bir ev yapın ve adını Hamd Evi olarak koyun.' buyurur." (Tirmizî)

926- Ebu Hureyre'den (radıyallâhu anh) rivayet edildiğine göre Peygamberimiz (sallallâhu aleyhi ve sellem) buyuruyor ki:

– "Allah Teâlâ (celle celâlüh) buyuruyor ki: 'Dünyadaki en sevdiği kimsenin canını aldığım zaman sevabını umarak bu durumu metanetle karşılayan mü'min kuluma verebileceğim yegane mükâfat, cennettir.'" (Buhâri)

927- Üsâme b. Zeyd (radıyallâhu anhumâ) der ki: "Peygamberimizin (sallallâhu aleyhi ve sellem) kızlarından biri kendisine haber göndererek çocuğunun ölmek üzere olduğunu bildirdi ve evine gelmesini istedi. Peygamberimiz haberi getiren kimseye 'Git kendisine de ki: 'Aldığı da verdiği de Allah'ındır. O'nun katında her şeyin belirli bir süresi vardır. Ona sabredip karşılığını Allah'tan beklemesini emret.' buyurdu." (Hadisin devamı vardır.) (Buhâri, Müslim)

153. Bölüm
Bağırıp Çağırmadan Ölü İçin Ağlamanın Caiz Olması

Bağırıp çağırmak haramdır. Bu husus, ileride yasaklar konusunda inşallah ele alınacaktır. Ağlamaya gelince... Onu yasaklayan hadisler vardır. Çünkü yakınlarının ağlamaları yüzünden ölü azap çeker. Bu hüküm ölmeden önce kendisi için ağlanmasını vasiyet eden ölülere yorulmuştur. Buna göre ağlamanın yasak oluşu, bağırıp çağırma şeklinde olan ağlamalar ile ilgilidir. Bağırıp çağırmaksızın ağlamanın caiz olduğunu belirten birçok hadis vardır. Bir kısmı şunlardır:

928- İbni Ömer'den (radıyallâhu anhumâ) rivayet edildiğine göre Peygamberimiz (sallallâhu aleyhi ve sellem) Abdurrahman b. Avf, Sa'd b. Ebi Vakkas ve Abdullah b. Mes'ud (radıyallâhu anhum) ile birlikte Sa'd b. Ubade'yi (radıyallâhu anh) ziyaret etmeye gitti ve bu sırada ağladı. Onu gören sahabiler de ağladılar. Bunun üzerine Peygamberimiz (sallallâhu aleyhi ve sellem) şöyle buyurdu:

– "Sözlerimi duyuyor musunuz? Allah, gözyaşı ve kalp üzüntüsü yüzünden azap vermez. (Eli ile dilini göstererek) Fakat bunun yüzünden ya azap veya rahmet verir." (Buhâri, Müslim)

929- Üsame b. Zeyd'den (radıyallâhu anh) rivayet edildiğine göre Peygamberimizin (sallallâhu aleyhi ve sellem) kızının oğlu ölmek üzereyken yanına getirildi. Bu sırada Peygamberimizin (sallallâhu aleyhi ve sellem) gözleri yaşardı. Bu durumu gören Sa'd "Ya Resulallah! Bu hal nedir?" diye sordu. Peygamberimiz kendisine şöyle cevap verdi:

– "Bu hal, Allah'ın kullarının yüreklerine koymuş olduğu merhamet halidir. Allah ancak merhametli kullarına rahmet eder." (Buhâri, Müslim)

930- Enes'ten (radıyallâhu anh) rivayet edildiğine göre Peygamberimiz (sallallâhu aleyhi ve sellem), oğlu İbrahim can verirken yanına girdi ve gözlerinden yaşlar akmaya başladı. Abdurrahman b. Avf "Ya Resulallah! sen de mi?" diye sordu. Peygamberimiz ona:

– "Bu hal, bir merhamet tezahürüdür." dedikten sonra yeniden gözyaşı dökerek şöyle buyurdu: "Göz, yaş döküyor. Kalp, üzülüyor. Fakat biz Rabbimizin hoşuna gitmeyecek bir söz söyleyemeyiz. Ey İbrahim! Hiç şüphesiz, senin ayrılışından dolayı üzüntü içindeyiz." (Buhâri, Müslim)

154. Bölüm
Ölüde Görülen, Hoşa Gitmeyen Hallerini Söylemekten Kaçınmak

931- Peygamberimizin (sallallâhu aleyhi ve sellem) kölesi Ebu Râfi Eslem'den (radıyallâhu anh) rivayet edildiğine göre Peygamberimiz (sallallâhu aleyhi ve sellem) buyuruyor ki:

– "Kim bir ölüyü yıkar da onun hoşa gitmeyen hallerini saklarsa Allah onu kırk kere affeder." (Hâkim)

155. Bölüm
Cenaze Namazı Kılmak

Cenaze namazı kılmak, cenazeyi uğurlamak, defninde bulunmak ve cenaze törenlerine kadınların katılmalarının mekruh olması hakkındadır.

932- Ebu Hureyre'den (radıyallâhu anh) rivayet edildiğine göre Peygamberimiz (sallallâhu aleyhi ve sellem) buyuruyor ki:

– "Kim cenaze namazı kılıncaya kadar cenaze merasimlerine katılırsa ona bir, kim de cenaze toprağa verilinceye kadar cenazeye iştirak ederse ona iki kırat verilir." Sahabiler Peygamberimize (sallallâhu aleyhi ve sellem) "İki kırat nedir?" diye sordular. Peygamberimiz "İki yüce dağ kadar sevap demektir." diye buyurdu. (Buhâri, Müslim)

933- Yine Ebu Hureyre'den (radıyallâhu anh) rivayet edildiğine göre Peygamberimiz (sallallâhu aleyhi ve sellem) buyuruyor ki:

– "Kim namazını kılıp toprağa verilişini sağlayıncaya kadar inanarak ve sırf sevabını umarak bir Müslümanın cenaze törenine katılırsa o kimse her biri Uhud Dağı kadar olan iki kırat sevapla geri döner. Kim cenaze namazını kıldıktan sonra ölü toprağa verilmeden dönerse bir kırat sevapla geri döner." (Buhâri)

934- Ummü Atiyye (radıyallâhu anhâ) der ki: "Cenaze törenlerine katılmamız yasak kılındı. Fakat bu konuda bize şiddetli bir baskı yapılmadı." (Buhâri, Müslim)

156. Bölüm
Cenaze Namazı Kılanların Çok Olması, Safların Üç veya Daha Fazla Yapılması

935- Hz. Âişe'den (radıyallâhu anhâ) rivayet edildiğine göre Peygamberimiz (sallallâhu aleyhi ve sellem) buyuruyor ki:

– "Herhangi bir ölünün cenazesini sayıları yüze ulaşan bir Müslüman cemaat kılar da hepsi onun affedilmesi için dua ederlerse bu konudaki duaları mutlaka kabul olunur." (Müslim)

936- İbni Abbas'tan (radıyallâhu anhumâ) rivayet edildiğine göre Peygamberimiz (sallallâhu aleyhi ve sellem) buyuruyor ki:

– "Herhangi bir Müslüman ölür de cenazesine Allah'a hiçbir şeyi ortak koşmamış olan kırk kişi katılırsa Allah o kimselerin ölü hakkındaki şefaatini kabul eder." (Müslim)

937- Mersed b. Abdullahu'l-Yezenî der ki: "Mâlik b. Hübeyre (radıyallâhu anh) bir ölünün cenaze namazını kılacağı zaman eğer cemaatin sayısını az görürse onları üç safa bölüştürerek 'Peygamberimiz 'Kimin cenaze namazını üç saf kılarsa Allah onu kesin olarak cennete koyar.' buyurmuştur.' derdi." (Ebu Davud, Tirmizî)

157. Bölüm
Cenaze Namazında Okunacak Dualar

Cenaze namazında dört tekbir alınır. İlk tekbir alındıktan sonra eûzü besmele çekilerek Fatiha suresi okunur. Arkasından ikinci tekbir alınır ve Peygamberimize selat ü selam getirmek üzere "Allâhümme salli âlâ muhammedin ve âlâ âli Muhammed. Kemâ salleyte âlâ İbrâhime ve âlâ âli İbrâhime inneke hamidün mecid." (Allah'ım! İbrahim'i ve onun soyundan gelenleri affettiğin gibi Muhammed'i ve onun soyundan gelenleri de affeyle. Hamd ve övgü Sana mahsustur.) der. Cahil halkın yaptığı gibi "İnnallâhe ve melâiketehû yusallûne ale'n-nebiyy. Yâ eyyühellezîne âmenû sallû aleyhi ve sellimû teslimâ." ayeti okunmaz. Sadece bu ayet okunur da salat ü selam okunmazsa cenaze namazı olmaz.

Arkasından üçüncü tekbir alınır ve inşallah aşağıdaki hadislerde zikredeceğimiz şekilde gerek ölü için ve gerekse tüm Müslümanlar için dua edilir. Arkasından dördüncü tekbir alınır (ve) Hanefi mezhebine göre selam verilir. Şafii mezhebine göre yine dua okunur. Burada okunacak en güzel dua şöyledir: "Allâhümme lâ tahrimnâ ecrahü velâ teftinna ba'dehu vağfir lenâ velehü." (Allah'ım! Onun ecrinden bizi mahrum etme. Onun arkasından bizi fitneye düşürme. Onu da bizi de affeyle.)

İbni Avfa'dan rivayet edilen ve ileride zikredeceğimiz hadise göre en iyisi, çoğu kimselerin yaptığının tersine, dördüncü tekbirden sonra uzun dua okunur.

938- Ebu Abdurrahman Avf b. Malik (radıyallâhu anh) der ki: "Peygamberimiz bir cenaze namazı kılmıştı. Yaptığı dualardan şunlar aklımda kaldı:

– 'Allah'ım! Onun günahlarını bağışla, ona merhamet et. Ona esenlik ver, onu affeyle ve kendisine cennetten pay ayır. Mezarını geniş kıl. Onu su ile, karla ve buzla yıka. Beyaz elbiseyi kirden arındırdığın gibi onu günahlardan öyle arındır. Ona dünyadaki yurdundan daha hayırlı bir yurt, dünyadaki ailesinden daha hayırlı bir aile ve dünyadaki eşinden daha hayırlı bir eş nasip eyle ve onu cennete koy. Kendisini gerek kabir azabından ve gerekse cehennem azabından koru.' O kadar ki, ölünün yerinde ben olmak istedim." (Müslim)

939- Ebu Hureyre, Ebu Katade ve Ebu İbrahimu'l-Eşhelî'nin sahabi olan babasından (radıyallâhu anhum) rivayet edildiğine göre Peygamberimiz bir cenaze namazında şöyle dua etti:

– "Allah'ım! Gerek dirimizi gerek ölümüzü, gerek küçüğümüzü gerek büyüğümüzü, gerek erkeğimizi gerek kadınımızı, gerek burada olanımızı gerek olmayanımızı affeyle. Allah'ım! Yaşattıklarımızı İslam üzere yaşat, öldürdüklerimizi de iman ile öldür. Allah'ım! Bizi onun ecrinden mahrum etme ve ondan sonra bizi fitneye düşürme." (Tirmizî, Ebu Davud)

940- Ebu Hureyre'den (radıyallâhu anh) rivayet edildiğine göre, Peygamberimiz (sallallâhu aleyhi ve sellem) buyuruyor ki:

– "Ölünün cenaze namazını kıldığınız zaman onun için ihlasla dua ediniz." (Ebu Davud)

941- Yine Ebu Hureyre'den (radıyallâhu anh) rivayet edildiğine göre Peygamberimiz (sallallâhu aleyhi ve sellem) cenaze namazında şöyle dua etti:

– "Allah'ım! Onun rabbi Sensin. Onu yaratan Sensin. Onu İslam hidayetine erdiren Sensin. Onun ruhunu alan Sensin. Gizli-açık her şeyini de bilen Sensin. Biz onun bağışlanmasını istemek üzere Sana geldik; onu affeyle." (Ebu Davud)

942- Vasile b. Eska (radıyallâhu anh) der ki: "Resulullah (sallallâhu aleyhi ve sellem) bize bir Müslüman erkeğin cenaze namazını kıldırmıştı. Ben şöyle dua ettiğini duydum:

– 'Allah'ım! Falan oğlu filan senin himayen altında ve senin güdümün altındadır. Onu kabir sıkıntısından ve cehennem azabından koru. Vefa ve hamde layık olan sadece Sensin. Ey Allah'ım! Onu bağışla, ona rahmet et. Çünkü Sen bağışlayıcı ve esirgeyicisin" (Ebu Davud)

943- Abdullah b. Ebu Evfa (radıyallâhu anh) kızının cenaze namazını kıldırırken dört tekbir aldı. Dördüncü tekbirden sonra iki tekbir arası kadar ayakta dikilerek ölmüş kızı için af diledi ve dua etti. Arkasından "Peygamberimiz (sallallâhu aleyhi ve sellem) de böyle yapardı." dedi.

Diğer bir rivayet ise şöyledir:

"Dört kere tekbir aldıktan sonra bir süre bekledi. O kadar ki, beş tekbir alacağını sandım. Arkasından sağına ve soluna selam verip yerinden ayrıldıktan sonra kendisine 'Bu nedir?' diye sorduk. Bize 'Ben Peygamberimizi (sallallâhu aleyhi ve sellem) yaparken gördüklerime hiçbir şey eklemiyorum.' veya 'Peygamberimiz (sallallâhu aleyhi ve sellem) de böyle yaptı.' dedi." (Hâkim)

158. Bölüm
Cenazenin Taşınmasında Acele Etmek

944- Ebu Hureyre'den (radıyallâhu anh) rivayet edildiğine göre Peygamberimiz (sallallâhu aleyhi ve sellem) buyuruyor ki:

– "Cenazeyi çabuk taşıyınız. Çünkü eğer ölü iyi bir kimse ise ona bir an önce hayır sunmuş olursunuz. Eğer başka türlü bir kimse ise o zaman da şerri bir an önce omuzlarınızdan indirmiş olursunuz." (Buhâri, Müslim)

945- Ebu Saidü'l-Hudrî'den (radıyallâhu anh) rivayet edildiğine göre Peygamberimiz (sallallâhu aleyhi ve sellem) buyuruyor ki:

– "Cenaze tabuta konup erkekler onu omuzlarına kaldırınca eğer ölü iyi bir kimse ise 'Beni götürün.' der. Eğer iyi bir kimse değilse yakınlarına 'Vay başıma gelenler! Cenazeyi nereye götürüyorsunuz?' der. Bu sırada ölünün sesini insandan başka bütün canlılar duyar. Eğer bu sesi insan duysaydı, bayılıp yere düşerdi." (Buhâri)

159. Bölüm
Ölen Kimsenin Borcunu Ödemekte Acele Etmek, Biran Önce Defnedilmesini Sağlamak

946- Ebu Hureyre'den (radıyallâhu anh) rivayet edildiğine göre Peygamberimiz (sallallâhu aleyhi ve sellem) buyuruyor ki:

– "Mü'minin ruhu, borcu ödeninceye kadar, borcu yüzünden askıda kalır." (Tirmizî)

947- Husayn b. Vahvah'dan rivayet edildiğine göre Talha b. Berae b. Âzib hastalanmıştı. Peygamberimiz (sallallâhu aleyhi ve sellem) onu ziyaret etmeye geldiği zaman "Ben Talha için ölümden başka bir ihtimal görmüyorum.

Ölünce bana haber veriniz. Toprağa verme hazırlıklarını da çabuk bitiriniz. Çünkü Müslüman ölüsünün ailesi yanında tutulması doğru değildir." buyurmuştur. (Ebu Davud)

160. Bölüm
Kabir Başında Öğüt Vermek

948- Hz. Ali (radıyallâhu anh) der ki: "Bakiu'l-Garkad mezarlığında bulunuyorduk. Resulullah (sallallâhu aleyhi ve sellem) yanımıza gelip oturdu. Biz de onun çevresinde oturduk. Elinde bir baston vardı. Başını yere eğmiş, bastonu ile yere birtakımçizgiler çiziyordu. Bir süre sonra 'Her birinin gerek cennette ve gerekse cehennemdeki yeri yazılmıştır.' buyurdu. Sahabiler kendisine 'Hakkımızdaki yazıya güvenelim mi?' diye sordular. Peygamberimiz (sallallâhu aleyhi ve sellem) onlara "Görevlerinizi yapınız. Çünkü herkes niçin yaratıldı ise onu kolayca elde eder." (Hadisin devamı vardır.) (Buhâri, Müslim)

161. Bölüm
Ölüyü Defnettikten Sonra Kabir Başında Bir Süre Oturup Ölüye Dua Etmek, Onun İçin Af Dilemek, Kur'an Okumak

949- Ebu Amr'dan (veya Ebu Abdullah'tan yahut Ebu Leyla Osman b. Affân'dan) (radıyallâhu anhum) rivayet edildiğine göre Peygamberimiz (sallallâhu aleyhi ve sellem) ölü gömüldükten sonra bir süre daha başında durur ve "Kardeşiniz için af dileyin. Kendisine meleklerin soruları karşısında başarı dileyin. Çünkü o şimdi sorguya çekilmektedir." buyurmuştur. (Ebu Davud)

950- Amr İbnü'l-Âs (radıyallâhu anh) der ki: "Beni toprağa verince deve kesilip eti dağıtılıncaya kadar mezarımın başında bekleyin ki o sırada varlığınızdan güç alıp çevreme alışarak Rabbimin elçilerine ne cevap vereceğimi öğreneyim." (Müslim)

İmam Şafii (rahimehüllâhü) der ki: "Yeni gömülmüş ölünün başında bir miktar Kur'an okumak müstehaptır. Eğer Kur'an hatmedilirse iyi olur."

162. Bölüm
Ölü Adına Sadaka Vermek, Onun İçin Dua Etmek

Allah Teâlâ (celle celâlüh) buyuruyor ki:

– **"Onların arkasından gelenler 'Ey Rabbimiz! Bizi ve bizden önce iman etmiş olan kardeşlerimizi affeyle.' derler."** (Haşr suresi, 10. ayet.)

951- Hz. Âişe'den (radıyallâhu anhâ) rivayet edildiğine göre adamın biri Peygamberimize (sallallâhu aleyhi ve sellem) gelerek "Annem ansızın ölüverdi. Eğer konuşabilseydi sadaka vereceğini sanıyorum. Onun namına ben sadaka verirsem kendisi sevap kazanır mı?" diye sordu. Peygamberimiz ona "Evet." diye cevap verdi. (Buhâri, Müslim)

952- Ebu Hureyre'den (radıyallâhu anh) rivayet edildiğine göre Peygamberimiz (sallallâhu aleyhi ve sellem) buyuruyor ki:

– "İnsan ölünce şu üç sebep dışında ameli kesilir: Sadaka-i cariye (devam eden sadaka) veya yararlanılan ilim yahut arkasından dua eden hayırlı bir evlat." (Müslim)

163. Bölüm
Ölen Kimseyi Hayırla Anmak

953- Enes'ten (radıyallâhu anh) rivayet edildiğine göre sahabiler bir cenazeye rastladılar ve onun hakkında iyi konuştular. Peygamberimiz (sallallâhu aleyhi ve sellem) "Gerekli oldu." buyurdu. Bir süre sonra sahabiler başka bir cenazeye rastladılar ve ölü hakkında kötü konuştular. Peygamberimiz (sallallâhu aleyhi ve sellem) yine "Gerekli oldu." buyurdu. Ömer b. Hattab ona "Ya Resulallah! Gerekli olan nedir?" diye sordu. Peygamberimiz de ona şu cevabı verdi:

– "Şu iyiliğinden bahsettiğiniz ölüye cennet ve şu kötülüğünden bahsettiğiniz ölüye de cehennem gerekli oldu. Çünkü sizler, Allah'ın yeryüzündeki şahitlerisiniz." (Buhâri, Müslim)

954- Ebul Esved (radıyallâhu anh) der ki: "Medine'ye gelmiş, Ömer b. Hattab'ın (radıyallâhu anh) yanında oturuyordum. Bu sırada bir cenaze geçti ve arkasından sahibi hakkında iyi sözler söylendi. Bunun üzerine Ömer 'Gerekli oldu.' dedi. Bir süre sonra bir cenaze daha geçti, onun hakkında da iyi sözler söylendi. Ömer yine 'Gerekli oldu.' dedi. Bir süre sonra üçüncü bir cenaze geçti, onun hakkında da kötü konuşuldu Ömer yine de 'Gerekli oldu.' dedi. Ben Ömer'e 'Ey Mü'minlerin Emiri! Gerekli olan nedir?' diye sordum. Ömer bana şu cevabı verdi:

'Ben Peygamberimizin (sallallâhu aleyhi ve sellem) buyurduğunu tekrarlamış oldum. Peygamberimiz 'Kendisi hakkında dört kişinin iyidir diye şahitlik ettiği her Müslümanı Allah cennete koyar.' buyurmuştur. Biz kendisine 'Üç kişi şahitlik ederse?' diye sorduk. Peygamberimiz 'Üç kişi şahitlik ederse de.' diye cevap verdi. Bunun üzerine ona 'Ya iki kişi şahitlik ederse?' diye sorduk. Bize 'İki kişi şahadet ederse de öyle.' diye cevap verdi. Bundan sonra ona bir kişi şahadet ettiği takdirde ne olacağını sormadık.'" (Buhâri)

164. Bölüm
Küçük Yaşta Çocukları Ölenlerin Alacağı Sevaplar

955- Enes'ten (radıyallâhu anh) rivayet edildiğine göre Peygamberimiz (sallallâhu aleyhi ve sellem) buyuruyor ki:

– "Erginlik yaşına varmamış üç çocuğu ölen her Müslümanı, Allah, o çocuklara göstermiş olduğu şefkat sayesinde cennete koyar." (Buhâri, Müslim)

956- Ebu Hureyre'den (radıyallâhu anh) rivayet edildiğine göre Peygamberimiz (sallallâhu aleyhi ve sellem) buyuruyor ki:

– "Bir Müslümanın üç çocuğu ölürse cehennem ona sadece yemin yerine gelsin diye dokunur." (Buhâri, Müslim)

"Yemin yerine gelsin"den maksat, Allah Teâlâ'nın (celle celâlüh) şu ayetidir: "Sizden hiç biriniz müstesna olmamak üzere hepiniz oraya varacaksınız." (Meryem suresi, 71. ayet.)

957- Ebu Saidü'l-Hudrî (radıyallâhu anh) der ki: "Kadının biri bir gün Peygamberimize (sallallâhu aleyhi ve sellem) gelerek 'Ya Resulallah! Senin konuşmalarından yalnız erkekler yararlanıyorlar. Bize de bir gün ver de sana gelelim ve Allah'ın sana öğrettiklerinden bazılarını bize de öğret.' dedi. Peygamberimiz (sallallâhu aleyhi ve sellem) kadına 'Falan gün toplanın.' buyurdu. Kadınlar da toplandılar. Peygamberimiz yanlarına giderek Allah'ın kendisine öğrettiği bazı gerçekleri onlara öğretti. Sonra onlara şöyle buyurdu:

– 'İçinizden herhangi bir kadın üç çocuğunu sağken ahirete gönderirse bunlar ona cehenneme karşı perde olur.' Kadınlardan biri 'Eğer iki çocuğu ölürse?' diye sordu. Peygamberimiz 'İki çocuğu ölürse de.' diye cevap verdi." (Buhâri, Müslim)

165. Bölüm
Zalimlerin Mezarlarının Yanından Geçerken Ağlamak

958- İbni Ömer'den (radıyallâhu anhumâ) rivayet edildiğine göre Peygamberimiz (sallallâhu aleyhi ve sellem) Semud kavminin yurduna varınca sahabilerine şöyle buyurdu:

– "Şu azaba çarpılmışların yanına mutlaka ağlayarak giriniz. Eğer ağlar durumda değilseniz onların yanına girmeyiniz ki onların karşılaştığı azap sizin başınıza da gelmesin." (Buhâri, Müslim)

Diğer bir rivayete göre de Peygamberimiz (sallallâhu aleyhi ve sellem) Semud kavminin yurdundan geçerken "Kendi kendilerine zulmedenlerin evlerine ağlamaksızın girmeyiniz ki onların karşılaştığı azap sizin de başınıza gelmesin." buyurduktan sonra başını örterek vadiyi geçinceye kadar yürüyüşünü hızlandırdı.

166. Bölüm
Yolculuk Adabı, Yolculuğa Perşembe Günü Erkenden Çıkmak

959- Kâ'b b. Malik'ten (radıyallâhu anh) rivayet edildiğine göre Peygamberimiz (sallallâhu aleyhi ve sellem) Tebük seferine perşembe günü çıkmıştı ve yolculuğa perşembe günleri çıkmayı severdi. (Buhâri, Müslim)

Buhâri ile Müslim'in kaydettikleri başka bir rivayete göre Peygamberimizin (sallallâhu aleyhi ve sellem) perşembeden başka bir gün sefere çıktığı ender olmuştur.

960- Sahabilerden Sahr b. Vedae el-Ğâmidî'den (radıyallâhu anh) rivayet edildiğine göre Peygamberimiz (sallallâhu aleyhi ve sellem) "Allah'ım! Günün erken saatlerini ümmetim hakkında bereketli eyle." buyurmuştur. Peygamberimiz (sallallâhu aleyhi ve sellem) bir öncü birliği veya bir ordu sefere çıkarırken günün ilk saatlerinde yola çıkarırdı. Sahr da bir tüccardı ve işine günün ilk saatlerinde giderdi. Bu yüzden çok mal kazanıp servet sahibi oldu. (Ebu Davud, Tirmizî)

167. Bölüm
Yolculuğa Çıkanların Arkadaş Aramaları, İtaat Edecekleri Birisini Kendilerine Reis Tayin Etmeleri

961- İbni Ömer'den (radıyallâhu anhumâ) rivayet edildiğine göre Peygamberimiz (sallallâhu aleyhi ve sellem) buyuruyor ki:

– "İnsanlar yalnızlıktaki tehlikeler hakkında benim bildiklerimi bilselerdi, hiçbir kimse geceleyin yalnız başına yola çıkmazdı." (Buhâri)

962- Amr b. Şuayb'ın babasından ve babasının da dedesinden rivayet ettiğine göre Peygamberimiz (sallallâhu aleyhi ve sellem) buyuruyor ki:

– "Bir tek yolcu şeytandır. İki yolcu da şeytandır. Fakat üç yolcu bir kafiledir." (Ebu Davud, Tirmizî, Neseî)

963- Ebu Saidü'l-Hudrî ve Ebu Hureyre'den (radıyallâhu anhumâ) rivayet edildiğine göre Peygamberimiz (sallallâhu aleyhi ve sellem) buyuruyor ki:

- "Üç kişi bir yolculuğa çıkınca aralarından birini başkan seçsinler." (Ebu Davud)

964- İbni Abbas'tan (radıyallâhu anhumâ) rivayet edildiğine göre Peygamberimiz (sallallâhu aleyhi ve sellem) buyuruyor ki:

- "Arkadaş gruplarının en hayırlısı dört kişidir. Öncü birliklerinin en hayırlısı dört yüz kişidir. Orduların en hayırlısı dört bin kişidir. On iki bin kişilik birlik sayıca az olduğu için yenilmiş olmayacaktır." (Ebu Davud, Tirmizî)

168. Bölüm
Yolculukta Konaklama ve Uyuma Adabı, Hayvanlara Yumuşak Davranmak

965- Ebu Katade (radıyallâhu anh) der ki: "Peygamberimiz (sallallâhu aleyhi ve sellem) yolculuk sırasında geceleyin konakladığı zaman sağ yanı üzerine uzanırdı. Eğer sabaha karşı konaklarsa dirseğini dikerek başını avucuna yaslardı." (Müslim)

966- Ebu Sa'lebe el-Huşeni (radıyallâhu anh) der ki: "Halk konaklayınca geçitlere ve vadilere dağılırdı. Peygamberimiz 'Sizin geçitlere ve vadilere dağılmanız şeytandandır.' buyururdu. O günden sonra halk bir yerde konaklayınca birbirlerine yakın olurlardı." (Ebu Davud)

967- İbni Hanzaliyye lakabı ile tanınan ve Rıdvan biatına katılanlardan biri olan Sehl b. Amr (veya Sehl b. Rebî b. Amrul Ensari) der ki: "Peygamberimiz (sallallâhu aleyhi ve sellem) bir gün, zayıflıktan sırtı karnına geçmiş deve ile karşılaşınca şöyle buyurdu:

- 'Şu dilsiz hayvanlar hakkında Allah'tan korkunuz ve onlara insaf ölçüleri uyarınca bininiz, onları insaf ölçülerine göre boğazlayıp yiyiniz.'" (Ebu Davud)

968- Ebu Cafer Abdullah b. Cafer (radıyallâhu anhumâ) der ki: "Bir gün Peygamberimiz beni binek hayvanının arkasına aldı ve bana hiç kimseye söylemeyeceğim bir şey anlattı. Peygamberimiz, abdest bozacağı zaman gizlenmek üzere en çok tümsek yerlerden veya bahçelerden hoşlanırdı." (Müslim)

Yine Müslim'in Burkani'den rivayet ettiğine göre hadis şöyle devam etmektedir:

"Bu sırada Peygamberimiz Ensar'dan birinin bahçesine girdi. Orada bir deve vardı. Deve, Peygamberimizi görünce inledi ve gözleri yaşardı. Peygamberimiz yanına vararak hörgücünü ve kulak arkalarını okşadı da hayvan sakinleşti. Peygamberimiz 'Bu devenin sahibi kim, kimindir bu deve?' diye sordu. Bu sırada Ensar'dan bir delikanlı gelerek 'Bu deve benimdir ya Resulallah.' dedi Bunun üzerine Peygamberimiz, delikanlıya 'Allah'ın senin eline vermiş olduğu bu hayvan hakkında O'ndan korkmuyor musun? Baksana, hayvan kendisini aç bıraktığını ve onu çok yorduğunu bana şikayet ediyor.' dedi."

969- Enes (radıyallâhu anh) der ki: "Biz bir yerde konaklayınca develerin yüklerini çözüp indirmeden namaza durmazdık." (Müslim)

970- Enes'ten (radıyallâhu anh) rivayet edildiğine göre Peygamberimiz (sallallâhu aleyhi ve sellem) buyuruyor ki:

– "Geceleyin yürüyünüz. Çünkü geceleyin mesafeler dürülür." (Ebu Davud)

169. Bölüm
Yol Arkadaşına Yardım Etmek

Bu konuda "Kul, mü'min kardeşine yardım ettikçe Allah da ona yardım eder." "Her iyilik bir sadakadır" ve bunların benzerleri gibi birçok hadis daha önce ele alınmıştır.

971- Ebu Saidü'l-Hudrî (radıyallâhu anh) der ki: "Bir yolculuk sırasında adamın biri binek hayvanı üzerinde yanımıza geldi ve sağa sola bakınmaya başladı. Bunun üzerine Peygamberimiz (sallallâhu aleyhi ve sellem) 'Fazla binek hayvanı olan onu binek hayvanı olmayana versin. Fazla azığı olan onu azığı olmayana versin...' buyurdu ve sözlerine devam ederek çeşitli şeylerin adını zikretti. Öyle ki hiçbirimizin fazla olan herhangi bir şeyi yanımızda alıkoymaya hakkımızın olmadığını gördük." (Müslim)

972- Cabir'den (radıyallâhu anh) rivayet ediliyor ki: "Peygamberimiz (sallallâhu aleyhi ve sellem) bir sefere çıkmaya karar verdi ve şöyle buyurdu:

– 'Ey Muhacirler ve ey Ensar! Kardeşleriniz arasında ne malı ne de akrabası olan bir grup var. Bu yüzden her biriniz, yanına bir veya iki kişi alsın.' buyurdu. Zaten hepimizin ancak nöbetleşerek binebildiği bir binek hayvanı vardı. Ben de yanıma iki veya üç kişi almıştım. Deveme binmek için benim de onların her biri gibi bir sıram vardı." (Ebu Davud)

973- Yine Cabir'den (radıyallâhu anh) rivayet edildiğine göre Peygamberimiz (sallallâhu aleyhi ve sellem) yolculuk sırasında zaman zaman geride kalır, zayıfları devesine bindirerek götürür ve onlara dua ederdi. (Ebu Davud)

170. Bölüm
Yolculukta Bineğe Binerken Söylenecek Söz

Allah Teâlâ (celle celâlüh) buyuruyor ki:

– "Allah gemileri ve bir kısım hayvanları binek olarak yarattı. Bunlara bindiğinizde Allah'ın size verdiği nimetleri hatırlayasınız da 'İtaat altına almaya gücümüzün yetmeyeceği bu hayvan ve gemileri emrimize boyun eğdiren Allah'ı noksan sıfatlardan tenzih ederiz. Hiç şüphesiz, dönüşümüz Rabbimizedir.' diyesiniz." (Zuhruf suresi, 12, 13. ayetler.)

974- İbni Ömer (radıyallâhu anhumâ) der ki: "Peygamberimiz (sallallâhu aleyhi ve sellem) yolculuğa çıkmak üzere devesinin üzerine çıkıp oturduğu zaman üç kere tekbir aldıktan sonra şöyle dua ederdi:

– 'İtaat altına almaya gücümüzün yetmeyeceği bu hayvanlara irademize boyun eğdiren Allah'ı noksan sıfatlardan tenzih ederim. Hiç şüphesiz, dönüşümüz Rabbimizedir. Allah'ım! Senden bu yolculuğumuz sırasında iyilik ve takva isteriz ve rızanı kazanacak amel dileriz. Allah'ım! Bu yolculuğumuzu bize kolay kıl. Uzaklığını bizim için yakın eyle. Allah'ım! Yolculukta koruyucumuz ve ailemizde vekilimiz sensin. Allah'ım! Yolculuk sıkıntılarından, üzücü bir gelişme ile karşılaşmaktan; dönüşte malda, ailede ve çoluk çocukta kötü bir haberle karşılaşmaktan sana sığınırım.'

Peygamberimiz (sallallâhu aleyhi ve sellem) yolculuktan döndükten sonra da aynı duayı yapardı ve 'Rabbimize tevbe ederek, ibadet ederek ve hamdederek yolculuktan dönüyoruz.' derdi." (Müslim)

975- Abdullah b. Sercis (radıyallâhu anh) der ki: "Peygamberimiz (sallallâhu aleyhi ve sellem) yolculuğa çıkacağı zaman yolculuğun sıkıntılarından, dönüşte üzücü bir gelişme ile karşılaşmaktan, yükselişten sonraki düşüşten, mazlumun bedduasından, dönüşte aile ve mal ile ilgili kötü bir haber ile karşılaşmaktan Allah'a sığınırdı." (Müslim)

976- Ali b. Rebia (radıyallâhu anh) der ki: "Ali b. Ebu Talib'e (radıyallâhu anh) bir binek hayvanı getirildiğini gördüm. Ayağını üzengiye yerleştirince 'Bismillah.' dedi. Binek hayvanının sırtına oturunca **'İtaat altına almaya gücümüzün yetmeyeceği bu hayvanlara irademize boyun eğdiren**

Allah'ı noksan sıfatlardan tenzih ederim. Hiç şüphesiz, dönüşümüz Rabbimizedir.' dedikten sonra ayrıca üç kere 'Elhamdülillah' üç kere 'Allahü ekber' dedi. Arkasından şöyle dua etti: 'Ey noksan sıfatlardan uzak olan Allah'ım! Ben kendi nefsime zulmettim. Beni bağışla. Çünkü Senden başka hiç kimse günahları bağışlayamaz.' Ali, duayı bitirdikten sonra gülümsedi. Kendisine 'Ya Emirel Mü'minin! Niye gülüyorsun?' diye sordular. Hz. Ali bu soruya 'Peygamberimizin (sallallâhu aleyhi ve sellem) benim gibi yaptığını görmüştüm de kendisine 'Ya Resulallah! Niye gülüyorsun?' diye sormuştum. Bana 'Çünkü kulun günahları başkasının affedemeyeceğini bilerek, 'Günahlarımı bağışla.' demesi Allah'ın hoşuna gider.' diye cevap vermişti.'" (Ebu Davud, Tirmizî)

171. Bölüm
Yokuş Çıkarken Tekbir Getirip İnerken Tesbih Etmek, Sesini Fazla Yükseltmekten Sakınmak

977- Cabir (radıyallâhu anh) der ki: "Bizler yokuş çıkarken tekbir getirir, yokuş aşağı inerken de tesbih ederdik." (Buhâri)

978- İbni Ömer (radıyallâhu anhumâ) der ki: "Peygamberimiz (sallallâhu aleyhi ve sellem) ve orduları yokuş çıkarken tekbir getirir, yokuş aşağı inerken de tesbih ederdi." (Ebu Davud)

979- Yine İbni Ömer (radıyallâhu anhumâ) der ki: "Peygamberimiz (sallallâhu aleyhi ve sellem) hacdan, umreden dönerken her yokuş ve tepe çıkışında üç kere tekbir getirdikten sonra şöyle buyururdu:

– 'Allah'tan başka ilah yoktur. O tektir, ortağı yoktur. Mülk de hamd de O'na mahsustur. O her şeye kadirdir. Rabbimize tevbe ederek, O'na ibadet ederek, O'na secde ederek ve hamdederek dönüyoruz. Allah vaadini gerçekleştirerek kuluna yardım etti ve tek başına bütün orduları bozguna uğrattı.'" (Buhâri, Müslim)

Müslim'in bir diğer rivayetinde "ordu ve müfrezelerden, büyük küçük harplerden veya hac ve umreden döndüğünde" diye kaydedilmektedir.

980- Ebu Hureyre'den (radıyallâhu anh) rivayet edildiğine göre adamın biri "Ya Resulallah! Yolculuğa çıkmak istiyorum. Bana bir tavsiyede bulun." dedi. Peygamberimiz (sallallâhu aleyhi ve sellem) kendisine "Takvadan ayrılma. Ayrıca her yokuş çıkışında tekbir getirmeyi ihmal etme." buyurdu. Adam ayrılıp giderken de arkasından "Allah'ım! Uzaklıklarını yakın eyle ve yolculuğunu kolay kıl." diye dua etti. (Tirmizî)

981- Ebu Musa el-Eş'arî (radıyallâhu anh) der ki: "Peygamberimizle (sallallâhu aleyhi ve sellem) birlikte bir seferde idik. Vadiyi çıkarken yüksek sesle tehlil ve tekbir getiriyorduk. Bunun üzerine Peygamberimiz (sallallâhu aleyhi ve sellem) bize 'Ey insanlar! Kendi kendinizi yormayınız. Çünkü sizler ne sağıra ne de uzakta olan birine sesleniyorsunuz. O sizinledir. O işiticidir ve yakındır.'" (Buhâri, Müslim)

172. Bölüm
Yolculukta Dua Etmek

982- Ebu Hureyre'den (radıyallâhu anh) rivayet edildiğine göre Peygamberimiz (sallallâhu aleyhi ve sellem) buyuruyor ki:

– "Üç dua var ki bunların kabul edileceği kesindir: Mazlumun bedduası, yolcunun duası ve ana babanın evlada duası." (Ebu Davud, Tirmizî)

(Ebu Davud'un rivayetinde "evlada" kaydı yoktur.)

173. Bölüm
Başkalarından Korkunca Söylenecek Dua

983- Ebu Musa el-Eş'arî (radıyallâhu anh) der ki: "Peygamberimiz (sallallâhu aleyhi ve sellem) herhangi bir gruptan korktuğu zaman şöyle dua ederdi:

– 'Allah'ım! Senin himayeni onlara karşı siper ediniyor ve şerlerinden sana sığınıyoruz.'" (Ebu Davud, Neseî)

174. Bölüm
Yolcunun Bir Yere Vardığında Okuyacağı Dua

984- Havle binti Hakîm'den (radıyallâhu anhumâ) rivayet edildiğine göre Peygamberimiz (sallallâhu aleyhi ve sellem) buyuruyor ki:

– "Kim bir konaklama yerine inince 'Allah'ın yarattıklarının şerrinden yine Allah'ın noksandan münezzeh kelimeleri ile korunurum.' derse o konaklama yerinden göçünceye kadar kendisine hiçbir şey zarar vermez." (Müslim)

985- İbni Ömer (radıyallâhu anhumâ) der ki: "Peygamberimiz (sallallâhu aleyhi ve sellem) yolculuktayken gece olunca şöyle dua ederdi:

– 'Ey yeryüzü! Benim de senin de rabbimiz Allah'tır. Senin, üzerindekilerin, sende bulunan yaratılmışların, üzerinde gezinenlerin şerrinden Allah'a sığınırım. Aslanın, kartalın, yılanın, akrebin, beldede yaşayan canlıların, doğuranın ve doğanın şerrinden Allah'a sığınırım.'" (Ebu Davud)

175. Bölüm

İşini Tamamlayan Yolcunun Ailesine Dönmek İçin Acele Etmesi

986- Ebu Hureyre'den (radıyallâhu anh) rivayet edildiğine göre Peygamberimiz (sallallâhu aleyhi ve sellem) buyuruyor ki:

- "Yolculuk azaptan bir dilimdir. Sizi yemekten, içmekten ve uyumaktan alıkoyar. Buna göre, herhangi biriniz yolculuğu ile ilgili amacını gerçekleştirince ailesinin yanına dönmekte acele etsin." (Buhârî, Müslim)

176. Bölüm

Yolcunun Evine Gündüz Dönmesi, Zaruret Olmadıkça Gece Dönmemesi

987- Cabir'den (radıyallâhu anh) rivayet edildiğine göre Peygamberimiz (sallallâhu aleyhi ve sellem) buyuruyor ki:

- "Herhangi biriniz, uzun süre ailesinden uzak kalınca sakın evine gece dönmesin." Diğer bir rivayete göre Peygamberimiz (sallallâhu aleyhi ve sellem) yolcunun evine geceleyin dönmesini yasaklamıştır. (Buhârî, Müslim)

988- Enes'ten (radıyallâhu anh) rivayet edildiğine göre Peygamberimiz (sallallâhu aleyhi ve sellem) yolculuk dönüşü evine hiçbir zaman geceleyin gelmez, ya sabahleyin veya akşamleyin gelirdi. (Buhârî, Müslim)

177. Bölüm

Dönüp Beldesini Gören Yolcunun Söyleyeceği Söz

989- Enes (radıyallâhu anh) der ki: "Peygamberimizle (sallallâhu aleyhi ve sellem) birlikte bir yolculuktan dönüyorduk. Medine'yi görebilecek yakınlığa vardığımız zaman, Peygamberimiz (sallallâhu aleyhi ve sellem) 'Rabbimize tevbe ederek, ibadet ederek ve hamdederek geri dönüyoruz.' demeye başladı ve Medine'ye varıncaya kadar aynı sözleri tekrarladı." (Müslim)

178. Bölüm

Yolculuktan Dönenin Evine Varmadan Önce Semtinin Mescidine Uğrayıp İki Rek'at Namaz Kılması

990- Ka'b b. Malik'ten (radıyallâhu anh) rivayet edildiğine göre Peygamberimiz bir yolculuktan dönünce önce mescide uğrar ve iki rek'at namaz kılardı. (Buhârî, Müslim)

179. Bölüm
Kadınların Yalnız Başına Yolculuğa Çıkmaması

991- Ebu Hureyre'den (radıyallâhu anh) rivayet edildiğine göre Peygamberimiz (sallallâhu aleyhi ve sellem) buyuruyor ki:

– "Allah'a ve ahiret gününe inanan hiçbir kadının, yanında bir mahremi olmaksızın bir gün bir gecelik bir yolculuğa çıkması helal değildir." (Buhâri, Müslim)

992- İbni Abbas'tan (radıyallâhu anhumâ) rivayet edildiğine göre Peygamberimiz (sallallâhu aleyhi ve sellem) "Hiçbir erkek, yanında bir mahremi bulunmayan bir kadınla baş başa kalmasın. Yanında mahremi bulunmaksızın kadın yolculuk etmesin." buyurdu. Adamın biri Peygamberimize "Ya Resulallah! Eşim hacca gitmek üzere yola çıktı. Ben de falan savaşa asker yazıldım. Ne yapayım?" diye sordu. Peygamberimiz adama "Hemen git ve eşin ile birlikte hac yap." buyurdu. (Buhâri, Müslim)

180. Bölüm
Kur'an Okumanın Fazileti

993- Abdullah b. Amr ibnü'l-Âs'tan (radıyallâhu anhumâ) rivayet edildiğine göre Peygamberimiz (sallallâhu aleyhi ve sellem) buyuruyor ki:

– "Kur'an'ın dostuna şöyle denir: 'Oku ve yüksel! Dünyadaki gibi ağır ağır oku. Çünkü senin konaklama yerin, okuyacağın son ayetin bitimindedir." (Ebu Davud, Tirmizî)

994- Nevvas b. Sem'an'dan (radıyallâhu anh) rivayet edildiğine göre Peygamberimiz (sallallâhu aleyhi ve sellem) buyuruyor ki.

– "Kıyamet günü Kur'an ve dünyada onunla amel eden dostları getirilir. Bakara ve Âl-i İmran sureleri öne çıkarak dostlarına sahip çıkma konusunda birbirleri ile tartışmaya girişirler." (Müslim)

995- Osman b. Affan'dan (radıyallâhu anh) rivayet edildiğine göre Peygamberimiz (sallallâhu aleyhi ve sellem) buyuruyor ki:

– "En iyileriniz, Kur'an öğrenip onu başkalarına öğretenlerdir." (Buhâri)

996- Hz. Âişe'den (radıyallâhu anhâ) rivayet edildiğine göre Peygamberimiz (sallallâhu aleyhi ve sellem) buyuruyor ki:

– "Maharetle Kur'an okuyan kimse mukarreb melekler ile birliktedir. Kur'an'ı kekeleyip zorlukla okuyan kimsenin sevabı iki kattır." (Buhâri, Müslim)

997- Ebu Musa el-Eş'arî'den (radıyallâhu anh) rivayet edildiğine göre Peygamberimiz (sallallâhu aleyhi ve sellem) buyuruyor ki:

– "Kur'an okuyan mü'min ağaç kavununa benzer ki o, hem hoş kokulu hem de tatlıdır. Kur'an okumayan mü'min hurmaya benzer ki onun kokusu yoktur fakat tatlıdır. Kur'an okuyan münafık, reyhana benzer ki o, hoş kokuludur fakat acıdır. Kur'an okumayan münafık da Ebu Cehil karpuzuna benzer ki onun kokusu olmadığı gibi aynı zamanda acıdır." (Buhâri, Müslim)

998- Ömer b. Hattab'dan (radıyallâhu anh) rivayet edildiğine göre Peygamberimiz (sallallâhu aleyhi ve sellem) buyuruyor ki:

– "Allah bu kitap yüzünden birtakımkavimleri yüceltir, diğer bir kısımlarını da alçaltır." (Müslim)

999- İbni Ömer'den (radıyallâhu anhumâ) rivayet edildiğine göre Peygamberimiz (sallallâhu aleyhi ve sellem) buyuruyor ki:

– "Şu iki konu dışında başkalarına imrenmek doğru değildir. Allah bir adama Kur'an bağışlamıştır. O da gece gündüz kendini ona vermiştir. Allah bir adama varlık vermiştir. O da gece gündüz ondan sadaka vermektedir." (Buhâri, Müslim)

1000- Berâe b. Âzib (radıyallâhu anhumâ) der ki: "Adamın biri Kehf suresini okuyordu. Yanında bulunan atı da çift iple bağlı idi. Bu sırada bir bulut gelip adamı gölgesine aldı ve yavaş yavaş alçalmaya başladı. Adamın atı da buluttan ürktü. Sabah olunca adam Peygamberimize (sallallâhu aleyhi ve sellem) gelerek bu olayı anlattı. Peygamberimiz (sallallâhu aleyhi ve sellem) ona 'O, sekine bulutudur ve Kur'an için inmiştir.' buyurdu." (Buhâri, Müslim)

1001- İbni Mes'ud'dan (radıyallâhu anh) rivayet edildiğine göre Peygamberimiz (sallallâhu aleyhi ve sellem) buyuruyor ki:

– "Kim Kur'an'dan bir harf okursa ona bir sevap vardır. Sevabın mükâfatı da on kat fazlası ile verilir. 'Elif lam mim'e harf demiyorum. Elif bir harf, lam başka bir harf, mim de ayrı bir harftir." (Tirmizî)

1002- İbni Abbas'tan (radıyallâhu anhumâ) rivayet edildiğine göre Peygamberimiz (sallallâhu aleyhi ve sellem) buyuruyor ki:

– "Kur'an'dan hiçbir şey ezbere bilmeyen kimse yıkık bir eve benzer." (Tirmizî)

1003- Ebu Ümâme'den (radıyallâhu anh) rivayet edildiğine göre Peygamberimiz (sallallâhu aleyhi ve sellem) buyuruyor ki:

– "Kur'an okuyunuz. Çünkü Kur'an, kıyamet günü, dostlarına şefaatçi olarak gelir." (Müslim)

181. Bölüm
Kur'an'ı Tekrar Tekrar Okumak, Unutmaktan Kaçınmak

1004- Ebu Musa'dan (radıyallâhu anh) rivayet edildiğine göre Peygamberimiz (sallallâhu aleyhi ve sellem) buyuruyor ki:

– "Şu Kur'an'ı sık sık okuyunuz. Muhammed'in nefsini kudret elinde tutan Allah'a yemin ederim ki, bağlı deve çözülünce nasıl hızla kaçarsa Kur'an hafızadan daha çabuk kaçar." (Buhâri, Müslim)

1005- İbni Ömer'den (radıyallâhu anhumâ) rivayet edildiğine göre Peygamberimiz (sallallâhu aleyhi ve sellem) buyuruyor ki:

– "Kur'an'ı ezbere bilen, bağlı bir deve sahibi gibidir. Eğer ona kulak olursa onu yanında tutar. Eğer onu salıverirse o da gider." (Buhâri, Müslim)

182. Bölüm
Kur'an'ı Güzel Sesle Okumak ve Okuyanı Dinlemek

1006- Ebu Hureyre'den (radıyallâhu anh) rivayet edildiğine göre Peygamberimiz (sallallâhu aleyhi ve sellem) buyuruyor ki:

– "Allah; güzel sesli, Kur'an'ı ahenkle ve yüksek sesle okuyan bir peygamberi dinlediği kadar hiçbir şeyi dinlememiştir." (Buhâri, Müslim)

1007- Ebu Musa el-Eş'arî'den (radıyallâhu anh) rivayet edildiğine göre Peygamberimiz (sallallâhu aleyhi ve sellem) kendisine "Sana gerçekten Davud'un namelerinden bir name verilmiştir." buyurdu. (Buhâri, Müslim)

Müslim'in kaydettiği başka bir rivayete göre de Peygamberimiz (sallallâhu aleyhi ve sellem) Ebu Musa'ya "Dün gece senin Kur'an okuyuşunu dinlerken keşke beni görseydin." buyurmuştur.

1008- Berâe b. Âzib (radıyallâhu anhumâ) der ki: "Peygamberimizi (sallallâhu aleyhi ve sellem) yatsı namazında Tin suresini okurken dinledim. Daha önce onun kadar güzel sesli birisini hiç dinlememiştim." (Buhâri, Müslim)

1009- Ebu Lübâbe Beşir b. Abdü'l-Münzir'den (radıyallâhu anh) rivayet edildiğine Peygamberimiz (sallallâhu aleyhi ve sellem) buyuruyor ki:

– "Kim Kur'an'ı okurken sesini güzelleştirmezse bizden değildir." (Ebu Davud)

1010- İbni Mes'ud (radıyallâhu anh) der ki: "Peygamberimiz (sallallâhu aleyhi ve sellem) 'Bana Kur'an oku.' buyurdu. Ben de kendisine 'Ya Resulallah! Kur'an sana indiği halde ben nasıl sana Kur'an okurum?' dedim. Peygamberimiz bana 'O'nu başkasından dinlemek hoşuma gidiyor.' buyurdu. Bunun üzerine ona Nisâ suresini okumaya başladım. 'Her ümmetten bir şahit ve seni de ümmetin üzerine şahit getirdiğimiz zaman onların hali nice olur?' ayetine geldiğim zaman Peygamberimiz (sallallâhu aleyhi ve sellem) bana 'Şimdilik bu kadar yeter.' buyurdu. Kendisine döndüm. Gözlerinden yaşlar akıyordu." (Buhâri, Müslim)

183. Bölüm
Faziletli Sure ve Ayetleri Öğrenip Ezberlemek

1011- Ebu Said Râfi b. Muallâ (radıyallâhu anh) der ki: "Peygamberimiz (sallallâhu aleyhi ve sellem) elimi tutarak bana 'Mescid'den çıkmadan önce sana Kur'an'ın en önemli suresini bildireyim mi?' buyurdu. Mescid'den çıkmak üzere iken kendisine 'Ya Resulallah! Hani sen bana Kur'an'ın en önemli suresini bildireceğini söylemiştin?' diye sordum. Peygamberimiz (sallallâhu aleyhi ve sellem) bana 'Kur'an'ın en önemli suresi 'Elhamdülillâhi rabbi'l-âlemin'dir. O her namazda okunan yedi ayettir ve bana indirilen yüce Kur'an'dır.' buyurdu." (Buhâri)

1012- Ebu Saidü'l-Hudrî'den (radıyallâhu anh) rivayet edildiğine göre Peygamberimiz (sallallâhu aleyhi ve sellem) Kul hüvallahü ehad suresinin okunması hakkında "Nefsimi kudret elinde tutan Allah'a yemin ederim ki bu sure, Kur'an'ın üçte birine bedeldir." buyurdu. Başka bir rivayete göre de Peygamberimiz (sallallâhu aleyhi ve sellem) sahabilere "Herhangi biriniz bir gecede Kur'an'ın üçte birini okuyamaz mı?" diye sordu. Bu teklif sahabilere zor geldi ve "Ya Resulallah! Bunu hangimiz yapabilir?" dediler. Bunun üzerine Peygamberimiz onlara "Kul hüvallahü ehad allahüssamed, Kur'an'ın üçte biridir." buyurdu. (Buhâri)

1013- Yine Ebu Saidü'l-Hudrî'den (radıyallâhu anh) rivayet edildiğine göre kendisi adamın birinin Kul hüvallahü ehad suresini tekrar tekrar okuduğunu duydu. Sabahleyin Peygamberimize (sallallâhu aleyhi ve sellem) gelerek bu durumu anlattı. Adam bu yaptığı ameli azımsıyordu. Fakat Peygamberimiz "Nefsimi kudret elinde tutan Allah'a yemin ederim ki Kulhüvellah suresi, Kur'an'ın üçte birine denktir." buyurdu. (Buhâri)

1014- Ebu Hureyre'den (radıyallâhu anh) rivayet edildiğine göre Peygamberimiz (sallallâhu aleyhi ve sellem) "Kul hüvallahü" suresi hakkında "bu sure Kur'an'ın üçte birine denktir" buyurmuştur. (Muslim)

1015- Enes'ten (radıyallâhu anh) rivayet edildiğine göre sahabilerden biri "Ya Resulallah! Ben Kul hüvallahü ehad suresini seviyorum." dedi. Peygamberimiz (sallallâhu aleyhi ve sellem) de ona "Bu sureyi sevmen, cennete girmene sebep olur." buyurdu. (Tirmizî, Buhâri)

1016- Ukbe b. Âmir'den (radıyallâhu anh) rivayet edildiğine göre Peygamberimiz (sallallâhu aleyhi ve sellem) buyuruyor ki:

– "Biliyor musun? Bu gece öyle ayetler indirildi ki onlar gibileri görülmemiştir: Kul eûzü birabbi'l-felak ve Kul eûzü birabbi'n-nâs."

1017- Ebu Saidü'l-Hudrî (radıyallâhu anh) der ki: "Peygamberimiz (sallallâhu aleyhi ve sellem) Kul eûzü birabbi'l-felak ve Kul eûzü birabbi'n-nâs sureleri inmeden önce cinlerin ve insanların gözdeğdirmesinin şerrinden Allah'a sığınmak üzere çeşitli ayetler okurdu. Bu iki sure indikten sonra sırf bunları okumaya başladı." (Tirmizî)

1018- Ebu Hureyre'den (radıyallâhu anh) rivayet edildiğine göre Peygamberimiz (sallallâhu aleyhi ve sellem) buyuruyor ki:

– "Kur'an'da otuz ayetlik öyle bir sure var ki, birine şefaat ederse o kimse affedilir. Bu sure Tebâreke'l-lezî biyedihi'l-mülk süresidir." (Ebu Davud, Tirmizî)

1019- Ebu Mes'udü'l-Bedrî'den (radıyallâhu anh) rivayet edildiğine göre Peygamberimiz (sallallâhu aleyhi ve sellem) buyuruyor ki:

– "Kim bir gece Bakara suresinin sonundaki iki ayeti okursa onlar ona yeter." (Buhâri, Müslim)

1020- Ebu Hureyre'den (radıyallâhu anh) rivayet edildiğine göre Peygamberimiz (sallallâhu aleyhi ve sellem) buyuruyor ki:

– "Evlerinizi mezarlık haline getirmeyiniz. İçinde Bakara suresi okunan evden şeytan kaçar." (Müslim)

1021- Übeyy b. Ka'b (radıyallâhu anh) der ki: "Peygamberimiz (sallallâhu aleyhi ve sellem) bana 'Ya Eba'l-Münzir! Allah'ın kitabından ezbere bildiğin hangi ayetin en önemli olduğunu biliyor musun?' diye sordu. Ben ona 'Allahu lâ ilâhe illâ hüve'l-hayyü'l-kayyûm.' diye cevap verdim. Eli ile göğsümü okşayarak 'Ya Eba'l-Münzir! Bilgini tebrik ederim.' buyurdu." (Müslim)

1022- Ebu Hureyre (radıyallâhu anh) der ki: "Peygamberimiz (sallallâhu aleyhi ve sellem) beni ramazan ayı zekatını korumakla görevlendirmişti. Bir gün bana adamın biri geldi ve avucu ile yiyecek maddesi almaya koyuldu. Kendisini yakaladım ve 'Seni Peygamberimizin (sallallâhu aleyhi ve sellem) huzuruna çıkaracağım.' dedim. Adam bana 'Muhtaç durumdaydım. Bakmak zorunda olduğum çoluk çocuğum var. Aynı zamanda çok sıkışık durumdaydım.' dedi. Bunun üzerine adamı salıverdim. Sabahleyin Peygamberimiz (sallallâhu aleyhi ve sellem) bana 'Ya Eba Hureyre! Dün gece yakaladığın adam ne oldu?' diye sordu. Kendisine 'Ya Resulallah! Çoluk çocuk sahibi ve muhtaç olduğunu ileri sürerek halinden yakındı. Ben de kendisini acıyarak salıverdim.' diye cevap verdim. Peygamberimiz (sallallâhu aleyhi ve sellem) 'O sana yalan söyledi. Yine gelecek.' buyurdu.

Peygamberimizin sözü üzerine geleceğini bildiğim için adamı gözetledim. Nitekim geldi ve yiyecek maddesi avuçlamaya koyuldu. Kendisine 'Seni Peygamberimizin huzuruna çıkaracağım.' dedim. Adam 'Bırak beni. Geçindirmek zorunda olduğum çoluk çocuğum var ve muhtaç durumdayım. Bir daha gelmem.' dedi. Adama yine acıdım ve kendisini salıverdim.

Sabahleyin Peygamberimiz bana 'Ya Eba Hureyre! Dün gece yakaladığın adam ne oldu?' diye sordu. Kendisine 'Ya Resulallah! Çoluk çocuk sahibi ve muhtaç durumda olduğunu ileri sürerek halinden yakındı. Ben de acıyarak onu salıverdim.' diye cevap verdim. Peygamberimiz bana 'O sana yalan söyledi. Yine gelecek.' buyurdu.

Adamı üçüncü defa gözetledim. Yine gelip yiyecek maddesi avuçlamaya koyuldu. Kendisini yakalayıp 'seni mutlaka Peygamberimizin (sallallâhu aleyhi ve sellem) huzuruna çıkaracağım. Bu üçüncü defa oluyor ki bir daha gelmeyeceğini ileri sürüyor, fakat sonra yine geliyorsun.' dedim. Adam bana 'Beni bırak. Sana birkaç kelime öğreteyim de Allah sana onlar sayesinde yarar sağlasın.' dedi. Kendisine 'Nedir o kelimeler?' diye sordum. Bana 'Yatağına girince Âyetü'l-Kürsi'yi oku. Bu ayetler hiç şüphesiz senin için Allah tarafından görevlendirilmiş devamlı bir koruyucu olur. Sabaha kadar sana şeytan yaklaşamaz.' dedi. Bunun üzerine kendisini yine serbest bıraktım.

Ertesi sabah Peygamberimiz (sallallâhu aleyhi ve sellem) bana 'Dün gece yakaladığın adam ne oldu?' diye sordu. Kendisine 'Ya Resulallah! Bana Allah'ın yarar sağlamasına vesile olacak birkaç kelime öğrettiğini ileri sürdü. Ben de kendisini serbest bıraktım.' dedim. Peygamberimiz 'Nedir o kelimeler?' diye sordu. Kendisine 'Bana dedi ki: 'Yatağına girince baştan sona kadar Âyetü'l-Kürsi'yi, yani 'Allâhü lâ ilâhe illâ hüve'l-hayyü'l-kayyûm'u oku. Bu ayetler sana Allah tarafından görevlendirilmiş devamlı bir koruyucu olur. Sabaha kadar sana şeytan asla yaklaşamaz.' Peygamberimiz bana 'O, yalancı olmasına rağmen sana doğruyu söylemiş. Üç günden beri kimle karşılaştığını biliyor musun ya Eba Hureyre?' diye buyurdu. Kendisine 'Hayır.' diye cevap verdim. Peygamberimiz bana 'O, şeytandır.' buyurdu." (Buhâri)

1023- Ebu'd-Derdâ'dan (radıyallâhu anh) rivayet edildiğine göre Peygamberimiz (sallallâhu aleyhi ve sellem) buyuruyor ki:

– "Kim Kehf suresinin baş tarafındaki on ayeti ezberlerse Deccal'den korunmuş olur."

Diğer bir rivayete göre hadisin başlangıcı "Kim Kehf suresinin son kısmındaki..." şeklindedir. (Müslim)

1024- İbni Abbas (radıyallâhu anhumâ) der ki: "Bir gün Cebrail (aleyhisselam) Peygamberimizin (sallallâhu aleyhi ve sellem) yanında oturuyorken yukardan gelen bir ses duydu ve başını kaldırdı. Bunun üzerine Cebrail 'Bu, gök kapılarından biridir. Bugün açıldı. Bugünden başka hiç açılmış değildir.' dedi. O kapıdan bir melek iniverdi. Cebrail 'Bu, yere inmiş bir melektir. Bugünden başka daha önce hiç yere inmiş değildir.' dedi. İnen melek selam vererek Peygamberimize şöyle dedi: 'Senden önce hiçbir peygambere verilmediği halde sana verilen iki nuru müjdelerim! Bunlar Fatiha suresi ile Bakara suresinin son ayetleridir. Bunların her okunan harfine karşılık sana sevap verilir.'" (Müslim)

184. Bölüm
Kur'an Okumak ve Dinlemek İçin Toplanmak

1025- Ebu Hureyre'den (radıyallâhu anh) rivayet edildiğine göre Peygamberimiz (sallallâhu aleyhi ve sellem) buyuruyor ki:

– "Bir grup, Allah'ın evlerinden birinde bir araya gelerek Allah'ın kitabını okuyup aralarında onu incelerse onların üzerine sekinet iner, kendilerini rahmet kuşatır, melekler korur ve Allah onları yanındakiler arasında anar." (Müslim)

185. Bölüm
Abdestin Fazileti

Allah Teâlâ (celle celâlüh) buyuruyor ki:

– "Ey iman edenler! Namaz kılmak istediğiniz zaman yüzlerinizi, dirseklerinize kadar ellerinizi, başınıza mesh verip topuklarınıza kadar ayaklarınızı yıkayınız. Eğer cünüpseniz boy abdesti alınız. Eğer hasta iseniz veya yolculuktaysanız yahut içinizden biri ayak yolundan gelmişse yahut da kadınlara dokunmuşsanız ve bu durumlarda su bulamamışsanız, tertemiz toprakla teyemmüm edin. Yani toprakla yüzlerinize ve ellerinize mesh verin. Allah size güçlük çıkarmak istemez. Sizi temizlemek ve şükredesiniz diye üzerinizdeki nimetini tamama erdirmek ister." (Mâide suresi, 6. ayet.)

1026- Ebu Hureyre'den (radıyallâhu anh) rivayet edildiğine göre Peygamberimiz (sallallâhu aleyhi ve sellem) buyuruyor ki:

– "Benim ümmetim abdestin izleri olarak (abdest azaları) parıldar ve yaldızlı durumda Allah'ın huzuruna çağrılır. Buna göre parlaklığını genişletebilenler genişletsin." (Buhâri, Müslim)

1027- Yine Ebu Hureyre'den (radıyallâhu anh) rivayet edildiğine göre Peygamberimiz (sallallâhu aleyhi ve sellem) buyuruyor ki:

– "Mü'minin alımlılığı, abdestin ulaştığı yere kadar ulaşır." (Müslim)

1028- Osman b. Affân'dan (radıyallâhu anh) rivayet edildiğine göre Peygamberimiz (sallallâhu aleyhi ve sellem) buyuruyor ki:

– "Kim abdest alır ve abdestinde titizlik gösterirse tırnak altlarına varıncaya kadar tüm vücudundan günahlar çıkar." (Müslim)

1029- Yine Osman b. Affân (radıyallâhu anh) der ki: "Peygamberimizin (sallallâhu aleyhi ve sellem) şimdi almış olduğum gibi abdest aldığını gördüm. Arkasından şöyle buyurdu:

– 'Kim bu şekilde abdest alırsa tüm geçmiş günahları affedilir. Namazının ve camiye kadar yürümesinin sevabı da ayrı.'" (Müslim)

1030- Ebu Hureyre'den (radıyallâhu anh) rivayet edildiğine göre Peygamberimiz (sallallâhu aleyhi ve sellem) buyuruyor ki:

– "Müslüman (veya mü'min) bir kul abdest alırken yüzünü yıkayınca bakarak işlediği günahlarının tümü su ile birlikte veya suyun son damlası ile birlikte yüzünden çıkıp gider. Ellerini yıkayınca dokunarak işlemiş olduğu tüm günahlar su ile birlikte veya suyun son damlası ile birlikte ellerinden çıkıp gider. Ayaklarını yıkayınca da adım atarak işlemiş olduğu tüm günahlar su ile birlikte veya suyun son damlası ile birlikte çıkıp gider. Böylece tüm günahlardan arınmış olur." (Müslim)

1031- Yine Ebu Hureyre (radıyallâhu anh) der ki: "Bir gün Peygamberimiz mezarlığa vararak 'Selamün aleyküm ey mü'minler yurdu! Allah dilerse biz de size katılacağız. Kardeşlerimizi görmemizi isterdim.' buyurdu. Sahabiler 'Ya Resulallah! Bizler senin kardeşlerin değil miyiz?' dediler. Peygamberimiz kendilerine 'Sizler benim sahabilerimsiniz (arkadaşlarımsınız). Kardeşlerimiz ise henüz dünyaya gelmemiş olanlardır.' buyurdu. Sahabiler kendisine 'Ümmetinin henüz dünyaya gelmemiş olanlarını nasıl tanıyacaksın ya Resulallah?' diye sordular. Peygamberimiz de kendilerine 'Söyleyin bakalım, eğer bir adamın siyah renkli bir at sürüsü içinde alnı ve üç ayağı ak nişanlı bir atı olsa, adam atını tanıyamaz mı?' diye sordu. Sahabiler 'Tanır ya Resulallah!' dediler. Bunun üzerine Peygamberimiz 'Benim ümmetim, abdest sayesinde parlak ve ağaran abdest azaları ile gelir, ben de Havuz'un başında onları beklerim.' buyurdu." (Müslim)

1032- Yine Ebu Hureyre'den (radıyallâhu anh) rivayet edildiğine göre Peygamberimiz (sallallâhu aleyhi ve sellem) sahabilere "Size Allah'ın günahları silmesine ve dereceleri yükseltmesine vesile olan ibadetleri tavsiye edeyim mi?" diye buyurdu. Sahabiler "Tabii ya Resulallah!" diye cevap verince Peygamberimiz (sallallâhu aleyhi ve sellem) şöyle buyurdu:

– "Zor şartlar karşısında eksiksiz bir şekilde abdest almak. Camiye doğru çok adım atmak ve namaz kıldıktan sonra gelecek namazı beklemek, işte bunların üzerine düşmelidir. İşte bunların üzerine düşmelidir." (Müslim)

1033- Ebu Malikü'l-Eş'arî'den (radıyallâhu anh) rivayet edildiğine göre Peygamberimiz (sallallâhu aleyhi ve sellem) buyuruyor ki:

– "Temizlik imanın yarısıdır." (Müslim)

1034- Ömer b. Hattab'dan (radıyallâhu anh) rivayet edildiğine göre Peygamberimiz (sallallâhu aleyhi ve sellem) buyuruyor ki:

– "Kim abdest alır da abdestini eksiksiz şekilde tamamlar ve sonra 'Eşhedü enlâ ilâhe illallâhü vahdehû lâ şerîke lehû ve eşhedü enne Muhammeden abdühû ve rasûlüh.' (Allah'tan başka ilah olmadığına, O'nun tek ve ortaksız olduğuna şahadet ederim. Yine Muhammed'in O'nun kulu ve resulü olduğuna şahadet ederim.) derse hangisinden isterse girsin diye önünde cennetin sekiz kapısı açılır." (Müslim)

Tirmizi'nin kaydettiği bir rivayete göre abdest alanın söyleyeceği sözler arasında şunlar da vardır: "Allâhümmec'alnî mine't-tevvâbîne ve'calni mine'l-mütetahhirîn." (Allah'ım! Beni tevbe edenlerden ve tertemiz olanlardan eyle.)

186. Bölüm
Ezanın Fazileti

1035- Ebu Hureyre'den (radıyallâhu anh) rivayet edildiğine göre Peygamberimiz (sallallâhu aleyhi ve sellem) buyuruyor ki:

– "İnsanlar ezan okumakta ve ilk safta namaz kılmakta bulunan sevabı bilseler ve bunlar için kura çekmekten başka çare bulamasalar kura çekerlerdi. İlk tekbire katılmaktaki sevabı bilseler, bu konuda birbirleri ile yarış ederlerdi. Yatsı ve sabah namazlarını cemaatle kılmada bulunan sevabı bilseler, sürünerek bile olsa bu namazlara giderlerdi." (Buhâri, Müslim)

1036- Muaviye'den (radıyallâhu anh) rivayet edildiğine göre Peygamberimiz (sallallâhu aleyhi ve sellem) buyuruyor ki:

– "Kıyamet günü müezzin, insanların en uzun boylusu olacaktır." (Müslim)

1037- Abdullah b. Abdurrahman b. Ebu Sa'saa, Ebu Saidü'l-Hudrî'nin (radıyallâhu anh) kendisine şöyle dediğini rivayet eder:

– "Ben senin koyunları ve çölü sevdiğini görüyorum. Eğer koyunlarının yanındayken (veya çöldeyken) namaz için ezan okursan yüksek sesle oku. Çünkü müezzinin sesini duyabilen bütün cinler, insanlar ve her şey kıyamet günü onun için şahitlik ederler. Ben bunu Peygamberimizden (sallallâhu aleyhi ve sellem) duymuştum." (Buhâri)

1038- Ebu Hureyre'den (radıyallâhu anh) rivayet edildiğine göre Peygamberimiz (sallallâhu aleyhi ve sellem) buyuruyor ki:

– "Namaz için ezan okunmaya başlayınca şeytan ezanı duymamak için bağıra bağıra geriye kaçar. Ezan bitince yine geri dönüp gelir. Kamet getirilmeye başlanınca tekrar geriye kaçar. Kamet bitince dönüp gelir ve (şunu şunu hatırla) deyip namaz kılanın aklında daha önce bulunmayan şeyleri aklına getirerek onun içine vesvese salar ve böylece adam kaç rek'at kıldığını şaşırır." (Buhâri, Müslim)

1039- Abdullah b. Amr b. el-Âs'tan (radıyallâhu anhumâ) rivayet edildiğine göre Peygamberimiz (sallallâhu aleyhi ve sellem) buyuruyor ki:

– "Ezanı duyunca siz de müezzinin söylediklerini tekrar ediniz. Arkasından da bana salat ü selam getiriniz. Çünkü bana bir kere salat ü selam getiren kimseye Allah on kat fazlası ile mağfiret bağışlar. Sonra da Allah'tan benim için vesile dileyiniz. Vesile, Allah'ın sadece bir tek kuluna layık gördüğü bir cennet derecesidir. Ben o kulun kendim olmasını umuyorum. Kim benim için Allah'tan vesile dilerse şefaatim ona helal olur." (Müslim)

1040- Ebu Saidü'l-Hudrî'den (radıyallâhu anh) rivayet edildiğine göre Peygamberimiz (sallallâhu aleyhi ve sellem) buyuruyor ki:

– "Ezanı duyunca siz de müezzinin söylediklerini tekrar ediniz." (Buhâri, Müslim)

1041- Cabir'den (radıyallâhu anh) rivayet edildiğine göre Peygamberimiz (sallallâhu aleyhi ve sellem) buyuruyor ki:

– "Ezanı duyunca 'Allâhümme ṛabbe hâzihi'd-da'veti't-tâmmeti vessalâti'l-kâimeti âti Muhammedeni'l-vesîlete ve'l-fadîlete veb'as'hü mekâme'n-mahmudenillezî ve adtehü.' (Ey şu eksiksiz davetin ve kılınacak olan namazın sahibi olan Allah'ım! Muhammed'e vesileyi ve fazileti bağışla ve kendisini vaat ettiğin üzere Makam-ı Mahmud'a ulaştır.) diye dua ederse kıyamet günü o kimseye şefaatim helal olur." (Buhâri)

1042- Sa'd b. Ebi Vakkas'tan (radıyallâhu anh) rivayet edildiğine göre Peygamberimiz (sallallâhu aleyhi ve sellem) buyuruyor ki:

– "Müezzinin ezan okuduğunu duyunca 'Eşhedü en lâ ilâhe illallâhü vahdehü lâ şerîke lehü ve enne Muhammeden abdühû ve resulüh. Radîtü billâhi rabben ve bimuhammedin resûlen ve bi'l-İslâmi dînen.' (Allah'tan başka ilah olmadığına, O'nun tek olup ortağı bulunmadığına, Muhammed'in de O'nun kulu ve resulü olduğuna şahadet ederim. Allah'ın Rabbim! Muhammed'in resûlüm ve İslam'ın dinim olduğunu hoşnutlukla kabul ettim.) derse tüm günahları bağışlanır." (Müslim)

1043- Enes'ten (radıyallâhu anh) rivayet edildiğine göre Peygamberimiz (sallallâhu aleyhi ve sellem) buyuruyor ki:

– "Ezan ile kamet arasında yapılan dua reddedilmez." (Ebu Davud, Tirmizî)

187. Bölüm
Namazın Fazileti

Allah Teâlâ (celle celâlüh) buyuruyor ki:

– **"Muhakkak ki namaz, insanı çirkin işlerden ve haramlardan alıkor."** (Ankebût suresi, 45. ayet.)

1044- Ebu Hureyre'den (radıyallâhu anh) rivayet edildiğine göre Peygamberimiz (sallallâhu aleyhi ve sellem) bir gün sahabilere "Herhangi biriniz evinin önünden günde beş sefer içine girip yıkandığı bir nehir aksa o kimse üzerinde hiç kir kalır mı, ne dersiniz?" diye sordu. Sahabiler "Hayır, o kimsede hiçbir kir kalmaz." diye cevap verdiler. Bunun üzerine Peygamberimiz (sallallâhu aleyhi ve sellem) "İşte beş vakit namaz da bu nehire benzer. Allah beş vakit namaz sayesinde günahları yok eder." buyurdu. (Buhâri, Müslim)

1045- Cabir'den (radıyallâhu anh) rivayet edildiğine göre Peygamberimiz (sallallâhu aleyhi ve sellem) buyuruyor ki:

– "Beş vakit namaz, herhangi birinizin evi önünden akan ve günde beş kere içine girip yıkandığı suyu bol bir nehre benzer." (Müslim)

1046- İbni Mes'ud (radıyallâhu anh) der ki: "Adamın biri yabancı bir kadını öpüvermişti. Hemen Peygamberimize (sallallâhu aleyhi ve sellem) gelerek yaptığını bildirdi. Bunun üzerine **'Gündüzün başı ve sonu ile gecenin başlarında namaz kıl. Çünkü iyi ameller, kötülükleri giderir.'** (Hûd suresi, 114. ayet.) mealindeki ayet indi. Adam 'Bu ayet benim hakkımda mı indi?' diye sordu. Peygamberimiz kendisine 'Ümmetimin tümü hakkındadır.' buyurdu." (Buhâri, Müslim)

1047- Ebu Hureyre'den (radıyallâhu anh) rivayet edildiğine göre Peygamberimiz (sallallâhu aleyhi ve sellem) buyuruyor ki:

- "Büyük günahlar işlenmedikçe, beş vakit namaz ile iki cuma, aralarında işlenen küçük günahlara kefaret olurlar." (Müslim)

1048- Osman b. Affân'dan (radıyallâhu anh) rivayet edildiğine göre Peygamberimiz (sallallâhu aleyhi ve sellem) buyuruyor ki:

- "Herhangi bir kimse farz bir namazın vakti gelince onun abdestini, huşunu ve rükûsunu eksiksizce yerine getirirse -büyük günahlar işlenmemişse- o namaz, o güne kadar işlemiş olduğu tüm günahlara kefaret olur. Bu her zaman böyledir." (Müslim)

188. Bölüm
Sabah ve İkindi Namazlarının Fazileti

1049- Ebu Musa'dan (radıyallâhu anh) rivayet edildiğine göre Peygamberimiz (sallallâhu aleyhi ve sellem) buyuruyor ki:

- "Kim sabah ve ikindi namazlarını kılarsa cennete girer." (Buhâri, Müslim)

1050- Ebu Züheyr Ümâre b. Ruveybe'den (radıyallâhu anh) rivayet edildiğine göre Peygamberimiz buyuruyor ki:

- "Güneş doğmadan önce ve batmadan evvel (yani sabah ve ikindi) namazlarını kılan kimse cehenneme girmeyecektir." (Müslim)

1051- Cündüb b. Süfyan'dan (radıyallâhu anh) rivayet edildiğine göre Peygamberimiz (sallallâhu aleyhi ve sellem) buyuruyor ki:

- "Sabah namazını kılan kimse Allah'ın himayesi altındadır. Buna göre, ey âdemoğlu! Allah'ın himayesinde olan bir meselede, sorguya çekilmemeye dikkat et." (Müslim)

1052- Ebu Hureyre'den (radıyallâhu anh) rivayet edildiğine göre Peygamberimiz (sallallâhu aleyhi ve sellem) buyuruyor ki:

- "Melekler nöbetleşerek sizin başınızda gözcülük ederler. Sabah ve ikindi namazlarında bu melek grupları buluşurlar. Sonra geceyi sizin yanınızda geçiren melekler göğe çıkar. Allah kendilerine -onlardan daha iyi bildiği halde- 'Kullarımı ne durumda bıraktınız?' diye sorar. Melekler de Allah'a 'Yanlarından ayrıldığımız zaman da yanlarına vardığımız zaman da namaz kılıyorlardı.' diye cevap verirler." (Buhâri, Müslim)

1053- Cerir b. Abdullahü'l-Beceli (radıyallâhu anh) der ki: "Bir bedir (dolunay) gecesi Peygamberimizin (sallallâhu aleyhi ve sellem) yanındaydık. Ay'a bakarak bize şöyle buyurdu:

– 'Sizler, gözleriniz kamaşmaksızın ve görme güçlüğüne uğramaksızın, şu Ay'ı nasıl görüyorsanız, Allah'ı da öyle göreceksiniz. Güneş doğmadan ve batmadan önce namaz kılmayı kaçırmamayı başarabilirseniz gerçekleştiriniz.'" (Buhâri, Müslim)

1054- Büreyde'den (radıyallâhu anh) rivayet edildiğine göre Peygamberimiz (sallallâhu aleyhi ve sellem) buyuruyor ki:

– "İkindi namazını terk eden kimse amelini yok etmiş olur." (Buhâri)

189. Bölüm
Mescitlere Gitmenin Fazileti

1055- Ebu Hureyre'den (radıyallâhu anh) rivayet edildiğine göre Peygamberimiz (sallallâhu aleyhi ve sellem) buyuruyor ki:

– "Kim sabah veya akşam mescide giderse her bir gidişi için Allah ona cennette bir konak hazırlar." (Buhâri, Müslim)

1056- Yine Ebu Hureyre'den (radıyallâhu anh) rivayet edildiğine göre Peygamberimiz (sallallâhu aleyhi ve sellem) buyuruyor ki:

– "Kim evinde temizlenir, sonra Allah'ın farz kıldığı namazlardan birini kılmak üzere Allah'ın evlerinden birine yürüyerek giderse attığı adımlardan her biri bir günahını siler. Öbürü de kendisini bir derece yükseltir." (Müslim)

1057- Ubeyy b. Kâ'b (radıyallâhu anh) der ki: "Ensar'dan bir sahabi vardı. Evi Mescid'e ondan daha uzakta olan kimseyi bilmiyorum. Buna rağmen hiçbir namazı kaçırmazdı. Kendisine 'Karanlık gecelerde ve şiddetli sıcaklarda binmek üzere bir eşek satın alsana.' dediler. Adam, kendisine böyle diyenlere 'Evimin Mescid'in yanı başında olmasını istemem. Gerek Mescid'e doğru yürüyüşüm ve gerekse eve giderken dönüşüm hesabıma yazılsın istiyorum.' diye cevap verdi. Peygamberimiz (sallallâhu aleyhi ve sellem) kendisine 'Allah o sevapların tümünü senin için bir araya getirmiştir.' buyurdu." (Müslim)

1058- Câbir'den (radıyallâhu anh) rivayet edildiğine göre Mescid'in civarında arsalar boşalmıştı. Selemeoğulları Mescid'in yakınına yerleşmek istediler. Peygamberimiz (sallallâhu aleyhi ve sellem) bu haberi duyunca kendilerine

"Duyduğuma göre Mescid'in yakınına taşınmak istiyorsunuz." buyurdu. Selemeoğulları da "Evet ya Resulallah! Böyle istedik." diye cevap verdiler. Bunun üzerine Peygamberimiz onlara "Selemeoğulları, oturduğunuz yerlerde kalınız. Adımlarınızın sevabı hesabınıza yazılır. Oturduğunuz yerlerde kalınız. Adımlarınızın sevabı hesabınıza yazılır." buyurdu. Selemeoğulları da "Evlerimizin yerlerini değiştirmek istemiyoruz." dediler. (Müslim, Buhâri)

1059- Ebu Musa'dan (radıyallâhu anh) rivayet edildiğine göre Peygamberimiz (sallallâhu aleyhi ve sellem) buyuruyor ki:

– "Namazda en çok ecir kazanan kimse camiye en uzak yerde oturan kimsedir, arkasından daha az uzak olan gelir. Vaktin girmesini bekleyip de namazı imamla birlikte kılanın ecri namazı tek başına kılarak uyuyan kimseden daha büyüktür." (Buhâri, Müslim)

1060- Büreyde'den (radıyallâhu anh) rivayet edildiğine göre Peygamberimiz (sallallâhu aleyhi ve sellem) buyuruyor ki:

– "Karanlık gecelerde camilere yürüyerek gidenleri, kıyamet günü tam aydınlıkla müjdeleyiniz." (Ebu Davud, Tirmizî)

1061- Ebu Hureyre'den (radıyallâhu anh) rivayet edildiğine göre Peygamberimiz (sallallâhu aleyhi ve sellem) bir gün sahabilere "Allah'ın günahları silmesini ve dereceleri yükseltmesini sağlayan ibadetleri size haber vermemi ister misiniz?" diye sordu. Sahabiler "Tabii ya Resulallah!" diye cevap verdiler. Peygamberimiz kendilerine şöyle buyurdu:

– "Güçlüklere rağmen eksiksiz abdest almak, mescide doğru çok adım atmak, namazdan sonra gelecek namazı beklemek... İşte bunların üzerine düşmek gerektir! İşte bunların üzerine düşmek gerekir!" (Müslim)

1062- Ebu Saidü'l-Hudrî'den (radıyallâhu anh) rivayet edildiğine göre Peygamberimiz (sallallâhu aleyhi ve sellem) buyuruyor ki:

– "Herhangi bir kimseyi camilere devam eder görünce onun mü'min olduğuna şahid olunuz. Çünkü Allah Teâlâ 'Allah'ın mescidlerini ancak Allah'a ve ahiret gününe inananlar onarıp şenlendirirler.' buyurmuştur." (Tirmizî)

190. Bölüm
Namaz Vaktini Beklemek

1063- Ebu Hureyre'den (radıyallâhu anh) rivayet edildiğine göre Peygamberimiz (sallallâhu aleyhi ve sellem) buyuruyor ki:

– "Herhangi biriniz, evine gitmesine başkaca hiçbir engel olmadığı halde evine gitmekten kendisini sırf namaz alıkoyduğu sürece devamlı namazdadır." (Buhârî, Müslim)

1064- Yine Ebu Hureyre'den (radıyallâhu anh) rivayet edildiğine göre Peygamberimiz (sallallâhu aleyhi ve sellem) buyuruyor ki:

– "Herhangi biriniz konuşmadan namaz kıldığı yerde oturmaya devam ettiği sürece melekler 'Allah'ım, onu affeyle! Allah'ım, ona rahmet eyle!' diyerek onun için istiğfar ederler." (Buhârî)

1065- Enes'ten (radıyallâhu anh) rivayet edildiğine göre Peygamberimiz (sallallâhu aleyhi ve sellem) bir gece yatsı namazını gece yarısına kadar ertelemişti. Namazı kıldıktan sonra yüzünü bize dönerek şöyle buyurdu:

– "Herkes namazını kılıp uykuya daldı. Sizler namazı beklemeye başladığınız andan beri namazdasınız." (Buhârî)

191. Bölüm
Cemaatle Namaz Kılmanın Fazileti

1066- İbni Ömer'den (radıyallâhu anhumâ) rivayet edildiğine göre Peygamberimiz (sallallâhu aleyhi ve sellem) buyuruyor ki:

– "Cemaatle kılınan namaz yalnız başına kılınan namazdan 27 kere daha faziletlidir." (Buhârî, Müslim)

1067- Ebu Hureyre'den (radıyallâhu anh) rivayet edildiğine göre Peygamberimiz (sallallâhu aleyhi ve sellem) buyuruyor ki:

– "Herhangi bir kimsenin cemaatle kıldığı namaz, evinde veya ticarethanesinde (yalnız başına) kıldığı namazdan 25 kat daha faziletlidir. Bu da şöyledir: Adam güzelce abdest aldıktan sonra namazdan başka hiçbir amacı olmaksızın evinden çıkıp camiye giderse attığı her adım karşılığında kendisine bir derece yüksekliği verildiği gibi ayrıca bir günahı da silinir. Namaz kılınca da konuşmadan namaz kıldığı yerde oturduğu sürece melekler 'Allah'ım, onu affet! Allah'ım, ona merhamet et!' diyerek kendisi için istiğfar ederler. Adam namaz vaktini beklediği sürece namazda gibidir." (Buhârî, Müslim)

1068- Yine Ebu Hureyre'den (radıyallâhu anh) rivayet edildiğine göre Peygamberimize (sallallâhu aleyhi ve sellem) bir gün kör bir adam geldi ve "Ya Resulallah! Beni mescide götürecek bir kılavuzum yok." diyerek Peygamberimizin kendisine evinde kılmak için izin vermesini istedi. Peygamberimiz de adama izin verdi. Fakat adam gitmek üzere geri dönünce Peygamberimiz kendisine "Ezanı duyuyor musun?" diye seslendi. Adam "Evet."

diye cevap verdi. Bunun üzerine Peygamberimiz kendisine "O halde davete icabet et." buyurdu. (Müslim)

1069- Peygamberimizin müezzini İbni Mektûm diye ma'ruf olan Abdullah'tan (bir kavle göre Amr İbni Kays'tan) rivayet olunduğuna göre, bu zat, Peygamberimize "Ya Resulallah! Medine; yılan, akrep gibi haşereleri ve yırtıcı hayvanları pek çok olan bir yerdir. Benim de gözlerim görmüyor. Namazı evde kılabilir miyim?" diye sordu. Resûl-i Ekrem (sallallâhu aleyhi ve sellem) "Hayye ale's-salâh, Hayye ale'l-felâh'ı işitiyorsun, o halde camiye gel." buyurdu. (Ebu Davud)

1070- Ebu Hureyre'den (radıyallâhu anh) rivayet edildiğine göre Peygamberimiz (sallallâhu aleyhi ve sellem) buyuruyor ki:

– "Nefsimi kudret elinde tutan Allah'a yemin ederim ki zaman zaman içimden geçiyor ki bir yığın odun getirilmesini emredeyim, arkasından namaz için ezan okunmasını emredeyim, sonra birine halka imam olmasını emredeyim, arkasından da varıp namaza gelmeyenlerin evlerini kendileri içindeyken yangına vereyim." (Buhâri, Müslim)

1071- İbni Mes'ud (radıyallâhu anh) der ki: "Yarına Müslüman olarak kavuşmak isteyen kimse nerede ezanı duyarsa şu namazları kılmaya devam etsin. Çünkü Allah, Peygamberimize (sallallâhu aleyhi ve sellem) hidayet geleneklerini benimsetmiştir. Namazlar da hidayet geleneklerindendir. Eğer sizler de şu cemaatten geri kalıp evinde kılan adam gibi yaparak evlerinizde namaz kılarsanız Peygamberinizin sünnetini terk etmiş olursunuz. Peygamberinizin sünnetini terk ederseniz sapıklığa düşersiniz. Benim gördüğüm kadarı ile cemaatten geri kalanlar sadece açık münafıklardır. Aramızda öyle kimse bulunurdu ki, iki kişinin kolları arasında sallana sallana getirilerek safa yerleştirilirdi." (Müslim)

Yine Müslim, İbni Mes'ud'dan şöyle kaydeder: "Peygamberimiz (sallallâhu aleyhi ve sellem) bize hidayet geleneklerini öğretmiştir. Hidayet geleneklerinden birisi de ezan okunurken bulunulan mescidde namaz kılmaktır."

1072- Ebud-Derdâ'dan (radıyallâhu anh) rivayet edildiğine göre Peygamberimiz (sallallâhu aleyhi ve sellem) buyuruyor ki:

– "Üç kişinin bulunduğu herhangi bir köyde veya mezrada eğer cemaatle namaz kılınmazsa mutlaka şeytan o kimselere musallat olur. Cemaati sakın ihmal etmeyiniz. Çünkü kurt, sürüden ayrı düşen koyunu yer." (Ebu Davud)

192. Bölüm
Sabah ve Yatsı Namazlarını Cemaatle Kılmayı Teşvik Etmek

1073- Osman b. Affân'dan (radıyallâhu anh) rivayet edildiğine göre Peygamberimiz (sallallâhu aleyhi ve sellem) buyuruyor ki:

– "Kim yatsı namazını cemaatle kılarsa gecenin yarısını ibadetle geçirmiş gibi olur. Kim sabah namazını da cemaatle kılarsa bütün gece boyunca namaz kılmış gibidir." (Müslim)

Tirmizî'nin yine Osman b. Affân'dan rivayet ederek kaydettiğine göre hadis şöyledir: "Kim yatsı namazını cemaatle kılarsa gecenin yarısını ibadetle geçirmiş gibi sevap kazanır. Yatsı ve sabah namazlarını cemaatle kılan kimse gecenin tümünü ibadetle geçirmiş gibi sevap kazanır." (Tirmizî)

1074- Ebu Hureyre'den (radıyallâhu anh) rivayet edildiğine göre Peygamberimiz (sallallâhu aleyhi ve sellem) buyuruyor ki:

– "Yatsı namazı ile sabah namazını cemaatle kılmanın sevabını bilseniz emekleyerek bile olsa bu namazlara gelirdiniz." (Buhâri, Müslim)

1075- Yine Ebu Hureyre'den (radıyallâhu anh) rivayet edildiğine göre Peygamberimiz (sallallâhu aleyhi ve sellem) buyuruyor ki:

– "Münafıklara en ağır gelen namazlar sabah ve yatsı namazlarıdır. Sabah ve yatsı namazlarını cemaatle kılmanın taşıdığı sevabı bilseniz, emekleyerek dahi olsa bu namazlara gelirdiniz." (Buhâri, Müslim)

193. Bölüm
Farz Namazları Devamlı Eda Etmek, Terk Etmeyi Şiddetle Yasaklamak

Allah Teâlâ (celle celâlüh) buyuruyor ki:

– "Namazları devamlı kılınız. Orta namazı da." (Bakara suresi, 238. ayet.)

Allah Teâlâ (celle celâlüh) buyuruyor ki:

– "Eğer tevbe edip namazı dosdoğru kılar ve zekatı verecek olurlarsa onları serbest bırakınız." (Tevbe suresi, 5. ayet.)

1076- İbni Mes'ud (radıyallâhu anh) der ki: "Bir gün Peygamberimize (sallallâhu aleyhi ve sellem) 'En faziletli amel hangisidir?' diye sordum. Bana 'Vaktinde kılınan namaz.' diye cevap verdi. 'Sonra hangisidir?' diye sordum. Bana 'Ana babaya bakmaktır.' diye cevap verdi. 'Sonra hangisidir?' diye sordum. 'Allah yolunda cihat etmektir.' diye cevap verdi." (Buhâri, Müslim)

1077- İbni Ömer'den (radıyallâhu anhumâ) rivayet edildiğine göre Peygamberimiz (sallallâhu aleyhi ve sellem) buyuruyor ki:

– "İslam beş temel ilke üzerine kurulmuştur: Allah'tan başka ilah olmadığına ve Muhammed'in Allah'ın resulü olduğuna şehadet etmek, namaz kılmak, zekat vermek, Beytullah'ı ziyaret etmek (hac), ramazanda oruç tutmak." (Buhâri, Müslim)

1078- Yine İbni Ömer'den (radıyallâhu anhumâ) rivayet edildiğine göre Peygamberimiz (sallallâhu aleyhi ve sellem) buyuruyor ki:

– "Allah'tan başka ilah olmadığına, Muhammed'in Allah'ın resulü olduğuna şahadet edinceye, namaz kılıncaya ve zekat verinceye kadar insanlarla savaşmakla emrolundum. İnsanlar bunları işledikleri zaman İslam'ın hakkı hariç, bana karşı canları ve malları dokunulmazlık kazanır. Onlarla hesaplaşmak ise Allah'a aittir." (Buhâri, Müslim)

1079- Muaz b. Cebel (radıyallâhu anh) der ki: "Peygamberimiz (sallallâhu aleyhi ve sellem) beni Yemen'e gönderirken şöyle buyurdu:

– 'Sen kitap ehlinden olan bir kavme gidiyorsun. Onları Allah'tan başka ilah olmadığına ve benim Allah'ın resulü olduğuma şahadet etmeye davet et. Eğer onlar bu davete uyarlarsa Allah'ın onlara günde beş vakit namaz kılmayı farz kıldığını bildir. Eğer bunu da kabul ederlerse Allah'ın kendilerine zenginlerinden alınıp fakirlerine verilen bir sadaka (zekat) vermeyi farz kıldığını bildir. Eğer bunu da kabul ederlerse sakın mallarının en iyisini almaya kalkışma. Ayrıca mazlumun bedduasından sakın. Çünkü bu beddua ile Allah arasında hiçbir engel yoktur.'" (Buhâri, Müslim)

1080- Cabir'den (radıyallâhu anh) rivayet edildiğine göre Peygamberimiz (sallallâhu aleyhi ve sellem) buyuruyor ki:

– "Kişi ile şirk ve küfür arasında namazı terk etmek vardır." (Müslim)

1081- Büreyde'den (radıyallâhu anh) rivayet edildiğine göre Peygamberimiz (sallallâhu aleyhi ve sellem) buyuruyor ki:

– "Bizimle onlar (münafıklar) arasında namaz vardır. Namaz kılmayan kâfir olmuş olur." (Tirmizî)

1082- Saygıdeğer bir zat olduğu hakkında görüş birliği bulunan tabiînden Şekîk b. Abdullah (rahimehüllâh) der ki: "Hz. Muhammed'in (sallallâhu aleyhi ve sellem) sahabileri namazdan başka hiçbir ibadetin terk edilmesini küfür saymazlardı." (Tirmizî)

1083- Ebu Hureyre'den (radıyallâhu anh) rivayet edildiğine göre Peygamberimiz (sallallâhu aleyhi ve sellem) buyuruyor ki:

– "Kıyamet günü kulun ilk sorgu konusu olacak olan ameli namazdır. Eğer namazı eksiksiz çıkarsa o kul kurtuluşa ermiş ve başarıya ulaşmış olur. Eğer namaz ile ilgili sorgusu bozuk çıkarsa aldanmış ve hüsrana uğramış olur. Eğer farzlardan bir eksiği çıkarsa, Allah Teâlâ 'Bakın bakalım kulumun nafile namazı var mı?' buyurur ve farzlar nafilelerden tamamlanır. Arkasından kulun diğer amellerinin sorgusu da bu şekilde yapılır." (Tirmizî)

194. Bölüm
İlk Safların Fazileti; Ön Safların Doldurulmasını, Safları Düzgün ve Sık Tutmayı Emretmek

1084- Cabir b. Semure (radıyallâhu anh) der ki: "Peygamberimiz (sallallâhu aleyhi ve sellem) bizim yanımıza çıkagelerek 'Melekler Rabbleri katında nasıl saf tutarlarsa siz de öyle saf tutsanız!' buyurdu. Biz 'Ya Resulallah! Melekler Rabbleri katında nasıl saf tutarlar?' diye sorduk. Bize 'Ön safları doldururlar ve safları sık tutarlar.' buyurdu." (Müslim)

1085- Ebu Hureyre'den (radıyallâhu anh) rivayet edildiğine göre Peygamberimiz (sallallâhu aleyhi ve sellem) buyuruyor ki:

– "İnsanlar ezan okumak ile ilk safta bulunmanın taşıdığı sevabı bilselerdi, bu konuda Kur'an'dan başka çare kalmasa kura çekerlerdi." (Buhâri, Müslim)

1086- Yine Ebu Hureyre'den (radıyallâhu anh) rivayet edildiğine göre Peygamberimiz (sallallâhu aleyhi ve sellem) buyuruyor ki:

– "Erkek saflarının en hayırlısı ilki, en kötüsü sonuncusudur. Kadın saflarının en hayırlısı sonuncusu, en kötüsü ilkidir." (Müslim)

1087- Ebu Saidü'l-Hudrî (radıyallâhu anh) der ki: "Peygamberimiz bir namaz sırasında sahabilerinde geride kalma temayülü görünce şöyle buyurdu:

– 'Öne doğru gelip bana (öyle) uyunuz. Arkadan gelenler de sizi örnek edinsinler. Bir kavim geride kala kala sonunda Allah da onları geri bırakır.'" (Müslim)

1088- İbni Mes'ud (radıyallâhu anh) der ki: "Peygamberimiz (sallallâhu aleyhi ve sellem) namaza başlarken omuzlarımızı okşayarak bize 'Safları düzgün tutunuz. Eğri büğrü saflar meydana getirmeyin. Sonra kalpleriniz de birbirinden ayrı düşer. İçinizden faziletliler ile aklı başında olanlar benim arkamda dursun. Sonra onların arkasından gelenler, daha sonra da daha arkadan gelenler dursun.'" (Müslim)

1089- Enes'ten (radıyallâhu anh) rivayet edildiğine göre Peygamberimiz (sallallâhu aleyhi ve sellem) buyuruyor ki:

– "Saflarınızı düzgün tutunuz. Çünkü safların düzgünlüğü, namazın tam olmasını sağlayan unsurlardandır." (Buhâri, Müslim)

Buhâri'nin rivayetine göre de hadisin son cümlesi "Safların düzgünlüğü, namazı dosdoğru kılmayı sağlayan unsurlardan biridir." şeklindedir.

1090- Yine Enes (radıyallâhu anh) der ki: "Bir gün namaza durulurken Peygamberimiz (sallallâhu aleyhi ve sellem) yüzünü bize dönerek 'Saflarınızı dosdoğru ve sık tutunuz. Ben sizi arkadan da görürüm.' buyurdu." (Buhâri, Müslim)

Buhâri'nin kaydettiği rivayete göre Enes'in sözleri "Namazda her birimiz omuzları ve ayakları arkadaşlarınınkine bitişirdi." şeklinde sona ermektedir.

1091- Numan b. Beşir (radıyallâhu anh) der ki: "Peygamberimizin (sallallâhu aleyhi ve sellem) 'Ya saflarınızı düzgün tutarsınız veya Allah yüzlerinizi başka başka yönlere çevirir.' buyurduğunu duydum." (Buhâri, Müslim)

Müslim'in kaydettiği rivayete göre de Numan der ki: "Peygamberimiz (sallallâhu aleyhi ve sellem) konunun önemini kavradığımızı görünceye kadar ok ustası nasıl düzgün ok yaparsa aynı titizlikle saflarınızı düzgünleştirirdi. Sonra bir gün öne geçip namaza durdu, tekbir almak üzereyken içimizden birinin göğsünün öne çıktığını görünce 'Ey Allah'ın kulları! Ya saflarınızı düzgün tutarsınız veya Allah yüzlerinizi başka başka yönlere çevirir.' buyurdu."

1092- Berâe b. Âzib (radıyallâhu anh) der ki: "Peygamberimiz (sallallâhu aleyhi ve sellem) safların arasına girerek bir baştan öbür başa kadar gider, göğüslerimizi ve omuzlarımızı okşayarak şöyle buyururdu:

– 'Safları karışık tutmayınız. O zaman kalpleriniz de birbirinden ayrı düşer. Allah ve melekleri öndeki saflara rahmet ve istiğfar ederler.'" (Ebu Davud)

1093- İbni Ömer'den (radıyallâhu anhumâ) rivayet edildiğine göre Peygamberimiz (sallallâhu aleyhi ve sellem) buyuruyor ki:

– "Safları düzgün tutunuz. Omuzlarınız aynı hizada olsun, boşlukları doldurunuz. Yumuşak hareketle kardeşlerinizi ellerinden tutup safa çekiniz. Şeytana boş yer bırakmayınız. Kim bir saftaki boşluğu doldurup devamlılığını sağlarsa Allah ona rahmetini ulaştırır. Buna karşılık kim boşluk bırakarak bir safı kesintiye uğratırsa Allah da ona karşı rahmetini keser." (Ebu Davud)

1094- Enes'ten (radıyallâhu anh) rivayet edildiğine göre Peygamberimiz (sallallâhu aleyhi ve sellem) buyuruyor ki:

– "Saflarınızı sık ve birbirine yakın tutunuz. Boyunlarınızı aynı hizaya getiriniz. Nefsimi kudret elinde tutan Allah'a yemin ederim ki, şeytan siyah bir kuzu gibi safların arasından aranıza sızar." (Ebu Davud)

1095- Yine Enes'ten (radıyallâhu anh) rivayet edildiğine göre Peygamberimiz (sallallâhu aleyhi ve sellem) buyuruyor ki:

– "Ön safı doldurunuz, sonra onun arkasındaki safı kurunuz. Boş yerler son safta kalsın." (Ebu Davud)

1096- Hz. Âişe'den (radıyallâhu anhâ) rivayet edildiğine göre Peygamberimiz (sallallâhu aleyhi ve sellem) buyuruyor ki:

– "Allah ve O'nun melekleri safların sağ taraflarına rahmet ve istiğfar ederler." (Ebu Davud)

1097- Berâe b. Âzib (radıyallâhu anh) der ki: "Peygamberimizin (sallallâhu aleyhi ve sellem) arkasında namaz kılarken onun sağ yanında olmak isterdim. Yüzünü bize doğru dönerdi. Onun şöyle buyurduğunu duymuştum:

– 'Ya Rabbi! Kullarını yeniden dirilttiğin (veya mahşerde bir araya getirdiğin) gün beni azabından koru.'" (Müslim)

1098- Ebu Hureyre'den (radıyallâhu anh) rivayet edildiğine göre Peygamberimiz (sallallâhu aleyhi ve sellem) buyuruyor ki:

– "İmamı ortaya alınız ve saflardaki boşlukları doldurunuz." (Ebu Davud)

195. Bölüm
Farz Namazlarla Birlikte Kılınan Sünnetlerin Fazileti

1099- Mü'minlerin annesi Ümmü Habîbe Remle binti Ebu Süfyan'dan (radıyallâhu anhâ) rivayet edildiğine göre Peygamberimiz (sallallâhu aleyhi ve sellem) buyuruyor ki:

– "Herhangi bir Müslüman kul her gün Allah rızası için farzlar dışında on iki rek'at nafile namazı kılarsa Allah onun için cennette bir ev yapar (veya cennette onun için bir ev yapılır)." (Müslim)

1100- İbni Ömer (radıyallâhu anhumâ) der ki: "Peygamberimiz (sallallâhu aleyhi ve sellem) ile birlikte öğle farzından önce iki ve öğle farzından sonra iki, cuma farzından sonra iki, akşam farzından sonra iki ve yatsı farzından sonra iki rek'at namaz kıldım." (Buhâri, Müslim)

1101- Abdullah b. Muğaffel'den (radıyallâhu anh) rivayet edildiğine göre Peygamberimiz (sallallâhu aleyhi ve sellem) buyuruyor ki:

– "Her ezan ile kamet arasında namaz vardır. Her ezan ile kamet arasında namaz vardır." Üçüncü tekrar edişinde ise "Dileyen için" ibaresini eklemiştir. (Buhâri, Müslim)

196. Bölüm
Sabah Namazının İki Rek'at Sünnetinin Müekked Oluşu

1102- Hz. Âişe'den (radıyallâhu anhâ) rivayet edildiğine göre Peygamberimiz (sallallâhu aleyhi ve sellem) devamlı olarak öğle farzından önce dört rek'at ve sabah farzından önce iki rek'at kılardı. (Buhâri)

1103- Yine Hz. Âişe (radıyallâhu anhâ) der ki: "Peygamberimiz (sallallâhu aleyhi ve sellem) sabah namazının iki rek'at sünneti kadar hiçbir nafileyi önemli tutmazdı." (Buhâri, Müslim)

1104- Yine Hz. Âişe'den (radıyallâhu anhâ) rivayet edildiğine göre Peygamberimiz (sallallâhu aleyhi ve sellem) buyuruyor ki:

– "Sabah namazının iki rek'ati (sünneti) benim için dünyadan ve dünyada bulunan her şeyden daha hayırlıdır (veya benim gözümde tüm dünyadan daha sevimlidir)." (Müslim)

1105- Peygamberimizin (sallallâhu aleyhi ve sellem) müezzini Ebu Abdullah Bilal b. Rebah sabah namazının vaktinin geldiğini bildirmek için Peygamberimize gelmişti. Fakat Hz. Âişe kendisine bir şey sorarak onu oyaladı, bu yüzden ortalık iyice ağardı. Bunun üzerine Bilal hemen kalkıp Peygamberimize namaz vaktinin geldiğini haber verdi. Fakat Bilal'in ısrarla haber vermesine rağmen Peygamberimiz odasından çıkmakta gecikti. Daha sonra çıkıp cemaate namaz kıldırdıktan sonra Bilal kendisine, Hz. Âişe'nin oyalaması yüzünden namaz vaktini bildirmekte geciktiğini, bu yüzden ortalığın iyice ağardığını ve Resulullah'ın da odasından geç çıktığını söyleyince Peygamberimiz (sallallâhu aleyhi ve sellem) "Ben sabah namazının iki rek'atini (sünnetini) kılıyordum." buyurdu. Bilal kendisine "Ya Resulallah! Bir hayli geciktiniz." deyince Peygamberimiz ona "Eğer daha da geç kalmış bile olsaydım, o iki rek'at sünneti yine kılardım. Hem de titiz ve güzel bir şekilde kılardım." buyurdu. (Ebu Davud)

197. Bölüm
Sabah Namazının İki Rek'at Sünnetini Kısa Tutmak

1106- Hz. Âişe'den (radıyallâhu anhâ) rivayet edildiğine göre Peygamberimiz (sallallâhu aleyhi ve sellem) sabah ezanından sonra ve farz için getirilen kametten önce iki rek'at namaz kılardı. (Buhâri, Müslim)

Buhâri ile Müslim'in kaydettiği başka bir rivayete göre Hz. Âişe "Peygamberimiz (sallallâhu aleyhi ve sellem) sabah namazının iki rek'at sünnetini o kadar kısa tutardı ki kendi kendime 'Bu rek'atlarda acaba Fatiha suresini okudu mu?' diye sorardım." der.

Müslim'in kaydettiği diğer bir rivayete göre de Hz. Âişe (radıyallâhu anhâ) "Peygamberimiz (sallallâhu aleyhi ve sellem) sabah ezanını duyunca (bir başka rivayete göre tanyeri ağarınca) iki kısa rek'atlı sünnet kılardı." demektedir.

1107- Hafsa (radıyallâhu anhâ) der ki: "Müezzin sabah ezanını okuyup ortalık ağarınca Peygamberimiz (sallallâhu aleyhi ve sellem) iki kısa rek'atlı sünnet kılardı." (Buhâri, Müslim)

Müslim'in kaydettiği diğer bir rivayete göre Hz. Hafsa (radıyallâhu anhâ) "Peygamberimiz (sallallâhu aleyhi ve sellem) tanyeri ağarınca iki kısa rek'atlı sünnetten başka nafile namaz kılmazdı." demektedir.

1108- İbni Ömer (radıyallâhu anhumâ) der ki: "Peygamberimiz (sallallâhu aleyhi ve sellem) geceleyin ikişer rek'at nafile kılar, gecenin sonunda bir rek'at ilave ederek vitir kılardı. Sabah namazının farzından önce sanki kulağı kametteymiş gibi acele ederek iki rek'at daha kılardı." (Buhâri, Müslim)

1109- İbni Abbas (radıyallâhu anh) der ki: "Peygamberimiz (sallallâhu aleyhi ve sellem) sabah namazının ilk rek'atında Bakara süresindeki 'Kûlû âmennâ billâhi vemâ ünzile ileynâ' diye başlayan ayetleri, ikinci rek'atında da 'Âmennâ billâhi veşhed biennâ müslimûn' diye başlayan (başka bir rivayete göre Âl-i İmran süresindeki 'Teâlev ilâ kelimetin sevâin beynenâ ve beyneküm' diye başlayan) ayetleri okurdu." (Müslim)

1110- Ebu Hureyre'den (radıyallâhu anh) rivayet edildiğine göre Peygamberimiz (sallallâhu aleyhi ve sellem) sabah namazının iki rek'atında Kul yâ eyyühe'l-kâfirûn ve Kul hüvallâhü ehad surelerini okurdu. (Müslim)

1111- İbni Ömer (radıyallâhu anhumâ) der ki: "Peygamberimizi (sallallâhu aleyhi ve sellem) bir ay süre ile devamlı takip ettim. Sabah namazının farzından önceki iki rek'atta Kul yâ eyyühe'l-kâfirun ve Kul hüvellâhü ehad surelerini okuyordu." (Tirmizî)

198. Bölüm
Sabah Namazının Sünnetini Kıldıktan Sonra Sağ Taraf Üzerine Bir Süre Uzanmak

1112- Hz. Âişe (radıyallâhu anhâ) der ki: "Peygamberimiz (sallallâhu aleyhi ve sellem) sabah namazından önceki iki rek'at sünneti kıldıktan sonra bir süre sağ tarafı üzerine uzanırdı." (Buhâri)

1113- Yine Hz. Âişe (radıyallâhu anhâ) der ki: "Peygamberimiz (sallallâhu aleyhi ve sellem) yatsı namazını bitirdikten sonra sabaha kadar on bir rek'at namaz kılardı. Her iki rek'atte bir selam verir, son iki rek'ate bir tek rek'at eklerdi. Müezzin sabah ezanını bitirip tan yerinin ağardığını görünce ve müezzin kendisine haber vermeye gelince kalkar, iki kısa rek'at kılardı. Müezzin gelip kendisine kamet için haber verinceye kadar şu şekilde sağ tarafı üzerine bir süre uzanırdı." (Müslim)

1114- Ebu Hureyre'den (radıyallâhu anh) rivayet edildiğine göre Peygamberimiz (sallallâhu aleyhi ve sellem) buyuruyor ki:

– "İçinizden biri sabah namazının iki rek'atlık sünnetini kılınca bir süre sağ yanı üzerine uzansın." (Ebu Davud, Tirmizî)

199. Bölüm
Öğle Namazının Sünneti

1115- İbni Ömer (radıyallâhu anhumâ) der ki: "Peygamberimiz (sallallâhu aleyhi ve sellem) ile birlikte öğle farzından önce ve öğle farzından sonra ikişer rek'at sünnet kıldım." (Buhâri, Müslim)

1116- Hz. Âişe'den (radıyallâhu anhâ) rivayet edildiğine göre Peygamberimiz (sallallâhu aleyhi ve sellem) öğle farzından önceki dört rek'at sünneti hiç terk etmezdi." (Buhâri)

1117- Hz. Âişe (radıyallâhu anhâ) der ki: "Resulullah (sallallâhu aleyhi ve sellem) benim odamda öğle farzından önce dört rek'at kılar, arkasından mescide çıkıp cemaatle namaz kıldıktan sonra yine odama girerek iki rek'at kılardı. Cemaatle akşam farzını kıldıktan sonra odama gelerek iki rek'at kılardı. Cemaatle yatsı namazını kıldıktan sonra odama gelerek iki rek'at kılardı." (Müslim)

1118- Ümmü Habîbe'den (radıyallâhu anhâ) rivayet edildiğine göre Peygamberimiz (sallallâhu aleyhi ve sellem) buyuruyor ki:

– "Kim öğle farzından önce ve sonra dörder rek'at sünnet kılmaya devam ederse Allah onu cehenneme haram kılar." (Ebu Davud, Tirmizî)

1119- Abdullah b. Saib'den (radıyallâhu anh) rivayet edildiğine göre Peygamberimiz (sallallâhu aleyhi ve sellem) güneşin zevalinden sonra ve öğleden önce dört rek'at kılar ve bu konuda şöyle buyururdu:

– "Bu an gök kapılarının açıldığı bir andır. Bu anda benim iyi bir amelimin göğe yükselmesini istiyorum." (Tirmizî)

1120- Hz. Âişe'den (radıyallâhu anhâ) rivayet edildiğine göre Peygamberimiz (sallallâhu aleyhi ve sellem) öğle farzından önce dört rek'at sünnet kılmadığı zaman onu farzdan sonra kılardı. (Tirmizî)

200. Bölüm
İkindi Namazının Sünneti

1121- Ali b. Ebu Talib (radıyallâhu anh) der ki: "Peygamberimiz (sallallâhu aleyhi ve sellem) ikindi farzından önce dört rek'at sünnet kılar, bu dört rek'atın arasını mukarreb meleklerle onlara uyan Müslüman ve mü'minlere verdiği selamla ayırırdı." (Tirmizî)

1122- İbni Ömer'den (radıyallâhu anhumâ) rivayet edildiğine göre Peygamberimiz (sallallâhu aleyhi ve sellem) buyuruyor ki:

– "İkindi farzından önce dört rek'at sünnet kılan kimseye Allah rahmet etsin." (Ebu Davud, Tirmizî)

1123- Ali b. Talib'den (radıyallâhu anh) rivayet edildiğine göre Peygamberimiz (sallallâhu aleyhi ve sellem) ikindi farzından önce iki rek'at sünnet kılardı. (Ebu Davud)

201. Bölüm
Akşam Namazının Sünneti

Bu konuda daha önce İbni Ömer ile Hz. Âişe'nin rivayet ettiği ve Peygamberimizin (sallallâhu aleyhi ve sellem) akşam farzından sonra iki rek'at sünnet kıldığını belirten iki sahih hadisini zikretmiştik.

1124- Abdullah b. Muğaffel'den (radıyallâhu anh) rivayet edildiğine göre Peygamberimiz (sallallâhu aleyhi ve sellem) üç defa tekrarlayarak "Akşam farzından önce dört rek'at sünnet kılınız." buyurdu. Üçüncü sefer tekrar ederken sözlerine "Dileyen için" ifadesini eklemiştir. (Buhâri)

1125- Enes (radıyallâhu anh) der ki: "Ben Peygamber'in (sallallâhu aleyhi ve sellem) sahabilerinin ileri gelenlerini akşam namazının vakti girince sünnet kılmak üzere acele ederek mescidin direklerinin önüne giderken gördüm." (Buhâri)

1126- Yine Enes (radıyallâhu anh) der ki: "Peygamberimiz (sallallâhu aleyhi ve sellem) zamanında güneş battıktan sonra ve akşam namazının vakti girmeden önce iki rek'at namaz kılardık." Dinleyenler, Enes'e "Peygamberimiz bu namazı kılar mıydı?" diye sordular. Enes onlara "Bizi bu namazı kılarken gördüğü halde bu konuda bize ne emir verir ve ne de yaptığımızdan alıkoyardı." diye cevap verdi. (Müslim)

1127- Yine Enes (radıyallâhu anh) der ki: "Bizler Medine'deyken müezzin akşam namazı için ezan okuyunca sahabiler acele ederek mescidin direk diplerine dağılarak iki rek'at namaz kılarlardı. Öyle ki, bu iki rek'at namazı kılanların çokluğundan dolayı Mescid'e giren bir yabancı, akşam farzının kılındığını sanırdı." (Müslim)

202. Bölüm
Yatsı Namazının Sünneti

Bu konuda İbni Ömer'in "Peygamberimiz ile birlikte yatsıdan sonra iki rek'at kıldım." ve Abdullah b. Muğaffel'in "Her iki ezan arasında bir namaz vardır." şeklinde rivayet ettikleri ve bizim de daha önce zikrettiğimiz hadisler vardır.

203. Bölüm
Cuma Namazının Sünneti

Bu konuda İbni Ömer'den (radıyallâhu anhumâ) rivayet edilen ve Peygamberimiz (sallallâhu aleyhi ve sellem) ile birlikte iki rek'at namaz kıldığını bildiren hadis vardır.

1128- Ebu Hureyre'den (radıyallâhu anh) rivayet edildiğine göre Peygamberimiz (sallallâhu aleyhi ve sellem) buyuruyor ki:

– "İçinizden biri cuma namazı kılınca cuma farzından sonra dört rek'at kılsın." (Müslim)

1129- İbni Ömer'den (radıyallâhu anhumâ) rivayet edildiğine göre Peygamberimiz (sallallâhu aleyhi ve sellem) cuma farzından sonra mescidden ayrılmadan önce başka namaz kılmaz. Mescidden çıktıktan sonra evinde iki rek'at kılardı. (Müslim)

204. Bölüm
Farz Namazların Haricindeki Namazları Evde Kılmak

1130- Zeyd b. Sabit'ten (radıyallâhu anh) rivayet edildiğine göre Peygamberimiz (sallallâhu aleyhi ve sellem) buyuruyor ki:

– "Ey insanlar! Evlerinizde kılınız. Farz namazlar dışındaki namazların en faziletlisi, kişinin evinde kıldığı namazdır." (Buhâri, Müslim)

1131- İbni Ömer'den (radıyallâhu anhumâ) rivayet edildiğine göre Peygamberimiz (sallallâhu aleyhi ve sellem) buyuruyor ki:

– "Bazı namazlarınızı evlerinizde kılınız da evlerinizi mezar gibi tutmayınız." (Buhâri, Müslim)

1132- Cabir'den (radıyallâhu anh) rivayet edildiğine göre Peygamberimiz (sallallâhu aleyhi ve sellem) buyuruyor ki:

– "İçinizden biri namazını mescidde kılınca namazından evine de bir pay ayırsın. Çünkü Allah için namaz kıldığından dolayı evine hayır bağışlar." (Müslim)

1133- Ömer b. Atâ'nın bildirdiğine göre Nafi b. Cübeyr'in kendisini Nemir'in kız kardeşinin oğlu Saib'e göndererek kendisine namaz konusunda Muaviye tarafından görülen hatasının ne olduğunun sorulmasını istedi. Saib de şöyle dedi: "Evet evet. Bir keresinde devlet adamları mahfilinde Muaviye ile birlikte cuma namazı kılmıştım. İmam selam verince cuma farzını kıldığım yerde ayağa kalkarak nafile namaz kıldım. Muaviye eve gidince bana birini göndererek dedi ki: 'Bir daha böyle yapma. Cuma namazı kılınca arada konuşmadan veya camiden çıkmadan onu başka bir namazla birleştirme. Çünkü Peygamberimiz bize böyle emretti. Yani arada konuşmadan veya camiden çıkmadan bir namazı başka bir namazla birleştirmememizi buyurdu.'" (Müslim)

205. Bölüm
Vitir Namazını Kılmaya Teşvik Etmek

1134- Hz. Ali (radıyallâhu anh) der ki: "Vitir namazı belirli namazlar gibi farz değildir. Fakat Peygamberimiz (sallallâhu aleyhi ve sellem) 'Allah tektir, tek olanı sever. Buna göre, ey Kur'an bağlıları, vitir namazı kılınız.' diye buyurarak onu sünnet kılmıştır." (Ebu Davud, Tirmizî)

1135- Hz. Âişe (radıyallâhu anhâ) der ki: "Peygamberimiz (sallallâhu aleyhi ve sellem) gecenin her bölümünde; başında, ortasında ve sonunda vitir namazı kılmıştır. En geç vitir namazı kıldığı vakit, seher vaktidir." (Buhâri, Müslim)

1136- İbni Ömer'den (radıyallâhu anhumâ) rivayet edildiğine göre Peygamberimiz (sallallâhu aleyhi ve sellem) buyuruyor ki:

– "Geceleyin en son vitir namazını kılınız." (Buhâri, Müslim)

1137- Ebu Saidü'l-Hudrî'den (radıyallâhu anh) rivayet edildiğine göre Peygamberimiz (sallallâhu aleyhi ve sellem) buyuruyor ki:

– "Sabahlamadan önce vitir namazı kılınız." (Müslim)

1138- Hz. Âişe'den (radıyallâhu anhâ) rivayet edildiğine göre Peygamberimizin (sallallâhu aleyhi ve sellem) geceleyin namaz kılarken kendisi onun önünde enlemesine yatardı. Vitir namazına sıra gelince Peygamberimiz (sallallâhu aleyhi ve sellem) kendisini uyandırarak vitir namazı kılardı." (Müslim)

Yine Müslim'in kaydettiği başka bir rivayete göre vitre sıra gelince Peygamberimiz (sallallâhu aleyhi ve sellem) kendisine "Ya Âişe! Kalk vitir namazını kıl." diye seslenirdi.

1139- İbni Ömer'den (radıyallâhu anhumâ) rivayet edildiğine göre Peygamberimiz (sallallâhu aleyhi ve sellem) buyuruyor ki:

– "Sabah olmadan vitir namazını kılınız." (Ebu Davud, Tirmizî)

1140- Cabir'den (radıyallâhu anh) rivayet edildiğine göre Peygamberimiz (sallallâhu aleyhi ve sellem) buyuruyor ki:

– "Kim gecenin sonunda kalkamayacağından endişe ederse vitir namazını gecenin başında kılsın. Kim gecenin sonunda kalkacağına güvenirse vitri gecenin sonunda kılsın. Çünkü gecenin sonunda kılınan namaza melekler şahit olur. Bu da daha faziletlidir." (Müslim)

206. Bölüm
Kuşluk Namazını Kılmak

Kuşluk namazının faziletini, en azını, en çoğunu ve ortasını belirtmek ve bunu devamlı kılmayı teşvik etmek hakkındadır.

1141- Ebu Hureyre (radıyallâhu anh) der ki: "Dostum Muhammed (sallallâhu aleyhi ve sellem) bana her aydan üç gün oruç tutmayı, iki rek'at kuşluk namazı kılmayı ve yatmadan önce vitir namazını kılmayı tavsiye etti." (Buhâri, Müslim)

1142- Ebu Zer'den (radıyallâhu anh) rivayet edildiğine göre Peygamberimiz (sallallâhu aleyhi ve sellem) buyuruyor ki:

– "Her sabah her bir eklem yerinize ayrı bir sadaka düşer. Her tesbih sadakadır. Her hamd cümlesi sadakadır. Her tevhid cümlesi sadakadır. Her tekbir sadakadır. Doğruyu emretmek sadakadır. Eğrilikten alıkoymak sadakadır. Kuşluk vakti kılınan iki rek'at namaz bunların tümünün yerini tutar." (Müslim)

1143- Hz. Âişe (radıyallâhu anhâ) der ki: "Peygamberimiz (sallallâhu aleyhi ve sellem) kuşluk namazını dört rek'at olarak ve bazan da Allah'ın dilediği kadar fazla kılardı." (Müslim)

1144- Ümmü Hâni Fâhite binti Ebu Talip (radıyallâhu anhâ) der ki: "Mekke'nin fethedildiği sene bir gün Peygamberimize (sallallâhu aleyhi ve sellem) gitmiştim. Kendisini boy abdesti alırken buldum. Boy abdestini bitirince sekiz rek'at namaz kıldı. Bu namaz, kuşluk namazı idi." (Buhâri, Müslim)

207. Bölüm
Kuşluk Namazının Vakti

Güneşin yükselmesinden zeval vaktine kadar kuşluk namazı kılınabilmesi, fakat sıcaklığın arttığı ve güneşin iyice yükseldiği zaman kılmanın daha faziletli olması hakkındadır.

1145- Zeyd b. Erkam (radıyallâhu anh) kuşluk namazını ilk vaktinde kılan bir grup gördü ve kendi kendine "Fakat bu kimselerin daha ileri bir vakitte kuşluk namazı kılmanın daha faziletli olduğunu bilmeleri gerekir. Çünkü Peygamberimiz (sallallâhu aleyhi ve sellem) 'Uuyanık ve tövbekâr mü'minlerin kuşluk namazını kılacakları vakit, deve yavrularının ayaklarının sıcaktan yandığı vakittir.' buyurmuştur." dedi. (Müslim)

208. Bölüm
Tahiyyetü'l-Mescid Namazı

Tahiyyetü'l-mescid namazı kılmayı teşvik etmek, camiye ne zaman girilirse girilsin iki rek'at kılmadan oturmanın mekruh olması... Bu iki rek'at isterse tahiyye niyyeti ile kılınsın ister farz ister farzla birlikte kılınan sünnet veya başka bir namaz olsun.

1146- Ebu Katade'den (radıyallâhu anh) rivayet edildiğine göre Peygamberimiz (sallallâhu aleyhi ve sellem) buyuruyor ki:

– "Herhangi biriniz bir mescide girince iki rek'at kılmadan oturmasın." (Buhâri, Müslim)

1147- Cabir (radıyallâhu anh) der ki: "Bir gün Peygamberimize gelmiştim. Mescid'de idi. Bana 'İki rek'at kıl.' buyurdu." (Buhâri, Müslim)

209. Bölüm
Abdest Aldıktan Sonra İki Rek'at Namaz Kılmak

1148- Ebu Hureyre'den (radıyallâhu anh) rivayet edildiğine göre Peygamberimiz (sallallâhu aleyhi ve sellem) Bilal'e (radıyallâhu anh) "Ya Bilal! İslam'ı kabul ettikten sonra işlemiş olduğun en umut bağlı amelin ne olduğunu söyle. Çünkü ben cennette önümde senin nalınlarının sesini duydum." diye sordu. Bilal, Peygamberimize (sallallâhu aleyhi ve sellem) "Bana kalırsa en umut bağladığım amel, gece olsun gündüz olsun her abdest aldığım zaman kılabildiğim kadar namaz kıldım." diye cevap verdi. (Buhâri, Müslim)

210. Bölüm
Cuma Gününün Fazileti

Cuma gününün fazileti, farz olduğu, o gün için boy abdesti almak, koku sürünmek, camiye erken gitmek, cuma günü dua etmek, Peygamber'e salat ü selam getirmek, cuma gününde duaların kabul edildiği bir anın bulunduğunu belirtmek, cumadan sonra Allah'ın adını çokça anmanın müstehap olması...

Allah Teâlâ (celle celâlüh) buyuruyor ki:

– "Cuma namazı kılınınca yeryüzüne dağılarak Allah'ın kereminden pay arayınız. Allah'ın adını çokça anınız ki kurtuluşa eresiniz." (Cum'a suresi, 10. ayet.)

1149- Yine Ebu Hureyre'den (radıyallâhu anh) rivayet edildiğine göre Peygamberimiz (sallallâhu aleyhi ve sellem) buyuruyor ki:

– "Beş vakit namaz, art arda gelen cumalar ve ramazan ayları -büyük günahlardan kaçınmış olmak şartı ile– arada kalan günahlara kefaret olurlar." (Müslim)

1150- Ebu Hureyre'den (radıyallâhu anh) rivayet edildiğine göre Peygamberimiz (sallallâhu aleyhi ve sellem) buyuruyor ki:

– "Üzerine güneşin doğduğu günlerin en hayırlısı cuma günüdür. Âdem bu gün yaratılmış, bu gün cennete konulmuş ve bu gün cennetten çıkarılmıştır." (Müslim)

1151- Yine Ebu Hureyre'den (radıyallâhu anh) rivayet edildiğine göre Peygamberimiz (sallallâhu aleyhi ve sellem) buyuruyor ki:

– "Kim güzelce abdest alıp cuma namazına gelir, hatibi dinler ve hutbe okunurken sessiz kalırsa, bir önceki cuma ile o cuma arasındaki günahları üç gün fazlası ile affedilir. Fakat kim küçük taşlarla oyalanırsa sevabını yitirmiş olur." (Müslim)

1152- Yine Ebu Hureyre ile İbni Ömer'in (radıyallâhu anhum) birlikte duyduklarına göre Peygamberimiz (sallallâhu aleyhi ve sellem) mimberinin basamakları üzerinden şöyle buyurdu:

– "Bazı kimseler ya cumayı terk etmekten vazgeçecekler yoksa Allah kalplerini mühürleyecek de gafillerden olacaklar." (Müslim)

1153- İbni Ömer'den (radıyallâhu anhumâ) rivayet edildiğine göre Peygamberimiz (sallallâhu aleyhi ve sellem) buyuruyor ki:

– "Biriniz cumaya gideceği vakit boy abdesti alsın." (Buhâri, Müslim)

1154- Ebu Saidü'l-Hudrî'den rivayet edildiğine göre Peygamberimiz (sallallâhu aleyhi ve sellem) buyuruyor ki:

– "Cuma günü boy abdesti almak, her ergenlik çağını aşmış kimse için gereklidir." (Buhâri, Müslim)

1155- Semüre'den (radıyallâhu anh) rivayet edildiğine göre Peygamberimiz (sallallâhu aleyhi ve sellem) buyuruyor ki:

– "Cuma günü kim abdest alırsa ne güzel! Fakat kim boy abdesti alırsa, boy abdesti almak daha faziletlidir. "(Ebu Davud, Tirmizî)

1156- Selmân'dan (radıyallâhu anh) rivayet edildiğine göre Peygamberimiz (sallallâhu aleyhi ve sellem) buyuruyor ki:

– "Herhangi biri cuma günü boy abdesti alıp elinden geldiği kadar temizlenir, koku sürünür, sonra camiye giderek iki kişinin arasına girmeksizin bir yerde oturur, üzerine farz kılınan namazı kılar ve imam konuşurken sessizce dinlerse bir önceki cuma ile o cuma arasındaki günahları affedilir." (Buhâri)

1157- Ebu Hureyre'den (radıyallâhu anh) rivayet edildiğine göre Peygamberimiz (sallallâhu aleyhi ve sellem) buyuruyor ki:

– "Kim cuma günü cünüplükten temizlenir gibi boy abdesti alır ve camiye giderse bir deve kurban etmiş gibi olur. Kim cuma gününün ikinci saatinde camiye giderse bir sığır kurban etmiş gibi olur. Kim cumanın dördüncü saatinde camiye giderse bir boynuzlu koç kurban etmiş gibi olur. Kim beşinci saat camiye giderse bir yumurta sadaka vermiş olur. İmam mimbere çıkınca hutbeyi dinlemek üzere melekler gelirler." (Buhâri, Müslim)

1158- Yine Ebu Hureyre'den (radıyallâhu anh) rivayet edildiğine göre Peygamberimiz (sallallâhu aleyhi ve sellem) cuma gününden bahsederken "O günün bir anı var ki o anı ayakta namaz kılıp Allah'tan bir şey isteyerek geçiren kimsenin dileği kesinlikle kabul edilir." buyurdu ve eliyle o anın kısa olduğunu belirten bir işaret yaptı. (Buhâri, Müslim)

1159- Ebu Bürde b. Ebu Musa el-Eş'arî (radıyallâhu anh) der ki: "Bir gün Abdullah b. Ömer (radıyallâhu anhumâ) bana 'Cumada dileklerin kabul edildiği an hakkında Peygamberimizden (sallallâhu aleyhi ve sellem) bir hadis rivayet ettiğini babandan duydun mu?' diye sordu. Kendisine 'Evet, babamın dediğine göre bu konuda Peygamberimiz (sallallâhu aleyhi ve sellem), 'O an, imamın mimbere çıkıp oturması ile namazın kılınması arasındadır.' buyurmuştur.'" (Müslim)

1160- Evs b. Evs'den (radıyallâhu anh) rivayet edildiğine göre Peygamberimiz (sallallâhu aleyhi ve sellem) buyuruyor ki:

- "Hiç şüphesiz cuma günü, en faziletli günlerinizden biridir. O gün bana çokça salat ü selam getiriniz. Çünkü sizin salat ü selamınız kesin olarak bana arzedilir." (Ebu Davud)

211. Bölüm
Bir Nimete Kavuşunca veya Bir Belayı Savınca Şükür Secdesi Yapmak

1161- Sa'd b. Ebi Vakkas (radıyallâhu anh) der ki: "Peygamberimiz (sallallâhu aleyhi ve sellem) ile birlikte Mekke'den yola çıkmıştık. Medine'ye gitmek istiyorduk. Azvara denen yere yaklaşınca Peygamberimiz (sallallâhu aleyhi ve sellem) binek hayvanından indi bir süre ellerini kaldırarak Allah'a dua etti. Arkasından secdeye kapandı ve uzun süre öylece kaldı. Arkasından ayağa kalktı ve bir süre ellerini havaya kaldırdı. Sonra yine secdeye kapandı (aynı hareketleri üç kere tekrarladıktan sonra) şöyle buyurdu:

- 'Ben günahlarının bağışlanmasını isteyerek ümmetim hakkında şefaatçi oldum. Allah bana ümmetimin üçte birini bağışladı. Bunun üzerine şükretmek üzere Rabbim için secdeye kapandım. Sonra başımı kaldırarak ümmetimin bağışlanmasını istedim. Allah bana ümmetimin ikinci üçte birini bağışladı. Bunun üzerine şükretmek üzere Rabbim için secdeye kapandım. Sonra yine başımı kaldırarak ümmetimin bağışlanmasını istedim. Allah bana ümmetimin son üçte birini bağışladı. Bunun üzerine ben de Rabbim için secdeye kapandım.'" (Ebu Davud)

212. Bölüm
Geceleyin İbadet Etmenin Fazileti

Allah Teâlâ (celle celâlüh) buyuruyor ki:

- "Gecenin bir bölümünde sırf sana mahsus fazladan bir ibadet olmak üzere gece namazı kıl. Umulur ki Allah seni Makam-ı Mahmud'a ulaştırır." (İsrâ suresi, 79. ayet.)

Allah Teâlâ (celle celâlüh) buyuruyor ki:

- "Vücutlarının yan tarafları yataklardan uzaklaşarak umut ve korku içinde Rabblerine dua ederler ve kendilerine rızık olarak verdiklerimizden hayır için sarf ederler." (Secde suresi, 16. ayet.)

Allah Teâlâ (celle celâlüh) buyuruyor ki:

- "Onlar gecenin küçük bir bölümünde uyurlardı." (Zâriyât suresi, 17. ayet.)

1162- Hz. Âişe (radıyallâhu anhâ) der ki: "Peygamberimiz (sallallâhu aleyhi ve sellem) geceleri o kadar uzun süre namaz kılardı ki ayakları şişerdi. Kendisine 'Ya Resulallah! Geçmiş ve gelecek bütün günahların bağışlanmış olduğu halde niye böyle yapıyorsun?' diye sordum. Peygamberimiz (sallallâhu aleyhi ve sellem) bana 'Ben şükür görevini yerine getiren bir kul olmayayım mı?' diye cevap verdi." (Buhâri, Müslim)

1163- Hz. Ali'den (radıyallâhu anh) rivayet edildiğine göre bir gece Fatıma (radıyallâhu anhâ) ile birlikte iken Peygamberimiz (sallallâhu aleyhi ve sellem) kapılarını çalmış ve "Namaz kılmayacak mısınız?" buyurmuştur. (Buhâri, Müslim)

1164- Abdullah b. Ömer'in oğlu Salim, babasından (radıyallâhu anhun) rivayet ederek bildiriyor ki, Peygamberimiz (sallallâhu aleyhi ve sellem) şöyle buyurmuştur:

– "Abdullah ne iyi bir kuldur! Bir de gece namazı kılsa..." Peygamberimizin bu sözlerinden sonra Abdullah, geceleri çok az uyurdu. (Buhâri, Müslim)

1165- Abdullah b. Amr b. el-Âs'tan (radıyallâhu anhumâ) rivayet edildiğine göre Peygamberimiz (sallallâhu aleyhi ve sellem) buyuruyor ki:

– "Ya Abdullah! Bir zamanlar geceleyin namaz kıldığı halde sonradan kılmaz olan falanca gibi olma." (Buhâri, Müslim)

1166- İbni Mes'ud'dan (radıyallâhu anh) rivayet edildiğine göre Peygamberimizin (sallallâhu aleyhi ve sellem) yanında akşam yatıp sabaha kadar uyuyan bir adamdan bahsedilince "O kimse, şeytanın kulağına işemiş olduğu bir adamdır." buyurdu. (Buhâri, Müslim)

1167- Ebu Hureyre'den (radıyallâhu anh) rivayet edildiğine göre Peygamberimiz (sallallâhu aleyhi ve sellem) buyuruyor ki:

– "İçinizden biri uykuya dalınca şeytan ense köküne 'Önünde uzun bir gece var. Mışıl mışıl uyu!' diyerek üç düğüm atar. Eğer adam uyanıp Allah'ın adını anarsa düğümlerden biri çözülür. Eğer abdest alırsa bir düğüm daha çözülür. Eğer namaz kılarsa ense kökündeki bütün düğümler çözülerek adam neşeli ve zinde bir durumda sabaha kavuşur. Aksi halde neşesiz ve tembel bir durumda sabaha erer." (Buhâri, Müslim)

1168- Abdullah b. Selam'dan (radıyallâhu anh) rivayet edildiğine göre Peygamberimiz (sallallâhu aleyhi ve sellem) buyuruyor ki:

– "Ey İnsanlar, selamlaşınız, yemek yediriniz, geceleyin insanlar uyurken namaz kılınız! Böylece selametle cennete girersiniz." (Tirmizî)

1169- Ebu Hureyre'den (radıyallâhu anh) rivayet edildiğine göre Peygamberimiz (sallallâhu aleyhi ve sellem) buyuruyor ki:

– "Ramazandan sonra en faziletli oruç, Allah'ın ayı olan muharrem ayında tutulan oruçtur. Farzlardan sonra en faziletli namaz da gece kılınan namazdır." (Müslim)

1170- İbni Ömer'den (radıyallâhu anhumâ) rivayet edildiğine göre Peygamberimiz (sallallâhu aleyhi ve sellem) buyuruyor ki:

– "Geceleyin kılınan namaz ikişer rek'attır. Sabah oluyor diye endişe edersen bir rek'at ekleyerek vitir namazı kıl." (Buhâri, Müslim)

1171- Yine İbni Ömer'den (radıyallâhu anhumâ) rivayet edildiğine göre Peygamberimiz (sallallâhu aleyhi ve sellem) geceleyin ikişer rek'at namaz kılar, sonunda bir rek'at daha ilave ederek vitir namazı kılardı. (Buhâri, Müslim)

1172- Enes (radıyallâhu anh) der ki: "Peygamberimiz (sallallâhu aleyhi ve sellem) bir ayın içinde o kadar oruçsuz gün geçirirdi ki o ay oruç tutmayacak sanırdık. Başka bir ayda o kadar çok oruç tutardı ki o ay içinde hiç oruçsuz gün geçirmeyecek sanırdık. Geceleyin ummadığın bir sırada onun namaz kıldığını görürdüm. Yine ummadığın bir sırada da Onu uyuyor görürdüm." (Buhâri)

1173- Hz. Âişe (radıyallâhu anhâ) der ki: "Peygamberimiz (sallallâhu aleyhi ve sellem) geceleri on bir rek'at namaz kılardı. Bu namaz sırasında secdede o kadar uzun süre kalırdı ki herhangi biriniz o başını kaldırıncaya kadar elli ayet okurdu. Sabah namazından önce iki rek'at kılar, sonra müezzin gelip namaz vaktini bildirinceye kadar sağ yanı üzerine uzanırdı." (Buhâri)

1174- Yine Hz. Âişe (radıyallâhu anhâ) der ki: "Peygamberimiz (sallallâhu aleyhi ve sellem) ne ramazanda ve ne de diğer aylarda geceleri onbir rek'attan fazla kılmazdı, önce dört rek'at kılardı ki, rek'atların güzelliğini ve uzunluğunu sorma gitsin! Arkasından yine dört rek'at daha kılardı ki, rek'atların güzelliğini ve uzunluğunu sorma gitsin! Sonra da üç rek'at vitir kılardı. Kendisine 'Vitir namazı kılmadan önce uyuyor musun?' diye sordum. Bana 'Ya Âişe! Benim gözlerim uyur fakat kalbim uyumaz.' diye cevap verdi." (Buhâri, Müslim)

1175- Yine Hz. Âişe'den (radıyallâhu anhâ) rivayet edildiğine göre Peygamberimiz (sallallâhu aleyhi ve sellem) gecenin başlarında uyur, sonuna doğru kalkar, namaz kılardı. (Buhâri, Müslim)

1176- İbni Mes'ud (radıyallâhu anh) der ki: "Bir gece Peygamberimiz (sallallâhu aleyhi ve sellem) ile birlikte namaz kılıyordum. O kadar uzun süre kıyam halinde kaldı ki, aklıma kötü bir şey yapmak geldi." Kendisine "Aklına ne geldi?" diye sordular. İbni Mes'ud "Oturup selam vererek ondan ayrılmayı düşündüm." diye cevap verdi. (Buhâri, Müslim)

1177- Huzeyfe (radıyallâhu anh) der ki: "Bir gece Peygamberimiz (sallallâhu aleyhi ve sellem) ile birlikte namaz kılıyordum. Zamm-ı sure olarak Bakara suresini okumaya başladı. İçimden 'Herhalde yüz ayet okuyunca rukûa varır.' dedim. Devam etti. Yine içimden 'Sureyi bir rek'atta tamamlayacak herhalde.' dedim. O yine devam etti. Yine içimden 'Herhalde sure bitince rukûa varır.' dedim. Arkasından Nisâ suresine başladı, onu da okudu. Arkasından Âl-i İmrân suresine başladı, onu da okudu. Ağır ağır okuyor, içinde tesbih bulunan bir ayet geçince tesbih getiriyor, Allah'tan bir dilekte bulunmaya dair olan ayet geçince dilekte bulunuyor, içinde Allah'a sığınmadan bahseden ayet geçince de Allah'a sığınıyordu. Sonra rükûya vararak 'Sübhâne rabbiye'l-azîm' dedi. Rükûsu da kıyamı gibi idi. Sonra 'Semiallâhu limen hamideh. Rabbenâ leke'l-hamd' diyerek rükûda durduğu süreye yakın bir süre ayakta durdu. Sonra secdeye varıp 'Sübhâne rabbiye'l-a'lâ' dedi. Secdesi de kıyam haline yakın oldu." (Müslim)

1178- Cabir'den (radıyallâhu anh) rivayet edildiğine göre Peygamberimize (sallallâhu aleyhi ve sellem) "Hangi namaz daha faziletlidir?" diye sordular. Peygamberimiz "Kıyam hali uzun olan namaz." buyurmuştur. (Müslim)

1179- Abdullah b. Amr ibni'l-as'dan (radıyallâhu anhumâ) rivayet edildiğine göre Peygamberimiz (sallallâhu aleyhi ve sellem) buyuruyor ki:

– "Allah'ın en sevdiği namaz Davud'un namazı ve en sevdiği oruç da Davud'un orucudur. Davud gecenin yarısını uyku ile geçirir, üçte birinde namaz kılar ve kalan altıda birinde de tekrar uyurdu. Bir gün oruç tutar, bir gün tutmazdı." (Buhâri, Müslim)

1180- Câbir'den (radıyallâhu anh) rivayet edildiğine göre Peygamberimiz (sallallâhu aleyhi ve sellem) buyuruyor ki:

– "Gecenin öyle bir anı vardır ki, bu anı gerek dünya ve gerekse ahiret ile ilgili olan hayırlı bir şey dileyerek geçiren Müslüman kimseye Allah kesinlikle dilediğini verir. Bu an her gecede vardır." (Müslim)

1181- Ebu Hureyre'den (radıyallâhu anh) rivayet edildiğine göre Peygamberimiz (sallallâhu aleyhi ve sellem) buyuruyor ki:

– "İçinizden biri geceleyin ibadet etmeye kalkınca namaz kılmaya iki kısa rek'at kılarak başlasın." (Müslim)

1182- Hz. Âişe'den (radıyallâhu anhâ) rivayet edildiğine göre Peygamberimiz (sallallâhu aleyhi ve sellem) geceleyin kalkınca namaz kılmaya iki kısa rek'at kılarak başlardı. (Müslim)

1183- Yine Hz. Âişe'den (radıyallâhu anhâ) rivayet edildiğine göre Peygamberimiz (sallallâhu aleyhi ve sellem) hastalık ve benzeri gibi bir mazeret yüzünden gece namazı kılmayınca ertesi gün oniki rek'at kılardı. (Müslim)

1184- Ömer b. Hattab'dan (radıyallâhu anh) rivayet edildiğine göre Peygamberimiz (sallallâhu aleyhi ve sellem) buyuruyor ki:

– "Kim devamlı hale getirdiği bir okumayı veya bu okumanın bir kısmını yapmadan uyur da onu sabah namazı ile öğle namazı arasında okursa onu gece okumuş gibi hesabına yazılır." (Müslim)

1185- Ebu Hureyre'den (radıyallâhu anh) rivayet edildiğine göre Peygamberimiz (sallallâhu aleyhi ve sellem) buyuruyor ki:

– "Geceleyin kalkıp namaz kılan ve sonra da karısını uyandıran ve kadın kalkmak istemediği takdirde yüzüne su serpen erkeğe Allah rahmet etsin. Geceleyin kalkıp namaz kılan ve sonra da kocasını uyandıran ve kocası kalkmak istemediği takdirde yüzüne su serpen kadına Allah rahmet etsin." (Ebu Davud)

1186- Ebu Hureyre ile Ebu Saidü'l-Hudrî'den (radıyallâhu anhumâ) rivayet edildiğine göre Peygamberimiz (sallallâhu aleyhi ve sellem) buyuruyor ki:

– "Bir kişi, geceleyin eşini uyandırıp ikisi birlikte iki rek'at namaz kılarlarsa erkek ve kadının her ikisi Allah'ı ananlar arasına yazılırlar." (Ebu Davud)

1187- Hz. Âişe'den (radıyallâhu anhâ) rivayet edildiğine göre Peygamberimiz (sallallâhu aleyhi ve sellem) buyuruyor ki:

– "İçinizden birisi namaz kılarken uykusu bastırınca uykusu geçinceye kadar uyusun. Çünkü içinizden birisi uykulu iken namaz kılarsa istiğfar ettiğini sanarken kendi kendine sövebilir." (Buhâri, Müslim)

1188- Ebu Hureyre'den (radıyallâhu anh) rivayet edildiğine göre Peygamberimiz (sallallâhu aleyhi ve sellem) buyuruyor ki:

– "İçinizden biri geceleyin namaz kılmaya kalkınca Kur'an okurken kekeler de ne dediğini bilemezse uyumaya yatsın." (Müslim)

213. Bölüm
Ramazan Geceleri İbadet Etmek, Teravih Namazı Kılmak

1189- Ebu Hureyre'den (radıyallâhu anh) rivayet edildiğine göre Peygamberimiz (sallallâhu aleyhi ve sellem) buyuruyor ki:

– "Kim inanarak ve sevabını umarak ramazan gecelerini ibadet ile geçirirse (yani teravih kılarsa) geçmiş tüm günahları bağışlanır." (Buhâri, Müslim)

1190- Yine Ebu Hureyre'den (radıyallâhu anh) rivayet edildiğine göre Peygamberimiz kesin emir vermeksizin, sahabileri ramazan gecelerini ibadet ile geçirmeye teşvik ederek "Kim inanarak ve sevabını Allah'tan bekleyerek ramazan gecelerini ibadet ile geçirirse tüm geçmiş günahları bağışlanır." buyurmuştur. (Müslim)

214. Bölüm
Kadir Gecesi'ni İbadetle Geçirmek

Allah Teâlâ (celle celâlüh) buyuruyor ki:

– **"Biz onu (Kur'an'ı) Kadir Gecesi indirdik. Kadir Gecesi nasıl bir gecedir, bilir misin? Kadir Gecesi bin aydan daha hayırlıdır. O gece melekler ile Ruh, Rabblerinin izni ile her konu ile ilgili olarak inerler de inerler. O gece tanyeri ağarıncaya kadar selamdır."** (Kadir suresi, 1-5. ayet.)

Allah Teâlâ (celle celâlüh) buyuruyor ki:

– **"Biz Kur'an'ı mübarek bir gece indirdik."** (Duhân suresi, 3. ayet.)

1191- Ebu Hureyre'den (radıyallâhu anh) rivayet edildiğine göre Peygamberimiz (sallallâhu aleyhi ve sellem) buyuruyor ki:

– "Kim inanarak ve sevabını Allah'tan bekleyerek Kadir Gecesi'ni ibadet ile geçirirse tüm geçmiş günahları bağışlanır." (Buhâri, Müslim)

1192- İbni Ömer'den (radıyallâhu anhumâ) rivayet edildiğine göre sahabilerden bazı kimseler, rüyalarında Kadir Gecesi'nin ramazanın son yedi gecesi içinde olduğunu görünce Peygamberimiz (sallallâhu aleyhi ve sellem) şöyle buyurdu:

– "Rüyalarınızın son yedi gece üzerinde birleştiğini görüyorum. Buna göre Kadir Gecesi'ni aramak isteyenler, onu ramazanın son yedi gecesinde arasınlar." (Buhâri, Müslim)

1193- Hz. Âişe'den (radıyallâhu anhâ) rivayet edildiğine göre Peygamberimiz (sallallâhu aleyhi ve sellem) ramazanın son on günü itikafa girer ve "Kadir Gecesi'ni, ramazanın son on gecesi içinde arayınız." buyururdu. (Buhâri, Müslim)

1194- Yine Hz. Âişe'den (radıyallâhu anhâ) rivayet edildiğine göre Peygamberimiz (sallallâhu aleyhi ve sellem) buyuruyor ki:

– "Kadir Gecesi'ni ramazanın son on günü içinde, tek rakamlı gecelerde arayınız." (Buhâri)

1195- Yine Hz. Âişe'den (radıyallâhu anhâ) rivayet edildiğine göre Peygamberimiz (sallallâhu aleyhi ve sellem) ramazanın son on günü girince bütün geceleri ibadetle geçirir, eşlerini uyandırır, tüm benliği ile kendini vererek ibadet etmeye önem verirdi. (Buhâri, Müslim)

1196- Yine Hz. Âişe'den (radıyallâhu anhâ) rivayet edildiğine göre Peygamberimiz (sallallâhu aleyhi ve sellem) ramazan ayında diğer aylardan daha çok ibadet etmek için gayret gösterirdi. Ramazanın son on gecesi de diğer tüm gecelerden daha çok ibadet etmeye gayret ederdi. (Müslim)

1197- Yine Hz. Âişe (radıyallâhu anhâ) der ki: "Peygamberimize (sallallâhu aleyhi ve sellem) 'Herhangi bir gecenin Kadir Gecesi olduğunu bilirsem o gece nasıl dua edeyim?' diye sordum. Bana şöyle cevap verdi:

– 'Allâhümme inneke afüvvün tuhibbü'l-afve fa'fü annî!' Allah'ım! Sen affedicisin, affı seversin. Beni de affeyle!)" (Tirmizî)

215. Bölüm
Misvak Kullanmanın Fazileti

1198- Ebu Hureyre'den (radıyallâhu anh) rivayet edildiğine göre Peygamberimiz (sallallâhu aleyhi ve sellem) buyuruyor ki:

– "Eğer ümmetime (veya insanlara) ağır gelmeyeceğini bilsem, her namaz vesilesi ile misvak kullanmalarını emrederdim." (Buhâri, Müslim)

1199- Huzeyfe (radıyallâhu anh) der ki: "Peygamberimiz (sallallâhu aleyhi ve sellem) her uykudan uyanışında ağzını misvakla ovardı." (Buhâri, Müslim)

1200- Hz. Âişe (radıyallâhu anhâ) der ki: "Peygamberimizin (sallallâhu aleyhi ve sellem) misvakını ve abdest suyunu (yatmadan önce) hazırlardık. O da gecenin Allah'ın dilediği bir bölümünde uyanır, dişlerini misvaklayarak abdest alır ve namaz kılardı." (Müslim)

1201- Enes'ten (radıyallâhu anh) rivayet edildiğine göre Peygamberimiz (sallallâhu aleyhi ve sellem) "Misvaklanmak hakkında size her şeyi fazlası ile söyledim." buyurmuştur. (Buhâri)

1202- Şureyh b. Hâni der ki: "Hz. Âişe'ye (radıyallâhu anhâ) 'Peygamberimiz (sallallâhu aleyhi ve sellem) eve gelince ilk önce ne yapardı?' diye sordum. Bana 'İlk önce ağzını misvakla ovalardı.' diye cevap verdi." (Müslim)

1203- Ebu Musa el-Eş'arî (radıyallâhu anh) der ki: "Bir gün Peygamberimizin (sallallâhu aleyhi ve sellem) yanına girmiştim. Misvakın bir ucu dilinin üzerinde idi." (Buhâri, Müslim)

1204- Hz. Âişe'den (radıyallahu anha) rivayet edildiğine göre Peygamberimiz (sallallâhu aleyhi ve sellem) "Misvak, ağzı temizleyen ve Rabbin rızasını kazanan bir araçtır." buyurmuştur. (Neseî, İbni Huzeyme)

1205- Ebu Hureyre'den (radıyallâhu anh) rivayet edildiğine göre Peygamberimiz (sallallâhu aleyhi ve sellem) buyuruyor ki:

– "Fıtrata uygun işlemler beştir (veya şu beş şey fıtrat uyarıncadır): Sünnet, edep yerlerindeki kılları tıraş etmek, tırnakları kesmek, koltuk altlarını yolmak ve bıyıkları kısaltmak." (Buhâri, Müslim)

1206- Hz. Âişe'den (radıyallâhu anhâ) rivayet edildiğine göre Peygamberimiz (sallallâhu aleyhi ve sellem) buyuruyor ki:

- "On şey fıtrat uyarıncadır: Bıyığı kısaltmak, sakal bırakmak, dişleri misvaklamak, burna su çekmek, tırnakları kesmek, parmakların eklem yerlerindeki kılları yıkamak, koltuk altı kıllarını yolmak, edep yerlerini tıraş etmek, istinca etmek."

Hadisi rivayet eden "Onuncusunu unuttum. Her halde ağza su vermek olacaktı." diyor. (Müslim)

1207- İbni Ömer'den (radıyallâhu anhumâ) rivayet edildiğine göre Peygamberimiz (sallallâhu aleyhi ve sellem) "Bıyıkların dudak hizasını aşan kısımlarını kesiniz ve sakalı bırakınız." buyurmuştur. (Buhâri, Müslim)

216. Bölüm
Zekat Vermenin Fazileti

Allah Teâlâ (celle celâlüh) buyuruyor ki:

- **"Namazı dosdoğru kılınız ve zekatı veriniz."** (Bakara suresi, 43. ayet.)

Allah Teâlâ (celle celâlüh) buyuruyor ki:

- **"Oysa k, onlara sadece dinde sırf Allah'a yönelerek O'na kulluk etmek, namazı dosdoğru kılmak ve zekatı vermek emredildi. İşte dosdoğru din budur."** (Beyyine suresi, 5. ayet.)

Allah Teâlâ (celle celâlüh) buyuruyor ki:

- **"Onların mallarından kendilerini temizleyip arındıran bir sadaka (zekat) al."** (Tevbe suresi, 103. ayet.)

1208- İbni Ömer'den (radıyallâhu anhumâ) rivayet edildiğine göre Peygamberimiz (sallallâhu aleyhi ve sellem) buyuruyor ki:

- "İslam beş temel prensip üzerine kurulmuştur: Allah'tan başka ilah olmadığına ve Muhammed'in Allah'ın kulu ve resulü olduğuna şehadet etmek; namaz kılmak, zekat vermek, Beytullah'ı ziyaret etmek ve ramazan ayında oruç tutmak." (Buhâri, Müslim)

1209- Talha b. Ubeydullah (radıyallâhu anh) der ki: "Bir gün Peygamberimize (sallallâhu aleyhi ve sellem) saçları dağınık Necdli bir adam geldi. Uzaktan sesini duyuyor fakat ne dediğini anlayamıyorduk. Nihayet Peygamberimize (sallallâhu aleyhi ve sellem) yaklaşarak ona İslam'ın ne olduğunu sordu. Peygamberimiz (sallallâhu aleyhi ve sellem) kendisine 'Bir gün ve gece boyunca beş vakit namaz.' buyurdu. Adam 'Daha fazla kılmam gerekir mi?' diye sordu. Peygamberimiz 'Hayır. Ama istersen nafile kılarsın.' buyurdu.

Peygamberimiz kendisine 'Ramazan ayında oruç tutmak.' buyurdu. Adam 'Daha başka oruç tutmam gerekli mi?' diye sordu. Peygamberimiz ona 'Hayır. Ama istersen nafile oruç tutarsın.' diye cevap verdi. Peygamberimiz ona zekatı anlattı. Adam 'Daha fazla vermem gerekir mi?' diye sordu. Peygamberimiz ona 'Hayır. Ama istersen nafile olarak sadaka verebilirsin.' diye cevap verdi. Adam 'Vallahi, bunlara ne ilave ederim ve ne de onlardan bir şey eksiltirim.' diyerek yüzünü dönüp gitti. Peygamberimiz (sallallâhu aleyhi ve sellem) 'Eğer doğru söylüyorsa kurtuluşa erdi.' buyurdu." (Buhâri, Müslim)

1210- İbni Abbas'tan rivayet edildiğine göre Peygamberimiz (sallallâhu aleyhi ve sellem) Muaz'ı Yemen'e gönderirken ona şöyle buyurdu:

– "Onları Allah'tan başka ilah olmadığına ve benim Allah'ın resulü olduğuma şahadet etmeye çağır. Eğer buna itaat ederlerse onlara Allah'ın kendilerine her gün beş vakit namaz farz kıldığını bildir. Eğer buna da itaat ederlerse onlara Allah'ın kendilerine zenginlerinden alınıp fakirlerine verilen bir sadaka (zekat) farz kıldığını bildir." (Buhâri, Müslim)

1211- İbni Ömer'den (radıyallâhu anhumâ) rivayet edildiğine göre Peygamberimiz (sallallâhu aleyhi ve sellem) buyuruyor ki:

– "Allah'tan başka ilah olmadığına ve Muhammed'in Allah'ın resulü olduğuna şahadet edinceye kadar, namaz kılıncaya kadar, zekat verinceye kadar insanlarla savaşmak bana emredildi. Bu saydıklarımı yerine getirince İslam hakkı dışında canları ve malları benim için dokunulmaz olur. Onlarla hesaplaşmak ise Allah'a aittir." (Buhâri, Müslim)

1212- Ebu Hureyre (radıyallâhu anh) der ki: "Peygamberimiz (sallallâhu aleyhi ve sellem) vefat edip de yerine Ebu Bekir (radıyallâhu anh) geçince bazı arap kabileleri (zekat vermeyi reddederek) kâfir oldular. Ömer (radıyallâhu anh) Ebu Bekir'e 'Sen halka nasıl savaş açabilirsin ki? Peygamberimiz (sallallâhu aleyhi ve sellem) 'İnsanlar Lâ ilâhe illallâh deyinceye kadar onlarla savaşmak bana emredildi. Bu cümleyi söyleyen kimsenin canı ve malı Allah'ın hakkı dışında bana karşı dokunulmazlık kazanır. Onunla hesaplaşmak ise Allah'a aittir.' buyurmuştur.'

Ebu Bekir (radıyallâhu anh) de 'Vallahi, namaz ile zekatı birbirinden ayıran kimseler ile kesin olarak savaşacağım. Çünkü zekat malda bulunan bir Allah hakkıdır. Vallahi, Peygamberimize (sallallâhu aleyhi ve sellem) verdikleri bir deve ayağı bağını bana da vermekten kaçınırlarsa onu vermedikleri için onlarla savaşırım.' dedi. Bunun üzerine Ömer 'Vallahi savaş konusunda Allah'ın Ebu Bekr'in kalbini aydınlatmış olduğunu görerek görüşünün doğru olduğunu anladım.' dedi." (Buhâri, Müslim)

1213- Ebu Eyyub (radıyallâhu anh) der ki: "Adamın biri Peygamberimize 'Bana cennete girmemi sağlayacak ameli bildir.' dedi. Peygamberimiz (sallallâhu aleyhi ve sellem) de ona 'Hiçbir ortak koşmaksızın sırf Allah'a kulluk edersin, namaz kılarsın, zekat verirsin ve yakınlarını gözetirsin.' diye cevap verdi." (Buhâri, Müslim)

1214- Ebu Hureyre (radıyallâhu anh) der ki: "Taşralı bir Arap, Peygamberimize (sallallâhu aleyhi ve sellem) 'Ya Resulallah! Bana işleyince cennete girebileceğim bir amel söyle!' dedi. Peygamberimiz (sallallâhu aleyhi ve sellem) ona 'Hiçbir şeyi ortak koşmaksızın sırf Allah'a kulluk edersin, namaz kılarsın, farz kılınan orandaki zekatı verirsin, ramazanda oruç tutarsın.' diye cevap verdi. Adam 'Nefsimi kudret elinde tutan Allah'a yemin ederim ki bunlara hiçbir şey eklemem.' dedi. Adam yüzünü dönüp yanımızdan ayrılınca Peygamberimiz (sallallâhu aleyhi ve sellem) 'Kim bir cennetlik kimseyi görmekten hoşlanıyorsa şu adama baksın.' buyurdu." (Buhâri, Müslim)

1215- Cerir b. Abdullah (radıyallâhu anh) der ki: "Namaz kılacağıma, zekat vereceğime ve her Müslüman için sevgi besleyeceğime dair Peygamberimize (sallallâhu aleyhi ve sellem) biat ettim." (Buhâri, Müslim)

1216- Ebu Hureyre'den (radıyallâhu anh) rivayet edildiğine göre Peygamberimiz (sallallâhu aleyhi ve sellem) buyuruyor ki:

– "Altın ve gümüşü olup da bunların hakkını (zekatını) vermeyenler için kıyamet günü o altın ve gümüş, ateşten levhalar haline getirilir. Bu levhalar, cehennem ateşinde kızdırılarak onlarla adamın yan tarafları, alnı ve sırtı dağlanır. Bu levhalar ne zaman soğusa kullar arasında hüküm verilip de ya cennete veya cehenneme gideceğini görünceye kadar, elli bin yıl süren bir gün boyunca, yeniden kızdırılır."

Peygamberimize (sallallâhu aleyhi ve sellem) "Develerin durumu nedir ya Resulallah!" diye sordular. Peygamberimiz (sallallâhu aleyhi ve sellem) şöyle buyurdu:

– "Hakkını ödemeyen deve sahibi –ki bu haklardan birisi, hayvanlar suya götürüldüğü gün sütlerinin yolculara dağıtılmasıdır– dümdüz bir alana yüzüstü yatırılır. Develer olduklarından daha semiz olarak ve bir tek yavru bile müstesna olmaksızın bütün sürü adamı ayakları ile çiğneyip dişleri ile ısırır. Sürünün sonu üzerinden geçince tekrar baş tarafa gelir, kullar arasında hüküm verilip cennete mi yoksa cehenneme mi gideceğini görünceye kadar elli bin yıl süren bir gün boyunca bu böyle devam eder."

Peygamberimize (sallallâhu aleyhi ve sellem) "Ya Resulallah! Sığır ve koyunların durumu nedir?" diye sordular. Peygamberimiz (sallallâhu aleyhi ve sellem) şöyle buyurdu:

– "Zekatı ödenmeyen sığır ve koyun sahibi, dümdüz bir alana yüzüstü yatırılır. İçlerinde ne eğri boynuzlusu ne kırık boynuzlusu ne de boynuzsuzu müstesna olmaksızın sürünün tümü adamı boynuzlar ve ayakları altında çiğner, sürünün sonu üzerinden geçince tekrar baş tarafı gelir. Kullar arasında hüküm verilip cennete mi yoksa cehenneme mi gideceğini görünceye kadar elli bin yıl süren bir gün boyunca bu böyle devam eder."

Peygamberimize (sallallâhu aleyhi ve sellem) "Ya Resulallah! Atların durumu nedir?" diye sordular. Peygamberimiz (sallallâhu aleyhi ve sellem) şöyle buyurdu:

– "At üç türlüdür: Biri sahibi için vebaldir. Diğeri sahibi hesabına perdedir. Bir başkası ecir kaynağıdır. Vebal olan at, sahibi tarafından gösteriş, böbürlenme ve Müslümanlara saldırmak üzere tutulan attır. Bu at, sahibi için vebal ve günah kaynağıdır. Sahibi hesabına perde olan ata gelince, sahibinin Allah yoluna adadığı, ayrıca ne sırtı ve ne de bakımı konusunda Allah hakkını aklından çıkarmadığı attır. Bu at, sahibi hesabına perde olur. Sahibi için sevap kaynağı olan ata gelince, gerektiği zaman Allah yolunda Müslümanların yararına kullanılmak üzere çayır ve bahçeye salınan attır. Böyle bir atın söz konusu çayır ve bahçeden yediği her otlak teli sayısınca, ayrıca terslemesi ve su dökmesi kadar sahibi hesabına iyilik yazılır. Söz konusu at, ipini koparıp bir veya iki menzil koşsa Allah sahibine hayvanın izleri ve tersleri sayısınca iyilik yazar. Sahibi hayvana su içirmek niyeti taşımaksızın onu bir nehirden geçirse de hayvan nehirden su içse Allah, sahibine yudumları sayısınca iyilik yazar."

Peygamberimize (sallallâhu aleyhi ve sellem) "Ya Resulallah! Eşeklerin durumu nedir?" diye sordular. Peygamberimiz (sallallâhu aleyhi ve sellem) şöyle buyurdu:

– "Eşekler ile ilgili olarak bana **'Zerre kadar hayır işleyen onu görür. Zerre kadar kötülük işleyen onu görür.'** (Zilzâl suresi, 7-8. ayetler) mealindeki geniş kapsamlı eşsiz ayetten başka hiçbir hüküm inmiş değildir." (Buhâri, Müslim)

217. Bölüm
Ramazan Orucunun Fazileti

Allah Teâlâ (celle celâlüh) buyuruyor ki:

– "Ey iman edenler! Sizden öncekilere oruç farz kılındığı gibi, günahlardan korunasınız diye, size de farz kılındı. Oruç, sayılı

günlerde tutulur. İçinizden birisi hasta veya yolcu olursa, tutmadığı günler sayısınca diğer günlerde oruç tutar. Oruca güçlükle dayanan kimseye de her gün için bir miskini doyuracak kadar fidye vermek gerekir. Her kim hayrına daha çok fidye verirse bu onun hesabına daha hayırlıdır. Eğer bilseniz, sizin hesabınıza oruç tutmak daha hayırlıdır.

Ramazan ayı öyle bir aydır ki insanlara hidayet rehberi olan, hidayetin açık delillerini ihtiva eden ve hakkı batıldan ayıran Kur'an bu ayda indirildi. Hanginiz bu aya erişirse oruç tutsun. Hasta veya yolcu olan, tutmadığı günler sayısınca diğer günlerde oruç tutar. Allah sizin için güçlük değil, kolaylık diler. (Bu kolaylık) oruç günlerinin sayısını tamamlayasınız ve sizi hidayete erdirdiği için Allah'ın büyüklüğünü bilip O'na şükredesiniz diyedir.

Kullarım beni senden sorarsa bilsinler ki ben onlara pek yakınım. Bana dua edenin duasını kabul ederim. Buna göre onlar da benim davetime icabet ederek bana iman etsinler ki, doğru yolu bulmuş olsunlar.

Oruçlu günlerin gecelerinde eşlerinizle yatıp kalkmak size helal kılındı. Onlar sizin için ve siz de onlar için bir elbisesiniz. Allah sizin kendi nefsinize hıyanet edeceğinizi bildi de tevbelerinizi kabul edip sizi affetti. Artık onlarla yatıp kalkın ve Allah'ın hakkınızda yazdığını isteyin. Tanyeri ağarıp da beyaz ipliği siyah iplikten ayırt edinceye kadar yiyip içiniz. Sonra da geceye kadar oruçlu kalınız. Mescidlerde itikaf halindeyken eşlerinizle yatıp kalkmayınız. Bunlar Allah'ın koyduğu sınırlamalardır. Bunlara yaklaşmayınız, işte insanlar sakınsınlar diye Allah ayetlerini bu şekilde açıklamaktadır." (Bakara suresi, 183-187. ayetler.)

1217- Ebu Hureyre'den (radıyallâhu anh) rivayet edildiğine göre Peygamberimiz (sallallâhu aleyhi ve sellem) buyuruyor ki:

– "Allah Teâlâ 'Âdemoğlunun her ameli kendisi içindir, oruç hariç. O benim için işlenen bir ameldir ve mükâfatını da ben veririm.' buyurmuştur. Oruç, günahlara karşı bir kalkandır. İçinizden biri oruçluyken çirkin söz söylemesin, bağırıp çağırmasın. Eğer ona birisi söver ya da sataşırsa kendi kendine 'Ben oruçluyum.' desin. Muhammed'in nefsini kudret elinde tutan Allah'a yemin ederim ki, Allah katında oruçlunun ağız kokusu misk kokusundan daha hoştur! Oruçlu kimsenin karşılaşacağı iki sevinç anı vardır: Orucunu bozunca sevinir, ayrıca Rabbine kavuşunca da oruç tutmuş olduğu için sevinir." (Buhâri, Müslim)

Buhâri'nin kaydetmiş olduğu bir başka rivayete göre Allah Teâlâ "Oruçlu benim için yemeyi, içmeyi ve cinsî arzusunu terk ediyor. Oruç benim içindir ve mükâfatını yalnız ben veririm. İyiliğin karşılığı, on katından yedi yüz katına kadardır." buyurmuştur.

Müslim'in kaydettiği bir başka rivayete göre Allah Teâlâ "...Oruç başka. O, benim içindir ve mükâfatını da yalnız ben veririm. Oruçlu cinsî arzusunu ve yemeyi benim için terk ediyor. Oruçlunun iki sevinci vardır. Sevinçlerinden biri orucunu bozduğu anda, öbürü de Rabbine kavuştuğu andadır. Oruçlunun ağız kokusu, Allah katında misk kokusundan daha hoştur." buyurmuştur.

1218- Yine Ebu Hureyre'den (radıyallâhu anh) rivayet edildiğine göre Peygamberimiz (sallallâhu aleyhi ve sellem) buyurmuştur ki:

– "Kim Allah yolunda iki şey harcarsa (iki çeşit hayır yaparsa) cennet kapılarından 'Ey Allah'ın kulu! Bu kapı daha hayırlıdır.' diye çağrılır. Namazını devamlı kılmış olan kimse namaz kapısından çağırılır. Cihat görevini yerine getirmiş olan kimse cihat kapısından çağırılır. Orucunu tutan kimseler Reyyan kapısından çağırılır. Sadaka görevini yerine getiren sadaka kapısından çağırılır." Ebu Bekir (radıyallâhu anh) Peygamberimize (sallallâhu aleyhi ve sellem) "Anam babam yoluna feda olsun ya Resulallah! Bu kapıların herhangi birinden çağırılan kimse olacak mıdır?" diye sordu. Peygamberimiz kendisine "Evet, olacak. Senin de onlardan olmanı dilerim." buyurdu. (Buhâri, Müslim)

1219- Sehl b. Sâ'd'dan (radıyallâhu anh) rivayet edildiğine göre Peygamberimiz (sallallâhu aleyhi ve sellem) buyuruyor ki:

– "Cennette Reyyan denilen bir kapı vardır, kıyamet gününde o kapıdan sadece oruç tutanlar girebilir. Oruçluların haricinde kimse giremez. 'Oruçlular nerede diye seslenilir?' Bunun üzerine oruçlular ayağa kalkıp o kapıdan içeri girerler, onlardan başkası giremez. Oruçlular girdikten sonra kapı kapanır. Başka hiç kimse o kapıdan içeri alınmaz." (Buhâri, Müslim)

1220- Saidü'l-Hudrî'den (radıyallâhu anh) rivayet edildiğine göre Peygamberimiz (sallallâhu aleyhi ve sellem) buyuruyor ki:

– "Allah rızası için bir gün oruç tutan kulun yüzünü, Allah –o bir günlük oruç sebebi ile– cehennemin yetmiş yıl uzağında tutar." (Buhâri, Müslim)

1221- Ebu Hureyre'den (radıyallâhu anh) rivayet edildiğine göre Peygamberimiz (sallallâhu aleyhi ve sellem) buyuruyor ki:

"Kim inanarak ve sevabını Allah'tan bekleyerek ramazan ayında oruç tutarsa geçmiş günahları affedilir." (Buhâri, Müslim)

1222- Yine Ebu Hureyre'den (radıyallâhu anh) rivayet edildiğine göre Peygamberimiz (sallallâhu aleyhi ve sellem) buyuruyor ki:

– "Ramazan gelince cennetin kapıları açılır cehennemin kapıları kitlenir ve şeytanlar da bağlanır." (Buhâri, Müslim)

1223- Yine Ebu Hureyre'den (radıyallâhu anh) rivayet edildiğine göre Peygamberimiz (sallallâhu aleyhi ve sellem) buyuruyor ki:

– "Ayı görerek oruca başlayın ve ayı görerek oruca son verin. Eğer aranıza bulut girer de ayı göremezseniz, o zaman şaban ayını otuza tamamlayıp oruca öyle başlayınız." (Buhâri, Müslim)

Müslim'in kaydettiği rivayete göre hadisin sonu "Aranıza bulut girer de ayı (şevval hilalini) göremezseniz otuz gün oruç tutunuz." şeklindedir.

218. Bölüm
Ramazan Ayında Cömert Olmak, Çokça Hayır Yapmak, Son On Günde Bunları Artırmak

1224- İbni Abbas (radıyallâhu anh) der ki: "Peygamberimiz (sallallâhu aleyhi ve sellem) insanların en cömerdi idi. En cömert olduğu günler de Cebrail ile buluştuğu ramazan günleri idi. Cebrail, her ramazan gecesi buluşup ona Kur'an dersi verirdi. Cebrail ile buluştuğu zaman Peygamberimiz (sallallâhu aleyhi ve sellem) yağmur yüklü buluttan daha cömertti." (Buhâri, Müslim)

1225- Hz. Âişe (radıyallâhu anhâ) der ki: "Peygamberimiz (sallallâhu aleyhi ve sellem) ramazanın son on günü, geceleri ibadetle geçirir, eşlerini uyandırır ve elinden gelen iyiliği yapardı." (Buhâri, Müslim)

219. Bölüm
Hilal Görüldüğünde Söylenecek Söz

1226- Talha b. Ubeydullah'tan (radıyallâhu anh) rivayet edildiğine göre Peygamberimiz (sallallâhu aleyhi ve sellem) hilali görünce:

– "Allâhümme ehillehû aleynâ bilemni vel îmâni vesselâmeti vel islâmi rabbi ve rabbükellâhü hilâlü rüşdin ve hayrin. (Allah'ım! Bu hilali bizim için dinî ve dünyevî korkulardan emin, imanımızı, itaat ve ibadetlerimizi daim, her türlü hastalıklardan muhafaza vesilesi ve mübarek kıl.) Ey Hilal! Benim Rabbim de senin Rabbin de Allah'tır. Hayırlı ol." diye dua ederdi. (Tirmizî)

Riyâzü's Sâlihîn
Tercümesi

Üçüncü Kitap

220. Bölüm
Şabanın Ortasından Sonra ve Ramazandan Bir Gün Önce Oruç Tutmanın Yasak Olması

Şabanın ortasından sonra ramazandan bir gün önce oruç tutmanın yasak olması; yalnız bütün şaban ayını oruçlu geçiren veya mesela pazartesi ve perşembe günleri öteden beri oruç tuttuğu için o güne rastlayan kimse müstesna.

1227- Ebu Hureyre'den (radıyallâhu anh) rivayet edildiğine göre Peygamberimiz (sallallâhu aleyhi ve sellem) buyuruyor ki:

– "Herhangi biriniz ramazandan bir veya iki gün önce oruç tutmasın. Yalnız herhangi biriniz öteden beri tuttuğu oruç o güne rastlarsa o zaman o gün oruç tutsun." (Buhâri, Müslim)

1228- İbni Abbas'tan (radıyallâhu anhumâ) rivayet edildiğine göre Peygamberimiz (sallallâhu aleyhi ve sellem) buyuruyor ki:

– "Ramazandan önce oruç tutmayınız. Ay'ı görüp oruç tutunuz ve Ay'ı görüp oruca son veriniz. Eğer Ay (şevval hilali) bulutun ardında kalırsa o zaman orucu otuz güne tamamlayınız." (Tirmizî)

1229- Ebu Hureyre'den (radıyallâhu anh) rivayet edildiğine göre Peygamberimiz (sallallâhu aleyhi ve sellem) buyuruyor ki:

– "Şaban ayının ortasından sonra oruç tutmayınız." (Tirmizî)

1230- Ebu'l-Yakzân Ammâr b. Yâsir (radıyallâhu anhumâ) der ki: "Ramazanın ilki mi yoksa şaban ayının sonu mu diye şüphe edilen günde kişi oruç tutarsa Ebu'l-Kâsım'a (Peygamberimize) karşı gelmiş olur." (Ebu Davud, Tirmizî)

221. Bölüm
Sahur Yemeğinin Fazileti

1231- Enes'ten (radıyallâhu anh) rivayet edildiğine göre Peygamberimiz (sallallâhu aleyhi ve sellem) buyuruyor ki:

– "Sahura kalkınız. Çünkü sahurda bereket vardır." (Buhâri, Müslim)

1232- Zeyd b. Sabit (radıyallâhu anhâ) "Peygamberimiz (sallallâhu aleyhi ve sellem) ile birlikte sahura kalkmıştık, sonra da namaza durduk." dedi. Kendisine "İkisi (sahur ile sabah namazı) arasında ne kadar zaman geçmişti?" diye sordular. Zeyd b. Sabit "Elli ayet (okuyacak) kadar." diye cevap verdi. (Buhâri, Müslim)

1233- İbni Ömer (radıyallâhu anhumâ) der ki: "Peygamberimizin (sallallâhu aleyhi ve sellem) iki müezzini vardı: Bilal ve İbni Ümmü Mektum. Peygamberimiz (sallallâhu aleyhi ve sellem) 'Bilal geceleyin ezan okuyor. İbni Ümmi Mektum ezan okuyuncaya kadar yiyip içiniz.' buyurmuştur. İkisinin ezanı arasında sadece birinin aşağı inip öbürünün yukarı çıkmasına yetecek kadar bir süre vardı." (Buhâri, Müslim)

1234- Amr b. el-Âs'tan (radıyallâhu anh) rivayet edildiğine göre Peygamberimiz (sallallâhu aleyhi ve sellem) buyuruyor ki:

– "Bizim orucumuzla Yahudilerin ve Hıristiyanların orucu arasındaki fark sahur yemeğidir." (Müslim)

222. Bölüm
Oruç Açarken Acele Etmek

Oruç açmada acele etmenin fazileti, ne ile iftar edileceği, iftar edilirken ne söyleneceği hakkındadır.

1235- Sehl b. Sa'd'dan (radıyallâhu anh) rivayet edildiğine göre Peygamberimiz (sallallâhu aleyhi ve sellem) buyuruyor ki:

– "Halk ezan okunur okunmaz oruç bozdukça hayır içinde olur." (Buhâri, Müslim)

1236- Ebu Atiyye (radıyallâhu anh) der ki: "Mesruk ile birlikte Hz. Âişe'nin (radıyallâhu anhâ) yanına girdik. Mesruk ona 'Peygamberimizin (sallallâhu aleyhi ve sellem) sahabilerinden iki kişi var ki hiçbir hayırdan geri kalmazlar. Biri hem akşam namazını ve hem de iftar etmeyi geri bırakır.' dedi. Hz. Âişe 'Hem akşam namazını kılmakta ve hem de iftar etmekte acele eden kimdir?' diye sordu. Mesruk 'Abdullah b. Mes'ud.' diye cevap verdi. Hz.

Âişe (radıyallâhu anhâ) de ona 'Peygamberimiz (sallallâhu aleyhi ve sellem) de böyle yapardı.' diye cevap verdi." (Müslim)

1237- Ebu Hureyre'den (radıyallâhu anh) rivayet edildiğine göre Peygamberimiz (sallallâhu aleyhi ve sellem) "Allah 'Benim katımda en sevimli kul, iftar etmekte en çok acele eden kimsedir.' buyurur." demiştir. (Tirmizî)

1238- Ömer b. Hattab'dan (radıyallâhu anh) rivayet edildiğine göre Peygamberimiz (sallallâhu aleyhi ve sellem) buyuruyor ki:

– "Gece şu taraftan gelmeye başlayıp gündüz şu tarafa doğru yönelerek güneş battığı zaman oruçlu orucunu bozar." (Buhâri, Müslim)

1239- Ebu İbrahim Abdullah b. Ebu Evfâ (radıyallâhu anhumâ) der ki: "Peygamberimiz (sallallâhu aleyhi ve sellem) ile birlikte yolculuk ediyorduk, kendisi oruçlu idi. Güneş batınca içimizden birisine 'Ey falanca! Aşağı in de kavrulmuş una su çalarak bize yemek hazırla.' buyurdu. Adam 'Ya Resulallah! Gecenin çökmesini beklesen olmaz mı?' dedi. Peygamberimiz ona tekrar 'Aşağı in de kavrulmuş una su çalarak bize yemek hazırla.' buyurdu. Bunun üzerine adam binek hayvanından indi ve yolculara yemek hazırladı. Peygamberimiz de hazırladığı yemekten yedikten sonra eli ile doğu tarafını göstererek 'Gecenin şu taraftan gelmekte olduğunu gördüğünüz zaman oruçlu orucunu bozar.' buyurdu." (Buhâri, Müslim)

1240- Sahabilerden Selmân b. Âmir ed-Dabiyy'den (radıyallâhu anh) rivayet edildiğine göre Peygamberimiz (sallallâhu aleyhi ve sellem) buyuruyor ki:

– "İçinizden biri oruç bozarken hurma ile bozsun. Eğer hurma bulamazsa su ile iftar etsin. Çünkü su, tertemizdir." (Ebu Davud, Tirmizî)

1241- Enes (radıyallâhu anh) der ki: "Peygamberimiz (sallallâhu aleyhi ve sellem) akşam namazını kılmadan önce birkaç yaş hurma ile iftar ederdi. Eğer yaş hurma bulunmazsa birkaç kuru hurma tanesi ile orucunu açardı. Eğer birkaç kuru hurma tanesi de olmazsa birkaç yudum su içerdi." (Ebu Davud, Tirmizî)

223. Bölüm
Oruçlunun Dine Aykırı Hareketlerden Uzak Durması

1242- Ebu Hureyre'den (radıyallâhu anh) rivayet edildiğine göre Peygamberimiz (sallallâhu aleyhi ve sellem) buyuruyor ki:

– "İçinizden biri oruçlu olduğu gün çirkin söz söylemesin, bağırıp çağırmasın. Eğer başkası kendisine söver veya sataşırsa 'Ben oruçluyum.' desin." (Buhâri, Müslim)

1243- Yine Ebu Hureyre'den (radıyallâhu anh) rivayet edildiğine göre Peygamberimiz (sallallâhu aleyhi ve sellem) buyuruyor ki:

– "Kim yalanı ve yalanca iş görmeyi bırakmazsa Allah'ın bu kimsenin yiyip içmeyi bırakmasına ihtiyacı yoktur." (Buhâri)

224. Bölüm
Oruçla İlgili Meseleler

1244- Ebu Hureyre'den (radıyallâhu anh) rivayet edildiğine göre Peygamberimiz (sallallâhu aleyhi ve sellem) buyuruyor ki:

– "İçinizden biri oruçlu olduğunu unutarak yemek yer veya bir şey içerse orucuna devam etsin. Çünkü Allah onu yedirmiş ve içirmiştir." (Buhâri, Müslim)

1245- Lakît b. Sabire (radıyallâhu anh) der ki: "Bir gün Peygamberimize (sallallâhu aleyhi ve sellem) 'Bana abdest hakkında bilgi verir misin?' dedim. Bana şöyle buyurdu:

– 'Abdesti tamam al. Parmaklarının arasını ovala. Oruçlu olmadığın zaman burnuna derinlemesine su çek.'" (Ebu Davud, Tirmizî)

1246- Hz. Âişe (radıyallâhu anhâ) der ki: "Peygamberimiz (sallallâhu aleyhi ve sellem) bazen eşine yanaşmış olmak yüzünden cünüp olmuşken sabahları da boy abdesti alarak orucuna devam ederdi." (Buhâri, Müslim)

1247- Hz. Âişe ve Hz. Ümmü Seleme (radıyallâhu anhumâ) derler ki: "Peygamberimiz (sallallâhu aleyhi ve sellem) bazen rüya görmüş olmaksızın cünüp olarak sabahlar, sonra (yıkanarak) oruç tutmaya devam ederdi." (Buhâri, Müslim)

225. Bölüm
Muharrem, Recep, Şaban ve Hac Aylarında Oruç Tutmanın Fazileti

1248- Ebu Hureyre'den (radıyallâhu anh) rivayet edildiğine göre Peygamberimiz (sallallâhu aleyhi ve sellem) buyuruyor ki:

– "Ramazan dışında en faziletli oruç, Allah'ın ayı olan muharremde tutulan oruçtur. Farzların dışında en faziletli namaz, gece namazıdır." (Müslim)

1249- Hz. Âişe (radıyallâhu anhâ) der ki: "Peygamberimiz (sallallâhu aleyhi ve sellem) hiçbir ayda şaban ayında tuttuğu kadar oruç tutmazdı. Çünkü onun tümünde oruç tutardı."

Diğer bir rivayete göre "Az bir kısmı hariç, şaban ayını oruçla geçirirdi." (Buhâri, Müslim)

1250- Mucîbetü'l-Bâhili'den rivayet edildiğine göre, bu zatın babası (veya amcası) Peygamberimize (sallallâhu aleyhi ve sellem) gelmiş, arkasından memleketine dönerek bir yıl sonra durumu ve görünüşü değişmiş olarak yine Peygamberimize (sallallâhu aleyhi ve sellem) gelmişti. Peygamberimize (sallallâhu aleyhi ve sellem) "Ya Resulallah! Beni tanımadın mı?" diye sordu. Peygamberimiz de ona "Hayır. Kimsin sen?" diye sordu. Adam, Peygamberimize (sallallâhu aleyhi ve sellem) "Ben sana geçen yıl gelmiş olan Bahili'yim." diye cevap verdi. Peygamberimiz ona "Sen o zaman iyi görünüyordun. Değişmene sebep olan nedir?" diye sordu. Adam, Peygamberimize "Senin yanından ayrıldığımdan beri sadece geceleri yemek yedim." diye cevap verdi. Peygamberimiz de ona "Nefsine işkence etmişsin." dedikten sonra "Sabır ayı olan ramazanın tümünü ve her aydan bir gün oruç tut." buyurdu. Adam "Bana daha çoğunu emret. Benim gücüm yeter." dedi. Peygamberimiz ona "Her aydan ikişer gün tut." dedi. Adam yine "Bana daha çoğunu emret." deyince Peygamberimiz kendisine "Her aydan üçer gün tut." buyurdu. Adam yine de "Bana daha çoğunu emret." deyince, Peygamberimiz ona elinin üç parmağını yumup açarak "Recep, zilkade, zilhicce ve muharrem aylarından tut ve boz, tut ve boz, tut ve boz." diye cevap verdi. (Ebu Davud)

226. Bölüm
Zilhiccenin İlk On Günü Oruç Tutmanın ve Diğer İbadetlerin Fazileti

1251- İbni Abbas'tan (radıyallâhu anh) rivayet edildiğine göre Peygamberimiz (sallallâhu aleyhi ve sellem) "Hiçbir iyi amel bugünlerde (yani zilhiccenin ilk on gününde) işlenen iyi amel kadar Allah katında sevimli değildir." buyurmuştur. Sahabiler "Ya Resulallah! Allah yolunda verilen cihat da mı?" diye sordular. Peygamberimiz "Evet, Allah yolunda girişilen cihat da. Ancak canı ve malı ile evinden çıkıp (şehit düştüğü için) geri gelmeyenin durumu hariç. (Bu daha üstündür.)" buyurmuştur. (Buhâri)

227. Bölüm
Arefe Günü ile Muharremin Dokuzuncu ve Onuncu Günü Oruç Tutmak

1252- Ebu Katâde'den (radıyallâhu anh) rivayet edildiğine göre Peygamberimize (sallallâhu aleyhi ve sellem) Arefe günü oruç tutmak hakkında soru soruldu.

Peygamberimiz de "O gün tutulan oruç, geçmiş yıldan ve daha önceden kalan tüm günahlara kefaret olur." buyurmuştur. (Müslim)

1253- İbni Abbas'tan (radıyallâhu anhumâ) rivayet edildiğine göre Peygamberimiz aşure günü hem kendisi oruç tutmuş hem de tutmayı emretmiştir. (Buhâri, Müslim)

1254- Ebu Katâde'den (radıyallâhu anh) rivayet edildiğine göre sahabiler Peygamberimize aşure günü oruç tutmakla ilgili soru sordular. Peygamberimiz de onlara "O gün tutulan oruç, geçmiş yılın günahlarına kefaret olur." diye cevap vermiştir. (Müslim)

1255- İbni Abbas'tan (radıyallâhu anhumâ) rivayet edildiğine göre Peygamberimiz (sallallâhu aleyhi ve sellem) "Eğer gelecek yıla kadar yaşarsam muharremin dokuzuncu günü oruç tutacağım." buyurmuştur. (Müslim)

228. Bölüm
Şevval Ayında Altı Gün Oruç Tutmanın Fazileti

1256- Ebu Eyyub'den (radıyallâhu anh) rivayet edildiğine göre Peygamberimiz (sallallâhu aleyhi ve sellem) buyuruyor ki:

– "Kim ramazan ayında oruç tutar, sonra ona Şevval ayından altı gün eklerse yıl boyunca oruç tutmuş gibi olur." (Müslim)

229. Bölüm
Pazartesi ve Perşembe Günleri Oruç Tutmanın Fazileti

1257- Ebu Katâde'den (radıyallâhu anh) rivayet edildiğine göre sahabiler, Peygamberimize (sallallâhu aleyhi ve sellem) pazartesi günü oruç tutmakla ilgili soru sordular. Peygamberimiz de onlara "O gün benim doğduğum ve peygamber olarak görevlendirildiğim (veya bana ilk vahyin indirildiği) gündür." diye cevap vermiştir. (Müslim)

1258- Ebu Hureyre'den (radıyallâhu anh) rivayet edildiğine göre Peygamberimiz (sallallâhu aleyhi ve sellem) buyuruyor ki:

– "Ameller, pazartesi ve perşembe günleri Allah'a sunulur. Amelim Allah'a sunulurken oruçlu olmak istiyorum." (Tirmizî)

1259- Hz. Âişe (radıyallâhu anhâ) der ki: "Peygamberimiz (sallallâhu aleyhi ve sellem) pazartesi ve perşembe günleri oruç tutmak için fırsat kollardı." (Tirmizî)

230. Bölüm
Her Ayda Üç Gün Oruç Tutmak

Bu üç günün en faziletli olanı, aydınlık günler olarak adlandırılan, her ayın on üçüncü, on dördüncü ve on beşinci günleri oruç tutmaktır. On ikinci, on üçüncü ve on dördüncü günleri oruç tutmanın en faziletli olduğunu ileri sürenler varsa da, ilk görüş daha yaygındır.

1260- Ebu Hureyre (radıyallâhu anh) der ki: "Dostum Resulullah (sallallâhu aleyhi ve sellem) bana şu üç şeyi tavsiye etti: Her aydan üç gün oruç tutmak, iki rek'at kuşluk namazı ve uykuya yatmadan önce vitir namazı kılmak." (Buhâri, Müslim)

1261- Ebu'd-Derdâ (radıyallâhu anh) der ki: "Sevgili dostum Resulullah, bana şu üç şeyi tavsiye etmiştir. Yaşadıkça onları terk etmeyeceğim: Her aydan üç gün oruç tutmak, kuşluk namazı kılmak ve vitir namazı kılmadan yatmamak." (Müslim)

1262- Abdullah b. Amr ibnü'l-Âs'tan (radıyallâhu anhumâ) rivayet edildiğine göre Peygamberimiz (sallallâhu aleyhi ve sellem) buyuruyor ki:

– "Her aydan üç gün oruç tutmak, yıl boyu oruç tutmak gibidir." (Buhâri, Müslim)

1263- Muâzetu'l-Adeviye der ki: "Hz. Âişe'ye (radıyallâhu anhâ) 'Peygamberimiz (sallallâhu aleyhi ve sellem) her aydan üç gün oruç tutar mıydı?' diye sordum. Bana 'Evet.' diye cevap verdi. Hz. Âişe'ye 'Ayın hangi günlerinde tutardı?'" diye sordum. Hz. Âişe 'Ayın hangi günlerinde olduğuna önem vermeden üç gün tutardı.' diye cevap verdi." (Müslim)

1264- Ebu Zer (radıyallâhu anh) der ki: "Peygamberimiz (sallallâhu aleyhi ve sellem) 'Her ay üç gün oruç tutunca ayın on üçüncü, on dördüncü ve on beşinci günlerinde oruç tut.' buyurdu." (Tirmizî)

1265- Katâde b. Milhân (radıyallâhu anh) der ki: "Peygamberimiz (sallallâhu aleyhi ve sellem) bize her ayın ak günleri olan on üçüncü, on dördüncü ve on beşinci günlerinde oruç tutmamızı emrederdi." (Ebu Davud)

1266- İbni Abbas (radıyallâhu anhumâ) der ki: "Peygamberimiz (sallallâhu aleyhi ve sellem) seferde olsun hazarda olsun, her ayın ak günlerini oruçlu geçirirdi." (Neseî)

231. Bölüm
Oruçluya İftar Vermenin, Yanında Yemek Yenilen Oruçlunun Fazileti, Yemek Yiyenin Yedirene Dua Etmesi

1267- Zeyd b. Hâlid el-Cühenî'den (radıyallâhu anh) rivayet edildiğine göre Peygamberimiz (sallallâhu aleyhi ve sellem) buyuruyor ki:

– "Kim bir oruçluya iftar yaptırırsa onun kadar sevap kazanır, üstelik oruçlunun sevabından hiçbir şey eksilmez." (Tirmizî)

1268- Ensar'dan Ümmü Umâre'den (radıyallâhu anhâ) rivayet edildiğine göre Peygamberimiz (sallallâhu aleyhi ve sellem) onun evine gitti. Kendisi de ona yemek verdi. Peygamberimiz (sallallâhu aleyhi ve sellem) kendisine "Sen de ye." deyince kadın "Ben oruçluyum." dedi. Bunun üzerine Peygamberimiz (sallallâhu aleyhi ve sellem) "Oruçlunun yanında yemek yenince (yemek yiyenler) yanından ayrılıncaya kadar melekler onun için istiğfar ederler." buyurdu. Peygamberimiz "yanından ayrılıncaya kadar" yerine "yiyenler doyuncaya kadar" da demiş olabilir. (Tirmizî)

1269- Enes'ten (radıyallâhu anh) rivayet edildiğine göre Peygamberimiz (sallallâhu aleyhi ve sellem) Sa'd b. Ubâde'nin (radıyallâhu anh) evine geldi. O da Peygamberimize ekmek ile zeytin ikram etti. Peygamberimiz yedikten sonra "Evinizde oruçlular iftar açtı. Yemeğinizi iyiler yedi ve melekler sizin için istiğfar etti." buyurmuştur. (Ebu Davud)

232. Bölüm
İtikaf

1270- İbni Ömer (radıyallâhu anhumâ) der ki: "Peygamberimiz (sallallâhu aleyhi ve sellem) ramazanın son 10 günü itikafa girerdi." (Buhâri, Müslim)

1271- Hz. Âişe'den (radıyallâhu anhâ) rivayet edildiğine göre Peygamberimiz (sallallâhu aleyhi ve sellem) vefatına kadar ramazanın son 10 günü itikafa girerdi. Vefatından sonra ise eşleri itikafa girdi. (Buhâri, Müslim)

1272- Ebu Hureyre'den (radıyallâhu anh) rivayet edildiğine göre Peygamberimiz (sallallâhu aleyhi ve sellem) her ramazanın 10 gününü itikafta geçirirdi. Vefat ettiği yılın ramazanında ise 20 gün itikafta kaldı. (Buhâri)

233. Bölüm
Hac

Allah Teâlâ (celle celâlüh) buyuruyor ki:

– "Yol bakımından gücü yetenlerin Allah için Beyt'i ziyaret etmeleri insanlara farzdır. Bir kimse küfreder ve haccı terk

ederse, hiç şüphesiz Allah, âlemlerden müstağnidir." (Âl-i İmrân suresi, 97. ayet.)

1273- Enes'ten (radıyallâhu anh) rivayet edildiğine göre Peygamberimiz (sallallâhu aleyhi ve sellem) eşya ve erzakının yüklü bulunduğu bir devenin sırtında hacca gitmiştir. (Müslim)

1274- İbni Ömer'den (radıyallâhu anhumâ) rivayet edildiğine göre Peygamberimiz (sallallâhu aleyhi ve sellem) buyuruyor ki:

– "İslam beş temel esas üzerine kurulmuştur: Allah'tan başka ilah olmadığına ve Muhammed'in O'nun resulü olduğuna şahadet etmek, namaz kılmak, zekat vermek, Beytullah'ı ziyaret etmek ve ramazanda oruç tutmak." (Buhâri, Müslim)

1275- Ebu Hureyre (radıyallâhu anh) der ki: "Peygamberimiz (sallallâhu aleyhi ve sellem) bize seslenerek 'Ey insanlar! Allah size Beytullah'ı ziyaret etmeyi farz kıldı. Buna göre Beytullah'ı ziyaret (hac) ediniz.' buyurdu. Sahabilerden biri 'Her yıl mı ya Resulallah?' diye sordu. Peygamberimiz önce adama cevap vermedi. Adam da sorusunu üç kere tekrar etti. Bunun üzerine Peygamberimiz (sallallâhu aleyhi ve sellem) şöyle buyurdu:

– 'Eğer evet demiş olsaydım, her yıl hacca gitmeniz gerekecek ve buna gücünüz yetmeyecekti. Sizi olduğunuz gibi bıraktıkça bana ilişmeyiniz. Çünkü sizden öncekiler peygamberlere çok soru sormaları ve onlara karşı çıkmaları yüzünden mahvolmuşlardır. Size bir şey emredince elinizden geldiği kadarını yerine getiriniz. Size bir şeyi yasaklayınca onu yapmayınız.'" (Müslim)

1276- Yine Ebu Hureyre'den (radıyallâhu anh) rivayet edildiğine göre Peygamberimize (sallallâhu aleyhi ve sellem) "En faziletli amel nedir?" diye sordular. Peygamberimiz "Allah'a ve O'nun Resulü'ne iman etmektir." buyurdu. Kendisine "Sonra?" diye sordular. Peygamberimiz "Allah yolunda cihat etmektir." buyurdu. Yine kendisine "Sonra?" diye sordular. Peygamberimiz (sallallâhu aleyhi ve sellem) "Günaha bulaştırılmamış hacdır." diye buyurdu. (Buhâri, Müslim)

1277- Yine Ebu Hureyre'den (radıyallâhu anh) rivayet edildiğine göre Peygamberimiz (sallallâhu aleyhi ve sellem) buyuruyor ki:

– "Kim çirkin söz söylemeden ve günah işlemeden hac ederse annesinden doğduğu gün olduğu gibi geri döner." (Buhâri, Müslim)

1278- Yine Ebu Hureyre'den (radıyallâhu anh) rivayet edildiğine göre Peygamberimiz (sallallâhu aleyhi ve sellem) buyuruyor ki:

– "Umre, bir önceki umreden beri işlenen günahlara kefaret olur.

Günaha bulaştırılmamış hacca gelince onun mükâfatı ancak cennet olabilir." (Buhâri, Müslim)

1279- Hz. Âişe (radıyallâhu anhâ) der ki: "Peygamberimize (sallallâhu aleyhi ve sellem) 'En faziletli amel olarak cihadı görüyoruz. Biz de cihat etmeyelim mi?' diye sordum. Bana 'En faziletli cihat, günaha bulaştırılmamış hacdır.' buyurdu." (Buhâri)

1280- Yine Hz. Âişe'den (radıyallâhu anh) rivayet edildiğine göre Peygamberimiz (sallallâhu aleyhi ve sellem) buyuruyor ki:

– "Allah'ın arefe günü kadar cehennemden kul azat ettiği bir başka gün yoktur." (Buhâri, Müslim)

1281- İbni Abbas'tan (radıyallâhu anhumâ) rivayet edildiğine göre Peygamberimiz (sallallâhu aleyhi ve sellem) buyuruyor ki:

"Ramazanda yapılan umre, bir hacca (veya benimle birlikte eda edilmiş bir hacca) denktir." (Buhâri, Müslim)

1282- Yine İbni Abbas'tan (radıyallâhu anhumâ) rivayet edildiğine göre kadının biri Peygamberimize (sallallâhu aleyhi ve sellem) "Allah'ın kullarına farz kılmış olduğu hac ibadeti, babama binek hayvanı üzerine duramayacak derecede ileri yaşlarda iken yetişti. Onun yerine hac edebilir miyim?" diye sordu. Peygamberimiz kadına "Evet." diye cevap verdi. (Buhâri, Müslim)

1283- Bildirildiğine göre Lekîd b. Âmir (radıyallâhu anh) Peygamberimize (sallallâhu aleyhi ve sellem) gelerek "Babam ileri derecede yaşlı bir adamdır. Ne hacca gidebilir ne umre yapabilir ve ne de yol yürüyebilir." dedi. Peygamberimiz (sallallâhu aleyhi ve sellem) de kendisine "O zaman babanın yerine sen hacca git ve umre yap." buyurdu. (Ebu Davud, Tirmizî)

1284- Saib b. Yezîd (radıyallâhu anh) der ki: "Yedi yaşımdayken veda haccında Peygamberimiz (sallallâhu aleyhi ve sellem) ile birlikte beni de hacca götürdüler." (Buhâri)

1285- İbni Abbas'tan (radıyallâhu anhumâ) rivayet edildiğine göre Peygamberimiz (sallallâhu aleyhi ve sellem) Revhâ'da bir kervanla karşılaştı. Peygamberimiz onlara "Sizler kimsiniz?" diye sordu. Adamlar "Müslümanlar." diye cevap verdiler. Adamlar Peygamberimize "Sen kimsin?" diye sordular. Peygamberimiz "Resulullah." diye cevap verdi. Bunun üzerine bir kadın bir süt çocuğunu yukarı kaldırarak "Bunu hacca götürebilir miyim?" diye sordu. Peygamberimiz kadına "Evet. Sevabı senindir." diye cevap verdi. (Müslim)

1286- İbni Abbas (radıyallâhu anhumâ) der ki: "Cahiliye döneminde Ukaz, Mecinne ve Zülmecâz adlı semtler, pazar yerleri idiler. Müslümanların hac mevsiminde alışveriş yapmanın günah olacağından çekinmeleri üzerine hac mevsiminde **"Rabbinizin faziletinden pay aramanız günah değildir."** (Bakara suresi, 198. ayet) mealindeki ayet inmiştir." (Buhâri)

234. Bölüm
Cihat

Allah Teâlâ (celle celâlüh) buyuruyor ki:

- "Nasıl onlar sizin tümünüzle savaşıyorlarsa, siz de müşriklerin tümü ile savaşınız ve biliniz ki Allah takva sahipleri ile birliktedir." (Tevbe suresi, 36. ayet.)

Allah Teâlâ (celle celâlüh) buyuruyor ki:

- "Hoşunuza gitmemekle birlikte savaşmak üzerinize farz kılındı. Sizin hoş görmediğiniz bir şey hakkınızda hayırlı ve sevdiğiniz bir şey de hakkınızda fena olabilir. (İyi ve kötüyü) siz değil, Allah bilir." (Bakara suresi, 216. ayet.)

Allah Teâlâ (celle celâlüh) buyuruyor ki:

- "Ağırlıklı ve ağırlıksız olarak savaşa katılınız. Mallarınız ve canlarınızla Allah yolunda cihat ediniz." (Tevbe suresi, 41. ayet.)

Allah Teâlâ (celle celâlüh) buyuruyor ki:

- "Allah Teâlâ cennet karşılığında mü'minlerden canlarını ve mallarını satın almıştır. Allah'ın Tevrat'ta, İncil'de ve Kur'an'da belirtilen gerçek vaadine dayanarak onlar Allah yolunda savaşa girişip ya öldürürler veya ölürler. Allah kadar ahdini yerine getiren kim olabilir? Buna göre yapmış olduğunuz bu alışverişe sevininiz. Bu büyük bir başarıdır." (Tevbe suresi, 111. ayet.)

Allah Teâlâ (celle celâlüh) buyuruyor ki:

- "Özürlüler dışında savaştan geri kalan mü'minler ile Allah yolunda malları ve canları ile cihat edenleri, savaştan geri kalanlardan, derece farkı ile üstün kılmıştır. Allah her birine iyilik vaat etmiş olmakla birlikte mücahidleri savaştan geri kalanlara karşı yüce bir mükâfatla üstün kılmıştır. Onlar için Allah tarafından bağışlanmış dereceler, mağfiret ve rahmet vardır. Allah günah bağışlayıcı ve merhametlidir." (Nisâ suresi, 95-96. ayetler.)

Allah Teâlâ (celle celâlüh) buyuruyor ki:

- "Ey mü'minler! Size acı azaptan kurtulmanızı sağlayacak bir ticaret göstereyim mi? Allah'a ve O'nun Resulü'ne iman eder, Allah yolunda mallarınızla, canlarınızla cihat edersiniz. Eğer bilirseniz

bu sizin için hayırlıdır. O zaman Allah günahlarını bağışlayarak sizi altından nehirler akan cennetlere ve Adn cennetlerindeki çok güzel evlere koyar. İşte büyük başarı budur. Bunun seveceğiniz başka bir sonucu, Allah'ın yardımı ile yakın vadeli zaferdir. Mü'minlere müjdele!" (Saf suresi, 10-13. ayetler.)

Bu konuda çok sayıda meşhur ayet vardır.

Cihadın fazileti hakkında sayılamayacak kadar çok hadis vardır. Bir kısmı şunlardır:

1287- Ebu Hureyre'den (radıyallâhu anh) rivayet edildiğine göre Peygamberimize (sallallâhu aleyhi ve sellem) "En faziletli amel nedir?" diye sordular. Peygamberimiz "Allah'a ve O'nun Resulü'ne iman etmektir." buyurdu. Kendisine "Sonra?" diye sordular. Peygamberimiz "Allah yolunda cihat etmektir." buyurdu. Yine kendisine "Sonra?" diye sordular. Peygamberimiz "Günaha bulaştırılmamış hacdır." buyurdu. (Buhâri, Müslim)

1288- İbni Mes'ud (radıyallâhu anh) der ki: "Peygamberimize (sallallâhu aleyhi ve sellem) 'Allah katında en makbul amel nedir?' diye sordum. Bana 'Vaktinde kılınan namaz.' buyurdu. Kendisine 'Sonra hangisidir?' diye sordum. Bana 'Ana babaya iyilik etmektir.' buyurdu. Kendisine 'Sonra hangisidir?' diye sordum. Bana 'Allah yolunda cihat etmektir.' buyurdu." (Buhâri, Müslim)

1289- Ebu Zer (radıyallâhu anh) der ki: "Peygamberimize (sallallâhu aleyhi ve sellem) 'Ya Resulallah! En faziletli amel nedir?' diye sordum. Bana 'Allah'a iman etmek ve O'nun yolunda cihat etmektir.' buyurdu." (Buhâri, Müslim)

1290- Enes'ten (radıyallâhu anh) rivayet edildiğine göre Peygamberimiz (sallallâhu aleyhi ve sellem) buyuruyor ki:

– "Sabahleyin erken veya akşam karanlığı bastıktan sonra Allah yolunda yola koyulmak dünyadan ve dünyadaki her şeyden daha hayırlıdır." (Buhâri, Müslim)

1291- Ebu Saidü'l-Hudrî (radıyallâhu anh) der ki: "Adamın biri Peygamberimize gelerek 'En faziletli insan kimdir?' diye sordu. Peygamberimiz "Allah yolunda malı ve canı ile cihat eden mü'min.' buyurdu. Adam 'Sonra kim gelir?' diye sordu. Peygamberimiz de kendisine 'Bir dağ geçidinde barınıp Allah'a ibadet eden ve insanlara hiçbir zararı dokunmayan kimsedir.' buyurdu." (Buhâri, Müslim)

1292- Sehl b. Sa'd'dan (radıyallâhu anh) rivayet edildiğine göre Peygamberimiz (sallallâhu aleyhi ve sellem) buyuruyor ki:

– "Allah yolunda, bir gün hudut boyunda nöbet tutmak dünyadan ve dünyada bulunan şeylerin tümünden hayırlıdır, içinizden birinizin kamçısının cennetteki yeri, dünyadan ve dünyada bulunan şeylerin tümünden daha hayırlıdır. Kulun, Allah yolunda giriştiği gece seferi veya sabahleyin erken çıktığı yolculuk dünyadan ve dünya üzerinde bulunan şeylerin tümünden hayırlıdır." (Buhâri, Müslim)

1293- Selman'dan (radıyallâhu anh) rivayet edildiğine göre Peygamberimiz (sallallâhu aleyhi ve sellem) buyuruyor ki:

– "Bir gün bir gece hudut boylarında nöbet tutmak bir ay boyunca oruç tutup geceleri ibadet ile geçirmekten hayırlıdır. Eğer adam bu nöbet sırasında ölürse o sırada işlemekte bulunduğu amelin sevabı hakkında devam ettirilir, rızkı da devam ettirilir ve kabir azabı görmez." (Müslim)

1294- Fedâle b. Ubeyd'den (radıyallâhu anh) rivayet edildiğine göre Peygamberimiz (sallallâhu aleyhi ve sellem) buyuruyor ki:

– "Her ölünün ameli sona erer; Allah yolunda hudut boylarında nöbet tutan kimse hariç. Bu kimsenin ameli kıyamet gününe kadar çoğaltılır ve kabir fitnesinden de kurtarılır." (Ebu Davud, Tirmizî)

1295- Osman'dan (radıyallâhu anh) rivayet edildiğine göre Peygamberimiz (sallallâhu aleyhi ve sellem) buyuruyor ki:

– "Hudut boylarında Allah yolunda bir gün nöbet tutmak, başka yerlerde bin gün nöbet tutmaktan hayırlıdır." (Tirmizî)

1296- Ebu Hureyre'den (radıyallâhu anh) rivayet edildiğine göre Peygamberimiz (sallallâhu aleyhi ve sellem) buyuruyor ki:

– "Allah yolunda cihat etmek için sefere çıkan kimse hakkında Allah Teâlâ 'Eğer o kulumu sırf cihat amacı ile bana karşı taşıdığı iman ve Peygamberine inanmış olması sefere çıkarmışsa kendisini cennete koyacağım veya kazanmış olduğu ecir ve ganimetle birlikte çıkmış olduğu evine döndüreceğim kesindir.' buyurmaktadır. Muhammed'in nefsini kudret elinde tutan Allah'a yemin ederim ki, Allah yolunda savaşırken yaralı düşen kimse kıyamet günü Allah'ın huzuruna yaralandığı günkü haliyle, benzi kan renginde ve kokusu misk kokusu olarak gelir. Muhammed'in nefsini kudret elinde tutan Allah'a yemin ederim ki, Müslümanlara zor gelmese savaşa giden hiçbir birlikten asla geri kalmazdım. Fakat onları techizatlandırmaya imkân bulamadığım gibi kendi güçleri de buna yetmiyor. O zaman da bana katılmamak onlara ağır geliyor. Muhammed'in nefsini kudret elinde tutan Allah'a yemin ederim ki, Allah yolunda savaşıp öldükten sonra (dirilerek) bir daha savaşıp ölmeyi ve (yeniden dirildikten sonra) bir kere daha savaşıp ölmeyi dilerim." (Müslim)

1297- Yine Ebu Hureyre'den (radıyallâhu anh) rivayet edildiğine göre Peygamberimiz (sallallâhu aleyhi ve sellem) buyuruyor ki:

– "Allah yolunda savaşırken yaralanan herkes, kıyamet günü rengi kan renginde ve misk gibi kokarak kanayan yarası ile Allah'ın huzuruna gelir." (Buhâri, Müslim)

1298- Muâz'dan (radıyallâhu anh) rivayet edildiğine göre Peygamberimiz (sallallâhu aleyhi ve sellem) buyuruyor ki:

– "Herhangi bir Müslüman kimse devenin iki sağımı arasında geçen bir süre kadar Allah yolunda savaşırsa cennete girmesi kesinleşir. Kim Allah yolunda savaşırken yaralanır veya başına başka bir hal gelirse kıyamet günü, yarası olduğundan daha çok kanayarak zaferan renginde ve misk gibi kokarak Allah'ın huzuruna gelir." (Ebu Davud, Tirmizî)

1299- Ebu Hureyre (radıyallâhu anh) der ki: "Peygamberimizin (sallallâhu aleyhi ve sellem) sahabilerinden birisi bir dağ geçidine vardı. Suyu tatlı bir pınarı vardı. Yer hoşuna gitti. Kendi kendine 'İnsanlardan ayrılıp bu dağ geçidinde otursam ya! Fakat Peygamberimizden (sallallâhu aleyhi ve sellem) izin almadan bunu yapmayacağım.' dedi. Durumu anlatınca Peygamberimiz (sallallâhu aleyhi ve sellem) kendisine şöyle buyurdu:

– 'Sakın öyle yapma. Çünkü herhangi birinizin kendisini Allah yolunda savaşmaya adaması evinde yetmiş yıl namaz kılmasından daha faziletlidir. Allah'ın günahlarınızı bağışlayıp sizi cennete koymasını isterseniz Allah yolunda savaşınız. Kim devenin iki sağımı arasında geçen süre kadar Allah yolunda savaşırsa cennete girmesi kesinleşir." (Tirmizî)

1300- Yine Ebu Hureyre (radıyallâhu anh) der ki: "Peygamberimize (sallallâhu aleyhi ve sellem) 'Ya Resulallah! Allah yolunda cihat etmeye denk olacak amel nedir?' diye sordular. Peygamberimiz bu soruyu soranlara 'O amele gücünüz yetmez.' buyurdu. Sahabiler aynı soruyu iki veya üç kere tekrarladılar. Peygamberimiz her defasında onlara 'O ameli işlemeye gücünüz yetmez.' diye cevap verdikten sonra şöyle buyurdu:

– 'Allah yolunda savaşan mücahit, kendisi savaştan dönünceye kadar devamlı olarak gündüzleri oruç tutup geceleri hiç uyuklamadan Allah'ın ayetlerini okuyarak namaz kılan kimse gibidir.'"

Bu ifade Müslim'e aittir. Buhâri'nin kaydettiği rivayete göre de hadis şöyledir: Adamın biri "Ya Resulallah! Bana cihadın yerini tutacak bir amel göster." diye sordu. Peygamberimiz kendisine "Öyle bir amel bulamıyorum." diye cevap verdikten sonra sözlerine "Mücahit sefere çıkınca mescidine kapanıp hiç uyuklamadan namaz kılabilir ve hiç ara vermeden oruç tutabilir misin?" diye devam etti. Adam da "Bunu kim yapabilir ki?" diye karşılık verdi.

1301- Yine Ebu Hureyre'den (radıyallâhu anh) rivayet edildiğine göre Peygamberimiz (sallallâhu aleyhi ve sellem) buyuruyor ki:

– "İnsanlar hakkında hayırlı hayat tarzı ya atının dizgini elinde, Allah yolunda at sırtında koşan kimsenin hayatıdır. Bu kimse ne zaman bir gürültü ve ne zaman bir çığlık duysa ya ölmeyi veya öldürmeyi amaç edinerek atını savaşın muhtemel olduğu yerlere sürer. Yahut da küçük bir koyun sürüsünün başında ya bir dağ eteğinde veya bir dere yatağında yaşayıp ölünceye kadar namaz kılıp zekat veren ve Allah'ına ibadet eden kimsenin hayatıdır. Her ikisi de hayır yolundadır." (Müslim)

1302- Yine Ebu Hureyre'den (radıyallâhu anh) rivayet edildiğine göre Peygamberimiz (sallallâhu aleyhi ve sellem) buyuruyor ki:

– "Allah Teâlâ, Allah yolunda cihat edenler için yüz derece hazırlamıştır. Bu derecelerin ikisi arasındaki mesafe yer ile gök arası kadardır." (Buhâri)

1303- Ebu Saidü'l-Hudrî'den (radıyallâhu anh) rivayet edildiğine göre Peygamberimiz (sallallâhu aleyhi ve sellem) "Kim Allah'ı rab, İslam'ı din ve Muhammed'i peygamber olarak benimserse cennete girmesi kesin olur." buyurdu. Peygamberimizin bu sözleri Ebu Saidü'l-Hudrî'nin hoşuna gitti ve "Ya Rasulullah! Aynı sözleri bana bir kere daha söyle." dedi. Peygamberimiz de kendisine aynı sözleri tekrarladıktan sonra devam ederek "Bir başka ibadet vardır ki Allah onun sayesinde kulunu cennette yüz derece yüceltir. Her iki derecenin arası yer ile gök arası kadardır." buyurdu. Ebu Said "Ya Resulallah! O ibadet nedir?" diye sordu. Peygamberimiz "Allah yolunda cihat etmek, Allah yolunda cihat etmek!" buyurdu. (Müslim)

1304- Ebu Musa el-Eş'arî'nin (radıyallâhu anh) oğlu Ebu Bekr der ki: "Cephede düşman karşısında babamın şöyle dediğini duydum: 'Peygamberimiz (sallallâhu aleyhi ve sellem) 'Cennetin kapıları kılıçların gölgesi altındadır.' buyurmuştur. O sırada pejmürde kılıklı bir adam ayağa kalkarak 'Ya Eba Musa! Peygamberimizin bu sözü söylediğini sen kendin mi duydun?' diye sordu. Babam ona 'Evet.' diye cevap verince adam arkadaşlarına dönerek 'Size Allah'ın selamı üzerinize olsun, derim.' diye seslendi. Arkasından kılıcının kınını kırıp yere atarak kılıcı ile düşman üzerine yürüdü ve şehit düşünceye kadar savaştı." (Müslim)

1305- Ebu Abs Abdurrahman b. Cübeyr'den (radıyallâhu anh) rivayet edildiğine göre Peygamberimiz (sallallâhu aleyhi ve sellem) buyuruyor ki:

– "Ayakları Allah yolunda tozlanan kimseye cehennem ateşi değmez." (Buhâri)

1306- Ebu Hureyre'den (radıyallâhu anh) rivayet edildiğine göre Peygamberimiz (sallallâhu aleyhi ve sellem) buyuruyor ki:

– "Sağılmış süt, hayvanın memesine dönmedikçe Allah korkusu ile ağlamış olan kimse cehenneme girmez. Allah yolunun ayak tozu ile, cehennem ateşinin dumanı aynı kimsede birleşmez." (Tirmizî)

1307- İbni Abbas'tan (radıyallâhu anhumâ) rivayet edildiğine göre Peygamberimiz (sallallâhu aleyhi ve sellem) buyuruyor ki:

– "İki göz var ki bunlara cehennem ateşi değmez: Allah korkusundan ağlayan göz ile Allah yolunda nöbet tutarak bir gece geçiren göz." (Tirmizî)

1308- Zeyd b. Halid'den (radıyallâhu anh) rivayet edildiğine göre Peygamberimiz buyuruyor ki:

– "Kim bir savaşçıyı teçhizatlandırırsa kendisi savaşa katılmış gibi olur. Kim bir savaşçının arkasından ailesi ile ilgili olarak onun yerini hayırlı bir şekilde tutarsa o da savaşa katılmış gibi olur." (Buhâri, Müslim)

1309- Ebu Umâme'den (radıyallâhu anh) rivayet edildiğine göre Peygamberimiz (sallallâhu aleyhi ve sellem) buyuruyor ki:

– "En faziletli sadaka Allah yolunda dikilen bir çadırın gölgesi ve Allah yolunda hizmet eden bir mücahide yapılan yardım ile Allah yolunda faydalanılmak üzere verilen erginlik çağına girmiş bir devedir." (Tirmizî)

1310- Enes'ten (radıyallâhu anh) rivayet edildiğine göre Eslem kabilesinden bir delikanlı, Peygamberimize (sallallâhu aleyhi ve sellem) gelerek "Ya Resulallah! Savaşa katılmak istiyorum. Fakat teçhizatım yok." dedi. Peygamberimiz (sallallâhu aleyhi ve sellem) de delikanlıya "Falancaya var. Kendisi teçhizatını hazırlamış fakat sonra hastalanmıştı." buyurdu. Bunun üzerine delikanlı, o adama gelerek "Peygamberimiz sana selam söylüyor ve kendisi için hazırlamış olduğu teçhizatı sana versin diyor." dedi. Adam da karısına "Ey falanca! Kendim için hazırlamış olduğum teçhizatı bu delikanlıya ver. Hiçbir parçasını alıkoyma. Vallahi ondan alıkoyacağın hiçbir parça senin hakkında yararlı ve bereketli olmaz." dedi. (Müslim)

1311- Ebu Saidü'l-Hudrî'den (radıyallâhu anh) rivayet edildiğine göre Peygamberimiz (sallallâhu aleyhi ve sellem) Benî Lihyan üzerine asker göndereceği sırada "Her iki askerden birisi savaşa gitsin, diğeri de geride kalıp çoluk çocuğa baksın. O zaman sevap aralarında ortak olur." buyurmuştur. (Müslim)

Yine Müslim'in kaydettiği başka bir rivayete göre Peygamberimiz "Her iki erkekten biri sefere çıksın." diye emrettikten sonra savaşa katılmayanlara, "Hanginiz gerek ailesi ve gerek malı konusunda sefere çıkanların yerini hayırlı bir şekilde tutarsa aynı sefere çıkanınki kadar sevap kazanır." buyurdu.

1312- Berâe'den (radıyallâhu anh) rivayet edildiğine göre silahlı ve zırhlı bir adam Peygamberimize (sallallâhu aleyhi ve sellem) gelerek "Ya Resulallah! Önce savaşa mı katılayım yoksa Müslüman mı olayım?" diye sordu. Peygamberimiz (sallallâhu aleyhi ve sellem) kendisine "Önce Müslüman ol, sonra savaşa katıl." buyurdu. Bunun üzerine adam Müslüman olup savaşa girdi ve şehit oldu. Peygamberimiz onunla ilgili olarak "Az amel işledi fakat çok sevap kazandı." buyurmuştur. (Buhâri, Müslim)

1313- Enes'ten (radıyallâhu anh) rivayet edildiğine göre Peygamberimiz (sallallâhu aleyhi ve sellem) buyuruyor ki:

- "Cennete girdikten sonra -yeryüzünde bulunan her şey kendisine verilse bile- hiç kimse dünyaya dönmek istemez. Yalnız şehit, şehitliğin ne kadar üstün dereceli olduğunu gördüğünden dolayı (veya şehitliğin ne kadar faziletli olduğunu gördüğü için) dünyaya dönüp on kere üst üste şehit olmak ister." (Buhâri, Müslim)

1314- Abdullah b. Amr b. el-Âs'tan (radıyallâhu anhumâ) rivayet edildiğine göre Peygamberimiz (sallallâhu aleyhi ve sellem) "Allah -borç hariç- şehidin tüm günahlarını bağışlar.' buyurmuştur. (Müslim)

Yine Müslim'in kaydettiği başka bir rivayete göre Peygamberimiz (sallallâhu aleyhi ve sellem) "Allah yolunda ölmek -borç hariç- her günaha kefaret olur." buyurmuştur.

1315- Ebu Katâde'den (radıyallâhu anh) rivayet edildiğine göre Peygamberimiz (sallallâhu aleyhi ve sellem) sahabilerden meydana gelmiş bir grup arasında ayağa kalkarak Allah yolunda cihat etmek ile Allah'a inanmanın en faziletli ameller olduğunu söyledi. Bu sırada adamın biri ayağa kalkarak "Ya Resulallah! Allah yolunda öldürülürsem, acaba günahlarım üzerimden silinir mi?" diye sordu. Peygamberimiz adama "Eğer sabırlı, yaptığının ecrini yalnız Allah'tan bekler durumda ve geriye doğru kaçarken değil de ileriye doğru giderken öldürülürsen, evet." diye buyurduktan sonra sözlerine ara vererek adama "Sen ne demiştin?" diye sordu. Adam tekrar "Ya Resulallah! Allah yolunda öldürülürsem, acaba günahlarım üzerimden silinir mi?" dedi. Bunun üzerine Peygamberimiz söylediklerini tekrar ederek "Eğer sabırlı, yaptığının ecrini yalnız Allah'tan bekler durumda ve geriye doğru kaçarken değil de ileriye doğru giderken öldürülürsen, evet. Yalnız borç hariç! Cebrail (aleyhisselam) bana böyle dedi." buyurdu. (Müslim)

1316- Câbir'den (radıyallâhu anh) rivayet edildiğine göre, adamın biri Peygamberimize (sallallâhu aleyhi ve sellem) "Eğer öldürülecek olursam nereye giderim?" diye sordu. Peygamberimiz adama "Cennete." diye cevap verince adam elindeki hurma tanelerini derhal yere atıp savaşa girişti ve şehit düştü. (Müslim)

1317- Enes (radıyallâhu anh) der ki: "Bedir günü Peygamberimiz (sallallâhu aleyhi ve sellem) ile sahabileri daha önce davranarak Bedir'e geldiler. Bir süre sonra da müşrikler geldi. Peygamberimiz "Hiçbiriniz benden emir almadıkça hiçbir hareket yapmaya kalkışmasın.' buyurdu. Bu sırada müşrikler yaklaşınca Peygamberimiz (sallallâhu aleyhi ve sellem) 'Genişliği yer ile gök arası kadar olan cennet için savaşa durun.' buyurdu.

Bunun üzerine Ensar'dan Umeyr b. Hamâm (radıyallâhu anh) 'Ya Resulallah! Genişliği yer ile gök arası kadar olan cennet mi?' diye sordu. Peygamberimiz kendisine 'Evet.' diye cevap verince Umeyr 'Peh peh, maşallah!' dedi. Peygamberimiz ona 'Sana böyle dedirten nedir?' diye sordu. Umeyr 'Ya Resulallah! Sadece cennetliklerden olma arzusu.' diye cevap verince Peygamberimiz kendisine 'Sen onlardansın.' buyurdu. Bu sırada Umeyr, tulumundan çıkardığı hurmalardan yiyordu. Peygamberimizin son sözünü duyunca 'Eğer şu hurmaları yiyinceye kadar yaşayacaksam bu uzun bir hayattır.' diyerek elindeki hurmaları hemen yere atıp müşriklerle savaşa tutuştu ve bir süre sonra şehit edildi." (Müslim)

1318- Enes (radıyallâhu anh) der ki: "Bir takım kimseler Peygamberimize (sallallâhu aleyhi ve sellem) gelerek 'Bize Kur'an'ı ve sünneti öğretecek kimseler gönder.' dediler. Peygamberimiz (sallallâhu aleyhi ve sellem) de onlara 'kurra' denen Ensar'dan yetmiş kişi gönderdi. Aralarında dayım Harâm da vardı. Bunlar geceleri Kur'an okur ve onu inceleyip öğrenirler. Gündüzleri su taşıyıp Mescid'e koyarlar. Odun toplayıp satarak Suffe ehli denen kimselere ve fakirlere yiyecek satın alırlardı."

Peygamberimiz (sallallâhu aleyhi ve sellem) işte bunları göndermişti. Fakat (müşrikler) karşılarına çıkıp gidecekleri yere ulaşmadan kendilerini öldürdüler. Onlar "Allah'ım! Biz Senden hoşnut olarak ve Sen de bizden hoşnut olarak sana kavuştuğumuzu Peygamberimize (sallallâhu aleyhi ve sellem) bildir!" dediler. Müşriklerden biri Enes'in dayısı Harâm'a arkadan yanaşarak vücuduna mızrak sapladı. Mızrak vücudunu delip önünden dışarı çıktı. Bu sırada Harâm "Kâbe'nin Rabbi adına yemin ederim ki kazandım!" dedi. Peygamberimiz (sallallâhu aleyhi ve sellem) de onlar hakkında "Sizin bu kardeşleriniz 'Allah'ım! Biz Senden hoşnut olarak ve Sen de bizden hoşnut olarak sana kavuştuğumuzu Peygamberimize (sallallâhu aleyhi ve sellem) bildir!' diyerek şehit oldular." buyurdu. (Buhâri, Müslim)

1319- Yine Enes (radıyallâhu anh) der ki: "Amcam Enes b. Nadr (radıyallâhu anh) Bedir savaşında bulunmamıştı. Peygamberimize (sallallâhu aleyhi ve sellem) 'Ya Resulallah! Müşriklere karşı vermiş olduğun ilk savaşta bulunamamıştım. Eğer Allah müşriklere karşı verilecek bir savaşa katılmamı nasip ederse neler yapacağımı görür.' dedi. Uhud günü gelip Müslümanlar (düşman karşısında) dağılınca amcam arkadaşlarını kastederek 'Ya Rabbi! Şunların yaptıklarından dolayı Senden af dilerim!' ve müşrikleri kastederek "Bunların yaptıklarından da Sana sığınırım!' dedi. Bu sözlerden sonra ön saflara doğru ilerledi. Karşısına Sa'd b. Muâz (radıyallâhu anh) çıktı. 'Ya Sa'd b. Muâz! İşte Cennet! Nadr'ın Rabbi hakkı için Uhud'dan yana onun kokusunu alıyorum.' dedi. Sa'd 'Ya Resulallah! Onun yaptığını ben yapamadım.' dedi."

Enes sözlerine şöyle devam ediyor:

"Kimi kılıç yarası, kimi mızrak saplantısı ve kimisi de ok yarığı olmak üzere üzerinde seksen küsur yara bulduk. Onu bulduğumuzda ölmüştü. Müşrikler ona ağır işkence yaptıklarından dolayı onu hiç kimse tanıyamamıştı. Bizler **'Mü'minler içinde Allah'a verdikleri sözü tutan kimseler vardır. Onların bir kısmı adadığını gerçekleştirdi. Kimisi de bunun için bekliyor. Onlar hiçbir şekilde verdikleri sözden caymadılar.'** mealindeki ayetin (Ahzâb suresi, 23. ayet.) amcam ve benzerleri hakkında indiğini sanıyoruz." (Buhâri, Müslim)

1320- Semüre'den (radıyallâhu anh) rivayet edildiğine göre Peygamberimiz (sallallâhu aleyhi ve sellem) buyuruyor ki:

– "Bu gece rüyamda iki kişi gördüm. Beni alıp bir ağaca çıkardılar ve daha güzelini hiç görmemiş olduğum çok güzel ve alımlı bir eve koydular. Bu sırada 'Bu ev, şehitler evidir.' dediler." (Buhâri)

1321- Enes'ten (radıyallâhu anh) rivayet edildiğine göre, Harise b. Sürâka'nın annesi Ümmü Rabi' binti Berâe (radıyallâhu anhâ) Peygamberimize (sallallâhu aleyhi ve sellem) gelerek "Ya Resulallah! Bana Hârise'den bahseder misin? (O, Bedir savaşında şehit olmuştu.) Eğer cennette ise sabredeyim. Değilse onun için daha çok ağlayayım." dedi. Peygamberimiz (sallallâhu aleyhi ve sellem) ona "Cennette çeşitli bahçeler vardır. Senin oğlun Firdevsü'l-alâ bahçesine düştü." buyurdu. (Buhâri)

1322- Cabir b. Abdullah (radıyallâhu anhumâ) der ki: "Babamın ölüsü Peygamberimize (sallallâhu aleyhi ve sellem) getirilmişti. Müşrikler ona ağır işkence yapmışlardı. Babam, Peygamberimizin önüne konunca yüzünü açıp bakmak üzere yanına vardım. Bazı kimseler bana engel oldular. Bunun üzerine Peygamberimiz (sallallâhu aleyhi ve sellem) 'Meleklerin kanatları hâlâ onun üzerindedir.' buyurdu." (Buhâri, Müslim)

1323- Sehl b. Huneyf'den (radıyallâhu anh) rivayet edildiğine göre Peygamberimiz (sallallâhu aleyhi ve sellem), buyuruyor ki:

– "Kim samimi bir şekilde Allah'tan şehit olmayı isterse yatağında bile ölmüş olsa Allah onu şehitlerin derecelerine yüceltir." (Müslim)

1324- Enes'ten (radıyallâhu anh) rivayet edildiğine göre Peygamberimiz (sallallâhu aleyhi ve sellem) buyuruyor ki:

– "Kim samimi olarak şehit olmayı isterse şehit düşmese bile kendisine bu mertebe verilir." (Müslim)

1325- Ebu Hureyre'den (radıyallâhu anh) rivayet edildiğine göre Peygamberimiz (sallallâhu aleyhi ve sellem) buyuruyor ki:

– "Şehidin duyduğu ölüm acısı, herhangi birinizin duyduğu çimdik acısı kadardır." (Tirmizî)

1326- Abdullah b. Ebu Evfa'dan (radıyallâhu anhumâ) rivayet edildiğine göre Peygamberimiz (sallallâhu aleyhi ve sellem) düşmanla karşı karşıya geldiği günlerinden birinde güneşin batıya doğru meyletmesini bekledikten sonra sahabiler içinde ayağa kalkıp şöyle buyurdu:

– "Ey insanlar! Düşmanla karşılaşmayı temenni etmeyiniz. Allah'tan sağlık dileyiniz. Fakat düşmanla karşılaşınca da sabrediniz. Biliniz ki cennet, kılıçların gölgesi altındadır."

Sonra sözlerine şöyle devam etti:

"Ey Kur'an'ı indiren, bulutları yürüten ve birlikleri bozguna uğratan Allah'ım! Şunları bozguna uğrat ve onlara karşı bizi üstün kıl!" (Buhâri, Müslim)

1327- Sehl b. Sa'd'dan (radıyallâhu anh) rivayet edildiğine göre Peygamberimiz (sallallâhu aleyhi ve sellem) buyuruyor ki:

– "İki şey reddedilmez veya ender hallerde reddedilir: Ezan okunurken yapılan dua ile orduların birbirine girdiği dehşet anlarında yapılan dua." (Ebu Davud)

1328- Enes (radıyallâhu anh) der ki: "Peygamberimiz (sallallâhu aleyhi ve sellem) savaşa girişeceği sıra 'Allah'ım! Kolumun gücü ve yardımcım Sensin. Senin yardımın ile hareket eder, Senin vereceğin güç ile saldırır ve Senin desteğin ile savaşırım.' diye dua ederdi." (Ebu Davud, Tirmizî)

1329- Ebu Musa'dan (radıyallâhu anh) rivayet edildiğine göre Peygamberimiz (sallallâhu aleyhi ve sellem) herhangi bir kavimden çekindiği zaman "Allah'ım! Senin himayeni onlara karşı kalkan ediniyor ve şerlerinden sana sığınıyorum." diye dua ederdi. (Ebu Davud)

1330- İbni Ömer'den (radıyallâhu anhumâ) rivayet edildiğine göre Peygamberimiz (sallallâhu aleyhi ve sellem) buyuruyor ki:

– "Kıyamet gününe kadar atın perçeminde hayır bağlıdır." (Buhâri, Müslim)

1331- Urvetü'l-Bârikî'den (radıyallâhu anh) rivayet edildiğine göre Peygamberimiz (sallallâhu aleyhi ve sellem) buyuruyor ki:

– "Kıyamet gününe kadar atın perçeminde hayır, ecir ve ganimet bağlıdır." (Buhâri, Müslim)

1332- Ebu Hureyre'den (radıyallâhu anh) rivayet edildiğine göre Peygamberimiz (sallallâhu aleyhi ve sellem) buyuruyor ki:

– "Kim Allah'a inanarak ve O'nun vaadine güvenerek Allah yolunda yararlı olmak üzere bir at besleyip bağışlarsa o atın yediği, içtiği, tersi ve döktüğü su, kıyamet günü o kimsenin mizanına konulur." (Buhâri)

1333- Ebu Mes'ud'dan (radıyallâhu anh) rivayet edildiğine göre adamın biri Peygamberimize (sallallâhu aleyhi ve sellem) yularlı bir deve getirerek "Bu deve Allah yolunda yararlanmak içindir." dedi. Peygamberimiz (sallallâhu aleyhi ve sellem) adama "Kıyamet günü bu deve karşılığında sana yedi yüz yularlı deve verilecektir." buyurdu. (Müslim)

1334- Ebu Hammâd (Ebu Suâd, Ebu Esed, Ebu Âmir, Ebu Arar, Ebü'l-Esved, Ebu Abs isimleriyle de anılan) Ukbe b. Âmir el-Cüheni (radıyallâhu anh) der ki: "Peygamberimizin (sallallâhu aleyhi ve sellem) mimberden şöyle buyurduğunu duymuştum:

– 'Onlara karşı elinizden geldiği kadar kuvvet hazırlayınız. Haberiniz olsun! Kuvvet, atıcılıktır. Kuvvet, atıcılıktır. Kuvvet, atıcılıktır." (Müslim)

1335- Yine Ebu Hammâd Ukbe b. Âmir el-Cüheni'den (radıyallâhu anh) rivayet edildiğine göre Peygamberimiz (sallallâhu aleyhi ve sellem) buyuruyor ki:

– "Birçok yerler fethedeceksiniz. Allah size bu konuda gerektiği şekilde yardım edecektir. Buna göre hiçbiriniz oklarınızla talim yapmayı ihmal etmeyiniz." (Müslim)

1336- Yine Ebu Hammâd Ukbe b. Âmir el-Cüheni'den (radıyallâhu anh) rivayet edildiğine göre Peygamberimiz (sallallâhu aleyhi ve sellem) buyuruyor ki: "Kime ok atmak sanatı öğretilir de sonradan onu bırakırsa bizden değildir (veya bize isyan etmiş olur)." (Müslim)

1337- Yine Ebu Hammâd Ukbe b. Âmir el-Cüheni'den (radıyallâhu anh) rivayet edildiğine göre Peygamberimiz (sallallâhu aleyhi ve sellem) buyuruyor ki:

– "Allah, bir tek ok yüzünden üç kişiyi cennete koyar: (Allah'tan sevap bekleyen) yapıcısını, atıcısını ve toplayıcısını. Ok atınız ve ata bininiz. Benim için ok atmanız, ata binmenizden daha değerlidir. Kim kendisine ok atma sanatı öğretildikten sonra hoşlanmayarak onu bırakırsa bir nimeti bırakmış olur veya nimete karşı nankörlük etmiş olur." (Ebu Davud)

1338- Seleme b. el-Ekva'dan (radıyallâhu anh) rivayet edildiğine göre Peygamberimiz (sallallâhu aleyhi ve sellem) ok atma müsabakası yapmakta olan bir gruba rastladı ve onlara "Ey İsmailoğulları, ok atınız! Sizin atanız da ok atıcısı idi." buyurmuştur. (Buhâri)

1339- Amr b. Abese'den (radıyallâhu anh) rivayet edildiğine göre Peygamberimiz (sallallâhu aleyhi ve sellem) buyuruyor ki:

– "Kim Allah yolunda bir ok atarsa bu onun hesabına bir köle azat etmeye denktir." (Ebu Davud, Tirmizî)

1340- Ebu Yahyâ Hureym b. Fâtik'ten (radıyallâhu anh) rivayet edildiğine göre Peygamberimiz (sallallâhu aleyhi ve sellem) buyuruyor ki:

– "Kim Allah yolunda kullanılmak üzere bir şey harcarsa hesabına yedi yüz kat olarak yazılır." (Tirmizî)

1341- Ebu Said'den (radıyallâhu anh) rivayet edildiğine göre Peygamberimiz (sallallâhu aleyhi ve sellem) buyuruyor ki:

– "Allah yolunda bir gün oruç tutan bir kulun yüzünü, Allah o gün karşılığında cehennemden yetmiş yıl uzak kılar." (Buhâri, Müslim)

1342- Ebu Ümâme'den (radıyallâhu anh) rivayet edildiğine göre Peygamberimiz (sallallâhu aleyhi ve sellem) buyuruyor ki:

– "Kim Allah yolunda bir gün oruç tutarsa Allah kendisi ile cehennem arasında yerle gök arası kadar mesafeli bir hendek açar." (Tirmizî)

1343- Ebu Hureyre'den (radıyallâhu anh) rivayet edildiğine göre Peygamberimiz (sallallâhu aleyhi ve sellem) buyuruyor ki:

– "Kim savaşmadan ve içinde savaşmak arzusu duymaksızın ölürse benliğinde münafıklıktan bir unsur taşıyarak ölmüş olur." (Müslim)

1344- Câbir (radıyallâhu anh) der ki: "Bir savaşta Peygamberimiz (sallallâhu aleyhi ve sellem) ile birlikteydik. Bize şöyle buyurdu:

– 'Medine'de öyle kimseler var ki kat ettiğiniz her mesafe ve aştığınız her vadide sizinle birlikteydiler. Onları bize katılmaktan alıkoyan sebep hastalıktı.'"

Başka bir rivayete göre hadisin son kısmı "Onları bize katılmaktan alıkoyan sebep mazeretleridir." şeklindedir. Başka bir rivayete göre hadis "Fakat onlar sevapta size ortaktırlar." cümlesi ile sona ermektedir. (Müslim)

1345- Ebu Musa'dan (radıyallâhu anh) rivayet edildiğine göre taşralı bir Arap, Peygamberimize (sallallâhu aleyhi ve sellem) gelerek "Ya Resulallah! Adam var, ganimet için savaşır. Adam var, şöhret kazanmak için savaşır. Adam var, hüneri ortaya çıkıp yeri belli olsun diye savaşır. Allah yolunda savaşan kimdir?" diye sordu. Başka bir rivayete göre de adam "Kimisi kahramanlık göstermek, kimisi kabile tutkunluğu uğruna ve kimisi de kin uğruna savaşır. Allah yolunda savaşan kimdir?" diye sordu. Peygamberimiz (sallallâhu aleyhi ve sellem) adama "Allah'ın kelimesi en yüce olsun diye savaşan kimse, Allah yolunda savaşmış olur." diye cevap verdi. (Buhâri, Müslim)

1346- Ebu Ümâme'den (radıyallâhu anh) rivayet edildiğine göre adamın biri Peygamberimize gelerek "Ya Resulallah! Göç etmek için bana izin veriniz." dedi. Peygamberimiz (sallallâhu aleyhi ve sellem) de ona "Benim ümmetimin göçü ve yolculuğu Allah Teâlâ'nın yolunda cihat demektir." buyurdu. (Ebu Davud)

1347- Abdullah b. Amr b. el-Âs'tan (radıyallâhu anhumâ) rivayet edildiğine göre Peygamberimiz (sallallâhu aleyhi ve sellem) buyuruyor ki:

– "Herhangi bir savaş veya akıncı birliği savaşır da ganimet elde eder ve ölümden de kurtulursa sevaplarının üçte ikisini peşin almış olurlar. Herhangi bir savaş veya akıncı birliği ganimet almaz ve yaralanırsa kendisine sevapları tam olarak verilir." (Müslim)

1348- Abdullah b. Amr b. el-Âs'tan (radıyallâhu anh) rivayet edildiğine göre Peygamberimiz (sallallâhu aleyhi ve sellem) "Savaş dönüşü de savaşmak gibidir." buyurmuştur. (Ebu Davud)

1349- Sâib b. Yezid (radıyallâhu anh) der ki: "Peygamberimiz (sallallâhu aleyhi ve sellem) Tebük savaşından döndüğü zaman halk kendisini karşılamaya çıkmıştı. Ben de kendisini Seniyyetülvedâ denen yerde çocuklarla birlikte karşılamıştım." (Ebu Davud)

Buhâri'nin kaydettiği rivayete göre hadis "Seniyyetülvedâ'ya Peygamberimizi (sallallâhu aleyhi ve sellem) karşılamak üzere çocuklarla birlikte gitmiştik." şeklindedir.

1350- Ebu Ümâme'den (radıyallâhu anh) rivayet edildiğine göre Peygamberimiz (sallallâhu aleyhi ve sellem) buyuruyor ki:

– "Her kim ki gazaya katılmaz veya gazaya katılan birini teçhiz etmez ya da gazaya katılan bir kimsenin yerini hayırlı bir şekilde tutmazsa, kıyamet gününden önce Allah kendisine bir bela verir." (Ebu Davud)

1351- Enes'ten (radıyallâhu anh) rivayet edildiğine göre Peygamberimiz (sallallâhu aleyhi ve sellem) buyuruyor ki:

– "Gerek mallarınızla gerek canlarınızla ve gerekse dillerinizle müşriklere karşı cihat ediniz." (Ebu Davud)

1352- Ebu Amr (bazılarına göre Ebu Hâkim) Numan b. Mukarrin (radıyallâhu anh) der ki: "Peygamberimizin (sallallâhu aleyhi ve sellem) günün ilk saatlerinde savaşa başlamadığı takdirde savaşa tutuşmayı güneşin batmaya meyletmesine ve rüzgarın çıkmasına, böylece Allah tarafından zaferin gelmesine bıraktığını görmüştüm." (Ebu Davud, Tirmizî)

1353- Ebu Hureyre'den (radıyallâhu anh) rivayet edildiğine göre Peygamberimiz (sallallâhu aleyhi ve sellem) buyuruyor ki:

– "Düşmanla karşılaşmayı temenni etmeyiniz. Fakat karşılaştığınız zaman da sabrediniz." (Buhâri, Müslim)

1354- Ebu Hureyre ve Câbir'den (radıyallâhu anhumâ) rivayet edildiğine göre Peygamberimiz (sallallâhu aleyhi ve sellem) buyuruyor ki:

– "Harp, hile ve aldatmacadır." (Buhâri, Müslim)

235. Bölüm
Şehitlerin Ahiret Sevabı

Kafirlerle muharebe ederken şehit düşenler haricinde, yıkanıp namazları kılınacak ve ahirette şehit sevabına nail olacak diğer kimseler hakkındadır.

1355- Ebu Hureyre'den (radıyallâhu anh) rivayet edildiğine göre Peygamberimiz (sallallâhu aleyhi ve sellem) buyuruyor ki:

– "Beş türlü şehit vardır: Veba hastalığından, karın ağrısından, boğularak, yıkıntı altında kalarak ve Allah yolunda savaşarak ölenler." (Buhâri, Müslim)

1356- Yine Ebu Hureyre'den (radıyallâhu anh) rivayet edildiğine göre Peygamberimiz sahabilere "Siz kimleri şehit sayıyorsunuz?" diye sordu. Sahabiler "Allah yolunda öldürülen şehittir ya Resulallah!" diye cevap verdiler. Peygamberimiz onlara "Buna göre ümmetimin şehitleri az demektir." buyurmuştur. Sahabiler "Peki, şehit kimdir ya Resulallah?" diye sordular. Peygamberimiz de onlara şöyle cevap verdi:

- "Allah yolunda öldürülen şehittir. Kim Allah yolundayken ölürse şehittir. Veba hastalığından ölen şehittir. Karın ağrısından ölen şehittir. Suda boğularak ölen şehittir." (Müslim)

1357- Abdullah b. Amr ibni'l-Âs'tan (radıyallâhu anhumâ) rivayet edildiğine göre Peygamberimiz (sallallâhu aleyhi ve sellem) "Malı uğruna öldürülen kimse şehittir." buyurmuştur. (Buhâri, Müslim)

1358- Aşere-i Mübeşşere'den biri olan Ebu A'ver Sâid b. Zeyd b. Amr b. Nufeyl'den (radıyallâhu anh) rivayet edildiğine göre Peygamberimiz (sallallâhu aleyhi ve sellem) buyuruyor ki:

- "Malı uğruna öldürülen kimse şehittir. Kanı (canı) uğruna öldürülen şehittir. Dini uğruna öldürülen şehittir. Ailesi uğruna öldürülen şehittir." (Ebu Davud, Tirmizî)

1359- Ebu Hureyre'den (radıyallâhu anh) rivayet edildiğine göre adamın biri Peygamberimize (sallallâhu aleyhi ve sellem) gelerek "Ya Resulallah! Biri gelip malımı elimden almak isterse ne yapayım?" diye sordu. Peygamberimiz kendisine "Malını ona verme." buyurdu. Adam "Eğer bana saldırırsa?" diye sordu. Peygamberimiz kendisine "Sen de ona karşı koy." buyurdu. Adam "Eğer o kimse beni öldürürse?" diye sordu. Peygamberimiz kendisine "O zaman sen şehitsin." buyurdu. Adam "Eğer ben onu öldürürsem?" diye sordu. Peygamberimiz "O, cehenneme gider." buyurdu. (Müslim)

236. Bölüm
Köle Azat Etmenin Fazileti

Allah Teâlâ (celle celâlüh) buyuruyor ki:

- "O geçidi aşmaya çalışmadı. Geçit nedir, bilir misin? Köle âzad etmek." (Beled suresi, 11-13. ayetler.)

1360- Ebu Hureyre'den (radıyallâhu anh) rivayet edildiğine göre Peygamberimiz (sallallâhu aleyhi ve sellem) buyuruyor ki:

- "Kim Müslüman bir köle azat ederse, Allah, kölenin her azasına karşılık onun bir azasını cehennemden azat eder. Hatta kölenin edep yerine varıncaya kadar..." (Buhâri, Müslim)

1361- Ebu Zer (radıyallâhu anh) der ki: "Peygamberimize (sallallâhu aleyhi ve sellem) 'En faziletli ameller hangileridir?' diye sordum. Bana 'Allah'a iman etmek ve Allah yolunda cihat etmek.' diye cevap verdi. Kendisine 'Kölelerin hangisini azat etmek daha faziletlidir?' diye sordum. Bana 'Sahibi katında en iyi ve en pahalı olanını.' diye cevap verdi." (Buhâri, Müslim)

237. Bölüm
Kölelere İyilik Etmek

Allah Teâlâ (celle celâlüh) buyuruyor ki:

– **"Allah'a ibadet ediniz. Sakın O'na hiçbir şeyi ortak koşmayınız. Ana babaya, akrabalara, yetimlere, yoksullara, yakın ve uzak komşuya, yakın arkadaşa, yolcuya ve mülkiyetiniz altında bulunan kimselere (kölelere) iyilik ediniz."** (Nisâ suresi, 36. ayet.)

1362- Ma'rûr b. Süveyd der ki: "Ebu Zer'in giydiği elbisenin tıpkısını kölesinin üzerinde görünce kendisine bunun sebebini sordum. Bana anlattığına göre kendisi Peygamberimiz (sallallâhu aleyhi ve sellem) zamanında köle asıllı birine sövmüş ve anası ile ilgili olarak adama hakaret etmişti. Bunun üzerine Peygamberimiz (sallallâhu aleyhi ve sellem) kendisine söyle buyurdu:

– 'Sen nefsinde cahiliye kalıntıları bulunan bir adamsın. Onlar sizin kardeşleriniz ve hizmetçilerinizdir. Allah onları sizin elinize vermiştir. Kim kardeşini eli altında bulundurursa ona yediğinden yedirsin, giydiğinden giydirsin. Onlara güçlerini aşan işler teklif etmeyiniz. Eğer kendilerine böyle ağır işler teklif etmişseniz, onlara yardım ediniz." (Buhâri, Müslim)

1363- Ebu Hureyre'den (radıyallâhu anh) rivayet edildiğine göre Peygamberimiz (sallallâhu aleyhi ve sellem) buyuruyor ki:

– "İçinizden birine hizmetçisi yemeğini getirdiği zaman eğer onu kendisi ile birlikte yemeğe oturtmuyorsa ona bir iki lokma veya bir iki yudum ikram etsin. Çünkü o yemek onun emeği ile meydana gelmiştir." (Buhâri)

238. Bölüm
Rabbine İtaat Eden ve Efendisine Karşı Görevini Yapan Köle

1364- İbni Ömer'den (radıyallâhu anhumâ) rivayet edildiğine göre Peygamberimiz (sallallâhu aleyhi ve sellem) buyuruyor ki:

– "Köle, efendisine karşı bağlılık gösterir ve Allah'a güzel bir şekilde ibadet ederse onun sevabı iki kat olur." (Buhâri, Müslim)

1365- Ebu Hureyre (radıyallâhu anh) der ki: "Peygamberimiz (sallallâhu aleyhi ve sellem) 'Efendisine bağlı köleye iki kat sevap vardır.' buyurmuştur. Ebu Hureyre'nin nefsini kudret elinde tutan Allah'a yemin ederim ki, Allah yolunda cihat etmek, hac ve anneme bakmak olmasa köle olarak ölmeyi isterdim." (Buhâri, Müslim)

1366- Ebu Masa el-Eş'arî'den (radıyallâhu anh) rivayet edildiğine göre Peygamberimiz (sallallâhu aleyhi ve sellem) buyuruyor ki:

- "Rabbine güzelce ibadet eden ve efendisine karşı taşıdığı görevi, bağlılığı ve itaati yerine getiren köleye iki kat sevap vardır." (Buhârî)

1367- Yine Ebu Musa el-Eş'arî'den (radıyallâhu anh) rivayet edildiğine göre Peygamberimiz (sallallâhu aleyhi ve sellem) buyuruyor ki:

- "Şu üç kimseye iki kat sevap verilir: Hem kendi peygamberine ve hem de Muhammed'e inanan ehli kitap bir adam, hem Allah'a hem de efendisine karşı görevlerini yerine getiren köle, kadın bir kölesi olup da ona iyi bir eğitim ve öğretim yaptırdıktan sonra onu azat edip kendisini evlendiren kimseye iki kat sevap verilir." (Buhârî, Müslim)

239. Bölüm
Kargaşa ve Fitne Döneminde Yapılan İbadetin Fazileti

1368- Ma'kıl b. Yesâr'dan (radıyallâhu anh) rivayet edildiğine göre Peygamberimiz (sallallâhu aleyhi ve sellem) "Kargaşa ve fitne döneminde ibadet etmek benim yanıma göç etmek gibidir." buyurmuştur.

240. Bölüm
Alışverişte Adaletli Olmak

Alışverişte, almakta ve vermekte müsamahakâr davranmanın, borcunu güzelce ödemenin ve alacağı bağışlamanın, ölçü ve tartıyı karşı taraf lehine tutmanın fazileti, eksik tartmayı yasaklamak, zenginin fakir borçluya süre tanıması ve alacaktan indirimde bulunması hakkındadır.

Allah Teâlâ (celle celâlüh) buyuruyor ki:

- **"İşlediğiniz iyiliği, hiç şüphesiz Allah bilir."** (Bakara suresi, 215. ayet.)

Allah Teâlâ (celle celâlüh) buyuruyor ki:

- **"Ey kavmim! Ölçü ve tartıyı adalete uygun gerçekleştirin. Halkın mallarını eksik vermeyin."** (Hûd suresi, 85. ayet.)

Allah Teâlâ (celle celâlüh) buyuruyor ki:

- **"Hileli ölçüp tartanların vay haline! Onlar başkalarından bir şey alırken eksiksiz tartarlar. Fakat başkalarına bir şey verirken ölçüyü veya tartıyı eksik tutarlar. Acaba onlar büyük bir günde yeniden diriltileceklerine ihtimal vermiyorlar mı? İnsanların Âlemlerin Rabbinin huzurunda dikileceği günde."** (Mutaffifîn suresi, 1-6. ayetler.)

1369- Ebu Hureyre'den (radıyallâhu anh) rivayet edildiğine göre adamın biri Peygamberimize (sallallâhu aleyhi ve sellem) gelerek alacağını istedi. Bu arada kabaca davranınca sahabiler ona karşılık vermeye kalkıştılar. Peygamberimiz (sallallâhu aleyhi ve sellem) onlara "Bırakın onu. Hak sahibinin konuşma yetkisi vardır. Kendisine onunkisi ile aynı yaşta bir deve verin." buyurdu. Sahabiler "Ya Resulallah! Aynı yaşta olanını bulamayacağız, daha yaşlısı var." dediler. Bunun üzerine Peygamberimiz (sallallâhu aleyhi ve sellem) onlara "O halde kendisine daha büyüğünü verin. Çünkü sizin en hayırlınız, borcunu en güzel şekilde ödeyendir." buyurmuştur.

1370- Cabir'den (radıyallâhu anh) rivayet edildiğine göre Peygamberimiz (sallallâhu aleyhi ve sellem) buyuruyor ki:

– "Mal satarken, mal satın alırken ve borcunu isterken müsamahakâr davranan kula Allah rahmet etsin." (Buhârî)

1371- Ebu Katade'den (radıyallâhu anh) rivayet edildiğine göre Peygamberimiz (sallallâhu aleyhi ve sellem) buyuruyor ki:

– "Allah'ın kendisini kıyamet gününün sıkıntılarından kurtarmasını isteyen kimse sıkışık durumda olan borçlusuna mühlet tanısın veya alacağının bir kısmını bağışlasın." (Müslim)

1372- Ebu Hureyre'den (radıyallâhu anh) rivayet edildiğine göre Peygamberimiz (sallallâhu aleyhi ve sellem) buyuruyor ki:

– "Halkla veresiye alışveriş yapan biri vardı. Oğluna 'Sana sıkışık durumda olan bir borçlu gelince kendisine alacağımızı bağışla. Böylece belki Allah da bize günahlarımızı bağışlar.' derdi. Gerçekten adam Allah'a kavuşunca günahlarını bağışladı." (Buhârî, Müslim)

1373- İbni Mes'udü'l-Bedri'den (radıyallâhu anh) rivayet edildiğine göre Peygamberimiz (sallallâhu aleyhi ve sellem) buyuruyor ki:

– "Sizden öncekilerden birisi hesaba çekildi. Başkaları ile alışveriş yaptığından, borçlularına karşı kolaylık gösterdiğinden ve kölelerine sıkışık durumda olanlara alacağını bağışlamayı emretmesinden başka hiçbir iyi ameli bulunamadı. Bunun üzerine Allah Teâlâ o kimse için 'Bağışlamaya biz ondan daha layıkız. Günahlarını bağışlayın.' buyurdu." (Müslim)

1374- Huzeyfe (radıyallâhu anh) der ki: "Allah Teâlâ'nın mal verdiği bir kul O'nun huzuruna getirildi. Allah kendisine 'Dünyada ne amel işledin?' diye sordu. Kullar Allah'tan hiçbir gerçeği saklayamazlar. Adam 'Ya Rabbi! Bana malını vermiştin. Ben de insanlarla alışveriş yapardım. Anlayışlı davranmak huyumdu. Rahat borçluya kolaylık gösterir, sıkışık durumda olana mühlet verirdim.' dedi. Bunun üzerine Allah Teâlâ

'Bağışlamaya Biz senden daha layıkız. Bu kulumu affediniz.' buyurdu." Ukbe b. Âmir ile Ebu Mes'udü'l-Ensari (radıyallâhu anhumâ) "Aynısını Peygamberimizin (sallallâhu aleyhi ve sellem) ağzından duyduk." dediler. (Müslim)

1375- Ebu Hureyre'den (radıyallâhu anh) rivayet edildiğine göre Peygamberimiz (sallallâhu aleyhi ve sellem) buyuruyor ki:

- "Kim sıkışık durumda olan birinin borcunu erteler veya borcunun bir kısmını bağışlarsa, başka hiçbir gölgenin kalmayacağı kıyamet günü Allah, o kimseyi Arş'ının gölgesi altına alır." (Tirmizî)

1376- Câbir'den (radıyallâhu anh) rivayet edildiğine göre Peygamberimiz (sallallâhu aleyhi ve sellem) kendisinden bir deve satın aldı. Karşılığını verirken fazla fazla tartarak verdi. (Buhâri, Müslim)

1377- Ebu Safvân Süveyd b. Kays'tan (radıyallâhu anh) rivayet edilir ki:

"Mahremetü'l-Abdî ile birlikte Hacer kasabasından bez getirmiştik. Peygamberimiz (sallallâhu aleyhi ve sellem) bize gelerek bir donluk bez için pazarlık etti. Yanımda, malın ücretini tartarak belirten biri vardı. Peygamberimiz (sallallâhu aleyhi ve sellem) tartıcıya:

- 'Tart, birazda ilave et.' buyurdu." (Ebu Davud, Tirmizî)

241. Bölüm
İlim Hakkında

Allah Teâlâ (celle celâlüh) buyuruyor ki:

- **"De ki: Ya Rab, ilmimi artır!"** (Tâ-Hâ suresi, 114. ayet.)

Allah Teâlâ (celle celâlüh) buyuruyor ki:

- **"De ki: Hiç bilenler ile bilmeyenler bir olur mu?"** (Zümer suresi, 9. ayet.)

Allah Teâlâ (celle celâlüh) buyuruyor ki:

- **"Allah sizden iman edenler ile kendilerine ilim verilenlerin derecelerini artırır."** (Mücâdele suresi, 11. ayet.)

Allah Teâlâ (celle celâlüh) buyuruyor ki:

- **"Ancak âlimler, Allah'tan (gereğince) korkar."** (Fâtır suresi, 28. ayet.)

1378- Muaviye'den (radıyallâhu anh) rivayet edildiğine göre Peygamberimiz (sallallâhu aleyhi ve sellem) buyuruyor ki:

- "Allah kimin iyiliğini isterse onu dinde bilgi sahibi yapar." (Buhâri, Müslim)

1379- Ebu Said el-Hudri'den (radıyallâhu anh) rivayet edildiğine göre Peygamberimiz (sallallâhu aleyhi ve sellem) buyuruyor ki:

– "Mü'min, sonu cennet oluncaya kadar, hiçbir hayra doymaz." (Tirmizî)

1380- İbni Mes'ud'dan (radıyallâhu anh) rivayet edildiğine göre Peygamberimiz (sallallâhu aleyhi ve sellem) buyuruyor ki:

– "Şu iki kimseye imrenilir: Allah'ın mal verdiği, sonra da onu hak uğruna kullandırdığı kimse ve hikmet (bilgi) verdiği ve onun gereğini yerine getiren, onu başkalarına öğreten kimse." (Buhâri, Müslim)

1381- Ebu Musa'dan (radıyallâhu anh) rivayet edildiğine göre Peygamberimiz (sallallâhu aleyhi ve sellem) buyuruyor ki:

– "Allah'ın benimle birlikte göndermiş olduğu hidayet ve ilim yere düşen yağmura benzer. Yağmur öyle iyi bir yere düşer ki, suyu emer de bol bol ot ve yeşillik yetiştirir. Yağmur su çekmeyen katı bir yer parçasına da düşebilir. Bu yer parçası suyu yüzeyinde tutar da Allah o sudan insanları yararlandırır, insanlar bu sudan hem içerler, hem onu sulamada ve tarımda kullanırlar. Yağmur dümdüz ve kaygan bir yer parçasına da düşebilir. Ne suyu yüzeyinde tutar ne de bitki yetiştirir. İşte bu, dinî konularda bilgi sahibi olup da Allah'ın benimle birlikte göndermiş olduğu bilgiden yararlanarak hem öğrenip hem de öğreten ile bu bilgiye karşı başını bile kaldırmayan ve benimle birlikte gönderilen ilahi hidayeti kabul etmeyen kimse gibidir." (Buhâri, Müslim)

1382- Sehl b. Sa'd'dan (radıyallâhu anh) rivayet edildiğine göre Peygamberimiz (sallallâhu aleyhi ve sellem) Ali'ye (radıyallâhu anh) "Allah'a yemin ederim ki, Allah'ın senin aracılığın ile bir tek kişiyi hidayete erdirmesi, senin hesabına kırmızı renkli deve sürüsünden daha hayırlıdır." buyurmuştur. (Buhâri, Müslim)

1383- Abdullah b. Amr b. el-Âs'tan (radıyallâhu anhumâ) rivayet edildiğine göre Peygamberimiz (sallallâhu aleyhi ve sellem) buyuruyor ki:

– "Benim tarafımdan –Kur'an'dan bir ayet bile olsa– halka tebliğ ediniz. İsrailoğullarından bahsetmenizin de bir mahzuru yoktur. Kim bile bile benim adıma yalan uydurursa cehennemden kendisine yer ayırsın." (Buhâri)

1384- Ebu Hureyre'den (radıyallâhu anh) rivayet edildiğine göre Peygamberimiz (sallallâhu aleyhi ve sellem) buyuruyor ki:

– "Kim ilim aramak için bir yola koyulursa Allah onun cennete giden yolunu kolaylaştırır." (Müslim)

1385- Yine Ebu Hureyre'den (radıyallâhu anh) rivayet edildiğine göre Peygamberimiz (sallallâhu aleyhi ve sellem) buyuruyor ki:

- "Kim başkalarını hidayete çağırırsa hidayete uyanların sevabı kadar sevap kazanır, hidayete uyanların sevaplarında hiçbir eksiklik meydana gelmez." (Müslim)

1386- Yine Ebu Hureyre'den (radıyallâhu anh) rivayet edildiğine göre Peygamberimiz (sallallâhu aleyhi ve sellem) buyuruyor ki:

- "Âdemoğlu ölünce -şu üç şey hariç- ameli sona erer: Devamlı ve uzun vadeli sadaka, faydalanılan ilim, kendisi için dua eden hayırlı evlat." (Müslim)

1387- Yine Ebu Hureyre'den (radıyallâhu anh) rivayet edildiğine göre Peygamberimiz (sallallâhu aleyhi ve sellem) buyuruyor ki:

- "Allah'ı anmak ve bununla ilgili şeyler ile âlim ve öğrenciden başka dünyada bulunan her şey ile birlikte dünyanın kendisi mel'undur (kınanmıştır.)" (Tirmizî)

1388- Enes'ten (radıyallâhu anh) rivayet edildiğine göre Peygamberimiz (sallallâhu aleyhi ve sellem) buyuruyor ki:

- "İlim öğrenmek için yola çıkan kimse dönünceye kadar Allah yolundadır." (Tirmizî)

1389- Ebu Ümâme'den (radıyallâhu anh) rivayet edildiğine göre Peygamberimiz (sallallâhu aleyhi ve sellem) "Âlimin ibadetle meşgul olan kimseye karşı üstünlüğü, benim en düşük derecelinize karşı taşıdığım üstünlük gibidir." buyurduktan sonra sözlerine şöyle devam etmiştir:

- "Allah, Allah'ın melekleri, göktekiler ve hücresindeki karınca ile balığa kadar yeryüzünde bulunan canlıların tümü başkalarına hayrı öğreten kimse için mağfiret dilerler." (Tirmizî)

1390- Ebu Derda'dan (radıyallâhu anh) rivayet edildiğine göre Peygamberimiz (sallallâhu aleyhi ve sellem) buyuruyor ki:

- "Kim ilim öğrenmek için bir yolculuğa girişirse Allah onun cennete varan yolculuğunu kolay kılar. Melekler, yaptığı işten dolayı duydukları hoşnutluğu belirtmek üzere ilim öğrenenin üzerine kanat gererler. Göktekiler (melekler) ve sudaki balıklara varıncaya kadar yerde yaşayan tüm canlılar, ilim öğrenen kimse için mağfiret dilerler. Âlimin ibadetle meşgul olan kimseye karşı üstünlüğü, Ay'ın diğer yıldızlara karşı taşıdığı üstünlük gibidir. Âlimler, peygamberlerin varisleridirler. Peygamberler miras olarak ne dinar ve ne de dirhem bırakırlar. Onlar miras olarak sadece ilim bırakırlar. Kim ilmi elde ederse büyük bir pay ele geçirmiş olur." (Ebu Davud, Tirmizî)

1391- İbni Mes'ud'dan (radıyallâhu anh) rivayet edildiğine göre Peygamberimiz (sallallâhu aleyhi ve sellem) buyuruyor ki:

– "Bizden bir şey öğrenip de onu öğrendiği gibi başkalarına aktaran kimseye Allah güzellik ve iyilik bağışlasın. Kendisine bilgi ulaştırılan nice kimseler vardır ki, o bilgiyi bizzat duyandan daha şuurlu olur." (Tirmizî)

1392- Ebu Hureyre'den (radıyallâhu anh) rivayet edildiğine göre Peygamberimiz (sallallâhu aleyhi ve sellem) buyuruyor ki:

– "Kime bir şey sorulur da bildiğini saklarsa Allah, kıyamet günü onun ağzına ateşten bir gem vurur." (Ebu Davud, Tirmizî)

1393- Yine Ebu Hureyre'den (radıyallâhu anh) rivayet edildiğine göre Peygamberimiz (sallallâhu aleyhi ve sellem) buyuruyor ki:

– "Kim Allah'ın rızasını kazandırabilecek bir ilmi, sırf bir dünya amacına kavuşmak için öğretirse, kıyamet günü, cennetin kokusunu bile duyamaz." (Ebu Davud)

1394- Abdullah b. Amr b. el-Âs'tan (radıyallâhu anhumâ) rivayet edildiğine göre Peygamberimiz (sallallâhu aleyhi ve sellem) buyuruyor ki:

– "Allah Teâlâ, ilmi insanlar arasından çekip çıkararak almaz. Fakat âlimleri alarak ilmi alır. Böylece ortalıkta âlim kalmayınca insanlar cahil önderler edinirler. Bu kimseler kendilerine sorulan sorulara karşılık bilmeden fetva vererek hem kendileri sapıtırlar ve hem de başkalarını yanlış yola sürüklerler." (Buhâri, Müslim)

242. Bölüm
Allah'a Hamd ve Şükretmek

Allah Teâlâ (celle celâlüh) buyuruyor ki:

– **"Beni anınız ki Ben de sizi anayım. Bana şükrediniz, nankörlük etmeyiniz."** (Bakara suresi, 152. ayet.)

Allah Teâlâ (celle celâlüh) buyuruyor ki:

– **"Eğer şükrederseniz elbette (size nimetimi) artırırım."** (İbrahim suresi, 7. ayet.)

Allah Teâlâ (celle celâlüh) buyuruyor ki:

– **"De ki: Allah'a hamdolsun!"** (İsrâ suresi, 111. ayet.)

Allah Teâlâ (celle celâlüh) buyuruyor ki:

– **"Dualarının sonu şudur: Âlemlerin Rabbi olan Allah'a hamdolsun."** (Yûnus suresi, 10. ayet.)

1395- Ebu Hureyre'den (radıyallâhu anh), rivayet edildiğine göre Miraç gecesi Peygamberimize (sallallâhu aleyhi ve sellem) biri içki, öbürü süt dolu iki kâse sunuldu. Peygamberimiz her ikisini de gözden geçirdikten sonra süt dolu kâseyi aldı. Bunun üzerine Cebrail "Seni fıtrata uygun olan doğru yolu tercih etmeye muvaffak kılan Allah'a hamdolsun. Eğer içkiyi alsaydın ümmetin azacaktı." dedi. (Müslim)

1396- Yine Ebu Hureyre'den (radıyallâhu anh) rivayet edildiğine göre Peygamberimiz (sallallâhu aleyhi ve sellem) buyuruyor ki:

– "Allah'a hamdederek başlanmayan hiçbir önemli işin sonu yoktur." (Ebu Davud)

1397- Ebu Musa el-Eş'arî'den (radıyallâhu anh) rivayet edildiğine göre, Peygamberimiz (sallallâhu aleyhi ve sellem) buyuruyor ki:

– "Bir kulun çocuğu ölünce Allah Teâlâ (celle celâlüh) meleklerine 'Kulumun çocuğunun canını aldınız mı?' diye buyurur. Melekler 'Evet.' derler. Allah Teâlâ (celle celâlüh) meleklere 'Kulumun yürek meyvesinin canını aldınız mı?' diye buyurur. Melekler 'Evet.' derler. Allah Teâlâ (celle celâlüh) 'O sırada kulum ne dedi?' diye buyurur. Melekler 'Sana hamdetti ve 'İnnâ lillâhi ve innâ ileyhi râciûn.' (Biz, Allah için varız ve O'na döneceğiz.) dedi.' derler. Bunun üzerine Allah Teâlâ (celle celâlüh) 'Kulum için cennette bir ev yapın ve adını Hamd Evi koyun.' buyurur." (Tirmizî)

1398- Enes'ten (radıyallâhu anh) rivayet edildiğine göre Peygamberimiz (sallallâhu aleyhi ve sellem) buyuruyor ki:

– "Allah bir öğün yemek yiyip karşılığında kendisine hamdeden ve bir kere su içip karşılığında kendisine hamdeden kuldan hoşnut olur." (Buhâri)

243. Bölüm
Peygamberimize Salat ü Selam Getirmek

Allah Teâlâ (celle celâlüh) buyuruyor ki:

– "Allah ve O'nun melekleri Peygamber'e salat ederler. Ey mü'minler! Siz de ona salat ü selam getiriniz." (Ahzâb suresi, 56. ayet.)

1399- Abdullah b. Amr b. el-Âs'tan (radıyallâhu anhumâ) rivayet edildiğine göre Peygamberimiz (sallallâhu aleyhi ve sellem) buyuruyor ki:

– "Kim bana bir kere salat ü selam getirirse karşılığında Allah kendisine on kere rahmet eder." (Müslim)

1400- İbni Mes'ud'dan (radıyallâhu anh) rivayet edildiğine göre Peygamberimiz (sallallâhu aleyhi ve sellem) buyuruyor ki:

– "Kıyamet günü bana göre insanların en üstünü bana en çok salat ü selam getirenidir." (Tirmizî)

1401- Evs b. Evs'den (radıyallâhu anh) rivayet edildiğine göre Peygamberimiz (sallallâhu aleyhi ve sellem) "En faziletli günlerinizden birisi cuma günüdür. O gün bana çok salat ü selam getiriniz. Çünkü sizin salat ü selamlarınız bana arzedilir." buyurmuştur. Sahabiler "Ya Resulallah! Sen vefat ettikten sonra bizim salat ü selamımız sana nasıl arzedilebilir?" diye sorunca Peygamberimiz onlara "Allah, peygamberlerin cesetlerini toprağa haram kılmıştır." diye cevap verdi. (Ebu Davud)

1402- Ebu Hureyre'den (radıyallâhu anh) rivayet edildiğine göre Peygamberimiz (sallallâhu aleyhi ve sellem) buyuruyor ki:

– "Yanında adım anıldığı halde bana salat ü selam getirmeyen kimse sürüm sürüm sürünsün." (Tirmizî)

1403- Yine Ebu Hureyre'den (radıyallâhu anh) rivayet edildiğine göre Peygamberimiz (sallallâhu aleyhi ve sellem) buyuruyor ki:

– "Kabrimi bayram yerine çevirmeyiniz. Bana salat ü selam getiriniz. Çünkü bana getirmiş olduğunuz salat ü selam, nerede olursanız olun, bana ulaşır." (Ebu Davud)

1404- Yine Ebu Hureyre'den (radıyallâhu anh) rivayet edildiğine göre Peygamberimiz (sallallâhu aleyhi ve sellem) buyuruyor ki:

– "Herhangi bir kimse bana selam verince, selamını alıncaya kadar Allah bana ruhumu geri verir." (Ebu Davud)

1405- Hz. Ali'den (radıyallâhu anh) rivayet edildiğine göre Peygamberimiz (sallallâhu aleyhi ve sellem) buyuruyor ki:

– "Cimri, yanında adım anıldığı halde bana salat ü selam getirmeyen kimsedir." (Tirmizî)

1406- Fedale b. Ubeyd (radıyallâhu anh) der ki: "Peygamberimiz (sallallâhu aleyhi ve sellem) adamın birinin Allah'a sena etmeden ve Peygamber'e salat ü selam getirmeden dua ettiğini duydu. 'Şu adam acele etti.' diyerek onu yanına çağırdı ve kendisine (veya başka birine) şöyle buyurdu:

– 'İçinizden biri dua edeceği zaman önce Allah'a hamd ü sena edip arkasından Peygamber'e salat ü selam getirsin. Sonra da dilediği duayı yapsın.'" (Ebu Davud, Tirmizî)

1407- Ebu Muhammed Ka'b b. Ucre (radıyallâhu anh) der ki: "Peygamberimiz (sallallâhu aleyhi ve sellem) yanımıza gelmişti. Kendisine 'Ya Resulallah! Sana nasıl selam vereceğimizi biliyoruz fakat sana nasıl salat getireceğimizi bilmiyoruz.' diye sorduk. Bize şöyle buyurdu:

– 'Allâhümme salli âlâ Muhammedin ve âlâ âli Muhammedin kemâ salleyte âlâ âli İbrâhîme inneke hamîdün mecîd. Allâhümme bârîk âlâ Muhammedin ve âlâ âli Muhammedin kemâ bârekte âlâ âli İbrâhime inneke hamîdün mecîd.' (Allah'ım! İbrahim'in soyundan gelenlere nasıl rahmet verdinse Muhammed'e ve onun soyundan gelenlere de rahmet et. Hiç şüphesiz sen hamde ve övgüye layıksın. Allah'ım! İbrahim'in soyundan gelenlere nasıl bereket verdinse Muhammed'e ve onun soyundan gelenlere de bereket ver. Hiç şüphesiz sen hamde ve övgüye layıksın.) deyiniz.'" (Buhâri, Müslim)

1408- Ebu Mes'ud el-Bedrî (radıyallâhu anh) der ki: "Bizler Said b. Ubade ile birlikte oturuyorken Peygamberimiz (sallallâhu aleyhi ve sellem) yanımıza geldi. Beşir b. Sa'd kendisine 'Ya Resulallah! Allah bize sana salat getirmemizi emretti. Sana nasıl salat getirelim?' diye sordu. Peygamberimiz bu soru karşısında sustu. Öyle ki Beşir'in bu soruyu kendisine sormamış olmasını temenni ettik. Bir süre sonra bize şöyle buyurdu:

– 'Allâhümme salli âlâ Muhammedin ve âlâ âli Muhammedin kemâ salleyte âlâ İbrâmîme ve bârik âlâ Muhammedin ve âlâ âli Muhammedin kemâ bârekte âlâ âli İbrâhîme inneke hamîdün mecîd.' (Allah'ım! İbrahim'in soyundan gelenlere rahmet verdiğin gibi Muhammed'e ve onun soyundan gelenlere rahmet et. İbrahim soyundan gelenlere bereket verdiğin gibi Muhammed'e ve onun soyundan gelenlere bereket ver. Hiç şüphesiz sen hamd ve övgüye layıksın.) deyiniz.'"

Selam da daha önce bildiğiniz gibidir. (Müslim)

1409- Ebu Humeyd es-Sâidî (radıyallâhu anh) der ki: "Peygamberimize (sallallâhu aleyhi ve sellem) 'Sana nasıl salat getirelim?' diye sorduk. Bize şöyle buyurdu:

– 'Allâhümme salli âlâ Muhammedin ve alâ ezvâcihi ve zürriyetihi, kemâ salleyte alâ İbrâhîme ve bârik alâ Muhammedin ve alâ ezvâcihi ve zürriyetihi kemâ bârekte alâ İbrâhîme inneke hamîdün mecîd.' (Allah'ım! İbrahim'e rahmet verdiğin gibi Muhammed'e, onun eşleri ile soyundan gelenlere de rahmet et. İbrahim'e bereket verdiğin gibi Muhammed'e, onun eşleri ile soyundan gelenlere de bereket ver.) deyiniz.'" (Buhâri, Müslim)

244. Bölüm
Zikrin Fazileti ve Zikretmeye Teşvik Etmek

Allah Teâlâ (celle celâlüh) buyuruyor ki:

- **"Hiç şüphesiz, Allah'ı anmak en büyük iştir."** (Ankebût suresi, 45. ayet.)

Allah Teâlâ (celle celâlüh) buyuruyor ki:

- **"Beni anınız ki Ben de sizi anayım."** (Bakara suresi, 152. ayet.)

Allah Teâlâ (celle celâlüh) buyuruyor ki:

- **"İçinden yalvararak ve çekinerek, duyabileceğin kadar hafif bir sesle sabah akşam Rabbini an, sakın gafillerden olma."** (A'raf suresi, 205. ayet.)

Allah Teâlâ (celle celâlüh) buyuruyor ki:

- **"Allah'ı sık sık anınız ki kurtuluşa erebilesiniz."** (Cum'a suresi, 10. ayet.)

Allah Teâlâ (celle celâlüh) buyuruyor ki:

- **"Allah'a teslim olan ve Allah'a inanan, Allah'ın emirlerini yerine getiren, sadık olan, güçlüklere katlanan, alçakgönüllü olan, sadaka veren, oruç tutan, mahrem yerlerini koruyan ve Allah'ı zikreden erkekler ile kadınlara mağfiret ve büyük mükâfat vardır."** (Ahzâb suresi, 35. ayet.)

Allah Teâlâ (celle celâlüh) buyuruyor ki:

- **"Ey mü'minler! Allah'ı sık sık anınız. Sabah akşam tesbih ve tenzih ediniz. Sizi karanlıktan aydınlığa çıkarmak için üzerinize rahmet ve bereketini gönderen O'dur."** (Ahzâb suresi, 41. ayet.)

1410- Ebu Hureyre'den (radıyallâhu anh) rivayet edildiğine göre Peygamberimiz (sallallâhu aleyhi ve sellem) buyuruyor ki:

- "Dile hafif, mizana konduğunda ağır gelen ve Rahman'ı hoşnut eden iki cümle vardır: Sübhânallahi ve bihamdihî sübhânallahi'l-azîm. (Ben Allah'ı uluhiyetine yakışmayan sıfatlardan tenzih eder ve O'na hamdederim. Ben Allah Teâlâ'yı uluhiyetine yakışmayan sıfatlardan tekrar tenzih ederim.)" (Buhâri, Müslim)

1411- Yine Ebu Hureyre'den (radıyallâhu anh) rivayet edildiğine göre Peygamberimiz (sallallâhu aleyhi ve sellem) buyuruyor ki:

- "'Sübhânallah, elhamdülillah, Lâ ilâhe illallâhü vallâhü ekber.' demek benim gözümde üzerine güneş doğan her şeyden daha sevimlidir." (Müslim)

1412- Yine Ebu Hureyre'den (radıyallâhu anh) rivayet edildiğine göre Peygamberimiz (sallallâhu aleyhi ve sellem) buyuruyor ki:

- "Kim günde yüz kere 'Lâ ilâhe illallâhü vahdehü lâ şerîke leh. Lehü'l-mülkü ve lehü'l-hamdü ve hüve alâ külli şey'in kadîr.' (Allah'tan başka ilah yoktur. O tektir, ortağı yoktur, mülk ve hamd O'na mahsustur. O'nun her şeye gücü yeter.) derse bu, o kimse için 10 köle azat etmeye denk olur. Hesabına yüz sevap yazılarak günahlarından yüz tanesi üzerinden silinir. O gün akşama kadar bu zikir onu şeytandan koruyan bir sığınak olur ve bu zikir kendisinden daha çok tekrar edenden başka hiç kimse ondan daha faziletli bir amel işlemiş olmaz. Günde yüz kere 'Sübhânallâhi ve bihamdihî.' derse –denizin köpüğü kadar bile olsa– tüm günahları üzerinden silinir." (Buhâri, Müslim)

1413- Ebu Eyyüb el-Ensari'den (radıyallâhu anh) rivayet edildiğine göre Peygamberimiz (sallallâhu aleyhi ve sellem) buyuruyor ki:

- "Kim on kere 'Lâ ilâhe illallâhü vahdehü lâ şerîke leh. Lehü'l-mülkü ve lehü'l-hamdü ve hüve alâ külli şey'in kadîr.' (Allah'tan başka ilah yoktur. O tektir, ortağı yoktur, mülk ve hamd O'na mahsustur. O'nun her şeye gücü yeter.) derse İsmail'in (aleyhisselam) soyundan gelen dört köle azat etmiş olur." (Buhâri, Müslim)

1414- Ebu Zer'den (radıyallâhu anh) rivayet edildiğine göre Peygamberimiz (sallallâhu aleyhi ve sellem) buyuruyor ki:

- "Allah'ın en sevdiği sözü sana söyleyeyim mi? Allah'ın en sevdiği söz, Sübhânallâhi ve bihamdihî'dir." (Müslim)

1415- Ebu Mâlikü'l-Eş'arî'den (radıyallâhu anh) rivayet edildiğine göre Peygamberimiz (sallallâhu aleyhi ve sellem) buyuruyor ki:

- "Temizlik imanın yarısıdır. 'Elhamdülillah' demek, mizanı doldurur. 'Sübhânallâhi velhamdülillâh' demek, yerle göklerin arasını doldurur." (Müslim)

1416- Sa'd b. Ebi Vakkas (radıyallâhu anh) der ki: "Taşralı bir Arap, Peygamberimize (sallallâhu aleyhi ve sellem) gelerek 'Bana sık sık söyleyeceğim bir söz söyle.' dedi. Peygamberimiz ona şöyle buyurdu:

- 'Lâ ilâhe illallâhü vahdehû lâ şerîke leh. Allahüekberu kebîren velhamdülillâhi kesîren ve sübhânallâhi rabbi'l-âlemîn. Ve lâ havle ve lâ kuvvete illâ billâhi'l-azizi'l-hakîm.' (Allah'tan başka ilah yoktur. O tektir ve ortağı yoktur. Allah gerçekten büyüktür. Sonsuz hamdler O'na mahsustur. Âlemlerin rabbi olan Allah, noksanlıklardan uzaktır. Aziz ve hakim olan Allah'ın izni olmadan hiçbir canlı kıpırdayamaz, hiçbir canlı güç gösteremez.) de.'

Taşralı Arap 'Bu sözler Rabbim ile ilgili. Kendim için ne söyleyeyim?' diye sordu. Peygamberimiz (sallallâhu aleyhi ve sellem) ona şöyle buyurdu:

- 'Allah'ım! Günahlarımı bağışla. Bana merhamet et. Bana hidayet ve rızık ver.' de.'" (Müslim)

1417- Sevbân (radıyallâhu anh) der ki: "Peygamberimiz (sallallâhu aleyhi ve sellem) namazı bitirince üç kere istiğfar eder ve arkasından 'Allâhümme ente's-selâmü ve minke's-selâmü tebârekte yâ zelcelâli ve'l-ikrâm.' derdi." Hadisin ravilerinden biri olan Evzai'ye "İstiğfar nasıl yapılır?" diye sordular. Evzai "Estağfirullah, estağfirullah." diyerek cevap verdi. (Müslim)

1418- Muğire b. Şûbe'den (radıyallâhu anh) rivayet edildiğine göre Peygamberimiz (sallallâhu aleyhi ve sellem) namazı bitirince 'Lâ ilâhe illallâhü vahdehü lâ şerike leh. Lehü'l-mülkü ve lehü'l-hamdü ve hüve alâ külli şey'in kadîr. Allâhümme lâ mânia limâ a'teyte velâ mu'tıye limâ mena'te velâ yenfeu ze'l-ceddi minke'l-ceddü.' (Allah'tan başka ilah yoktur. O tek ve ortaksızdır, mülk ve hamd O'na mahsustur. O her şeye kadirdir. Allah'ım! Senin verdiğine kimse engel olamaz. Senin vermediğini de kimse veremez. Senin yardımın olmadıkça hiç kimseye servet ve mevkii yarar sağlamaz.) derdi." (Buhâri, Müslim)

1419- Abdullah b. Zübeyr'den (radıyallâhu anh) rivayet edildiğine göre Peygamberimiz (sallallâhu aleyhi ve sellem) her namazın arkasından:

- "Lâ ilâhe illallâhü vahdehü lâ şerîke leh. Lehü'l-mülkü ve lehü'l-hamdü ve hüve alâ külli şey'in kadîr. Lâ havle velâ kuvvete illâ billâhi la ilâhe illallâhü velâ na'büdü illâ iyyâhü lehünni'metü ve'l-fadlü velehü's-senâü'l-hasen. Lâ ilâhe illallâhü muhlisîne lehü'd-dîne velev kerihe'l-kâfirûn." (Allah'tan başka ilah yoktur. O tek ve ortaksızdır, mülk ve hamd O'na mahsustur. O'nun her şeye gücü yeter. Allah'ın izni olmaksızın hiçbir canlı kımıldayamaz, hiçbir canlı güç gösteremez. Allah'tan başka ilah yoktur. Ondan başkasına kulluk etmeyiz. Nimet, fazilet ve güzel övgü O'na mahsustur. Allah'tan başka ilah yoktur. Kâfirlerin hoşuna gitmese de dinde ihlasla O'na bağlıyız.) derdi. Yine Zübeyr'e göre Peygamberimiz her namazın sonunda bu sözlerle zikrederdi. (Müslim)

1420- Ebu Hureyre'den (radıyallâhu anh) rivayet edildiğine göre Muhacirlerin fakirleri Peygamberimize (sallallâhu aleyhi ve sellem) başvurarak "Zenginler yüksek dereceleri ve sonsuz nimetleri alıp götürdüler. Bizim gibi onlar da namaz kılıyorlar. Bizim gibi onlar da oruç tutuyorlar. Fakat onların zenginlikten ileri gelen üstünlükleri var: Hacca, umreye gidiyorlar; cihat ediyor, sadaka veriyorlar." dediler. Peygamberimiz onlara "Size sizleri geride bırakanlara yetiştirecek ve geride bıraktıklarınızın önünde tutacak, sizin yaptığınız gibi yapanlardan başka hiç kimsenin fazilet yönünden sizin önünüze geçmemesini sağlayacak bir şey öğreteyim mi?" buyurdu. Muhacirler "Tabii ya Resulallah!" dediler. Peygamberimiz (sallallâhu aleyhi ve sellem) onlara "Her namazdan sonra 33 kere tesbih, tekbir ve hamdedersiniz." buyurdu.

Hadisi Ebu Hureyre'den rivayet etmiş olan Ebu Salih der ki: "Bunların nasıl yapılacağı kendisine sorulunca Peygamberimiz 'Namazı bitiren kimse, her biri 33 kere olmak üzere sübhanallah, elhamdülillah ve Allahüekber der.' buyurdu." (Buhâri, Müslim)

Müslim'in kaydettiği rivayet şöyle devam eder: "Bir süre sonra Muhacirler Peygamberimize (sallallâhu aleyhi ve sellem) başvurarak 'Zengin kardeşlerimiz yaptığımızı duydular ve onlar da aynısını yapmaya başladılar.' dediler. Peygamberimiz de onlara **'Bu, Allah'ın faziletidir. Onu dilediğine verir.'** diye cevap vermiştir."

1421- Yine Ebu Hureyre'den (radıyallâhu anh) rivayet edildiğine göre Peygamberimiz (sallallâhu aleyhi ve sellem) buyuruyor ki:

– "Kim her namazın arkasından 33 kere 'sübhânallâh', 33 kere 'elhamdülillah' ve 33 kere 'Allahüekber', yüzüncü defa olarak da 'Lâ ilâhe illallâhü vahdehu lâ şerîke leh. Lehü'l-mülkü velehü'l-hamdü ve hüve alâ külli şey'in kadîr.' derse deniz köpüğü kadar bile olsa tüm günahları affedilir." (Müslim)

1422- Ka'b b. Ucre'den (radıyallâhu anh) rivayet edildiğine göre Peygamberimiz (sallallâhu aleyhi ve sellem) buyuruyor ki:

– "Her farz namazın arkasından 33 kere 'sübhânallâh', 33 kere elhamdülillah ve 34 kere 'Allâhüekber' diyen kimse mahrum kalmaz." (Müslim)

1423- Sa'd b. Ebi Vakkas (radıyallâhu anh) der ki: "Peygamberimiz her namazın arkasından şu sözleri söyleyerek Allah'a sığınırdı: 'Allahümme innî eûzü bike mine'l-cübni ve'l-buhli ve eûzü bike min en üradde ilâ erzeli'l-umûri ve eûzü bike min fitneti'd-dünya ve eûzübike min fitneti'l-kabri.' (Allah'ım! Korkaklıktan, cimrilikten Sana sığınırım. Aşırı yaşlılığa kalmaktan Sana sığınırım. Dünyanın fitnesinden Sana sığınırım. Kabir azabından Sana sığınırım.)" (Buhâri)

1424- Muaz'dan (radıyallâhu anh) rivayet edildiğine göre Peygamberimiz (sallallâhu aleyhi ve sellem) elini tutarak şöyle buyurmuştur:

– "Ya Muaz! Seni gerçekten seviyorum. Ya Muaz! Her namazın arkasından 'Allahumme einnî alâ zikrike ve şükrike ve husni ibadetike.'

(Allah'ım! Seni anmak, Sana şükretmek ve güzel bir şekilde ibadet etmek için bana yardım et.) demeyi sakın ihmal etme." (Ebu Davud)

1425- Ebu Hureyre'den (radıyallâhu anh) rivayet edildiğine göre Peygamberimiz (sallallâhu aleyhi ve sellem) buyuruyor ki:

– "İçinizden biri tahiyyata oturunca 'Allahumme innî eûzübike min azâbi cehenneme ve min azâbi'l-kabri ve min fitneti'l-mehya ve'l-memati ve min şerri fitneti'l-mesîhi'd-deccâl.' (Allah'ım! Cehennem azabından, kabir azabından, hayatın ve ölümün fitnesinden Mesih Deccâl'in fitnesinin şerrinden Sana sığınırım.) diyerek dört şeyden Allah'a sığınsın." (Müslim)

1426- Ali (radıyallâhu anh) der ki: "Peygamberimiz (sallallâhu aleyhi ve sellem) namaz kılınca teşehhüd ile selam arasında söylediği son sözlerin bir kısmı şunlar olurdu:

– 'Allâhümmağfirli mâ kaddemtü vemâ ahhartü vemâ esrartü vemâ a'lemü vemâ esraftü vemâ ente a'lemü bihî minnî ente'l-mukaddimü ve ente'l-müehhiru lâ ilâhe illâ ente.' (Ya Rabbi! Gerek öne aldığım ve gerekse sonraya bıraktığım, gerek gizlediğim ve gerekse açığa vurduğum, gerek ölçüyü kaçırarak içine daldığım ve gerekse işlediğimi senin bildiğin tüm günahlarımı bağışla! Başlangıcın da sonun da sahibi Sensin. Senden başka ilah yoktur.)" (Müslim)

1427- Hz. Âişe (radıyallâhu anhâ) der ki: "Peygamberimiz (sallallâhu aleyhi ve sellem) gerek rükûda ve gerekse secdede çokça 'Sübhâneke, Allâhümme, Rabbenâ ve bihamdik. Allâhümmağfirli.' (Allah'ım, Rabbimiz! Sana hamdederek Seni noksan sıfatlardan tenzih ederim. Allah'ım! Beni affeyle!)" derdi. (Buhâri, Müslim)

1428- Yine Hz. Âişe (radıyallâhu anhâ) der ki: "Peygamberimiz (sallallâhu aleyhi ve sellem) rükûda ve secdede 'Sübbbûhun, Kuddûsün, Rabbü'l-melâiketi ve'r-rûhi.'" derdi. (Müslim)

1429- İbni Abbas'tan (radıyallâhu anhumâ) rivayet edildiğine göre Peygamberimiz (sallallâhu aleyhi ve sellem) buyuruyor ki:

– "Rükûda Allah'ın azametini dile getiriniz. Secdede de elinizden geldiği kadar dua ediniz. Çünkü yaptığınız dualar kabul edilmeye layıktır." (Müslim)

1430- Ebu Hureyre'den (radıyallâhu anh) rivayet edildiğine göre Peygamberimiz (sallallâhu aleyhi ve sellem) buyuruyor ki:

– "Kulun Allah'a en yakın bulunduğu durum secde halidir. Bu durumda çok dua ediniz." (Müslim)

1431- Yine Ebu Hureyre'den (radıyallâhu anh) rivayet edildiğine göre Peygamberimiz secdede "Allâhümmağfirlî zenbî küllehü; dikkahü ve cillehu ve evvelehü ve ahirehü ve aleniyetehü ve sirrah." (Ya Allah! Büyük-küçük, eski-yeni ve açık-gizli tüm günahlarımı bağışla.) diye dua ederdi. (Müslim)

1432- Hz. Âişe (radıyallâhu anhâ) der ki: "Bir gece Peygamberimiz (sallallâhu aleyhi ve sellem) yanımdan kaybolmuştu. Aradım ve onu rükû haline (veya secde halinde) şöyle derken buldum: 'Sübhâneke ve bihamdik. Lâ ilâhe illâ ente.' (Sana hamdederek Seni noksan sıfatlardan tenzih ederim. Senden başka ilah yoktur.)

Diğer bir rivayete göre Hz. Âişe der ki: "O secde halindeyken, ayak parmakları yere dayalı ve tabanları dikilmiş durumdayken elim ayak tabanlarına değiverdi. Şöyle diyordu:

– 'Allahümme innî eûzü biridâke min sehatike ve bimuâfâtike min ukubetike ve eûzü bike minke lâ uhsi senâen aleyke ente kemâ esneyte alâ nefsik.' (Allah'ım! Öfkenden rızana, azabından affına ve Senden yine Sana sığınırım. Seni layık olduğun şekilde övemiyorum. Sen kendini övdüğün gibisin.)" (Müslim)

1433- Sa'd b. Ebi Vakkas (radıyallâhu anh) der ki: "Peygamberimiz (sallallâhu aleyhi ve sellem) yanındaydık. 'İçinizden birisi her gün bin iyilik kazanmaktan aciz midir?' diye sordu. Orada oturanlardan birisi, kendisine 'Bin iyilik nasıl kazanılır?' diye sordu. Peygamberimiz (sallallâhu aleyhi ve sellem) de ona 'Yüz kere tesbih ederek... Böyle yapana ya bin iyilik yazılır veya onun bin tane günahı affedilir.' diye cevap verdi." (Müslim)

1434- Ebu Zer'den (radıyallâhu anh) rivayet edildiğine göre Peygamberimiz (sallallâhu aleyhi ve sellem) buyuruyor ki:

– "Vücudunuzun her eklemine karşılık her sabah birer sadaka düşer. Her tesbih bir sadakadır. Her hamd cümlesi bir sadakadır. Her tehlil ve tekbîr cümlesi birer sadakadır. İyiliği emretmek bir sadakadır. Kötülükten alıkoymak bir sadakadır. Kuşluk vakti kılınan iki rek'at namaz bunların yerini tutar." (Müslim)

1435- Ümmü'l-mü'minin Cüveyriye binti Haris'ten (radıyallâhu anhâ) rivayet edildiğine göre kendisi sabah namazını kıldıktan sonra namazgahında otururken Peygamberimiz (sallallâhu aleyhi ve sellem) yanından ayrıldı. Kuşluk vaktinden sonra dönünce kendisi hâlâ namazgahında oturuyordu. Peygamberimiz kendisine "Yanından ayrılalı beri hep aynı durumda mı kaldın?" diye sordu. Cüveyriye "Evet." dedi. Bunun üzerine Peygamberimiz kendisine şöyle buyurdu:

– "Senin yanından ayrıldıktan sonra şu dört cümleyi üçer kere söyledim. Eğer o cümleler, sabahtan beri söylediklerinle tartılsa denk gelirler: 'Sübhanallâhi ve bihamdihi adede halkıhi ve rıdâ nefsihi ve zînete arşihi ve midâde kelimâtihi.' (Yaratıkları sayısınca, kendi rızası kadar, Arş'ının ağırlığınca ve buyruklarının mürekkebi kadar Allah'a hamdederek O'nu noksan sıfatlardan tenzih ederim.)" (Müslim)

Yine Müslim'in kaydettiği diğer bir rivayete göre tesbih cümleleri şöyledir: "Sübhânallâhi adede halkıhi. Sübhânallâhi ridâ nefsihi. Sübhânallâhi zînete arşihi. Sübhânallâhi midâde kelimâtihi."

Tirmizi'nin kaydettiği bir rivayete göre de Peygamberimiz (sallallâhu aleyhi ve sellem) Cuveyriye'ye şöyle buyurdu:

– "Sana söyleyeceğin dört cümleyi öğreteyim mi? Sübhânallâhi adede halkıhi. Sübhânallâhi adede halkıhi. Sübhânallâhi adede halkıhi. Sübhânallâhi rıdâ nefsihi. Sübhânallâhi rıdâ nefsihi. Sübhânallâhi rıdâ nefsihi. Sübhânallâhi zînete arşihi. Sübhânallâhi zînete arşihi. Sübhânallâhi zînete arşihi. Sübhânallâhi midâde kelimâtihi. Sübhânallâhi midâde kelimâtihi. Sübhânallâhi midâde kelimâtih."

1436- Ebu Musa el-Eş'arî'den (radıyallâhu anh) rivayet edildiğine göre Peygamberimiz (sallallâhu aleyhi ve sellem) buyuruyor ki:

– "Allah'ını anan kimsenin anmayan kimseden farkı, dirinin ölüden farkı gibidir." (Buhâri)

Müslim'in kaydettiği rivayete göre hadis şöyledir: "İçinde Allah'ın adının anıldığı evin Allah'ın adı anılmayan evden farkı dirinin ölüden farkı gibidir."

1437- Ebu Hureyre'den (radıyallâhu anh) rivayet edildiğine göre Peygamberimiz (sallallâhu aleyhi ve sellem) buyuruyor ki:

– "Allah Teâlâ şöyle buyurur: 'Kulum Benim hakkımda nasıl düşünüyorsa Ben öyleyim. Kulum Beni anınca Ben onunla birlikteyim. Eğer o Beni içinden anarsa Ben de onu içimden anarım. Eğer Beni bir grup içinde anarsa Ben de kendisini daha hayırlı bir grup içinde anarım.'" (Buhâri, Müslim)

1438- Yine Ebu Hureyre'den (radıyallâhu anh) rivayet edildiğine göre Peygamberimiz (sallallâhu aleyhi ve sellem) "Müferridler amaca ulaştı." buyurdu. Kendisine "Ya Resulallah! Müferridler kimlerdir?" diye sordular. Peygamberimiz (sallallâhu aleyhi ve sellem) "Allah'ı sık sık anan erkek ve kadınlar." buyurmuştur. (Müslim)

1439- Câbir'den (radıyallâhu anh) rivayet edildiğine göre Peygamberimiz (sallallâhu aleyhi ve sellem) buyuruyor ki:

– "En faziletli zikir 'Lâ ilâhe illallâh.'tır." (Tirmizî)

1440- Abdullah b. Büsr'den (radıyallâhu anh) rivayet edildiğine göre adamın biri Peygamberimize (sallallâhu aleyhi ve sellem) "Ya Resulallah! İslam'ın hükümleri bana göre çoğaldı. Bana bir şey söyle de ona sımsıkı sarılayım." dedi. Peygamberimiz, adama "Dilin devamlı olarak Allah'ı ansın." diye cevap verdi. (Tirmizî)

1441- Câbir'den (radıyallâhu anh) rivayet edildiğine göre Peygamberimiz (sallallâhu aleyhi ve sellem) buyuruyor ki:

– "Kim 'Sübhânallâhi ve bihamdih.' derse kendisi için cennette bir hurma dikilir." (Tirmizî)

1442- İbn Mes'ud'dan (radıyallâhu anh) rivayet edildiğine göre Peygamberimiz (sallallâhu aleyhi ve sellem) buyuruyor ki:

– "Miraç gecesi İbrahim (aleyhisselam) ile karşılaştım. Bana dedi ki: 'Ya Muhammed! Ümmetine benden selam söyle ve onlara bildir ki cennetin zemini iyi, suyu tatlı ve arazisi düzlüktür. Oraya ekilecek tohumlar 'Sübbânallâh, elhamdülillâh, lâ ilâhe illallâh ve Allâhüekber'dir." (Tirmizî)

1443- Ebu'd-Derdâ'dan (radıyallâhu anh) rivayet edildiğine göre Peygamberimiz (sallallâhu aleyhi ve sellem) sahabilere "Rabbiniz katında en hayırlı ve en değerli, derecenizi en çok yücelten, altın ve gümüş sadaka vermekten daha yararlı, düşmanla karşılaşıp onların boynunu vurmaktan ve onların sizin boynunuzu vurmasından daha hayırlı amelin ne olduğunu size haber vereyim mi?" diye sordu. Sahabiler "Tabii." dediler. Peygamberimiz de onlara "Allah Teâlâ'yı zikretmektir (anmaktır)." diye cevap verdi. (Tirmizî)

1444- Sa'd b. Ebi Vakkas'tan (radıyallâhu anh) rivayet edildiğine göre bir gün Peygamberimiz (sallallâhu aleyhi ve sellem) ile birlikte bir kadının yanına girdiler. Kadının önünde tesbih sayısını tespit etmek için çekirdekler (veya çakıl taşları) vardı. Peygamberimiz kadına "Sana bu yaptığından daha kolay (veya daha faziletli) bir zikir söyleyeyim mi?" diye sorduktan sonra şöyle buyurdu:

"Sübhânallâhi adede mâ halaka fi's-semâi ve sübhânallâhi adede mâ halaka fi'l-ardi ve sübhânallâhi adede mâ beyne zâlike ve sübhânallâhi adede ma hüve hâlik. Vallahü ekberu misle zâlike velhamdülillâhi misle zâlike velâ ilâhe illallâhü misle zâlike velâ havle velâ kuvvele illâ billahi misle zâlike. (Gökte yarattığı varlıklar sayısınca Allah'ı tesbih ederim. Yeryüzünde yaratmış olduğu varlıklar sayısınca Allah'ı tesbih ederim. Yerle gök arasında bulunan varlıklar sayısınca Allah'ı tesbih ederim. Yaratmış olduğu ve yaratacağı tüm varlıklar sayısınca Allah'ı tesbih ederim. Bir o kadar sayıda Allâhüekber derim. Bir o kadar sayıda elhamdülillah derim. Bir o kadar sayıda 'Lâ ilâhe illallâh.' derim. Bir o kadar sayıda 'Lâ havle velâ kuvvete illâ billâhi.' derim.)" (Tirmizî)

1445- Ebu Musa'dan (radıyallâhu anh) rivayet edildiğine göre Peygamberimiz (sallallâhu aleyhi ve sellem) sahabilere "Size cennet hazinesinden birine kılavuzluk edeyim mi?" diye sordu. Sahabiler "Tabii, buyur ya Resulallah!" dediler. Peygamberimiz onlara "Lâ havle velâ kuvvete illâ billâh." diye cevap verdi. (Buhâri, Müslim)

245. Bölüm
Her Durumda (Abdestli-Abdestsiz) Allahı Zikretmek

Kur'an okumak müstesna; ayakta iken, otururken, yatarken, abdestli-abdestsiz, cünüb ve aybaşı halinde, her zaman Allah'ı zikretmenin fazileti hakkındadır.

Allah Teâlâ (celle celâlüh) buyuruyor ki:

– **"Göklerin ve yeryüzünün yaratılışında, gece ile gündüzün uzayıp kısalarak birbirini kovalamasında şuurlu kimseler için birçok ibretler vardır. O kimseler ayakta dikilerek, oturarak ve yanlarına yatarak Allah'ı anarlar..."** (Âl-i İmrân suresi, 190, 191. ayetler.)

1446- Hz. Âişe (radıyallâhu anh) der ki: "Peygamberimiz (sallallâhu aleyhi ve sellem) her durumda Allah'ı anardı." (Müslim)

1447- İbni Abbas'tan (radıyallâhu anhumâ) rivayet edildiğine göre Peygamberimiz (sallallâhu aleyhi ve sellem) buyuruyor ki:

– "Eğer içinizden biri eşine yaklaşınca 'Bismillahi, Allahümme cennibne'ş-şeytâne ve cennibi'ş-şeytâne mâ razektenâ. Fekudiye beynehümâ veledün lem yedurruh.' (Allah'ım! Bizi şeytandan ve şeytanı da, bize nasip edeceğin çocuktan uzak tut.) derse ve aralarındaki yakınlaşma çocuk doğumuna yol açarsa şeytan o çocuğa hiçbir zarar veremez.'" (Buhâri, Müslim)

246. Bölüm
Uyumadan Önce ve Uyanınca Söylenecek Söz

1448- Huzeyfe ve Ebu Zer (radıyallâhu anhumâ) derler ki: "Peygamberimiz yatağına uzanınca 'Bismike Allâhümme ehyâ ve emûtü.' (Allah'ım! Senin adınla yaşar ve ölürüm.) derdi. Uyanınca da 'Elhamdülillâhillezi ehyânâ ba'de mâ emâtenâ ve ileyhi'n-nüşûr.' (Hamd, bizi öldürdükten sonra yeniden dirilten Allah'a mahsustur. Yeniden dirilince O'na varılacaktır.)' derdi." (Tirmizî)

247. Bölüm
Zikir Meclislerine Katılmak, Mazeretsiz Olarak Zikirden Ayrılmamak

Allah Teâlâ (celle celâlüh) buyuruyor ki:

- "Rabbilerinin rızasını dileyerek sabah-akşam O'na dua edenlerle birlikte sabret, gözlerini onlardan ayırma." (Kehf suresi, 28. ayet.)

1449- Ebu Hureyre'den (radıyallâhu anh) rivayet edildiğine göre Peygamberimiz (sallallâhu aleyhi ve sellem) buyuruyor ki:

- "Allah'ın birtakım melekleri vardır ki bunlar sokaklarda dolaşıp zikredenleri araştırırlar. Allah'ı zikreden bir gruba rastlayınca, birbirlerine 'Geliniz, aradığınız buradadır.' diye seslenirler ve zikredenleri yeryüzü göğüne kadar kanatları altına alırlar. Gökyüzüne çıkınca Allah Teâlâ –aslında her şeyi bildiği halde– onlara 'Kullarım ne diyor?' diye sorar. Melekler de O'na 'Seni tesbih ve tekbir ediyorlar, Sana hamd ve tazim sunuyorlar.' diye cevap verirler. Allah Teâlâ (celle celâlüh) 'Onlar beni gördü mü?' diye sorar. Melekler 'Hayır, vallahi Seni görmemişlerdir.' diye cevap verirler. Allah Teâlâ 'Ya Beni görmüş olsalardı ne yaparlardı?' diye sorar. Melekler de O'na 'Eğer Seni görmüş olsalardı daha çok ibadet ederler, daha çok tazim ederler ve daha çok tesbih ederlerdi.' diye cevap verirler.

Allah Teâlâ (celle celâlüh) onlara 'Kullarım ne istiyorlar?' diye sorar. Melekler 'Senden cennet istiyorlar.' diye cevap verirler. Allah Teâlâ onlara 'Cenneti gördüler mi?' diye sorar. Melekler 'Hayır, vallahi ya Rabbi orayı görmemişlerdir.' diye cevap verirler. Allah Teâlâ onlara 'Ya orayı görmüş olsalardı ne yaparlardı?' diye sorar. Melekler de O'na 'Eğer orayı görmüş olsalardı oraya karşı daha güçlü bir özlem duyarlar, orayı daha ısrarlı bir şekilde isterler ve daha güçlü bir arzu duyarlardı.' diye cevap verirler.

Allah Teâlâ (celle celâlüh) meleklere 'Neye karşı bana sığınıyorlar?' diye sorar. Melekler 'Cehennemden sana sığınıyorlar.' diye cevap verirler. Allah 'Onlar cehennemi gördüler mi?' diye sorar. Melekler 'Hayır, vallahi orayı görmemişlerdir.' diye cevap verirler. Allah meleklere 'Ya cehennemi görmüş olsalardı ne yaparlardı?' diye sorar. Melekler 'Eğer orayı görmüş olsalardı ondan daha şiddetle kaçar, daha çok korkarlardı.' diye cevap verirler. Bunun üzerine Allah Teâlâ 'Şahit olunuz ki onları affettim.' buyurur.

Meleklerden biri 'Onlar arasında falanca kimse var ki o aslında onlardan değildir. Şahsi bir amaç için onların arasına katılmıştır.' der. Allah Teâlâ o meleğe 'Onlar öyle bir gruptur ki onların arkadaşı kendilerine ihanet etmez.' buyurur." (Buhâri, Müslim)

Müslim'in kaydettiği bir rivayete göre de hadis şöyledir:

– "Allah'ın birtakım faziletli ve gezgin melekleri vardır. Zikir meclislerini araştırırlar. Zikir yapılan bir toplantı bulunca zikredenlerin yanında otururlar. Kanatlarını birbiri üzerine gererek zikredenler ile yeryüzü göğünün arasını doldururlar. Zikredenler dağılınca melekler yükselip göğe çıkarlar. Allah Teâlâ –her şeyi daha iyi bildiği halde– onlara 'Nereden geliyorsunuz?' diye sorar. Melekler de O'na 'Yeryüzünde Sana tesbih eden, tekbir eden, tehlil eden, hamdeden ve Senden dilekte bulunan bir grup kulunun yanından geliyoruz.' derler. Allah (celle celâlüh) meleklere 'Benden ne istiyorlar?' diye sorar. Melekler 'Senden cennetini istiyorlar.' derler. Allah 'Onlar cennetimi gördüler mi?' diye sorar. Melekler 'Hayır ya Rabbi.' diye cevap verirler. Allah 'Ya cennetimi görmüş olsalardı ne yaparlardı?' diye buyurur.

Melekler 'Ayrıca Senden kurtuluş diliyorlar.' derler. Allah 'Neden kurtulmak istiyorlar?' diye sorar. Melekler 'Cehenneminden ya Rabbi.' diye cevap verirler. Allah 'Onlar cehennemimi gördüler mi?' diye sorar. Melekler 'Hayır.' derler. Allah Teâlâ 'Ya cehennemimi görmüş olsalardı ne yaparlardı?' diye buyurur.

Melekler 'Senden affedilmelerini diliyorlar.' derler. Allah Teâlâ da 'Onları affettim. İsteklerini verdim ve kurtulmayı dilediklerinden de kendilerini kurtardım.' buyurur. Melekler 'Aralarında günahkâr bir kul vardı. Tesadüfen yanlarına varıp aralarına girdi.' derler. Allah Teâlâ 'Onu da affettim. Onlar öyle bir gruptur ki onların yanında oturan kendilerine ihanet etmez.' buyurur."

1450- Ebu Hureyre ve Ebu Said el-Hudri'den (radıyallâhu anhumâ) rivayet edildiğine göre, Peygamberimiz (sallallâhu aleyhi ve sellem) buyuruyor ki:

– "Allah'ı zikretmek üzere oturan bir gruba melekler kanat gerer, rahmet kuşatır, onlara sekinet iner ve Allah da kendilerini yanındakiler arasında anar." (Müslim)

1451- Ebu Vâkid Haris b. Avf'tan (radıyallâhu anh) rivayet edildiğine göre bir gün Peygamberimiz (sallallâhu aleyhi ve sellem) sahabiler ile birlikte Mescid'de oturcard üç adam çıkageldi. İkisi Peygamberimize doğru yöneldi, üçüncüsü de dönüp gitti. Peygamberimize doğru yürüyenler onun yanına varınca durdular. Biri halkada bir boşluk bulup oraya oturdu. Öbürü de sahabilerin arkasında oturdu. Üçüncüsü de dönüp gitti. Peygamberimiz (sallallâhu aleyhi ve sellem) sohbeti bitirince sahabilere şöyle buyurdu:

– "Size şu üç kimse hakkında bilgi vereyim mi? Onlardan biri Allah'a sığındı. Allah da ona sığınak bağışladı. Öbürü sıkıntı vermekten utandı. Allah da onun hayâsını mükafatlandırdı. Öteki ise yüz çevirdi. Allah da ondan yüz çevirdi." (Buhâri, Müslim)

1452- Ebu Said el-Hudri (radıyallâhu anh) der ki: "Bir gün Muaviye, Mescid'de kurulan bir halkanın yanına vararak 'Bir araya gelip oturmanızın sebebi nedir?' diye sordu. Halkada bulunanlar 'Allah'ı zikretmek için bir araya gelip halka kurduk.' dediler. Muaviye 'Allah hakkı için sırf bu gaye ile mi bir araya gelip halka kurdunuz?' diye sordu. Halkada bulunanlar 'Bir araya gelip halka kurmamızın başka bir amacı yoktur.' diye cevap verdiler. Bunun üzerine Muaviye şöyle dedi: 'Ben size inanmadığım için yemin verdirmedim. Peygamberimizin (sallallâhu aleyhi ve sellem) katındaki mevkii benimki gibi olan hiçbir kimse benden daha az hadis rivayet etmiş değildir. Peygamberimiz (sallallâhu aleyhi ve sellem) bir gün sahabilerin teşkil ettiği bir halkanın yanına vardı. Kendilerine 'Bir araya gelip halka kurmanızın sebebi nedir?' diye sordu. Onlar da 'Allah'ı anmak, bizi İslam'a kılavuzladığı ve onu bize bağışladığı için O'na hamdetmek üzere bir araya gelip halka kurduk.' dediler. Peygamberimiz onlara 'Allah hakkı için sırf bu gaye ile mi bir araya gelip halka kurdunuz?' diye sordu. Onlar da 'Allah hakkı için sırf bu gaye ile halka kurduk.' diye cevap verdiler. Bunun üzerine Peygamberimiz onlara şöyle buyurdu: 'Size inanmadığım için yemin verdirmiş değilim. Fakat Cebrail (aleyhisselam) gelerek bana sizler ile meleklere karşı iftihar ettiğini bildirdi.'" (Müslim)

248. Bölüm
Sabah ve Akşam Zikretmek

Allah Teâlâ (celle celâlüh) buyuruyor ki:

– "İçinden yalvararak ve çekinerek, duyabileceğin kadar hafif bir sesle sabah akşam Rabbini an, sakın gafillerden olma." (A'raf suresi, 205. ayet.)

Allah Teâlâ (celle celâlüh) buyuruyor ki:

– "Güneş doğmadan ve batmadan önce hamdederek Rabbinin adını an." (Tâ-Hâ suresi, 130. ayet.)

Allah Teâlâ (celle celâlüh) buyuruyor ki:

– "Akşam-sabah hamdederek Rabbini noksan sıfatlardan tenzih et." (Gâfir suresi, 55. ayet.)

Allah Teâlâ (celle celâlüh) buyuruyor ki:

– "Allah'ın yüce tanınmasına, içinde adının anılmasına izin verdiği mescidlerde sabah-akşam, O'nu noksan sıfatlardan tenzih edenler var. O kimseler ki onları ne ticaret ne alışveriş, Allah'ın adını anmaktan, namaz kılmaktan ve zekat vermekten alıkoyar." (Nûr suresi, 36, 37. ayetler.)

Allah Teâlâ (celle celâlüh) buyuruyor ki:

– "Biz dağları onun (Davud'un) emri altına vermiştik. Bunlar, güneş batar ve doğarken onunla birlikte Allah'ı noksan sıfatlardan tenzih ederlerdi." (Sâd suresi, 18. ayet.)

1453- Ebu Hureyre'den (radıyallâhu anh) rivayet edildiğine göre Peygamberimiz (sallallâhu aleyhi ve sellem) buyuruyor ki:

– "Aynısını veya daha çoğunu söyleyenler hariç, hiç kimse kıyamet günü yüz kere 'Sübhânallahi vebihamdihi.' diyenden daha büyük bir sevapla birlikte gelmez." (Müslim)

1454- Yine Ebu Hureyre (radıyallâhu anh) der ki: "Adamın biri Peygamberimize gelerek 'Ya Resulallah! Dün gece beni sokan bir akrep yüzünden neler çektim, anlatamam.' dedi. Peygamberimiz (sallallâhu aleyhi ve sellem) de kendisine 'Eğer akşamleyin 'Eûzü bikelimâtillâhi't-tâmmâti min şerri mâ halaka.' (Yaratılmışların şerrinden Allah'ın noksansız sıfatlarına sığınırım.) deseydin o akrep sana hiçbir şey yapmazdı.' buyurdu." (Müslim)

1455- Yine Ebu Hureyre'den (radıyallâhu anh) rivayet edildiğine göre Peygamberimiz (sallallâhu aleyhi ve sellem) sabah olunca "Allâhümme bike esbehnâ ve bike emseynâ ve bike nehyâ ve bike nemûtü ve ileykennüşûr." (Allah'ım! Senin yardımınla sabaha kavuştuk, Senin yardımınla akşama vardık. Senin yardımınla yaşar, Senin takdirin üzere ölürüz. En son dönüşümüz de Sanadır.) derdi. Akşama girince de "Allâhümme bike emsaynâ ve bike nahyâ ve bike nemutü ve ileykelmesîr." (Allah'ım! Senin yardımınla akşama girdik. Senin yardımınla yaşar, Senin takdirin üzere ölürüz. En son dönüşümüz de Sanadır.) diye dua ederdi. (Ebu Davud, Tirmizî)

1456- Yine Ebu Hureyre'den (radıyallâhu anh) bildirildiğine göre Ebu Bekr es-Sıddık (radıyallâhu anh), Peygamberimize (sallallâhu aleyhi ve sellem) "Ya Resulallah!

Bana sabahleyin ve akşamleyin söyleyeceğim bazı cümleler emret." dedi. Peygamberimiz (sallallâhu aleyhi ve sellem) de ona şöyle buyurdu:

– "'Allâhümme fâtira's-semâvâti ve'l-erdi âlime'l-ğaybi ve'ş-şehâdeti rabbi külli şey'in ve melîkehu. Eşhedü en lâ ilâhe illâ ent. Euzü bike min şerri nefsî ve şerri'ş-şeytâni ve şirkihi.' (Ey göklerin ve yerin yaratıcısı, gizli ve açık her şeyi bilen, her şeyin sahip ve maliki olan Allah'ım! Senden başka ilah olmadığına şahadet ederim. Nefsimin, şeytanın ve onun kışkırttığı şirkin şerrinden Sana sığınırım.) de. Bu duayı sabahleyin, akşamleyin ve yatağa girdiğinde oku." (Ebu Davud, Tirmizî)

1457- İbni Mes'ud (radıyallâhu anh) der ki: "Peygamberimiz (sallallâhu aleyhi ve sellem) akşam olunca 'Emseynâ ve emse'l-mülkü lillâhi velhamdülillâhi lâ ilâhe illallâhü vahdehû lâ şerîke leh. Lehü'l-mülkü ve lehü'l-hamdü ve hüve âlâ külli şey'in kadîr. Rabbi es'elüke hayra mâfî hâzihi'l-leyleti ve hayra mâ ba'dehâ ve eûzü bike min şerri mâfî hâzihi'l-leyleti ve şerri mâ ba'dehâ. Rabbi eûzü bike mine'l-keseli ve sûi'l-kiberi eûzü bike min azâbi'n-nâri ve azâbin fi'l-kabri.' (Geceye vardık. Mülk ve hamd Allah'a mahsustur. Allah'tan başka ilah yoktur. O, tek ve ortaksızdır. Mülk ve hamd O'na mahsustur. O'nun her şeye gücü yeter. Ya Rabbi! Gerek bu gecenin ve gerekse daha sonrasının şerrinden Sana sığınırım. Ya Rabbi! Tembellikten, kendini beğenmişliğin şerrinden, cehennem ve kabir azabından Sana sığınırım.) diye dua eder ve sabahleyin de yine 'Esbehnâ ve esbaha'l-mülkü lillâhi.' (Sabaha ulaştık, mülk Allah'a mahsustur.) diye başlayarak aynı duayı söylerdi." (Müslim)

1458- Abdullah b. Hubeyb (radıyallâhu anh) der ki: "Peygamberimiz (sallallâhu aleyhi ve sellem) bana 'Sabah ve akşam Kul hüvallâhü ile Kul eûzü birabbi'l-felak ve Kul eûzü birabbi'n-nâs surelerini üç kere oku. Bu sana her şeye karşı yeter.' buyurdu." (Ebu Davud, Tirmizî)

1459- Osman b. Affân'dan (radıyallâhu anh) rivayet edildiğine göre Peygamberimiz buyuruyor ki:

– "Her sabah ve her akşam üç kere 'Bismillahillezi lâ yedurru maa ismihi şey'ün filardi velâ fi's-semâi ve hüve's-semîu'l'alîm.' (Adı sayesinde yerde ve gökte hiçbir şeyin zarar veremeyeceği Allah'ın adı ile. O, her şeyi işitir ve bilir.) derse ona hiçbir şey zarar vermez." (Ebu Davud, Tirmizî)

249. Bölüm
Yatmaya Hazırlanırken Söylenecek Söz

Allah Teâlâ (celle celâlüh) buyuruyor ki:

– "Göklerin ve yeryüzünün yaratılışında, gece ile gündüzün uzayıp kısalarak birbirini kovalamasında şuurlu kimseler için birçok ibret dersleri vardır. O kimseler ayakta dikilerek, oturarak ve yan üstü yatarak Allah'ın adını anarlar ve gökler ile yeryüzünün yaratılışı hakkında düşünceye dalarlar da 'Rabbimiz! Sen bunları boş yere yaratmadın. Noksan sıfatlardan münezzehsin. Ateşin azabından bizi koru.' derler." (Âl-i İmrân suresi, 190, 191. ayetler.)

1460- Huzeyfe ile Ebu Zer'den (radıyallâhu anhumâ) rivayet edildiğine göre Peygamberimiz (sallallâhu aleyhi ve sellem) yatağına girince "Bismike Allâhümme ehyâ ve emütü." (Allah'ım! Senin adınla yaşar ve ölürüm.) derdi. (Buhâri)

1461- Ali ve Fatıma'dan (radıyallâhu anhumâ) rivayet edildiğine göre Peygamberimiz (sallallâhu aleyhi ve sellem) kendilerine "Yataklarınıza girince 33 kere hamdedin." buyurmuştur.

Bir rivayete göre tesbih ve bir başkasına göre de tekbir, 34 kere olacaktır. (Buhâri Müslim)

1462- Ebu Hureyre'den (radıyallâhu anh) rivayet edildiğine göre Peygamberimiz (sallallâhu aleyhi ve sellem) buyuruyor ki:

– "İçinizden biri yatağına gireceği zaman boy gömleğinin astarı ile yatağını silsin. Çünkü o yatakta kendisinden önce başka bir canlının gezinip gezinmediğini bilemez. Sonra da 'Bismike Rabbî veda'tü cenbî ve bike erfeuhü in emsekte nefsî ferhamhâ vein erseltehâ fahfezhâ bimâ tahfezu bihî ibâdeke's-sâlihîn.' (Ya Rabbi! Senin adınla yatar ve Senin adınla kalkarım. Eğer canımı alırsan ona rahmet et. Eğer onu salıverirsen salih kullarını nasıl koruyorsan onu da koru.) desin." (Buhâri, Müslim)

1463- Hz. Âişe'den (radıyallâhu anhâ) rivayet edildiğine göre Peygamberimiz (sallallâhu aleyhi ve sellem) yatağa girerken Kul hüvallâhü ile Kul eûzü birabbi'l-felak ve Kul eûzü birabbi'n-nâs surelerini okuyup avuçlarına üfler ve sonra da vücudunu avuçları ile ovardı. (Buhâri, Müslim)

Yine Buhâri ile Müslim'in kaydettiği bir rivayete göre Peygamberimiz (sallallâhu aleyhi ve sellem) her gece yatağına girince avuçlarını bitiştirip içlerine üfler ve avuçlarına Kul hüvallâhü, Kul eûzü birabbi'l-felak ile Kul eûzü birabbi'n-nâs surelerini okuduktan sonra başından, yüzünden ve vücudunun ön kısımlarından başlayarak ayakları ile bedenini üç kere ovardı.

1464- Berae b. Âzib (radıyallâhu anhumâ) der ki: "Peygamberimiz (sallallâhu aleyhi ve sellem) bana şöyle buyurdu:

– 'Yatağına gireceğin sırada namaz abdesti gibi abdest al ve sonra sağ yanağının üzerine yatarak:

'Allâhümme eslemtü nefsî ileyke ve veccehtü vechî ileyke ve fevvadtü emrî ileyke ve elce'tü zahri ileyke rağbeten ve rahbeten ileyke lâ melcee velâ mencâ minke illâ ileyke âmentü bikitâbikellezî enzelte ve binebiyyikellezî erselt.' (Allah'ım! Kendimi Sana teslim etim. Yüzümü Sana döndüm. Her işimi Sana havale ettim. Senden yardım umarak ve Senden çekinerek sırtımı Sana dayadım. Senden ancak yine Sana sığınılabilir, teslim olunabilir. İndirmiş olduğun kitaba ve göndermiş olduğun Peygamber'e inandım.) de. O zaman eğer ölürsen doğduğun günkü gibi ölürsün. Bunlar son sözün olsun.'" (Buhâri, Müslim)

1465- Enes'ten (radıyallâhu anh) rivayet edildiğine göre Peygamberimiz (sallallâhu aleyhi ve sellem) yatağına girdiği zaman "Elhamdülillâhillezî et'amenâ ve sekânâ ve kefânâ ve evânâ fekem mimmen lâ kâfiye lehü velâ mü'viye.' (Bize yeteri kadar yiyecek ve içecek veren Allah'a hamdolsun. Yeteri kadar yiyecek ve içecek ile barınabileceği bir yer bulamayan niceleri var.)" dedi. (Müslim)

1466- Huzeyfe'den (radıyallâhu anh) rivayet edildiğine göre Peygamberimiz (sallallâhu aleyhi ve sellem) uyumadan önce sağ elini yanağının altına koyarak "Allahümme kınî azâbeke yevme teb'asü ibâdeke." (Allah'ım! Beni kullarını yeniden dirilteceğin günün azabından koru.) diye dua ederdi. (Tirmizî)

Aynı hadisin Ebu Davud'un kaydettiği ve Hafsa'dan (radıyallâhu anhumâ) rivayet edilen şekline göre Peygamberimiz bu duayı üç kere okurdu.

250. Bölüm
Dua Etmek

Allah Teâlâ (celle celâlüh) buyuruyor ki:

– **"Rabbiniz buyurdu ki bana dua ediniz, size cevap vereyim."** (Gâfir suresi, 60. ayet.)

Allah Teâlâ (celle celâlüh) buyuruyor ki:

– **"İçinizden yalvararak ve çekinerek Rabbinize dua ediniz. Hiç şüphesiz o, haddi aşanları sevmez."** (A'raf suresi, 55. ayet.)

Allah Teâlâ (celle celâlüh) buyuruyor ki:

– **"Kullarım Beni senden sorunca (de ki) Ben onlara yakınım. Bana dua edince dualarını kabul ederim. Buna göre onlar**

da Benim emirlerime uyup bana iman etsinler ki doğru yola kavuşmuş olsunlar." (Bakara suresi, 186. ayet.)

Allah Teâlâ (celle celâlüh) buyuruyor ki:

- "Kendisine dua edince çaresiz kalanın duasını kabul edip sıkıntıyı gideren ve sizleri yeryüzüne daha öncekilerin yerine geçiren kim? Allah ile birlikte bir başkası mı? Ne kadar az düşünüyorsunuz!" (Neml suresi, 62. ayet.)

1467- Numan b. Beşir'den (radıyallâhu anhumâ) rivayet edildiğine göre Peygamberimiz (sallallâhu aleyhi ve sellem) buyuruyor ki:

- "Dua, ibadetin ta kendisidir." (Ebu Davud, Tirmizî)

1468- Âişe (radıyallâhu anhâ) der ki: "Peygamberimiz (sallallâhu aleyhi ve sellem) özlü duaları sever, geriye kalanlara ilgi göstermezdi." (Ebu Davud)

1469- Enes (radıyallâhu anh) der ki: "Peygamberimizin (sallallâhu aleyhi ve sellem) sık sık yaptığı dua 'Allâhümme âtina fi'd-dünyâ haseneten ve fi'l-ahireti haseneten ve kinâ azâbe'n-nâr.' (Allah'ım! Bize dünyada iyilik ver, ahirette de iyilik ver ve bizleri cehennem azabından koru.) idi." (Buhâri, Müslim)

Müslim'in kaydettiği rivayette "Enes dua etmek isteyince bu duayı söyler, uzun bir dua yapmak isteyince de bu duayı içine alırdı." cümlesi vardır.

1470- İbni Mes'ud (radıyallâhu anh) der ki: "Peygamberimiz (sallallâhu aleyhi ve sellem) şöyle buyuruyor:

- 'Allâhümme inni es'elüke'l-hüdâ ve't-tükâ ve'l-afâfe ve'l-ğina.' (Allah'ım! Senden hidayet, takva, iffet ve zenginlik dilerim.)" (Müslim)

1471- Tarık b. Eşyem (radıyallâhu anh) der ki: "Herhangi bir kimse Müslümanlığı kabul edince Peygamberimiz (sallallâhu aleyhi ve sellem) kendisine namaz kılmayı öğretir sonra da şöyle dua etmesini emrederdi:

- "Allâhümmağfirlî verhamnî vehdinî ve âfinî verzuknî." (Allah'ım! Günahlarımı affeyle, bana rahmet eyle, bana hidayet, sağlık ve rızık bağışla.) (Müslim)

Yine Müslim'in kaydettiği bir rivayete göre adamın biri Peygamberimize (sallallâhu aleyhi ve sellem) gelerek "Ya Resulallah! Rabbimden bir şey isterken ne diyeyim?" diye sordu. Peygamberimiz (sallallâhu aleyhi ve sellem) de ona "Allahümmağfirlî verhamnî ve âfinî verzuknî.' (Allah'ım! Günahlarımı affeyle, bana rahmet eyle, bana hidayet, sağlık ve rızık bağışla.) de. Bu cümleler senin hem dünyana hem de ahiretine ait dileklerini bir arada ifade eder." buyurmuştur.

1472- Abdullah b. Amr ibni'l-Âs'tan (radıyallâhu anhumâ) rivayet edildiğine göre Peygamberimiz (sallallâhu aleyhi ve sellem) buyuruyor ki:

– "Allâhümme müsarrife'l-kulûbi sarrif kulûbenâ alâ tâatik." (Ey kalplere yön veren Allah'ım! Kalblerimizi sana ibadet etmeye yönelt.) (Müslim)

1473- Ebu Hureyre'den (radıyallâhu anh) rivayet edildiğine göre Peygamberimiz (sallallâhu aleyhi ve sellem) buyuruyor ki:

– "Tahammül edilmez belâdan, sıkıntıya düşmekten, kazanın fena etkisinden ve düşmanın gülmesinden Allah'a sığınınız." (Buhâri, Müslim)

1474- Yine Ebu Hureyre'den (radıyallâhu anh) rivayet edildiğine göre Peygamberimiz (sallallâhu aleyhi ve sellem) buyuruyor ki:

– "Allâhümme eslihlî dînillezî hüve ismetü emri ve eslihlî âhiratilletî fîhâ meâdî vec'ali'l-hayâte ziyâdeten lî fîkülli hayrin vec'ali'l-mevte râhaten lî minkülli şer." (Allah'ım! Her işimdeki dayanağım olan dinimi, geçim alanım olan dünyamı, dönüş yerim olan ahiretimi düzgün kıl. Hayatı her çeşit iyiliğimin çoğalmasına, ölümü de her türlü kötülükten kurtulmama vesile eyle.) (Müslim)

1475- Ali (radıyallâhu anh) der ki: Peygamberimiz (sallallâhu aleyhi ve sellem) bana şöyle buyurdu: "Allâhümmehdinî veseddidnî." (Allah'ım! Bana hidayet ve doğruluk ver.) de."

Başka bir rivayete göre Peygamberimiz (sallallâhu aleyhi ve sellem) şöyle buyurmuştur: "Allâhümme innî es'elüke'l-hüdâ ve's-sedâde." (Allah'ım! Senden hidayet ve doğruluk dilerim.) (Müslim)

1476- Enes (radıyallâhu anh) der ki: Peygamberimiz (sallallâhu aleyhi ve sellem) şöyle dua ederdi:

– "Allâhümme innî eûzü bike mine'l'aczi ve'l-keseli ve'l-cübni ve'l-herami ve'l-buhli ve eûzü bike min azâbi'l-kabri ve eûzü bike min fitneti'l-mahyâ ve'l-memât." (Allah'ım! Acizlikten, tembellikten, korkaklıktan, aşırı yaşlılıktan, cimrilikten, kabir azabından, hayatın ve ölümün fitnesinden Sana sığınırım.)

Bir rivayete göre "borç yükünden ve düşmana yenik düşmekten" ifadeleri de hadise dahildir. (Müslim)

1477- Ebu Bekir Sıddık'tan (radıyallâhu anh) rivayet edildiğine göre kendisi Peygamberimize (sallallâhu aleyhi ve sellem) "Bana namazda okuyacağım bir dua öğret." dedi. Peygamberimiz (sallallâhu aleyhi ve sellem) ona şöyle buyurdu:

– "Allâhümme innî zalemtü nefsî zulmen kesîran velâ yağfiru'z-zunûbe illâ ente fağfirlî mağfireten min indike verhamnî inneke ente'l-ğafûru'r-rahîm." (Allah'ım! Ben kendime çok zulmettim. Senden başka hiç kimse günahları affedemez. Buna göre tek taraflı bir bağış olarak beni affeyle ve bana rahmet eyle. Hiç şüphesiz Sen affedici ve merhamet edicisin.) (Buhâri, Müslim)

1478- Ebu Musa'dan (radıyallâhu anh) rivayet edildiğine göre Peygamberimiz (sallallâhu aleyhi ve sellem) şöyle dua ederdi:

– "Allâhümmağfirlî hatîetî ve cehlî ve israfî fî emrî vemâ ente a'lemü bihî minnî. Allâhümmağfirlî ciddî ve hezlî ve hataî ve amdî ve küllü zâlike indî. Allâhümmağfirlî mâ kaddemtü vemâ ahhartü vemâ esrertü vemâ a'lentü vemâ ente a'lemü bihî minnî. Ente'l-mukaddimü ve ente'l-muahhiru ve ente alâ külli şey'in kadîr." (Allah'ım! Yanılarak, bilmeyerek, davranışlarımda ölçüyü aşarak işlediğim ve Senin benden daha iyi bildiğin günahlarımı affeyle. Allah'ım! Ciddi-şaka, bilerek-bilmeyerek işlediğim tüm günahlarımı affeyle; bunların hepsi bende var. Allah'ım! Eski-yeni, gizli-açık ve Senin benden daha iyi bildiğin tüm günahlarımı affeyle. Eskinin de yeninin de sahibi Sensin ve Senin her şeye gücün yeter.) (Buhâri, Müslim)

1479- Hz. Âişe'den (radıyallâhu anhâ) rivayet edildiğine göre Peygamberimiz (sallallâhu aleyhi ve sellem) şöyle dua ederdi:

– "Allâhümme innî eûzü bike min şerri mâ amiltü ve min şerri mâlem a'mel." (Allah'ım! Gerek işlediğim ve gerek henüz işlemediğim günahların şerrinden Sana sığınırım.) (Müslim)

1480- İbni Ömer'den (radıyallâhu anhumâ) rivayet edildiğine göre Peygamberimizin dualarından biri şöyle idi:

"Allâhümme innî eûzü bike min zevâli ni'metike ve tehavvüli âfiyetike ve fücâeti nikmetike ve cemîi sehatik." (Allah'ım! İhsan ettiğin nimetin kaybolmasından, verdiğin sağlığın bozulmasından, ansızın geliverecek belâdan ve her türlü öfkenden Sana sığınırım.) (Müslim)

1481- Zeyd b. Erkam'dan (radıyallâhu anh) rivayet edildiğine göre Peygamberimiz (sallallâhu aleyhi ve sellem) şöyle dua ederdi:

– "Allâhümme innî eûzü bike mine'l-aczi ve'l-keseli ve'l-buhli ve'l-herami ve azâbi'l-kabr. Allâhümme âti nefsi takvâhâ ve zekkihâ ente hayru men zekkâhâ ente veliyyühâ ve mevlâhâ. Allâhümme inni eûzü bike min ilmin lâ yenfeu ve min kalbin lâ yahşeu ve min nefsin lâ teşbeu ve min dâ'vetin lâ yüstecâbü lehâ." (Allah'ım! Acizlikten, tembellikten, cimrilikten, aşırı yaşlılıktan ve kabir azabından Sana sığınırım. Allah'ım! Nefsime takva ver ve onu acındır. Onu en iyi Sen acındırırsın. Onun velisi ve efendisi Sensin. Allah'ım! Yararsız bilgiden, korkmayan kalpten, doymayan nefisden ve kabul edilmeyen duadan sana sığınının.) (Müslim)

1482- İbni Abbas'tan (radıyallâhu anhumâ) rivayet edildiğine göre Peygamberimiz şöyle dua ederdi:

– "Allâhümme leke eslemtü ve bike âmentü ve aleyke tevekkeltü ve ileyke enebtü ve bike hâsamtü ve ileyke hâkemtü fağfirli mâ kaddemtü vemâ ehhartü vemâ esrartü vemâ a'lentü ente'l-mükaddimü ve ente'l-müahhiru. Lâ ilâhe illâ ent." (Allah'ım! Senin emrin üzere Müslüman oldum. Sana inandım, sana güvendim. Her konuda sana başvurdum. Senin adına insanlar ile mücadele ettim. Senin hakemliğine başvurdum. Geçmiş-gelecek, gizli-açık tüm günahlarımı affeyle. Eskinin de yeninin de sahibi sensin. Senden başka ilah yoktur.)

Bazı raviler hadise "Lâ havle velâ kuvvete illâ billâh." (Allah'ın izni ve yardımı olmaksızın hiçbir şey kımıldayamaz ve hiçbir canlı kuvvet gösterisinde bulunamaz.) cümlelerini de ilave ederler. (Buhâri, Müslim)

1483- Hz. Âişe'den (radıyallâhu anhâ) rivayet edildiğine göre Peygamberimiz (sallallâhu aleyhi ve sellem) şöyle dua ederdi:

– "Allâhümme inni eûzü bike min fitneti'n-nâri ve azâbi'n-nâri ve min şerri'l-ğinâ ve'l-fakr." (Allah'ım! Cehennemin fitne ve azabından, fakirliğin ve zenginliğin şerrinden sana sığınırım.) (Ebu Davud, Tirmizî)

1484- Ziyâd b. Ilâka'nın amcası Kutbe b. Mâlik'ten (radıyallâhu anh) rivayet edildiğine göre Peygamberimiz (sallallâhu aleyhi ve sellem) buyuruyor ki:

– "Allâhümme inni eûzü bike min münkerâti'l-ahlâki ve'l-â'mâli ve'l-ehvâi." (Allah'ım! Çirkin huylardan, çirkin davranışlardan ve çirkin arzulardan Sana sığınırım.) (Tirmizî)

1485- Şekel b. Humeyd (radıyallâhu anh) der ki: "Peygamberimize (sallallâhu aleyhi ve sellem) 'Ya Resulallah! Bana bir dua öğret.' dedim. Bana 'Şöyle de!' buyurdu.

– 'Allâhümme innî eûzü bike min şerri sem'î ve min şerri basarî ve mın şerri lisani ve min şerri kalbi ve min şerri meniyyi." (Allah'ım! Kulağımın, gözümün, dilimin, kalbimin ve cinsiyet organımın şerrinden Sana sığınırım.) (Ebu Davud, Tirmizî)

1486- Enes'ten (radıyallâhu anh) rivayet edildiğine göre Peygamberimiz (sallallâhu aleyhi ve sellem) şöyle dua ederdi:

– "Allâhümme innî eûzü bike mine'l-berası ve'l-cunûni ve'l-cüzâmi ve seyyii'l-eskâmi." (Allah'ım! Alaca hastalığından, delilikten, cüzzamdan ve diğer kötü hastalıklardan sana sığınırım.)" (Ebu Davud)

1487- Ebu Hureyre'den (radıyallâhu anh) rivayet edildiğine göre Peygamberimiz (sallallâhu aleyhi ve sellem) şöyle dua ederdi:

"Allâhümme innî eûzü bike minelcûı feinnehü bi'seddacîu ve eûzübike mine'l-hıyâneti feinnehâ bi'seti'l-bitânetü." (Allah'ım! Açlıktan Sana sığınırım. Çünkü o kötü bir arkadaştır. Hıyanetten de Sana sığınırım. Çünkü o kötü bir huydur.) (Ebu Davud)

1488- Hz. Ali'den (radıyallâhu anh) rivayet edildiğine göre kendisine sözleşmeli bir köle başvurarak "Sözleşmemi yerine getiremiyorum. Bana yardım et." dedi. Hz. Ali (radıyallâhu anh) da ona "Sana Peygamberimizden (sallallâhu aleyhi ve sellem) öğrendiğim birkaç cümle öğreteyim. Dağlar kadar borcun olsa bile (bu dua cümleleri sayesinde) Allah borcunu ödemeni nasip eder." dedi ve köleye "Şu cümleleri söyle!" diye sözlerine devam etti:

"Allâhümmekfinî bihelâlike an harâmike ve ağninî bifadlike ammen sivâke." (Allah'ım! Beni helalin ile yetindirerek haramından sakındır. Beni faziletinle zengin kılarak başkalarına muhtaç olmaktan koru.) (Tirmizî)

1489- İmran b. Husayn'dan (radıyallâhu anhumâ) rivayet edildiğine göre Peygamberimiz (sallallâhu aleyhi ve sellem) babası Husayn'a dua olarak şu iki cümleyi öğretmişti:

– "Allâhümme elhimnî ruşdî ve eiznî min şerri nefsî." (Allah'ım! Doğru yolda yürümeyi bana ilham et. Nefsimin şerrinden beni koru.) (Tirmizî)

1490- Ebu Fadl Abbas b. Abdülmuttalib (radıyallâhu anh) der ki: "Peygamberimize (sallallâhu aleyhi ve sellem) 'Ya Resulallah! Bana Allah'tan dileyeceğim bir şey söyle.' dedim. Bana 'Allah'tan esenlik dileyiniz.' buyurdu. Birkaç gün sonra yine Peygamberimize gelerek 'Ya Resulallah! Bana Allah'tan dileyeceğim bir şey söyle.' dedim. Peygamberimiz (sallallâhu aleyhi ve sellem) bana 'Ey Abbas, ey Resulullah'ın amcası! Allah'tan dünyada ve ahirette esenlik dileyiniz.' buyurdu." (Tirmizî)

1491- Şehr b. Havşeb der ki: "Ümmü Seleme'ye (radıyallâhu anhâ) 'Peygamberimiz (sallallâhu aleyhi ve sellem) senin yanındayken en çok hangi duayı yapardı?' diye sordum. Bana 'Peygamberimizin en çok yaptığı dua 'Ya mukallibe'l-kulûb! Sebbit kalbî âlâ dînike.' (Ey kalpleri hâlden hâle çeviren! Kalbimin dinine bağlı kalmasını sağla.) idi." (Tirmizî)

1492- Ebu'd-Derdâ'dan (radıyallâhu anh) rivayet edildiğine göre Peygamberimiz (sallallâhu aleyhi ve sellem) şöyle buyurmuştur:

– "Davud'un (aleyhisselam) dualarından biri şöyle idi: 'Allâhümme inni es'elüke hubbeke ve hubbe men yuhibbüke ve'l-amelüllezi yübelliğunî hubbeke. Allâhümmec'al hubbeke ehabbe ileyye min nefsî ve ehlî ve mine'l-mâil bârid.'" (Allah'ım! Senin sevgini, Seni sevenin sevgisini ve sevgini kazandıran ameli dilerim. Allah'ım! Sevgini bana nefsimden, ailemden ve soğuk sudan daha sevimli kıl.) (Tirmizî)

1493- Enes'ten (radıyallâhu anh) rivayet edildiğine göre Peygamberimiz (sallallâhu aleyhi ve sellem) "Dualarınız sırasında sık sık 'Ya zelcelâli ve'l-ikram.' (Ey celâl ve kerem sahibi Allah) deyiniz." buyurmuştur. (Tirmizî, Neseî)

1494- Ebu Ümâme (radıyallâhu anh) der ki: "Peygamberimiz (sallallâhu aleyhi ve sellem) bir gün uzun uzun dua etti. Yaptığı duaların hiçbiri aklımızda kalmadı. Kendisine 'Ya Resulallah! Uzun uzun dua ettiniz fakat hiçbiri aklımızda kalmadı.' dedik. Bize şöyle buyurdu:

– 'Size söylediklerimin tümünü içine alacak bir dua öğreteyim. Şöyle dersiniz: 'Allâhümme innî es'elüke min hayri mâ seeleke minhu nebiyyüke Muhammedün (sallallâhu aleyhi ve sellem) ve neûzü bike min şerri mesteâzeke minhü nebiyyüke Muhammed (sallallâhu aleyhi ve sellem). Ve ente'l-müsteânü ve aleyke'l-belâğu ve lâ havle ve lâ kuvvete illâ billâh.'" (Allah'ım! Peygamberin Muhammed'in Senden istemiş olduğu hayırlı şeyleri Senden ister, Peygamberin Muhammed'in Sana sığınmış olduğu şeylerin şerrinden Sana sığınırım. Sığınak sensin. Dileklere ulaşmayı ancak Sen sağlarsın. Allah'ın izni olmaksızın hiçbir canlı ne kımıldayabilir ve ne de kuvvet gösterisinde bulunabilir). (Tirmizî)

1495- İbni Mes'ud (radıyallâhu anh) der ki: "Peygamberimizin (sallallâhu aleyhi ve sellem) dualarından biri şöyleydi:

– 'Allâhümme innî es'elüke mûcibâti rahmetike ve azâime mağfiratike vesselâmete min külli ismin ve'l-ğanîmete min külli birrin velfevze bi'l-cenneti ve'n-necâte mine'n-nâr.'" (Allah'ım! Rahmetinin gereklerini, mağfiretinin sonuçlarını, tüm günahlardan arınmayı, her türlü iyilikten payını, cenneti kazanmayı ve cehennemden kurtulmayı Senden isterim.) (Hâkim)

251. Bölüm
Mü'min Kardeşine Gıyaben Dua Etmek

Allah Teâlâ (celle celâlüh) buyuruyor ki:

– **"Onlardan sonra gelenler 'Ey Rabbimiz! Bizi ve bizden önce iman eden kardeşlerimizi affeyle.' derler."** (Haşr suresi, 10. ayet.)

Allah Teâlâ (celle celâlüh) buyuruyor ki:

– "Kendi günahların ve mü'min erkek ve kadınlar için Allah'tan af dile." (Muhammed suresi, 19. ayet.)

Allah Teâlâ (celle celâlüh) İbrahim'den (aleyhisselam) haber vererek buyuruyor ki:

– "Ey Rabbimiz! Hesaplaşma gününde beni, ana babamı ve tüm mü'minleri bağışla." (İbrahim suresi, 41. ayet.)

1496- Ebu'd Derdâ'dan (radıyallâhu anh) rivayet edildiğine göre Peygamberimiz (sallallâhu aleyhi ve sellem) buyuruyor ki:

–"Mü'min kardeşi için gıyaben (onun arkasından) dua eden kimse için bir melek 'Aynısı sana da verilsin.' der." (Müslim)

1497- Yine Ebu'd-Derdâ'dan (radıyallâhu anh) rivayet edildiğine göre Peygamberimiz (sallallâhu aleyhi ve sellem) buyuruyor ki:

– "Kişinin Müslüman kardeşi için gıyaben (onun arkasından) yaptığı dua kesin olarak kabul edilir. Mü'min kardeşi için dua yapanın yanı başında görevli bir melek bulunur. Bu görevli melek 'Âmin! Aynısı sana da verilsin.' der." (Müslim)

252. Bölüm
Dua ile İlgili Bazı Meseleler

1498- Üsâme b. Zeyd'den (radıyallâhu anhumâ) rivayet edildiğine göre Peygamberimiz (sallallâhu aleyhi ve sellem) buyuruyor ki:

– "Kim bir iyiliğe muhatap olur da kendisine iyilik edene 'Allah sana bu yaptığının daha hayırlı bir karşılığını versin.' derse gördüğü iyiliğe en güzel şekilde karşılık vermiş olur." (Tirmizî)

1499- Câbir'den (radıyallâhu anh) rivayet edildiğine göre Peygamberimiz (sallallâhu aleyhi ve sellem) buyuruyor ki:

– "Kendiniz, çocuklarınız ve mallarınız hakkında beddua etmeyiniz. Çünkü Allah'ın her dileği kabul edeceği bir ana rastlayabilirsiniz. O zaman da beddualarınız kabul edilir." (Müslim)

1500- Ebu Hureyre'den (radıyallâhu anh) rivayet edildiğine göre, Peygamberimiz (sallallâhu aleyhi ve sellem) şöyle buyurmuştur:

– "Kulun, Rabbinin rahmetine en yakın olduğu an, secdede bulunduğu halidir. Orada (secdede) iken çok dua ediniz."

1501- Ebu Hureyre'den (radıyallâhu anh) rivayet edildiğine göre Peygamberimiz (sallallâhu aleyhi ve sellem) "Herhangi birinizin duası –acele etmemek şartı ile- kabul olunur. Aceleci kimse 'Rabbime dua ettim de kabul olunmadı.' - der." buyurmuştur. (Buhâri, Müslim)

Müslim'in kaydettiği rivayete göre hadis şöyledir: "Günah olan bir şeyi ve akrabaları ile ilişkilerini kesmeyi dilemedikçe -acele etmemek şartı ile- her kulun duası kabul olunur." Sahabiler "Acele etmek nasıl olur?" diye sordular. Peygamberimiz (sallallâhu aleyhi ve sellem) bu soruya şöyle cevap verdi: "Kul dua ettim, dua ettim, kabul olunduğunu görmedim, diyerek bıkar ve artık dua yapmaktan vazgeçer."

1502- Ebu Ümâme'den (radıyallâhu anh) rivayet edildiğine göre Peygamberimize (sallallâhu aleyhi ve sellem) "Hangi dua daha çok kabul edilme şansına sahiptir?" diye sordular. Peygamberimiz bu soruya "Gecenin ikinci yarısı ile farz namazların arkasından yapılan dualar." diye cevap vermiştir. (Tirmizî)

1503- Ubâde b. Sâmit'ten (radıyallâhu anh) rivayet edildiğine göre Peygamberimiz "Yeryüzünde hiçbir Müslüman yoktur ki -duası günahla veya akrabalık ilişkilerini kesmekle ilgili olmadıkça- Allah'tan herhangi bir şey istemiş olsun da Allah ona istediğini vermesin veya isteğine denk bir kötülükten kendisini kurtarmasın." buyurmuştur.

Sahabilerden biri Peygamberimize "O halde biz de çok isteriz..." dedi. Peygamberimiz kendisine "Allah'ın bağışlayıcılığı, sizin isteklerinizden daha çoktur." buyurmuştur. (Tirmizî)

Hakim'in, Ebu Said'den (radıyallâhu anh) rivayet ettiğine göre "Veya istediğine denk bir sevabı onun hesabına ekler." cümlesi de hadise dahildir.

1504- İbni Abbas'tan (radıyallâhu anhumâ) rivayet edildiğine göre Peygamberimiz (sallallâhu aleyhi ve sellem) sıkıntılı anlarında şöyle dua ederdi:

- "Lâ ilâhe illallâhü'l-azimü'l-halîm. Lâ ilahe illallâhü rabbü'l-arşi'l-azim. Lâ ilâhe illallâhü rabbü's-semâvâti ve rabbü'l-ardi rabbü'l-arşi'l-kerîm." (Azim ve halim Allah'tan başka ilah yoktur. Yüce Arş'ın sahibinden başka ilah yoktur. Göklerin, yerin ve Arş'ın maliki ve kerem sahibi olan Allah'tan başka ilah yoktur.) (Buhâri, Müslim)

253. Bölüm
Velilerin Keramet ve Fazileti

Allah Teâlâ (celle celâlüh) buyuruyor ki:

- "Allah'ın dostları için korku ve hüzün söz konusu değildir. Onlar, iman edip haramlardan sakınan kimselerdir. Hem dünya hayatı boyunca ve hem de ahirette onlara müjde vardır. Allah'ın

sözlerini (vaatlerini) kimse değiştiremez. İşte büyük başarı budur." (Yûnus suresi, 62-64. ayetler.)

Allah Teâlâ (celle celâlüh) buyuruyor ki:

- "Hurma ağacını kendine doğru salla da üstüne taze hurma dökülsün. Ye, iç; gözün aydın olsun! Eğer insanlardan birini görürsen ona 'Ben Allah'a oruç tutmayı adadım. Bu yüzden hiç kimse ile konuşmayacağım.' de." (Meryem suresi, 25, 26. ayetler.)

Allah Teâlâ (celle celâlüh) buyuruyor ki:

- "Zekeriya (aleyhisselam), **Meryem'in bulunduğu mihraba her girişinde onun yanında yiyecek bir şey bulurdu. 'Ey Meryem! Bu yiyecek sana nereden geliyor?' diye sorunca Meryem ona 'Allah tarafındandır. Hiç şüphesiz Allah kime isterse hesapsız rızık verir.' dedi."** (Âl-i İmrân suresi, 37. ayet.)

Allah Teâlâ (celle celâlüh) buyuruyor ki:

- "Madem ki gerek onlardan ve gerekse onların Allah'tan başka tapmış oldukları diğer ilahlardan ayrıldınız, bir mağaraya sığınınız ki size rahmetini yaysın ve size yararlı gelişmeler hazırlasın. Bakarsın ki güneş doğunca mağaralarının sağına yönelir, batarken de sol yanında kaybolurdu. Onlar mağaranın geniş bir yerinde idiler. Bu. Allah'ın ayetlerinden biridir." (Kehf suresi, 16, 17. ayetler.)

1505- Ebu Muhammed Abdurrahman b. Ebu Bekr es-Sıddık (radıyallâhu anhumâ) der ki: "Ashab-ı Suffe fakir kimselerdi. Peygamberimiz (sallallâhu aleyhi ve sellem) bir keresinde 'Evinde iki kişilik yemeği olan üçüncüsünü evine götürsün. Dört kişilik yemeği olan beşincisini, altıncısını evine götürsün.' buyurdu. Veya bu anlama gelen başka bir ifade kullandı. Bunun üzerine babam Ebu Bekir, Ashab-ı Suffe'den 3 kişiyi, Peygamberimiz (sallallâhu aleyhi ve sellem) de 10 kişiyi evlerine götürdüler. Ebu Bekir akşam yemeğini Peygamberimizin evinde yedi ve orada kalarak yatsı namazını kıldı. Gecenin geç saatinde eve dönünce eşi kendisine 'Niye misafirlerinden ayrıldın?' dedi. Ebu Bekir 'Yoksa onlara akşam yemeği vermedin mi?' diye sordu. Eşi 'Onlara yemek ikram edildi ise de sen gelinceye kadar yemek istemediler.' dedi.

Bu sırada ben kaçıp bir yere saklandım. Babam 'A kafasız herif!' diyerek bana söylendi, çıkıştı. Misafirlere de 'Siz afiyetle yiyiniz. Vallahi ben yemeyeceğim.' dedi. Vallahi yediğimiz her lokmadan sonra çanaktaki yemek daha da artıyordu. Öyle ki, misafirler doyunca yemek başlangıçta olduğundan daha fazla idi. Ebu Bekir yemeği görünce eşine 'Ey Firas'ın kız kardeşi! Bu ne haldir?' dedi. Eşi de 'Gözümün hakkı için, bu yemek başlangıçtakinden üç kat fazladır.' dedi. Bunun üzerine Ebu Bekir yapmış olduğu yemini kastederek 'O şeytandandı.' deyip yemekten bir lokma yedi. Sonra da yemeği Peygamberimize (sallallâhu aleyhi ve sellem) gönderdi. Yemek sabaha kadar Peygamberimizin evinde kaldı.

Bizimle bir kavim arasında sözleşme vardı. Sözleşmenin süresi dolmuştu. (Bu yüzden Medine'ye gelmişlerdi.) İçlerinden ileri gelen 10 iki kişi ayırdık. Her birinin yanında birkaç kişi vardı. Kaç kişi olduğunu Allah bilir. Bunların tümü o yemeği yediler."

Diğer bir rivayet şöyledir: "Ebu Bekir ve eşi yemekten yemeyeceklerine dair yemin ettiler. Bunun üzerine misafirler de yemeyeceklerine dair yemin ettiler. Bunun üzerine Ebu Bekir 'Ettiğim yemin şeytandandır.' diyerek yemeğe oturdu, misafirler de yemeğe başladılar. Onların aldığı her lokmadan sonra çanaktaki yemek daha da artıyordu. Ebu Bekir eşine 'Ey Firas'ın kızkardeşi! Bu ne haldir?' diye sordu. Kadın da 'Gözümün nuru hakkı için, bu yemek şimdi yemeden öncekinden daha çoktur.' dedi. Hepsi yedikten sonra Ebu Bekir yemeği Peygamberimize (sallallâhu aleyhi ve sellem) gönderdi ve Peygamberimiz (sallallâhu aleyhi ve sellem) o yemekten yediğini söyledi."

Bir başka rivayete göre de Ebu Bekir, oğlu Abdurrahman'a "Misafirler sana emanet. Ben Peygamberimize (sallallâhu aleyhi ve sellem) gidiyorum. Dönünceye kadar onlara yemek yedirmiş ol." dedi. Abdurrahman eve varıp evde bulunan yemeği misafirlere ikram ederek kendilerine "Buyurun!" dedi. Misafirler "Ev sahibi nerede?" diye sordular. Abdurrahman "Siz buyurun, yiyin!" dedi. Misafirler "Ev sahibimiz gelinceye kadar yemeyeceğiz." dediler. Abdurrahman onlara "Bizim ikramımızı kabul edip yiyesiniz. Çünkü eğer babam siz yemeden önce gelirse beni ağır şekilde azarlar." dediyse de misafirler kabul etmediler.

Abdurrahman diyor ki:

"Babamın bana kızacağını bildiğim için gelince bir yere saklandım. Misafirlere 'Ne oldu?' diye sordu. Onlar da durumu ona anlattılar. Bunun üzerine 'Abdurrahman!' diye seslendi. Ses çıkarmadım. Tekrar 'Abdurrahman!' diye seslendi. Ben yine ses çıkarmadım. Bunun üzerine 'Anlayışsız herif! Allah hakkı için eğer sesimi duyuyorsan gel!' dedi. Bunun üzerine meydana çıkarak 'Misafirlerine sor da durumu öğren.' dedim. Misafirler de 'Doğru söylüyor, bize yemek verdi.' dediler. Bunun üzerine babam 'Demek ki beni beklediniz! Vallahi bu gece yemek yemeyeceğim.' dedi. Misafirler de 'Vallahi sen yemedikçe biz de yemeyiz.' dediler. Babam onlara 'Allah hayrınızı versin! Niye size hazırladığımız yemeği yemiyorsunuz?' Oğluna seslenerek 'Hazırladığın yemeği getir.' dedi. Oğlu yemeği getirince 'Bismillah! İlk sözüm (ettiğim yemin) şeytandandı.' diyerek elini yemeğe daldırıp yemeğe başladı. Bunun üzerine misafirler de yediler." (Buhâri, Müslim)

1506- Ebu Hureyre'den (radıyallâhu anh) rivayet edildiğine göre Peygamberimiz (sallallâhu aleyhi ve sellem) buyuruyor ki:

– "Sizden önceki ümmetler içinde kendilerine ilham gelen kimseler vardı. Eğer benim ümmetimden de böyle biri olsa, Ömer olurdu." (Buhâri, Müslim)

1507- Câbir b. Semüre (radıyallâhu anhumâ) der ki: "Kûfe halkı Sa'd b. Vakkas'ı Ömer'e (radıyallâhu anhumâ) şikayet etti. Bunun üzerine Ömer de Sa'd'ı azledip Ammar'ı vali tayin etti. Sa'd hakkında şikayette bulunurken onun güzel namaz kıldıramadığını da söylediler. Hz. Ömer birini gönderip kendisini yanına çağırdı ve 'Ya Eba İshak! Bu adamlar senin güzel namaz kıldırmadığını ileri sürüyorlar...' Sa'd da 'Bana kalırsa, vallahi, ben onlara, hiçbir eksiklik yapmaksızın, Peygamberimiz (sallallâhu aleyhi ve sellem) gibi namaz kıldırdım. Akşam ve yatsı namazlarını kıldırırken ilk iki rek'atı uzunca, son iki rek'atı kısa kıldırdım.' dedi.

Hz. Ömer kendisine 'Senin hakkında böyle iddia ediliyor...' diyerek yanına bir veya birkaç kişi verdi ve Kûfe halkından onun hakkında soruşturma yapsınlar diye gönderdi. Bu kimseler, Ammar hakkında soruşturma yapmadık hiçbir cami bırakmadılar. Herkes Ammar hakkında övgü dolu güzel şeyler söylüyordu.

Nihayet teftiş kurulu Benî Abs kabilesinin devam ettiği bir camiye girdi, bu kabileden künyesi Ebu Sa'd olan Üsâme b. Katâde adında biri ayağa kalkarak 'Eğer bize sorarsanız Sa'd, ne öncü birlikleri ile birlikte sefere katılıyor ne ganimeti eşit şekilde bölüştürüyor ne de adalete uygun hüküm veriyor.' dedi. Bunun üzerine Sa'd 'Ben de sana şu üç bedduayı edeceğim' dedi. 'Allah'ım! Eğer bu kulun şöhret ve gösteriş için konuşmaya kalkmış bir yalancı ise ona uzun ömür ver, ömür boyu yoksulluk çeksin ve fitnelere maruz kalsın!' Yıllar sonra ona nasıl olduğu sorulunca 'Fitneye uğramış bunağın biriyim. Sa'd'ın bedduasına tutuldum.' derdi.

Hadisi Câbir b. Semüre'den rivayet eden Abdülmelik b. Umeyr "Ben bu adamı yıllar sonra gördüm. Yaşlılıktan kaşları gözlerine düşmüştü. Yollarda cariyelere sataşır, onları çimdiklerdi." dedi. (Buhâri, Müslim)

1508- Urve b. Zübeyr (radıyallâhu anh) der ki: "Evs'in kızı Erva, Said b. Zeyd b. Amr b. Nüfeyl'i (radıyallâhu anh) toprağını elinden aldığını ileri sürerek Mervân b. Hakem'e şikâyet etti. Said 'Peygamberimizin (sallallâhu aleyhi ve sellem) bu konudaki hadisini duyduktan sonra ben onun toprağını nasıl alırdım!' dedi. Mervân 'Peygamberimizin bu konuda ne söylediğini duydun?' diye sordu. Said 'Peygamberimizin (sallallâhu aleyhi ve sellem) 'Kim haksız yere bir karış toprağa el koyarsa yetmiş kat yerin dibine kadar (halka haline getirilerek) boynuna geçirilir.' buyurduğunu duydum.' dedi. Mervân da ona 'Bu hadisten sonra senden başka bir delil istemem.' dedi. Bunun üzerine Said (kendisini şikâyet eden kadına beddua ederek) 'Allah'ım! Eğer bu kadın yalan söylüyorsa gözünü kör et ve onu (uğruna yalan söylediği) tarlasında öldür.' dedi. Gerçekten kadın ölmeden önce gözleri kör oldu ve bir gün söz konusu tarlasında gezerken bir çukura düşüp öldü." (Buhâri, Müslim)

Müslim de olayı aynı manada Muhammed b. Zeyd b. Abdullah b. Ömer'den rivayet etmiştir. Yalnız söz konusu rivayete göre "Muhammed, kadını kör olarak ve duvarlara tutuna tutuna yürürken gördü. Bu durumda gezinirken (bir yandan da) 'Said'in bedduası beni tuttu.' diyordu. Bir gün Said ile arasında dava konusu olan evdeki su kuyusunun yanından geçerken içine düştü ve o kuyu mezarı oldu."

1509- Câbir b. Abdullah (radıyallâhu anhumâ) der ki: "Uhud savaşının yapılacağı gün babam beni geceleyin yanına çağırdı ve 'Peygamberimizin sahabileri arasında ilk öldürüleceklerden olacağımı sanıyorum. Ölünce benim için Peygamberimizden (sallallâhu aleyhi ve sellem) sonra, geride kalacak en kıymetli kimse sensin. Benim borcum var, onu öde. Kardeşlerine de her zaman iyiliği tavsiye et.' dedi. Sabah olunca babam, ilk şehit düşen kimse oldu. Başka bir şehit ile birlikte kendisini aynı kabre gömmüştüm. Bir süre sonra, kendisini başkası ile birlikte aynı kabirde bırakmak istemedim ve altı ay sonra kendisini kabrinden çıkardım. Kulağı hariç, kendisini kabre koyduğum ilk günkü gibi duruyordu. Onu ayrı bir mezara koyup gömdüm." (Buhâri)

1510- Enes'ten (radıyallâhu anh) rivayet edildiğine göre Peygamberimizin (sallallâhu aleyhi ve sellem) sahabilerinden iki kişi karanlık bir gecede Peygamberimizin yanından çıktılar. Önleri sıra fener gibi iki meşale ışık saçıyordu. Birbirlerinden ayrılınca da her biri ile birlikte evine varıncaya kadar bir meşale kaldı. (Buhâri, Müslim)

Bazı rivayetlere göre bu iki kişi Useyd b. Hudayr ile Abbad b. Bişr (radıyallâhu anhumâ) idi.

1511- Ebu Hureyre'den (radıyallâhu anh) rivayet edildiğine göre Peygamberimiz 10 kişilik bir kafileyi, Ensar'dan Âsim b. Sâbit'in (radıyallâhu anh) komutasında sefere gönderdi.

Usfan ile Mekke arasında Hudat denilen yere varınca yolda oldukları Hüzeyl kabilesinin Lihyanoğulları adını taşıyan kolu tarafından haber alındı. Lihyanoğulları, onların üzerine yüze yakın kişilik bir silahlı birlik gönderdi. Silahlılar izlerini sürerek peşlerine düştüler. Asım, silahlılar tarafından takip edildiklerini anlayınca sahabiler yüksek bir yere sığındılar. Silahlılar kendilerini kuşattıktan sonra "Aşağıya inip bize ellerinizi uzatınız. Hiçbirinizi öldürmeyeceğimize söz ve ant veriyoruz." dediler. Komutan Asım b. Sabit "Ey silahlılar! Ben kâfirin himayesine sığınarak aşağı inmem. Allah'ım! Durumumuzu Peygamber'ine bildir." dedi. Bu sırada attıkları oklar ile Asım'ı (ve yanındakilerden beş kişiyi) öldürdüler. Hubeyb, Zeyd b. Desine ve bir kişi daha, toplam üç kişi silahlıların vermiş oldukları söz ve anda güvenerek inip onlara teslim oldular. Silahlılar üç kişiyi teslim alınca yaylarının kirişlerini çözüp onları bağladılar. Bunun üzerine üçüncü sahabi "Bu davranış ilk kalleşliktir. Vallahi sizinle gelmeyeceğim." dedi. Şehit edilenleri kastederek de "Benim örneğim onlardır." dedi. Silahlılar kendisini yerlerde sürükleyip işkenceye tabi tuttularsa da onlarla birlikte gitmeye razı olmayınca onu öldürdüler.

Hubeyb ile Zeyd b. Desine'yi yanlarında götürerek Bedir olayından sonra onları Mekke'de sattılar. Hubeyb'i, Hâris b. Âmir b. Nevfel b. Abdimenaf'ın oğulları satın aldı. Bedir günü Hâris'i öldüren Hubeyb idi. Hubeyb bir süre Hâris'in oğulları yanında esir kaldıktan sonra sonunda onu öldürmeye karar verdiler. O günlerde Hubeyb etek tıraşı olmak için Hâris'in kızlarının birisinden bir ustura istedi. Kadın da işi bitince geri vermek üzere ona usturayı verdi. Bu sırada kadının çocuğu, kendisi farkında olmaksızın, emekleyip Hubeyb'in yanına vardı. Kadın çocuğu, Hubeyb'in kucağında oturuyorken buldu. Ustura da Hubeyb'in elinde idi. Kadın çok korktu. Hubeyb de korktuğunu farkederek "Çocuğu öldüreceğimden mi korkuyorsun? Ben bunu yapacak bir adam değilim!" dedi.

Kadın onun hakkında "Ben Hubeyb'den daha hayırlı bir esir görmedim. Vallahi bir gün onu zincirle bağlı olduğu halde elindeki bir salkımdan üzüm yerken gördüm. Oysa ki o sırada Mekke'de hiçbir meyve yoktu. Hiç şüphesiz o üzüm salkımı, Allah'ın Hubeyb'e bağışlamış olduğu bir rızıktı." dedi.

Hubeyb'i öldürmek üzere Harem-i Şerif'in dışına çıkardıkları zaman onlara "Bırakın da iki rek'at namaz kılayım." dedi. Bıraktılar. İki rek'at namaz kıldıktan sonra "Vallahi eğer ölmekten çekindiğimi düşünmeyecek olsanız daha da kılardım." dedikten sonra katilleri için beddua ederek "Allah'ım! Onları teker teker say ve hiçbirini geri bırakmaksızın tümünü ayrı ayrı öldür." dedi ve sonra şu iki beyti söyledi:

"Müslüman olarak ölünce önem vermem.
Allah için ölümüm hangi yanım üzerindeyken olsun,
Bu Allah'a kalmış bir iştir. Dilerse
Doğranmış cesedin uzuvlarını mübarek kılsın."

Hubeyb, böylece, idam edilerek öldürülen Müslümanın iki rek'at namaz kılma çığırını açmıştır.

Söz konusu sahabi kafilesi düşman tarafından kuşatıldığı gün Peygamberimiz onların başlarına gelenleri sahabilere bildirdi. Âsim b. Sâbit'in şehit edildiği duyulunca bir grup Kureyşli, vücudundan tanıtıcı bir parça kesip getirsinler diye adam gönderdiler. Çünkü onların ileri gelenlerinden birini öldürmüştü. Fakat Allah bulut gibi bir arı sürüsü gönderdi. Bu arılar Kureyşlilerin gönderdikleri adamları onun cesedine yaklaştırmadılar. Bu yüzden de onun cesedinden bir parça kesemediler. (Buhâri)

1512- İbni Ömer (radıyallâhu anhumâ) der ki: "Babam Ömer'in bir şey hakkında 'Onun şöyle olduğunu sanıyorum.' deyip de o şeyin onun sandığı gibi çıkmadığını hiç duymadım." (Buhâri)

254. Bölüm
Gıybet Yapmaktan Kaçınmak, Konuştuğuna Dikkat Etmek

Allah Teâlâ (celle celâlüh) buyuruyor ki:

– "Birbiriniz hakkında dedikodu yapmayınız. Herhangi biriniz ölü kardeşinin etini yemek ister mi? Bundan tiksinirsiniz! Allah'tan korkunuz. Çünkü O, tevbeleri kabul edendir ve rahimdir." (Hucurât suresi, 12. ayet.)

Allah Teâlâ (celle celâlüh) buyuruyor ki:

– "Kesin olarak bilmediğin bir şeyin ardına düşme. Çünkü kulak, göz, kalp, bunların hepsi o şeyden sorumludurlar." (İsrâ suresi, 36. ayet.)

Allah Teâlâ (celle celâlüh) buyuruyor ki:

- "İnsan bir söz söyler söylemez, mutlaka yanında onu kaydetmekle görevli bir gözcü vardır." (Kâf suresi, 18. ayet.)

Bilesin ki! Her yükümlünün -yararlı olduğu açıkça belli olanın dışında- dilini her çeşit konuşmaktan alıkoyması gerekir. Konuşmakla susmak aynı derecede yararlı olunca da konuşmamak sünnettir. Çünkü mübah olan bir konuşma haram veya mekruh bir mecraya sürüklenebilir. Bu çok rastlanan bir şeydir. Dilini tutup selameti tercih etmeye hiçbir şey denk değildir.

1513- Ebu Hureyre'den (radıyallâhu anh) rivayet edildiğine göre Peygamberimiz (sallallâhu aleyhi ve sellem) buyuruyor ki:

- "Allah'a ve ahiret gününe inanan kimse ya yararlı söz söylesin veya sussun." (Buhâri, Müslim)

1514- Ebu Masa (radıyallâhu anh) der ki: "Peygamberimize (sallallâhu aleyhi ve sellem) 'Ya Resulallah! En faziletli Müslüman kimdir?' diye sordum. Peygamberimiz şöyle buyurdu:

- 'Müslümanların dilinden ve elinden zarar görmediği kimsedir.'" (Buhâri, Müslim)

1515- Sehl b. Sa'd'dan (radıyallâhu anh) rivayet edildiğine göre Peygamberimiz (sallallâhu aleyhi ve sellem) buyuruyor ki:

- "Kim bana çeneleri arası (dili) ile bacakları arası (tenasül uzvu) hakkında garanti verirse ben de ona cennet hakkında garanti veririm." (Buhâri, Müslim)

1516- Ebu Hureyre'den (radıyallâhu anh) rivayet edildiğine göre Peygamberimiz (sallallâhu aleyhi ve sellem) buyuruyor ki:

- "Kul iyice düşünmeden söylediği bir söz yüzünden cehennemin doğu ile batı arasından daha uzak bir derinliğine kayıverir." (Buhâri, Müslim)

1517- Yine Ebu Hureyre'den (radıyallâhu anh) rivayet edildiğine göre Peygamberimiz (sallallâhu aleyhi ve sellem) buyuruyor ki:

- "Önem vermeyerek söylediği Allah rızasına uygun bir söz sayesinde Allah kulunu birkaç derece yüceltir. Buna karşılık yine önem vermeyerek söylediği Allah'ı öfkelendiren bir söz yüzünden kul cehennemi boylayıverir." (Buhâri)

1518- Ebu Abdurrahman Bilal b. el-Hâris el-Müzeni'den (radıyallâhu anh) rivayet edildiğine göre Peygamberimiz (sallallâhu aleyhi ve sellem) buyuruyor ki:

- "İnsan, Allah rızasına uygun bir söz söyler. O sözün kendisini ulaştıracağı dereceyi tahmin edemez. Allah o söz sayesinde huzuruna varacağı güne kadar o kula rızasını bağışlar. Buna karşılık insan, Allah'ın öfkesine yol açan bir söz söyler. O sözün kendisine neye mal olacağını tahmin edemez. Allah o söz yüzünden huzuruna varacağı güne kadar o kula karşı öfkeli kalır." (İmam Malik, Tirmizî)

1519- Süfyan b. Abdullah (radıyallâhu anh) der ki: "Peygamberimize 'Ya Resulallah! Bana sımsıkı sarılacağım bir tutum söyle.' dedim. 'Allah, Rabbimdir, de, sonra da bu yoldan hiç şaşma.' buyurdu. Kendisine 'Ya Resulallah! Benim hesabıma en korktuğun şey nedir?' diye sordum. Kendi dilini tutarak 'Budur.' buyurdu." (Tirmizî)

1520- İbni Ömer'den (radıyallâhu anhumâ) rivayet edildiğine göre Peygamberimiz (sallallâhu aleyhi ve sellem) buyuruyor ki:

– "Arada Allah'ın adını anmaksızın uzun uzun konuşmak kalbi katılaştırır. Allah'tan en uzak kimse de katı kalpli kimsedir." (Tirmizî)

1521- Ebu Hureyre'den (radıyallâhu anh) rivayet edildiğine göre Peygamberimiz (sallallâhu aleyhi ve sellem) buyuruyor ki:

– "Hangi kimseyi, Allah çenelerinin arasındakinin (dilinin) şerri ile bacaklarının arasındakinin (tenasül uzvunun) şerrinden korursa, o kimse cennete girer." (Tirmizî)

1522- Ukbe b. Amir (radıyallâhu anh) der ki: "Peygamberimize 'Kurtuluş nasıl mümkün olur?' diye sordum. Bana 'Dilinin sana zarar verecek sözler söylemesine engel ol. Evinde oturmaktan sıkılma ve işlediğin günahlar için gözyaşı dök.' buyurdu." (Tirmizî)

1523- Ebu Saidü'l-Hudrî'den (radıyallâhu anh) rivayet edildiğine göre Peygamberimiz (sallallâhu aleyhi ve sellem) buyuruyor ki:

– "Âdemoğlunun tüm azaları her sabah dile uğrayarak 'Bizim hakkımızda Allah'tan kork. Çünkü biz sana bağlıyız. Eğer sen doğru yoldan gidersen biz de doğru yolda oluruz. Eğer sen eğriliğe saparsan biz de eğriliğe sapmış oluruz.' derler." (Tirmizî)

1524- Muâz b. Cebel (radıyallâhu anh) der ki: "Peygamberimize (sallallâhu aleyhi ve sellem) 'Ya Resulallah! bana cehennemden uzaklaşmamı ve cennete girmemi sağlayacak bir amel söyle' dedim. Bana şöyle buyurdu:

– 'Gerçekten önemli bir soru sordun. Fakat bu, Allah'ın kolaylık bağışladığı kimseler için kolaydır. Allah'a hiçbir şey ortak koşmaksızın O'na kulluk edersin, namaz kılarsın, zekat verirsin, ramazan ayında oruç tutarsın, yolunu aşmaya gücün yeterse hacca gidersin. Sana hayır kapılarını göstereyim mi? Oruç kalkandır. Su ateşi nasıl söndürürse sadaka da günahları öyle yok eder. Bir de kulun gece yarısı namaz kılması... Nitekim Allah Teâlâ (celle celâlüh) **'Onların vücutları**

-geceleyin namaz kılmak için- yataklardan uzaklaşır. Korku ve umut içinde Rabblerine dua ederler ve kendilerine vermiş olduğumuz rızıklardan başkalarına verirler. Onların işledikleri iyi amellere mükafat olarak kendileri için ne gibi göz kamaştırıcı nimetler saklandığını hiç kimse bilemez.' (Secde suresi, 16, 17. ayetler) buyuruyor. Her işin başı, bel kemiği ve zirvesi nedir, sana söyleyeyim mi?' Ben 'Tabii, buyur ya Resulallah!' deyince sözlerine şöyle devam etti:

– 'İşin başı İslam'dır. Belkemiği namaz ve zirvesi de cihattır. Peki, bunların tümünü ayakta tutan şey nedir, sana söyleyeyim mi?' Ben 'Tabii, buyur ya Resulallah!' deyince Peygamberimiz dilini tutarak şöyle buyurdu:

– 'Bunun sana zarar vermesine meydan verme.' Ben kendisine 'Ya Resulallah! Bizler söylediğimiz sözlerden sorumlu tutulacak mıyız?' diye sordum. Bana şöyle cevap verdi:

– 'Hay anası üzerine ağlayası! İnsanların cehenneme yüz üstü kapaklanmalarının sebebi, dillerinin ürünlerinden başka nedir ki?'" (Tirmizî)

1525- Ebu Hureyre'den (radıyallâhu anh) rivayet edildiğine göre Peygamberimiz (sallallâhu aleyhi ve sellem) sahabilere "Dedikodu nedir, bilir misiniz?" diye sordu. Sahabiler "Allah ve Resulü bilir." diye cevap verince, Peygamberimiz "Dedikodu, senin Müslüman kardeşini hoşuna gitmeyecek bir sözle anmandır." buyurdu. Peygamberimize "Eğer söz konusu Müslüman kardeşimde belirttiğim hoşa gitmeyen sıfat varsa?" diye soruldu. Peygamberimiz bu soruya karşılık "Eğer ileri sürdüğün iddia Müslüman kardeşin hakkında gerçekse dedikodu yapmış olursun. Eğer onun hakkında asılsız bir iddia ileri sürmüşsen o zaman ona iftira etmiş olursun." buyurdu. (Müslim)

1526- Ebu Bekre'den (radıyallâhu anh) rivayet edildiğine göre Peygamberimiz (sallallâhu aleyhi ve sellem) bir kurban bayramı günü Veda Haccı dolayısıyla Mina'da irade ettiği hutbenin bir yerinde şöyle buyurmuştur:

– "İçinde bulunduğunuz bu günün, bu ayın ve bu beldenin dokunulmaz olması gibi; canlarınız, mallarınız ve haysiyetiniz de birbiriniz için dokunulmazdır. Tebliğ ettim mi?" (Buhâri, Müslim)

1527- Hz. Âişe (radıyallâhu anhâ) der ki: "Bir gün Peygamberimize (sallallâhu aleyhi ve sellem) (bazı ravilere göre Âişe, Safiyye'nin kısa boylu oluşunu kastederek) 'Onun başka hiçbir kusuru olmasa bu yeterdi.' dedim. Bana 'Öyle bir söz söyledin ki, denizin suyuna karıştırılsa onu bile kirletebilirdi.' buyurdu.

Yine bir gün Peygamberimizin (sallallâhu aleyhi ve sellem) yanında birisinin hoşa gitmeyen bir davranışını taklit ettim. Bana 'Bana şu şu menfaati sağlayarak bile olsa bir başkasını taklit etmeyi istemezdim.' buyurdu." (Ebu Davud, Tirmizî)

1528- Enes'ten (radıyallâhu anh) rivayet edildiğine göre Peygamberimiz (sallallâhu aleyhi ve sellem) buyuruyor ki:

- "Miraca çıktığım zaman bakırdan tırnakları ile yüzlerini ve göğüslerini tırmalayan bir grupla karşılaştım. 'Ya Cebrail! Bunlar kimdir?" diye sordum. Bana 'Bunlar başkalarının şereflerine dil uzatarak onların ölülerinin etini yiyen kimselerdir.' diye cevap verdi." (Ebu Davud)

1529- Ebu Hureyre'den (radıyallâhu anh) rivayet edildiğine göre Peygamberimiz (sallallâhu aleyhi ve sellem) buyuruyor ki:

- "Her Müslümanın canı, namus ve şerefi ile malı, diğer Müslümanlar için dokunulmazdır." (Müslim)

255. Bölüm

Gıybet Dinlemenin Haram Olması, Gıybeti Duyan Kimsenin Buna Karşı Çıkması

Dedikodu dinlemenin haram olduğu, duyanın buna karşı çıkması, dedikoducuyu ayıplaması, eğer bir şey diyemezse veya dedikoducu sözünü dinlemezse mümkün olduğu taktirde oradan ayrılması hakkındadır.

Allah Teâlâ (celle celâlüh) buyuruyor ki:

- "Bunlar faydasız veya çirkin söz duydukları zaman ondan yüz çevirirler." (Kasas suresi, 5. ayet.)

Allah Teâlâ (celle celâlüh) buyuruyor ki:

- "Onlar öyle kimselerdir ki, faydasız ve boş sözden yüz çevirirler." (Mü'minûn suresi, 3. ayet.)

Allah Teâlâ (celle celâlüh) buyuruyor ki:

- "Kulak, göz, kalp, bunların hepsi ondan sorumludur." (İsrâ suresi, 36. ayet.)

Allah Teâlâ (celle celâlüh) buyuruyor ki:

- "Ayetlerimiz hakkında çirkin konuşmalara dalanları görünce başka bir söze geçinceye kadar onlardan yüz çevir. Eğer

şeytan onlardan uzaklaşmayı sana unutturacak olursa hatırladıktan sonra sakın o zalim kimselerle bir arada oturma." (En'am suresi, 68. ayet.)

1530- Ebu'd-Derdâ'dan (radıyallâhu anh) rivayet edildiğine göre Peygamberimiz (sallallâhu aleyhi ve sellem) buyuruyor ki:

- "Kim Müslüman kardeşinin şeref ve namusunu savunursa Allah da kıyamet günü onun yüzünü cehennemden korur." (Tirmizî)

1531- İtbân b. Mâlik (radıyallâhu anh) "Umut" bölümünde zikredilen meşhur ve uzun hadisi rivayet ederek der ki:

"Peygamberimiz (sallallâhu aleyhi ve sellem) namaz kılmak için ayağa kalktı ve 'Mâlik b. Duhşüm nerede?' diye sordu. Oradakilerden biri 'O, Allah ve O'nun Resulü'nü sevmeyen bir münafıktır.' dedi. Bunun üzerine Peygamberimiz ona şöyle buyurdu:

- 'Öyle deme! Sırf Allah rızasını kazanmak amacı ile Lâ ilâhe illallâh dediğini görmüyor musun? Allah Teâlâ, sırf kendi rızasını kazanmak amacı ile Lâ ilâhe illallâh diyen kimseyi cehennem ateşine haram kılmıştır.'" (Buhâri, Müslim)

1532- Kâ'b b. Mâlik (radıyallâhu anh) "Tevbe" bölümünde geçen uzun hadisi rivayet ederek der ki: "Peygamberimiz (sallallâhu aleyhi ve sellem) Tebük seferine katılan sahabiler arasında otururken 'Kâ'b b. Mâlik ne yaptı (nerede)?' diye sordu. Selemeoğullarından biri 'Çift hırkası ile sağına soluna bakınıp caka satması onu sefere katılmaktan alıkoydu.' dedi. Bunun üzerine Mûaz b. Cebel (radıyallâhu anh), adama 'Ne çirkin sözler söyledin!' dedikten sonra Peygamberimize (sallallâhu aleyhi ve sellem) 'Vallahi ya Resulallah! Onun hakkında hayırdan başka bir şey bilmiyoruz.' dedi. Peygamberimiz (sallallâhu aleyhi ve sellem) ise hiçbir şey demedi." (Buhâri, Müslim)

256. Bölüm
Mübah Olan Gıybet

Bilesin ki! Başka türlü ulaşılması mümkün olmayan meşru ve doğru amaçlar uğruna gıybet etmek mübahtır. Bu da şu altı gerekçe ile olur:

Birincisi: Uğranılan zulmü arz etmek... Zulme uğrayan bir kimsenin "Falan kişi bana şu haksızlığı yaptı." diyerek devlet başkanı, kadı gibi yetkili kimselere veya zalimden hakkını geri almaya gücü yeten kimselere uğramış olduğu zulmü arz etmesi caizdir.

İkincisi: Eğri bir davranışı değiştirmek ve günah işleyen kimseyi doğru yola getirmek amacı ile yardım istemek için gıybet etmek caizdir. Amacı bu olan kimse eğriliği giderebileceğini umduğu bir kimseye "Falanca şu hareketi yapıyor. Onu o hareketi işlemekten alıkoy." diyebilir veya buna benzer bir ifade kullanabilir. Bu kimsenin amacı eğriliği gidermeyi sağlamaktır. Eğer amacı bu olmazsa o zaman yaptığı hareket haram olur.

Üçüncüsü: Fetva isterken gıybet etmek caizdir. Bu durumda olan kimse fetva verecek kimseye "Babam, kardeşim, eşim veya falanca bana şu haksızlığı yaptı. Bu hareketi yapması caiz midir? Ondan hakkımı nasıl alır, yaptığı zulme nasıl karşı koyar ve ondan nasıl kurtulabilirim?" vs. diyebilir. Gerekli hallerde böyle davranmak caizdir. Fakat "Şöyle şöyle hareket eden bir kişi, bir adam veya eş hakkında ne dersiniz?" şeklinde bir ifade en ihtiyatlı ve faziletli davranış olur. Böylece isim belirtmeksizin amaç gerçekleşmiş olur. Bununla birlikte –Hind aracılığıyla rivayet edilen hadis ile inşallah ispatlayacağımız üzere– isim belirtmek de caizdir.

Dördüncüsü: Müslümanları kötülük karşısında uyararak onlara nasihat vermek amacı ile gıybet etmek caizdir. Bu da birkaç türlü olur:

1. Hatalı olan ravi ve şahidin hatalı olduğunu belirtmek, Müslümanların görüş birliği ile bu caiz ve hatta gereklidir.

2. Biri ile hısımlık, ortaklık kurmak, birinin yanına emanet bırakmak, biri ile alışveriş yapmak veya komşu olmak ve benzeri durumlarda onunla ilgili olarak müşavere etmek. Bu durumlarda görüşüne başvurulan kimsenin sözkonusu kimsenin durumunu gizlememesi, tersine iyilik etmek niyeti ile o kimsede bulunan kötülükleri açıklaması gerekir.

3. Bilgi almak üzere bid'atçiye veya fasık bir kimseye başvuran birisinin görülmesi ve başvuran adamın o kimse yüzünden zarara uğrayacağından endişe edilmesi... Böyle bir durumla karşılaşan kimsenin nasihat amacı ile başvuran kimseyi uyarması gerekir. Bu noktada yanılgıya düşülebilir. Böyle bir amaçla konuşan kimseye kıskançlık hakim olabilir, şeytan da bu gerçeği onun gözünden saklayarak söylediği sözün nasihat amacı taşıdığını sanmasını sağlayabilir. Bu konuda uyanık olmak gerekir.

4. Bu durumlardan biri de ya görevinin ehli olmadığı için veya fasık olduğu için ya da yanıltıldığı için veyahut başka bir sebepten dolayı gerektiği şekilde görevini yerine getirmeyen bir yetkilinin bulunması halidir. Böyle bir görevlinin durumunu daha yetkili birine anlatarak amirinin o kimseyi görevden uzaklaştırıp yerine layık bir kimseyi getirmesini veya durumunu öğrenip ona güvenmemesini sağlamak ve amir durumunda olan yetkiliyi emri altındaki görevlinin ya doğru hareket etmesini sağlamaya veya değiştirmeye teşvik etmek gerekir.

5. Fasıklık ve bid'atçiliğini açığa vuran kimse hakkında gıybet etmek caizdir. Açıkça içki içmek, soygunculuk, haraç almak, zorla vergi toplamak ve benzeri batıl davranışlara yönelmek gibi... Bu kimsenin açığa vurduğu kötülüklerini belirtmek caizdir. Fakat şimdiye kadar saymış olduğumuz gerekçeler gerektirmiyorsa onun açığa çıkmayan kötülüklerini belirtmek haramdır.

6. Belirli bir lakapla anılan bir kimseyi tanıtmak için gıybet etmek caizdir. Sulu gözlü, topal, sağır, kör, şaşı ve bunlara benzer lakaplar gibi... Bu lakapları belirterek sahiplerini tanıtmak caizdir. Fakat bunları ayıplamak amacı ile kullanmak haramdır. Eğer başka türlü tanıtmak mümkünse o daha yerindedir.

Saydığımız altı gerekçe, âlimler tarafından zikredilmiş ve çoğu hakkında görüş birliği meydana gelmiştir. Bunların sahih hadis olan delilleri meşhurdur. Bir kısmı şunlardır:

1533- Hz. Âişe'den (radıyallâhu anhâ) rivayet edildiğine göre, adamın biri Peygamberimizin (sallallâhu aleyhi ve sellem) yanına girmek istedi. Peygamberimiz (sallallâhu aleyhi ve sellem) onun hakkında "İzin verin de yanıma gelsin. Aşireti içinde o ne kötü bir kimsedir!" buyurmuştur. (Buhâri, Müslim)

1534- Hz. Âişe'den (radıyallâhu anhâ) rivayet edildiğine göre Peygamberimiz (sallallâhu aleyhi ve sellem) iki kişi ile ilgili olarak "Falancanın ve filancanın dinimiz hakkında bir şey bildiklerini sanmıyorum." buyurdu. (Buhâri)

1535- Fatıma binti Kays (radıyallâhu anhâ) der ki: "Peygamberimize (sallallâhu aleyhi ve sellem) gelerek 'Beni Ebu'l-Cehm ve Muaviye istedi.' dedim. Bana 'Muaviye fakirdir, malı yoktur. Ebu'l-Cehm de değneğini omuzundan indirmez (kadınları döver).' buyurdu." (Buhâri, Müslim)

1536- Zeyd b. Erkam (radıyallâhu anh) der ki: "Peygamberimiz (sallallâhu aleyhi ve sellem) ile birlikte bir sefere çıkmıştık. Bu sefer sırasında yiyecek sıkıntısı baş gösterdi. Abdullah b. Übey, adamlarına 'Resulullah'ın çevresinde bulunanlara yiyecek vermeyiniz ki onun yanından ayrılıp dağılsınlar. Vallahi Medine'ye varınca hanginiz güçlü ise zayıf ve zavallı olanları şehirden kovacak.' dedi. Bunun üzerine Peygamberimize (sallallâhu aleyhi ve sellem) gelerek bu durumu haber verdim. Peygamberimiz birini gönderip Abdullah b. Übey'i yanına çağırdı. Abdullah b. Übey öyle bir şey yapmadığına dair yemin edince oradakiler (beni kastederek) 'Zeyd, Peygamberimize (sallallâhu aleyhi ve sellem) yalan söyledi.' dediler. Onların bu sözü bana çok dokundu. Bu sırada beni doğrular mahiyette 'Sana münafıklar gelince...' diye başlayan ayet indi. Bir süre sonra Peygamberimiz (sallallâhu aleyhi ve sellem) benim aleyhimde konuşanları kendileri için istiğfar etmek üzere yanına çağırdı, onlar ise bu davete katılmaktan kaçındılar." (Buhâri, Müslim)

1537- Hz. Âişe (radıyallâhu anhâ) der ki: "Ebu Süfyan'ın eşi Hind, Peygamberimize (sallallâhu aleyhi ve sellem) başvurarak 'Eşim Ebu Süfyan cimridir. Benim ve çocuklarımın ihtiyaçlarını karşılamıyor. Onun haberi olmadan aldıklarımla geçiniyoruz.' dedi. Peygamberimiz kendisine 'Normal olarak sana ve çocuklarına yetecek kadarını al.' buyurdu." (Buhâri, Müslim)

257. Bölüm
İnsanlar Arasında Arabozuculuk Gayesi ile Söz Taşımak

Allah Teâlâ (celle celâlüh) buyuruyor ki:

- **"Başkalarının ayıplarını araştıran, koğuculuk amacı ile söz taşıyan kimseye uyma."** (Kalem suresi, 11. ayet.)

Allah Teâlâ (celle celâlüh) buyuruyor ki:

- **"Ağzından bir söz çıkmaya görsün. Hemen yanı başında görevli bir gözcü vardır."** (Kâf suresi, 18. ayet.)

1538- Huzeyfe'den (radıyallâhu anh) rivayet edildiğine göre Peygamberimiz (sallallâhu aleyhi ve sellem) buyuruyor ki:

- "Koğucu, cennete giremez." (Buhâri, Müslim)

1539- İbni Abbas'tan (radıyallâhu anhumâ) rivayet edildiğine göre Peygamberimiz iki mezarın yanından geçerken şöyle buyurdu:

- "Bu iki kimse azap çekmektedir. Üstelik, aslında önemli oldukları halde onların gözünde önemli olmayan sebepler yüzünden azap çekmektedirler. Birisi koğuculuk amacı ile söz taşırdı. Öbürü de küçük su dökerken gizlenmezdi (veya idrar sıçrantılarının üzerine gelmesinden sakınmazdı)." (Buhâri, Müslim)

1540- İbni Mes'ud'dan (radıyallâhu anh) rivayet edildiğine göre Peygamberimiz (sallallâhu aleyhi ve sellem) şöyle buyurdu:

- "Adh ne demektir, size söyleyeyim mi? O, ara bozuculuk amacı ile insanlar arasında söz taşımaktır." (Müslim)

258. Bölüm
Fesat Çıkmasını Önlemek Gibi Bir İhtiyaç Olmadıkça Halkın Sözlerini İdarecilere Ulaştırmak Haramdır

Allah Teâlâ (celle celâlüh) buyuruyor ki:

– **"Günah işlemek ve ölçüleri aşmak için işbirliği yapmayınız."** (Mâide suresi, 2. ayet.)

1541- İbni Mes'ud'dan (radıyallâhu anh) rivayet edildiğine göre, Peygamberimiz (sallallâhu aleyhi ve sellem) buyurdu ki:

"Sahabilerimden hiç kimse bana başkası aleyhinde bir söz getirmesin. Çünkü ben, içimde hiçbir burukluk olmaksızın karşınıza çıkmak isterim." (Ebu Davud, Tirmizî)

259. Bölüm
İkiyüzlülüğün Kötülüğünü Belirtmek

Allah Teâlâ (celle celâlüh) buyuruyor ki:

– **"İnsanlardan gizlerler de Allah'tan gizlemezler. Oysa ki Allah, onların yaptıklarını (bilgisi ile) kuşatmıştır. Sizler dünya hayatında onları savundunuz. Fakat kıyamet günü onları Allah'a karşı kim savunacak? Kim kötülük işler yahut kendine zulmeder de Allah'tan affedilmeyi dilerse Allah'ı bağışlayıcı ve rahim olarak bulur."** (Nisâ suresi, 108-110. ayetler.)

1542- Ebu Hureyre'den (radıyallâhu anh) rivayet edildiğine göre Peygamberimiz (sallallâhu aleyhi ve sellem) buyuruyor ki:

– "İnsanların madenler gibi olduğunu görürsünüz. Onların içinde cahiliye devrinde hayırlı olanlar, İslam'ı öğrendikleri takdirde İslam döneminde de hayırlıdırlar. Devlet görevi bakımından en hayırlı olanların bu görevlere karşı şiddetle isteksiz olduklarını görürsünüz. İnsanların kötülerinin berikine karşı bu yüzle, ötekine karşı da başka bir yüzle çıkan ikiyüzlüler olduğunu görürsünüz." (Buhâri, Müslim)

1543- Muhammed b. Zeyd'den rivayet edildiğine göre bazı kimseler dedesi Abdullah b. Ömer'e (radıyallâhu anh) "Bizler devlet başkanlarımızın huzuruna çıktığımız zaman onlarla yanlarından ayrılınca kendi aramızda konuştuğumuzdan farklı bir şekilde konuşuruz." dediler. İbni Ömer de onlara "Peygamberimiz (sallallâhu aleyhi ve sellem) zamanında biz bunu münafıklık sayardık." diye cevap verdi. (Buhâri)

260. Bölüm
Yalanın Haram Olması

Allah Teâlâ (celle celâlüh) buyuruyor ki:

"Kesin olarak bilmediğin bir şeyin ardına düşme." (İsrâ suresi, 36. ayet.)

Allah Teâlâ (celle celâlüh) buyuruyor ki:

"Ağzından bir söz çıkmaya görsün. Hemen yanı başında görevli bir gözcü vardır." (Kâf suresi, 18. ayet.)

1544- İbni Mes'ud'dan (radıyallâhu anh) rivayet edildiğine göre Peygamberimiz (sallallâhu aleyhi ve sellem) buyuruyor ki:

– "Doğruluk insanı iyiliğe, iyilik de cennete ulaştırır. İnsan doğru söyleye söyleye, sonunda Allah katında doğrulardan yazılır. Yalancılık insanı günahkârlığa, günahkârlık da cehenneme ulaştırır. İnsan yalan söyleye söyleye, sonunda Allah katında yalancılardan yazılır." (Buhâri, Müslim)

1545- Abdullah b. Amr ibni'l-Âs'tan (radıyallâhu anhumâ) rivayet edildiğine göre Peygamberimiz (sallallâhu aleyhi ve sellem) buyuruyor ki:

– "Şu dört sıfat kimde bulunursa o, tam bir münafıktır. Kimde bu dört sıfattan biri bulunursa o sıfatı bırakıncaya kadar üzerinde bir münafık sıfatı var demektir. Kendisine emanet verildiği zaman hiyanet eder, konuşurken yalan söyler, sözleşme yaptığı zaman sözleşmesini tek taraflı olarak bozar, yargılandığı zaman haktan ayrılır." (Buhâri, Müslim)

1546- İbni Abbas'tan (radıyallâhu anhumâ) rivayet edildiğine göre Peygamberimiz (sallallâhu aleyhi ve sellem) buyuruyor ki:

– "Kim görmemiş olduğu bir rüyayı gördüğünü ileri sürerse iki arpa tanesini birbirine bağlamaya zorlanır. Bunu da yapması mümkün değildir. Kim, konuşmalarının duyulmasını istemeyen bir grubun sözlerine kulak verirse kıyamet günü kulağına erimiş kurşun dökülür. Kim bir canlı varlığın resmini yaparsa hem azaba çarpılır ve hem de o resme can vermeye zorlanır. Oysa ki ona can vermesi mümkün değildir." (Buhâri)

1547- İbni Ömer'den (radıyallâhu anhumâ) rivayet edildiğine göre Peygamberimiz (sallallâhu aleyhi ve sellem) buyuruyor ki:

– "En büyük yalan, adamın birinin görmediği bir şeyi gördüğünü iddia etmesidir." (Buhâri)

1548- Semüre b. Cündüb (radıyallâhu anh) der ki: "Peygamberimizin (sallallâhu aleyhi ve sellem) sık sık söylediği sözlerden biri 'İçinizden rüya gören var mı?' sorusu olur ve görmüş olduğu rüyayı anlatan kimsenin rüyasını, Allah'ın dileği uyarınca yorumlardı. Bir sabah bize şöyle buyurdu:

– 'Bu gece (rüyamda) bana iki kişi gelerek 'Yürü!' dediler. Onlarla birlikte yola çıktık. Yolda yere uzanmış bir adamla karşılaştık. Başka birisi elindeki bir taş parçası ile yatan adamın yanı başına dikilmişti. Adam taşı yatan kimsenin başına indirip başını parçaladıktan sonra taş yuvarlanıp az öteye gidiyor, peşinden gidip taşını yine alıyor, yerine dönünceye kadar berikinin parçalanmış başı iyileşerek eski halini alıyor, bu sefer de eli taşlı adam az önce yaptığını bir kere daha tekrar ediyordu. Yanımdakilere 'Sübhanallâh! Bu nedir?' dedim. Bana 'Yürü, yürü!' dediler.

Yine yola koyulduk. Yolda baş aşağı yatan biri ile karşılaştık. Yanıbaşında elinde çengelli demir tutan biri duruyordu. Demir çengelli adam yerdekinin önce bir yanına geçip o yanda bulunan avurdunu, gözünü ve burnunu çengele takarak ensesine kadar yırtıyor, sonra da öbür yanına geçerek öbür yanda yaptığı gibi yapıyordu. Eli çengelli adam bir yandaki işini tamamlar tamamlamaz yerdeki adamın öbür yarım yüzü düzelerek eski hâlini alıyor, o da o tarafa geçip aynı işlemi tekrarlıyordu. Yanımdakilere 'Sübhanallah! Bunlar nedir?' dedim. Bana 'Yürü, yürü!' dediler.

Yine yola koyulduk. Yolda fırın gibi bir yapının yanına vardık. (Ravi der ki: Peygamberimizin (sallallâhu aleyhi ve sellem) 'İçerden feryatlar ile karışık sesler geliyordu.' dediğini sanıyorum.) Yapının içine göz atınca içinin çıplak kadın ve erkekler ile dolu olduğunu gördük. Aşağıdan yükselen alevler vücutlarını sarıyor, hep birlikte çığlıklar koparıyorlardı. Yanımdakilere 'Bunlar nedir?' dedim. Bana 'Yürü, yürü!' dediler.

Yine yola devam ederek bir nehrin yanına vardık. (Ravi der ki: Peygamberimizin (sallallâhu aleyhi ve sellem) nehir hakkında 'Suyu kan gibi kırmızı' dediğini sanıyorum.) Nehirde biri yüzüyor, nehrin kenarında, yanında yığılmış taşlar bulunan bir başkası bulunuyor, nehirdeki adam bir süre yüzdükten sonra eli altında birikmiş taşlarla duranın yanına geliyor, ona doğru ağzını açıyor, o da adamın ağzına bir taş atıyor, bunun üzerine adam geri dönüp bir süre daha yüzdükten sonra yine onun yanına dönüyor... Adamın yanına her dönüşünde ağzını ona doğru açıyor, o da ağzına bir taş daha koyuyor. Yanımdakilere 'Bunlar nedir?' dedim. Bana 'Yürü, yürü!' dediler.

Yürümeye devam ederek çirkin görünüşlü (veya gördüğün en çirkin insanın görünüşünde olan) biri ile karşılaştık. Yanı başında ateş yanıyordu. Adam bir yandan ateşi tutuşturuyor, bir yandan da çevresinde dönüyordu. Yanımdakilere 'Bu nedir?' dedim. Bana 'Yürü, yürü!' dediler.

Bir süre yürüdükten sonra yemyeşil bir bahçenin yanına vardık. İçinde her türlü ilkbahar çiçeği vardı. Bahçenin ortasında neredeyse başını göremeyeceğim kadar uzun boylu bir adam vardı. Adamın etrafında daha önce hiç görmediğim kadar çok çocuk vardı. Yanımdakilere 'Bu nedir?' dedim. Bana 'Yürü, yürü!' dediler.

Bir süre yürüdükten sonra ulu bir ağacın yanına vardık. Daha böyle ulu ve güzel bir ağaç hiç görmemiştim. Yanımdakiler bana 'Bu ağaca çık.' dediler. Birlikte ağaca çıkıp binalarının tuğlaları altın ve gümüşten olan bir şehre yükseldik. Şehrin kapısına varıp kapıyı açmalarını istedik. Kapı açıldı, içeri girdik. Karşımıza vücutlarının bir yanı gördüklerinin en çirkini kadar çirkin, öbür yanı da gördüklerinin en güzeli kadar güzel olan biri çıktı. Yanımdakiler onlara 'Gidin, şu nehre dalın.' dediler. Az ötede enine akan suları bembeyaz bir nehir vardı. Gördüğümüz kimseler varıp bu nehre daldıktan sonra vücutlarındaki çirkinlik kaybolmuş olarak ve en güzel bir görünüş içinde yanımıza döndüler. Yanımdakiler bana 'Burası Adn cennetidir. Senin konağın da işte şurada.' dediler. Bakışlarım yukarılara yönelince beyaz bulut gibi bir köşk gördüm. Bana 'Senin konağın işte orasıdır.' dediler. Onlara 'Allah iyiliğinizi versin, bırakın da içeriye gireyim!' dedim. Bana 'Şimdi değil. Fakat nasıl olsa oraya gireceksin.' dediler. Kendilerine 'Gecenin başından beri bazı şaşırtıcı şeyler gördüm. Bu görmüş olduğum şeyler nedir?' dedim. Bana 'Şimdi sana onları anlatacağız.' deyip sözlerine şöyle devam ettiler:

'Taş vurularak başı parçalanan ilk adam, Kur'an'ı öğrenip sonra ihmal etmiş ve farz namazlarının kılınacağı vakitlerde uyuyan kimsedir. Avurtları, burnu ve gözleri ensesine kadar yırtılırken yanına vardığın adam da yalan bir söz söyleyip de yalanı kulaktan kulağa her tarafa yayılan kimsedir. Fırın gibi bir yapı içinde çıplak olarak yanan erkekler ve kadınlar zina işlemiş olan kimselerdir. Nehirde yüzdükten sonra ağzına taş tıkılırken gördüğün adam da faiz yiyen kimsedir. Çevresinde dolandığı ateşi tutuştururken görmüş olduğun çirkin görüntülü adam da cehennemin bekçisi Mâlik'tir. Yeşil bahçede gördüğün uzun boylu adam İbrahim (aleyhisselam), etrafında bulunan çocuklar da İslam fıtratı üzere ölen çocuklardır.' (Berkâni'nin (radıyallâhu anh) rivayetine göre son cümle 'İslam fıtratı üzerine doğmuş bulunan tüm çocuklardır.' şeklindedir.)

Orada bulunan Müslümanlardan birisi 'Ya Resulallah! Müşriklerin çocukları da mı?' diye sordular. Peygamberimiz (sallallâhu aleyhi ve sellem) bu soruya 'Evet, müşriklerin çocukları da.' diye cevap verdi. 'Bir yanları güzel, bir yanları çirkin olarak gördüğün kimseler de hem iyi hem kötü amel işleyen kimselerdir. Allah onların kötülüklerini bağışlamıştır.'" (Buhâri)

Yine Buhâri'nin kaydettiği bir rivayete göre Peygamberimiz (sallallâhu aleyhi ve sellem) "Bu gece (rüyamda) iki adam gördüm. Beni alıp mukaddes bir yere yücelttiler." diye başlayarak yukarıdaki sözlerini söyledi ve sonra şöyle devam etti:

– "Bir süre yürüdükten sonra alt tarafı geniş, üst tarafı dar, fırınımsı bir yapının yanına geldik. Alt tarafında ateş yanıyordu. Alevler yükselince içerdeki insanlar da alevlerle birlikte yükseliyor ve neredeyse dışarıya fırlayacak gibi oluyorlar. Alevler tavsayınca da içindekiler aşağıya doğru iniyorlardı. İçerde çıplak erkek ve kadınlar vardı."

Yine bu rivayete göre hadisin bir yerinde Peygamberimiz (sallallâhu aleyhi ve sellem) şöyle buyuruyor:

– "Bir süre sonra içinde kan akan bir nehrin yanına vardık. (Bu rivayete göre ravi nehirde kan aktığını kesin bir ifade ile belirtiyor.) Nehrin ortasında bir adam duruyordu. Nehrin kenarında da önünde taşlar yığılmış bir başka adam vardı. Nehirdeki adam yüzüp kenara çıkmaya yöneldi. Fakat adam çıkmak isteyince kenarda bulunan adam ağzına taş atarak onu geri çevirdi. Nehirdeki adamın çıkmak üzere her kenara yaklaşması sırasında kenarda duran adam ağzına taş atıyor, o da yine nehre dönüyordu."

Yine bu rivayete göre hadisin bir yerinde Peygamberimiz (sallallâhu aleyhi ve sellem) şöyle buyuruyor:

– "Yanımdakiler beni bir ağaca çıkardılar ve beni o güne kadar görmüş olduklarımın tümünden güzel bir eve soktular. İçerde yaşlı ve genç erkekler vardı."

Yine bu rivayete göre hadisin bir yerinde Peygamberimiz (sallallâhu aleyhi ve sellem) şöyle buyuruyor:

– "Avurtlarının yırtıldığını görmüş olduğun adam bir yalancıdır. Yalan bir söz söyler. Bu yalanı her tarafa yayılır. Kıyamet gününe kadar ona bu ceza uygulanır."

Yine bu rivayete göre hadisin bir yerinde Peygamberimiz (sallallâhu aleyhi ve sellem) şöyle buyuruyor:

– "Yanımdakiler bana 'Başına taşla vurulup başı parçalanırken gördüğün adam, Allah'ın kendisine Kur'an öğrenmeyi nasip etmesine rağmen geceleri uykuya dalan ve gündüzleri de Kur'an'a göre amel etmeyen kimsedir. Kıyamet gününe kadar ona bu ceza uygulanır. İlk girdiğin ev, sıradan mü'minlerin yurdudur. Şu ev, şehitlerin yurdudur. Ben Cebrail, bu da Mikâil'dir. Başını yukarıya çevir!' dediler. Başımı kaldırdım, üstümde bulut gibi bir şey duruyordu. Yanımdakiler 'O senin konağındır.' dediler. Kendilerine 'Bırakın da konağıma gireyim.' dedim. Bana 'Henüz yaşanmamış ömrün var, ömrünü tamamlayınca konağına gelirsin.' dediler." (Buhâri)

261. Bölüm
Caiz Olan Yalan

Bilesin ki! Yalan söylemek, özü haram olmakla birlikte "Zikirler" bölümünde açıkladığım şartlara bağlı olarak bazı durumlarda caizdir. Söz konusu şartlar kısaca şöyle özetlenebilir:

Söz amaçlara ulaştıran bir araçtır. Buna göre yalan söylemeksizin gerçekleştirilebilen her iyi amaç uğruna yalan söylemek haramdır. Fakat bu iyi amacı yalan söylemeksizin gerçekleştirmek mümkün değilse o zaman yalan söylemek caizdir.

Bunun yanında eğer söz konusu amacı gerçekleştirmek mübah ise o uğurda yalan söylemek mübah, eğer o amacı gerçekleştirmek vacip ise o uğurda yalan söylemek de vacip olur. Bu duruma göre eğer bir Müslüman kendisini öldürmek isteyen bir zalimden kaçıp bir yere gizlenir veya onun malını elinden almak isteyen bir zorbadan malını saklar da birine bu Müslümanın nerede saklandığı sorulursa o kimsenin söz konusu Müslümanı ele vermemek için yalan söylemesi vacip olur. Bunun gibi, eğer birinin yanına bir emanet bırakılır da zalimin biri onu almak isterse o kimsenin yalan söyleyip emaneti saklaması vacib olur.

Böyle bir durumda tevriye yapmak (yoruma uygun konuşmak) en ihtiyatlı davranış olur. Tevriye şu demektir: İnsan, kendi açısından yalan olmayan, manası doğru bir ifade kullanır; her ne kadar sözlerinin dış manası ve muhatabının bu sözlere verdiği anlam bakımından yalan söylemiş olsa bile. Fakat böyle bir durumda insan, tevriye yoluna sapmaksızın kesin bir ifade ile yalan söylese o da haram değildir.
1549- Bu durumlarda yalan söylemenin caiz olduğunu belirten âlimler Ümmü Gülsüm (radıyallâhu anhâ) tarafından rivayet edilen şu hadisi delil göstermişlerdir. Ümmü Gülsüm'den (radıyallâhu anhâ) rivayet edildiğine göre

Peygamberimiz (sallallâhu aleyhi ve sellem) "Güzel söz taşıyıp veya güzel söyleyip insanların arasını bulan kimse yalancı değildir." buyurmuştur. (Buhâri, Müslim)

Müslim'in kaydettiği başka bir rivayete göre Ümmü Gülsüm savaşı, insanları barıştırmayı, erkeğin karısı ve kadının kocası için söylediği sözleri kastederek "Peygamberimizin (sallallâhu aleyhi ve sellem) şu üç şeyin dışında insanların herhangi bir konuşmada yalan söylemelerine izin verdiğini duymadım." demiştir.

262. Bölüm
Konuşmaları Sağlam Kaynaklara Dayandırmak

İnsanın gerek kendi konuşmalarında ve gerekse başkalarının sözlerini naklederken sağlam kaynaklara dayanmasını teşvik etmek hakkındadır.

Allah Teâlâ (celle celâlüh) buyuruyor ki:

– **"Kesin olarak bilmediğin bir şeyin ardına düşme."** (İsrâ suresi, 36. ayet.)

Allah Teâlâ (celle celâlüh) buyuruyor ki:

– **"Ağzından bir söz çıkmaya görsün, hemen yanı başında görevli bir gözcü vardır."** (Kâf suresi, 18. ayet.)

1550- Semüre'den (radıyallâhu anh) rivayet edildiğine göre Peygamberimiz (sallallâhu aleyhi ve sellem) buyuruyor ki:

– "Kim yalan olduğunu göre göre bana bir söz isnat ederse o bir yalancıdır." (Müslim)

1551- Esma'dan (radıyallâhu anhâ) rivayet edildiğine göre kadının biri Peygamberimize (sallallâhu aleyhi ve sellem) "Ya Resulallah! Benim bir kumam var. Ona karşı kocamın bana vermediği bir şeyle tokluk (tatmin) taslasam günah olur mu?" diye sordu. Peygamberimiz (sallallâhu aleyhi ve sellem) ona "Kendisine verilmemiş olan bir şeyi verilmiş gibi göstererek tokluk taslayan kimse iki katlı bir yalancı kılığına bürünen kimseye benzer." buyurdu. (Buhâri, Müslim)

1552- Ebu Hureyre'den (radıyallâhu anh) rivayet edildiğine göre, Peygamberimiz (sallallâhu aleyhi ve sellem) şöyle buyurdu:

– "Kişinin her duyduğunu söylemesi yalan olarak kendisine yeter." (Müslim)

263. Bölüm
Yalan Şahitliğin Ağır Bir Haram Olması

Allah Teâlâ (celle celâlüh) buyuruyor ki:

- **"Yalan sözden çekininiz."** (Hac suresi, 30. ayet.)

Allah Teâlâ (celle celâlüh) buyuruyor ki:

- **"Kesin olarak bilmediğin bir şeyin ardına düşme."** (İsrâ suresi, 36. ayet.)

Allah Teâlâ (celle celâlüh) buyuruyor ki:

- **"Ağzından bir söz çıkmaya görsün, hemen yanı başında görevli bir gözcü vardır."** (Kâf suresi, 18. ayet.)

Allah Teâlâ (celle celâlüh) buyuruyor ki:

- **"Hiç şüphesiz Rabbin gözetlemektedir."** (Fecr suresi, 14. ayet.)

Allah Teâlâ (celle celâlüh) buyuruyor ki:

- **"Onlar ki yalan yere şahitlik etmezler."** (Furkân suresi, 72. ayet.)

1553- Ebu Bekre (radıyallâhu anh) der ki: "Peygamberimiz (sallallâhu aleyhi ve sellem) bir gün 'En büyük günahların neler olduğunu size söyleyeyim mi?' diye sordu. Bizler 'Tabii, buyur ya Resulallah!' deyince, Peygamberimiz (sallallâhu aleyhi ve sellem) 'Allah'a ortak koşmak, ana babaya karşı gelmek.' buyurdu. Bir yere yaslanmışken oturma durumuna geçerek 'Bir de yalancılık ve yalan yere şahidlik etmek!' diye buyurdu. Aynı sözü o kadar üst üste tekrarladı ki, içimizden 'Keşke sussa!' dedik." (Buhâri, Müslim)

264. Bölüm
Belirli Bir İnsanı veya Hayvanı Lanetlemenin Haram Olması

1554- Rıdvan Biati'nde bulunanlardan Ebu Zeyd b. Sabit b. Dahhâk el-Ensari'den (radıyallâhu anh) rivayet edildiğine göre Peygamberimiz (sallallâhu aleyhi ve sellem) buyuruyor ki:

- "Kim İslam'dan başka bir din adına yalan yere yemin ederse o dediği gibi olur. Kim kendi kendini bir araçla öldürürse kıyamet günü o araçla azaba çarptırılır. Herhangi bir kimsenin sahip olmadığı bir şeyi adaması geçersizdir. Mü'mine lanet etmek, onu öldürmek gibidir." (Buhâri, Müslim)

1555- Ebu Hureyre'den (radıyallâhu anh) rivayet edildiğine göre Peygamberimiz (sallallâhu aleyhi ve sellem) buyuruyor ki:

- "Lanetçi olmak, dürüst bir kimseye yakışmaz." (Müslim)

1556- Ebu'd-Derdâ'dan (radıyallâhu anh) rivayet edildiğine göre Peygamberimiz (sallallâhu aleyhi ve sellem) buyuruyor ki:

– "Başkalarına lanet edenler, kıyamet günü ne şefaatçi ne de şahit olabilirler." (Müslim)

1557- Semüre b. Cündüb'den (radıyallâhu anh) rivayet edildiğine göre Peygamberimiz (sallallâhu aleyhi ve sellem) buyuruyor ki:

– "Birbirinizi Allah'ın laneti veya gazabı yahut ateş ile lanetlemeyiniz." (Ebu Davud, Tirmizî)

1558- İbni Mes'ud'dan (radıyallâhu anh) rivayet edildiğine göre Peygamberimiz (sallallâhu aleyhi ve sellem) buyuruyor ki:

– "Mü'min başkalarını kınayan, lanetleyen, çirkin ve kem söz söyleyen biri olamaz." (Tirmizî)

1559- Ebu'd-Derdâ'dan (radıyallâhu anh) rivayet edildiğine göre Peygamberimiz (sallallâhu aleyhi ve sellem) buyuruyor ki:

– "Bir kul, herhangi bir kimseye lanet edince, lanet göğe çıkar. Fakat gök kapıları yüzüne kilitlenir. Sonra yere iner. Fakat yer kapıları da yüzüne kilitlenir. Sonra sağa ve sola yönelir. Girecek bir yer bulamayınca kendisine lanet edilen kimseye döner. Eğer adam lanete layıksa onun üzerinde kalır. Eğer değilse lanet edene döner." (Ebu Davud)

1560- İmran b. Husayn (radıyallâhu anhumâ) der ki: "Peygamberimiz (sallallâhu aleyhi ve sellem) ile birlikte bir seferdeydik. Ensar'dan bir kadın, devesinin sırtındayken canı sıkıldı ve devesine lanet etti. Peygamberimiz (sallallâhu aleyhi ve sellem) kadının sözlerini duyunca 'Üzerindekileri alıp deveyi salıveriniz. Çünkü o lanetlidir.' buyurdu. O deve halkın arasında dolaşırken ona hiç kimsenin dokunmadığını şimdi görür gibiyim." (Müslim)

1561- Ebu Berze Nadle b. Ubeyd el-Eslemî (radıyallâhu anh) der ki: "Genç bir kadın, kervandakilerin bir kısım erzağını taşıyan bir devenin sırtında yolculuk ediyordu. Dağ yolunun yolculara sıkıntı verdiği bir yerden geçmekteydiler. Kadın, Peygamberimizi de görebildiği bir sırada 'Yürüsene! Allah'ım, bu deveye lanet et!' dedi. Bunun üzerine Peygamberimiz (sallallâhu aleyhi ve sellem) 'Lanetlenmiş bir deve bizimle birlikte yolculuk etmesin.' buyurdu." (Müslim)

265. Bölüm

İsim Belirtmeksizin Günahkârlara Lanet Etmenin Caiz Olması

Allah Teâlâ (celle celâlüh) buyuruyor ki:

- "Biliniz ki, Allah'ın laneti zalimlerin üzerinedir." (Hûd suresi, 18. ayet.)

Allah Teâlâ (celle celâlüh) buyuruyor ki:

- "Aralarından biri 'Allah'ın laneti zalimlerin üzerine olsun!' diye seslenir." (A'raf suresi, 44. ayet.)

1562- Sahih bir hadisle sabit olduğuna göre, Peygamberimiz (sallallâhu aleyhi ve sellem) "Takma saç yapanlar ile takma saç edinenlere Allah lanet etsin!" buyurmuştur. Yine o, "Allah, faiz yiyenlere lanet etsin!" buyurmuştur. Yine Peygamberimiz canlı bir varlığın resmini yapanları lanetlemiş, aynı zamanda "Allah, tarlanın sınırlarını değiştiren kimseye lanet etsin!" buyurmuştur.

Bunlar haricinde Peygamberimiz "Bir yumurta çalan hırsıza Allah lanet etsin!" "Ana babasını lanetleyen kimseye Allah lanet etsin!" "Allah'tan başkası adına hayvan boğazlayana Allah lanet etsin!" "Kim burada (Medine'de) bir hüküm uydurursa veya bir uydurmacıya yataklık ederse Allah'ın, meleklerin ve insanların laneti üzerine olsun!" buyurmuştur.

Üç Arap kabilesini kastederek "Allah'ım! Ri'l, Zekvan ve Usayye kabilelerine lanet eyle! Onlar Allah'a ve O'nun resulüne asi olmuşlardır." "Allah Yahudilere lanet etsin! Onlar peygamberlerinin mezarlarını tapınak edindiler." buyurmuştur. Yine Peygamberimiz (sallallâhu aleyhi ve sellem) kendisini kadınlara benzeten erkekler ile erkeklere benzemeye özenen kadınlara lanet etmiştir.

Bu hadislerin tümü ya Buhâri ile Müslim'de veya bu ikisinden birindedir.

266. Bölüm
Müslümana Haksız Yere Hakaret Etmenin Haram Olması

Allah Teâlâ (celle celâlüh) buyuruyor ki:

- "Müslüman erkek ve kadınları, işlemiş oldukları bir günah karşılığı olmaksızın üzenler, açık bir iftira ve günah yüklenmiş olurlar." (Ahzâb suresi, 58. ayet.)

1563- İbni Mes'ud'dan (radıyallâhu anh) rivayet edildiğine göre Peygamberimiz (sallallâhu aleyhi ve sellem) buyuruyor ki:

- "Müslümana sövmek fasıklık, onu öldürmek ise küfürdür." (Buhâri, Müslim)

1564- Ebu Zer'den (radıyallâhu anh) rivayet edildiğine göre Peygamberimiz (sallallâhu aleyhi ve sellem) buyuruyor ki:

– "Hiç kimse başkasını fasıklık ve küfür ile itham etmesin. Çünkü eğer itham edilen kimse öyle değilse ithamlar sahibine döner." (Buhâri)

1565- Ebu Hureyre'den (radıyallâhu anh) rivayet edildiğine göre Peygamberimiz (sallallâhu aleyhi ve sellem) buyuruyor ki:

– "Karşılıklı birbirine söven kimselerin günahı –ilk sövülen kişi ölçüyü kaçırmadığı takdirde– sövüşmeyi başlatanın üzerinedir." (Müslim)

1566- Yine Ebu Hureyre (radıyallâhu anh) der ki: "Peygamberimizin (sallallâhu aleyhi ve sellem) huzuruna içkili bir adam getirmişlerdi. Peygamberimiz 'Onu dövün!' buyurdu. Bunun üzerine kimimiz elleri, kimimiz nalınları, kimimiz de elbiseleri ile onu dövdük. Adam yanımızdan ayrılıp giderken aramızdan birisi 'Allah seni rüsva etsin!' dedi. Bunun üzerine Peygamberimiz (sallallâhu aleyhi ve sellem) 'Ona böyle demeyiniz. Ona karşı şeytanı desteklemeyiniz.' buyurdu." (Buhâri)

1567- Yine Ebu Hureyre'den (radıyallâhu anh) rivayet edildiğine göre Peygamberimiz (sallallâhu aleyhi ve sellem) buyuruyor ki:

– "Kim kölesini zina ile itham ederse, öyle olmadığı takdirde, kıyamet günü iftira cezasına çarptırılır." (Buhâri, Müslim)

267. Bölüm
Şer'î Bir Endişe Olmaksızın ve Haksız Yere Ölülere Dil Uzatmanın Haram Olması

1568- Hz. Âişe'den (radıyallâhu anhâ) rivayet edildiğine göre Peygamberimiz (sallallâhu aleyhi ve sellem) buyuruyor ki:

– "Ölülere sövmeyiniz. Çünkü onlar işlemiş oldukları ameller ile baş başadırlar." (Buhâri)

268. Bölüm
Başkalarını İncitmekten Sakınmak

Allah Teâlâ (celle celâlüh) buyuruyor ki:

– "Müslüman erkek ve kadınları işlemiş oldukları bir günah karşılığı olmaksızın üzenler, açık bir iftira ve günah yüklenmiş olurlar." (Ahzâb suresi, 58. ayet.)

1569- Abdullah b. Amr ibni'l-Âs'tan (radıyallâhu anhumâ) rivayet edildiğine göre Peygamberimiz (sallallâhu aleyhi ve sellem) buyuruyor ki:

- "Müslüman, Müslümanların dilinden ve elinden emin oldukları kimsedir. Muhacir de Allah'ın yasak kıldığı şeylerden uzaklaşandır." (Buhâri, Müslim)

1570- Yine Abdullah b. Amr ibni'l-Âs'tan (radıyallâhu anhumâ) rivayet edildiğine göre Peygamberimiz (sallallâhu aleyhi ve sellem) buyuruyor ki:

- "Kim cehennemden uzak kalıp cennete girmeyi isterse kendisine ölüm, Allah'a ve ahiret gününe iman etmişken gelsin. Kendisine nasıl davranılmasını istiyorsa başkalarına da öyle davransın." (Müslim)

269. Bölüm
Kin Tutmanın, Birbiri ile İlişkiyi Kesmenin ve Birbirine Sırt Çevirmenin Yasak Olması

Allah Teâlâ (celle celâlüh) buyuruyor ki:

- **"Mü'minler ancak kardeştirler."** (Hucurât suresi, 10. ayet.)

Allah Teâlâ (celle celâlüh) buyuruyor ki:

- **"Onlar, mü'minlere karşı ağırbaşlı, kafirlere karşı onurlu ve izzetlidirler."** (Mâide suresi, 54. ayet.)

Allah Teâlâ (celle celâlüh) buyuruyor ki:

- **"Muhammed, Allah'ın resulüdür. Onun çevresindekiler de kafirlere karşı şiddetli, kendi aralarında merhametlidirler."** (Fetih suresi, 29. ayet.)

1571- Enes'ten (radıyallâhu anh) rivayet edildiğine göre Peygamberimiz (sallallâhu aleyhi ve sellem) buyuruyor ki:

- "Birbirinize karşı kin tutmayınız, birbirinizi kıskanmayınız, birbirinize sırt çevirmeyiniz, birbirinizle ilişkilerinizi kesmeyiniz. Ey Allah'ın kulları, kardeş olunuz! Bir Müslümanın diğer Müslüman kardeşi ile üç günden fazla küs durması helal değildir." (Buhâri, Müslim)

1572- Ebu Hureyre'den (radıyallâhu anh) rivayet edildiğine göre Peygamberimiz (sallallâhu aleyhi ve sellem) buyuruyor ki:

- "Pazartesi ve perşembe günleri cennet kapıları açılır ve -mü'min kardeşi ile arasında düşmanlık bulunanlar dışında- Allah'a ortak koşmamış olan herkesin günahları bağışlanır. Bu sıralarda 'Şu iki kişiyi barışıncaya kadar bekletiniz. Evet, şu iki kişiyi barışıncaya kadar bekletiniz.' diye seslenilir." (Müslim)

Müslim'in diğer bir rivayetinde "Her perşembe veya pazartesi günleri insanların (haftalık) amelleri arzolunur." denilmiştir.

270. Bölüm
Kıskançlık

Kıskançlık gerek dini ve gerekse dünyevi bir nimetin sahibinin elinden gitmesini arzu etmektir.

Allah Teâlâ (celle celâlüh) buyuruyor ki:

- **"Yoksa onlar, Allah'ın kendi bağışlayıcılığının eseri olarak başkalarına vermiş olduğu nimetleri mi kıskanıyorlar?"** (Nisâ suresi, 54. ayet.)

1573- Ebu Hureyre'den (radıyallâhu anh) rivayet edildiğine göre Peygamberimiz (sallallâhu aleyhi ve sellem) buyuruyor ki:

- "Kıskançlıktan sakınınız. Çünkü ateş nasıl odunu (veya kuru otu) yakarsa, kıskançlık da iyi ameli öyle yer." (Ebu Davud)

271. Bölüm
Başkalarının Ayıplarını Araştırmanın ve Duyulması İstenmeyen Söze Kulak Vermenin Haram Olması

Allah Teâlâ (celle celâlüh) buyuruyor ki:

- **"Birbirinizin ayıplarını araştırmayınız."** (Hucurât suresi, 12. ayet.)

Allah Teâlâ (celle celâlüh) buyuruyor ki:

- **"Müslüman erkek ve kadınları, işlemiş oldukları bir günah karşılığı olmaksızın üzenler, açık bir iftira ve günah yüklenmiş olurlar."** (Ahzâb suresi, 58. ayet.)

1574- Ebu Hureyre'den (radıyallâhu anh) rivayet edildiğine göre Peygamberimiz (sallallâhu aleyhi ve sellem) buyuruyor ki:

- "Zandan kaçınınız. Çünkü zan, sözlerin en yalan olanıdır. Başkalarının ayıplarını didikleyip araştırmayınız. Belirli bir amaca varmak için başkaları ile kinci rekabete girişmeyiniz. Birbirinizi kıskanmayınız. Birbirinize karşı kin bağlamayınız. Birbirinize karşı sırt çevirmeyiniz. Allah'ın size emrettiği gibi O'nun birbirini kardeş bilen kulları olunuz. Müslüman Müslümanın kardeşidir; ona zulmetmez, onu yüzüstü bırakmaz, onu küçük düşürmez. (Eli ile kalbinin üzerini göstererek) Takva buradadır. Takva buradadır. Bir Müslüman için, Müslüman kardeşini küçük düşürmek yeterli bir günahtır. Her Müslümanın kanı (canı), ırzı ve malı diğer Müslümanlar için dokunulmazdır. Allah sizin ne boyunuza, posunuza ne dış görünüşünüze ve ne de davranışlarınıza bakar. O sizin kalplerinize bakar."

Diğer bir rivayete göre hadisin ilgili kısmı şöyledir:

"Birbirinizi kıskanmayınız. Birbirinize karşı kin bağlamayınız. Birbirinizin ayıplarını didikleyip araştırmayınız. Başkasını aldatmak için almayacağınız bir malın fiyatını yükseltmeyiniz. Allah'ın birbirini kardeş bilen kulları olunuz."

Diğer bir rivayet de şöyledir:

"Birbirinizle olan ilişkilerinizi kesmeyiniz. Birbirinize sırt çevirmeyiniz. Birbirinize kin beslemeyiniz. Birbirinizi kıskanmayınız. Allah'ın birbirini kardeş bilen kulları olunuz."

Diğer bir rivayet de şöyledir.

"Birbirinize küsmeyiniz. İçinizden birisi başkasının müşterisini ayartmasın." (Müslim, Buhâri [bir kısmını])

1575- Muaviye'den (radıyallâhu anh) rivayet edildiğine göre Peygamberimiz (sallallâhu aleyhi ve sellem) buyuruyor ki:

- "Sen Müslümanların ayıplarını didikleyip araştırırsan, onları ifsat edersin veya fesada yaklaştırırsın." (Ebu Davud)

1576- İbni Mes'ud'dan (radıyallâhu anh) rivayet edildiğine göre bir gün huzuruna birisini getirdiler ve hakkında "Bu adam sakalından içki damlayan falancadır." dediler. İbni Mes'ud böyle diyenlere "Başkalarının ayıplarını didikleyip araştırmak bize yasak kılındı. Fakat bir şey görürsek ona göre hüküm veririz." diye cevap verdi. (Ebu Davud)

272. Bölüm
Müslümanlar Hakkında Haksız Yere Suizanda Bulunmak

Allah Teâlâ (celle celâlüh) buyuruyor ki:

- "Ey iman edenler! Zannın birçoğundan kaçınınız. Hiç şüphesiz ki zannın bir kısmı günahtır." (Hucurât suresi, 12. ayet.)

1577- Ebu Hureyre'den (radıyallâhu anh) rivayet edildiğine göre Peygamberimiz (sallallâhu aleyhi ve sellem) buyuruyor ki:

- "Zandan sakınınız. Çünkü zan, yalan sözlerin en yalan olanıdır." (Buhâri, Müslim)

273. Bölüm
Müslümanı Küçük Düşürmek Haramdır

Allah Teâlâ (celle celâlüh) buyuruyor ki:

- **"Ey mü'minler! İçinizden bir grup, başka bir grubu alaya almasın. Çünkü alay edilen kimseler, alay edenlerden daha hayırlı olabilirler. Bir kısım kadınlar da başka kadınlarla alay etmesin. Çünkü alay edilen kadınlar, alay edenlerden daha hayırlı olabilirler. Birbirinizi kötülemeyiniz. Birbirinizi çirkin lakaplarla anmayınız. Mü'min olduktan sonra fasıklık ismi ne çirkin şeydir! Kim tevbe etmezse, işte zalimler onlardır."** (Hucurât suresi, 11. ayet.)

Allah Teâlâ (celle celâlüh) buyuruyor ki:

- **"Tüm arkadan çekiştirenlerin, kaş göz oynatarak başkaları ile alay edenlerin vay haline!"** (Hümeze suresi, 1. ayet.)

1578- Ebu Hureyre'den (radıyallâhu anh) rivayet edildiğine göre Peygamberimiz (sallallâhu aleyhi ve sellem) buyuruyor ki:

- "Müslüman kardeşini küçük düşürmek, kişi için yeterli bir günahtır." (Müslim)

1579- İbni Mes'ud'dan (radıyallâhu anh) rivayet edildiğine göre bir gün Peygamberimiz (sallallâhu aleyhi ve sellem) şöyle buyurdu:

- "Kalbinde zerre kadar kibir bulunan kimse cennete giremez."

Sahabilerden biri "Herhangi bir kimse elbisesinin nalınlarının güzel olmasını isterse bu kibir midir?" diye sordu. Peygamberimiz (sallallâhu aleyhi ve sellem) şöyle buyurdu:

- "Allah güzeldir, güzelliği sever. Kibir, hakkı kabul etmemek ve başkalarını küçük görmektir." (Müslim)

1580- Cündüb b. Abdullah'tan (radıyallâhu anh) rivayet edildiğine göre Peygamberimiz (sallallâhu aleyhi ve sellem) buyuruyor ki:

- "Adamın biri 'Vallahi, Allah falancayı affetmez!' dedi. Bunun üzerine Allah Teâlâ (celle celâlüh) 'Falancayı affetmeyeceğim diye kim yemin edebilir? Ben onun günahlarını bağışladım ve senin amellerini siliverdim.' buyurmuştur." (Müslim)

274. Bölüm
Müslümanın Uğradığı Felakete Sevinmenin Yasak Olması

Allah Teâlâ (celle celâlüh) buyuruyor ki:

- **"Mü'minler ancak kardeştirler."** (Hucurât suresi, 10. ayet.)

Allah Teâlâ (celle celâlüh) buyuruyor ki:

- "Mü'minler arasında nahoş olayların yayılmasını isteyenlere gerek dünyada gerekse ahirette acı azap vardır." (Nûr suresi, 19. ayet.)

1581- Vâsile b. el-Eska'dan (radıyallâhu anh) rivayet edildiğine göre Peygamberimiz (sallallâhu aleyhi ve sellem) buyuruyor ki:

- "Mü'min kardeşinizin uğradığı felaket karşısında sevinç göstermeyiniz. Yoksa Allah ona rahmet edip sizi belaya uğratır." (Tirmizî)

Ayrıca bu konuda "Tecessüs" bölümünde geçen ve Ebu Hureyre tarafından rivayet edilen "Her Müslümanın canı... diğer Müslümanlar için dokunulmazdır." şeklinde başlayan hadis vardır.

275. Bölüm
Nesebe Sövmemek

Allah Teâlâ (celle celâlüh) buyuruyor ki:

- "Mü'min erkek ve kadınları, işlemiş oldukları bir günah karşılığı olmaksızın üzenler, açık bir iftira ve günah yüklenmiş olurlar." (Ahzâb suresi, 58. ayet.)

1582- Ebu Hureyre'den (radıyallâhu anh) rivayet edildiğine göre Peygamberimiz (sallallâhu aleyhi ve sellem) buyuruyor ki:

- "İnsanlar arasında yaygın olan bu iki alışkanlık küfür geleneklerindendir: Nesebe sövmek ve ölünün arkasından yüksek sesle ağlamak." (Müslim)

276. Bölüm
Sahtekârlığı ve Aldatmayı Yasaklamak

Allah Teâlâ (celle celâlüh) buyuruyor ki:

- "Mü'min erkek ve kadınları, işlemiş oldukları bir günah karşılığı olmaksızın üzenler, açık bir iftira ve günah yüklenmiş olurlar." (Ahzâb suresi, 58. ayet.)

1583- Ebu Hureyre'den (radıyallâhu anh) rivayet edildiğine göre Peygamberimiz (sallallâhu aleyhi ve sellem) buyuruyor ki:

- "Kim bize karşı silah taşırsa bizden değildir. Kim bize karşı sahtekârlık yaparsa, bizi aldatırsa bizden değildir." (Müslim)

Müslim'in diğer bir rivayetine göre bir gün Peygamberimiz (sallallâhu aleyhi ve sellem) bir yiyecek maddesi yığınının yanından geçerken elini içine soktu. Eline nemli kısımlar gelince "Ey yiyecek maddesinin sahibi! Bu nedir?" diye sordu. Satıcı "Ya Resulallah! Yağmur yağdı da ondan nemlendi." diye cevap verdi. Bunun üzerine Peygamberimiz (sallallâhu aleyhi ve sellem) satıcıya "O insanlar görsün diye o nemli kısmı niye en üste koymuyorsun! Kim bizi aldatırsa bizden değildir!" buyurmuştur.

1584- Yine Ebu Hureyre'den (radıyallâhu anh) rivayet edildiğine göre Peygamberimiz (sallallâhu aleyhi ve sellem) şöyle buyurmuştur:

- "Almayacağınız bir malın fiyatını yükseltmeyiniz." (Buhâri, Müslim)

1585- İbni Ömer'den (radıyallâhu anhumâ) rivayet edildiğine göre Peygamberimiz (sallallâhu aleyhi ve sellem), müşteri gibi görünüp bir malın fiyatını artırmayı yasak kılmıştır. (Buhâri, Müslim)

1586- Yine Abdullah b. Ömer'den (radıyallâhu anhumâ) rivayet edildiğine göre adamın biri alışveriş sırasında aldatıldığını anlattı. Peygamberimiz (sallallâhu aleyhi ve sellem) de kendisine "Kendisi ile alışveriş yaptığın kimseye '(İslam'da) aldatma yoktur.' de." buyurmuştur. (Buhâri, Müslim)

1587- Ebu Hureyre'den (radıyallâhu anh) rivayet edildiğine göre Peygamberimiz (sallallâhu aleyhi ve sellem) buyuruyor ki:

- "Kim başkasının karısını ve cariyesini baştan çıkarırsa bizden değildir." (Ebu Davud)

277. Bölüm
Verilen Sözden Dönmenin Haram Olması

Allah Teâlâ (celle celâlüh) buyuruyor ki:

- **"Ey iman edenler! Sözleşmeleri yerine getiriniz."** (Mâide suresi, 1. ayet.)

Allah Teâlâ (celle celâlüh) buyuruyor ki:

- **"Yapmış olduğunuz anlaşmalara uyunuz. Çünkü anlaşma, sorumluluk yükler."** (İsrâ suresi, 34. ayet.)

1588- Abdullah b. Amr b. el-Âs'tan (radıyallâhu anhumâ) rivayet edildiğine göre Peygamberimiz (sallallâhu aleyhi ve sellem) buyuruyor ki:

- "Şu dört sıfat kimin üzerinde bulunursa o kimse tam bir münafıktır. Bu sıfatlardan birisini üzerinde taşıyan kimsede de –o huyu bırakıncaya kadar– münafıklık belirtilerinden biri var demektir. Kendisine verilen emanete hıyanet eder, konuşurken yalan söyler, yapmış olduğu sözleşmeyi tek taraflı olarak bozar, yargılanırken haktan ayrılır." (Buhâri, Müslim)

1589- İbni Mes'ud, İbni Ömer ve Enes'ten (radıyallâhu anhum) rivayet edildiğine göre Peygamberimiz (sallallâhu aleyhi ve sellem) buyuruyor ki:

- "Sözleşmelerini tek taraflı olarak bozan herkesin, kıyamet günü bir yaftası bulunacak ve onlar hakkında 'Bu kişi, falancaya vermiş olduğu sözü yerine getirmemiştir.' diye seslenilecektir." (Buhâri, Müslim)

1590- Ebu Saidü'l-Hudrî'den (radıyallâhu anh) rivayet edildiğine göre Peygamberimiz (sallallâhu aleyhi ve sellem) buyuruyor ki:

- "Kıyamet günü, sözleşmelerini tek taraflı olarak bozan herkesin arkasında dikilmiş bir yaftası olacak ve sözünü tutmamaktan doğan sorumluluğu oranında yüksek olacaktır. Sözleşmeye uymama konusunda tüm halkın başında bulunan bir devlet başkanından daha ağır sorumluluk taşıyan kimse yoktur." (Müslim)

1591- Ebu Hureyre'den (radıyallâhu anh) rivayet edildiğine göre Peygamberimiz (sallallâhu aleyhi ve sellem) buyuruyor ki:

- "Allah Teâlâ (celle celâlüh) şöyle buyuruyor: 'Kıyamet günü şu üç kişi, karşılarında beni bulacaklardır: Benim adıma söz verip de sonra sözünü yerine getirmeyen kimse, hür bir insanı (köle diye) satıp parasını yiyen kimse, işçi çalıştırıp da işini yaptırdıktan sonra çalıştırdığı kimsenin ücretini vermeyen kimse.'" (Buhâri)

278. Bölüm
Yapılan İyiliği Başa Kakmamak

Allah Teâlâ (celle celâlüh) buyuruyor ki:

- "Ey mü'minler, verdiğiniz sadakaları başa kakarak ve inciterek heder etmeyiniz." (Bakara suresi, 264. ayet.)

Allah Teâlâ (celle celâlüh) buyuruyor ki:

- "Allah yolunda mallarını harcayıp da verdiklerinin arkasından başa kakıcılık ve inciticilik yapmayanlara Allah katında mükafatları verilir. Onlar için ne korku ve ne de hüzün söz konusudur." (Bakara suresi, 262. ayet.)

1592- Ebu Zer'den (radıyallâhu anh) rivayet edildiğine göre Peygamberimiz (sallallâhu aleyhi ve sellem) buyuruyor ki:

- "Üç kişi vardır ki kıyamet günü, Allah onlarla ne konuşur ne yüzlerine bakar ve ne de kendilerini günahlardan arındırır. Onlara acı bir azap vardır."

Ebu Zer der ki: "Peygamberimiz (sallallâhu aleyhi ve sellem) bu sözleri üç defa tekrarlayınca kendisine 'Aldanmışlar ve hüsrana uğramışlar kimdir ya Resulallah?' dedim. Peygamberimiz (sallallâhu aleyhi ve sellem):

- 'Elbisesini topuklarından aşağı uzatanlar, verdiğini başa kakanlar ve yalan yere yemin ederek mal satanlardır.' buyurdu." (Müslim)

Yine Müslim'in kaydettiği bir rivayete göre Peygamberimiz "Elbisesini uzatanlar, yani kibir alameti olarak izarını ve elbisesini topuklarından aşağı uzatanlar..." buyurmuştur.

279. Bölüm
Üstünlük Taslamaktan ve Haddi Aşmaktan Sakınmak

Allah Teâlâ (celle celâlüh) buyuruyor ki:

- "Buna göre sakın kendi kendinizi övmeyiniz. Kimin takva sahibi olduğunu en iyi bilen O'dur." (Necm suresi, 32. ayet.)

Allah Teâlâ (celle celâlüh) buyuruyor ki:

- "O yol (azar ve azap yolu) sadece başkalarına zulmedenlere ve yeryüzünde haksız yere üstünlük sağlamaya kalkışanlara karşıdır. Onlar için acı bir azap vardır." (Şûrâ suresi, 42. ayet.)

1593- Iyad b. Hımâr'dan (radıyallâhu anh) rivayet edildiğine göre Peygamberimiz (sallallâhu aleyhi ve sellem) buyuruyor ki:

- "Allah Teâlâ bana 'Aranızdan hiç kimse diğer bir kimseye karşı haddi aşmayacak ve hiç kimse başkasına karşı kendini övmeyecek şekilde mütevazı olunuz.' diye vahyetti." (Müslim)

1594- Ebu Hureyre'den (radıyallâhu anh) rivayet edildiğine göre Peygamberimiz (sallallâhu aleyhi ve sellem) buyuruyor ki:

- "Bir kimse eğer 'İnsanlar mahvoldu!' derse asıl kendisi mahvolmuştur." (Müslim)

280. Bölüm
Bid'at, Açık Günah ve Benzeri Haller Dışında Müslümanlar Arasında Üç Günden Fazla Küs Kalmanın Haram Olması

Allah Teâlâ (celle celâlüh) buyuruyor ki:

- "Mü'minler ancak kardeştirler. Buna göre kardeşlerinizi barıştırınız." (Hucurât suresi, 10. ayet.)

Allah Teâlâ (celle celâlüh) buyuruyor ki:

- "Günah işlemek ve haddi aşmak için işbirliği yapmayınız." (Mâide suresi, 2. ayet.)

1595- Enes'ten (radıyallâhu anh) rivayet edildiğine göre Peygamberimiz (sallallâhu aleyhi ve sellem) buyuruyor ki:

- "Birbirinizle ilişkilerinizi kesmeyiniz. Birbirinize sırt çevirmeyiniz. Birbirinize karşı kin beslemeyiniz. Birbirinizi kıskanmayınız. Allah'ın birbirini kardeş bilen kulları olunuz. Bir Müslümanın, başka bir Müslüman kardeşi ile üç günden fazla küs kalması helal değildir." (Buhâri, Müslim)

1596- Ebu Eyyüb'den (radıyallâhu anh) rivayet edildiğine göre Peygamberimiz (sallallâhu aleyhi ve sellem) buyuruyor ki:

- "Bir Müslümanın Müslüman kardeşi ile üç günden fazla küs kalarak karşılaştıkları zaman birinin yüzünü bu tarafa, ötekinin de öbür tarafa çevirmesi helal değildir. Bu iki kişinin daha hayırlısı, ilk önce selam verenidir." (Buhâri, Müslim)

1597- Ebu Hureyre'den (radıyallâhu anh) rivayet edildiğine göre Peygamberimiz (sallallâhu aleyhi ve sellem) buyuruyor ki:

- "Her pazartesi ve perşembe günleri ameller Allah'a arzolunur, Allah da -Müslüman bir kardeşi ile arasında düşmanlık bulunan kimse hariç- kendisine ortak koşmayan herkesi affeder. Onlar hakkında 'Bu iki kişi barışıncaya kadar kalsınlar.' buyurur." (Müslim)

1598- Câbir'den (radıyallâhu anh) rivayet edildiğine göre Peygamberimiz (sallallâhu aleyhi ve sellem) buyuruyor ki:

- "Şeytan, Arap yarımadasındaki namaz kılanların kendisine tapmasından ümit kesmiştir. Onun ümidi, onların arasında bozgunculuk çıkarabilmekte kalmıştır." (Müslim)

1599- Ebu Hureyre'den (radıyallâhu anh) rivayet edildiğine göre Peygamberimiz (sallallâhu aleyhi ve sellem) buyuruyor ki:

- "Herhangi bir Müslümana, başka bir Müslüman kardeşi ile üç günden fazla küs kalması helal değildir. Kim üç günden fazla küs kalarak ölürse cehenneme girer." (Ebu Davud)

1600- Sahabiden Ebu Hıraş Hadrad b. Ebu Hadrad el-Eslemî'den (es-Sülemî) (radıyallâhu anh) rivayet edildiğine göre Peygamberimiz (sallallâhu aleyhi ve sellem) buyuruyor ki:

- "Kim Müslüman kardeşi ile bir yıl küskün kalırsa, onu öldürmüş gibidir." (Ebu Davud)

1601- Ebu Hureyre'den (radıyallâhu anh) rivayet edildiğine göre Peygamberimiz (sallallâhu aleyhi ve sellem) buyuruyor ki:

– "Bir mü'minin başka bir mü'min ile üç günden fazla küs kalması helal değildir. Üç gün geçip karşılaşırlarsa mü'min, diğer mü'min kardeşine selam versin. Eğer karşı taraf selamını alırsa sevapta ortak olurlar. Eğer karşı taraf selamını almazsa kendisi günahı yüklenmiş, selam veren de küs kalmanın sorumluluğundan kurtulmuş olur." (Ebu Davud)

Ebu Davud bu konuda şöyle demiştir: "Dargın kalmak Allah rızası için olursa, bu yüzden küskün durmakta hiçbir vebal yoktur."

281. Bölüm
Üçüncü Bir Şahsın Yanında Onun İznini Almadan Fısıldaşmak

Allah Teâlâ (celle celâlüh) buyuruyor ki:

– **"Fısıltı, sadece şeytandandır."** (Mücâdele suresi, 10. ayet.)

1602- İbni Ömer'den (radıyallâhu anhumâ) rivayet edildiğine göre Peygamberimiz (sallallâhu aleyhi ve sellem) "Üç kişi bir yerdeyken ikisi üçüncüden ayrı olarak fısıldaşmasın." buyurmuştur. (Buhâri, Müslim)

Ebu Davud'un kaydettiği rivayete göre hadis şöyle devam ediyor: "Ebu Salih der ki: 'İbni Ömer'e 'Burada bulunanlar dört kişi olursa?' diye sordum. İbni Ömer 'O zaman gizli konuşulabilir.' dedi."

Hadisi, İmam Malik, *Muvatta* adlı eserinde şöyle naklediyor:

"Abdullah b. Dinâr der ki: 'Ben ve İbni Ömer, Halid b. Ukbe'nin çarşıdaki evinde bulunuyorduk. Adamın biri geldi ve İbni Ömer ile gizli konuşmak istediğini söyledi. İbni Ömer'in yanında benden başka hiç kimse yoktu. Bu yüzden üçüncü bir kişi çağırdı da dört kişi olduk. O zaman benimle birlikte üçüncü adama 'Bana biraz müsaade ediniz. Ben Peygamberimizin 'İki kişi, üçüncü bir şahsın yanında fısıldaşmasın.' buyurduğunu duymuştum.' dedi."

1603- İbni Mes'ud'dan (radıyallâhu anh) rivayet edildiğine göre Peygamberimiz (sallallâhu aleyhi ve sellem) buyuruyor ki:

– "Üç kişi bir araya geldiğiniz zaman, aranıza başkası katılmadıkça üçüncü şahsı dışarıda bırakacak şekilde iki kişi fısıldaşmasın. Çünkü bu durum, o üçüncü kişiyi gücendirir." (Buhâri, Müslim)

282. Bölüm
Eli Altındakilere Eziyet Etmenin, Onları Terbiye Etmek İçin Gerekli Olandan Fazla Baskı Yapmanın Yasak Olması

Allah Teâlâ (celle celâlüh) buyuruyor ki:

- "Ana babaya, akrabaya, yetimlere, yoksullara, yakın komşuya, uzak komşuya, yolda kalmışlara ve eliniz altında bulunanlara iyilik ediniz. Hiç şüphesiz Allah, kendini beğenmiş ve durmadan böbürlenen kimseleri sevmez." (Nisâ suresi, 36. ayet.)

1604- İbni Ömer'den (radıyallâhu anhumâ) rivayet edildiğine göre Peygamberimiz (sallallâhu aleyhi ve sellem) buyuruyor ki:

- "Bir kadın, hapsederek ölümüne yol açtığı bir kedi yüzünden azaba çarpılıp cehenneme girdi. Kadın, kediyi hapsedince ona ne yiyecek ne su vermişti ne de yerdeki haşerelerden yemesine müsaade etmişti." (Buhâri, Müslim)

1605- Yine İbni Ömer'in (radıyallâhu anhumâ) bildirdiğine göre kendisi bir gün, bir kuşu hedef olarak dikip üzerinde atış eğitimi yapan iki Kureyşli gence rastladı. Hedefe isabet etmeyen her ok başına kuşun sahibine belirli bir şey vermeyi kararlaştırmışlardı. İbni Ömer'i görünce dağıldılar. İbni Ömer şöyle dedi:

- "Bunu yapan kim? Allah bunu yapana lanet etsin! Peygamberimiz (sallallâhu aleyhi ve sellem) canlı bir varlığı hedef edinen kimselere lanet etmiştir." (Buhâri, Müslim)

1606- Enes'ten (radıyallâhu anh) rivayet edildiğine göre Peygamberimiz (sallallâhu aleyhi ve sellem) hayvanları hapsedip ölmelerine yol açmayı yasaklamıştır. (Buhâri, Müslim)

1607- Ebu Ali Süveyd b. Mükarrin (radıyallâhu anh) der ki: "Ben Mükarrin oğullarının yedincisiyim. Bir tek hizmetçimiz vardı. Bir gün en küçük kardeşimiz onu tokatlayınca Peygamberimiz (sallallâhu aleyhi ve sellem) bize onu azat etmemizi emretti." (Müslim)

1608- İbni Mes'udü'l-Bedrî (radıyallâhu anh) der ki: "Bir gün kölemi kamçılarken arkamdan 'Ya Eba Mes'ud! Bilesin ki...' diye başlayan bir ses duydum, öfkeden sesin sahibinin ne söylediğini anlayamıyordum. Ses yaklaşınca sahibinin Peygamberimiz (sallallâhu aleyhi ve sellem) olduğunu ve şöyle buyurduğunu duydum:

- 'Ya Eba Mes'ud! Bilesin ki senin bu köleye karşı olduğundan Allah sana karşı daha güçlüdür.'"

Bunun üzerine 'Artık hiç köle dövmeyeceğim.' dedim."

Başka bir rivayete göre İbni Mes'ud "Peygamberimizin (sallallâhu aleyhi ve sellem) heybetinden elimdeki kamçı düşüverdi." dedi.

Diğer bir rivayete göre İbni Mes'ud der ki: "Bunun üzerine 'Allah rızası için bu köle artık azat edilmiştir.' dedim. Peygamberimiz de bana 'Eğer böyle yapmasaydın ateş seni yakacaktı (veya kapacaktı)." buyurdu." (Müslim)

1609- İbni Ömer'den (radıyallâhu anhumâ) rivayet edildiğine göre Peygamberimiz (sallallâhu aleyhi ve sellem) buyuruyor ki:

– "Kim kölesine işlememiş olduğu bir suç gerekçesi ile had uygular veya onu tokatlarsa kefaret olarak o köleyi azat etmesi gerekir." (Müslim)

1610- Hişâm b. Hakîm b. Hizam'dan (radıyallâhu anhumâ) rivayet edildiğine göre kendisi Şam'dayken Nabatilerden bir grupla karşılaştı. Adamlar güneş altında ayakta durmaya zorlanır durumdayken bir de başlarına zeytinyağı dökülüyordu. Hişâm "Bu nedir?" diye sordu. Kendisine "Haraç yüzünden kendilerine işkence uygulanıyor." dediler. Başka bir rivayete göre "cizye" yüzünden tutuklanmışlardı.

Bunun üzerine Hişâm dedi ki: "Peygamberimizin (sallallâhu aleyhi ve sellem) 'Dünyada insanlara işkence edenlere Allah da azap verecektir.' buyurduğunu duyduğuma dair şahadet ederim." Ayrıca Hişâm, halifenin huzuruna çıkıp durumu anlattı. Halife de emir verdi ve adamları saldılar. (Müslim)

1611- İbni Abbas (radıyallâhu anhumâ) der ki: "Peygamberimiz (sallallâhu aleyhi ve sellem) bir gün yüzünden dağlanmış bir eşek gördü ve bu harekete karşı çıktı."

Buna dayanarak İbni Abbas "Vallahi, ben eşeğimi yüzünden damgalamam." dedi ve emri üzerine onun eşeği kuyruk sokumu üzerinden dağlandı. Böylece İbni Abbas, hayvanı kuyruk sokumu üzerinden damgalayan ilk kimse oldu. (Müslim)

1612- Yine İbni Abbas'tan (radıyallâhu anhumâ) rivayet edildiğine göre Peygamberimiz (sallallâhu aleyhi ve sellem) bir gün yüzünden dağlanan bir eşek görünce "Bu hayvanı dağlayana Allah lanet etsin!" buyurdu.

Diğer bir rivayete göre Peygamberimiz (sallallâhu aleyhi ve sellem) yüze vurmayı ve yüzden dağlamayı yasaklamıştı. (Müslim)

283. Bölüm

Canlıları Ateşe Atarak Azap Çektirmenin Haram Olması

1613- Ebu Hureyre (radıyallâhu anh) der ki: "Peygamberimiz (sallallâhu aleyhi ve sellem) bizi bir birlik halinde bir sefere gönderirken iki Kureyşlinin ismini vererek 'Eğer falanca ile filancayı bulursanız onları ateşe atıp yakınız.' buyurdu. Fakat bir süre sonra sefere çıkacağımız sırada bize 'Her ne kadar falancayı ve filancayı yakmanızı emrettiysem de ateş ile azap etmek yalnız Allah'a mahsustur. Eğer onları bulursanız yakmadan öldürünüz.' buyurmuştur." (Buhâri)

1614- İbni Mes'ud (radıyallâhu anh) der ki: "Peygamberimiz (sallallâhu aleyhi ve sellem) ile birlikte bir seferdeydik. Bir ara Peygamberimiz (sallallâhu aleyhi ve sellem) hacetini gidermek için yanımızdan ayrılmıştı. Bu sırada iki yavrusu olan bir kaya kuşu gördük. Kuşun yavrularını aldık. Kuş da yavrularını kurtarmak için acı acı öterek üstümüzde uçuyordu. Peygamberimiz dönünce 'Kim bu kuşu yavrularından ayırdı? Yavrularını ona geri veriniz!' buyurdu. O sırada tarafımızdan yakılan bir karınca yuvası gördü. 'Bu yuvayı kim yaktı?' diye sordu. Kendisine 'Biz.' diye cevap verdik. Bize şöyle buyurdu:

– 'Rabbinden başka hiç kimse ateşte yakarak azaba çarptırmaya yetkili değildir.'" (Ebu Davud)

284. Bölüm
Alacaklının İstemesine Rağmen Zengin Bir Kimsenin Borcunu Geciktirmesinin Haram Olması

Allah Teâlâ (celle celâlüh) buyuruyor ki:

– **"Allah size, emanetleri ehillerine vermenizi emreder."** (Nisâ suresi, 58. ayet.)

Allah Teâlâ (celle celâlüh) buyuruyor ki:

– **"Eğer birbirinize emanet vermişseniz, kendisine emanet teslim edilen kimse aldığı emaneti versin."** (Bakara suresi, 283. ayet.)

1615- Ebu Hureyre'den (radıyallâhu anh) rivayet edildiğine göre Peygamberimiz (sallallâhu aleyhi ve sellem) buyuruyor ki:

– "Zenginin borcunu geciktirmesi zulümdür. İçinizden birisinin alacağı bir zengine havale edildiğinde bunu kabul etsin." (Buhâri, Müslim)

285. Bölüm
Henüz Yerine Teslim Edilmemiş Hibenin Durumu

1616- İbni Abbas'tan (radıyallâhu anhumâ) rivayet edildiğine göre Peygamberimiz (sallallâhu aleyhi ve sellem) buyuruyor ki:

– "Adadığı bir hibeden vazgeçen kimse kusmuğunu tekrar yiyen köpeğe benzer." (Buhâri, Müslim)

Başka bir rivayete göre hadis "Adadığı bir sadakayı vermekten cayan kimse önce kusan, sonra da geri dönüp kusmuğunu yiyen bir köpeğe benzer." şeklindedir.

Diğer bir rivayete göre de hadis "Adadığı hibeden vazgeçen kimse kusmuğuna geri dönen kimse gibidir." şeklindedir.

1617- Ömer b. Hattab (radıyallâhu anh) der ki: "Allah yolunda bir mücahide bir binek hayvanı bağışlamıştım. Hayvanı yanına alan kimse ona iyi bakmıyordu. Bu yüzden onu yeniden satın almak istedim. Adamın onu ucuza vereceğini tahmin ediyordum. Durumu Peygamberimizden (sallallâhu aleyhi ve sellem) sorunca bana 'Sadaka olarak vermiş olduğun bir mala yeniden dönerek onu bir dirheme dahi sana verecek olsa satın alma. Çünkü sadakasını geri alan kimse kusmuğunu yeniden yemeye kalkışan kimseye benzer.' buyurdu." (Buhâri, Müslim)

286. Bölüm
Yetim Malı Yemenin Haram Olması

Allah Teâlâ (celle celâlüh) buyuruyor ki:

- "Hiç şüphesiz yetimlerin malını haksız yere yiyenler, karınlarında yanacak bir ateş yemiş olurlar. Onlar azgın alevlere atılacaklardır." (Nisâ suresi, 10. ayet.)

Allah Teâlâ (celle celâlüh) buyuruyor ki:

- "Yetimin malına, sadece en güzel yoldan yaklaşınız." (En'am suresi, 152. ayet.)

Allah Teâlâ (celle celâlüh) buyuruyor ki:

- "Sana yetimlerden sorarlar. De ki: Hayırlı olan davranış, onların durumunu iyileştirmektir. Eğer onlarla bir arada yaşarsanız, onlar sizin kardeşlerinizdir. Hiç şüphesiz Allah kimin bozguncu ve kimin yarar sağlayıcı olduğunu bilir." (Bakara suresi, 220. ayet.)

1618- Ebu Hureyre'den (radıyallâhu anh) rivayet edildiğine göre Peygamberimiz (sallallâhu aleyhi ve sellem) şöyle buyurdu:

- "Yedi mahvedici büyük günahtan kaçınınız." Sahabiler "Bunlar nelerdir?" diye sorunca Peygamberimiz (sallallâhu aleyhi ve sellem) şöyle buyurdu:

"Allah'a ortak koşmak, büyücülük, haksız yere Allah'ın dokunulmaz kıldığı bir cana kıymak, faiz yemek, yetim malı yemek, savaş günü cepheden kaçmak, mü'min ve masum kadınlara zina iftirası atmak." (Buhâri, Müslim)

287. Bölüm
Faizin Haram Olduğunu Pekiştirmek

Allah Teâlâ (celle celâlüh) buyuruyor ki:

- **"Faiz yiyenler, muhakkak ki şeytan tarafından çarpılmış gibi mezarlarından doğrulurlar. Bu da onların 'Alışveriş de faiz gibidir.' demelerinden dolayıdır. Oysa ki Allah alışverişi helal, faizi ise haram kılmıştır. Kim Rabbi tarafından kendisine bu konuda ikaz gelip de faizciliğe son verirse geçmişi ona aittir ve durumu da Allah'a kalmıştır. Kim yeniden faizciliğe dönerse o kimseler, içinde ebedi kalmak üzere cehennemliktirler. Allah, faiz kazancını bereketsiz kılar ve zekatı verilmiş malları arttırır. Allah, günahkar münkirleri sevmez. İman edip iyi ameller işleyenler, namazı kılıp zekatı verenler için ne korku ne de hüzün söz konusudur. Ey iman edenler! Eğer gerçekten mü'minseniz, Allah'tan korkunuz ve henüz almamış olduğunuz faizden vazgeçiniz."** (Bakara suresi, 275-278. ayetler.)

Bu konuda sahih kitaplarda yer almış birçok meşhur hadis vardır. Bunlardan biri, bundan önceki bölümde zikredilen ve Ebu Hureyre tarafından rivayet edilmiş olan şu hadistir:

1619- İbni Mes'ud (radıyallâhu anh) der ki: "Peygamberimiz (sallallâhu aleyhi ve sellem) faiz alanı ve vereni lanetlemiştir." (Müslim)

Tirmizî'ye göre "her iki tarafa şahitlik edeni ve faizli sözleşmeyi yazanı" sözleri de hadise dahildir.

288. Bölüm
Riyanın Haram Olması

Allah Teâlâ (celle celâlüh) buyuruyor ki:

- **"Oysa ki onlar dinde sırf Allah rızasına yönelerek dosdoğru olarak Allah'a kulluk etmekle emrolunmuşlardır."** (Beyyine suresi, 5. ayet.)

Allah Teâlâ (celle celâlüh) buyuruyor ki:

- **"Malını insanlara karşı gösteriş için harcayan kimse gibi sadakalarınızı başa kakarak ve sadaka verdiğiniz kimseyi inciterek boşa çıkarmayınız."** (Bakara suresi, 264. ayet.)

Allah Teâlâ (celle celâlüh) buyuruyor ki:

- **"İnsanlara karşı gösteriş yaparlar ve Allah'ın adını çok az anarlar."** (Nisâ suresi, 142. ayet.)

1620- Ebu Hureyre'den (radıyallâhu anh) rivayet edildiğine göre Peygamberimiz (sallallâhu aleyhi ve sellem) buyuruyor ki:

– "Allah Teâlâ (celle celâlüh) şöyle buyuruyor: 'Ben yanına ortak koşulmaktan en uzak olanım. Kim işlemiş olduğu bir amele benimle birlikte Benden başka bir şeyi ortak koşarsa kendisini koştuğu ortakla başbaşa bırakırım.'" (Müslim)

1621- Yine Ebu Hureyre'den (radıyallâhu anh) rivayet edildiğine göre Peygamberimiz (sallallâhu aleyhi ve sellem) buyuruyor ki:

– "Kıyamet günü aleyhinde ilk hüküm verilecek kimse şehit edilen bir kişi olacaktır. Bu kimse Allah'ın huzuruna getirilir. Allah, kendisine vermiş olduğu nimetleri tanıtıp kendisi de bu nimetleri itiraf ettikten sonra Allah ona 'Peki, bu nimetler için ne amel yaptın?' diye buyur. Adam 'Senin uğruna savaşarak şehit edildim.' diye cevap verince Allah kendisine 'Yalan söylüyorsun! Sen kendine cesur dedirtebilmek için savaştın ve nitekim sana cesur dediler.' buyurur ve Allah'ın emri üzerine bu kimse yüzüstü sürüklenerek cehenneme atılır.

Sonra, ilim öğrenip başkalarına öğretmiş ve Kur'an okumuş bir adama sıra gelecektir. Bu kimse de Allah'ın huzuruna getirilir. Allah, kendisine vermiş olduğu nimetleri tanıtıp kendisi de bu nimetleri itiraf ettikten sonra, Allah ona 'Peki, bu nimetler için ne amel yaptın?' diye sorar. Adam da 'İlim öğrenip öğrendiklerimi başkalarına öğrettim. Senin rızan için Kur'an okudum.' deyince Allah kendisine 'Yalan söylüyorsun! Sen kendine alim dedirtmek için ilim öğrendin ve okuyucu dedirtmek için Kur'an okudun. Nitekim sana bu sıfatlar verilmişti de.' buyurur ve Allah'ın emri üzerine bu kimse yüzüstü sürüklenerek cehenneme atılır.

Daha sonra çeşitli mallar vererek varlıklı kıldığı birine sıra gelecektir. Bu kimse de Allah'ın huzuruna getirilir. Allah, kendisine vermiş olduğu nimetleri tanıtıp kendisi de bu nimetleri itiraf ettikten sonra Allah ona 'Peki, bu nimetler için ne amel işledin?' diye sorar. Adam 'Senin rızan için harcama yapılmasını sevdiğin her yolda harcama yaptım.' deyince Allah kendisine 'Yalan söylüyorsun! Sen sırf kendine cömert dedirtmek için verdin. Nitekim bu sıfatı kazandın da.' buyurur ve Allah'ın emri üzerine bu kimse de yüzükoyun sürüklenerek cehenneme atılır." (Müslim)

1622- İbni Ömer'den (radıyallâhu anhumâ) rivayet edildiğine göre bazı kimseler kendisine "Bizler sultanlarımızın huzuruna çıkınca kendileri ile dışardayken konuştuklarımıza zıt sözler söyleriz." dediler. İbni Ömer de onlara "Biz Peygamberimiz (sallallâhu aleyhi ve sellem) zamanında bu davranışı münafıklık sayardık." diye cevap verdi. (Buhârî)

1623- Cündüb b. Abdullah b. Süfyân'dan (radıyallâhu anh) rivayet edildiğine göre Peygamberimiz (sallallâhu aleyhi ve sellem) buyuruyor ki:

– "Kim yaptığı iyiliği duyurmak için yaparsa Allah da onu rezil eder. Kim yaptığını gösteriş için yaparsa Allah da onun içyüzünü bütün varlıklar önünde açığa vurur." (Buhâri, Müslim)

1624- Ebu Hureyre'den (radıyallâhu anh) rivayet edildiğine göre Peygamberimiz (sallallâhu aleyhi ve sellem) buyuruyor ki:

– "Kim Allah rızasını kazanmaya vesile olacak bir ilmi, sırf dünyevi bir kazanç elde etmek için öğrenirse kıyamet günü cennetin kokusunu bile duyamaz." (Ebu Davud)

289. Bölüm
Riya Olduğu Sanılan Fakat Riya Olmayan Şeyler

1625- Ebu Zer'den (radıyallâhu anh) rivayet edildiğine göre Peygamberimize (sallallâhu aleyhi ve sellem) "Adamın biri hayırlı bir iş yapıyor, halk da onu bu hareketinden dolayı övüyor. Buna ne dersiniz?" diye soruldu. Peygamberimiz de onlara "Bu, mü'minin ön müjdesidir." buyurdu. (Müslim)

290. Bölüm
Harama Bakmaktan Sakınmak

Allah Teâlâ (celle celâlüh) buyuruyor ki:

– "Mü'min erkeklere, gözlerini harama bakmaktan sakındırmalarını söyle." (Nûr suresi, 30. ayet.)

Allah Teâlâ (celle celâlüh) buyuruyor ki:

– "Çünkü kulak, göz ve kalb, bunların tümü ondan sorumludur." (İsrâ suresi, 36. ayet.)

Allah Teâlâ (celle celâlüh) buyuruyor ki:

– "Allah, gözlerin hain bakışını ve kalplerde gizleneni bilir." (Gâfir suresi, 19. ayet.)

Allah Teâlâ (celle celâlüh) buyuruyor ki:

– "Hiç şüphesiz, Rabbin gözetleme halindedir." (Fecr suresi, 14. ayet.)

1626- Ebu Hureyre'den (radıyallâhu anh) rivayet edildiğine göre Peygamberimiz (sallallâhu aleyhi ve sellem) buyuruyor ki:

– "Herkese bir zina payı yazılmıştır. Kesin olarak herkes bu paya kavuşur: Gözlerin zinası bakmak, kulakların zinası duymak, dilin zinası konuşmak, elin zinası tutmak, ayağın zinası ise adım atmaktır. Kalb arzular ve ister; avret yeri ona ya uyar veya arzusuna karşı çıkar." (Buhâri, Müslim)

1627- Ebu Saidü'l-Hudrî'den (radıyallâhu anh) rivayet edildiğine göre Peygamberimiz (sallallâhu aleyhi ve sellem) sahabilere "Sakın yollarda oturmayınız!" buyurmuştur. Sahabiler "Bundan kaçınmamız mümkün değil. Çünkü oralarda konuşuyoruz." dediler. Bunun üzerine Peygamberimiz (sallallâhu aleyhi ve sellem) kendilerine "Madem ki yollar üzerinde oturmaktan vazgeçmiyorsunuz, o halde yolun hakkını veriniz." buyurdu. Sahabiler "Ya Resulallah! Yolun hakkı nedir?" diye sordular. Peygamberimiz "Gözü harama bakmaktan alıkoymak, gelip geçenleri rahatsız eden maddeleri kaldırıp atmak, selamlaşmak, iyiyi emrederek kötülükten sakındırmak." buyurmuştur. (Buhâri, Müslim)

1628- Ebu Talha Zeyd b. Sehl (radıyallâhu anh) der ki: "Bizler evlerin önünde oturup konuşurduk. Bir gün Peygamberimiz (sallallâhu aleyhi ve sellem) üzerimize gelerek karşımıza dikildi ve bize 'Niye yollar üzerinde oturuyorsunuz?' buyurdu. Kendisine 'Sakıncalı bir amacımız yok. Fikir alışverişinde bulunmak için oturuyoruz.' dedik. Bunun üzerine bize şöyle buyurdu:

– 'İlla oturacaksanız o zaman yolun hakkını veriniz. Yolun hakkı şunlardır: Gözü harama bakmaktan alıkoymak, selamlaşmak ve güzel şeyler konuşmak.'" (Müslim)

1629- Cerir (radıyallâhu anh) der ki: "Peygamberimize (sallallâhu aleyhi ve sellem) ani ve kasıtsız bakışın hükmünü sordum. Bana 'Gözünü başka tarafa çevir.' buyurdu." (Müslim)

1630- Ümmü Seleme (radıyallâhu anhâ) der ki: "Bir gün Resulullah'ın (sallallâhu aleyhi ve sellem) yanındaydım. Benden başka Meymune de vardı. Bu sırada İbni Ümmü Mektum çıkageldi. Bu olay, erkeklerden saklanmamız emredildikten sonra meydana geliyordu. Peygamberimiz (sallallâhu aleyhi ve sellem) bize 'İbni Ümmü Mektum'dan saklanınız.' buyurdu. Kendisine 'Ya Resulallah! O âmâ değil mi? Bizi görmez ki.' dedik. Bize 'Siz kör değilsiniz ki. Siz onu görüyorsunuz.' diye cevap verdi." (Ebu Davud, Tirmizî)

1631- Ebu Saîd'den (radıyallâhu anh) rivayet edildiğine göre Peygamberimiz (sallallâhu aleyhi ve sellem) buyuruyor ki:

– "Erkek, erkeğin edep yerlerine bakmasın. Kadın da kadının edep yerlerine bakmasın. İki erkek çıplak olarak aynı örtü altında birbirine değmesin. İki kadın da çıplak olarak aynı örtü altında birbirine değmesin." (Müslim)

291. Bölüm

Namahrem Bir Kadınla Yalnız Kalmamak

Allah Teâlâ (celle celâlüh) buyuruyor ki:

- **"Onlardan yiyecek bir şey istediğiniz zaman perde arkasından isteyiniz."** (Ahzâb suresi, 53. ayet.)

1632- Ukbe b. Âmir'den (radıyallâhu anh) rivayet edildiğine göre Peygamberimiz (sallallâhu aleyhi ve sellem) sahabilere:

- "Sakın (yabancı) kadınların yanına girmeyiniz." buyurdu. Ensar'dan biri "Kocanın akrabaları olan erkekler hakkında ne dersiniz?" diye sordu. Peygamberimiz şöyle buyurdu:

- "Kocanın akrabalarının kadının yanına girmesi ölüm gibi tehlikelidir." (Buhâri, Müslim)

1633- İbni Abbas'tan (radıyallâhu anhumâ) rivayet edildiğine göre Peygamberimiz (sallallâhu aleyhi ve sellem) buyuruyor ki:

- "Yanınızda bir yakını bulunmadıkça sakın yabancı bir kadınla baş başa kalmayınız." (Buhâri, Müslim)

1634- Büreyde (radıyallâhu anh) der ki: "Peygamberimiz (sallallâhu aleyhi ve sellem) bir gün bize şöyle buyurdu:

- 'Mücahidlerin eşleri savaşa katılmayanlar için anaları gibi dokunulmazdır. Herhangi bir savaşa katılmayan kimse mücahidin ailesinin gözetimini üzerine alır da ailesi konusunda mücahide hıyanet ederse kıyamet günü, mücahid, o kimsenin karşısına dikilerek iyi amelinin istediği kadarını alıverir.' Peygamberimiz (sallallâhu aleyhi ve sellem) bu sözlerden sonra bize doğru dönerek 'Ya ne sanıyorsunuz?' buyurdu." (Müslim)

292. Bölüm

Giyimde ve Davranışta Erkeklerin Kadınlara, Kadınların da Erkeklere Özenmelerinin Haram Olması

1635- İbni Abbas (radıyallâhu anhumâ) der ki: "Peygamberimiz (sallallâhu aleyhi ve sellem) kadınlara özenen erkekler ile erkeklere özenen kadınlara lanet etmiştir."

Diğer bir rivayete göre de "Peygamberimiz (sallallâhu aleyhi ve sellem) kadınlara benzemeye uğraşan erkekler ile erkeklere benzemeye uğraşan kadınları lanetlemiştir." (Buhâri)

1636- Ebu Hureyre (radıyallâhu anh) der ki: "Peygamberimiz (sallallâhu aleyhi ve sellem) kadın gibi giyinen erkek ile erkek gibi giyinen kadını lanetlemiştir. (Ebu Davud)

1637- Yine Ebu Hureyre'den (radıyallâhu anh) rivayet edildiğine göre Peygamberimiz (sallallâhu aleyhi ve sellem) buyuruyor ki:

– "Şu iki zümre cehennemliktir. Onları dünyada henüz görmedim: Biri sığır kuyrukları gibi kamçılar taşıyan ve bu kamçılar ile halkı döven kimselerdir. İkincisi ise giyinmiş oldukları halde çıplak olan, kendileri doğru yoldan sapmış olan ve başkalarını da ayartan, başları eğri deve hörgücü gibi olan kadınlardır. Bunlar cennete giremezler. Hatta cennetin kokusu şu kadar uzaklıktan duyulduğu halde onun kokusunu bile alamazlar." (Müslim)

293. Bölüm
Şeytana ve Kafirlere Özenmenin Yasak Olması

1638- Câbir'den (radıyallâhu anh) rivayet edildiğine göre Peygamberimiz (sallallâhu aleyhi ve sellem) buyuruyor ki:

– "Sol elle yemeyiniz. Çünkü şeytan sol elle yer." (Müslim)

1639- İbni Ömer'den (radıyallâhu anhumâ) rivayet edildiğine göre Peygamberimiz (sallallâhu aleyhi ve sellem) buyuruyor ki:

– "Sakın hiçbiriniz sol eliyle ne yesin ve ne de içsin. Çünkü şeytan sol eli ile yer ve içer." (Müslim)

1640- Ebu Hureyre'den (radıyallâhu anh) rivayet edildiğine göre Peygamberimiz (sallallâhu aleyhi ve sellem) buyuruyor ki:

– "Yahudiler ve Hıristiyanlar saçlarını boyamazlar. Siz onların tersini yapınız." (Buhâri, Müslim)

294. Bölüm
Saçların Siyaha Boyanmasının Yasak Olması

1641- Câbir (radıyallâhu anh) der ki: "Mekke'nin fethedildiği gün, Ebu Bekr es-Sıddık'ın (radıyallâhu anh) babası Ebu Kuhâfe (radıyallâhu anh), Peygamberimizin (sallallâhu aleyhi ve sellem) huzuruna getirildi. Saçı ve sakalı bembeyazdı. Peygamberimiz (sallallâhu aleyhi ve sellem) kendisine:

– 'Saç ve sakalların bu beyazlığını değiştiriniz fakat siyaha boyamaktan da kaçınınız.' buyurdu." (Müslim)

295. Bölüm

Başın Bir Kısmını Tıraş Edip Bir Kısmını Bırakmanın Yasak Olması, Sadece Erkekler İçin Başın Tamamını Tıraş Etmenin Mübah Olması

1642- İbni Ömer'den (radıyallâhu anhumâ) rivayet edildiğine göre Peygamberimiz (sallallâhu aleyhi ve sellem) başın bir kısmını tıraş edip diğerini bırakmayı yasaklamıştır. (Buhâri, Müslim)

1643- Yine İbni Ömer'den (radıyallâhu anhumâ) rivayet edildiğine göre Peygamberimiz (sallallâhu aleyhi ve sellem) başının bir kısmı tıraş edilmiş ve diğeri bırakılmış olan bir çocuk gördü. Yakınlarına böyle yapmamalarını söyleyerek "Ya tümünü tıraş ediniz ya da tümünü bırakınız." buyurdu. (Ebu Davud)

1644- Abdullah b. Cafer (radıyallâhu anhumâ) der ki: "Peygamberimiz (sallallâhu aleyhi ve sellem) babam Cafer'in ölümü üzerine üç gün bekledi. Üç gün sonra Cafer'in çocuklarına gelerek 'Bugünden sonra kardeşim Cafer için artık ağlamayın.' buyurdu. Arkasından 'Bana Cafer'in oğullarını çağırın.' dedi. Bizleri Peygamberimizin (sallallâhu aleyhi ve sellem) yanına götürdüler. Bizler kuş yavruları gibiydik. Peygamberimiz (sallallâhu aleyhi ve sellem) 'Bana berberi çağırın.' dedi ve verdiği emir üzere berber başımızı tıraş etti. (Ebu Davud)

1645- Ali'den (radıyallâhu anh) rivayet edildiğine göre Peygamberimiz (sallallâhu aleyhi ve sellem) kadının başını tıraş etmesini yasaklamıştır. (Neseî)

296. Bölüm

Peruk Takmanın, Dövme Yaptırmanın, Dişleri Törpüleyerek Seyrekleştirmenin Haram Olması

Allah Teâlâ (celle celâlüh) buyuruyor ki:

- "Onlar Allah'ı bırakıp dişi saydıkları putlara ve serkeş şeytana tapmış oluyorlar. Allah şeytana lanet etmiştir. Şeytan da Allah'a 'Senin kullarının belirli bir kısmını kendi tarafıma çekeceğim. Onları doğru yoldan saptıracak, asılsız kuruntular peşinden koşturacak, putlara hayvanlar adamalarını sağlayacak, bu hayvanların kulaklarını yarmalarını ve Allah'ın yarattığı şekli bozmalarını kendilerine emredeceğim.' dedi. Allah'ı bırakıp da şeytanı dost edinenler açık bir zarara uğramışlardır." (Nisâ suresi, 117-119. ayetler.)

1646- Esma (radıyallâhu anhâ) der ki: "Kadının biri, bir gün Peygamberimize (sallallâhu aleyhi ve sellem) 'Kızım kızamık hastalığına yakalandı ve saçları döküldü. Onu evlendirdim. Acaba saçlarına iğreti saç takabilir miyim?' diye sordu. Peygamberimiz (sallallâhu aleyhi ve sellem) ona 'Allah hem peruk takana hem de saçlarını başkasına kullanmak üzere verene lanet etmiştir.' buyurdu." (Buhâri, Müslim)

Diğer bir rivayete göre hadisin ilgili kısmı "iğreti saç takana ve peruk yapacak adam arayana..." şeklindedir.

1647- Humeyd b. Abdurrahman'dan (radıyallâhu anh) rivayet edildiğine göre Muaviye (radıyallâhu anh) hacca gittiği yıl, bir güvenlik görevlisinin elinde bulunan bir tutam saçı mimberden göstererek "Ey Medine halkı! Âlimleriniz nerede? Ben Peygamberimizin (sallallâhu aleyhi ve sellem) böyle davranmayı yasak kılarak 'İsrailoğullarının kadınları böyle yapmayı âdet edinince helak oldular.' buyurduğunu duydum." dedi. (Buhâri, Müslim)

1648- İbni Ömer'den (radıyallâhu anhumâ) rivayet edildiğine göre Peygamberimiz (sallallâhu aleyhi ve sellem) peruk kullananı ve yapacak kimse arayanı, dövme yaptıranı ve yapacak adam arayanı lanetlemiştir. (Buhâri, Müslim)

1649- İbni Mes'ud (radıyallâhu anh) der ki: "Allah güzel görünsün diye dövme yaptıran ve dövme yapacak kimse arayan, kaşlarından kıl aldırıp yerine başka kıllar takan ve dişlerini bileyip seyrekleştiren kadınlara lanet etsin!" Bir kadın bu sözleri hakkında kendisine soru sorunca İbni Mes'ud (radıyallâhu anh) şöyle dedi: "Peygamberimizin (sallallâhu aleyhi ve sellem) lanetlediğini ben niye lanetlemeyeyim? Bu, Allah'ın kitabında vardır. Allah Teâlâ (celle celâlüh) 'Peygamber size neyi getirdiyse onu alınız ve size neyi yasakladıysa ondan vazgeçiniz.' buyurmuştur." (Buhâri, Müslim)

297. Bölüm
Saç ve Sakaldaki Beyaz Kılları Koparmamak

1650- Amr b. Şuayb babasından, babası da dedesinden (radıyallâhu anhum) rivayet ettiğine göre Peygamberimiz (sallallâhu aleyhi ve sellem) buyuruyor ki:

– "Ağaran kılları yolmayınız. Çünkü ağaran saçlar, kıyamet günü Müslümanın nurudur." (Ebu Davud, Tirmizî)

1651- Hz. Âişe'den (radıyallâhu anhâ) rivayet edildiğine göre Peygamberimiz (sallallâhu aleyhi ve sellem) buyuruyor ki:

– "Kim bizim uygulamamıza aykırı bir hareket yaparsa bu hareket merduddur." (Müslim)

298. Bölüm

Mazeretsiz Olarak Sağ El ile Taharetlenmek ve Avret Yerine Dokunmak Mekruhtur

1652- Ebu Katâde'den (radıyallâhu anh) rivayet edildiğine göre Peygamberimiz (sallallâhu aleyhi ve sellem) buyuruyor ki:

– "İçinizden birisi küçük su dökünce tenasül uzvunu sakın sağ elle tutmasın, sağ eli ile taharet almasın ve su içerken su kabı içine nefes vermesin." (Buhâri, Müslim)

299. Bölüm

Zaruret Olmaksızın Tek Ayakkabı veya Tek Mest ile Yürümenin ve Ayakta Ayakkabı ve Mest Giymenin Yasak Olması

1653- Ebu Hureyre'den (radıyallâhu anh) rivayet edildiğine göre Peygamberimiz (sallallâhu aleyhi ve sellem) buyuruyor ki:

– "Hiçbiriniz tek nalınla yürümesin. Ya nalınların her ikisini de giysin veya her ikisini de çıkarsın." (Buhâri, Müslim)

1654- Yine Ebu Hureyre'den (radıyallâhu anh) rivayet edildiğine göre Peygamberimiz (sallallâhu aleyhi ve sellem) buyuruyor ki:

– "İçinizden birinizin nalınının bileziği kopunca onu tamir etmeden öbür nalınla yürümesin." (Müslim)

1655- Câbir'den (radıyallâhu anh) rivayet edildiğine göre Peygamberimiz (sallallâhu aleyhi ve sellem) ayakta nalın giymeyi yasaklamıştır. (Ebu Davud)

300. Bölüm

Yanar Durumda Ateş Bırakarak Uyumamak

1656- İbni Ömer'den (radıyallâhu anhumâ) rivayet edildiğine göre Peygamberimiz (sallallâhu aleyhi ve sellem) buyuruyor ki:

– "Uyurken evlerinizde yanar ateş bırakmayınız." (Buhâri, Müslim)

1657- Ebu Musa el-Eş'arî'den (radıyallâhu anh) rivayet edildiğine göre bir gece Medine'de bir yangın çıktı ve içinde ev halkı da yandı. Ev halkının akıbeti Peygamberimize (sallallâhu aleyhi ve sellem) nakledilince şöyle buyurdu:

– "Şu ateş sizin düşmanınızdır. Uyurken onu söndürünüz." (Buhâri, Müslim)

1658- Câbir'den (radıyallâhu anh) rivayet edildiğine göre Peygamberimiz (sallallâhu aleyhi ve sellem) buyuruyor ki:

– "Kapların üzerini örtünüz. Tulumların ağzını bağlayınız. Kapıları kilitleyiniz. Lambaları söndürünüz. Çünkü şeytan ne ağzı bağlı tuluma girebilir ne kilitli kapıyı ne de üstü örtülü yemek kabını açabilir. İçinizden biri yemek kabı üzerine bir tahta parçası örtmekten başka bir şey yapamıyorsa, Allah'ın adını anarak bunu yapsın. Çünkü fareler bile yangın çıkarıp içindekilerle birlikte evi yakabilirler." (Müslim)

301. Bölüm
Zorluk Çıkarmayı Yasaklamak

Allah Teâlâ (celle celâlüh) buyuruyor ki:

– **"De ki: Bunun karşılığında sizden herhangi bir ücret istemiyorum. Size zorluk da çıkarmıyorum."** (Sâd suresi, 86. ayet.)

1659- İbni Ömer (radıyallâhu anhumâ) der ki: "Zorluk çıkarmak bize yasak kılındı." (Buhâri)

1660- Mesrûk der ki: "Abdullah İbni Mes'ud'un (radıyallâhu anh) yanına vardık. Bize şunları söyledi: 'Ey insanlar! Kim bir şeyi biliyorsa bildiğini söylesin. Bilmeyen de 'Allah bilir' desin. Çünkü insanın bilmediği bir şey için 'Allah bilir' demesi ilmin gereğidir. Allah Teâlâ, Peygamberine 'De ki: Bunun karşılığında sizden herhangi bir ücret istemiyorum. Size zorluk da çıkarmıyorum.' buyurmuştur.'" (Buhâri)

302. Bölüm
Ölünün Arkasından Yüksek Sesle Ağlamanın, Saçını Başını Yolmanın ve Kendinin Ölümünü İstemenin Yasak Olması

1661- Ömer b. Hattâb'dan (radıyallâhu anh) rivayet edildiğine göre Peygamberimiz (sallallâhu aleyhi ve sellem) buyuruyor ki:

– "Arkasından yüksek sesle ağlandığından dolayı ölü mezarında azap çeker." (Buhâri, Müslim)

1662- İbni Mes'ud'dan (radıyallâhu anh) rivayet edildiğine göre Peygamberimiz (sallallâhu aleyhi ve sellem) buyuruyor ki:

– "Ölünün arkasından yanaklarını tırmalayanlar, yakalarını yırtanlar ve cahiliye döneminden kalma dualar söyleyenler bizden değildirler." (Buhâri, Müslim)

1663- Ebu Bürde der ki: "Bir gün Ebu Musa (radıyallâhu anh) başı eşlerinden birinin kucağındayken bayıldı. Kadın yüksek sesle feryat etti. Ebu Musa ona o anda bir karşılık veremedi. Fakat ayılınca ona şöyle dedi:

– 'Peygamberimizin (sallallâhu aleyhi ve sellem) hoş görmediği kimseyle benim de ilgim yoktur. Peygamberimiz (sallallâhu aleyhi ve sellem) yüksek sesle ağlayan, herhangi bir musibet karşısında saçını yolan veya elbisesini paralayan kadından uzak olduğunu belirtmiştir.'" (Buhâri, Müslim)

1664- Muğire b. Şu'be'den (radıyallâhu anh) rivayet edildiğine göre Peygamberimiz (sallallâhu aleyhi ve sellem) buyuruyor ki:

– "Arkasından yüksek sesle ağlanan ölü, kıyamet günü bu yüzden azap çeker." (Buhâri, Müslim)

1665- Ümmü Atiyye Nüseybe (radıyallâhu anhâ) der ki: "Peygamberimize (sallallâhu aleyhi ve sellem) biat ederken, ölünün arkasından yüksek sesle ağlamayacağımıza dair bizden söz aldı." (Buhâri, Müslim)

1666- Numan b. Beşîr (radıyallâhu anhumâ) der ki: "Bir gün Abdullah b. Revâha (radıyallâhu anh) bayılmıştı. Bu sırada kız kardeşi 'Vah dağ gibi kardeşim! Vah şöyle, vah böyle!' diyerek onun özelliklerini sayıp üzerine yüksek sesle ağladı. Abdullah ayılınca kız kardeşine 'Sen benim hakkımda ne dediysen onun yüzünden sen böyle misin, diyerek serzenişe maruz kaldım.' dedi." (Buhâri)

1667- İbni Ömer (radıyallâhu anhumâ) der ki: "Sa'd b. Ubâde (radıyallâhu anh) bir hastalığa yakalanmıştı. Peygamberimiz (sallallâhu aleyhi ve sellem) de Abdurrahman b. Avf, Sa'd b. Ebi Vakkas ve Abdullah b. Mes'ud (radıyallâhu anhum) ile birlikte onu ziyaret etmeye gitti. Hastanın yanına girince onu baygın buldu. 'Öldü mü?' diye sordu. Kendisine 'Hayır ya Resulallah.' dediler. Bu arada Peygamberimiz ağlamaya başladı. Onun ağladığını gören halk da ağladı. Bunun üzerine Peygamberimiz şöyle buyurdu:

– 'Duyuyor musunuz? Allah gözyaşı ve kalp üzüntüsü yüzünden azap vermez. Fakat (eli ile dilini göstererek) bunun yüzünden hem azap verir hem de rahmet eder.'" (Buhâri, Müslim)

1668- Ebu Mâlik el-Eş'arî'den (radıyallâhu anh) rivayet edildiğine göre Peygamberimiz (sallallâhu aleyhi ve sellem) buyuruyor ki:

– "Ölünün arkasından yüksek sesle ağlayan kadın –ölmeden önce tevbe etmediği takdirde– kıyamet günü, üzerinde katrandan bir elbise ve uyuzdan bir zırh olduğu halde mezarından doğrulur." (Müslim)

1669- Üseyd b. Ebu Üseyd'in rivayet ettiğine göre Peygamberimize (sallallâhu aleyhi ve sellem) biat eden kadınlardan biri der ki:

– "Peygamberimiz (sallallâhu aleyhi ve sellem) ona isyan etmeyeceğimize, yüzümüzü tırmalamayacağımıza, kendimize beddua etmeyeceğimize, yakalarımızı yırtmayacağımıza ve saçlarımızı yolmayacağımıza dair bizden söz aldı." (Ebu Davud)

1670- Ebu Musa'dan (radıyallâhu anh) rivayet edildiğine göre Peygamberimiz (sallallâhu aleyhi ve sellem) buyuruyor ki:

– "Herhangi bir ölünün arkasından yasçılar kalkar da 'Vah dağ gibi, aslan gibi...' ve bunlara benzer sözler söylerlerse üzerine görevlendirilen iki melek 'Sen böyle miydin?' diyerek ölünün göğsüne yumruk vururlar." (Tirmizî)

1671- Ebu Hureyre'den (radıyallâhu anh) rivayet edildiğine göre Peygamberimiz (sallallâhu aleyhi ve sellem) buyuruyor ki:

– "İnsanlar arasında yaygın olan şu iki huy, küfür âdetlerindendir: Nesebe dil uzatmak ve ölünün arkasından yüksek sesle ağlamak." (Müslim)

303. Bölüm
Kahinlere, Müneccimlere, Gaipten Haber Verdiklerini İleri Sürenlere, Fal Bakanlara İnanmamak

1672- Hz. Âişe (radıyallâhu anhâ) der ki: "Bazı kimseler Peygamberimize (sallallâhu aleyhi ve sellem) kâhinler hakkında soru sordular. Peygamberimiz (sallallâhu aleyhi ve sellem) 'Onlar hiçbir şey değildir.' buyurdu. Soruyu soranlar 'Ya Resulallah! Onlar bazan sonradan doğru çıkan şeyler söylüyorlar. Bu nasıl oluyor?' dediler. Peygamberimiz 'O, cinni tarafından çalınıp dostunun kulağına fısıldanmış bir hak sözdür. Fakat kâhinler ona yüz yalan katarlar.' buyurdu." (Buhâri, Müslim)

Buhâri'nin kaydettiği başka bir ifadede Hz. Âişe'den (radıyallâhu anhâ) rivayet edildiğine göre Peygamberimiz (sallallâhu aleyhi ve sellem) buyuruyor ki:

– "Melekler bulutlar arasına inerek gökyüzünde karara bağlanan işi konuşurlar. Şeytan da kulak hırsızlığı yaparak meleklerin dediklerini duyar ve kâhinlere ulaştırır. Onlar da o gerçeğe kendilerinden yüz yalan katarlar."

1673- Ebu Ubeyd'in kızı Safiyye'den, onun da Peygamberimizin (sallallâhu aleyhi ve sellem) eşlerinden birinin rivayet ettiğine göre Peygamberimiz (sallallâhu aleyhi ve sellem) buyuruyor ki:

– "Kim bir falcıya gider, ona herhangi bir konuda bir şey sorar da falcının dediğine inanırsa kırk günlük namazı kabul olmaz." (Müslim)

1674- Kabîsa b. el-Muhârik'den (radıyallâhu anh) rivayet edildiğine göre Peygamberimiz (sallallâhu aleyhi ve sellem) buyuruyor ki:

– "Kumlara çizilen çizgilerden, çakıl taşlarından ve kuşların uçuş yönlerinden gelecek ile ilgili yorumlar yapmak falcılığın çeşitlerindendir." (Ebu Davud)

1675- İbni Abbas'tan (radıyallâhu anhumâ) rivayet edildiğine göre Peygamberimiz (sallallâhu aleyhi ve sellem) buyuruyor ki:

– "Kim yıldızlardan bilgi alırsa büyücülükten bir bölüm iktibas etmiş olur. Bu bilgisi arttıkça günahı da artar." (Ebu Davud)

1676- Muâviye b. Hakem (radıyallâhu anh) der ki: "Peygamberimize (sallallâhu aleyhi ve sellem) 'Ya Resulallah! Benim cahiliye döneminden ayrılışım yenidir. Allah Teâlâ, İslam'ı göndermiştir. Fakat içimizden bazıları kâhinlere gidiyorlar.' dedim. Bana 'Sen onlara gitme.' dedi. Kendisine 'İçimizden bazıları kuş falına bakıyorlar. Onların sağa-sola uçmasını uğursuzluk sayıyorlar.' dedim. 'Bu, içlerinde buldukları bir zan, bir duygudur. Bu his onlara mani olmasın.' buyurdu. Ben 'Bizden kum üzerine çizgiler çizen ve ondan hüküm çıkarmaya çalışanlar da var.' dedim. Bana 'Peygamberlerden biri de yere çizgi çizerdi. Onunkine uygun çizenlerin çizgileri geçerlidir.' buyurdu." (Müslim)

1677- İbni Mes'udü'l-Bedrî'den (radıyallâhu anh) rivayet edildiğine göre Peygamberimiz (sallallâhu aleyhi ve sellem) köpeği para ile satmayı, zina ücretini ve kâhinlerin kehanet yolu ile kazanç sağlamasını yasaklamıştır. (Buhâri, Müslim)

304. Bölüm
Hiçbir Şeyi Uğursuz Saymamak

1678- Enes'ten (radıyallâhu anh) rivayet edildiğine göre Peygamberimiz (sallallâhu aleyhi ve sellem) "Hastalık kendiliğinden bulaşmaz. Kuşların uçuş yönüne bakarak geleceğe dair yorum yapmak asılsızdır. Fal benim hoşuma gider." buyurdu. Sahabiler "Faldan kastınız nedir?" diye sordular. Peygamberimiz (sallallâhu aleyhi ve sellem) "Güzel bir sözdür (iyiye yormaktır)." buyurmuştur. (Buhâri, Müslim)

1679- İbni Ömer'den (radıyallâhu anhumâ) rivayet edildiğine göre Peygamberimiz (sallallâhu aleyhi ve sellem) buyuruyor ki:

– "Hastalığın kendiliğinden bulaşması ve kuşların uçuş yönünden gelecek ile ilgili yorumlar yapılması asılsızdır. Eğer uğursuzluk sözkonusu olsaydı evde, kadında ve atta olurdu." (Buhâri, Müslim)

1680- Büreyde (radıyallâhu anh) der ki: "Peygamberimiz (sallallâhu aleyhi ve sellem) kuş falına bakmazdı." (Ebu Davud)

1681- Urve b. Amir (radıyallâhu anh) der ki: "Peygamberimizin (sallallâhu aleyhi ve sellem) huzurunda kuşların uçuş yönüne bakarak gelecek ile ilgili yorum yapmaktan bahsedildi. Peygamberimiz (sallallâhu aleyhi ve sellem) şöyle buyurdu:

– 'Bunun en iyisi, iyiye yormaktır (faldır). Kötümser yorumlar, Müslümanı kararından çevirmesin, içinizden birisi, hoşuna gitmeyen bir şey görünce 'Allâhümme lâ ye'tî bil hasenâti illâ ente velâ yedfeu's-seyyiâti illâ ente velâ havle vela kuvvete illâ bike.' (Allah'ım! İyiliği yalnız Sen verir, kötülüğü yalnız Sen giderirsin. Sensiz hiçbir kımıldama ve güç gösterisi söz konusu değildir.) desin.'" (Ebu Davud)

305. Bölüm
Canlı Hayvan Resmi Yapmanın Haram Olması

1682- İbni Ömer'den (radıyallâhu anhumâ) rivayet edildiğine göre Peygamberimiz (sallallâhu aleyhi ve sellem) buyuruyor ki:

– "Hiç şüphesiz, şu resmi yapanlar, kıyamet günü azaba çarpılırlar. Kendilerine 'Yaratmaya kalkıştığınız şeye can veriniz.' denir." (Buhâri, Müslim)

1683- Hz. Âişe (radıyallâhu anhâ) der ki: "Peygamberimiz (sallallâhu aleyhi ve sellem) bir seferden dönmüştü. Kapının eşiğine üzeri canlı resimler işlenmiş bir örtü sermiştim. Peygamberimiz (sallallâhu aleyhi ve sellem) bu örtüyü görünce yüzünün rengi değişti ve 'Ya Âişe! Kıyamet günü en ağır azaba çarptırılacak olanlar, Allah'ın yarattığı canlıları taklit edenlerdir.' buyurdu. Bunun üzerine sözkonusu örtüyü kesip bir veya iki yastık yaptık." (Buhâri, Müslim)

1684- İbni Abbas (radıyallâhu anhumâ) der ki: "Peygamberimizin (sallallâhu aleyhi ve sellem) 'Her canlı resmi yapan kimse cehennemliktir. Resmini yapmış olduğu her canlı varlığa karşılık bir melek yaratılarak kendisine musallat edilir ve ona cehennemde azap çektirir.' buyurduğunu duydum. Buna göre mutlaka resim yapacaksan bir ağacın veya cansız bir varlığın resmini yap." (Buhâri, Müslim)

1685- Yine İbni Abbas'tan (radıyallâhu anhumâ) rivayet edildiğine göre Peygamberimiz (sallallâhu aleyhi ve sellem) buyuruyor ki:

– "Kim dünyada bir canlı varlığın resmini yaparsa, kıyamet günü ona ruh üflemekle yükümlü kılınır. Elbette ki o resme ruh üfleyemeyecektir." (Buhâri, Müslim)

1686- İbni Mes'ud'dan (radıyallâhu anh) rivayet edildiğine göre Peygamberimiz (sallallâhu aleyhi ve sellem) buyuruyor ki:

– "Kıyamet günü insanların en şiddetli azaba uğrayacak olanları, canlı mahlûk resimleri yapanlardır." (Buhâri, Müslim)

1687- Ebu Talha'dan (radıyallâhu anh) rivayet edildiğine göre Peygamberimiz (sallallâhu aleyhi ve sellem) buyuruyor ki:

– "İçinde canlı resmi veya köpek bulunan eve melekler girmez." (Buhâri, Müslim)

1688- İbni Ömer (radıyallâhu anhumâ) der ki: "Cebrail (aleyhisselam) Peygamberimize (sallallâhu aleyhi ve sellem) geleceğini vaat etti. Fakat gecikti. Bu yüzden canı sıkılan Peygamberimiz (sallallâhu aleyhi ve sellem) evden çıktı. Yolda Cebrail ile karşılaştı. Geciktiğinden dolayı şikâyet edince Cebrail 'Bizler, içinde köpek ve canlı resmi bulunan eve girmeyiz.' dedi." (Buhâri)

1689- Hz. Âişe (radıyallâhu anhâ) der ki: "Cebrail (aleyhisselam), Peygamberimize (sallallâhu aleyhi ve sellem) belirli bir saatte geleceğini vaat etmişti. Fakat belirtilen saat geldiği halde Cebrail ona gelmemişti. Bu sırada Peygamberimizin (sallallâhu aleyhi ve sellem) elinde bir asa vardı. 'Ne Allah ve ne de O'nun elçileri verdiği sözden cayar.' diyerek elindeki asayı yere attı. Bu arada çevresine bir göz atınca sedirinin altında bir köpek yavrusunun bulunduğunu gördü. 'Bu köpek ne zaman içeri girdi?' diye sordu. Kendisine 'Vallahi, farkında değilim.' diye cevap verdim. Hemen verdiği emir üzerine köpek dışarı çıkarıldı. Bunun üzerine Cebrail (aleyhisselam) da derhal yanına geldi. Peygamberimiz (sallallâhu aleyhi ve sellem) kendisine 'Verdiğin söz üzerine oturup seni bekledim. Fakat gelmedin.' buyurdu. Cebrail ona 'Evinde bulunan köpek içeri girmeme engel oldu. Bizler içinde köpek ve canlı resmi bulunan eve girmeyiz.' diye cevap verdi." (Müslim)

1690- Ebu'l-Heyyâc Hayyân b. Husayn (radıyallâhu anh) der ki: "Bir gün Hz. Ali (radıyallâhu anh) bana şöyle dedi:

– 'Peygamberimizin (sallallâhu aleyhi ve sellem) bir zamanlar bana vererek yola çıkardığı görevi şimdi sana verip seni yola çıkarayım mı? Gördüğün bütün canlı resimleri ortadan kaldır ve karşılaştığın tüm yüksek mezarları yerle bir et." (Müslim)

1691- Ebu Hureyre'den (radıyallâhu anh) rivayet edildiğine göre, Peygamberimiz (sallallâhu aleyhi ve sellem) şöyle buyurmuştur:

– "Allah Teâlâ (celle celâlüh) şöyle buyurur: 'Benim gibi yaratmaya kalkışanlardan daha zalim kim olabilir? Bu kimse bir karınca, bir buğday veya arpa tanesi yaratsın da görelim!'" (Buhâri, Müslim)

306. Bölüm
Avcılık, Hayvan Sürüsü ve Ziraat Haricinde Köpek Beslemenin Yasak Olması

1692- İbni Ömer'den (radıyallâhu anhumâ) rivayet edildiğine göre Peygamberimiz (sallallâhu aleyhi ve sellem) buyuruyor ki:

- "Kim avcılık veya hayvan sürüsü dışında kalan herhangi bir amaçla köpek saklarsa her gün sevabından iki kırat eksilir." (Buhâri, Müslim)

Başka bir rivayete göre "bir kırat" buyurulmuştur.

1693- Ebu Hureyre'den (radıyallâhu anh) rivayet edildiğine göre Peygamberimiz (sallallâhu aleyhi ve sellem) buyuruyor ki:

- "Kim köpek saklarsa, amelinden her gün bir kırat eksilir. Yalnız tarla beklemek veya avcılık amacı ile saklanan köpek müstesna..." (Buhâri, Müslim)

Müslim'in kaydettiği başka bir rivayete göre de hadis şöyledir:

- "Kim avcılık, hayvan sürüsü veya tarla beklemek amacı dışında köpek saklarsa, sevabından her gün iki kırat eksilir."

307. Bölüm
Develerin ve Diğer Hayvanların Boyunlarına Çan Takmanın ve Yolculuk Sırasında Köpek ve Çan Taşımanın Mekruh Olması

1694- Ebu Hureyre'den (radıyallâhu anh) rivayet edildiğine göre Peygamberimiz (sallallâhu aleyhi ve sellem) buyuruyor ki:

- "Yanlarında köpek ve çan bulunduran gruba melekler eşlik etmezler." (Müslim)

1695- Yine Ebu Hureyre'den (radıyallâhu anh) rivayet edildiğine göre Peygamberimiz (sallallâhu aleyhi ve sellem) buyuruyor ki:

- "Çan, şeytanın çalgılarından biridir." (Ebu Davud)

308. Bölüm
Pislik Yiyen Deveye Binmenin Mekruh Olması

Böyle bir deve ot yer ve eti temizlenirse bu durum ortadan kalkar.

1696- İbni Ömer (radıyallâhu anhumâ) der ki: "Peygamberimiz (sallallâhu aleyhi ve sellem) pislik yiyen deveye binmeyi yasak kılmıştır." (Ebu Davud)

309. Bölüm
Mescidde Tükürmenin Yasak Olması

1697- Enes'ten (radıyallâhu anh) rivayet edildiğine göre Peygamberimiz (sallallâhu aleyhi ve sellem) buyuruyor ki:

– "Mescidin herhangi bir yerine tükürmek günahtır. Bu günahın kefareti tükürüğü gömmektir." (Buhâri, Müslim)

1698- Hz. Âişe'den (radıyallâhu anhâ) rivayet edildiğine göre Peygamberimiz (sallallâhu aleyhi ve sellem) Mescid'in kıble duvarında sümük veya tükürük ya da kusmuk gördü ve onu kazıdı. (Buhâri, Müslim)

1699- Enes (radıyallâhu anh) der ki: "Şu camiler ne idrara ve ne de pisliğe elverişli yerlerdir. Onlar sadece Allah'ın adı anılacak ve Kur'an okunacak yerlerdir."

Ravi "Yahut da Peygamberimizin (sallallâhu aleyhi ve sellem) buyurduğu gibi..." demiştir. (Müslim)

310. Bölüm
Mescidde Gürültü Yapmaktan Kaçınmak

Mescidde tartışmanın, yüksek sesle konuşmanın, kayıp mal araştırmanın, alışveriş gibi muamelelerde bulunmanın mekruh olduğu hakkındadır.

1700- Ebu Hureyre'den (radıyallâhu anh) rivayet edildiğine göre Peygamberimiz (sallallâhu aleyhi ve sellem) buyuruyor ki:

– "Herhangi bir kimsenin mescidde yitik bir mal araştırdığını duyan kimse ona 'Allah onu sana buldurmasın!' desin. Çünkü mescidler bunun için yapılmamıştır." (Müslim)

1701- Ebu Hureyre'den (radıyallâhu anh) rivayet edildiğine göre Peygamberimiz (sallallâhu aleyhi ve sellem) buyuruyor ki:

– "Mescidde alışveriş yapan birini görünce 'Allah senin alışverişine kâr nasip etmesin!' ve yitirdiği bir malı araştıran bir kimse de görünce 'Allah onu sana buldurmasın!' deyiniz." (Tirmizî)

1702- Büreyde'den (radıyallâhu anh) rivayet edildiğine göre adamın biri Mescidde "Kızıl renkli devemin yerini bilen var mı?" diye seslendi. Bunun üzerine Peygamberimiz adama "Onu bulamaz ol! Mescidler sadece ne maksatla yapılmışlarsa o amaç için kurulmuşlardır." buyurmuştur. (Müslim)

1703- Amr b. Şuayb'ın babasından, babasının da dedesinden (radıyallâhu anh) rivayet edildiğine göre Peygamberimiz (sallallâhu aleyhi ve sellem) mescidde alışveriş yapmayı, yitik mal araştırmayı ve şiir okumayı yasaklamıştır. (Ebu Davud, Tirmizî)

1704- Sâib b. Yezîd (radıyallâhu anh) der ki: "Bir gün Mescid'deyken birisi üzerime küçük bir çakıl taşı attı. Dönüp baktım. Hz. Ömer (radıyallâhu anh) idi. Bana 'Git, şu iki kişiyi yanıma getir.' dedi. Onları yanına götürünce Ömer kendilerine 'Nerelisiniz?' diye sordu. Adamlar 'Taifliyiz.' dediler. Hz. Ömer kendilerine 'Eğer bu şehrin (Medine'nin) halkından olsaydınız sizin canınızı acıtırdım. Resulullah'ın (sallallâhu aleyhi ve sellem) mescidinde yüksek sesle konuşuyorsunuz.' diye cevap verdi." (Buhâri)

311. Bölüm
Rahatsız Edici Kokusu Olan Yiyeceklerin Kokusu Geçmeden, Zaruret Olmaksızın Mescide Girmenin Mekruh Olması

1705- İbni Ömer'den (radıyallâhu anhumâ) rivayet edildiğine göre Peygamberimiz (sallallâhu aleyhi ve sellem) buyuruyor ki:

– "Kim sarımsak yerse sakın mescidimize (diğer bir rivayete göre mescidlerimize) girmesin." (Buhâri, Müslim)

1706- Enes'ten (radıyallâhu anh) rivayet edildiğine göre Peygamberimiz (sallallâhu aleyhi ve sellem) buyuruyor ki:

– "Kim şu ağaçtan (sarımsaktan) yerse bize yaklaşmasın, bizimle birlikte namaz kılmasın." (Buhâri, Müslim)

1707- Câbir'den (radıyallâhu anh) rivayet edildiğine göre Peygamberimiz (sallallâhu aleyhi ve sellem) buyuruyor ki:

– "Kim sarımsak veya soğan yerse bizden (veya mescidimizden) ayrı dursun." (Buhâri, Müslim)

Müslim'in kaydettiği diğer bir rivayete göre hadis şöyledir: "Kim soğan, sarımsak veya pırasa yerse camilerimize yaklaşmasın. Çünkü âdemoğlunu rahatsız eden şeyler melekleri de rahatsız eder."

1708- Ömer b. el-Hattâb (radıyallâhu anh) bir cuma hutbesinde şöyle der:

– "Ey insanlar! Sizler, kokusu hoş olmayan iki bitkinin meyvesini, yani soğan ve sarmısağı yiyorsunuz. Peygamberimiz (sallallâhu aleyhi ve sellem) mescidde bir kimsede bunların kokusunu duyduğu zaman, o kimsenin mescidden çıkarılmasını emreder, o kimse de Bakî kabristanına kadar çıkarılırdı (mescidden uzaklaştırılırdı). Kim bunları yemek isterse, iyice pişirerek kokularını giderip öyle yesin." (Müslim)

312. Bölüm
Hutbe Dinlerken Dizleri Dikip Elleri ile Tutarak Oturmanın Mekruh Olması

Dizleri dikip oturmak uykuya yol açıp hutbe dinleyene engel ve abdestin bozulmasına sebep olabilir.

1709- Muâz b. Enes el-Cühenî'den (radıyallâhu anh) rivayet edildiğine göre Peygamberimiz (sallallâhu aleyhi ve sellem) cuma günü imam hutbe okurken dizleri dikip eller ile dizleri tutarak oturmayı yasaklamıştır. (Ebu Davud, Tirmizî)

313. Bölüm
Zilhiccenin İlk On Günü Olunca Kurban Kesmek İsteyenin, Kurban Kesinceye Kadar Saçlarını ve Tırnaklarını Kesmesinin Yasak Olması

1710- Ümmü Seleme'den (radıyallâhu anhâ) rivayet edildiğine göre Peygamberimiz (sallallâhu aleyhi ve sellem) buyuruyor ki:

– "Kimin kesilecek kurbanı varsa zilhicce ayının hilali görülünce kurban kesinceye kadar saçlarını ve tırnaklarını kesmesin." (Müslim)

314. Bölüm
Peygamber, Kâbe, Melek, Gök, Hayat, Ruh, Atalar Gibi Bir Varlık Adına Yemin Etmenin Yasak Olması

1711- İbni Ömer'den (radıyallâhu anhumâ) rivayet edildiğine göre Peygamberimiz (sallallâhu aleyhi ve sellem) buyuruyor ki:

– "Allah Teâlâ (celle celâlüh) size atalarınız adına yemin etmeyi yasak kılmıştır. Kim yemin edecekse ya Allah adına yemin etsin veya sussun." (Buhâri, Müslim)

Diğer bir rivayete göre hadisin son kısmı "ya mutlaka Allah adına yemin etsin veya sussun" şeklindedir.

1712- Abdurrahman b. Semüre'den (radıyallâhu anh) rivayet edildiğine göre Peygamberimiz (sallallâhu aleyhi ve sellem) buyuruyor ki:

– "Putlar ve atalarınız adına yemin etmeyiniz." (Müslim)

1713- Büreyde'den (radıyallâhu anh) rivayet edildiğine göre Peygamberimiz (sallallâhu aleyhi ve sellem) buyuruyor ki:

– "Kim emanet adına yemin ederse bizden değildir." (Ebu Davud)

1714- Yine Büreyde'den (radıyallâhu anh) rivayet edildiğine göre Peygamberimiz (sallallâhu aleyhi ve sellem) buyuruyor ki:

– "Kim 'Ben İslam'dan uzağım!' diyerek yemin ederse, yalan söylüyorsa dediği gibidir. Doğru söylüyorsa inancı zedelenmeksizin İslam'a dönemeyecektir." (Ebu Davud)

1715- İbni Ömer (radıyallâhu anhumâ) adamın birinin "Kâbe adına hayır!" dediğini duyunca şöyle dedi: "Allah'tan başka hiçbir şey adına yemin etme. Çünkü ben Peygamberimizin (sallallâhu aleyhi ve sellem) 'Allah'tan başka bir şey adına yemin eden küfür (veya şirk) etmiş olur.' dediğini duydum." (Tirmizî)

315. Bölüm
Kasten Yapılan Yalan Yeminin Büyük Günah Olması

1716- İbni Mes'ud (radıyallâhu anh) der ki: "Peygamberimiz (sallallâhu aleyhi ve sellem) 'Kim bir Müslümanın malını kendi zimmetine geçirmek üzere bile bile yalan yemin ederse, gazabına uğramış olarak Allah'ın huzuruna varır.' buyurdu ve arkasından bu sözü tasdik eden Allah'ın kitabındaki şu ayeti okudu:

– 'Allah adına verdikleri sözler ve yaptıkları yeminler karşılığında basit bir kazancı satın alanlar yok mu? Bu kimselerin ahirette hiçbir nasibi yoktur. Allah, kıyamet günü onlarla konuşmaz, onların yüzüne bakmaz ve kendilerini günahtan arındırmaz. Onlar için acı bir azap vardır.'" (Âl-i İmrân suresi, 77. ayet.) (Buhâri, Müslim)

1717- Ebu Ümâme İyâs b. Salebet el-Hârisi (radıyallâhu anh) der ki: "Peygamberimiz (sallallâhu aleyhi ve sellem) 'Kim yalan yere yemin ederek bir Müslümanın hakkına el koyarsa Allah kendisini kesin olarak cehenneme koyar ve cenneti ona haram kılar.' buyurdu. Sahabilerden birisi Peygamberimize 'Ya Resulallah! Dğer sözkonusu olan mal çok az bir şey olursa da mı?' diye sordu. Peygamberimiz ona 'İsterse misvak ağacının bir dalı olsun.' buyurdu." (Müslim)

1718- Abdullah b. Amr ibni'l-Âs'tan (radıyallâhu anhumâ) rivayet edildiğine göre Peygamberimiz (sallallâhu aleyhi ve sellem) buyuruyor ki:

– "Büyük günahlar Allah'a ortak koşmak, ana babaya karşı gelmek, adam öldürmek ve yalan yere yapılan yemindir." (Buhâri)

Diğer bir rivayete göre taşralı bir Arap, Peygamberimize (sallallâhu aleyhi ve sellem) gelerek "Ya Resulallah! Büyük günahlar nelerdir?" diye sordu. Peygamberimiz ona "Allah'a ortak koşmaktır." buyurdu. Taşralı Arap kendisine "Sonra hangisi gelir?" diye sordu. Peygamberimiz ona "Sahibini günaha batıran yemindir." buyurdu. Adam "Sahibini günaha batıran yemin hangisidir?" diye sordum. Peygamberimiz "Müslüman bir kimsenin malına haksız yere el koymaya yol açan yemindir." buyurdu.

316. Bölüm
Yemin Etmenin Kefareti

Herhangi bir konuda yemin ettikten sonra yeminin tersinin hayırlı olduğunu gören bir kimsenin yeminin tersine hareket etmesinin ve sonra da yemininin kefaretini yerine getirmesinin mendub olması hakkındadır.

1719- Abdurrahman b. Semüre'den (radıyallâhu anh) rivayet edildiğine göre Peygamberimiz (sallallâhu aleyhi ve sellem) buyuruyor ki:

– "Herhangi bir şeye yemin ettikten sonra onun tersinin daha hayırlı olduğunu görünce hayırlı gördüğün şeyi yap ve yeminin kefaretini yerine getir." (Buhâri, Müslim)

1720- Ebu Hureyre'den (radıyallâhu anh) rivayet edildiğine göre Peygamberimiz (sallallâhu aleyhi ve sellem) buyuruyor ki:

– "Kim bir şeye yemin eder de sonra tersini hayırlı görürse yeminin kefaretini yerine getirip hayırlı olan hareketi işlesin." (Müslim)

1721- Ebu Musa'dan (radıyallâhu anh) rivayet edildiğine göre Peygamberimiz (sallallâhu aleyhi ve sellem) buyuruyor ki:

– "Vallahi, inşallah ben bir şeye yemin eder de sonradan başka türlüsünün hayırlı olduğunu görürsem yeminimin kefaretini yerine getirir ve hayırlı olan hareketi yaparım." (Buhâri, Müslim)

1722- Ebu Hureyre'den (radıyallâhu anh) rivayet edildiğine göre Peygamberimiz (sallallâhu aleyhi ve sellem) buyuruyor ki:

– "İçinizden birinizin, ev halkı için yaptığı bir yeminde ısrar etmesi, (yeminini bozup) Allah'ın üzerine farz kılmış olduğu kefareti yerine getirmesinden daha günahtır." (Buhâri, Müslim)

317. Bölüm
Kasıtsız Olarak Yapılan Yeminin Affedildiği, Onun İçin Kefaret Gerekmediği

Allah Teâlâ (celle celâlüh) buyuruyor ki:

– "Allah sizleri dil alışkanlığı ile kasıtsız olarak yapmış olduğunuz yeminlerden dolayı sorumlu tutmaz. Fakat bile bile yapmış olduğunuz yeminlerden dolayı sorumlu tutar. Böyle bir yeminin

kefareti, ev halkınıza vermiş olduğunuz yemeğin ortalamasından on yoksulu doyurmak veya onları giydirmek yahut da on köleyi azat etmektir. Bunları bulamayan kimse için yapılacak şey, üç gün oruçtur. Yeminlerinize sahip çıkınız." (Mâide suresi, 89. ayet.)

1723- Hz. Âişe (radıyallâhu anhâ) der ki:

"'**Allah sizleri, dil alışkanlığı ile kasıtsız olarak yapmış olduğunuz yeminlerden dolayı sorumlu tutmaz.**' mealindeki ayet bir kişinin 'Hayır vallahi! Evet vallahi!' gibi dil alışkanlığından ileri gelen sözleri hakkında inmiştir." (Buhârî)

318. Bölüm
Doğru Bile Olsa, Alışverişte Yemin Etmenin Mekruh Olması

1724- Ebu Hureyre'den (radıyallâhu anh) rivayet edildiğine göre Peygamberimiz (sallallâhu aleyhi ve sellem) buyuruyor ki:

– "Yemin malın sürümünü sağlar, fakat kazancı mahveder." (Buhârî, Müslim)

1725- Ebu Katâde'den (radıyallâhu anh) rivayet edildiğine göre Peygamberimiz (sallallâhu aleyhi ve sellem) buyuruyor ki:

– "Alışveriş sırasında çokça yemin etmekten sakınınız. Çünkü çok yemin etmek önce sürüm sağlar, arkasından da bereketi giderir." (Müslim)

319. Bölüm
Allah Rızası İçin Cennetten Başka Bir Şey İstemenin ve Allah Adına Dünyevi Bir Şey İsteyeni Boş Çevirmenin Mekruh Olması

1726- Câbir'den (radıyallâhu anh) rivayet edildiğine göre Peygamberimiz (sallallâhu aleyhi ve sellem) buyuruyor ki:

– "Allah'ın rızası adına cennetten başka bir şey istenmez." (Ebu Davud)

1727- İbni Ömer'den (radıyallâhu anhumâ) rivayet edildiğine göre Peygamberimiz (sallallâhu aleyhi ve sellem) buyuruyor ki:

– "Kim Allah adına size sığınırsa onu himaye ediniz. Kim sizden Allah adına bir şey isterse ona istediğini veriniz. Kim sizi çağırırsa davetine icabet ediniz. Kim size bir iyilik yaparsa ona karşılığını veriniz. Eğer karşınızdakinin iyiliğine karşılık vermenin imkânını bulamıyorsanız, ödeştiğiniz kanaatine varıncaya kadar ona dua ediniz." (Ebu Davud, Neseî)

320. Bölüm
Devlet Başkanına "Şehinşah" Demenin Haram Olması

Bunun anlamı "melikler meliki" demek olduğu için bununla yüce Allah'tan başkası nitelendirilemez.

1728- Ebu Hureyre'den (radıyallâhu anh) rivayet edildiğine göre Peygamberimiz (sallallâhu aleyhi ve sellem) buyuruyor ki:

– "Allah Teâlâ katında unvanların en alçağı, bir kimsenin meliklerin meliki diye adlandırılmasıdır." (Buhâri, Müslim)

321. Bölüm
Fasık ve Bid'atçılara Hürmet İfade Eden Unvanlarla Hitap Etmenin Yasak Olması

1729- Büreyde'den (radıyallâhu anh) rivayet edildiğine göre Peygamberimiz (sallallâhu aleyhi ve sellem) buyuruyor ki:

– "Münafığa efendi demeyiniz. Çünkü eğer o efendi edinilirse aziz ve celil olan Rabbinizi kızdırmış olursunuz." (Ebu Davud)

322. Bölüm
Hastalıklara Sövmek Mekruhtur

1730- Câbir'den (radıyallâhu anh) rivayet edildiğine göre Peygamberimiz (sallallâhu aleyhi ve sellem) Ümmü Sâib'in (veya Ümmü Müseyyib'in) yanına girdi ve ona "Ya Ümmü Sâib! Niye böyle titriyorsun?" diye sordu. Ümmü Sâib de ona "Adı batası sıtmadan dolayı." diye cevap verdi. Bunun üzerine Peygamberimiz (sallallâhu aleyhi ve sellem) şöyle buyurdu:

– "Sıtmaya sövme. Çünkü körüğün yaktığı ateş nasıl demirin pasını giderirse o da âdemoğlunun günahlarını öyle giderir." (Müslim)

323. Bölüm
Rüzgara Sövmenin Mekruh Olması; Rüzgar Eserken Söylenecek Söz

1731- Ebu Münzir Übey b. Kâ'b'dan (radıyallâhu anh) rivayet edildiğine göre Peygamberimiz (sallallâhu aleyhi ve sellem) buyuruyor ki:

– "Rüzgara sövmeyiniz. Hoşunuza gitmeyen bir esinti gördüğünüz zaman 'Ya Rabbi! Senden şu rüzgarın hayırlısını, taşıdığı gücün hayırlısını ve görevinin hayırlısını ister, bu rüzgarın şerrinden, taşıdığı gücün şerrinden ve görevinin şerrinden Sana sığınırız.' deyiniz." (Tirmizî)

1732- Ebu Hureyre'den (radıyallâhu anh) rivayet edildiğine göre Peygamberimiz (sallallâhu aleyhi ve sellem) buyuruyor ki:

– "Rüzgar, Allah'ın rahmetlerinden biridir. Onu görünce sakın ona sövmeyiniz. Allah'tan onun hayrını isteyiniz ve onun şerrinden Allah'a sığınınız." (Ebu Davud)

1733- Hz. Âişe (radıyallâhu anhâ) der ki: "Şiddetli rüzgar esince Peygamberimiz (sallallâhu aleyhi ve sellem) 'Ya Allah! Senden bu rüzgarın hayrını, taşıdığı gücün hayırlısını ve görevinin hayırlısını diler, onun şerrinden, taşıdığı gücün şerrinden ve görevinin şerrinden sana sığınırım.' derdi." (Müslim)

324. Bölüm
Horoza Sövmenin Mekruh Olması

1734- Zeyd b. Hâlid el-Cüheni'den (radıyallâhu anh) rivayet edildiğine göre Peygamberimiz (sallallâhu aleyhi ve sellem) buyuruyor ki:

– "Horoza sövmeyiniz. Çünkü o, namaz için uyandırır." (Ebu Davud)

325. Bölüm
Yağmurun Yıldızlar Sayesinde Yağdığını Söylemenin Yasak Olması

1735- Zeyd b. Hâlid el-Cühenî (radıyallâhu anh) der ki: "Peygamberimiz (sallallâhu aleyhi ve sellem) bize Hudeybiye'de yağmurlu geçen bir gecenin ardından sabah namazı kıldırdı. Namazdan sonra cemaate dönerek 'Rabbinizin ne buyurduğunu biliyor musunuz?' diye sordu. Sahabiler 'Allah ve O'nun Rasulü bilir.' dediler. Bunun üzerine Peygamberimiz (sallallâhu aleyhi ve sellem) şöyle buyurdu:

– 'Kimi kullarım bana inanmış olarak, kimi kullarım da bana küfretmiş olarak sabaha kavuştu. 'Allah'ın fazilet ve rahmeti sayesinde yağmura kavuştuk.' diyenler bana inanmış ve yıldızlara tapmamış oldular. Fakat 'Falan ve filan yıldız sayesinde yağmura kavuştuk.' diyenler de beni inkar etmiş ve yıldızlara tapmış oldular.'" (Buhâri, Müslim)

326. Bölüm
Bir Müslümana "Kafir" Demek Haramdır

1736- İbni Ömer'den (radıyallâhu anhumâ) rivayet edildiğine göre Peygamberimiz (sallallâhu aleyhi ve sellem) buyuruyor ki:

- "Herhangi bir kimse bir kardeşine 'Ey kâfir!' deyince bu söz ikisinden biri üzerinde kalır. Karşısındaki adam dediği gibi ise mesele yok. Değilse, söylemiş olduğu söz kendisine döner." (Buhâri, Müslim)

1737- Ebu Zer'den (radıyallâhu anh) rivayet edildiğine göre Peygamberimiz (sallallâhu aleyhi ve sellem) buyuruyor ki:

- "Kim bir adamı kâfir diye çağırırsa veya ona 'Ey Allah'ın düşmanı!' derse ve o kimse dediği gibi değilse, söylemiş olduğu söz kendisine döner." (Buhâri, Müslim)

327. Bölüm
Kem Sözün ve Çirkin Konuşmanın Yasak Olması

1738- İbni Mes'ud'dan (radıyallâhu anh) rivayet edildiğine göre Peygamberimiz (sallallâhu aleyhi ve sellem) buyuruyor ki:

- "Müslüman ne başkalarını kınayıcı ne lanet edici ne kem söz söyleyici ne de çirkin konuşan bir kimsedir." (Tirmizî)

1739- Enes'ten (radıyallâhu anh) rivayet edildiğine göre Peygamberimiz (sallallâhu aleyhi ve sellem) buyuruyor ki:

- "Kem söz ve arsızlık, bulaştığı nesnenin itibarını giderir. Hayâ ise karıştığı nesneye şeref kazandırır." (Tirmizî)

328. Bölüm
Konuşma Adabı

Güzel edip olmadığı halde güzel konuştuğunu göstermek için yayvan ağızla konuşmak, halk ile konuşurken onların duymadığı kelimeleri kullanmak mekruhtur.

Güzel edip olmadığı halde, konuşurken tumturaklı bir eda takınmanın, yayvan ağızla konuşmanın, halka hitap ederken fazla bilinmeyen kelimeler kullanmanın ve hassas bir dilbilgisi kullanmaya özenmenin mekruh olması hakkındadır.

1740- İbni Mes'ud'dan (radıyallâhu anh) rivayet edildiğine göre Peygamberimiz (sallallâhu aleyhi ve sellem) üç kere üst üste "Her konuda aşırı titizlik gösterenler mahvolmuşlardır." buyurmuştur. (Müslim)

1741- Abdullah b. Amr ibni'l-Âs'tan (radıyallâhu anhumâ) rivayet edildiğine göre Peygamberimiz (sallallâhu aleyhi ve sellem) buyuruyor ki:

- "Allah, sığırın geviş getirmesi gibi dilini ağzında dolaştıran belagat sahiplerinden nefret eder." (Ebu Davud, Tirmizî)

1742- Câbir b. Abdullah'tan (radıyallâhu anhumâ) rivayet edildiğine göre Peygamberimiz (sallallâhu aleyhi ve sellem) buyuruyor ki:

- "İçinizden en çok sevdiklerim ve kıyamet günü bana en yakın oturacak olanlarınız, güzel huylu olanlarınızdır. İçinizden en hoşlanmadığım ve kıyamet günü bana en uzak olanlarınız da zorlamalı bir üslupla konuşanlar, dilini ağzı içinde dolaştıra dolaştıra konuşanlar ve üstünlük taslayarak tumturaklı konuşmaya özenenlerdir." (Tirmizî)

329. Bölüm
"Nefsim Pis Oldu" Demenin Mekruh Olması

1743- Hz. Âişe'den (radıyallâhu anhâ) rivayet edildiğine göre Peygamberimiz (sallallâhu aleyhi ve sellem) buyuruyor ki:

- "Hiçbiriniz 'Nefsim pisleşti.' demesin. Fakat (mutlaka bir şey diyecekse) 'Nefsim arsızlaştı.' desin." (Buhâri, Müslim)

330. Bölüm
Yaş Üzüme "Kerm" Demenin Mekruh Olması

1744- Ebu Hureyre'den (radıyallâhu anh) rivayet edildiğine göre Peygamberimiz (sallallâhu aleyhi ve sellem) buyuruyor ki:

- "Yaş üzüme kerm demeyiniz. Çünkü kerm, Müslüman demektir." (Buhâri, Müslim)

Diğer bir rivayete göre hadisin ikinci kısmı "Kerm, mü'minin kalbidir." şeklindedir.

Bir başka rivayete göre de hadis "...kerm derler. Oysa kerm, mü'minin kalbidir." şeklindedir.

1745- Vâil b. Hucr'dan (radıyallâhu anh) rivayet edildiğine göre, Peygamberimiz (sallallâhu aleyhi ve sellem) şöyle buyurmuştur:

- "Yaş üzüme kerm adını vermeyiniz. Üzüm çubuğu veya üzüm asması deyiniz." (Müslim)

331. Bölüm

Evlenmek Gibi Meşru Bir Amaç Söz Konusu Olmadıkça Bir Kadını Bir Erkeğin Yanında Övmemek

1746- İbni Mes'ud'dan (radıyallâhu anh) rivayet edildiğine göre Peygamberimiz (sallallâhu aleyhi ve sellem) buyuruyor ki:

- "Hiçbir kadın diğer bir kadınla çıplak olarak yan yana gelip de sonra gördüğü kadını gözünün önünde canlandırırcasına kocasına anlatmasın." (Buhâri, Müslim)

332. Bölüm

Dua Esnasında Kesin Dilekte Bulunmak

1747- Ebu Hureyre'den (radıyallâhu anh) rivayet edildiğine göre Peygamberimiz (sallallâhu aleyhi ve sellem) buyuruyor ki:

- "Hiçbiriniz sakın 'Allah'ım! Eğer dilersen beni bağışla. Eğer dilersen bana rahmet et.' demesin. Dileğini kesin bir ifade ile söylesin. Çünkü Allah'ı hiçbir zorlayan yoktur." (Müslim)

Müslim'in kaydettiği başka bir rivayete göre de hadisin ikinci kısmı şöyledir: "Aksine, dileğini büyük arzuyla, azmederek istesin. Çünkü hiçbir talep Allah'a ağır gelmez."

1748- Enes'ten (radıyallâhu anh) rivayet edildiğine göre Peygamberimiz (sallallâhu aleyhi ve sellem) buyuruyor ki:

- "Herhangi biriniz dua edince kesin ifade ile dileğini belirtsin. 'Allah'ım! Eğer dilersen bana ver.' demesin. Çünkü Allah'ı zorlayacak hiçbir şey söz konusu değildir." (Buhâri, Müslim)

333. Bölüm

"Allah ve Falanca Dilerse!" Demenin Mekruh Olması

1749- Huzeyfe b. Yemâni'den (radıyallâhu anh) rivayet edildiğine göre Peygamberimiz (sallallâhu aleyhi ve sellem) buyuruyor ki:

- "Sakın 'Allah ve falanca dilerse!' demeyiniz. Fakat 'Önce Allah, sonra da falanca dilerse!' deyiniz." (Ebu Davud)

334. Bölüm
Yatsı Namazından Sonra Konuşmanın Mekruh Olması

1750- Ebu Berze'den (radıyallâhu anh) rivayet edildiğine göre Peygamberimiz (sallallâhu aleyhi ve sellem) yatsıyı kılmadan önce yatmaktan ve yatsıdan sonra konuşmaktan hoşlanmazdı. (Buhâri, Müslim)

1751- İbni Ömer'den (radıyallâhu anhumâ) rivayet edildiğine göre Peygamberimiz (sallallâhu aleyhi ve sellem) hayatının sonlarına doğru bir gün yatsı namazını kıldırıp selam verdikten sonra şöyle buyurdu:

– "Şu gecenizi görüyorsunuz ya! Bugün yeryüzünde bulunan hiç kimse yüz yıl sonra sağ kalmayacaktır." (Buhâri, Müslim)

1752- Enes'ten (radıyallâhu anh) rivayet edildiğine göre, Sahabiler bir akşam Peygamberimizi (sallallâhu aleyhi ve sellem) gece yarısından az öncesine kadar beklediler, sonra da yatsı namazı kıldılar. Enes der ki: "Peygamberimiz (sallallâhu aleyhi ve sellem) namazdan sonra bize şöyle seslendi:

– "Şu anda herkes namaz kılıp uykuya daldı. Sizler namaz kılmak için beklediğiniz sürece namaz halinde bulunuyordunuz." (Buhâri)

335. Bölüm
Meşru Bir Mazereti Olmadıkça, Kadının Kocasının Yatağa Davetini Reddetmesinin Haram Olması

1753- Ebu Hureyre'den (radıyallâhu anh) rivayet edildiğine göre Peygamberimiz (sallallâhu aleyhi ve sellem) buyuruyor ki:

– "Erkek, karısını yatağına çağırır da kadın kocasının teklifini reddeder ve böylece koca karısına kızgın bir halde uyursa sabaha kadar o kadına melekler lanet eder." (Buhâri, Müslim)

Diğer bir rivayete göre hadisin ilgili kısmı "kocasına dönünceye kadar" şeklindedir.

336. Bölüm
Kocası Yanındayken Ondan İzin Almadan Kadının Nafile Oruç Tutmasının Mekruh Olması

1754- Ebu Hureyre'den (radıyallâhu anh) rivayet edildiğine göre Peygamberimiz (sallallâhu aleyhi ve sellem) buyuruyor ki:

– "Kocası yanındayken bir kadının ondan izinsiz olarak nafile oruç tutması helal değildir. Kocasından izinsiz bir kimseyi eve çağırmak da ona helal değildir." (Buhâri, Müslim)

337. Bölüm
Cemaatin İmamdan Önce Rükû veya Secdeden Kalkmasının Haram Olması

1755- Ebu Hureyre'den (radıyallâhu anh) rivayet edildiğine göre Peygamberimiz (sallallâhu aleyhi ve sellem) buyuruyor ki:

– "İçinizden biri, imamdan önce başını kaldırınca, Allah'ın başını eşek başına veya şeklini eşek şekline dönüştürmesinden korkmuyor mu?" (Buhâri, Müslim)

338. Bölüm
Namazda Elini Böğrüne Koymanın Mekruh Olması

1756- Ebu Hureyre'den (radıyallâhu anh) rivayet edildiğine göre Peygamberimiz (sallallâhu aleyhi ve sellem) namazda eli böğre koymayı men etmiştir. (Buhâri, Müslim)

339. Bölüm
Yemeğin Olduğu Bir Ortamda Canı Yemek Çekerken veya Abdest Bozma Sıkıntısı Varken Önce Namaza Durmanın Mekruh Olması

1757- Hz. Âişe'den (radıyallâhu anhâ) rivayet edildiğine göre Peygamberimiz (sallallâhu aleyhi ve sellem) buyuruyor ki:

– "Yemeğin yanında ve küçük veya büyük abdest baskısı altında namaz kılınmaz." (Müslim)

340. Bölüm
Namazdayken Havaya Bakmanın Yasak Olması

1758- Enes b. Mâlik'ten (radıyallâhu anh) rivayet edildiğine göre, Peygamberimiz (sallallâhu aleyhi ve sellem) "Bazı kimselerin bu hâli de ne! Namazdayken havaya bakıyorlar." buyurmuş ve bu konuda daha da ağır konuşarak şöyle devam etmiştir:

– "Ya o kimseler bu hareketlerinden vazgeçerler ya da Allah, gözlerini kör eder." (Buhâri)

341. Bölüm
Namazdayken Başı Sağa Sola Çevirmenin Mekruh Olması

1759- Hz. Âişe (radıyallâhu anhâ) der ki: "Peygamberimize (sallallâhu aleyhi ve sellem) namazdayken sağa sola bakmayı sordum. Bana 'Bu hareket, şeytan tarafından kulun namazına karşı girişilmiş bir aşırma hareketidir.' buyurdu." (Buhâri)

1760- Enes'ten (radıyallâhu anh) rivayet edildiğine göre Peygamberimiz (sallallâhu aleyhi ve sellem) kendisine şöyle buyurdu:

– "Sakın namazdayken sağa sola bakma. Çünkü namazda sağa sola bakmak mahvolmaktır. Eğer bunun önüne geçilemiyorsa farzlarda değil, nafile namazlarda olmalıdır." (Tirmizî)

342. Bölüm
Mezarlıklara Doğru Namaz Kılmanın Yasak Olması

1761- Ebu Mersed Kennaz b. el-Husayn'dan (radıyallâhu anh) rivayet edildiğine göre Peygamberimiz (sallallâhu aleyhi ve sellem) buyuruyor ki:

– "Mezarlığa doğru namaz kılmayınız ve kabirlerin üzerinde oturmayınız." (Müslim)

343. Bölüm
Namaz Kılanın Önünden Geçmenin Haram Olması

1762- Ebu'l-Cüheym Abdullah b. el-Hâris b. es-Sımme el-Ensari (radıyallâhu anh) der ki: "Peygamberimiz (sallallâhu aleyhi ve sellem) 'Namaz kılanın önünden geçen kimse bu hareketin kendisine yüklediği günahı bilseydi, namaz kılanın önünden geçeceğine kırk katı kadar beklemesi daha hayırlı olurdu.' buyurdu. Peygamberimizin (sallallâhu aleyhi ve sellem) kırk gün mü veya kırk ay mı ya da kırk yıl mı dediğini, bunların hangisini kastettiğini anlayamadım." (Buhâri, Müslim)

344. Bölüm
Cemaatle Farz Kılınırken Başka Namaz Kılmanın Mekruh Olması

1763- Ebu Hureyre'den (radıyallâhu anh) rivayet edildiğine göre Peygamberimiz (sallallâhu aleyhi ve sellem) buyuruyor ki:

– "Farz namaza başlanınca farzdan başka namaz kılınmaz." (Müslim)

345. Bölüm
Yalnız Cuma Gününü Oruca ve Cuma Gecesini Namaz Kılmaya Ayırmanın Mekruh Olması

1764- Ebu Hureyre'den (radıyallâhu anh) rivayet edildiğine göre Peygamberimiz (sallallâhu aleyhi ve sellem) buyuruyor ki:

- "Diğer geceler arasından sırf cuma gününü nafile ibadet etmeye ve diğer günler arasından da sırf cuma gününü oruç tutmaya ayırmayınız. İçinizden birinizin tuttuğu orucun cuma gününe denk düşmesi müstesna." (Müslim)

1765- Yine Ebu Hureyre'den (radıyallâhu anh) rivayet edildiğine göre Peygamberimiz (sallallâhu aleyhi ve sellem) buyuruyor ki:

- "İçinizden birisi sırf cuma günü oruç tutmasın. Ya bir gün öncesi veya bir gün sonrası ile birlikte tutsun." (Buhâri, Müslim)

1766- Muhammed b. Abbâd der ki:

- "Cabir'e (radıyallâhu anh) 'Peygamberimiz (sallallâhu aleyhi ve sellem) sırf cuma günü oruç tutmayı yasakladı mı?' diye sordum. Bana 'Evet.' diye cevap verdi." (Buhâri, Müslim)

1767- Ümmü'l-Mü'minin Cüveyriye binti Hâris'ten (radıyallâhu anhâ) rivayet edildiğine göre, kendisi bir cuma günü oruçluyken Peygamberimiz (sallallâhu aleyhi ve sellem) evine geldi. Ona "Dün de oruç tuttun mu?" diye sordu. Cüveyriye "Hayır." diye cevap verdi. "Yarın oruç tutmak istiyor musun?" diye sordu. Cüveyriye "Hayır." diye cevap verince Peygamberimiz "O halde orucunu boz." buyurdu. (Buhâri)

346. Bölüm
İftar Etmeksizin İki veya Daha Fazla Günü Oruçla Geçirmenin Haram Olması

1768- Ebu Hureyre ve Âişe'den (radıyallâhu anhumâ) rivayet edildiğine göre Peygamberimiz (sallallâhu aleyhi ve sellem) gece iftar etmeksizin aralıksız oruç tutmayı yasaklamıştır. (Buhâri, Müslim)

1769- İbni Ömer'den (radıyallâhu anhumâ) rivayet edildiğine göre Peygamberimiz (sallallâhu aleyhi ve sellem) gece ara vermeksizin oruç tutmayı yasaklamıştır. Sahabiler kendisine "Ama sen gece ara vermeksizin oruç tutuyorsun?" diye sorduklarında, Peygamberimiz onlara "Ben sizin gibi değilim. Bana yemek ve su veriliyor." buyurmuştur. (Buhâri, Müslim)

347. Bölüm
Kabir Üzerinde Oturmanın Yasak Olması

1770- Ebu Hureyre'den (radıyallâhu anh) rivayet edildiğine göre Peygamberimiz (sallallâhu aleyhi ve sellem) buyuruyor ki:

– "Herhangi birinizin kor haline gelmiş ateş üzerine oturup da elbisesi yanarak ateşin derisine geçmesi, kabir üzerine oturmasından daha iyidir." (Müslim)

348. Bölüm
Kabirin Üzerini Kireçle Sıvamanın ve Üzerine Duvar Yapmanın Haram Olması

1771- Câbir'den (radıyallâhu anh) rivayet edildiğine göre Peygamberimiz (sallallâhu aleyhi ve sellem) mezarın üzerini kireçle sıvamayı, üzerine oturmayı ve üzerine duvar çıkmayı yasaklamıştır. (Müslim)

349. Bölüm
Kölenin Efendisinin Yanından Kaçmasının Hükmü

1772- Cerir'den (radıyallâhu anh) rivayet edildiğine göre Peygamberimiz (sallallâhu aleyhi ve sellem) buyuruyor ki:

– "Herhangi bir köle efendisinin yanından kaçarsa onunla efendisi arasındaki sözleşme geçersiz olur." (Müslim)

1773- Yine Cerir'den (radıyallâhu anh) rivayet edildiğine göre Peygamberimiz (sallallâhu aleyhi ve sellem) buyuruyor ki:

– "Herhangi bir köle efendisinin yanından kaçınca kıldığı namaz kabul olunmaz." (Müslim)

Diğer bir rivayete göre hadisin sonu "kafir olur" şeklindedir.

350. Bölüm
Şer'î Cezalarda Şefaat ve İltimasta Bulunulmaması

Allah Teâlâ (celle celâlüh) buyuruyor ki:

– "Zina eden kadın ve erkeklerin her birine yüz değnek vurunuz. Eğer Allah'a ve ahiret gününe inanıyorsanız, onlara karşı acıma hissiniz sizi etkilemesin." (Nur suresi, 2. ayet.)

1774- Hz. Âişe'den (radıyallâhu anhâ) rivayet edildiğine göre Mahzunoğullarından hırsızlık yapan bir kadının durumu Kureyşlilere hayli ağır gelmişti. Aralarında "Bu kadın hakkında Peygamberimizle (sallallâhu aleyhi ve sellem) kim konuşabilir?" dediler ve "Peygamberimizin yakın dostu Üsâme b. Zeyd'den (radıyallâhu anh) başka hiç kimse buna cesaret edemez." diye karara vardılar.

Üsâme bu konuyu Peygamberimize açınca Peygamberimiz kendisine "Allah'ın emrettiği cezalardan (hadlerden) birisinin uygulanmaması için aracılık mı ediyorsun?" diye sordu. Arkasından ayağa kalktı ve halka seslenerek şöyle buyurdu:

– "Sizden öncekileri mahveden şudur: Aralarında itibar sahibi biri hırsızlık edince ona dokunmazlar. Fakat içlerinden bir zavallı hırsızlık edince ona ceza verirlerdi. Vallahi eğer Muhammed'in kızı Fatıma hırsızlık yapsa onun bile elini keserdim." (Buhâri, Müslim)

Diğer bir rivayete göre Üsâme'nin teklifi karşısında Peygamberimizin yüzünün rengi değişiverdi ve kendisine "Allah'ın emrettiği bir cezanın (haddin) uygulanmaması için aracılık mı ediyorsun?" buyurdu. Bunun üzerine Üsâme "Ya Resulallah! Benim için istiğfar et." dedi. Bir süre sonra da Peygamberimizin (sallallâhu aleyhi ve sellem) verdiği emir üzerine sözkonusu kadının eli kesildi.

351. Bölüm
Halkın Gelip Geçtiği Yol Üzerlerini, Gölgelendikleri Yerleri ve Su Kenarlarını Kirletmenin Yasak Olması

Allah Teâlâ (celle celâlüh) buyuruyor ki:

– "Mü'min erkek ve kadınlara işlemiş oldukları bir hareketin karşılığı olmaksızın zarar verenler, ağır bir günah ve iftira sorumluluğu yüklenmiş olurlar." (Ahzâb suresi, 58. ayet.)

1775- Ebu Hureyre'den (radıyallâhu anh), rivayet edildiğine göre Peygamberimiz (sallallâhu aleyhi ve sellem) buyuruyor ki:

– "Lanetlenmeye yol açan iki hareketten kaçınız." Sahabiler "Lanetlenmeye yol açan iki hareket nedir?" diye sordular. Peygamberimiz (sallallâhu aleyhi ve sellem) buyurdu ki: "Halkın yolu üzerine veya gölgelendikleri yere pislemektir." (Müslim)

352. Bölüm
Durgun Suya Bevletmek Yasaktır

1776- Câbir'den (radıyallâhu anh) rivayet edildiğine göre Peygamberimiz (sallallâhu aleyhi ve sellem) durgun suya bevletmeyi yasaklamıştır. (Müslim)

353. Bölüm
Babanın Mal Bağışlarken Mazeret Olmadıkça Evlatlarından Birini Diğerlerine Tercih Etmesinin Mekruh Olması

1777- Numan b. Beşîr'den (radıyallâhu anhumâ) rivayet edildiğine göre bu zatın babası kendisini Peygamberimizin (sallallâhu aleyhi ve sellem) yanına götürdü ve Peygamberimize "Kendime ait olan bir köleyi bu oğluma bağışlıyorum." dedi. Peygamberimiz babama "Diğer evlatlarının her birine de böyle bir bağışta bulundun mu?" diye sordu. Babam "Hayır." dedi. Bunun üzerine Peygamberimiz kendisine "O halde köleyi ona bağışlamaktan vazgeç." buyurdu.

Diğer bir rivayete göre Peygamberimiz "Diğer evlatlarının her birine de böyle bir bağışta bulundun mu?" diye sordu. Babam "Hayır." deyince, Peygamberimiz "Allah'tan korkunuz ve evlatlarınız arasında adil hareket ediniz." buyurdu. Bu durum karşısında babam bağış yapmaktan vazgeçerek köleyi geri gönderdi.

Diğer bir rivayete göre Peygamberimiz (sallallâhu aleyhi ve sellem) "Ya Beşir! Bundan başka oğlun var mı?" diye sordu. Babam "Evet, var." deyince kendisine "Onların her birine böyle birer bağışta bulundun mu?" diye sordu. Babam "Hayır." deyince, Peygamberimiz "O halde beni şahit tutma. Çünkü ben haksızlığa şahit olmam." (Başka bir rivayete göre, "Beni haksız bir işe şahit tutma." Diğer bir rivayete göre de "Bu işe benden başka bir şahit bul.") dedikten sonra babama "Evlatlarının sana aynı derecede bağlı olmalarını ister misin?" diye sordu. Babam "Evet." deyince, Peygamberimiz kendisine "O halde aralarında ayırım yapma." buyurdu. (Buhâri, Müslim)

354. Bölüm
Ölen Birisi İçin Kadının Üç Günden Fazla Yas Tutmasının Haram Olması

Kadın, ölen kocası için dört ay, on gün yas tutabilir.

1778- Zeynep binti Seleme (radıyallâhu anhâ) der ki: "Babası Ebu Süfyan ölünce Peygamberimizin (sallallâhu aleyhi ve sellem) eşi Ümmü Habibe'nin yanına vardım. Safranlı veya başka cins bir koku istedi. Kokudan önce cariyeye sonra da kendi yanaklarına sürdü. Arkasından 'Vallahi koku sürünmeyi istemem. Fakat Peygamberimizin (sallallâhu aleyhi ve sellem) mimberden seslenerek şöyle buyurduğunu duymuştum:

- 'Allah'a ve ahiret gününe inanan hiçbir kadının bir ölünün arkasından üç geceden fazla süslenmeyi terk etmesi helal değildir. Yalnız kocası için bu süre dört ay, on gündür.'

Bir süre sonra kardeşi ölünce Zeynep binti Cahş'ın (radıyallâhu anhâ) ziyaretine vardım. O da koku isteyip süründükten sonra şöyle dedi: 'Vallahi koku sürünmeyi istemem. Fakat Peygamberimizin (sallallâhu aleyhi ve sellem) mimberden şöyle buyurduğunu duymuştum:

- 'Allah'a ve ahiret gününe inanan hiçbir kadının, bir ölünün arkasından üç geceden fazla süslenmeyi terk etmesi helal değildir. Yalnız kocası için bu süre dört ay, on gündür.'" (Buhâri, Müslim)

355. Bölüm
Satış Üzerine Satış Yapmanın Yasak Oluşu

Şehirlinin köylüye simsarlık yapmasının, pazara mal getiren köylüleri şehir dışında karşılayıp mallarını ucuza almanın, başkasının müşterisini ayartıp ona mal satmanın, din kardeşinin nikahlamaya talip olduğu bir kadına talip olmanın yasak olması hakkındadır.

1779- Ebu Hureyre'den (radıyallâhu anh) rivayet edildiğine göre Peygamberimiz (sallallâhu aleyhi ve sellem), şehirlinin köylünün malını ucuza alıp pahalıya satmasını yasaklamıştır. (Buhâri, Müslim)

1780- İbni Ömer'den (radıyallâhu anhumâ) rivayet edildiğine göre Peygamberimiz (sallallâhu aleyhi ve sellem) buyuruyor ki:

- "Satılmak üzere şehre getirilen malları yerlerine indirilmeden karşılamayınız." (Buhâri, Müslim)

1781- İbni Abbas (radıyallâhu anhumâ) der ki: "Peygamberimiz (sallallâhu aleyhi ve sellem) 'Pazara mal satmak üzere gelmekte olanları önceden karşılayıp mallarını ucuza kapatmayınız. Köylünün malını şehirli satmasın.' buyurmuştur."

Tavus, İbni Abbas'a "Peygamberimizin 'Köylünün malını şehirli satmasın.' sözünden maksadı nedir?" diye sordu, İbni Abbas da ona "Köylüye simsar, aracı olmasın demek istiyor." diye cevap verdi. (Buhâri, Müslim)

1782- Ebu Hureyre (radıyallâhu anh) der ki: "Peygamberimiz (sallallâhu aleyhi ve sellem) şehirlinin köylüye simsarlık, aracılık etmesini yasaklamıştır. Bir malın fiyatını yükseltmek için ona yalandan müşteri çıkmayınız. Hiçbir kimse Müslüman kardeşinin müşterisini ayartıp ona mal satmasın. Kardeşinin talip olduğu kadına talip olmasın. Hiçbir kadın da Müslüman kız kardeşinin çanağındaki nimete konmak için (kocası ile evlenmek için) onun boşanmasını istemesin."

Diğer bir rivayete göre Peygamberimiz (sallallâhu aleyhi ve sellem) pazara mal getirenleri yolda karşılayıp mallarını ucuza kapatmayı, şehirlinin köylüye simsar, aracı olup malını satmasını, bir kadının evleneceği bir erkeğe din kardeşi olan önceki eşini boşamasını şart koşmasını, pazarlığı bitmiş bir malın fiyatını artırmayı, müşteri kızıştırmak için yalandan fiyat yükseltmeyi ve satış sırasında hayvan ağır gelsin diye sütünü sağmamayı yasaklamıştır. (Buhâri, Müslim)

1783- İbni Ömer'den (radıyallâhu anhumâ) rivayet edildiğine göre Peygamberimiz (sallallâhu aleyhi ve sellem) buyuruyor ki:

– "Hiçbiriniz diğerinizin müşterisini caydırıp ona mal satmasın. Hiçbiriniz izin almaksızın, mü'min kardeşinin talip olduğu bir kadına talip olmasın." (Buhâri, Müslim)

1784- Ukbe b. Âmir'den (radıyallâhu anh) rivayet edildiğine göre Peygamberimiz (sallallâhu aleyhi ve sellem) buyuruyor ki:

– "Mü'min, mü'minin kardeşidir. Buna göre bir mü'minin, araya girip mü'min kardeşinin müşterisine mal satması ve o vazgeçmedikçe Müslüman kardeşinin talip olduğu bir kadına talip olması helal değildir." (Müslim)

356. Bölüm
Allah'ın Müsaade Ettiğinden Başka Yerlerde Mal Harcamanın Haram Olması

1785- Ebu Hureyre'den (radıyallâhu anh) rivayet edildiğine göre Peygamberimiz (sallallâhu aleyhi ve sellem) buyuruyor ki:

– "Allah Teâlâ üç şeyi işlemenizden hoşnut olur. Üç şeyi işlemenize de razı değildir. Kendisine kulluk edip ona eş koşmamanızdan, hep birlikte Allah'ın ipine yapışmanızdan ve bölünmemenizden hoşnut olur. Dedikodu yapmanıza, çok soru sormanıza ve mallarınızı yanlış yerlerde harcamanıza razı olmaz." (Müslim)

1786- Muğîre'nin kâtibi Verrâd der ki: "Muğîre b. Şu'be, Muâviye'ye (radıyallâhu anhumâ) gönderdiği bir mektupta bana şöyle yazdırdı: 'Peygamberimiz (sallallâhu aleyhi ve sellem) her farz namazın arkasından şöyle derdi:

- 'Lâ ilâhe illallâhü vahdehü lâ şerîke leh. Lehül mülkü velehül hamdü ve hüve alâ külli şey'in kadîr. Alâhümme lâ mânia limâ a'tayte velâ mu'tıye limâ menate velâ yenfeu zelceddi minke'l-ceddü.' (Allah'tan başka ilah yoktur. O, tektir ve ortağı yoktur. Mülk O'nundur ve hamd O'na mahsustur. O her şeye kadirdir. Allah'ım! Senin verdiğine kimse mani olamaz. Senin vermediğini kimse veremez. Senin lütf ve inayetin olmadıkça servet sahibi olanın serveti kendisine fayda vermez.)"

Ayrıca Muğîre, Muâviye'ye (radıyallâhu anhumâ) yazdığı mektupta şunları yazdırmıştır: "Peygamberimiz (sallallâhu aleyhi ve sellem) dedikodudan, lüzumsuz harcamadan, çok soru sormaktan, ana babaya itaatsizlik etmekten, kız çocuklarını diri diri gömmekten, verilmesi vacip olan şeyleri vermemekten, hakkı olmayanı istemekten men ederdi." (Buhâri, Müslim)

357. Bölüm
Müslümana Silah Gibi Savaş Aletleri Doğrultmanın, Onu Korkutmanın Yasak Olması

1787- Ebu Hureyre'den (radıyallâhu anh) rivayet edildiğine göre Peygamberimiz (sallallâhu aleyhi ve sellem) buyuruyor ki:

- "Hiçbiriniz, Müslüman kardeşine silah doğrultmasın. Çünkü şeytanın onu elinden çıkarıp bir ateş çukuruna düşürüp düşürmeyeceğinden emin olamaz." (Buhâri, Müslim)

Müslim'in kaydettiği bir rivayete göre hadis şöyledir:

- "Kim kardeşine demirden yapılmış bir silah doğrultursa -ana baba bir kardeşi bile olsa- silahı elinden bırakıncaya kadar Allah kendisine lanet eder."

1788- Câbir'den (radıyallâhu anh) rivayet edildiğine göre Peygamberimiz (sallallâhu aleyhi ve sellem) kınından sıyrılmış kılıcı elden ele dolaştırmayı yasaklamıştır. (Ebu Davud, Tirmizî)

358. Bölüm
Ezan Okunduktan Sonra Farz Namazı Kılmadan Mescidden Ayrılmanım Mekruh Olması

1789- Ebu Şa'sa der ki: "Ebu Hureyre (radıyallâhu anh) ile birlikte Mescid'de oturuyorduk. Müezzin ezan okumuştu. Bu sırada adamın biri Mescid'den çıkıp gitti. Ebu Hureyre, adam Mescid'den çıkıncaya kadar ondan gözlerini ayırmadı. Adam çıktıktan sonra "Bu adam, Peygamberimizin (sallallâhu aleyhi ve sellem) emirlerine karşı çıktı." dedi. (Müslim)

359. Bölüm
İkram Edilen Kokuyu Geri Çevirmemek

1790- Ebu Hureyre'den (radıyallâhu anh) rivayet edildiğine göre Peygamberimiz (sallallâhu aleyhi ve sellem) buyuruyor ki:

– "Kendisine reyhan kokusu ikram olunan kimse bunu reddetmesin. Çünkü reyhanın kokusu hafif ve hoştur." (Müslim)

1791- Enes b. Mâlik'ten (radıyallâhu anh) rivayet edildiğine göre Peygamberimiz (sallallâhu aleyhi ve sellem) kendisine ikram edilen kokuyu reddetmezdi. (Buhâri)

360. Bölüm
Böbürlenmesinden Korkulan Kimseyi Yüzüne Karşı Övmenin Mekruh, Güvenilen Kimseyi Övmenin Caiz Olması

1792- Ebu Musa el-Eş'arî (radıyallâhu anh) der ki: "Peygamberimiz (sallallâhu aleyhi ve sellem) adamın birinin başka birini övdüğünü ve övmede hayli aşırı gittiğini duydu. Bunun üzerine şöyle buyurdu:

– "Adamı mahvettiniz (veya onun belkemiğini kırdınız)." (Buhâri, Müslim)

1793- Ebu Bekre'den (radıyallâhu anh) rivayet edildiğine göre Peygamberimizin (sallallâhu aleyhi ve sellem) huzurunda bir adamın adı geçti ve sahabilerden biri onun iyiliğinden bahsederek övdü. Bunun üzerine Peygamberimiz o sahabiye üç kere üst üste "Yazık sana! Dostunun boynunu kestin." buyurduktan sonra sözlerine şöyle devam etti:

– "Eğer içinizden birisi, bir başkasını mutlaka övecekse 'Falancanın şöyle şöyle olduğunu sanıyorum.' desin. Eğer adamın söylediği gibi olduğu kanaatinde ise o kimseyi hesaba çekecek olan Allah'tır. Allah'a karşı hiç kimse tezkiye edilemez." (Buhâri, Müslim)

1794- Hemmâm b. Hâris'in, Mikdad'dan (radıyallâhu anh) rivayet ettiğine göre adamın biri bir gün, Hz. Osman'ı övmeye koyuldu. Bunun üzerine

Mikdad dizüstü çökerek adamın yüzüne çakıl taşı atmaya başladı. Hz. Osman kendisine "Niye böyle yapıyorsun?" diye sorunca Mikdad "Ben Peygamberimizden (sallallâhu aleyhi ve sellem) başkalarını öven kimseleri görünce yüzlerine toprak serpiniz buyurduğunu duymuştum." dedi. (Müslim)

Bunlar insanları övmeyi yasaklayan hadislerdir. Övmeyi mübah gösteren hadisler de vardır.

Alimlerin belirttiklerine göre bu konudaki hadisleri bağdaştırmanın yolu şöyle demektir:

Eğer övülen kimse yakîn mertebesine varmış kâmil bir imana, nefis terbiyesine ve övülünce baştan çıkmayacak, gurura kapılmayacak, nefsinin oyuncağı olmayacak derecede yeterli bir irfana sahipse böyle bir kimseyi övmek ne haram ne de mekruhtur. Eğer övülen kimse hakkında bu noktalardan herhangi biri bakımından endişe duyuluyorsa onun övülmesi ağır bir mekruhtur. İşte bu konudaki hadisler, bu açıklamanın ışığı altında değerlendirilmelidir.

Övmenin mübah olduğunu gösteren hadislerden biri, Peygamberimizin (sallallâhu aleyhi ve sellem) Ebu Bekir'e (radıyallâhu anh) cennetin tüm kapılarından girmeye çağırılacak olanları kastederek "Senin de onlardan olmanı umarım." buyurmasıdır. Bir diğeri, Peygamberimizin (sallallâhu aleyhi ve sellem) elbiselerini gurur gösterisi olarak uzatanları kastederek Ebu Bekir'e (radıyallâhu anh) "Sen onlardan değilsin." buyurmasıdır. Diğer bir tanesi de Peygamberimizin (sallallâhu aleyhi ve sellem) Hz. Ömer'e (radıyallâhu anh) "Sen bir yola girince şeytan mutlaka başka bir yola koyulur." buyurmasıdır.

361. Bölüm
Salgın Hastalık Olan Yere Girmenin ve Oradan Kaçarak Çıkmanın Mekruh Olması

Allah Teâlâ (celle celâlüh) buyuruyor ki:

– **"Nerede olursanız olunuz, surlarla çevrilmiş kalelerde bile olsanız ölüm sizi yakalar."** (Nisâ suresi, 78. ayet.)

Allah Teâlâ (celle celâlüh) buyuruyor ki:

– **"Kendi elinizle tehlikeye atılmayınız."** (Bakara suresi, 195. ayet.)

1795- İbni Abbas'tan (radıyallâhu anhumâ) rivayet edildiğine göre Ömer b. Hattâb (radıyallâhu anh) Şam'a gitmek üzere yola çıktı. Serğ denilen yere varınca o çevrenin valileri olan Ubeyde b. Cerrah (radıyallâhu anh) ve arkadaşları Hz. Ömer'i karşılayarak kendisine Şam'da veba hastalığı baş gösterdiğini bildirdiler. İbni Abbas sözlerine şöyle devam eder:

"Ömer beni yanına çağırarak 'Bana ilk muhacirleri çağır.' dedi. Ben de onları çağırdım. Hz. Ömer onlara Şam'da veba hastalığının baş gösterdiğini haber vererek bu konuda kendileri ile istişare etti. Onlar değişik görüşler ileri sürdüler. Bir kısmı 'Ey Mü'minlerin Emiri! Siz düşmanla savaşmak için sefere çıkmış bulunuyorsunuz. Allah'a (celle celâlüh) güvenerek yolunuzdan dönmemenizi uygun görüyoruz.' derken, diğer bir kısmı da 'Yanınızda Resulullah'ın (sallallâhu aleyhi ve sellem) sahabileri var, bunları veba salgınının bulunduğu bir yere götürmenizi münasip görmüyoruz.' dediler. Bunun üzerine Hz. Ömer kendilerine 'Çekilin yanımdan.' dedi. Sonra da 'Bana Ensar'ı çağır.' dedi. Onları çağırdım. Onların da fikirlerini sordu. Onlar da Muhacirlerin yolunu tutarak Muhacirler gibi değişik görüşler ileri sürdüler. Ömer onlara da 'Çekilin yanımdan.' dedikten sonra 'Bana Mekke'nin fethinden hemen önce göçen Muhacirlerin burada bulunan yaşlılarını çağır.' dedi. Kendilerini çağırdım. Onlar tam bir görüş birliği içinde 'Halkı bu salgının içine götürmeyip geri çevirmeniz görüşündeyiz.' dediler.

Bunun üzerine Ömer (radıyallâhu anh) beraberindekilere 'Geri dönmek üzere sefere hazırlanıyorum, siz de hazırlanın.' diye seslendi. Ebu Ubeyde b. Cerrah (radıyallâhu anh) Ömer'e 'Allah'ın kaderinden kaçmak mı?' dedi. Ömer ona 'Bu sözü, keşke senden başka biri söylemiş olsaydı, ya Eba Ubeyde!' dedi. Çünkü Ömer, Ebu Ubeyde'nin görüşüne uymamaktan hoşlanmazdı. Sözlerine devam ederek ona şöyle dedi: 'Evet, Allah'ın kaderinden yine Allah'ın kaderine kaçıyoruz. Söyle bana, eğer senin bir deve sürün olsa ve bu sürü biri kıraç, öbürü otlaklı iki yamacı bulunan bir vadiye inse sürüyü kıraç yamaca yaysan da otlaklı yamaca yaysan da, her iki halde Allah'ın kaderi uyarınca hareket etmiş olmaz mısın?

Bu sırada şahsi bir işi için ortadan kaybolmuş olan Abdurrahman b. Avf (radıyallâhu anh) çıkageldi ve 'Bu konuda ben bilgi sahibiyim. Peygamberimizin (sallallâhu aleyhi ve sellem) şöyle buyurduğunu duymuştum.' dedi:

– 'Vebanın bir yerde yayıldığını duyunca sakın oraya girmeyiniz. Sizin de bulunduğunuz yerde baş gösterirse, ondan kaçmak amacı ile bulunduğunuz yerden çıkmayınız.'

Bunun üzerine Hz. Ömer (radıyallâhu anh) Allah'a hamdederek yola koyuldu." (Buhâri, Müslim)

1796- Üsâme b. Zeyd'den (radıyallâhu anh) rivayet edildiğine göre Peygamberimiz (sallallâhu aleyhi ve sellem) buyuruyor ki:

- "Bir yerde Taun (veba) hastalığının baş gösterdiğini duyunca oraya girmeyiniz. Bulunduğunuz yerde ortaya çıkarsa oradan çıkmayınız." (Buhâri, Müslim)

362. Bölüm

Büyücülük Ağır Bir Haramdır

Allah Teâlâ (celle celâlüh) buyuruyor ki:

- **"Onlar şeytanın Süleyman'ın mülküne karşı yaptıkları iftiralara uydular. Oysa ki Süleyman kafir olmamıştı, şeytanlar kafirdiler. Onlar halka büyücülüğü ve Hârût ile Mârût adlarını taşıyan Babil'deki iki meleğe indirilen şeyleri öğretiyorlardı."** (Bakara suresi, 102. ayet.)

1797- Ebu Hureyre'den (radıyallâhu anh) rivayet edildiğine göre Peygamberimiz (sallallâhu aleyhi ve sellem) "Yedi mahvedici büyük günahtan uzak durunuz..." buyurdu. Sahabiler "Bunlar nelerdir?" diye sorunca Peygamberimiz (sallallâhu aleyhi ve sellem) şöyle buyurdu:

- "Allah'a ortak koşmak, büyücülük, Allah'ın dokunulmaz kıldığı bir cana haksız yere kıymak, faiz yemek, yetim malı yemek, savaş günü cepheden kaçmak, mü'min ve masum kadınlara zina iftirası atmak." (Buhâri, Müslim)

363. Bölüm

Düşman Eline Düşmek Endişesi Olunca Kur'an-ı Kerim ile Yolculuk Yapmanın Yasak Olması

1798- İbni Ömer'den (radıyallâhu anhumâ) rivayet edildiğine göre Peygamberimiz (sallallâhu aleyhi ve sellem) Kur'an-ı Kerim'le birlikte düşman ülkesine yolculuk etmeyi yasaklamıştır. (Buhâri, Müslim)

364. Bölüm

Altın ve Gümüş Kap Kullanmanın Haram Olması

1799- Ümmü Seleme'den (radıyallâhu anhâ) rivayet edildiğine göre Peygamberimiz (sallallâhu aleyhi ve sellem) buyuruyor ki

- "Gümüş kaptan içecek içen kimse karnına cehennem ateşi indirmiş olur." (Buhâri, Müslim)

Müslim'in kaydettiği diğer bir rivayete göre hadisin başı "Altın ve gümüş kaptan yemek yiyip içecek içenler..." şeklindedir.

1800- Huzeyfe (radıyallâhu anh) der ki: "Peygamberimiz (sallallâhu aleyhi ve sellem) bize ipekli ve atlas elbise giymeyi, altın ve gümüş kaplardan içecek içmeyi yasaklamış ve şöyle buyurmuştur:

– "Bunlar dünyada onların (kâfirlerin), fakat ahirette sizindir." (Buhâri, Müslim)

Yine Buhâri ile Müslim'in başka bir rivayetine göre hadis şöyledir:

– "İpekli ve atlas elbiseler giymeyiniz. Altın ve gümüş kaplardan içecek içmeyiniz. Altın ve gümüş tabaklarda yemek yemeyiniz."

1801- Enes b. Sirin der ki: "Enes b. Malik (radıyallâhu anh) ile birlikte bir Mecusinin yanında bulunuyordum. Önüne gümüş tabak içinde pelte getirdiler, yemedi. Mecusiye 'Kabı değiştir.' dediler. Mecusi, pelteyi tahta bir tabağa aktardıktan sonra aynı yemek Enes'in önüne getirildi. Enes o zaman yedi." (Beyhakî)

365. Bölüm
Erkeğin Zaferan ile Boyanmış Elbise Giymesinin Haram Olması

1802- Enes'ten (radıyallâhu anh) rivayet edildiğine göre Peygamberimiz (sallallâhu aleyhi ve sellem) erkeklerin zaferanla boyanmış elbise giymelerini yasaklamıştır. (Buhâri, Müslim)

1803- Abdullah b. Amr ibni'l-Âs (radıyallâhu anhumâ) der ki: "Peygamberimiz (sallallâhu aleyhi ve sellem) üzerimde sarıya boyanmış iki parça elbise gördü ve bana 'Bunları giymeni sana annen mi söyledi?' diye sordu. Kendisine 'Onları yıkayayım (da boyaları çıksın).' dedim. Bana 'Hayır, onları yak.' buyurdu."

Diğer bir rivayete göre Peygamberimiz (sallallâhu aleyhi ve sellem) "Bunlar kâfirlerin elbiselerindendir. Onları giyme." buyurmuştur. (Müslim)

366. Bölüm
Bütün Bir Günü Geceye Kadar Susmakla Geçirmek Yasaktır

1804- Ali'den (radıyallâhu anh) rivayet edildiğine göre Peygamberimiz (sallallâhu aleyhi ve sellem) buyuruyor ki:

– "İhtilâm olacak yaşa vardıktan sonra yetimlik yoktur. Gündüz boyunca (geceye kadar) susmak da yoktur." (Ebu Davud)

1805- Kays b. Ebu Hâzim der ki: "Ebu Bekir es-Sıddık (radıyallâhu anh) bir gün Ahmes kabilesinden Zeynep adlı bir kadının yanına vardı. Kadının konuşmadığını gördü. Niçin konuşmadığını sordu. Yanındakiler, 'Belirli bir süre konuşmamaya karar verdi.' dediler. Ebu Bekir ona 'Konuş, bu yaptığın helal değildir, bu yaptığın cahiliye hareketlerindendir.' buyurdu. Bunun üzerine kadın konuşmaya başladı." (Buhâri)

367. Bölüm
Babasından Başkasının Evladı Olduğunu İddia Etmenin Haram Olması

1806- Sa'd b. Ebi Vakkas'tan (radıyallâhu anh) rivayet edildiğine göre Peygamberimiz (sallallâhu aleyhi ve sellem) buyuruyor ki:

- "Kim bile bile babasından başka birisinin babası olduğunu iddia ederse cennet ona haram olur." (Buhâri, Müslim)

1807- Ebu Hureyre'den (radıyallâhu anh) rivayet edildiğine göre Peygamberimiz (sallallâhu aleyhi ve sellem) buyuruyor ki:

- "Babalarınızdan yüz çevirmeyiniz. Kim babasından yüz çevirirse (bu hareket) küfürdür." (Buhâri, Müslim)

1808- Yezid b. Şerik b. Tarık der ki: "Ali'yi (radıyallâhu anh) hutbe okurken gördüm ve şöyle dediğini duydum: 'Hayır, bu doğru değildir. Vallahi bizlerde Allah'ın kitabından ve şu sayfada yazılı olanlardan başka okunacak bir kitap yoktur.'

Bahsettiği sayfayı açtı. O sayfada diyet olarak verilecek develerin yaşları ile yaralamalarla ilgili hükümler vardı. O sayfada Peygamberimiz (sallallâhu aleyhi ve sellem) şöyle buyuruyordu:

- 'Medine şehrinin Ayr Dağı ile Sevr Dağı arası haramdır. Kim burada bir olay çıkarır veya olay çıkaranı korursa Allah'ın, meleklerin ve insanların, bunların tümünün laneti onun üzerinedir. Kıyamet günü Allah Teâlâ onun ne tevbesini ne de vermiş olduğu fidyeyi kabul eder. Müslümanların verdiği söz birdir. Bu antlaşmaya dayanarak sıradan herkes de sa'y edebilir. Kim bir Müslümanın verdiği sözü bozarsa Allah'ın, meleklerin ve insanların, bunların tümünün laneti onun üzerinedir. Kıyamet günü Allah Teâlâ onun ne tevbesini ne de vermiş olduğu fidyeyi kabul eder. Kim babasından başka birisinin babası olduğunu iddia eder veya efendisinden başka birisinin kölesi olduğunu ileri sürerse Allah'ın, meleklerin ve insanların, bunların tümünün laneti üzerine olur. Kıyamet günü Allah Teâlâ onun ne tövbesini ne de vermiş olduğu fidyeyi kabul eder.'" (Buhâri, Müslim)

1809- Ebu Zer'den (radıyallâhu anh) rivayet edildiğine göre Peygamberimiz (sallallâhu aleyhi ve sellem) buyuruyor ki:

– "Kim bile bile babasından başkasının oğlu olduğunu ileri sürerse kâfir olur. Kim kendisinin olmayan bir şeyin sahibi olduğunu ileri sürerse cehennemde kendisine yer ayırsın. Kim, öyle olmadığı halde, herhangi bir kimseyi 'kâfir' veya 'Allah'ın düşmanı' olarak çağırırsa, iddiası kendi üzerine döner." (Buhâri, Müslim)

368. Bölüm
Allah'ın ve Resulü'nün Yasakladığı Şeyleri Yapmaktan Sakındırmak

Allah Teâlâ (celle celâlüh) buyuruyor ki:

– **"O'nun (Allah'ın) emrine karşı çıkanlar, bir fitne ile karşılaşmaktan veya acı bir azaba çarpılmaktan çekinsinler."** (Nûr suresi, 63. ayet.)

Allah Teâlâ (celle celâlüh) buyuruyor ki:

– **"Allah size, kendisinden korkmanızı telkin eder."** (Âl-i İmrân suresi, 28. ayet.)

Allah Teâlâ (celle celâlüh) buyuruyor ki:

– **"Hiç şüphesiz, Rabbinin yakalayışı pek serttir."** (Burûc suresi, 12. ayet.)

Allah Teâlâ (celle celâlüh) buyuruyor ki:

– **"Halkı zalim olan bir beldeyi yakalayınca, Allah'ın yakalayışı işte böyledir. Hiç şüphesiz, O'nun yakalayışı acı ve serttir."** (Hûd suresi, 102. ayet.)

1810- Ebu Hureyre'den (radıyallâhu anh) rivayet edildiğine göre Peygamberimiz (sallallâhu aleyhi ve sellem) buyuruyor ki:

– "Hiç şüphesiz Allah gayrete gelir. Allah'ın gayrete gelmesi, herhangi bir kimsenin kendisine haram kılınan bir şeyi işlemesine karşıdır." (Buhâri, Müslim)

369. Bölüm
Yasaklanan Bir Şeyi Yapan Kimsenin Ne Yapacağı ve Ne Söyleyeceği

Allah Teâlâ (celle celâlüh) buyuruyor ki:

– **"Eğer şeytandan gelen bir ayartma seni dürtüklerse hemen Allah'a sığın."** (Fussilet suresi, 36. ayet.)

Allah Teâlâ (celle celâlüh) buyuruyor ki:

- "Takva sahiplerine şeytandan bir vesvese gelince düşünürler ve bir de bakarsın ki, gerçeği görüvermişlerdir." (A'raf suresi, 201. ayet.)

Allah Teâlâ (celle celâlüh) buyuruyor ki:

- "O kimseler ki, onlar çirkin bir hareket işledikleri veya kendilerine zulmettikleri zaman Allah'ı anıp günahlarına tevbe ederler. Allah'tan başka günahları kim affedebilir? Onlar bile bile, işlemiş oldukları günahta ısrar etmezler. Bu kimselerin mükafatı Rableri tarafından bağışlanmak ve altından nehirler akan cennetlerdir. Onlar orada ebediyen kalacaklardır, böyle yapanların mükâfatı ne güzeldir." (Âl-i İmrân suresi, 135-136. ayetler.)

Allah Teâlâ (celle celâlüh) buyuruyor ki:

- "Ey mü'minler! Hepiniz Allah'a tevbe ediniz ki kurtuluşa erebilesiniz." (Nûr suresi, 31. ayet.)

1811- Ebu Hureyre'den (radıyallâhu anh) rivayet edildiğine göre Peygamberimiz (sallallâhu aleyhi ve sellem) buyuruyor ki:

- "Kim yemin eder de yemininde 'Lât ve Uzzâ adına!' derse hemen 'Lâilâhe illallâh!' desin. Kim arkadaşına 'Gel kumar oynayalım.' derse hemen sadaka versin." (Buhâri, Müslim)

370. Bölüm
Çeşitli Konularla İlgili Hadisler

1812- Nevvâs b. Sem'ân (radıyallâhu anh) der ki: "Peygamberimiz (sallallâhu aleyhi ve sellem) bir sabah bize Deccâl'dan bahsetti. Deccâl hakkında enine boyuna o kadar geniş bilgi verdi ki, onu bir hurmalıkta sandık. Bu endişe içinde tekrar Peygamberimizin yanına varınca endişemizi anlayarak 'Ne oldu size?' diye sordu. Kendisine 'Ya Resulallah! Bu sabah Deccâl'dan bahsederken o kadar geniş bilgi verdin ki, onu (yakınlardaki) bir hurmalıkta sandık.' dedik.

Bunun üzerine Peygamberimiz (sallallâhu aleyhi ve sellem) şöyle buyurdu:

- 'Sizin hakkınızda en korktuğum şey Deccâl değildir. Eğer o, ben aranızdayken ortaya çıkarsa, ona karşı sizi ben savunurum. Ben aranızda yokken ortaya çıkarsa herkes kendisini ona karşı savunacaktır. Zaten her Müslüman hakkında ona karşı Allah benim vekilimdir.

Deccâl kıvırcık saçlı, tek gözü kör, Abdüluzzâ b. Katan'a benzetir gibi olduğum bir delikanlıdır. İçinizden kim ona yetişirse onun üzerine Kehf suresinin baş kısmını okusun. Deccâl, Şam ile Irak arasında bulunan bir yolda ortaya çıkacak. Sağda ve solda şiddetli kargaşalar çıkaracaktır. Ey Allah'ın kulları, hak yolda sebat ediniz!'

Peygamberimize 'Ya Resulallah! Deccâl yeryüzünde ne kadar kalacak?' diye sorduk. Bize 'Günlerinden biri bir yıl, biri bir ay, biri cuma günü gibi ve diğer günleri de sizinkiler gibi olmak üzere kırk gün.' buyurdu. Kendisine 'Ya Resulallah! Bir yıl kadar olan günde beş vakit namaz kılmamız yeterli olur mu?' diye sorduk. Bize 'Hayır, yeterli değildir. O gün için, şimdiki ölçülerinize göre namaz vakitleri hesap ediniz.' buyurdu. Peygamberimize 'Deccâl'in yeryüzündeki hızı ne kadardır?' diye sorduk. Bize şöyle cevap verdi:

– 'Rüzgarın önünden giden bulut gibi... Önce bir kavme varır, onları kendine inanmaya çağırır. Onlar da davetine uyarak kendisine inanırlar. Göğe emreder de gök yağmur yağdırır ve yer bitkileri ile örtülür. O kavmin otlamaya çıkan hayvanları o güne kadar görülmemiş şekilde iri, dolgun karınlı olarak dönerler. Sonra Deccâl başka bir kavme vararak onları kendisine inanmaya davet eder. Onlar da teklifini reddederler. Bunun üzerine onlardan yüz çevirerek yanlarından ayrılır. Bunun üzerine o kavim, kuraklık afetine maruz kalır ve mallarının tümü mahvolur. Bir harabeye vararak o harabeye 'Hazinelerini çıkar!' der. Bunun üzerine nasıl ki arı sürüsü kovandaki bey arının peşine düşerse, harabenin hazineleri de onun peşine öyle düşerler.

Arkasından Deccâl tam gençlik çağında bulunan bir genci yanına çağırarak kılıçla ikiye böler, her bir parçası ok menzili kadar bir uzaklığa düşer. Sonra yine delikanlıyı çağırır, delikanlı da eski haline dönerek ve bıyık altından gülerek güler bir yüzle ona doğru gider.

Deccâl böyle işler yaparken Allah onun üzerine Meryem oğlu Mesih'i (İsa'yı) (aleyhisselam) gönderir. Hz. İsa renkli bir takım elbise içinde, avuçlarını iki meleğin kanatları üzerine koyarak Şam'ın doğusunda bulunan Ak minareye iner. Başını eğince alnından su damlar, başını kaldırınca da yine alnından inci gibi su taneleri süzülür. Nefesinin kokusunu alan kâfir hemen ölüverir. Nefesi de gözünün görebildiği yere kadar varır.

İsa, Deccâl'in peşine düşer. Sonunda onu Beyt-i Mukaddes yakınlarındaki Lûd kapısında yakalayıp öldürür. Bundan sonra İsa, Allah'ın, Deccâl'in şerrinden korumuş bulunduğu bir kavmin yanına varır. Yüzlerini okşayarak kendilerine cennetteki derecelerini bildirir. Bu sırada Allah Teâlâ 'Ben kimsenin öldürmeye gücünün yetmeyeceği bazı kullarımı dünyadan çıkardım. Sen de (çevrendeki) kullarımı Tur Dağı'nda sakla.' diye vahyeder.

Allah, Ye'cûc ve Me'cûc'ü gönderir. Bunlar yüksek yerlerden hücum ederler. Bunların öncüleri Taberiyye gölüne uğrayıp suyun tamamını içerler. En arkadan gelenleri, gölün yanından geçerken 'Bir zamanlar burada su varmış.' derler. Daha sonra İsa ve ashabını Tur Dağı'nda kuşatırlar. Muhassaranın şiddetinden, onların nazarında bir öküz başının değeri bugün size göre yüz dinarın taşıdığı değerden daha kıymetli olur. Bunun üzerine İsa ve ashabı, onların belasından kurtulmak için Allah'a (celle celâlüh) yalvarırlar. Allah (celle celâlüh), Ye'cûc ve Me'cûc kabilelerinin boyunlarına (koyun ve develerin burunlarında yaşayan bir çeşit) kurtları musallat eder, hepsi de tek bir canlı gibi Allah'ın (celle celâlüh) kudretiyle bir anda helak olurlar.

Bunun üzerine Allanın Resulü İsa ile sahabileri Tur'dan aşağı inerler. Ye'cûc ve Me'cûc'un leşlerinin ve kokularının bulunmadığı tek karışlık bir yer bile bulamazlar. Allah'ın Resulü İsa ile sahabileri, Allah'a yalvarırlar da Allah onlara deve gibi uzun boyunlu bir çeşit kuşlar gönderir. Bu kuşlar onların leşlerini kaldırıp götürerek Allah'ın dilediği bir yere atarlar.

Bir süre sonra Allah Teâlâ öyle bir yağmur gönderir ki, ulaşmadığı hiçbir oba veya çadır kalmaz. Bu yağmur yeryüzünü yıkayıp cilalı ayna haline getirir. Arkasından yeryüzüne 'Ürünlerini ver, eski bereketli günlerine dön!' diye emir verilir.

O gün büyükçe bir grup insan bir tek nar meyvesi ile doyabilir ve kabuğu altında gölgelenebilirler. Sütler öyle bereketli olur ki, sağmal bir devenin sütü büyükçe bir grup insana. Sağmal bir ineğin sütü bir kabileye, bir sağmal koyunun sütü de bir oymağa yeter. Onlar böylece gün geçirirken Allah Teâlâ üzerlerine hoş kokulu bir rüzgar gönderir. Bu rüzgar onların koltuk altlarına girerek kendilerini havalandırır. Ve böylece Allah tüm mü'min ve Müslümanların ruhunu alır, geriye kötü kimseler kalır. Bunlar eşekler gibi hiç utanmadan açıkta biribirleri ile çiftleşirler. İşte kıyamet bunların başlarında kopar." (Müslim)

1813- Rıb'ıy b. Hırâş der ki: "Birgün Ebu Mes'ud el-Ensari ile birlikte Huzeyfe b. Yemânî'ye (radıyallâhu anh) gitmiştik. Ebu Mes'ud (radıyallâhu anh), Huzeyfe'ye (radıyallâhu anh) 'Deccâl hakkında Peygamberimizden (sallallâhu aleyhi ve sellem) duyduklarını söyle.' dedi. Huzeyfe (radıyallâhu anh) ona şu cevabı verdi:

– 'Deccâl (bir gün ortaya) çıkacak. Yanında su ve ateş bulunur. İnsanların su olarak gördükleri şey yakıcı ateş, ateş olarak gördükleri şey, tatlı içimli ve soğuk sudur. İçinizden ona kim yetişirse ateş olarak gördüğü tarafta yer alsın. Çünkü o, tatlı içimli has bir sudur.'

Ebu Mes'ud da 'Aynı sözleri ben de duymuştum.' dedi." (Buhâri, Müslim)

1814- Abdullah b. Amr ibni'l-Âs'tan (radıyallâhu anhumâ) rivayet edildiğine göre Peygamberimiz (sallallâhu aleyhi ve sellem) buyuruyor ki:

– "Ümmetim içinde Deccâl ortaya çıkarak kırk... kadar kalır. (Ravi 'Peygamberimiz kırk gün mü kırk ay mı yoksa kırk yıl mı dedi, bilmiyorum.' diyor.) Arkasında Allah Teâlâ, Meryemoğlu İsa'yı (aleyhisselam) gönderir. İsa, Deccâl'in peşine düşerek onu bulup öldürür. Bundan sonra insanlar, iki kişi arasında bile düşmanlık baş göstermeksizin yedi yıl daha yaşarlar. Arkasından Allah Teâlâ, Şam tarafından esen soğuk bir rüzgar gönderir. Bu rüzgar, kalbinde zerre kadar iyilik veya iman bulunan hiçbir kimseyi bırakmayarak herkesin canını alır. Hatta içinizden biri herhangi bir dağın derinliklerine girmiş bile olsa bu rüzgar oraya girip o kimsenin canını alır. Geriye kötülüklere kuş hızı ile dalan, yırtıcı hayvanlar gibi ihtiraslı, hiçbir iyilik tanımayan, hiçbir kötülükten geri kalmayan kötü kimseler kalır.

Şeytan insan kılığında görünerek onlara 'Bana uymaz mısınız?' der. Onlar da ona 'Bize ne emredersin?' diye sorarlar. Şeytan onlara putlara tapmayı emreder. Onlar bu durumdalar iken rızıkları bol ve hayatları güzel olur. Sonra Sûr'a üflenir. Bunu duyan herkes, boynunu sesin geldiği tarafa çevirir. Sûr'un sesini ilk olarak duyan, devesinin yem yalağını sıvayan biri olur. Kendisi ve çevresinde bulunan herkes hemen o anda yere düşüp ölüverir. Arkasından Allah Teâlâ ince bir yağmur veya çiğ yağdırır (veya gönderir) ve bunun sayesinde insan vücutları yeniden yerden bitiverirler. Bir süre sonra Sûr'a bir daha üflenir, o zaman insanlar ayakları üzerinde doğrularak neler olacağını gözler hale gelirler. Arkasından 'Ey insanlar! Rabbinize geliniz.' diye bir ses gelir. Allah Teâlâ meleklere 'Onları durdurunuz. Sorguya çekilecekler.' buyurduktan sonra 'Cehenneme girecekleri ayırınız.' diyen bir ses gelir. 'Kaçta kaçını ayıralım?' diye sorulur. 'Binde dokuz yüz doksan dokuzunu.' diye ses gelir. Bugün, her şeyin içyüzünün ortaya çıkarıldığı ve çocukların saçlarını ağartarak ihtiyarlatan bir gündür." (Müslim)

1815- Enes'ten (radıyallâhu anh) rivayet edildiğine göre Peygamberimiz (sallallâhu aleyhi ve sellem) buyuruyor ki:

– "Mekke ile Medine hariç, Deccâl her beldeye ayak basacaktır. Melekler, Mekke ile Medine'ye açılan her geçidin başında saf tutarak bu iki şehri koruyacaklar. Deccâl, çorak bir yere inecek fakat Medine üç kere sarsılarak Allah orada bulunan kâfirleri ve münafıkları dışarı çıkaracaktır." (Müslim)

1816- Yine Enes'ten (radıyallâhu anh) rivayet edildiğine göre Peygamberimiz (sallallâhu aleyhi ve sellem) buyuruyor ki:

- "Isfahan Yahudilerinden yetmiş bin kişi Taylasan elbiseleri içinde Deccâl'in arkasından gideceklerdir." (Müslim)

1817- Ümmü Şerik'den (radıyallâhu anh) rivayet edildiğine göre Peygamberimiz (sallallâhu aleyhi ve sellem) buyuruyor ki:

- "İnsanlar Deccâl'den kaçarak dağlara çıkacaklardır." (Müslim)

1818- İmrân b. Husayn'dan (radıyallâhu anhumâ) rivayet edildiğine göre Peygamberimiz (sallallâhu aleyhi ve sellem) buyuruyor ki:

- "Âdem'in yaratılışından kıyametin kopacağı ana kadar meydana gelecek olaylar içinde Deccâl'den daha önemlisi yoktur." (Müslim)

1819- Ebu Saidü'l-Hudrî'den (radıyallâhu anh) rivayet edildiğine göre Peygamberimiz (sallallâhu aleyhi ve sellem) buyuruyor ki:

- "Deccâl ortaya çıktığı sırada mü'minlerden biri ona doğru gider. Fakat Deccâl'in muhafızları önüne çıkarak kendisine 'Nereye gitmek istiyorsun?' diye sorarlar. Adam 'Bu ortaya çıkan adama varmak istiyorum.' der. Muhafızlar 'Yoksa sen bizim ilahımıza inanmıyor musun?' diye sorarlar. Adam 'Rabbimiz hakkında bir gizlilik, bir belirsizlik yoktur.' diye cevap verir. Deccâl'in muhafızları 'Onu öldürün.' derler. Fakat sonra birbirlerine 'İlahımız, kendi dışında, bizlere adam öldürmeyi yasak kılmadı mı?' demeleri üzerine adamı Deccâl'a götürürler.

Mü'min, Deccâl'i görünce 'Ey insanlar! İşte bu, Resulullah'ın bildirdiği Deccâl'dir.' der. Deccâl'in emri uyarınca adam yüzüstü yatırılır ve Deccâl 'Onu tutup başına ve karnına vurun!' diye emir verir. Sırtı ve karnı darbeler altında yassılaştırılır. Bir süre sonra Deccâl ona 'Bana inanmıyor musun?' diye sorar. Mü'min, Deccâl'a 'Sen yalancı Mesih'sin!' diye karşılık verir. Bunun üzerine Deccâl'in verdiği emir uyarınca tepesinin ortasından başlayarak bir ayağı bir tarafa, öbür ayağı öbür tarafa gelecek şekilde testere ile biçilerek vücudu ikiye ayrılır. Deccâl, vücudun iki parçası arasından geçerek 'Diril ve kalk!' der. Adam da dirilerek ayağa kalkar.

Arkasından Deccâl kendisine 'Bana inanıyor musun?' diye sorar. Mü'min de Deccâl'a 'Senin hakkındaki kanaatim iyice kuvvetlendi.' dedikten sonra halka dönerek 'Ey insanlar! Benden başka hiç kimseyi artık öldürüp diriltemez.' der. Bunun üzerine Deccâl kendisini boğazlamak üzere yakalar. Fakat Allah boynu ile köprücük kemiğinin arasını demir haline getirdiği için onu boğazlayamaz. Boğazlayamayınca kendisini ellerinden ve ayaklarından tutarak fırlatıp atar. Halk onu cehenneme attığını sanır. Oysa o, cennete düşmüştür. İşte Allah katında en büyük şehitlik olayı budur." (Buhâri, Müslim)

1820- Muğîre b. Şu'be (radıyallâhu anh) der ki: "Peygamberimize (sallallâhu aleyhi ve sellem) Deccâl hakkında en çok soru soran bendim. Bana 'O sana zarar vermez.' diye cevap verdi. Kendisine '(Yahudiler ve Hıristiyanlar) onun yanında dağ gibi bir ekmek yığını ile su nehri bulunacağını söylüyorlar.' dedim. 'O, Allah'ın nimetleri aracılığı ile kullara zarar vermeyecek kadar zavallıdır.' buyurdu." (Buhâri, Müslim)

1821- Enes'ten (radıyallâhu anh) rivayet edildiğine göre Peygamberimiz (sallallâhu aleyhi ve sellem) buyuruyor ki:

– "Her Peygamber, kör gözlü yalancı (Deccâl) hakkında ümmetini uyarmıştır. Onun bir gözü kördür. Allah Teâlâ ise a'ver değildir. Deccâl'in iki gözü arasında K, F, R (kâfir) harfleri yazılıdır." (Buhâri, Müslim)

1822- Ebu Hureyre'den (radıyallâhu anh) rivayet edildiğine göre Peygamberimiz (sallallâhu aleyhi ve sellem) buyuruyor ki:

– "Daha önce hiçbir peygamberin Deccâl hakkında vermediği bir bilgiyi size anlatayım mı? Onun tek gözü kördür ve yanında cennet ve cehennemin benzerleri vardır. Onun cennet dediği, cehennemdir." (Buhâri, Müslim)

1823- İbni Ömer'den (radıyallâhu anhumâ) rivayet edildiğine göre Peygamberimiz (sallallâhu aleyhi ve sellem) sahabiler önünde Deccâl'dan bahsederek buyurdu ki:

– "Allah, hiç şüphesiz, a'ver değildir. Deccâl Mesih'in sağ gözü kördür. Onun gözü, salkımdan dışarıya fırlamış üzüm tanesi gibidir." (Buhâri, Müslim)

1824- Ebu Hureyre'den (radıyallâhu anh) rivayet edildiğine göre Peygamberimiz (sallallâhu aleyhi ve sellem) buyuruyor ki:

– "Müslümanlar Yahudilerle savaşıp onların kökünü kazımadıkça kıyamet kopmaz. Öyle ki, herhangi bir Yahudi taşın ve ağacın arkasına saklanacak da taş ve ağaç 'Ey Müslüman! Benim arkamda bir Yahudi var.' diyecektir. Yalnız Garkad adlı devedikeni hariç... O, Yahudi ağaçlarındandır." (Buhâri, Müslim)

1825- Yine Ebu Hureyre'den (radıyallâhu anh) rivayet edildiğine göre Peygamberimiz (sallallâhu aleyhi ve sellem) buyuruyor ki:

"Nefsimi kudret elinde tutan Allah'a yemin ederim ki, adamın biri bir mezarın yanına varıp üzerine kapanarak din açısından değil, karşılaştığı belâlar yüzünden 'Keşke bu ölünün yerinde ben olsaydım.' demedikçe dünya son bulmaz." (Buhâri, Müslim)

1826- Yine Ebu Hureyre'den (radıyallâhu anh) rivayet edildiğine göre Peygamberimiz (sallallâhu aleyhi ve sellem) buyuruyor ki:

– "Fırat Nehri kuruyup nehrin yatağında bir altın dağı meydana çıkmadıkça ve bunun üzerine savaşa tutuşup her yüz kişiden doksan dokuzu ölmedikçe ve ölen herkes 'Keşke ben sağ kalsam.' demedikçe kıyamet kopmaz."

Diğer bir rivayet ise şöyledir:

"Fırat Nehri'nin kurumaya yüz tutmasından dolayı bir altın hazine ortaya çıkacaktır. Kim o anda orada bulunursa bu hazineden hiçbir şey almasın." (Buhâri, Müslim)

1827- Yine Ebu Hureyre'den (radıyallâhu anh) rivayet edildiğine göre Peygamberimiz (sallallâhu aleyhi ve sellem) buyuruyor ki:

– "İnsanlar Medine'yi sahip olageldiği yararlıklar içindeyken terk ederler. Orada yırtıcı hayvanlardan ve kuşlardan başka hiçbir canlı barınamaz olur. Oraya son varan, Müzeyne kabilesinden, koyunlarına seslenmek için şehre giden ve yırtıcı hayvanlara barınak olduğunu gören iki çoban olur. Bu iki çoban Seniyetü'l-Vedâ'ya varınca yüzükoyun yere düşerek ölüverirler." (Buhâri, Müslim)

1828- Ebu Saidü'l-Hudrî'den (radıyallâhu anh) rivayet edildiğine göre Peygamberimiz (sallallâhu aleyhi ve sellem) buyuruyor ki:

– "Ahir zamandaki halifelerinizden birinin avuçlar dolusu hazinesi olur ve onun hesabını bilmez." (Müslim)

1829- Ebu Musa el-Eş'arî (radıyallâhu anh) rivayet edildiğine göre Peygamberimiz (sallallâhu aleyhi ve sellem) buyuruyor ki:

– "İnsanlar üzerine öyle bir zaman gelecek ki, adamın biri altından sadakayı yanında taşıyacak ve onu verecek kimse bulamayacaktır. Kırk kadının bir erkeğin peşine düştüğü görülür. Erkeklerin az, kadınların çok olması yüzünden kadınlar o tek erkeğin başına üşüşürler." (Müslim)

1830- Ebu Hureyre'den (radıyallâhu anh) rivayet edildiğine göre Peygamberimiz (sallallâhu aleyhi ve sellem) buyuruyor ki:

– "Adamın biri başka birisinden bir yer satın aldı. Yeri satın alan kimse orada altın dolu bir küp buldu ve eski mal sahibine vararak 'Altını al, ben senden altını değil, toprağı satın aldım.' dedi. Eski mal sahibi ona 'ben sana yeri, içindekiler ile birlikte sattım' dedi. Anlaşamayınca birini hakem tuttular. Hakem tuttukları kimse onlara 'Çocuğunuz var mı?' diye sordu. Biri 'Benim oğlum var.' dedi, öbürü ise 'Benim kızım var.' diye cevap verdi. Bunun üzerine hakem tutulan kimse 'Oğlan ile kızı evlendirin, altının bir kısmını onlar için harcayın, geriye kalanı da sadaka olarak dağıtın.' dedi." (Buhâri, Müslim)

1831- Yine Ebu Hureyre (radıyallâhu anh) rivayet edildiğine göre Peygamberimiz (sallallâhu aleyhi ve sellem) buyuruyor ki:

– "İki kadın vardı. Her birinin birer oğlan çocuğu vardı. Kurt geldi, birinin çocuğunu kapıp götürdü. Çocuğun annesi arkadaşına 'Kurt senin çocuğunu götürdü.' dedi. Arkadaşı da ona 'Hayır, senin çocuğunu götürdü.' diye cevap verdi. Aralarında anlaşamayınca Davud'u (aleyhisselam) hakem tayin ettiler. Davud da çocuğun büyük kadına ait olduğuna hükmetti. Yine de anlaşmazlık çözülmediği için Davud'un oğlu Süleyman'a (aleyhisselam) başvurup durumu ona da anlattılar. Süleyman kadınlara, 'Bana bir bıçak verin de çocuğu aranızda paylaştırayım.' dedi. Bunun üzerine kadınların genci 'Sakın yapma! Allah hayrını versin! Çocuk onundur.' dedi. O zaman Süleyman, çocuğun genç kadına ait olduğuna hükmetti." (Buhâri, Müslim)

1832- Mirdâs el-Eslemî'den (radıyallâhu anh) rivayet edildiğine göre Peygamberimiz (sallallâhu aleyhi ve sellem) buyuruyor ki:

– "İyi kimseler birer birer göçer gider de geriye arpa ve hurma kepeği gibi insan döküntüleri kalır. Allah onlara hiçbir önem vermez." (Buhâri)

1833- Rifâa b. Rafi ez-Zürakî (radıyallâhu anh) der ki: "Bir gün Cebrail (aleyhisselam) Peygamberimize (sallallâhu aleyhi ve sellem) gelerek 'Aranızda Bedir Savaşı'na katılanları nasıl değerlendiriyorsunuz?' diye sordu. Peygamberimiz 'Onları en üstün Müslümanlardan sayarız.' buyurdu veya bu manaya gelen başka bir cevap verdi. Bunun üzerine Cebrail (aleyhisselam) 'Biz de Bedir Savaşı'na katılan melekleri öyle sayarız.' dedi." (Buhâri)

1834- İbni Ömer'den (radıyallâhu anhumâ) rivayet edildiğine göre Peygamberimiz (sallallâhu aleyhi ve sellem) buyuruyor ki:

– "Allah bir kavme bir azap indirince topluluk tüm olarak azaba çarpılır. Sonra herkes ameline göre yeniden diriltilir." (Buhâri, Müslim)

1835- Câbir (radıyallâhu anh) der ki: "Peygamberimizin (sallallâhu aleyhi ve sellem) hutbe okurken dayandığı bir hurma kütüğü vardı. Mescid'e mimber yapılıp konunca hurma kütüğünden, on aylık gebe bir devenin inleyişi gibi bir inilti duyduk. Nihayet Peygamberimiz mimberden inip kütüğün yanına gitti ve onu eli ile okşadı da iniltisi durdu."

Diğer bir rivayet şöyledir: "Cuma günü gelip de Peygamberimiz (sallallâhu aleyhi ve sellem) mimbere çıkıp oturunca Peygamberimizin o zamana kadar dayanıp hutbe okuduğu hurma kütüğü öyle bir feryat kopardı ki neredeyse parçalanacaktı."

Diğer bir rivayet ise şöyledir: "Hurma kütüğü çocuk ağlaması gibi bir feryat kopardı. Bunun üzerine Peygamberimiz (sallallâhu aleyhi ve sellem) mimberden inerek kütüğü tutup kucakladı. O zaman kütük, annesi tarafından susturulan bir çocuk gibi inleye inleye sonunda sustu. Peygamberimiz (sallallâhu aleyhi ve sellem) 'O, duymakta olduğu zikirden uzak kaldığı için ağladı.' buyurdu." (Buhâri)

1836- Ebu Sa'lebe el-Huşenî Cürsüm b. Naşir'den (radıyallâhu anh) rivayet edildiğine göre Peygamberimiz (sallallâhu aleyhi ve sellem) buyuruyor ki:

– "Allah Teâlâ size birtakımşeyleri farz kıldı, onları savsaklamayınız. Size birtakımsınırlar koydu, onları aşmayınız. Size birtakımşeyleri haram kıldı, onları çiğnemeyiniz. Unutarak değil, size acıdığı için birtakımşeylere temas etmedi, onları kurcalamayınız." (Dâre Kutnî)

1837- Abdullah b. Ebu Evfâ (radıyallâhu anhumâ) der ki: "Peygamberimiz (sallallâhu aleyhi ve sellem) ile birlikte yedi kere savaşa katıldık. Çekirge yerdik."

Diğer bir rivayete göre, son kısmı "Peygamberimiz (sallallâhu aleyhi ve sellem) ile birlikte çekirge yerdik." şeklindedir. (Buhâri, Müslim)

1838- Ebu Hureyre'den (radıyallâhu anh) rivayet edildiğine göre Peygamberimiz (sallallâhu aleyhi ve sellem) buyuruyor ki:

– " Mü'min, aynı delikten iki sefer ısırılmaz." (Buhâri, Müslim)

1839- Yine Ebu Hureyre'den (radıyallâhu anh) rivayet edildiğine göre Peygamberimiz (sallallâhu aleyhi ve sellem) buyuruyor ki:

– "Üç kimse var ki kıyamet günü Allah onların ne yüzlerine bakar ne de onları günahlarından arındırır. Onlar için acı bir azap vardır: Susuz bir çölde yanında ihtiyacından fazla su bulunup da bu suyu yolculara vermeyen kimse. Adamın birine ikindiden sonra falan fiyata aldığına dair yalan yere yemin ederek bir mal satan kimse. Devlet başkanına sırf dünyalık bir endişe ile biat eden, eğer devlet başkanı kendisine dünyalık sağlarsa biatına bağlılık gösteren, sağlamadığı takdirde biatından cayan kimse." (Buhâri, Müslim)

1840- Ebu Hureyre (radıyallâhu anh) der ki: "İki Sûr üflenişi arasında kırk (birim zaman) geçer." Dinleyenler "Ya Eba Hureyre! Kırk gün mü?" diye sordular. Ebu Hureyre "Evet diyemem." dedi. Dinleyenler "Ya Eba Hureyre! Kırk yıl mı?" diye sordular. Ebu Hureyre "Evet diyemem." dedi.

Dinleyenler "Ya Eba Hureyre! Kırk ay mı?" diye sordular. Ebu Hureyre "Evet diyemem." diye cevap verdikten sonra sözlerine şöyle devam etti: "Kuyruk sokumu kemiğinden başka insanların her tarafı çürür. Yeniden dirilme bu kemikten kaynaklanır. Sonra Allah, gökten bir yağmur yağdırır da bakla biter gibi insanlar yerden bitiverirler." (Buhâri, Müslim)

1841- Yine Ebu Hureyre (radıyallâhu anh) der ki: "Bir gün Peygamberimiz (sallallâhu aleyhi ve sellem) sahabilere bir şey anlatırken taşralı bir Arap gelerek 'Kıyamet ne zaman kopacak?' diye sordu. Peygamberimiz (sallallâhu aleyhi ve sellem) sözlerine devam etti. Bir kısım sahabiler 'Duydu fakat söylenen söz hoşuna gitmedi.' dedi. Bir kısmı da 'Duymadı.' dedi. Peygamberimiz (sallallâhu aleyhi ve sellem) sözünü bitirince 'Kıyametin ne zaman kopacağını soran nerede?' diye sordu. Adam 'Buradayım ya Resulallah!' deyince Peygamberimiz 'Emanet savsaklanınca kıyametin kopuşunu bekle.' buyurdu. Adam 'Emanet nasıl savsaklanır?' diye sordu. Peygamberimiz 'Yetki ve sorumluluk ehil olmayan kimseye teslim edildiği zaman kıyametin kopuşunu bekle.' buyurdu." (Buhâri)

1842- Yine Ebu Hureyre'den (radıyallâhu anh) rivayet edildiğine göre Peygamberimiz (sallallâhu aleyhi ve sellem) buyuruyor ki:

– "İmamlar size namaz kıldırırlar. Eğer doğru yaparlarsa hem size hem de onlara sevap vardır. Eğer hata yaparlarsa size sevap onlara vebal vardır." (Buhâri)

1843- Yine Ebu Hureyre (radıyallâhu anh) **"Sizler, insanlar için seçilip çıkarılmış hayırlı bir ümmetsiniz."** (Âl-i İmrân suresi, 110. ayet.) mealindeki ayet ile ilgili olarak "İnsanlar hesabına hayırlı kimseler, insanları boyunlarına zincir vuracak bile olsa getirip İslam'a girmelerini sağlayan kimselerdir." demiştir.

1844- Yine Ebu Hureyre'den (radıyallâhu anh) rivayet edildiğine göre Peygamberimiz (sallallâhu aleyhi ve sellem) buyuruyor ki:

– "Aziz ve celil olan Allah, esir alınıp zincirlere vurulduktan sonra İslam'ı kabul ederek cennete girenlerden hoşnut olur." (Buhâri)

1845- Yine Ebu Hureyre'den (radıyallâhu anh) rivayet edildiğine göre Peygamberimiz (sallallâhu aleyhi ve sellem) buyuruyor ki:

– "Allah katında beldelerin en sevgili yerleri camiler, en sevimsiz yerleri de çarşılardır." (Müslim)

1846- Selman-ı Farisi (radıyallâhu anh) der ki: "Eğer elinden gelirse, sakın çarşıya ilk girip son çıkan kimse olma. Çünkü çarşı, şeytanın savaş alanı ve karargâhıdır. Bayrağını oraya diker." (Müslim)

Berkani'nin kaydettiği bir rivayete göre Selman-ı Farisi (radıyallâhu anh) der ki: "Peygamberimiz (sallallâhu aleyhi ve sellem) 'Ne çarşıya ilk giren kimse ol ne de oradan en son çıkan kimse. Çünkü şeytan orada yumurtlar ve orada kuluçkaya yatar.' buyurmuştur.

1847- Âsim el-Ahvel'den rivayet edildiğine göre, Abdullah b. Sercis (radıyallâhu anh) şöyle demiştir: "Birgün Peygamberimize (sallallâhu aleyhi ve sellem) 'Allah seni affetsin.' dedim. 'Allah seni de affetsin.' dedi."

Asım der ki: "Abdullah b. Sercis'e 'Yani Peygamber senin için mağfiret mi diledi?' diye sordum. Bana 'Evet, senin için de...' diye cevap verdikten sonra **'Hem kendi günahlarının hem mü'min erkekler ile mü'min kadınların affedilmesini dile.'** (Muhammed suresi, 19 Âyet.) mealindeki ayeti okudu." (Müslim)

1848- Ebu Mes'ud el-Ensari'den (radıyallâhu anh) rivayet edildiğine göre Peygamberimiz (sallallâhu aleyhi ve sellem) buyuruyor ki:

– "İlk peygamberden beri insanların idrak ettiği nübüvvet sözlerinden biri 'Utanmayınca ne istersen yap!' sözüdür." (Buhâri)

1849- İbni Mes'ud'dan (radıyallâhu anh) rivayet edildiğine göre Peygamberimiz (sallallâhu aleyhi ve sellem) buyuruyor ki:

– "Kıyamet günü insanlar arasında ilk görülecek dava, kan davasıdır." (Buhâri, Müslim)

1850- Hz. Âişe'den (radıyallâhu anhumâ) rivayet edildiğine göre Peygamberimiz (sallallâhu aleyhi ve sellem) buyuruyor ki:

– "Melekler nurdan yaratıldı. Cinler dumansız yalazdan yaratıldı. Âdem (aleyhisselam) de size belirtilen şeyden (topraktan) yaratıldı." (Müslim)

1851- Yine Hz. Âişe (radıyallâhu anhâ) der ki: "Peygamberin ahlakı, Kur'an idi." (Müslim)

1852- Yine Hz. Âişe (radıyallâhu anhâ) der ki: "Bir gün Peygamberimiz (sallallâhu aleyhi ve sellem) 'Kim Allah'a kavuşmayı severse Allah da ona kavuşmayı sever. Kim Allah'a kavuşmaktan hoşlanmazsa Allah da ona kavuşmaktan hoşlanmaz.' buyurmuştur. Kendisine 'Allah'a kavuşmayı sevmemekten maksat ölümden hoşlanmamak mıdır? Ölümü hiç birimiz sevmeyiz.' dedim. Bana şöyle buyurdu:

– 'Hayır, öyle değil. Mü'min, Allah'ın rahmeti, rızası ve cenneti ile müjdelenince hem kendisi Allah'a kavuşmayı ister hem de Allah ona kavuşmak ister. Buna karşılık kâfire Allah'ın azabı ve hoşnutsuzluğu bildirilince hem kendisi Allah'a kavuşmak istemez hem de Allah onunla karşılaşmaktan hoşlanmaz.'" (Müslim)

1853- Ümmü'l-Mü'minin Safiyye binti Huyey (radıyallâhu anhâ) der ki: "Peygamberimiz (sallallâhu aleyhi ve sellem) itikafta idi. Bir gece kendisini ziyaret etmeye geldim. Onunla bir süre konuştuktan sonra evime dönmek üzere kalktım. O da beni uğurlamak üzere kalktı. Bu sırada Mescid'in önünden Ensar'dan iki kişi geçiyordu. Peygamberimizi (sallallâhu aleyhi ve sellem) görünce daha hızlı yürümeye başladılar. Peygamberimiz onlara 'Yavaş yürüyünüz. Bu kadın Huyey kızı Safiyye'dir.' buyurdu. Adamlar 'Sübhanallah!' dediler. Bunun üzerine Peygamberimiz onlara 'Şeytan, insanın vücudunda kan gibi dolaşır. Onun kalplerinize kötü bir düşünce düşürmesinden çekindim.' buyurdu." (Buhâri, Müslim)

1854- Ebu Fadl Abbas b. Abdülmuttalib (radıyallâhu anh) der ki: "Huneyn Savaşı'na Peygamberimiz (sallallâhu aleyhi ve sellem) ile birlikte katıldım. Ebu Süfyân b. Haris b. Abdülmuttalib ile ben hep Peygamberimizin yanında kaldık. Onun yanından hiç ayrılmadık. Peygamberimiz (sallallâhu aleyhi ve sellem) beyaz bir katıra binmişti.

Müslümanlar ile kâfirler karşı karşıya gelince Müslümanlar geri dönüp kaçışmaya başladılar. Peygamberimiz (sallallâhu aleyhi ve sellem) katırını düşmana doğru sürmeye teşebbüs etti. Ben yürümeye koyulmaktan alıkoymak için katırın dizginini tutuyordum. Ebu Süfyân da Peygamberimizin özengisine yapışmıştı. Peygamberimiz (sallallâhu aleyhi ve sellem) bana 'Ya Abbas! Semüre yanında bana biat edenleri çağır.' buyurdu."

(Abbas gür sesli idi.) Ben de en gür sesimle 'Semüre'de biat edenler nerede?' diye seslendim. Vallahi yavrusunun feryadını duyan bir inek nasıl hemen sesin geldiği tarafa dönerse, sesimi duyunca, aynı şekilde hemen başlarını çevirerek 'Emret!' dediler ve kâfirlerle savaşa tutuştular. Ensar arasında münadiler 'Ey Ensar topluluğu! Ey Ensar topluluğu!' diye çağrıda bulundular. Bir süre sonra çağrı sadece Haris b. Hazreç oğullarına yöneltilmeye başladı.

Peygamberimiz (sallallâhu aleyhi ve sellem) katırının üzerinde uzunca bir süre onların savaşını seyrettikten sonra 'İşte savaşın kızıştığı an!' buyurdu. Arkasından avucuna bir miktar çakıl taşı alarak kâfirlerin yüzlerine fırlattı ve 'Muhammed'in Rabbi hakkı için bozguna uğradılar!' buyurdu. Bu sırada olup bitenleri yakından görmeye gitmiştim. Gördüğüm kadarı ile savaş olduğu gibi devam ediyordu. Fakat vallahi, Peygamberimiz (sallallâhu aleyhi ve sellem) avucundaki çakıl taşlarını kâfirlere atar atmaz saflarının bozulduğunu ve kaçışmaya başladıklarını gördüm." (Müslim)

1855- Ebu Hureyre'den (radıyallâhu anh) rivayet edildiğine göre Peygamberimiz (sallallâhu aleyhi ve sellem) buyuruyor ki:

- "Ey insanlar! Allah tertemizdir, ancak tertemiz olanı kabul eder. Allah, peygamberlere ne emrettiyse mü'minlere de aynısını emretmiştir. Zira Allah Teâlâ bir ayette **'Ey Peygamberler! Tertemiz yiyecekler yiyiniz ve iyi ameller işleyiniz.'** (Mü'minûn suresi, 51. ayet.) buyurduğu gibi başka bir ayette de **'Ey iman edenler! Size vermiş olduğumuz rızıkların tertemiz olanlarından yiyiniz.'** (Bakara suresi, 172. ayet.) buyurmuştur."

Peygamberimiz (sallallâhu aleyhi ve sellem) sözlerine devam ederek uzun bir yolculuk sırasında saçları dağılmış, yüzü toza toprağa bulanmış birini misal verdi. Bu adamın yediği haram, içtiği haram olduğu halde, bütünü ile haramla beslendiği halde ellerini göğe kaldırıp "Ya Rabbi! Ya Rabbi!" diye dua ediyor... Peygamberimiz "Bu adamın duası hiç kabul olunur mu?" buyurdu. (Müslim)

1856- Ebu Hureyre'den (radıyallâhu anh) rivayet edildiğine göre Peygamberimiz (sallallâhu aleyhi ve sellem) buyuruyor ki:

- "Üç kimse var ki kıyamet günü, Allah onlarla ne konuşur ne onları günahlardan arındırır ne de taraflarına bakar. Onlar için acı bir azap vardır. Zinâkar ihtiyar, yalancı devlet başkanı ve kibirli fakir." (Müslim)

1857- Yine Ebu Hureyre'den (radıyallâhu anh) rivayet edildiğine göre Peygamberimiz (sallallâhu aleyhi ve sellem) buyuruyor ki:

- "Seyhan, Ceyhan, Fırat ve Nil, bunların tümü cennet nehirlerindendir." (Müslim)

1858- Yine Ebu Hureyre (radıyallâhu anh) der ki: Peygamberimiz (sallallâhu aleyhi ve sellem) bir gün elimden tutarak şöyle buyurdu:

- "Allah, yeryüzünü cumartesi günü yarattı. Dağları pazar günü yarattı. Ağaçları salı günü yarattı. Mekruhları çarşamba günü yarattı. Işığı perşembe günü yarattı. Cuma günü yeryüzüne tüm canlıları serpiştirdi. Âdem'i de son olarak cuma günü ikindiden sonra, gündüzün sonuna doğru ikindi ile gece arası yarattı." (Müslim)

1859- Ebu Süleyman Halid b. Velid (radıyallâhu anh) der ki: "Mute Savaşı sırasında elimde dokuz kılıç parçalandı. Son olarak elimde Yemen yapısı bir pala kaldı." (Buhâri)

1860- Amr ibni'l-Âs'tan (radıyallâhu anh) rivayet edildiğine göre Peygamberimiz (sallallâhu aleyhi ve sellem) buyuruyor ki:

- "Hakim hüküm vereceği zaman içtihat eder de yerinde bir karar verirse kendisine iki, hüküm vereceği zaman içtihat eder de hatalı bir hüküm verirse kendisine bir ecir vardır." (Buhâri, Müslim)

1861- Hz. Âişe'den (radıyallâhu anhâ) rivayet edildiğine göre Peygamberimiz (sallallâhu aleyhi ve sellem) buyuruyor ki:

– "Sıtma hastalığı, cehennemin yüksek hararetinden bir örnektir. Onu su ile soğutunuz." (Müslim)

1862- Yine Hz. Âişe'den (radıyallâhu anhâ) rivayet edildiğine göre Peygamberimiz (sallallâhu aleyhi ve sellem) buyuruyor ki:

– "Kimin üzerinde oruç borcu varken ölürse velisi onun yerine oruç tutar." (Buhâri, Müslim)

1863- Avf b. Mâlik b. et-Tufeyl'den (radıyallâhu anh) şöyle rivayet edilmiştir: "Hz. Âişe'ye (radıyallâhu anhâ) sattığı veya verdiği bir şey konusunda, Abdullah b. Zübeyr'in (radıyallâhu anh) 'Vallahi Âişe ya bundan vazgeçer yahut da ben kendisini bundan men ederim.' dediği Hz. Âişe'ye haber verilince, 'Gerçekten Zübeyr böyle dedi mi?' diye sordu. 'Evet.' dediler. Bunun üzerine Hz. Âişe 'Allah hakkı için üzerime adak olsun ki İbni Zübeyr ile artık hiç konuşmayacağım.' dedi. Dargınlık süresi uzayınca, İbni Zübeyr, araya aracılar koydu. Fakat Hz. Âişe 'Vallahi onun hakkında hiç kimsenin aracılığını kabul etmem ve adağımı bozmam.' dedi.

Dargınlığın iyiden iyiye uzadığını gören İbni Zübeyr, Misver b. Mahreme ve Abdurrahman b. el-Esved b. Abdi Yağus ile konuşarak 'Allah hakkı için beni Âişe'nin (radıyallâhu anhâ) yanına götürün. Onun benimle konuşmamaya adaması kendisine helal değildir.' dedi.

Bunun üzerine Misver ile Abdurrahman, Âişe'nin evine kadar vardılar. İçeri girmek için izin almak üzere 'Allah'ın selam, rahmet ve bereketi üzerine olsun. İçeri girebilir miyiz?' dediler. Âişe 'Giriniz.' dedi. Kapıdakiler 'Hepimiz mi?' diye sordular. Âişe 'Evet, hepiniz giriniz.' diye cevap verdi. İbni Zübeyr'in de onların yanında olduğunu bilmiyordu.

Misver ile Abdurrahman içeri girince İbni Zübeyr de hicaba girip teyzesi Âişe'nin boynuna sarılıverdi. Ağlayarak ona yalvarmaya başladı. Misver ile Abdurrahman da onunla konuşması ve mazeretini kabul etmesi için ona ısrar ederek 'Peygamberimiz (sallallâhu aleyhi ve sellem) senin yaptığın gibi dargın kalmayı yasaklamıştır. Herhangi bir Müslümanın, diğer bir Müslüman kardeşi ile üç geceden fazla küs kalması helal değildir.' dediler. Onlar küs durmaması konusunda kendisine öğüt ve tavsiye etmekte ısrar edince Âişe yumuşayıp ağlamaya başladı ve 'Ben konuşmamayı adadım. Adak önemli bir meseledir.' dedi. Fakat Misver ile Abdurrahman ısrarlarına devam edince İbni Zübeyr ile konuştu ve bu konudaki adağına karşılık kırk köle azat etti. Fakat o günden sonra sık sık adağını hatırlar ve başörtüsü ıslanacak kadar ağlardı." (Buhâri)

1864- Ukbe b. Âmir'den (radıyallâhu anh) rivayet edildiğine göre Peygamberimiz (sallallâhu aleyhi ve sellem) sekiz yıl sonra Uhud şehitlerinin mezarlarını ziyaret ederek hem ölülere hem de dirilere veda eder mahiyette onlara dua etti. Arkasından mimbere çıkarak şöyle buyurdu:

- "Ben ahirette sizin öncünüzüm, sizin şahidinizim. Sizin ile buluşma yerim havuzdur (Kevser'dir). Şu durduğum yerden orayı görüyorum. Ben sizin şirk etmenizden değil, dünyaya tutulup o uğurda birbiriniz ile didişmenizden korkuyorum."

Râvi "Peygamberimizi (sallallâhu aleyhi ve sellem) son kere görüşüm bu oldu." diyor. (Buhâri, Müslim)

Diğer bir rivayete göre Peygamberimizin (sallallâhu aleyhi ve sellem) sözlerinin son kısmı "Fakat ben sizin hesabınıza dünyaya tutulup birbiriniz ile didişerek birbirinizi öldürmenizden ve böylece sizden öncekiler gibi helak olmanızdan korkuyorum." şeklindedir. Ukbe b. Âmir "Peygamberimizi (sallallâhu aleyhi ve sellem) mimberde son olarak görüşüm bu idi." diyor.

Diğer bir rivayete göre Peygamberimiz (sallallâhu aleyhi ve sellem) şöyle buyurdu:

- "Ben ahirette sizin öncünüzüm ve şahidinizim. Vallahi şu anda ben Havuz'umu görüyorum. Bana yeryüzü hazinelerinin veya yeryüzünün anahtarları verildi. Vallahi, sizin hesabınıza benden sonra şirke dönmenizden değil, dünyaya tutulup onun uğruna birbiriniz ile didişmenizden korkuyorum."

1865- Ebu Zeyd Amr b. Ahtab el-Ensari (radıyallâhu anh) der ki: "Peygamberimiz (sallallâhu aleyhi ve sellem) bize sabah namazını kıldırdıktan sonra mimbere çıktı ve öğle vakti girinceye kadar bize seslendi. Aşağı inip namaz kıldıktan sonra yine mimbere çıktı ve ikindi vakti girinceye kadar bize seslendi. Aşağı inip namaz kıldıktan sonra yine mimbere çıktı ve güneş batıncaya kadar olmuş ve olacak olanlar hakkında bize bilgi verdi. En bilgilimiz onun söylediklerini en çok aklında tutanımızdı." (Müslim)

1866- Hz. Âişe'den (radıyallâhu anhâ) rivayet edildiğine göre Peygamberimiz (sallallâhu aleyhi ve sellem) buyuruyor ki:

- "Kim Allah'a itaat edeceğini adarsa itaat etsin. Kim Allah'a asi olmayı adarsa asi olmasın." (Buhâri)

1867- Ümmü Şerik'den (radıyallâhu anhâ) rivayet edildiğine göre Peygamberimiz (sallallâhu aleyhi ve sellem) "İbrahim'in (aleyhisselam) atılmak istendiği ateşi üfledi." diye buyurarak kendisine kelerleri öldürmeyi emretti. (Buhâri, Müslim)

1868- Ebu Hureyre'den (radıyallâhu anh) rivayet edildiğine göre Peygamberimiz (sallallâhu aleyhi ve sellem) buyuruyor ki:

– "Kim bir keleri ilk vuruşta öldürürse şu kadar, ikinci vuruşta öldürürse, birinciden az olmak üzere şu kadar, üçüncü vuruşta öldürürse şu kadar sevap kazanır."

Diğer bir rivayete göre "Kim bir keleri bir vuruşta öldürürse kendisine yüz sevap, ikinci vuruşta öldürürse birinciden daha az, üçüncü vuruşta öldürürse ikinciden daha az sevap kazanır." (Müslim)

1869- Ebu Hureyre'den (radıyallâhu anh) rivayet edildiğine göre Peygamberimiz (sallallâhu aleyhi ve sellem) buyuruyor ki:

– "Adamın biri 'Kesin olarak bir sadaka vereceğim.' dedi. Evinden çıktı ve sadakasını bir hırsızın eline koydu. Kendisini tanıyanlar, ertesi gün 'Dün gece hırsıza sadaka verildi.' diye dedikodu yaptılar.

Adam 'Allah'ım! Sana hamdolsun. Yine bir sadaka vermeliyim.' dedi. Evinden çıktı ve sadakasını bir fahişenin eline verdi. Kendisini tanıyanlar, ertesi gün yine 'Dün gece bir fahişeye sadaka verildi.' diye dedikodu yaptılar.

Adam 'Allah'ım! Sana hamdolsun. Yine bir sadaka vermeliyim.' dedi. Evinden çıktı ve sadakasını bir zenginin eline verdi. ErtesiKendisini tanıyanlar, ertesi gün yine 'Bir zengine sadaka verildi.' diye dedikodu yaptılar.

Adam 'Allah'ım! Bir hırsıza, bir fahişeye ve bir zengine sadaka vermemi nasip ettiğin için sana hamdolsun.' dedi.

Bunun üzerine rüyasında kendisine şöyle bildirildi:

'Hırsıza verdiğin sadaka belki onu çalmaktan alıkoyar. Fahişeye vermiş olduğun sadaka belki onu zinadan alıkoyar. Zengine vermiş olduğun sadakaya gelince, belki de onu ibret alıp Allah'ın kendisine vermiş olduğu maldan sadaka vermeye sevkeder.'" (Buhâri, Müslim)

1870- Yine Ebu Hureyre'den (radıyallâhu anh) der ki: "Bir gün Peygamberimiz (sallallâhu aleyhi ve sellem) ile birlikte bir yere davet edilmiştik. Önüne koyunun ön bacaklarından biri getirildi. Peygamberimiz etin bu kısmını severdi. Dişleri ile etten bir parça kopardıktan sonra şöyle buyurdu:

– 'Kıyamet günü, ben insanların önderiyim. Bunun neden olduğunu biliyor musunuz? Allah Teâlâ ilkinden sonuncusuna kadar bütün insanları bir meydanda toplar. Onların tümünü bakan görür, çağıran seslerini duyar, güneş alçalarak başları üzerine iner. İnsanlar katlanılmaz ve dayanılmaz derecede sıkıntı ve tasaya düşerler. Bunun üzerine bazı kimseler 'İçine düştüğünüz sıkıntının ne katlanılmaz bir dereceye vardığını görmüyor musunuz? Sizin hakkınızda Rabbinize şefaat edecek birine baksanıza!' derler. Bu sırada birbirlerine 'Babanız Âdem (aleyhisselam) var.' derler. Âdem'e başvurup şöyle derler:

'Ya Âdem! Sen insanlığın atasısın. Allah seni kendi kudreti ile yaratıp sana ruhundan üfledi. Meleklere emir verdi de onlar sana secde etti ve seni cennete yerleştirdi. Hakkımızda Rabbinden şefaatte bulun. İçinde bulunduğumuz sıkıntıyı, bu sıkıntının ulaştığı dereceyi görmüyor musun?' Âdem onlara şöyle cevap verir:

'Allah Teâlâ daha önce benzeri görülmemiş ve daha sonra da görülmeyecek derecede ağır bir şekilde bana kızdı. O bana (cennetteki) bir ağacı yasaklamıştı. Ben bu yasağı çiğnedim. Nefsî! Nefsî! Nefsî! Siz başkasına gidin Nuh'a gidin.' Bunun üzerine o kimseler Nuh'a varıp kendisine şöyle derler:

'Ya Nuh! Yeryüzüne gönderilmiş ilk peygamberlerdensin. Allah sana şükredici kul unvanını verdi. Durumumuzu görmüyor musun? Sıkıntımızın ne dereceye vardığını görmüyor musun? Hakkımızda Rabbinden şefaatte bulun.' derler. Nuh, onlara şöyle cevap verir:

'Rabbim bana daha önce benzeri olmamış ve daha sonra da görülmeyecek derecede ağır bir şekilde kızdı. Benim bir dua hakkım vardı. Onu kavmimin aleyhinde kullandım. Nefsî! Nefsî! Nefsî! Başkasına gidin. İbrahim'e gidin.' Bunun üzerine o kimseler varıp İbrahim'e şöyle derler:

'Ya İbrahim! Sen Allah'ın Resulü ve yeryüzü halkı içinde O'nun dostusun. Hakkımızda Rabbinden şefaatte bulun. İçinde bulunduğumuz durumu görmüyor musun?' İbrahim onlara şöyle cevap verir:

'Rabbim bana daha önce benzeri görülmemiş ve daha sonra da görülmeyecek derecede ağır bir şekilde kızdı. Ben üç kere yalan söyledim. Nefsî! Nefsî! Nefsî! Başkasına gidin. Musa'ya gidin.' Musa'ya varıp şöyle derler:

'Ya Musa! Sen Allah'ın Resulü'sün. Allah sana peygamberlik vererek ve seninle konuşarak seni diğer insanlardan üstün kılmıştır. Rabbinden şefaatte bulunduğumuzu görmüyor musun?' Musa da onlara şöyle cevap verir:

'Bir gün Allah bana daha önce benzeri görülmemiş ve daha sonra da görülmeyecek derecede kızdı. Ben öldürülmesine emir verilmemiş olan bir cana kıydım. Nefsî! Nefsî! Nefsî! Başkasına gidin. İsa'ya gidin.' Aynı kimseler İsa'ya varıp şöyle derler:

'Ya İsa! Sen, Allah'ın Resulü ve O'nun Meryem'e sunduğu bir kelime ve O'ndan gelen bir ruhsun. Sen daha beşikte iken insanlarla konuşmuştun. Hakkımızda Rabbinden şefaatte bulun. Durumumuzu görmüyor musun?' İsa onlara şöyle cevap verir:

'Allah bana daha önce benzeri görülmemiş ve daha sonrada görülmeyecek derecede ağır bir şekilde kızdı. (Fakat İsa belirli bir günahtan bahsetmez.) Nefsî! Nefsî! Nefsî! Başkasına gidin. Muhammed'e gidin.'"

Diğer bir rivayete göre Peygamberimiz (sallallâhu aleyhi ve sellem) sözlerine şöyle devam etti:

"Bunun üzerine aynı kimseler bana gelerek şöyle derler:

'Ya Muhammed! Sen Allah'ın Resulü ve son peygamberisin. Allah eski-yeni bütün günahlarını affetmiştir. Hakkımızda, Rabbinden şefaatte bulun. Durumumuzu görmüyor musun?'

Bunun üzerine varıp Arş'ın dibinde Rabbime secdeye kapanırım. Bu sırada Allah Teâlâ bana daha önce hiç kimseye bildirmemiş olduğu hamd ve senalar ilham eder. Arkasından bana 'Ya Muhammed! Başını kaldır. İste! Ne istersen verilecek. Şefaat eyle, şefaatin kabul edilecek.' diye seslenilir. Başımı kaldırıp 'Ümmetimi ya Rabbi! Ümmetimi ya Rabbi! Ümmetimi ya Rabbi!' derim. Bunun üzerine bana şöyle denir:

'Ya Muhammed! Ümmetin içinde sorgusu olmayanları cennetin Eymen kapısından içeri al. Onlar cennetin diğer kapılarından, o kapılardan girecek olan kimseler ile birlikte de girebilirler. Nefsimi kudret elinde tutan Allah'a yemin ederim ki cennet kapılarının iki kanadı arası Mekke ile Hecer (veya Mekke ile Busrâ) arası kadardır." (Buhâri, Müslim)

1871- İbni Abbas (radıyallâhu anhumâ) der ki: "İbrahim (aleyhisselam), İsmail'in (aleyhisselam) annesini, henüz meme emen İsmail ile birlikte getirip Beytullah'ın yanına, Mekke'nin yukarı tarafında Zemzem'in yanı başında bulunan bir ağacın civarına bıraktı. O günlerde Mekke'de hiç kimse oturmuyordu. Orada su da yoktu. Onları oraya bıraktı. Yanlarına da içinde hurma bulunan bir tulum ile içinde su bulunan bir kırba bıraktı. Sonra İbrahim geriye dönüp yola koyuldu. İsmail'in (aleyhisselam) annesi İbrahim'in peşinden koşarak ona 'Bizleri hiçbir can yoldaşının ve hiçbir şeyin bulunmadığı bu vadide bırakıp nereye gidiyorsun?' diye sordu. Eşi aynı sözleri birkaç kere tekrarladı. Fakat İbrahim dönüp bakmayınca kadın kendisine 'Böyle yapmayı sana Allah mı emretti?' diye sordu İbrahim ona 'Evet.' dedi. Bunun üzerine kadın 'O halde o bizi perişan etmez.' diyerek geri döndü.

İbrahim yola koyuldu. Eşi ile oğlunun kendisini göremeyeceği Seniyye denen yere varınca Kâbe'ye doğru dönerek ellerini kaldırıp şöyle dua etti:

- 'Ey Rabbimiz! Soyumun bir kısmını Beytulharam'ın yanındaki kıraç bir vadiye yerleştirdim. Ey Rabbimiz! Namaz kılsınlar diye... Bir kısım insanların kalplerini onlara meylettirerek kendilerini meyvelerle rızıklandır ki sana şükretsinler.'

İsmail'in (aleyhisselam) annesi yanına bırakılan sudan içerek çocuğunu emziriyordu. Su tükenince kendisi de çocuğu da susadı. Çocuğuna bakarken içi burkuluyordu veya acıdan kendisini yere atıyordu. Çocuğunu bu durumda görmemek için oradan uzaklaştı. Beytullah'a en yakın tepe olan Safa'yı bulup orada oturdu ve 'Herhangi bir kimseyi görebilir miyim?' diye gözlerini vadiye çevirdi. Hiç kimseyi göremeyince Safa tepesinden inerek vadiye kadar koştu. Eteğini kaldırarak sıkıntılı bir insan gibi koşuyordu. Böylece vadiyi geçerek Merve'ye vardı. Orada da durarak 'Herhangi bir kimse görebilir miyim?' diye etrafa baktı. Fakat hiç kimseyi göremedi. Aynı şeyi yedi kere tekrarladı."

İbni Abbas'ın (radıyallâhu anhumâ) söylediğine göre Peygamberimiz (sallallâhu aleyhi ve sellem) "Bundan dolayı (Beytullah'ı ziyaret eden) kimseler Safa ile Merve arasında koşarlar." buyurmuştur.

"Son olarak Merve'ye çıkacağı sırada bir ses duydu. Kendi kendisine 'Sus!' diyerek sese kulak verdi. Aynı sesi yine duydu. Bunun üzerine 'Sesini duyurdun. Eğer elinden bir şey geliyorsa bana imdat eyle!' dedi. O anda şimdi Zemzem'in çıktığı yerde beliren bir melekle karşılaştı. Melek topuğu (veya kanadı) ile yeri kazdı ve oradan su fışkırdı. İsmail'in annesi bir yandan -boşuna akıp gitmesin diye- suyun etrafına havuz örüyor, öbür yandan da avuçları ile kırbasını dolduruyordu. O avuçladıkça veya avuçlarına aldığı kadar su yeniden fışkırıyordu."

İbni Abbas'ın (radıyallâhu anhumâ) söylediğine göre Peygamberimiz (sallallâhu aleyhi ve sellem) "Allah İsmail'in annesine rahmet etsin. Eğer o Zemzem'i bıraksaydı veya ondan avuçları ile su almasaydı Zemzem bir akarsu olurdu." buyurmuştur.

"İsmail'in annesi su içip çocuğunu emzirdi. Melek kendisine 'Sakın perişan olmaktan korkma. Çünkü burada, bu oğlan ile babasının yeniden yapacakları bir Allah evi vardır. Allah o evin ehlini asla perişan etmez.' dedi. Ev yerden biraz yüksek bir tümsek gibi idi. Sağından, solundan geçen sel suları onu aşındıra aşındıra bu hale gelmişti.

Bu arada Kedâ yolundan gelerek Mekke'nin aşağısında konaklayan Cürhüm kabilesinden bir kafile veya Cürhüm kabilesine mensup bir aile onlara uğradı. Kafile mensupları havada daireler çizerek yere inen bir kuş gördüler. Kendi kendilerine 'Bu kuş mutlaka bir su kaynağı üzerinde uçuyor. Oysa ki bizim bildiğimize göre bu vadide su yok.' dediler. Aralarından bir veya iki kişiyi oraya gönderdiler. Gidenler su ile karşılaştılar. Geri dönüp durumu kafileye haber verdiler. Bunun üzerine kafile oraya vardı. O sırada İsmail'in annesi de suyun yanındaydı. Yeni gelenler kendisine 'Burada konaklamamıza müsaade eder misin?' diye sordular. İsmail'in annesi de onlara 'Evet. Fakat su üzerinde hiçbir mülkiyet hakkı ileri süremezsiniz.' dedi. Onlar da kendisine 'Evet.' dediler."

İbni Abbas'ın (radıyallâhu anhumâ) söylediğine göre Peygamberimiz (sallallâhu aleyhi ve sellem) "İsmail'in annesi münasebet kuracağı insanlar isterken bu fırsat önüne çıkıverdi." buyurmuştur.

"Kafile oraya yerleşti. Arkasından kabilelerine haber saldılar. Onlar da gelip ilk gelenler ile birlikte oraya yerleştiler. Bir süre sonra orada ev bark sahibi oldular.

Bu arada oğlan büyüdü. Cürhümîlerden Arapça öğrendi. Onunla yakından ilgilendiler. Büyüyünce hoşlarına gitti. Buluğa erince kendisini bir kızları ile evlendirdiler. İsmail'in annesi öldü. İsmail evlendikten bir süre sonra geride bıraktıklarını gözetlemek üzere İbrahim, Mekke'ye geldi. O sırada İsmail evde yoktu. Karısına nerede olduğunu sordu. Kadın 'Bize yiyecek bir şeyler bulmak için veya bizim için avlanmak üzere çıktı.' dedi. Arkasından kadına geçimlerini ve ne durumda olduklarını sordu. Kadın 'Durumumuz kötü. Darlık ve sıkıntı içindeyiz.' diyerek halinden İbrahim'e şikâyet etti. Bunun üzerine İbrahim kendisine, 'Kocan gelince selamımı ilet ve kapısının eşiğini değiştirmesini söyle.' dedi.

İsmail eve dönünce bir şey sezmiş gibi karısına 'Eve gelen oldu mu?' diye sordu. Kadın ona 'Evet. Şöyle bir ihtiyar geldi ve seni sordu. Kendisine durumu bildirdim. Bana geçim durumumuzun nasıl olduğunu sordu. Kendisine darlık ve sıkıntı içinde olduğumuzu söyledim.' dedi. İsmail eşine 'Sana bir şey tavsiye etti mi?' diye sordu. Kadın, İsmail'e 'Evet. Sana selam söylememi ve evinin eşiğini değiştirmeni söyledi.' dedi. Bunun üzerine İsmail eşine 'O benim babamdır. Bana senden boşanmamı emretti. Hemen ana babanın yanına dön.' dedi. Karısını boşadı ve yine Cürhümlerden başka biri ile evlendi.

Bir süre sonra İbrahim onlara yine geldi, İsmail'i evde bulamadı. Karısının yanma giderek İsmail'i sordu. Kadın 'Geçimimizi sağlamaya çıktı.' dedi. İbrahim ona 'Nasılsınız?' diyerek geçimlerini ve durumlarını sordu. Kadın 'İyiyiz, rahatız.' diyerek Allah'a şükretti. İbrahim, gelinine 'Yediğiniz nedir?' diye sordu. Kadın 'Et.' diye cevap verdi. İbrahim 'Ne içiyorsunuz?' diye sordu. Kadın 'Su.' diye cevap verdi. Bunun üzerine İbrahim 'Allah'ım! Eti ve suyu onlar için bereketli kıl.' diye dua etti.

Peygamberimiz (sallallâhu aleyhi ve sellem) 'O günlerde onların hububatı yoktu. Eğer olsaydı, onun için de onlara dua ederdi.' buyurdu."

İbni Abbas (radıyallâhu anhumâ) der ki: "Et ve su, Mekke dışında yaşayan hiç kimseye, Mekkeliler kadar yaramaz."

Buhâri'nin başka bir rivayeti de şöyledir:

"İbrahim gelerek 'İsmail nerede?' diye sordu. İsmail'in eşi 'Avlanmaya gitti.' diye cevap verdikten sonra 'Eve buyurmaz mısınız ki yemek yiyip su içesiniz?' dedi. İbrahim kadına 'Yediğiniz, içtiğiniz nedir?' diye sordu. Kadın 'Yediğimiz et, içtiğimiz sudur.' dedi. Bunun üzerine İbrahim 'Allah'ım! Yediklerini ve içtiklerini onlar hakkında bereketli kıl.' diye dua etti. Peygamberimiz (sallallâhu aleyhi ve sellem) '(Bu maddelerdeki bolluk) İbrahim'in duasının bereketidir.' buyurmuştur.

İbrahim, son olarak, kadına 'Kocan gelince ona selamlarımı ilet ve kapısının eşiğini sağlam tutmasını söyle.' dedi. İsmail gelince 'Eve gelen oldu mu?' diye sordu. Eşi misafirinden övgü ile bahsederek 'Evet. Güzel görünüşlü bir ihtiyar geldi. Seni sordu, durumu anlattım. Geçim durumumuzu sordu, iyi olduğumuzu söyledim.' dedi. İsmail 'Sana bir şey tembih etti mi?' diye sordu. Kadın 'Evet, sana selam iletmemi ve evinin eşiğini sağlam tutmasını emrettiğini bildirmemi söyledi.' dedi. İsmail, eşine 'O benim babamdır. Eşik de sensin. Seni sıkı tutmamı emretti.' dedi.

Bundan uzunca bir süre sonra İsmail, Zemzem'in yakınlarındaki büyük bir ağacın altında oklava yontarken İbrahim çıkageldi. İsmail babasını görünce ayağa kalkıp onu karşıladı ve birbirlerine babanın evlada ve evladın babaya karşı davranması gerektiği gibi davrandılar. İbrahim oğluna 'Ya İsmail! Allah bana bir şey emretti.' dedi. İsmail babasına 'Rabbinin sana verdiği emri yerine getir.' dedi. İbrahim 'Sen de bana yardım edeceksin.' dedi. İsmail de 'Sana yardım ederim.' diye cevap verdi. İbrahim, Zemzem'in yakınlarında bulunan tümsek bir yeri göstererek 'Allah şurada bir ev yapmamı emretti.' dedi. Binanın duvarlarını orada yükseltti. İsmail taş taşıyor, İbrahim de duvarları örüyordu. Bina yükselince şu taşı getirip ayaklarının altına koydu. Taşın üzerinde durarak duvar örmeye ve İsmail de kendisine taş uzatmaya devam etti. Bir yandan da 'Ey Rabbimiz! Bu yaptığımız işi kabul eyle. Hiç şüphesiz işiten ve bilen Sensin.' diyorlardı."

Diğer bir rivayet ise şöyledir:

"İsmail ile İsmail'in annesini, yanlarında su dolu bir kırba ile yola çıkardı. İsmail'in annesi kırbadan su içerek oğlunu emziriyordu. Mekke'ye varınca İbrahim eşini büyük bir ağacın altına bıraktıktan sonra öbür ailesinin yanına gitmek üzere yola çıktı. İsmail'in annesi, İbrahim'in peşine takıldı. Kedâ denen yere vardıklarında İsmail'in annesi ona 'Ya İbrahim! Bizi kime bırakıyorsun?' dedi. İbrahim 'Allah'a!' deyince kadın 'Allah'a emanet edilmeye razıyım.' diyerek geri döndü.

Kırbadaki sudan içerek çocuğunu emziriyordu. Su bitince 'Gidip baksam, belki birini görürüm.' dedi. Bulunduğu yerden uzaklaşarak Safa tepesine çıktı. Birini görebilmek ümidi ile etrafına baktı. Hiç kimseyi göremedi. Vadiye vardıktan ve koşa koşa Merve'ye çıktıktan ve aynı şeyi birkaç sefer yaptıktan sonra kendi kendine 'Varıp bir baksam, çocuk ne yapıyor?' dedi. Yanına varınca çocuğunu, yanından ayrıldığı gibi, ölümle pençeleşir halde gördü. Yerinde duramıyordu. Kendi kendine 'Varıp bir baksam, belki birini görürüm.' diyerek tekrar Safa tepesine çıktı. Öteye beriye baktı fakat hiç kimse göremedi. Böylece yedi sefer yaptıktan sonra yine 'Gidip baksam, çocuk ne yapıyor.' diye düşünürken bir ses duydu. Kadın sese karşılık 'Eğer elinden bir iyilik geliyorsa yardım et.' dedi. Bir de ne görsün! Cebrail (aleyhisselam) topuğu ile şu şekilde yere vurdu. Birden su fışkırdı. İsmail'in annesi gördükleri karşısında şaşkın şaşkın avuçları ile kırbasına su doldurmaya başladı." (Hadisin devamı daha önceki rivayette olduğu gibidir.) (Buhâri)

1872- Saîd b. Zeyd'den (radıyallâhu anh) rivayet edildiğine göre Peygamberimiz (sallallâhu aleyhi ve sellem) buyuruyor ki:

– "Kırmızımsı beyaz mantar, İsmailoğullarına bağışlanan kudret helvası cinsindendir. Onun suyu da göz ağrılarına karşı şifadır." (Buhâri, Müslim)

371. Bölüm
İstiğfar

Allah Teâlâ (celle celâlüh) buyuruyor ki:

– **"Günahların için Allah'tan mağfiret dile."** (Muhammed suresi, 19. ayet.)

Allah Teâlâ (celle celâlüh) buyuruyor ki:

- **"Allah'tan bağışlanmanı iste. Şüphesiz ki Allah çok bağışlayandır, çok merhamet edendir."** (Nisâ suresi, 106. ayet.)

Allah Teâlâ (celle celâlüh) buyuruyor ki:

- **"Rabbini hamd ile tesbih et ve O'ndan mağfiret dile. Şüphesiz O, tevbeleri çokça kabul edendir."** (Nasr suresi, 3. ayet.)

Allah Teâlâ (celle celâlüh) buyuruyor ki:

- **"Allah'tan korkanlar için Rableri katında altlarından ırmaklar akan, içinde ebedi kalacakları cennetler, tertemiz eşler ve Allah'ın rızası vardır. Allah, kullarını çok iyi görür... Onlar sabredenler, doğru söyleyenler, itaat edenler, mallarını Allah yolunda harcayanlar ve seher vakitlerinde af dileyenlerdir."** (Âl-i İmrân suresi, 15, 17. ayetler.)

Allah Teâlâ (celle celâlüh) buyuruyor ki:

- **"Kim bir kötülük işler veya nefsine zulmeder de sonra Allah'tan günahlarını affetmesini dilerse Allah'ı bağışlayıcı ve esirgeyici olarak bulur."** (Nisâ suresi, 110. ayet.)

Allah Teâlâ (celle celâlüh) buyuruyor ki:

- **"Sen aralarındayken Allah onlara azap vermez. Günahlarının affedilmesini diledikleri takdirde de Allah onlara azap vermez."** (Enfâl suresi, 33. ayet.)

Allah Teâlâ (celle celâlüh) buyuruyor ki:

- **"Allah'ın kulları, çirkin bir hareket işledikleri veya nefislerine zulmettikleri zaman Allah'ı zikredip günahlarının affedilmesini isterler. Günahları Allah'tan başka kim affedebilir? Onlar bile bile günah işlemekte ısrar etmezler."** (Âl-i İmrân suresi, 135. ayet.)

Bu konudaki ayetler çok ve meşhurdur.

1873- Eğar el-Müzenî'den (radıyallâhu anh) rivayet edildiğine göre Peygamberimiz (sallallâhu aleyhi ve sellem) buyuruyor ki:

- "Devamlı olması gereken Allah zikrine karşı kalbimde zaman zaman kesintiler belirir. Ben günde yüz kere Allah'tan günahlarımı affetmesini dilerim." (Müslim)

1874- Ebu Hureyre'den (radıyallâhu anh) rivayet edildiğine göre Peygamberimiz (sallallâhu aleyhi ve sellem) buyuruyor ki:

- "Vallahi, ben günde yetmiş kereden fazla Allah'a tevbe ve istiğfar ederim." (Buhâri)

1875- Yine Ebu Hureyre'den (radıyallâhu anh) rivayet edildiğine göre Peygamberimiz (sallallâhu aleyhi ve sellem) buyuruyor ki:

– "Nefsimi kudret elinde tutan Allah'a yemin ederim ki, eğer hiç günah işlememiş olsanız, Allah sizi ortadan kaldırır ve yerinize günah işleyip tevbe eden ve tövbeleri kabul edilen bir kavim getirirdi." (Müslim)

1876- İbni Ömer (radıyallâhu anhumâ) der ki: "Peygamberimizin (sallallâhu aleyhi ve sellem) bir mecliste şu istiğfarı yüz kere söylediğini saydığımız olurdu:

– 'Rabbiğfirlî ve tüb aleyye inneke ente't-tevvâbü'r-rahîm.' (Ya Rabbi! Günahlarımı bağışla ve tevbelerimi kabul eyle. Hiç şüphesiz, Sen, tevbelerin kabul edicisi ve esirgeyicisisin.'" (Ebu Davud, Tirmizî)

1877- İbni Abbas'tan (radıyallâhu anhumâ) rivayet edildiğine göre Peygamberimiz (sallallâhu aleyhi ve sellem) buyuruyor ki:

– "Kim devamlı olarak işlediği günahların affedilmesini dilerse Allah onun için, her sıkıntılı durumdan kurtuluş nasip eder, onu her üzüntüden feraha kavuşturur ve rızkını hiç ummadığı yerlerden sağlar." (Ebu Davud)

1878- İbni Mes'ud'dan (radıyallâhu anh) rivayet edildiğine göre, Peygamberimiz (sallallâhu aleyhi ve sellem) şöyle buyurmuştur:

– "Kim 'Estağfirullâhellezi lâ ilâhe illâ hüvel hayyül kayyûmü ve etûbü ileyh.' (Kendisinden başka ibadete layık hiçbir ilah olmayan, hayat ve beka sahibi yüce Allah'tan günahlarımı affetmesini diler ve O'na tevbe ederim.) derse, savaş alanında düşmandan kaçmış bile olsa, tüm günahları affedilir." (Ebu Davud, Tirmizî, Hâkim)

1879- Şeddâd b. Evs'ten (radıyallâhu anh) rivayet edildiğine göre, Peygamberimiz (sallallâhu aleyhi ve sellem) şöyle buyurmuştur:

– "En büyük istiğfar duası kulun şöyle demesidir: 'Allâhümme ente rabbî lâ ilâhe illâ ente halaktenî ve ene abdüke ve ene alâ ahdike ve va'dike mesteta'tü eûzü bike min şerri mâ sanâtü ebûü leke bini'metike aleyye ve ebûü bizenbî fağfirli feinnehu lâ yağfiru'z-zünûbe illâ ent.' (Allah'ım! Benim Rabbim Sensin. Senden başka ilah yoktur. Beni yaratan Sensin. Ben Senin kulunum. Sana vermiş olduğum söze ve Senin vaadine uyarak elimden geldiği kadar işlemiş olduğum kötülüklerden Sana sığınırım. Gerek bana bağışlamış olduğun nimetleri ve gerekse günahlarımı itiraf ediyorum. Beni affeyle. Çünkü günahları yalnız sen affedersin.)

Kim bu istiğfarı şuurlu bir inanç içinde gündüz söyler de o gün geceye girmeden ölürse o, cennetliklerdendir. Kim bu istiğfarı şuurlu bir inanç içinde geceleyin söyler de sabaha ermeden ölürse o, cennetliklerdendir." (Buhâri)

1880- Sevbân (radıyallâhu anh) der ki: "Peygamberimiz (sallallâhu aleyhi ve sellem) namazını bitirdiği zaman Allah'a istiğfar eder ve şöyle derdi:

- 'Allâhümme en tesselâmü ve minke's-selâmü tebârekte yâ zelcelâli vel ikram.'"

Bu hadisi rivayet edenlerden biri olan Evzâî'ye "Peygamberimiz nasıl istiğfar ederdi?" diye sordular. O da "Estağfirullâh! Estağfirullâh!" diyerek cevabını verdi. (Müslim)

1881- Hz. Âişe (radıyallâhu anhâ) der ki: "Peygamberimiz (sallallâhu aleyhi ve sellem) ölümünden önce sık sık 'Sübhânallâhi vebihamdihi estağfirullâhe ve etûbü ileyh.' (Allaha hamdederek O'nu noksanlıkların tümünden tenzih ederim. Allahtan af diler ve O'na tevbe ederim.) derdi." (Buhâri, Müslim)

1882- Enes'ten (radıyallâhu anh) rivayet edildiğine göre Peygamberimiz (sallallâhu aleyhi ve sellem) buyuruyor ki:

- "Allah Teâlâ (celle celâlüh) şöyle buyuruyor: Ey âdemoğlu! Sen Bana dua ettikçe, Benden diledikçe, işlemiş olduğun tüm günahları tereddüt etmeden affederim. Ey âdemoğlu! Günahların göğe kadar çıksa da arkasından Benden af dilesen, tereddütsüz Seni affederim. Ey âdemoğlu! Benim karşıma yeryüzü dolusu kadar günah işlemiş olarak ve fakat Bana hiçbir şeyi ortak koşmamış olarak gelirsen Ben de sana yeryüzü dolusu kadar mağfiretle gelirim." (Tirmizî)

1883- İbni Ömer'den (radıyallâhu anhumâ) rivayet edildiğine göre Peygamberimiz (sallallâhu aleyhi ve sellem) bir gün, "Ey kadınlar! Sadaka veriniz ve sık sık istiğfar ediniz. Çünkü ben cehennemliklerin çoğunluğunu sizin meydana getirdiğinizi gördüm." buyurdu. Kendisini dinleyen kadınlardan biri "Niye cehennemliklerin çoğunluğunu biz meydana getiriyoruz?" diye sordu. Peygamberimiz (sallallâhu aleyhi ve sellem) ona "Çünkü çok lanet okur ve eşlerinize karşı nankörlük edersiniz. Akıl ve din yönünden eksik olmanıza rağmen, sizin kadar aklı başında olanlara baskın çıkanı görmedim." buyurdu. Aynı kadın "Akıl ve din noksanlığı ne bakımdandır?" diye sordu. Peygamberimiz (sallallâhu aleyhi ve sellem) kendisine "İki kadının şahitliğinin bir erkeğin şahitliğine denk olması ve birçok günler namaz kılmamanız." buyurdu. (Müslim)

372. Bölüm
Cenab-ı Hakk'ın Cennette Mü'minlere Hazırladığı Nimetler

Allah Teâlâ (celle celâlüh) buyuruyor ki:

- "Takva sahipleri cennetlerde, pınar başlarındadırlar. Oraya selamla, güven içinde giriniz. Yüreklerinden her türlü soğukluğu çıkardık. Karşılıklı koltuklarda kardeşçe otururlar. Orada hiçbir sıkıntı görmezler ve oradan hiç çıkarılmayacaklardır." (Hicr suresi, 45-48. ayetler.)

Allah Teâlâ (celle celâlüh) buyuruyor ki:

- "Ey benim ayetlerime inanıp Müslüman olan kullarım! Bugün sizin için ne korku söz konusudur ve ne de üzüleceksiniz. Siz ve eşleriniz sevinç içinde cennete giriniz. Onlara altın tabaklar ve testilerle yiyecek ve içecekler sunulacak, orada gönüllerin çekeceği ve gözlere hoş gelecek her şey bulunacaktır. Sizler orada ebedî olarak kalacaksınız. Dünyadaki amelleriniz karşılığında varis olduğunuz cennet işte burasıdır. Orada sizin için pek çok meyvalar vardır. Onlardan yiyeceksiniz." (Zuhruf suresi, 68-73. ayetler.)

Allah Teâlâ (celle celâlüh) buyuruyor ki:

- "Hiç şüphesiz, takva sahipleri emin bir makamda, cennetlerde ve pınar başlarındadırlar. İnce ve kalın atlaslar, sırmalı kumaşlar giyerek karşı karşıya oturup sohbet ederler. İşte böyle, onları iri gözlü, tertemiz hurilerle evlendiririz. Onlar orada, güven içinde her çeşit meyvayı isterler. Onlar orada ilk ölümden başka bir ölüm tatmazlar. Allah onları cehennem azabından korumuştur. Bu, Rabbinin fazl ü keremidir. İşte büyük mükâfat budur." (Duhân suresi, 51-57. ayetler.)

Allah Teâlâ (celle celâlüh) buyuruyor ki:

- "Hiç şüphesiz, iyi kullar cennet nimetleri içindedirler. Oturdukları koltuklar üzerinde kavuşmuş oldukları nimetlere bakarlar. Yüzlerinde cennet nimetlerinin parlaklığını tanırsın. Onlara ağzı mühürlü testilerle, içildikten sonra tadı duyulan halis bir içki sunulur. İşte nefaset arayanlar bu uğurda yarışsınlar. O içkiye Tesnim suyu karıştırılmıştır. Bu öyle bir pınardır ki ondan sadece Allah'a yakın olanlar içebilir." (Mutaffifîn suresi, 22-28. ayetler.)

1884- Câbir'den (radıyallâhu anh) rivayet edildiğine göre Peygamberimiz (sallallâhu aleyhi ve sellem) buyuruyor ki:

– "Cennetlikler orada yerler ve içerler. Fakat ne büyük abdest bozarlar ne sümük çıkarırlar ne de küçük su dökerler. Onların yedikleri, misk kokulu terler halinde vücutlarından buharlaşarak çıkar. Nefes alıp vermek gibi kendilerine tesbih ve tekbir ilham olunur." (Müslim)

1885- Ebu Hureyre'den (radıyallâhu anh) rivayet edildiğine göre Peygamberimiz (sallallâhu aleyhi ve sellem) buyuruyor ki:

– "Allah Teâlâ (celle celâlüh) şöyle buyuruyor: 'Salih kullarım için hiçbir gözün görmediği, hiçbir kulağın işitmediği ve hiçbir insanın gönlünden geçmemiş olan şeyler hazırladım. İsterseniz **'Onlar için hazırlanmış olan göz alıcı nimetleri hiç kimse bilmez.'** (Secde suresi, 17. ayet) mealindeki ayeti okuyunuz.'" (Buhâri, Müslim)

1886- Yine Ebu Hureyre'den (radıyallâhu anh) rivayet edildiğine göre Peygamberimiz (sallallâhu aleyhi ve sellem) buyuruyor ki:

– "Cennete ilk girecek olan zümre, yüzleri dolunay gecesi çıkan ay parlaklığında, onların arkasından girecek olanlar gökteki en parlak yıldızın aydınlığında olacaklardır. Cennetlikler ne küçük su dökerler ne büyük abdest bozarlar ne ağızlarından balgam gelir ne de burunlarından sümük akar. Tarakları altın, terleri misk, buhurdanlıkları ud ağacıdır. Eşleri kara ve iri gözlü hurilerdir. Hepsi aynı tip yaratılışta ataları Âdem gibi altmış zira'[7] boyundadırlar." (Buhâri, Müslim)

Buhâri ve Müslim'in kaydettiği başka bir rivayete göre hadisin son kısmı şöyledir:

"Cennetliklerin oradaki kapları altın, terleri misktir. Her birinin, güzelliklerinden ötürü topuk kemiklerinin iliği etleri üzerinden görülebilen iki eşi olacaktır. Aralarında çatışma ve küskünlük olmaz. Tümünün kalpleri, bir kişinin kalbi gibidir. Sabah-akşam Allah'ı tesbih ederler."

1887- Muğîre b. Şube'den (radıyallâhu anh) rivayet edildiğine göre Peygamberimiz (sallallâhu aleyhi ve sellem) buyuruyor ki:

– "Musa (aleyhisselam), Rabbine 'En aşağı dereceli cennetliğin durumu nedir?' diye sordu. Allah Teâlâ (celle celâlüh) Musa'ya şu cevabı verdi:

'Bütün cennetlikler cennete yerleştirildikten sonra gelecek olan ve kendisine 'Cennete gir.' denince 'Ya Rabbi! Nasıl gireyim? Herkes yerini tuttu ve alacağını aldı.' diye cevap verecek olan kimsenin derecesidir. Kendisine 'Sana bir dünya melikinin mülkü kadar mülk verilse razı olur musun?' diye sorulur. Adam 'Razıyım ya Rabbi!' der. Allah Teâlâ ona 'Sana onun iki katı, üç katı, dört katı, beş katı...' buyururken 'beş kat' müjdelendikten sonra adam 'Razıyım! Yeterli ya Rabbi!' der.

---

[7] Zira': Yaklaşık 75-90 cm aralığında bir uzunluk ölçüsü.

Bunun üzerine Allah Teâlâ (celle celâlüh) ona şöyle buyurur: 'Sana bu kadarı ve bunun on katı verilmiştir. Canının çektiği ve gözüne hoş gelen her şey sana verilmiştir.'"

Musa (aleyhisselam), Allah Teâlâ'ya (celle celâlüh) 'Ya Rabbi! En yüksek dereceli cennetliğin durumu nasıldır?' diye sorar. Allah Teâlâ (celle celâlüh) kendisine şöyle buyurur: 'Onlar özel irademe muhatap olan kimselerdir. Bahçelerinin ağaç ve çiçeklerini elimle dikip mühürledim. Onlara vereceğim şeyleri ne göz görmüş ne kulak işitmiş ne de herhangi bir insanın kalbi hissetmiştir.'" (Müslim)

1888- İbni Mes'ud'dan (radıyallâhu anh) rivayet edildiğine göre Peygamberimiz (sallallâhu aleyhi ve sellem) buyuruyor ki:

– "Cehennemden en son çıkacak olan cehennemliği veya cennete en son girecek olan cennetliği biliyorum. O, cehennemden emekleyerek çıkan biri olacaktır. Allah Teâlâ (celle celâlüh) ona 'Git, cennete gir.' buyurur. Adam cennete varınca orası kendisine dolu gibi gösterilir. Geri döner ve 'Ya Rabbi! Orayı dolu buldum.' der. Allah Teâlâ (celle celâlüh) kendisine yine 'git, cennete gir' buyurur. Adam tekrar cennete varır ve orası kendisine yine dolu gibi gösterilince yine geri dönerek 'Ya Rabbi! Orayı dolu buldum.' der. Bunun üzerine Allah Teâlâ (celle celâlüh) kendisine 'Git, cennete gir. Sana dünyanın bir benzeri ile onun on katı (veya dünyanın on katı) verilmiştir.' buyurur. Adam da 'Ya Rabbi! Âlemlerin meliki olmana rağmen benimle alay mı ediyorsun? (Veya benimle eğleniyor musun?)' der."

Hadisi rivayet eden İbni Mes'ud, "Peygamberimizin son olarak 'İşte en aşağı derecede cennetliğin durumu budur.' buyururken azı dişleri görülecek şekilde güldüğünü gördüm." der. (Buhâri, Müslim)

1889- Ebu Musa'dan (radıyallâhu anh) rivayet edildiğine göre Peygamberimiz (sallallâhu aleyhi ve sellem) buyuruyor ki:

– "Her mü'minin cennette altmış mil yükseklikte içi boş, yekpare inciden bir evi vardır. Mü'minin bu ev içinde birkaç eşi olacak. Kendisi onları ayrı ayrı ziyaret edecek. Fakat onlar birbirlerini bilmeyeceklerdir." (Buhâri, Müslim)

1890- Ebu Saidü'l-Hudrî'den (radıyallâhu anh) rivayet edildiğine göre Peygamberimiz (sallallâhu aleyhi ve sellem) buyuruyor ki:

– "Cennette öyle iri bir ağaç vardır ki talimli ve hızlı bir at sürücüsü yüz senede onun gölgelediği sahayı aşamaz." (Buhâri, Müslim)

Yine Buhâri ile Müslim'in Ebu Hureyre'den (radıyallâhu anh) rivayet ederek kaydettiklerine göre hadisin son kısmı "Süvari onun gölgesinde yüz yıl yol alır da onu yine aşamaz." şeklindedir.

1891- Yine Ebu Saidü'l-Hudrî'den (radıyallâhu anh) rivayet edildiğine göre Peygamberimiz (sallallâhu aleyhi ve sellem) şöyle buyurdu:

- "Cennetlikler, kendilerinden daha yüksekteki köşklerde kalanlara doğu veya batı ufkunda kayan parlak yıldızlara bakışır gibi bakışırlar." Sahabiler "Ya Resulallah! O köşkler başkalarının ulaşamayacağı peygamber konakları mıdırlar?" diye sordular. Peygamberimiz bu soruya karşılık şöyle buyurdu:

"Evet. Fakat nefsimi kudret elinde tutan Allah'a yemin ederim ki, Allah'a iman edip peygamberlere uyan bazı seçkin kimseler de oralara yükselebilirler." (Buhâri, Müslim)

1892- Ebu Hureyre'den (radıyallâhu anh) rivayet edildiğine göre Peygamberimiz (sallallâhu aleyhi ve sellem) buyuruyor ki:

- "Cennette yayın iki ucu arası kadarlık bir yer, üzerinde güneşin doğduğu veya battığı her şeyden daha hayırlıdır." (Buhâri, Müslim)

1893- Enes'ten (radıyallâhu anh) rivayet edildiğine göre Peygamberimiz (sallallâhu aleyhi ve sellem) buyuruyor ki:

- "Cennette bir pazar yeri vardır. Cennetlikler her cuma günü oraya gelirler. Kuzey rüzgarı eserek yüzlerini ve elbiselerini okşar da daha güzel ve alımlı olurlar. Daha güzel ve daha alımlı olarak eşlerinin yanına dönünce eşleri onlara 'Vallahi daha güzel ve daha alımlı oldunuz.' derler. Cennetlikler de eşlerine 'Vallahi bizden sonra siz de daha güzel ve daha alımlı oldunuz.' diye cevap verirler." (Müslim)

1894- Sehl b. Sa'd'dan (radıyallâhu anh) rivayet edildiğine göre Peygamberimiz (sallallâhu aleyhi ve sellem) buyuruyor ki:

- "Cennetlikler, üstlerindeki köşklere gökteki parlak yıldızlara bakışır gibi bakarlar." (Buhâri, Müslim)

1895- Yine Sehl b. Sa'd (radıyallâhu anh) der ki: "Peygamberimizin (sallallâhu aleyhi ve sellem) cenneti anlattığı bir mecliste ben de bulundum. Sözünün sonunda şöyle buyurdu: 'Orada hiçbir gözün görmediği, hiçbir kulağın duymadığı ve hiç kimsenin kalbinden geçmemiş olan nimetler vardır.'

Sonra şu ayeti okudu: '**Onların vücutları yataktan ayrılır da korku ve ümit içinde Rabblerine dua ederler ve kendilerine bağışladığımız rızıklardan sadaka verirler. Yaptıklarının mükâfatı**

olarak onlara göz alıcı nimetler sakladığımızı, hazırladığımızı hiç kimse bilemez.'" (Secde suresi, 16-17. ayetler.) (Buhâri)

1896- Ebu Said ve Ebu Hureyre'den (radıyallâhu anhumâ) rivayet edildiğine göre Peygamberimiz (sallallâhu aleyhi ve sellem) buyuruyor ki:

– "Cennetlikler cennete girince şöyle bir ses duyulur: 'Hiç şüphesiz siz artık hiç ölmeyeceğiniz bir hayata, artık hiç hastalanmayacağınız bir sağlığa, artık hiç yaşlanmayacağınız bir gençliğe ve artık hiç hayal kırıklığına uğramayacağınız bir nimete kavuşuyorsunuz.'" (Müslim)

1897- Ebu Hureyre'den (radıyallâhu anh) rivayet edildiğine göre Peygamberimiz (sallallâhu aleyhi ve sellem) buyuruyor ki:

– "Herhangi birinizin cennetteki en mütevazı makamı sahibine 'Dile!' der. Adam da dilekte bulunur. Makamı ona 'Diledin mi?' diye sorar. Adam 'Diledim.' deyince makamı kendisine 'Gerek dilediğin ve gerekse onun bir katı daha sana verilmiştir.' der." (Müslim)

1898- Ebu Saidü'l-Hudrî'den (radıyallâhu anh) rivayet edildiğine göre Peygamberimiz (sallallâhu aleyhi ve sellem) buyuruyor ki:

– "Allah Teâlâ (celle celâlüh) cennetliklere 'Ey cennetlikler!' diye buyurur. Cennetlikler 'Lebbeyk ve sa'deyke ya Rabbi! Hayır senin ellerindedir.' diye cevap verirler. Allah Teâlâ onlara 'Halinize razı mısınız?' diye sorar. Cennetlikler 'Niye razı olmayalım ki? Yarattıklarından hiçbirine vermediklerini bize verdin.' derler. Allah Teâlâ onlara 'Size onlardan daha üstün bir şey vereyim mi?' diye sorar. Cennetlikler 'Bunlardan daha üstün ne olabilir?' derler. Allah Teâlâ onlara 'Size rızamı indiriyorum. Rızamın size gelmesinden itibaren size artık hiçbir zaman gazap etmeyeceğim.' buyurur." (Buhâri, Müslim)

1899- Cerîr b. Abdullah'tan (radıyallâhu anh) rivayet edildiğine göre Peygamberimiz (sallallâhu aleyhi ve sellem) ayın on dördüncü gecesi aya bakarak buyurdu ki:

– "Sizler şu ayı nasıl görüyorsanız çıplak gözlerle Rabbinizi de öyle göreceksiniz. O'na bakarken gözleriniz kamaşmayacaktır." (Buhâri, Müslim)

1900- Suheyb'den (radıyallâhu anh) rivayet edildiğine göre Peygamberimiz (sallallâhu aleyhi ve sellem) buyuruyor ki:

– "Cennetlikler cennete girince Allah Teâlâ kendilerine 'Başka bir şey istiyor musunuz?' diye sorar. Cennetlikler Allah Teâlâ'ya 'Yüzlerimizi ağartmadın mı? Bizi cehennemden koruyup cennete koymadın mı?' derler. Bu sırada Allah Teâlâ (celle celâlüh) perdeyi kaldırıverir. Cennetliklere Rablerini görmekten daha değerli bir şey verilmemiştir." (Müslim)

Allah Teâlâ (celle celâlüh) buyuruyor ki:

- "Şüphesiz ki iman edip salih ameller işleyenleri Rableri, imanları sebebiyle doğru yola iletir. Naîm cennetlerinde onların altlarından ırmaklar akar. Mü'minlerin orada duaları şöyledir: 'Ey Allah'ımız! Seni noksan sıfatlardan tenzih ederiz.' Oradaki selamlaşmaları da 'selam' sözüdür. Dualarının sonu ise 'Âlemlerin Rabbi olan Allah'a hamd olsun'dur." (Yûnus suresi, 9-10. ayetler.)

- "Allah'a hamd olsun! Eğer Allah bizi doğru yola sevk etmeseydi biz doğru yolu bulamazdık." (A'raf suresi, 43. ayet.)

Allah'ım! İbrahim'e (aleyhisselam) ve İbrahim'in soyundan gelenlere rahmet ettiğin gibi, kulun ve resulün olan ümmî peygamber Muhammed'e (sallallâhu aleyhi ve sellem), onun yakınlarına, eşlerine ve soyundan gelenlere rahmet eyle. İbrahim'e (aleyhisselam) ve İbrahim'in soyundan gelenlere bereket ihsan ettiğin gibi, kulun ve resulün olan ümmî peygamber Muhammed'e (sallallâhu aleyhi ve sellem), onun yakınlarına, eşlerine ve soyundan gelenlere de her iki âlemde bereket ihsan eyle. Hiç şüphesiz, Sen her türlü hamd ve övgüye layıksın.

* * *

Kitabın müellifi Yahya en-Nevevî (rahmetullahi aleyh) der ki:

"Bu kitabı, hicri 670 senesi Ramazan ayının 14. günü olan Pazartesi günü tamamladım."

Dizin
(Hadis numaralarına göre)